글로벌 경영 4th Edition

글로벌 경영 4th Edition

| 서민교 · 박병일 공저 |

서울경제경영

PREFACE

머리말

저희 저자 일동은 본서(本書)의 4판(fourth edition)발행을 기쁘게 생각합니다.

본서의 목적과 범위

점차 국제화가 촉진됨에 따라 국제무대에서의 기업 간 경쟁이 더욱 격화되고 있고, 또한 그로인해 우리는 국제경영을 고려하지 않고 기업의 생존을 논할 수 없는 환경에 있다. 이는 곧 국제경영학이라는 학문분야가 그 어느 때보다도 중요한 시점에 와 있다는 것을 의미하며, 그러한 점에서 우리는 본서가 "진입하고자 하는 시장의 비즈니스시스템과 문화적 차이가 기업에게 어떤 영향을 미치는지?", "국제통상 및 국제금융 환경의 변화를 왜 이해해야 하는지?", "해외시장 진입에 활용될 수 있는 전략과 특징은 무엇인지?", "다국적기업 내 각 영역별 관리는 어떻게 행해져야 하는지?" 등 많은 질문에 대한 해답을 제시해 보고자 한다.

본서를 교재로 채택한 분들과 학생들을 위한 효용을 극대화 하기 위해서, "글로벌경영"이라는 제하의 본서는 총 4부 16개의 장으로 구성되어 있다. 제1부 '국제경영의 이해'(1~4장)에서는 국제경영에 대한 기본개념을 분석하며, 국제경영활동을 수행하는 주체인 다국적기업의 개념, 기업국제화의 의의, 개별국가 내 비즈니스시스템의 중요성, 문화적 차이를 분석하는 방법 등을 살펴본다. 그리고 해외직접투자이론을 중심으로 국제경영이론을 분석한다. 제2부 '국제경영환경'(5~7장)에서는 국제교역정책을 통한 국제교역환경에 대한 탐색, 환율 및 국제통화시스템의 변천과정, 지역경제통합을 수단으로한 블록화의 경향을 포괄하는 국제금융환경에 대한 토론을 진행할 예정이다. 제3부 '국제경영전략'(8~12장)에서는 국제사업의 형태와 해외시장 진입전략, 전략적 제휴전략, 해외인수합병전략, 글로벌전략 등을 살펴본 후, 다국적기업이 실행한 이러한 전략을 근간으로 누리게 되는 투자국의 이익과 비용, 그리고 현지국의 이익과 비용을 각각 조사해 본다. 마지막으로 제4부 '국제경영관리'(13~16장)에서는 국제마케팅관리, 국제재무관리, 국제인적자원관리, 국제기업의 조직 및 통제 등을 살펴본다.

4판(四版)에서의 변화

저자들은 3판까지 출간하면서 이미 두 차례에 걸쳐 본서를 개정한 바 있다. 즉, 초판(初版)에서의 제2장 '국제사업 활동의 형태'와 제8장 '해외시장 선택과 진입전략'은 개정판에서는 제8장 '국제사업 활동의 형태와 해외시장 진입전략'으로 통합하였고, 또한 기존 제4장 '정치문화적 환경'은 제2장 '국가비즈니스시스템과 위험' 및 제3장 '문화적 차이'로 분리하였다. 또한 초판 내 제5장 '국제통상환경'은 재판(再版)에서 두 개의 장, 즉 제5장 '지역경제통합'과 제6장 '국제교역정책'으로 구분하였다. 마지막으로, 제7장 '정부의 규제와 지원'은 제12장 '해외직접투자의 이익과 비용'으로 바뀌었으며, 위치도 제2부 국제경영환경에서 제3부 국제경영전략으로 자리를 옮겼다. 그 이후, 제3판(第三版)에서는 논리의 흐름상 '국제교역정책'을 살펴보고, '국제금융환경'을 살펴본 뒤 '지역경제통합'을 알아보는 것이 타당하다고 판단하여 수정하였으며, 금번 제4판(第四版)에서 저자들은 가급적 가장 최신 정보들을 본서에 담고자 노력하였고, 그 일환으로 다양한 사례 및 토의자료들이 새로이 업데이트 되었다.

우리 저자들은 초판을 발간한 이래 개정판과 3판까지의 부족한 점을 수정 · 보완하기 위해 정말 최선을 다했다고 자부한다. 그럼에도 불구하고 당연히 아직도 부족한 부분과 완벽하지 못한 점이 있겠지만, 사명감을 갖고 시작했고, 또 여러 우여곡절에도 불구하고, 최선을 다한 끝에 결국 해냈다는 자부심을 갖고 있다.

하지만 본서의 수정이 마무리 될 수 있었던 데는 많은 분들의 도움이 없이는 가능하지 않았을 것이며, 어려운 환경 하에서도 부족한 본서를 출판하기 위해 지원을 아끼지 않으신 서울경제경영출판사 사장님, 그리고 직원들에게도 감사를 드린다. 이전 문단에 지적했듯이, 열심히 노력했음에도 미처 확인되지 않은 오탈자 등, 이 책이 갖고 있는 문제들이 여전히 있을 것으로 판단되며, 이들은 온전히 저자들의 몫임을 밝혀둔다. 혹시 있을지 모르는 이들 문제들은 향후 다음 인쇄 시 보다 더 보완할 것을 약속하며, 서문을 마치고자 한다.

2020. 7.

저자 일동

CONTENTS

차례

머리말 V

PART 1 국제경영의 이해 1

Chapter 01 기업의 국제화와 다국적기업 3

제1절 기업의 국제화 6
제2절 다국적기업 12
제3절 국제경영의 체계와 본서의 구성 27

Chapter 02 국가비즈니스시스템과 위험 31

제1절 정치시스템과 위험 34
제2절 경제시스템 44
제3절 법률시스템 46
제4절 개발도상국의 경제개발과 다국적기업의 역할 52

Chapter 03 문화적 차이 63

제1절 문화의 개념과 구성요소 71
제2절 문화적 환경의 종합적 평가모형 78
제3절 국제문화적 환경의 관리전략 89

Chapter 04 해외직접투자이론 97

제1절 해외직접투자이론의 구성요건과 주류이론 100
제2절 부차적 해외직접투자이론 115

제3절 기타 다국적기업 관련 이론 122
제4절 해외직접투자이론의 종합적 평가 124

PART 2 국제경영환경 133

Chapter 05 국제교역정책 135

제1절 기본적인 국제무역이론 141
제2절 보호무역을 위한 정부의 정책적수단과 특징 147
제3절 세계화와 WTO 156

Chapter 06 국제금융환경 171

제1절 국제통화제도(환율) 175
제2절 국제통화시스템의 변천과정 180
제3절 국제금융질서와 IMF · 세계은행 그룹(World Bank Group) 186

Chapter 07 지역경제통합 193

제1절 지역화와 경제통합 196
제2절 국제통상협력과 OECD 215
제3절 남북문제와 UNCTAD 216

PART 3 국제경영전략 219

Chapter 08 국제사업활동의 형태와 해외시장 진입전략 221

제1절 해외진입시장의 선택 225
제2절 국제사업활동의 형태 229

제3절 수출과 각종 국제계약에 의한 기업 활동 236
제4절 국제투자 243
제5절 진입방식의 결정요인 246

Chapter 09 전략적 제휴전략 265

제1절 전략적 제휴의 개념과 유형 269
제2절 전략적 제휴의 동기와 성과 275
제3절 국제합작기업의 파트너선정 기준 286

Chapter 10 해외인수합병전략 291

제1절 해외인수합병의 의의 296
제2절 해외인수합병의 동기 및 추진단계 306
제3절 해외인수합병의 성과와 성공적인 추진방법 308

Chapter 11 글로벌전략 321

제1절 글로벌전략의 의의 328
제2절 글로벌전략의 주요 요소 340
제3절 글로벌전략의 모델 341
제4절 글로벌전략의 실행 346

Chapter 12 해외직접투자의 이익과 비용 355

제1절 다국적기업과 세계경제 359
제2절 외국인직접투자에 대한 다양한 시각 363
제3절 외국인직접투자와 현지국 경제 367
제4절 해외직접투자와 투자국 경제 382

PART 4 국제경영관리 389

Chapter 13 국제마케팅관리 391

제1절 국제마케팅의 개념 및 특성 398
제2절 국제시장 세분화와 포지셔닝 399
제3절 국제마케팅의 표준화와 현지적응화 405
제4절 국제제품전략 407
제5절 국제가격전략 419
제6절 국제유통전략 421
제7절 국제촉진전략 425

Chapter 14 국제재무관리 451

제1절 국제기업의 재무관리 454
제2절 환위험관리 456
제3절 국제자금조달 467
제4절 국제 분산투자 472
제5절 글로벌자본예산 결정과 투자과정 477
제6절 이전가격 479
제7절 국제적 이중과세 482

Chapter 15 국제인적자원관리 **489**

제1절 국제기업의 인적자원관리 493

제2절 현지인력 관리전략 사례 504

제3절 해외주재원 선정 및 교육 511

제4절 해외주재원의 경력관리 및 보수정책 514

제5절 해외주재원의 귀국관리 524

제6절 국제경영자의 보상관리 527

제7절 국제노사관계 528

Chapter 16 국제기업의 조직 및 통제 **531**

제1절 국제기업의 조직 535

제2절 국제기업의 통제 554

제3절 내부성과평가 560

저자소개 **565**

PART 1

국제경영의 이해

Chapter 01 기업의 국제화와 다국적기업
Chapter 02 국가비즈니스시스템과 위험
Chapter 03 문화적 차이
Chapter 04 해외직접투자이론

국제경영에 대한 기본개념과 체계를 이해함과 동시에 국제경영의 주체가 되는 다국적기업의 개념과 진입하고자 하는 시장 내 정치 · 경제 · 법적체계의 중요성, 그리고 문화적 차이를 분석하는 방법을 살펴본 뒤, 다국적기업의 생성요인을 해외직접투자이론을 통해서 알아본다.

Global Management

CHAPTER 01

기업의 국제화와 다국적기업

학습목차

제1절 기업의 국제화

제2절 다국적기업

제3절 국제경영의 체계와 본서의 구성

학습목표

국제경영의 출발점이 되는 기업의 국제화에 관하여 개념과 동기, 이점 등을 살펴본다. 그리고 국제경영의 주체가 되는 다국적기업에 대해서 알아본다.

도입사례 1-1

미국 영상의학 전공 의사의 부족

최근 많은 선진국에서는 어렵고 힘든 직업을 기피하는 경향으로 인해 예컨대, 장기간 많은 시간과 노력의 투입이 요망되는 의대를 진학하고자 하는 학생 수가 그리 많지 않은 것이 현실이다. 이로 인해 영국의 경우 의사부족을 메우기 위해 인도, 파키스탄, 싱가포르 등에서 의학을 전공한 인력에 대한 이민을 적극적으로 받아들임으로써 그 사회적 부족현상을 해결하고 있다. 미국도 예외는 아니어서 가령 필요한 영상의학(즉, 방사선학) 전공 전문의의 1/3만이 의대에서 해당 전공을 공부하고, 전문의(專門醫) 면허를 취득, 사회에 공급되고 있는 실정이다(여기서 영상의학 전공의 전문의란 X-ray 검사, 컴퓨터 단층 촬영 검사(CT), 자기 공명 영상 촬영검사(MRI), 초음파 검사 등을 통해 환자가 겪고 있는 신체 내부기관의 질병 및 장애를 정확히 진단하는 의사를 일컫는다). 이 때문에 환자의 질병원인에 대한 정확한 진단과 분석이 늦어지고, 따라서 적절히 요구되는 치료와 의학적 처방에 많은 애로를 겪고 있다. 만일 사회적 상황이 이러할 경우, 이를 가장 효과적이고 효율적으로 해결할 수 있는 방법은 무엇이 있을까?

이러한 질문이 주어졌을 때, 많은 학생들은 아마 미국도 다른 선진국과 마찬가지로 해당 전공을 공부한 전문의에 대한 이민을 폭넓게 받아들임으로써 이 사회적 문제를 해결할 수 있을 것이라고 답변할지 모르겠다. 혹은 해당 환자를 해외로 보내 진단을 받게 하고, 그 후 치료를 하는 방안을 생각할 수 있을 것이라고 제시할지도 모르겠다. 모두 고려할 수 있는 옵션임에는 틀림없으나, 두 가지 대답에는 치명적인 약점이 있다. 먼저 첫 번째 대답을 생각해 보자. 만일 사회적으로 부족한 해당 전공의 수급문제를 해결하기 위해 외국인에 대한 이민을 받는 경우, 장기적으로는 사안을 해결하는 대안이 될 수 있을 것으로 여겨진다. 하지만, 해외에서 영상의학 전공을 공부했던 인력이라고 하더라도 그 이유로 그냥 즉시 미국의 의사면허를 줄 수는 없을 것이다. 즉, 이들에 대한 제반 관련 미국의 국가면허를 보게 하고, 그 합격자에 한해서 시민권을 부여할 수 있을 것이며, 그러한 절차를 모두 이행하기 위해서는 자연히 상대적으로 장기간이 소요된다. 따라서 제시한 사회적 문제를 신속하고 효과적으로 해결할 수 있는 방안을 강구하라는 질문에 대한 정답이라고 보기는 어려울 것으로 여겨진다. 반면, 영상의학 전공의가 풍부한 해외로 환자를 보내어 환자상태에 대한 의학적 진단을 시도하는 경우, 자칫 환자의 생명을 오히려 위험하게 할 수도 있을 것이라는 점에서 이 또한 바람직한 답변이라고 볼 수 없다. 지금 당장 환자가 심각히 고통 받고 있는 상태에서 짧게는 수 시간, 길게는 열 시간 넘게 항공기에 태워 보낸다는 사실 자체가 어불성설이다. 그렇다면 이를 어떻게 해결할 수 있을까?

"국제화"를 떠올리면 그 해답을 찾을 수 있다. 지금 우리가 살고 있는 세계는 국제화가 급격히 빠른 속도로 진행되고 있으며, 학자들은 그 주요한 동인으로 기술의 발전과 변화를 꼽는다. 특히 인터넷 기술은 눈부시게 빠른 속도로 보급과 발전을 경험함으로써 이제는 인터넷을 떼어놓고 우리의 생활을 고려할 수 없을 지경이 되었다. 이쯤 힌트를 제공하면 해답을 떠올리는 학생들이 있을지 모르겠다. 만일 각종 방사선 장비를 조작하여 질병 혹은 장애가 예상되는 환자의 신체기관을 촬영하고, 이 사진을 인터넷을 통해 해외에 거주하고 있는 영상의학 전공의에게 전송한다고 상상해보자. 이 때 해외의 영상의학 전공의는 (시차로 인해) 환자가 자고 있는 동안 전송받은 자료를 분석하여, 이를 다시 인터넷을 통해 보고함으로써, 미국의 병원은 늦어도 다음 날 아침까지는 환자에 대한 정확한 진단과 적절한 치료를 시행할 수 있을 것으로 판단된다. 이러한 해결책을 가능한 현실로 만들어 준 것이 바로 "국제화"이다.

또한 다음과 같은 상황을 살펴보자. 최근 많은 선진국들은 제조업뿐만 아니라 서비스업에 많은 정책적 집중을 함으로써 국가의 장래 경쟁 산업으로 이들을 집중 육성하고 있다. 일례로, 영국의 경쟁력을 국제적으로 유지시켜 주고 있는 3대 주요산업을 꼽으라면 금융, 관광, 교육을 지적할 수 있으며, 이들은 모두 서비스업이라는 공통점을 갖는다. 같은 관점에서, 많은 국가들은 의료산업을 미래의 고부가가치 산업으로 지정하고 이를 적극적으로 지원하고 있다. 이로 인해 이제 환자들은 질병이 발생했을 때, 자국의 병원에서 치료를 받는 것만이 유일한 방법이라고 고려하지 않으며, 보다 더 싸고 좋은 의술을 보유한 해외 국가로 흔히 의료관광을 쉽게 가곤 한다. 앞서 언급한 사례와 더불어 이 역시, 기존에 존재했던 국가 간 국경이 점차 사라지고, 수송기술이 발달함에 따라 수반된 국제화의 가속이 이를 가능하게 했으며, 이것이 바로 우리가 지금 살고 있는 국제화의 모습이고, 또한 우리가 국제화를 도외시하고 이를 떠나서는 더 이상 살 수 없음을 보여주는 하나의 증거라고 할 수 있을 것이다.

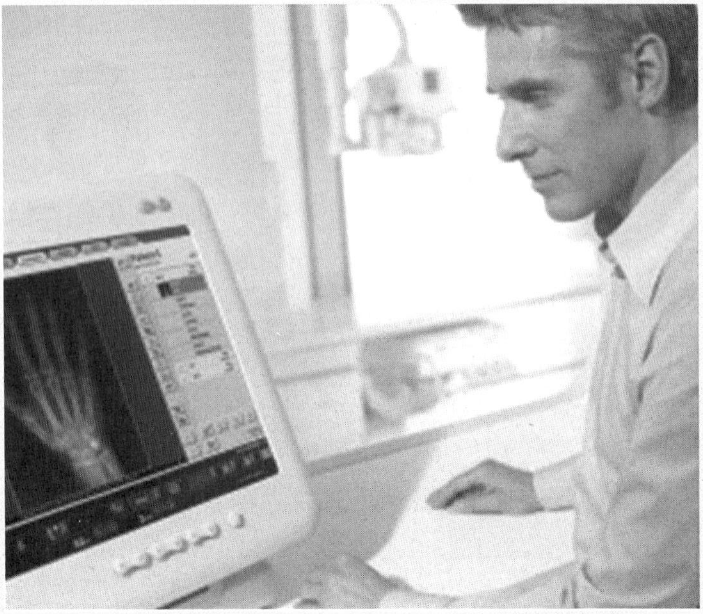

제1절 기업의 국제화

1. 기업국제화의 개념

1980년대 후반 이후 우리는 국제화(internationalization)라는 용어를 자주 접하게 된다. 그 중에서도 기업의 국제화라는 표현은 그 대표적 예이다. 어떤 사람은 국제화라는 말은 이미 낡은 것이며 세계화(globalization)라는 표현을 사용해야 한다고 주장하기도 한다.

이들 개념에 대해 엄밀하게 정의가 내려진 것은 아니지만, 일반적으로 기업의 국제화 · 세계화라는 말은 동일한 개념으로 사용되기도 하고, 때로는 다음과 같은 의미로 구분 · 사용하기도 한다. 기업의 국제화란 특정국가에 거점을 두고 있는 기업이 대상시장 또는 경영활동의 범위를 해외시장으로 확대시켜 나가는 과정을 의미하며, 반면 최근에 널리 사용되고 있는 세계화라는 개념은 기업의 국제화가 심화되어 기업의 국적이 특정국가에 속한다는 인식이 없고, 각국 시장을 분리된 개별시장으로 보는 것이 아니라 전 세계시장을 하나의 통합된 단일시장으로 파악하고 기업 활동을 효율적으로 국경을 초월하여 수행하는 것을 의미하고 있다.

우리는 세계화를 보다 고도화된 국제화단계라는 점에서 국제화를 보다 포괄적으로 정의하여 동일한 의미로 사용하고자 하며(즉, 향후 용어를 국제화로 통일하고자 하며), 기업의 국제화는 다음과 같은 특징을 가지고 있다.

첫째, 기업의 국제화는 점진적으로 이루어진다는 점이다. 기업이 처한 상황과 해외시장에 대한 경험축적 등에 따라 단계적으로 국제화가 심화된다는 점이다. 즉, 기업의 국제화는 해외시장에 대한 정보와 경험 등 기업 내부적으로 지식과 경험을 축적하여 점진적으로 보다 심화된 단계로 서서히 진행하게 된다.

둘째, 국제화가 진행됨에 따라 점진적으로 기업 활동의 지리적 범위가 한 국가에서 여러 국가로 확장되어 간다. 일반적으로 국제화의 초기단계에서는 기업이 위치한 국가와 지리적으로 근접한 국가나 문화, 상관습, 산업화 수준, 역사적 동질성 등의 측면에서 심리적 거리가 가까운 나라로 진출하다가 국제화가 심화됨에 따라 점차 지리적으로나 문화 · 환경 등에서 먼 나라로 진출하게 된다. 예를 들어, 스웨덴에 소재한 기업의 경우 최초 해외투자를 실행하는데 있어 아시아나 남미보다는, 지리적으로 가깝고 심리적 거리가 낮은 북유럽의 다른 시장으로 우선 진입하다가 점진적으로 유럽의 다른 나라 등으로 확대 진출하게 된다.

셋째, 국제화가 진행되면 현지시장에 대한 기업의 시장개입 수준이 심화된다. 즉, 일반적으로 간접 혹은 직접수출을 통한 진출로 시작하여, 점차 라이선싱 등 계약투자 방식을 병행하다가, 이후 자회사 설립과 같은 해외직접투자로 전환하는 방식을 취하게 된다.

토의자료 1-1

금융 산업의 국제화, 경제 안정의 또 다른 발판

"한국 금융 산업의 국제화는 오랜 기간 금융당국이나 금융기관의 주요 정책, 전략적 목표였다. 그럼에도 국내 은행들의 경우 전체 수익에 대한 해외 수익의 비중은 최근 3개년 평균 7.9%, 총자산에 대한 해외자산의 비중 역시 2013년 말 기준 3.9%에 그치고 있다. 즉, 한국 금융 산업은 국제화 수준이 매우 미흡하고 철저하게 내수 업종에 머물러 있다.

대외 부문에 대한 실물경제와 금융 산업 간 심각한 불균형은 여러 경제적 불안정을 초래한다. 첫째, 금융이 대외경제 부문의 충격을 흡수하지 못한다. 2008년 미국 서브프라임 위기 당시, 부실이 실현된 외국계 금융기관들이 국내에서 달러 유동성을 회수하고 은행 간 외화 크레딧라인을 끊었다. 이때 국내 은행들은 해외영업 규모가 작아 해외에서 회수하거나 담보로 제공할 수 있는 외화 자산이 미미해 달러를 확보하기 대단히 어려웠다. 원화는 삽시간에 67%나 절하되며 위기의 중심국이 아님에도 통화가치가 세계에서 세 번째로 크게 떨어졌다. 둘째, 상당수 주요 고객의 해외영업 비중이 더 큰 상황에서 은행이 국내 시장만을 상대로 더 이상 자산 성장, 수익성 확대를 꾀하기 어렵다. 은행수익이 떨어지면 국내 중소기업 등 리스크가 큰 기업에 대한 대출 비중이 줄어 경제회복이 어려워진다.

국내 금융기관들의 국제화가 미흡한 이유는 무엇일까? 지난 20여 년간 국내 금융기관 해외 점포들의 영업이 현지 진출 국내 기업과 재외국민을 중심으로 이루어져 왔다. 그럼에도 국내 은행들은 글로벌 은행에 비해 금리, 서비스 면에서 뒤떨어져 적극적으로 해외로 진출하고 있는 대기업을 고객으로 확보하지 못했다. 국내 은행들이 해외에서 경쟁력을 갖지 못하는 가장 큰 이유로 한국이 기축통화국이 아니라는 점이 꼽힌다. 은행이 해외 영업을 할 때 달러 등 외화 조달에 따른 외환 변동 리스크를 감당하기 어렵다는 점이다. 더욱이 선진국 은행에 비해 외화 조달금리가 높다는 점도 해외영업 경쟁력을 떨어뜨린다.

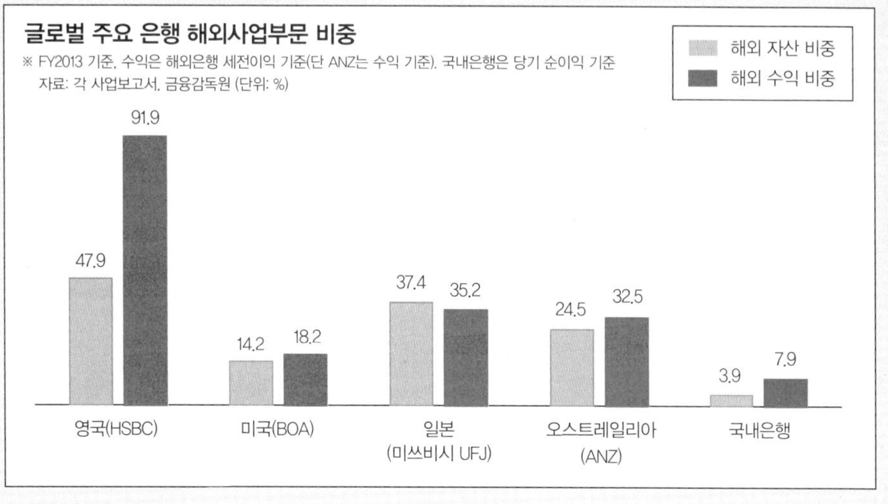

그러나 금융위기 이후 부상하고 있는 오스트레일리아의 ANZ은행, 말레이시아의 CIMB은행은 기축통화국이 아님에도 국제화에 성공하고 있다. 또한 금융국제화에 뒤처지던 일본 금융그룹들도 최근 적극적으로 해외 진출에 나서 성과를 내고 있다. 최근 국제화에 성공한 은행들의 특징은 외화예금 수단을 확보해 금리 경쟁력과 환변동성 대처 능력을 높였다는 공통점이 있다. 오스트레일리아 금융그룹 중 해외 진출에 가장 적극적인 ANZ는 2004년 뉴질랜드 국립은행을 인수해 2012년까지 뉴질랜드 달러 예금을 연평균 5.1%씩 증가시켰다. 또한 2009년에는 스코틀랜드 왕립은행(RBS)의 아시아 자산을 인수해 2012년까지 아시아 태평양 지역에서 연평균 38.7%에 이르는 예금 증가율을 기록했으며, 2007년 5%에 불과하던 아시아 태평양 지역의 총영업이익 비중이 2012년 18%까지 증가했다. 말레이시아 CIMB은행은 이슬람 금융허브를 전략적 목표로 삼아 동남아 국가의 현지 은행을 인수해 현지 통화의 조달 능력을 높이면서 총수익에 대한 해외수익 비중을 2013년 39%까지 높였다.

일본은 경상수지 흑자로 국내에 유입되는 달러 중 상당 규모가 기업과 가계 등 민간이 보유하고 있어 금융기관들의 외화예금 기반이 풍부하다. 미쓰비시 UFJ와 SMBC, 미즈호 등 일본의 3대 금융그룹은 외화예금이 전체예금의 15% 수준으로 2008년 금융위기 이후 미국과 유럽 금융기관들의 아시아지역 대출이 위축된 상황을 해외영업 확대 기회로 활용하고 있다.

국내 4대 금융그룹은 상당 규모의 고객이 해외로 떠나 성장이 정체된 국내 시장에서 상호경쟁에 몰두하기보다 적극적인 해외진출 전략을 추진해야 한다. 특히 해외금융기관에 대한 인수합병(M&A)이나 지분투자 등 좀더 적극적인 전략도 추진할 필요가 있다. 또한 아시아지역의 인프라금융 등 장기 대출 시장에 진출하기 위해 외화자금 조달, 파트너 확보 등 노력을 기울여야 한다. 국내 기업의 외화 조달 주선, 글로벌 경제자문 등 금융 서비스의 질을 향상시켜 국제영업을 뒷받침하며 외화예금을 확보하는 것 역시 과제로 남아 있다. 이를 위해 해외진출을 추진할 수 있는 전문성과 경험 및 언어 능력을 갖고 있는 인재들을 확보하고 육성해야 할 것이다.

국내 대기업들이 글로벌 기업으로 성장하기까지는 임직원들의 도전정신과 자부심이 밑바탕이 되었다. 한국 금융기관의 국제화도 장기적인 시각을 가지고 적극적으로 기회를 찾는 도전정신이 필요하다. 한국 금융의 국제화는 금융기관의 지속 가능한 성장을 위한 발판일 뿐 아니라 한국 경제의 실물과 금융 간 불균형을 해소해 경제안정을 꾀하게 한다. 금융의 국제화는 금융기관의 임직원과 정책당국이 시대적 사명감을 갖고 추진해야 할 과제로 떠올랐다.

자료: 한겨레신문 2014. 9.28

2. 기업국제화의 유형

국제화에는 크게 '시장의 국제화'(Globalization of markets)와 '생산의 국제화'(Globalization of production)라는 두 가지 상이한 유형의 기업국제화가 존재한다. 시장의 국제화란 명백히 독립적이던 개별 국가시장이 하나의 통합된 글로벌시장으로 변화하는 것을 의미하며, 이는 ① 국가 간 교역을 저해하던 각종 장벽들이 감소하여 생산된 제품을 국경을 넘어 판매하는 것이 용이해지고, ② 세계 각국 소비자들의 기호가 점차 동일한 기준으로 수렴하며, ③ 이로 인해 기업은 보다 더 표준화된 제품을 생산함으로써 세계시장의 창조를 가능하게 하였다. 하지만, 이러한 시장의 국제화는 또한 ① 소비자들의 선호도가 국제적으로 동질화되는 것이 일반적인 특징임에도 불구하고, 여전히 개별 시장간 차이가 존재함을 부인하기 어려우며, 따라서 이를 극복하기 위해 기업은 ② 국가특유적인 마케팅 전략과 ③ 다양한 제품생산 능력을 갖춰야 한다는 점 등의 장애요인으로 인해 그 확산에 어려움을 겪고 있다. 반면, 생산의 국제화는 재화와 서비스의 생산에 필요한 요소들(예컨대, 노동력, 자본, 토지 등)을 국외에서 조달함에 있어 그 가격(cost)과 품질(quality)이 국가 간 상이함에 따라 촉진되었다. 생산의 국제화를 설명하는데 있어서 주목해야할 한 가지 특징은 역사적으로 생산의 국제화는 서비스업보다는 제조업에서 활발히 일어나곤 했으나, 최근 점차 현대 커뮤니케이션 기술(특히 인터넷 기술)이 발달함에 따라 다른 국가의 저비용 생산기업으로부터 아웃소싱이 활발히 진행되고 있고, 이에 따라 서비스부문의 국제화가 급격히 진척되고 있다는 사실이다. 이러한 생산의 국제화는 ① 자유무역을 어렵게 하던 장애요소들이 상당 폭 감소했음에도 불구하고 공식적, 혹은 비공식 교역장벽이 상당부분 존재하고 있다는 점, ② 일부 국가에서는 해외직접투자의 유입을 제한하는 정책적 수단을 행사하고 있다는 점, ③ 기술의 발전에도 불구하고 여전히 상당한 수송비용이 발생하고 있다는 점, 이외에도 ④ 여러 가지 복잡한 정치 · 경제적 위험요소들이 해외시장에 상존한다는 점 등이 이를 저해하는 주요 원인이 되고 있다.

3. 기업국제화의 동기

앞에서 기업의 국제화와 관련된 의미와 특징, 그리고 유형을 함께 살펴보았다. 이와 같은 논의에 부연하여 과연 어떤 요인들이 국제화를 촉진하였는지에 대해 재차 간략한 정리를 해봄으로써 기업의 국제화 개념을 보다 잘 이해하기 위한 노력을 시행해 보고자 한다. 이를 요약해 보면 다음의 <표 1-1>과 같다.

상기에 제시한 요인들 중에서도 특히 ① 제2차 세계대전 이후 재화, 서비스 및 자본의 자유로운 이동을 가로막던 장벽이 상당 폭 감소하고, ② 다양한 분야에서의 급격한 기술발전이 전 지구적으로 이룩되었다는 두 가지 거시요인들이 국제화를 촉진하는데 크게 기여하였다. 이를 조금 더 구체적으로 설명하면, 1920년대와 30년대 동안, 각국은 국제교역과 해외직접투자를 가로막는 가공할 장벽들을 설치 운용하였다. 그러나 제2차 세계대전 이후 서방 선진국들은 국가 간 재화, 서비스 및 자본의 자유로운 이동을 막는 장벽들을 점차 제거하기 시작하였다. 이러한 국제 교역장벽의 제거는 지금 현재 우리가 일컫

표 1-1 ● 기업국제화 촉진요인

1. 국제무역환경의 자유화	2. 기술의 발전
• 자유무역을 저해하던 장벽의 감소 • 사회주의 경제의 개방	• 커뮤니케이션 • 정보 가공기술 • 수송기술
3. 통신수단의 발전	**4. 소비자기호의 동질화**
• 지구적 조정 및 통합능력의 증대 • 지구적 정보탐색능력의 증대 • 정보지식의 국제교류 활발	• 제품의 현지적합성의 증가 • 지구적 단일시장의 증가

고 있는 국제화를 가능하게 했던 시발점으로 작용하였으며, 여기에 더하여 이룩한 기술의 발전(제2차 세계대전 이래로 커뮤니케이션 기술, 정보 가공기술, 수송기술 등에서 획기적인 발전이 이루어졌다)이 국제화의 움직임을 가속시키는 역할을 함으로써 이를 우리의 현실로 만들어 주었다고 말할 수 있다. 한편, 이상에서 설명한 촉진요인은 실증적 측면에서 기업의 국제화를 견인해왔던 주요한 요인이라 지적할 수 있으나, 기업이 국제화를 추구하는 보다 근본적인 이유는 이들 실증적 요인에 의한 설명만으로는 불충분하다.

그러면 기업이 국제화를 추구하는 근본적인 이유나 동기는 무엇인가? 그것은 기업의 생존(survival)과 성장(growth)을 위해서이다. 기업의 생존과 성장을 위해서는 시간이 지날수록 더 많은 매출과 이익을 달성해야 하는데, 그러기 위해서는 더 큰 시장을 확보해야 가능하다. 따라서 기업은 점진적으로 사업 활동의 범위나 지리적 활동의 범위를 확대하는 국제화를 추구하게 된다.

보다 구체적으로 기업이 최초로 해외시장으로 진출하거나, 여러 국가들로 시장을 확대하고 혹은 각 시장에서 개입 혹은 투자를 확대하게 되는 국제화의 동기들을 전통적 동기와 최근 동기로 구분하여 살펴보면 다음과 같다.

1) 전통적 동기(traditional motivations)

① 주요 원자재나 부품 등의 확보를 위해
② 외국의 저비용 노동력을 활용하기 위해
③ 관세장벽, 수입규제 또는 무역협정 등에 의한 각종 정부규제를 뛰어넘기 위해
④ 국내시장이 포화상태이거나 경쟁이 과도해서 새로운 시장을 확보하기 위해
⑤ 과잉생산 제품이나 공급초과로 인한 재고를 처분하기 위해
⑥ 해외시장으로 수송비용이 과다하거나 수송자체가 어려운 경우
⑦ 경기변동으로 인한 기업의 제반위험을 시장다각화로 회피하고자 할 경우
⑧ 제품이나 기술의 수명주기를 연장하기 위해 수출이나 해외생산을 통하여 시장을 개척 하는 경우

2) 최근의 동기(emerging motivations)

① 규모의 경제가 중요한 산업에서 글로벌 스케일의 생산 및 유통을 통하여 경쟁력을 확보하고자 할 경우

② 다국적화를 통하여 이질적이고 다양한 시장에서의 활동을 통하여 글로벌 학습능력을 확보하기 위해

③ 세계시장에서의 신기술, 제품개발, 마케팅 기법 등과 관련한 추세와 노하우를 확보하기 위해

④ 범세계적인 전략을 수립, 추진함으로써 시장기회를 보다 적극적으로 이용하고자 하는 경우

⑤ 국내나 외국의 경쟁업체에 대항해서 특정 시장국 혹은 지역시장에 선발적으로 진입하여 시장을 선점하기 위해

4. 기업국제화의 이점

우리는 앞에서 기업이 성장과 생존을 위해서 국제화를 진행한다는 것을 살펴보았다. 여기서 우리는 당연히 다음과 같은 의문을 제기할 수 있다. 즉, 과연 국제화는 기업의 성장과 생존을 가능하게 하는가? 달리 표현하면 국제화를 진행하고 있는 기업은 국내기업에 비해 기업의 성장과 생존 면에서 유리한가? 이러한 의문에 대해 물론 반드시 그런 것은 아니지만 일반적으로 이익기회의 포착이라는 점에서 그렇다고 할 수가 있다.

기업의 국제화에 따른 이점을 구체적인 예를 들어 설명하기는 어렵지만 기업의 국제화가 얼마나 진행되었는가를 건물의 높이에 비유해볼 수가 있을 것이다.

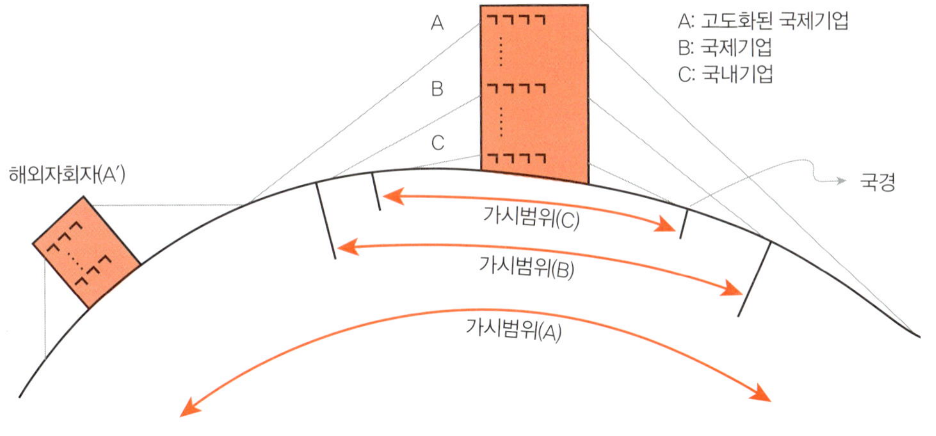

그림 1-1 ● 기업국제화의 가시범위

자료: 방호열 (1990), 「국제경영학」, 법문사, p.37.

그림에서 국내기업(C)는 지상에서 높지 않은, 예컨대 건물의 1~2층 부문에 해당되며, 국제화의 정도가 높을수록 고층건물의 상층부에 가까워진다고 할 수 있다. 그런데 지상에서 높게 올라갈수록 가시범위가 넓어진다. 즉, 멀리 볼 수 있을 뿐 아니라 그 시야도 넓어진다. 따라서 국제화가 진행될수록 가시범위(이익기회의 범위)는 넓어진다고 할 수 있으며, 도중에 높은 산(무역장벽 및 각국 간 경영환경의 현격한 차이 등)으로 인하여 시야가 가릴 경우에 그 범위는 좁아진다고 할 수가 있다. 그런데 고도화된 국제기업(A)는 해외자회사와의 연결을 통하여 지구 전체를 조감할 수 있는 시야를 가질 수 있으며, 이에 따라 각국에 산재한 이익기회를 포착할 수가 있다.

제2절 다국적기업

1. 다국적기업의 정의기준

세계는 WTO체제의 출범과 더불어 국경의 의미를 상실해 가는 무국경세계(borderless world)에 접어들고 있고, 우리들은 자신들도 모르는 사이에 국경을 초월하여 범세계적으로 경영활동을 전개하고 있는 다국적기업과 깊은 관련 하에 하루하루를 살아가고 있다. 예를 들어, 아침에 일어나 신문을 보면 미국의 다국적기업 IBM의 한국 자회사인 한국IBM에서 한국인 관리자를 공개 채용하는 광고를 볼 수 있고, TV에서는 세계적인 다국적기업 존슨 앤드 존슨(Johnson & Johnson)의 자회사인 한국 존슨 앤드 존슨이 생산 · 판매하는 유아용 크림에 대한 광고와 독일 다국적기업인 바이엘(Bayer)이 한국에서 생산 · 판매하는 감기약에 대한 광고를 시청할 수 있다. 어디 그뿐이랴? 시티뱅크나 스탠다드차터드뱅크가 인수 합병한 은행에 예금통장을 개설하고, 주말에는 삼성과 테스코가 공동으로 합작 설립한 홈플러스로 장을 보러간다.

세계경제에 있어서 다국적기업의 중요성이 날로 증대되어 가는 가운데 이제 다국적기업의 자산규모나 매출액이 일국의 경제규모를 능가하거나 또는 다국적기업에서 행하는 경영의사결정이 어떤 특정 주권국가의 일부 정책결정보다 훨씬 더 큰 영향력을 갖고 있다는 사실은 더 이상 놀랄 일이 아니게 되었다. 예컨대, 2000년 전 세계 다국적기업 중 매출 1위의 자리를 획득했던 기업은 액슨모빌(Exxon Mobile)이었으며, 그 당시 이 기업의 매출액은 U$ 645억 달러였다. 그랬던 것이 2018년 현재 전 세계 다국적기업 중 1위를 기록하고 있는 월마트(Walmart)의 총매출은 무려 U$ 5,003억 달러로서, 불과 20년도 채 안되어 7배 이상 급증하였다 (http://www.forbes.com/global2000/list/ 참조).

사례 1-2

미국기업 D사의 다국적기업화 과정

다음과 같은 상황을 상상해보자.

미국기업 D사는 연필제조 및 판매부문에 있어서 미국 시장지배율 1위 기업으로서 오랜 기간 미국 내 독보적 지위 및 여타 경쟁회사 대비 경쟁우위를 확보하고 있었다. 하지만, 얼마 전부터 시장에서의 기업위상이 크게 흔들리고, 매출액이 급감하고 있으며, 이로 인해 이익률 역시 크게 하락하고 있다. 이러한 변화의 주된 이유가 미국 소비자들이 연필을 더 이상 사용하지 않고, 볼펜이나 기타 대체재가 연필을 대신하고 있어서는 아니었다. 실제 샤프 등 연필에 대한 대체재가 존재함에도 불구하고, 연필에 대한 수요는 꾸준히 증가하고 있었으며, 따라서 시장규모도 지속적으로 확대되고 있었다. 그럼에도 불구하고 경영상의 어려움을 겪게 된 주된 이유는 미국 내 국내 상황이 아니라 다른 곳에서 비롯되고 있었다.

최근 얼마 전부터 값싼 노동력을 바탕으로 질 좋은 연필을 생산하는 중국산 연필이 미국 시장으로 물밀듯이 밀려오고 있으며, 이로 인해 미국인들은 값은 비싸면서 반면에 품질의 차이는 크지 않은 미국산 연필대신 수입연필을 구매하는 추세가 확대되고 있었던 것이다. 상황이 이렇게 되자 D사는 우선 행정부에 중국산 연필에 대한 반덤핑관세 부과 등 미국시장으로의 수입을 제한하는 조치를 취할 것을 지속적으로 탄원함으로써 자국 내 시장지배력을 지키고자 하였다. 미 행정부 역시 자국 산업과 기업을 보호하기 위해 D사가 주도한 요청을 수용함으로써 중국산 연필에 대해 효율적인 수입제한 조치를 행하였다.

미 행정부가 시장에 유입되는 중국산 연필에 대해 반덤핑관세를 부과하자 소비자들은 가격이 상승한 중국산 연필대신 다시 미국산 연필에 대한 구매를 확대함으로써 그 효과는 즉각적으로 나타났다. 하지만 중국기업이라고 해서 가만히 손을 놓고 있지는 않았다. 중국기업은 다시 미국시장에 대한 수출을 증대시키기 위해 이전보다 더욱 값싸고 질 좋은 연필을 생산해서 판매하기 시작했으며, 이로 인해 점차 중국산 연필에 대한 수요는 늘어나고, 어느덧 시장상황은 반덤핑관세를 부과하기 이전의 모습으로 되돌아가고 말았다.

당면한 문제를 해결하고, 기업의 생존을 지키기 위해 D사도 각고의 노력을 경주하였다. 연필의 품질은 유지하면서 동시에 원가절감을 통해 판매가격을 줄이기 위하여 우선 전통적으로 연필제조에 사용했던 원목을 재생지로 바꾸는 실험을 실시하였다. 하지만 이내 재생지가 연필깎이에 자주 낌으로써 소비자들의 호응을 받지 못하자, 이번에는 제품을 이원화하는 방안을 고려하였다. 즉, 프리미엄 제품과 일반제품으로 구분하여, 전자에 대해서는 기존의 방식대로 전 공정을 미국산으로 미국에서 수행하되, 후자에 대해서는 해외 자회사 설립과 일부 수입을 병행하는 전략을 통한 비용절감 방안을 추진하였다. 그 후속조치로, 일반제품에 소요되는 나무는 전통적인 미국산 원목이 아니라 값싼 인도네시아산 향나무로 교체키로 하였다. 연필을 구성하는 핵심이라 볼 수 있는 연필심은 기존대로 미국에서 생산하되, 지우개는 한국산 제품을 수입하기로 결정하였다. 반면 연필제조에 필요한 널빤지 생산을 위해서는 중국에 공장을 설립하고, 이 생산된 널빤지를 중국으로부터 멕시코 소재 또 다른 자회사로 가져와 이곳에서 최종 완제품을 생산하는 방법을 채택하였다. 이와 더불어 중국의 공장에서는 특정 브랜드의 제품을 집중 생산하여 주변 국가와 세계 각지로 수출하는 전략을 병행하였다. 이러한 노력은 점차 빛을 발하여, 미국시장 내 입지를 점진적으로 회복시켜 주었으며 이와 동시에 해외수출을 증대시키는 견인차 역할을 함으로써, D사의 매출액을 확대시킴은 물론 다국적기업으로 변모시키는 계기가 되었다.

그렇다면, D사는 현 상황을 타개하기 위해 다양한 여러 옵션 중 왜 해외 자회사 설립이라는 방안을 선택하였을까? 모든 공정을 중국공장에서 수행하지 않고 널빤지 등을 멕시코로 가져와 이곳에서 최종 완제품을 생산한 이유는 무엇일까? D사의 다국적 기업화 과정에서 생각해볼 수 있는 시사점은 무엇인가?

이러한 현실은, 향후 자본주의국가 전체 총생산자산의 80% 이상이 다국적기업에 의해 지배될 것이라고 주장했던 펄뮤터(H.V. Perlmutter)의 추산이 조금도 놀라울 바가 되지 못한다는 사실을 증명하고 있다.

다국적기업은 이제 비단 경제적 측면에서 뿐만 아니라 정치, 사회, 문화, 법률 등 여러 측면에서 투자국과 현지국, 그리고 전 세계 수많은 국가에 영향을 미치고 있다. 결국 오늘날 다국적기업은 세계경제에 수많은 영향을 미치고 동시에 수많은 국가들로부터 영향을 받으면서 세계경제와 다양한 형태로 긴밀화되어 가고 있다.

참고로 미국의 시사경제지인 포춘지가 선정한 2018년 세계 30대 다국적기업과 포춘 500대 기업 중 우리나라 기업의 순위를 살펴보면 <표 1-2>와 <표 1-3>과 같다.

그러면 도대체 어떤 기업이 다국적기업일까? 다국적 기업(多國籍企業, 영어: Multinational corporation 혹은 Multinational Enterprise; 약자: MNC 혹은 MNE)이란 일반적으로 여러 나라에 걸쳐 영업 내지 제조 거점을 가지고 국가적 내지 정치적 경계에 구애됨이 없는 세계적인 기업이다. 다국적기업은 시장, 기술, 경영 방법의 국제적 공동화가 이루어진다. 이와 같은 다국적기업의 일반적인 경향은 국내 기업 활동과 해외 활동의 구별이 없으며, 중요시되는 것은 그 기업의 이익으로, 이익 획득을 위한 장소와 기회가 있으면 언제 어디로든 진출한다. 따라서 본국에 거점을 둔 본사와 각 거점은 모두 독립적인 이익 관리 단위로서의 성격을 지니며, 그 이익을 거점 자체의 경영 충실화를 위하여 현지에 재투자함을 원칙으로 한다.

즉, 활동 거점을 한 국가에 두지 않고 국경을 넘어 복수의 나라에서 세계적으로 활동하고 있는 영리 기업을 일컫는다. 19세기 말 남북 전쟁을 치르던 미국 회사들이 성장하여 시장을 지배한데서 유래하며, 미국의 석유 회사 스탠더드 오일, 필름 회사 이스트먼 코닥, 재봉틀 회사 싱어, 곡물 회사 매코믹, 스포츠 의류 회사 나이키, 아디다스 등이 있으며, 대한민국에서는 삼성그룹, LG, 현대자동차그룹이 대표적이다. 그럼 이를 보다 더 구체적으로 살펴보자.

1) 구조적 기준

이것은 다국적기업을 정의함에 있어서 그 기준을 해외운영대상국의 수 · 모기업 주식소유의 국제적 분포 · 중역진의 국적구성 등 기업구조상의 특성에서 찾는 경우이다.

우선 해외운영국의 수라는 측면을 강조하는 정의로서는 다국적기업을 적어도 1개국 이상에서 해외생산 활동을 하는 기업으로 정의한 릴리엔탈(D.E. Lilienthal)의 정의 외에도, 다국적기업을 「2개국 또는 그 이상의 국가에서 생산, 분배, 판매, 기타 활동을 영위하고 지배하는 기업」으로 넓게 설명한 UN의 정의가 있다.

다음으로 그 기업의 소유권 내지 최고경영층 국적의 관점에서 다국적기업을 정의한

표 1-2 ● 포춘지 선정 2018년 세계 30대 다국적기업

Rank	Company	Country	Sales	Profits	Assets	Market Value
#1	ICBC	China	$165.3 B	$43.7 B	$4,210.9 B	$311 B
#2	China Construction Bank	China	$143.2 B	$37.2 B	$3,631.6 B	$261.2 B
#3	JPMorgan Chase	United States	$118.2 B	$26.5 B	$2,609.8 B	$387.7 B
#4	Berkshire Hathaway	United States	$235.2 B	$39.7 B	$702.7 B	$491.9 B
#5	Agricultural Bank of China	China	$129.3 B	$29.6 B	$3,439.3 B	$184.1 B
#6	Bank of America	United States	$103 B	$20.3 B	$2,328.5 B	$313.5 B
#7	Wells Fargo	United States	$102.1 B	$21.7 B	$1,915.4 B	$265.3 B
#8	Apple	United States	$247.5 B	$53.3 B	$367.5 B	$926.9 B
#9	Bank of China	China	$118.2 B	$26.4 B	$3,204.2 B	$158.6 B
#10	Ping An Insurance Group	China	$141.6 B	$13.9 B	$1,066.4 B	$181.4 B
#11	Royal Dutch Shell	Netherlands	$321.8 B	$15.2 B	$410.7 B	$306.5 B
#12	Toyota Motor	Japan	$265.2 B	$22.5 B	$473 B	$200.7 B
#13	ExxonMobil	United States	$230.1 B	$20.4 B	$348.8 B	$344.1 B
#14	Samsung Electronics	South Korea	$224.6 B	$41 B	$293.2 B	$325.9 B
#15	AT&T	United States	$159.2 B	$30.6 B	$446.3 B	$198.3 B
#16	Volkswagen Group	Germany	$272 B	$13.1 B	$531.4 B	$101.4 B
#17	HSBC Holdings	United Kingdom	$63.2 B	$10.8 B	$2,652.1 B	$200.3 B
#18	Verizon Communications	United States	$128 B	$31.2 B	$264.5 B	$200.9 B
#19	BNP Paribas	France	$117.8 B	$8.5 B	$2,353.9 B	$93.6 B
#20	Microsoft	United States	$103.3 B	$14.2 B	$245.5 B	$750.6 B

#21	Chevron	United States	$139.4 B	$10.2 B	$256.4 B	$248.1 B
#22	Allianz	Germany	$122.5 B	$7.7 B	$1,128.6 B	$100.4 B
#23	Alphabet	United States	$117.9 B	$16.6 B	$206.9 B	$766.4 B
#24	Walmart	United States	$500.3 B	$9.9 B	$204.5 B	$246.2 B
#25	China Mobile	Hong Kong	$109.5 B	$16.9 B	$233.7 B	$192.6 B
#26	Total	France	$155.8 B	$8.4 B	$257 B	$168 B
#27	Sinopec	China	$326.6 B	$8 B	$249.9 B	$138.6 B
#28	UnitedHealth Group	United States	$207.6 B	$11.2 B	$155.6 B	$229 B
#29	Daimler	Germany	$193.2 B	$11.8 B	$323.2 B	$85.7 B
#30	PetroChina	China	$282.4 B	$4.1 B	$381.1 B	$220.2 B

자료: Forbes (2018)

표 1-3 ● **2018년 포춘 500대 기업 중 우리나라 다국적기업**

Rank	Company	Sales	Profits	Assets	Market Value
#14	Samsung Electronics	$224.6 B	$41 B	$293.2 B	$325.9 B
#147	Hyundai Motor	$85.9 B	$3 B	$164.7 B	$31.6 B
#200	SK Hynix	$29.3 B	$10.7 B	$46.1 B	$56.8 B
#219	KB Financial Group	$29 B	$3.1 B	$409.2 B	$21.7 B
#228	Posco	$55.3 B	$2.6 B	$75.6 B	$26.8 B
#273	Shinhan Financial Group	$17.6 B	$2.5 B	$406.6 B	$21.2 B
#281	SK Holdings	$82.5 B	$1.5 B	$102.5 B	$20 B
#295	Korea Electric Power	$52.9 B	$1.1 B	$169.8 B	$21.5 B
#338	Samsung Life Insurance	$25.3 B	$1 B	$264 B	$21.4 B
#411	LG Electronics	$55.7 B	$1.5 B	$38.7 B	$16.5 B
#417	SK Innovation	$40.9 B	$1.9 B	$32 B	$17.9 B
#436	Hana Financial Group	$12.3 B	$2 B	$336.4 B	$13 B
#443	Hyundai Mobis	$30.7 B	$1.1 B	$39.6 B	$21 B
#474	LG Chem	$22.7 B	$1.7 B	$23.4 B	$24.7 B
#476	SK Telecom	$15.7 B	$2.4 B	$33.9 B	$17 B
#485	Samsung C&T	$27.1 B	$744 M	$45.8 B	$23 B

자료: Forbes (2018)

다면 이 기준을 통과하는 기업은 별로 없을 것이다. 유럽에 근거지를 둔 로얄 더치 쉘(Royal Dutch Shell)이나 네슬레(Nestle) 같은 회사가 그러한 기업이 되겠으나, 유럽은 강력한 경제동맹을 형성함으로써 경제적으로는 한 국가나 다름없는 지역이므로 이러한 주주나 중역의 구성을 다국적이라고 하기도 곤란하다.

2) 성과척도의 기준

이것은 다국적기업의 개념을 정의함에 있어서 그 기업의 활동 내지 성과로 나타나는 몇 가지 척도들을 기준으로 하는 정량적 접근방법이며, 해외생산 자회사의 수와 총 사업에서 해외사업이 차지하는 비율 등이 가장 널리 사용되고 있다.

해외생산 자회사의 수를 기준으로 다국적기업을 정의한 대표적 예는, 다국적기업에 대한 많은 실증적 연구를 남긴 하버드대학의 연구프로젝트를 들 수 있는데, 이들은 6개 이상의 해외생산 자회사를 가진 기업을 다국적기업으로 정의했다.

총 사업 중에서 해외사업이 차지하는 비중은 생산액, 매출액, 자산, 고용자 수 등의 기준이 적용되며, 일정수준(예를 들어 20%) 이상의 해외사업 비중을 가진 기업을 다국적기업으로 정의한다.

3) 행태적 특성기준

펄뮤터(H.V. Perlmutter)는 다국적기업을 정의함에 있어서 세계 여러 나라에서 현지생산을 많이 하는가? 또는 해외매출 비중이 높은가? 등과 같이 눈으로 볼 수 있으며 계량화할 수 있는 지표로는 진정한 의미에서의 국제화를 나타내지 못한다고 하였다. 그에 의하면 결국 국제기업이란, 하나의 생동적 현실(living reality)이므로 그 경영층이 세계를 대상으로 하는 기업경영을 행함에 있어서의 생각하는 방식, 즉 사고 상태가 무엇인가를 분석하는 것이 다국적기업을 가장 올바르게 정의하는 것이라고 볼 수 있다는 것이다. 따라서 그는 그 경영자가 어떤 생각, 어떤 태도 또는 행동으로 임하는 것인가가 특정기업체의 다국적성을 판정하는 결정적 중요성을 지닌다고 말하면서 기업을 본국지향형(ethnocentric), 현지지향형(polycentric), 세계지향형(geocentric)기업으로 구분하고 있다.

먼저 본국지향형 기업은 한국 내 대부분의 기업에서 흔히 볼 수 있는 형태로서 본국에서 갖고 있는 사고방식, 가치관, 회사운영 방법들을 그대로 해외에 나가서 적용하려는 태도를 갖고 있다. 이 형태의 경우 주로 본국 시장수요를 충당하기 위해 국제 기업활동을 하며, 해외에서의 기업 활동은 모회사의 생산 활동에 부수되는 부차적인 사업활동이다. 따라서 현지국 자회사에 대한 경영통제권은 모회사에 귀속되며 모회사가 사용하는 제반 경영전략이 별다른 수정 없이 현지국 시장에 그대로 적용된다.

다음으로 현지지향형 기업은 의사결정에 있어서의 권한, 의사소통방법, 인원구성 등

표 1-4 ● 행태별 기업의 분류 및 특성

	본국지향형 (ethnocentric)	현지지향형 (polycentric)	세계지향형 (geocentric)
조직의 복잡성	모회사에서 복잡하나 자회사에는 단순	다양하고 독립적	세계시장에 기반을 둔 고도의 상호의존적인 복합형태
권한 및 의사결정	모회사 중심	비교적 모회사의 권한이 적음	모회사와 전 세계 자회사의 공동참여에 의한 의사결정
평가 및 통제	모회사 기준에 의한 평가	현지국 시장중심으로 결정	전 세계 및 지역적으로 결정
의사소통	모회사가 자회사에게 주로 명령	모회사로부터의 간섭이 거의 없으며, 자회사간의 정보교환도 없음	모회사 및 자회사간 활발한 정보교환
조직원의 국적	본사국 국적이 절대다수 임	현지국의 국적이 많음	범세계적인 국적구성
인사관리	전 세계 요직에 본사국 국적의 인재를 배치	현지국 국민을 중용	국적에 관계없이 최적의 인물 중용

자료: 원종근 (1999), 「글로벌시대의 국제경영: 이론과 전략」, 박영사.

의 여러 조직과 경영면에서 경영자들이 자회사중심적인 태도를 가지는 경우이다. 유럽이나 미국의 기업들은 과거 현지국에 진출한 후, 그 나라에서의 활동은 모두 현지관습에 맞추어 일하도록 하였다.

마지막으로, 세계지향형 기업은 경영자가 전 세계를 하나의 활동무대로 보며 특정국에 구애받지 않는 태도를 가진 기업이며, 펄뮤터는 진정한 의미의 다국적기업은 이런 형태의 기업이라고 주장했다. 세계지향형 기업은 본국과 현지국에 보편적으로 사용될 수 있는 경영방법을 모색하고, 전 세계를 무대로 합리적인 경영전략을 수립하고, 이러한 전략을 현지에서 수행할 때 현지조건에 맞추어 수정하려는 태도를 지닌다. 또한 직원채용에 있어서도 국적에 관계없이 가장 능력 있는 사원을 적재적소에 배치한다.

세 가지 형태의 기업을 여러 가지 측면에서 보다 자세하게 비교하면 다음의 <표 1-4>와 같다.

2. 종합적 정의

이상에서 논술한 바와 같이 다국적기업의 개념정의는 논자에 따라 강조점을 두는 측정기준들이 이질적임에 따라 그 개념정의가 상이하며, 또한 각각의 정의들 모두 그 자체의 이론적인 타당성을 지니고 있으면서도 그 한계점을 동시에 가지므로, 다국적기업에 대한 어떤 독립적이고 포괄적인 개념정의를 정립하는 것은 용이한 일이 아니다.

따라서 어떤 기업체가 다국적기업으로 분류되고 인정받으려면 대체로 이러한 여러 기준들을 종합한 다음과 같은 몇 가지의 공통기준을 만족시킬 수 있는 기업이라야 한다.

① 적어도 2개국 이상에서 해외생산자회사를 가진 기업으로서 그 자회사들이 본사에 의해 계획, 통제되는 기업이라야 한다.

② 총자산, 판매고, 이익, 종업원 등의 상당한 비율이 해외기업경영에서 이루어지는 국제성을 가진다.

③ 이러한 객관적 기준들과 관련하여 그 기업이 시장과 이익을 추구함에 있어서, 경영층의 사고와 활동이 국제적인 관점과 시야에서 이루어진다.

그러나 오늘날 다국적기업으로 인정되고 있는 모든 기업들이 반드시 이상의 모든 요건을 만족시키는 것은 아니다. 다만 이상의 요건을 하나의 종합적 정의로서 제시하여 보았을 뿐이다.

사례 1-3

스톡만 백화점의 러시아시장 진출

1. 러시아의 경제상황

주지하는 바와 같이, 러시아는 브라질, 인도 및 중국과 더불어 브릭스(BRICS)라고 불리며, 2000년대 전후로 급격한 경제성장을 시현한 국가로 꼽히고 있다. 국제유가상승에 기인한 성장뿐만 아니라 정치 및 사회적 안정을 바탕으로 러시아 국민들의 소득수준 또한 높아지고 있어서, 예컨대 2004년에는 7.1%의 고성장을 시현하기도 했다. 더욱이 1인당 GDP가 하루가 다르게 상승하여 실질소득이 상당한 수준에 다다른 러시아 국민들은 그 돈을 아끼고 모으는 것이 아니라, 그 이상 지출하는 높은 소비성향을 보이고 있다. 이처럼 러시아 국민들이 활발한 구매활동을 보이고 있기에 해외진출을 계획하고 있는 다른 국가들에게는 브릭스로 일컬어지고 있는 나라들 중에서도 러시아가 매우 매력적인 시장으로 지목되고 있다.

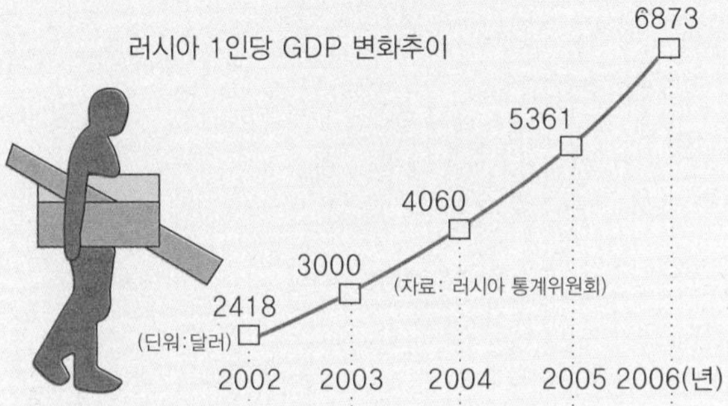

예를 들어, 최고급차로 인식되는 BMW의 매출이 세계 각국 대비 러시아에서 가장 높고, 고가의 최신형 휴대폰도 인기를 얻으며 잘 팔린다고 한다. BMW나 고가의 최신형 휴대폰을 선호하고 구매하는 것으로 짐작해볼 수 있는 러시아인들의 구매패턴은 우선 브랜드를 중시한다는 것을 알 수 있는데, 즉 품질만큼은 보장이 되는 브랜드 제품을 가격이 비싸더라도 구입을 하는 경향이 있다.

핀란드의 스톡만그룹이 '러시아 진출'을 결정한 데는 모두 이 같은 배경을 바탕으로 경제성장을 시현한 러시아 국민들의 '구매력'에 대한 기대 때문이었다고 볼 수 있다. 고가의 브랜드 제품들을 판매하는 백화점은 단연 구매력이 높은 고객들을 목표고객으로 삼기 때문이다.

2. 백화점 및 유통채널 현황

러시아의 대표적인 백화점 "굼(Gum) 백화점"

모스크바 시내 중심가에 있는 "굼 백

화점”은 120년 역사의 국영백화점이다. 이는 3만 3000 m^2, 약 1만평 규모이고, 궁전 같은 고풍스러운 모습의 3층 건물이며, 매장 내에는 전 세계 명품 매장들로 가득 차 있는데, 이는 러시아 부유층의 호화로운 소비생활을 실감나게 보여주는 곳이라 할 수 있다.

이렇게 부유층을 겨냥한 고풍스럽고 화려한 백화점이 있는가하면, 중산층 이하를 위한 대형쇼핑몰도 있다. 즉, 러시아의 유통채널은 백화점과 대형쇼핑몰로 양극화된 형태를 보여주고 있는 것이다. 주로 백화점들은 모스크바를 비롯한 대도시 중심에 모여 있는 반면, 대형 쇼핑몰들은 도심 외곽지역에 흩어져 단지를 이루며 모여 있다.

1) 스톡만(Stockmann) 백화점의 러시아시장 진출

핀란드 최대의 백화점 체인인 스톡만 백화점은 1989년 최초 러시아에 진출한 이래 러시아의 수도이자 가장 소비활동이 활발하게 이루어지고 있는 모스크바뿐만 아니라 여타 피터스부르크 등지에도 부지를 확보해 백화점과 쇼핑센터 등을 통해 그 영향력을 키워나가고 있다.

러시아 피터스부르크에서는 1993년부터 백화점을 지어 영업활동을 운영하고 있는 바, 2005년에 백화점을 하나 신설할 계획을 밝혀 주목을 받기도 했다. 이는 그 지역 주민들의 구매력이 증가하고 있는 현상을 보다 빠르고 세심하게 파악하여 그 수익성을 꼼꼼하게 따져본 것으로 특히, 백화점 진출에 성공적인 러시아에서의 활동에 영업력을 집중하고 있는 것으로 볼 수 있다.

2011년 12월에는 러시아에 진출한 스톡만 백화점 지점의 수가 본국 핀란드와 같은 7개에 이른 사실은 시장진출이 성공적이라는 것을 대변해주고 있으며, 이후 지점을 꾸준히 증설하여 2013년 현재 총 16개의 스톡만 백화점이 시장에서 운영되고 있다. 즉, 러시아 소비자들의 구매력 증가에 따른 소매시장 확대로 인해 지속적인 점포수 확대를 시현하며 성장해나가고 있다.

이와 같은 러시아시장 진출 성공과 관련하여 더욱 주목할 점은 처음 러시아에 진출했던 1989년 당시와 경제 변화를 겪으며 성장하는 2000년 전·후반 시장상황에 따라 정확한 시장분석과 목표고객 선정을 통해 그에 부합한 현지화전략을 사용했다는 점이다. 즉, 1989년부터 이후 몇 년간은 비록 구매력이 높진 않았지만 향후 중

산층이 증가할 것으로 예견, 일단 진출 자체에 의미를 두고 '스톡만(Stockmann)'이라는 이름의 작은 가게 형태로 시장진입을 시작했다. 심지어 러시아 진출 초기에는 모스크바 굼(Gum) 광장에 가판대(stall)의 형태로 음식을 팔았다고도 한다. 비록 스톡만그룹이 핀란드 현지에서는 대그룹이긴 했지만, 보다 신중하고 겸손한 자세로 러시아로의 시장 확대에 임했다고 볼 수 있다.

당시 스톡만그룹의 활동분야는 식품류, 의류, 가구류였으나, 이 모두를 취급한 것이 아니라, 각 분야의 특성을 잘 살려 보다 소규모로 시작했던 것이다. 이렇듯 한 가지 물건만 취급하는 소매점의 형태로 약 10년간 사업을 운영하며, 1997년까지 점차 점포 수를 늘려가는 전략을 사용하여 이름을 알려나갔다.

이후 러시아의 경제성장이 가시화되고 그 성장정도가 날로 커지면서 단지 '구매력이 있는 중산층'이 아닌 "Our customers now are wealthy Russians"라고 부르짖으며 '부유한 중상류층'으로 목표고객을 변경해 나갔다. 이와 같은 노력의 일환으로, 1998년 식품류, 의류, 가구류를 통합적으로 취급하는 '백화점'의 형태를 선보이기 시작했고, 기존 러시아 백화점 대비 보다 더 고풍스러운 외관을 추구하였다. 또한 이전과 달리 고급화 전략을 추구하면서 무엇보다도 명품브랜드들을 백화점 내에 유치하고자 노력하였다. 러시아의 정치적인 상황을 고려해 초기 러시아 모스크바 정부와 협력관계를 맺어둔 것이 브랜드를 유치하고 점포를 더욱 확장하는데 큰 도움이 되었던 것으로 여겨진다.

스톡만 백화점은 성공적인 시장안착에 성공했음에도 끊임없는 특성화전략을 기하기 위해 노력을 경주하였다. 따라서 사업부를 백화점과 의류체인 사업부로 구분, 'LINDEX'와 'Seppala'라는 의류브랜드 개발 및 확장에 힘쓰고 있고, 러시아 내 스톡만그룹이 입점하지 않은 쇼핑몰에도 언급한 브랜드들이 60여개 들어서 있는 바, 이는 소비자들에게 의류잡화산업 및 유통에서 'Stockmann'의 이미지를 각인시킬 수 있는 좋은 전략이 되고 있다.

현재 전 세계적으로 인기를 끌고 있는 스페인 패션브랜드 'ZARA'를 러시아시장에 처음 선보인 기업 역시 스톡만 그룹이었다. 2003년에 'ZARA'의 제작 라이선스를 받아 러시아시장에서 이 제품들을 제작 및 판매하였으며, 2007년에는 세계적인 스포츠의류 잡화브랜드인 'NIKE'와도 손잡고 점포를 5개나 더 확대함으로써 앞으로의 성장에 더욱 기대감을 갖게 하고 있다.

3. 최근 다국적기업의 특징

아래 <그림 1-2>는 현존하고 있는 다국적기업의 예를 보여주고 있다. 여러분들은 다국적기업하면 어떤 기업들을 주로 떠올리고 있는가? 아마도 General Electric, Apple, Volkswagen, BP와 같이 선진국에 기반을 둔 거대 기업들을 먼저 생각할 것이다. 전통적으로는 그와 같은 대답이 맞는다고 할 수 있다. 하지만 <그림 1-2>를 살펴보자. 먼저 삼성, 현대, LG와 같이 우리 눈에 낯익은 기업들을 쉽게 찾아볼 수 있다. 그렇다면, 이들 기업들은 선진국에 소재한 기업들인가? 잘 알고 있는 바와 같이, 삼성, 현대, LG 등은 한국의 경제를 이끌고 있는 한국기업이다. 그럼, 한국은 선진국인가? 세계 12위의 경제 규모에도 불구하고, 안타깝게도 아직 선진국이라고 자신 있게 얘기하기에는 무리가 있을 것으로 판단된다. 그렇다면, 예를 들어 타타(Tata)나 마힌드라(Mahindra)는 어떠한가? 한국의 대우상용차와 쌍용자동차를 인수하기도 했던 이들 기업은 인도에 소재한 다국적기업으로 인도 역시 어느 누구 하나 선진국이라고 주장하는 이는 없을 것이라고 보여진다. 그렇다면, 타퉁(Tatung)은 선진국에 소재한 다국적기업인가? 이 기업 또한 대만기업으로서 대만도 한국과 마찬가지로 선진국 문턱에 와있을지언정 아직 선진국이라고 말하기에는 무리가 있다. 이상의 논의를 통해 이들 기업들의 공통점을 어렵지 않게

그림 1-2 ● 다국적기업의 예

발견할 수 있을 것이다. 과거 국제화가 확산되고 진척되기 이전에는, 다국적기업은 선진국에 본사를 두고 있는 기업이 대부분이었던 것이 사실이다. 하지만 국제화의 파도가 선진국을 넘어 신흥시장과 개발도상국을 휩쓸게 됨에 따라, 이들 선진국이 아닌 국가에 기반을 둔 다국적기업들이 크게 늘어나고 있으며, 이것이 최근 국제화를 통한 다국적기업 추세의 주요 변화라고 지적할 수 있다.

국제화로 기인한 또 다른 다국적기업의 특징 중에 하나는 중소규모 다국적기업의 부상을 꼽을 수 있다. 여러분들은 "원진"이라는 기업을 들어본 적이 있는지 묻고자 한다. 아마도 들어봤다는 대답보다는 들어보지 못했던 기업이라는 대답이 더 많을 것으로 추측된다. 원진은 용광로가 철과 함께 녹는 것을 방지하기 위해 소요되는 내화물을 주로 생산하는 지방소재 중견기업이다. 이 기업은 원자재 확보를 위해 브라질에 지사를 두고 있고, 주요한 생산 활동의 대부분은 중국에 위치한 공장에서 수행하고 있으며, 영국과 네덜란드 등 전 세계 각지에 마케팅 판매 법인을 두고 있는 다국적기업이다. 따라서 매출의 대부분을 해외에서 시현하고 있다. 원진의 예는 곧 다국적기업이 과거와 달리 거대기업의 전유물이 아니며, 최근 중소규모 다국적기업의 부상이라는 기업국제화의 두드러진 특징을 잘 보여주고 있다.

토의자료 1-2

마이크로 다국적기업이 뜬다

《2년 전 당시 28세였던 미국인 조슈아 워런 씨는 한 번도 얼굴을 보지 못한 동갑내기 폴란드인 빅토르 자르카 씨와 크리에이튜이티라는 회사를 차렸다. 두 사람이 실제로 얼굴을 본 건 올해 1월이 처음이었다. 그전에는 이메일과 국제우편, 화상회의가 둘을 이어주는 전부였다.》

이 회사의 월 매출액은 약 10만 달러(약 1억1,400만 원) 수준이다. 고객 회사는 북미와 아시아, 유럽 등 세계 각 대륙에 걸쳐 있다. 직원 13명의 아주 작은 기업이지만 세계시장에서 빠르게 성장하고 있다. 기존 다국적기업과는 비교 자체가 안 될 정도로 규모가 작지만 인터넷과 기술 발전에 힘입어 세계를 무대로 사업을 벌이는 '마이크로 다국적기업'이다.

일하는 방식이 바뀐다

워런 씨와 자르카 씨의 회사는 온라인쇼핑몰을 만들어주는 일을 한다. 워런 씨의 집이 있는 미국 텍사스 주에서 7명이 일하고, 자르카 씨가 있는 폴란드 코닌에서 6명이 일한다. 고객을 찾기 위한 영업은 안 한다. 광고나 마케팅 인력은 물론이고 경리직원조차 없다. 웹사이트 개발자가 직원의 전부다.

크리에이튜이티는 전형적인 마이크로 다국적기업이다. 자신의 핵심역량에만 집중하고 나머지 모든 기능은 적극 외부에 맡기기 때문이다. 크리에이튜이티는 웹사이트 개발 외의 일은 모두 '오데스크'라는 회사에 맡겼다.

오데스크는 미국 실리콘밸리 레드우드시티에 있는 온라인 인력중개 회사다. 구직자가 자신이 어떤 능력을 갖고 있는지 오데스크가 운영하는 사이트에 올리면 기업들은 이를 보고 일을 맡긴다. 단기간 일거리를 거래하는 것이다. 기업은 인력을 정규직으로 채용하는 부담을 덜고 일자리를 구하는 프리랜서는 원하는 시간만큼만 일하게 된다.

크리에이튜이티는 오데스크를 활용해 고객을 찾고, 광고를 하며, 돈을 정산 받는다. 글로벌 사업이지만 큰돈을 들일 필요가 없다. 크리에이튜이티의 창업자 워런 씨 자신도 2009년 10월까지만 해도 오데스크를 통해 일을 구하던 프리랜서였다. 고용한 기업으로부터 좋은 평가를 받아 시작할 때 15달러이던 시급이 10개월 만에 95달러까지 올라갔다. 그렇게 받고도 고객이 줄을 섰지만 워런 씨는 과감하게 프리랜서 일을 포기하고 당시 오데스크에서 자신만큼 잘나가던 개발자 자르카 씨에게 동업을 제안했다.

오데스크가 만드는 '국경 없는 일자리'

다양한 기업이 오데스크를 통해 성공적으로 사업을 진행하고 있다. 미국 샌프란시스코의 섬택은 정원사나 배관공이 필요한 집에 출장 서비스를 제공한다. 미국 전역에서 이런 서비스를 제공하지만 직원은 고작 19명뿐이다. 실제로 일을 하는 배관공이나 정원사는 오데스크에서 구한다. 섬택의 핵심역량은 직접 손으로 하는 기술이 아니라 빠르고 정확하게 사람을 보내주는 능력이다.

페이스북과 구글, NBC, HP 같은 대기업도 오데스크를 통해 단기간 고객 상담원이나 프로그래머를 고용한다.

오데스크는 2007년 사업을 시작한 이래 매년 사업규모가 두 배로 성장했다. 지난해 오데스크가 기업고객으로부터 받아 프리랜서들에게 전해 준 임금은 3억 달러(약 3,420억 원)를 넘었다. 매월 거래되는 일의 종류만 12만 가지이며, 최근에는 마케팅, 회계, 글쓰기 등으로 업무영역이 넓어졌다. 하지만 직원은 80여 명에 불과하다. 오데스크 자신도 인력중개 외의 다른 업무는 230명의 프리랜서를 고용해 해결한다.

오데스크 같은 기업의 등장으로 멀리 떨어진 곳에서 인력을 자유롭게 구할 수 있게 되자 정부의 정책이 바뀐 사례도 나왔다. 기자와 만난 게리 스와트 오데스크 최고경영자(CEO)는 방글라데시 정부가 프리랜서들이 인터넷으로 외국에서 벌어들인 소득에 대해 소득세를 부과하지 않기로 결정한 점을 예로 들었다.

스와트 CEO는 "지금까지 방글라데시에서 외화획득을 위해 고등교육까지 마친 노동자를 해외로 내보냈는데 이들은 벌어들인 돈의 상당액을 해외에서 썼다"며 "이보다는 차라리 이들을 방글라데시에 두고 돈만 적극적으로 외국기업들로부터 벌게 하는 게 국가경제에 도움이 된다고 판단한 것"이라고 말했다.

마이크로 다국적기업(micro multinationals)

핵심 역량을 유지하기 위한 최소한의 인력만 두고 나머지 업무는 아웃소싱을 통해 해결하는 다국적기업을 뜻하는 말로 미국 버클리 캘리포니아대 명예교수이자 구글의 수석경제학자인 할 바리언 교수가 이름 붙였다. 기존 다국적기업들은 각국에 지사를 두는 등 규모가 컸지만 기술발전에 힘입어 아주 작은 다국적기업들이 등장하고 있다.

자료: 동아일보, 2012. 5. 7

제3절 국제경영의 체계와 본서의 구성

국제경영에 대한 정의는 여러 학자들에 의하여 규정되어져 왔지만 아직 통일된 정의는 없다. 일반적으로 국제경영학이란 국경을 넘는 사업거래와 이를 주도하는 기업을 연구 및 교육대상으로 하는 경영학의 한 분야로서, 여기서 국경을 넘는 거래의 대상에는 제품, 서비스, 자본, 인력, 기술, 경영노하우 등이 모두 포함된다.

국제경영학의 분야는 다음의 <그림 1-3>과 같이 크게 네 부문으로 구성되어진다.

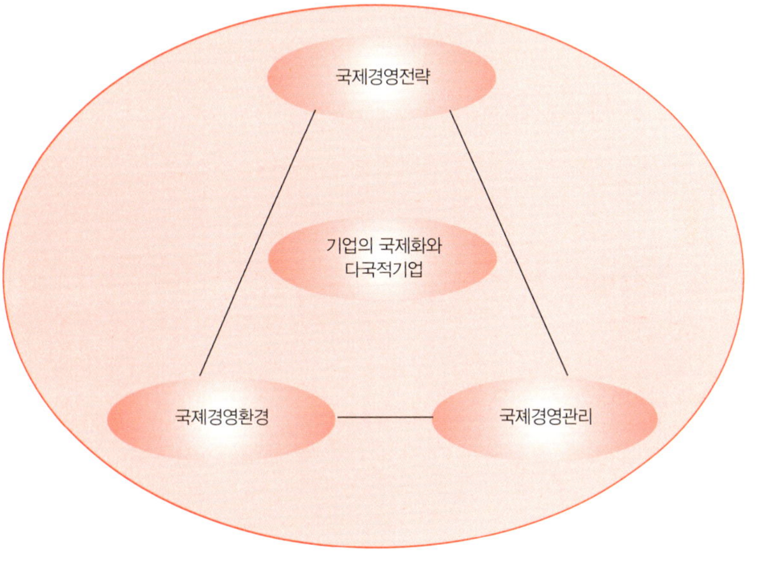

그림 1-3 ● 국제경영의 핵심 분야

1. 기업의 국제화와 다국적기업

국제경영학이란 국경을 넘는 사업거래와 이를 주도하는 기업을 연구 및 교육대상으로 하는 경영학의 한 분야이므로 무엇보다도 기업의 국제화를 주도하는 기업, 즉 다국적기업의 본질을 정확히 알고 있는 것이 중요하다. 이를 위해 기업의 국제화의 개념, 동기, 이점의 분석과 아울러 다국적기업에 대한 정의가 행해져야 한다. 그리고 국제경영을 제대로 이해하기 위해서는 국경을 넘어 타깃 하고자 하는 진입시장의 비스니스시스템과 문화적 차이를 파악하고 이를 명확히 인지하고 있는 것이 선행되어져야 한다. 더불어 「기업의 국제화 또는 다국적기업화를 결정해주는 기본적 요인은 무엇인가」라는 다국적기업의 생성인 내지 결정요인에 대한 분석, 즉 국제경영이론(해외직접투자이론)에 대한 이해가 필요하다.

2. 국제경영환경

국제경영은 이질적인 해외환경에서의 사업 활동을 다루며, 국내환경과는 상이한 해외환경은 다국적기업에게 경영활동의 위협요인인 동시에 기회요인이 되기도 한다. 따라서 효율적인 국제경영을 위해서는 이러한 이질적인 환경에 대한 철저한 이해와 분석이 무엇보다도 중요하다.

특히 국제경영 성과를 견인하기 위해서는 ① 개별국가가 속한 지역주의에 대한 이해, ② 진입하고자 하는 개별시장에서 행해지는 교역정책에 대한 이해 및 ③ 환율과 국제 통화금융 정책 등을 포함한 보다 더 거시적 경영환경에 대한 철저한 분석이라는 세 가지 국제경영환경 요소를 동시에 충족하지 않고는 성공적인 사업운영이 어려울 수 있다.

3. 국제경영전략

이질적 환경이 주는 사업기회를 활용하여 기업의 목표를 달성하기 위한 국제사업활동의 선택 및 특정시장에 대한 진입전략이 중요하다. 또한 국제사업을 영위하는데 있어서의 전략적 제휴와 같은 기업 간 협력도 중요한 국제경영전략이 된다. 인수 및 합병에 의한 해외진출 전략도 고려되어야 한다. 그리고 다수의 국가를 대상으로 국제경영활동이 동시에 이루어지기 때문에 국가 간 자원과 활동을 어떻게 배치하고 이들을 효과적으로 조정할 것인가의 글로벌전략에 대한 이해도 필수적이다. 아울러 다국적기업의 투자활동으로 인해 발생하는 이익과 비용에 대해 알고 있는 것도 빼놓을 수 없는 중요지식이라 할 수 있다.

4. 국제경영관리

기업이 여러 해외사업과 직접투자를 통하여 국제적인 조직망을 갖게 되면, 그 조직을 관리하는 직능관리와 계획 · 조직 · 통제가 중요시된다. 직능관리에는 국제인사 및 조직관리, 국제재무관리, 국제마케팅관리 등이 포함되며, 다시 이들 직능을 총괄하여 어떻게 통제 · 관리할 것인가에 대한 이해도 필요하다.

5. 본서의 구성과 체계

본서도 앞에서 설명한 일반적인 국제경영의 체계에 따라 구성되어 있으며 총 4부, 16개의 장으로 구성되어 있다.

제1부는 국제경영에 대한 기본적인 이해와 관련하여 국제경영에 대한 체계를 분석하며, 국제경영활동을 수행하는 주체인 다국적기업의 개념, 기업국제화의 의의, 시장의 비즈니스시스템 및 문화적 차이의 중요성 등을 살펴본다. 그리고 해외직접투자이론을 중심으로 국제경영이론을 분석한다.

제2부는 국제경영환경과 관련하여 진입하고자 하는 국가의 지역경제통합, 개별시장의 국제교역정책 및 국제금융환경 등을 살펴본다.

제3부는 국제경영전략으로서, 국제사업활동의 형태와 해외시장 진입전략, 전략적 제휴전략, 해외인수 및 합병전략, 글로벌전략 등을 살펴보고, 그러한 전략을 근간으로 발생하는 투자국과 현지국의 이익과 비용을 알아본다.

마지막으로 제4부는 국제경영관리로서, 국제마케팅관리, 국제재무관리 및 국제인사 · 조직관리 등을 살펴본다.

지금까지 설명한 본서의 구성과 체계를 그림으로 표시해 보면 <그림 1-4>와 같다.

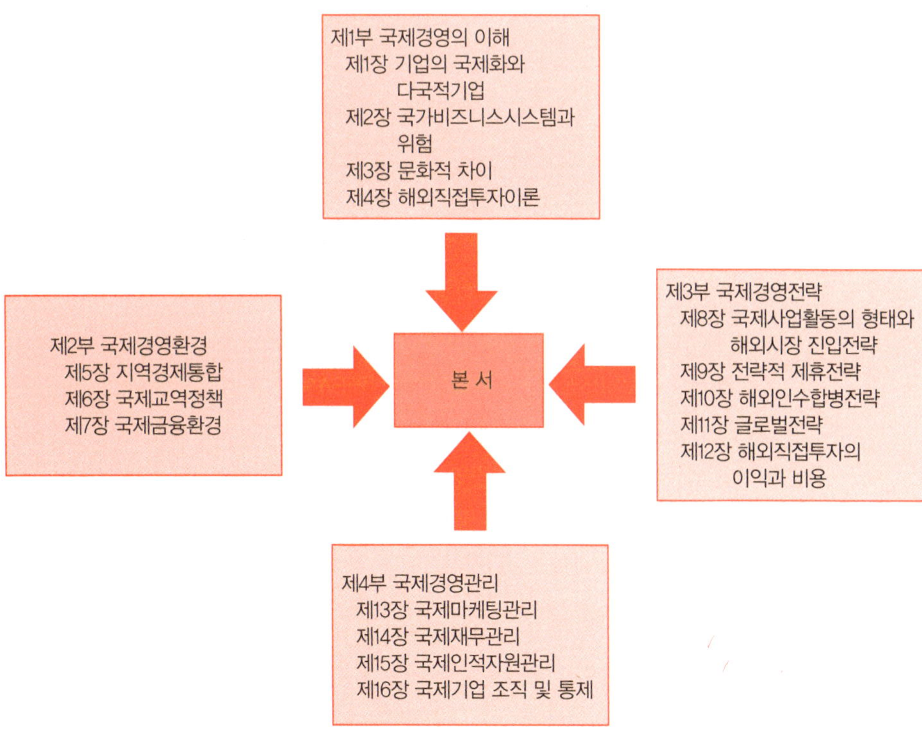

그림 1-4 ● 본서의 구성과 체계

주요용어

기업의 국제화, 범세계화, 다국적기업, 본국지향형 기업, 현지지향형 기업, 세계지향형 기업, 국제경영학, 국제경영환경, 국제경영전략, 국제경영관리

연습문제

1. 기업국제화의 개념과 동기, 이점에 대해서 설명하시오.
2. 다국적기업의 정의기준을 제시하고, 이를 종합하여 다국적기업을 정의하시오.
3. 한국기업의 세계화시대에 바람직한 기업경영태도가 무엇인가에 대해서 설명하시오.
4. 국제경영의 개념과 핵심 분야에 대하여 설명하시오.

참고문헌

Ball, D. A., Geringer, J. M., McNett, J. M., Minor, M. S.(박병일, 최지율 역) (2014), 「국제경영」, McGraw Hill.

Forbes (2018), The World's Largest Public Companies, [online]. Available http://www.forbes.com/global2000/list/ (접속일: 2018년 8월 4일).

Hill, C. W. L. (2011), *International Business: Competing in the global marketplace*, McGraw-Hill Irwin.

Perlmutter, H. V. (1969), Tortuous Evolution of the Multinational Corporation, *Columbia Journal of World Business* 4: 9~18.

강한균, 서민교 (1997), 「다국적기업론」, 진영사.

동아일보, 마이크로 다국적기업이 뜬다, 2012년 5월 7일자.

박병일, 「글로벌경영 사례100」, 시대가치

방호열 (1990), 「국제경영학」, 법문사.

어윤대 외 (1996), 「국제경영」, 학현사.

위키백과 (2018), 다국적기업, [online]. Available https://ko.wikipedia.org/wiki/%EB%8B%A4%EA%B5%AD%EC%A0%81_%EA%B8%B0%EC%97%85 [접속일: 2018년 8월 4일].

이장로, 신만수 (2003), 「국제경영」, 홍문사.

원종근 (1999), 「글로벌시대의 국제경영: 이론과 전략」, 박영사.

전용욱 (2004), 「국제경영」, 문영사.

한겨레신문, 금융 산업의 국제화, 경제 안정의 또 다른 발판, 2014년 9월 28일자.

CHAPTER 02

국가비즈니스시스템과 위험

학습목차

제1절 정치시스템과 위험

제2절 경제시스템

제3절 법률시스템

제4절 개발도상국의 경제개발과 다국적기업의 역할

학습목표

본 장에서는 다국적기업이 진입하고자 하는 시장에서 접하게 되는 해당 국가의 정치 · 경제 · 법률적 체계, 즉 국제경영 활동을 함에 있어서 이들 국가비즈니스시스템의 중요성을 살펴본다. 먼저 다국적기업이 국제경영활동을 할 때 직면하는 정치적 환경의 특성을 알아보고 그에 수반될 수 있는 정치적 위험을 알아본다. 이어서 정치적 위험의 개념과 구성요소에 대한 논의, 그리고 정치적 위험에 대한 다국적기업의 관리전략을 검토한다. 더불어 국가비즈니스시스템을 구성하는 다른 두 축인 경제 및 법률적 제도가 미치는 영향에 대해 조사한 뒤, 끝으로 개발도상국가의 경제개발을 견인하기 위한 다국적기업의 역할을 고려해본다.

도입사례 2-1

구글의 중국 철수

중국은 1978년 덩샤오핑을 필두로 '사회주의 시장경제'를 표방해왔다. 이는 정치체제는 사회주의를 그대로 유지하되, 흔히 사회주의체제 내에서 채택되는 계획경제시스템이 아닌 시장경제시스템을 일부 혼합하는 특성의 경제적 운영을 일컫는다. 덩샤오핑은 이러한 개혁 · 개방정책을 시행할 당시 "창문을 열면 파리가 날아드는 것을 피할 수 없다"라고 언급한 바 있으며, 여기서 의미하는 "날아드는 파리"란, 국가체제 유지에 방해가 되는 것 내지 부정부패 등 다양한 의미를 내포하고 있다. 이 개념을 현대적으로 인터넷사용에 적용하여 그 의미를 해석해 볼 때, 인터넷 검색사이트가 중국 내 자유롭게 아무런 규제 없이 활용될 경우 발생할 수 있는 파리에는 어떤 것들이 있을까? 우선 중국 내 반정부 인사들의 정부 비판, 전 세계적으로 이루어지는 중국의 인권에 대한 비판, 티베트 문제 등 헤아릴 수 없는 파리가 생길 수 있다. 물론 여기서 말하는 파리는 순전히 중국정부의 입장에서 바라볼 때의 표현인데, 그렇다고 인터넷 사용을 완전히 제한하기에는 인터넷이 지니고 있는 경제적 효과가 너무 컸다. 그래서 중국정부는 그들의 정치체제 유지를 위해 인터넷을 개방하되 철저한 검열 및 감시를 시행하기로 결정하였고, 이러한 중국정부의 인터넷 규제를 우리는 '방화장성'이라고 부른다.

구글 차이나는 리카이푸가 2005년 처음 설립했던 바, 2006년 1월 중국 소재 google.cn 인터넷 검색 서비스를 시작하면서 운영을 가동하였다. 이 검색 서비스는 중국 법률에 의거하여 정부의 검열과 감시를 받는 사이트였다. 구글이 중국진출 당시, 중국의 검열을 허용하기로 한 약속에 대해서 많은 서구 언론 및 단체들로부터 비판이 쏟아졌다. 그 예로, '국경없는 기자회'에서는 "자체 검열하는 중국어판 구글"이라는 성명을 통해 구글을 원칙을 깬 '위선자'라고 강하게 비난하였다. 참고로, 구글의 모토는 'Don't be evil', 즉 나쁜 일은 하지 말자이다. 인터넷의 자유를 표방하는 기업 구글이 이렇듯 자유주의에 반하는 요구를 수용하고 외부 단체들의 격렬한 비판을 받으면서까지 중국시장에 진출한 이유는 중국의 인터넷 사용자가 매우 빠른 속도로 증가하고 있어서 이를 포기하기에는 성장 잠재력이 너무 큰 시장이라고 판단했기 때문이었다. 실제로 2008년 중국은 미국을 제치고 인터넷 사용자 1위 국가가 되었다. 2006년 구글이 처음 중국시장에 진출했을 당시의 시장점유율은 15%였고, 이내 2009년 말에는 약 30%까지 성장을 시현하였다. 당시 구글은 약 60%의 시장을 점유한 중국 토종 검색 사이트 바이두에는 비록 미치지 못하고 있었지만, 구글 특유의 기술력을 기반으로 지속적으로 성장할 것이 기대되고 있었다.

그러나 구글은 2009년 12월 중국 인권 운동가들의 구글 계정과 구글 인프라를 해킹하려는 시도가 있었다는 정황을 포착하고, 해킹을 지시한 곳이 중국정부라고 추측했다. 중국정부는 해킹 사실을 부인했지만, 미국정부까지 나서서 중국을 강도 높게 비판했다. 중국정부, 미국정부 그리고 구글을 둘러싸고 잡음은 계속해서 들려왔고, 결국 구글은 3월 23일 중국에서 검색사업 부문을 완전 철수한다는 발표와 함께 곧 사업거점을 중국본토에서 홍콩으로 옮겨갔다.

질문:

1. 로마에서는 로마법을 따라야 한다는 속담이 있다. 그렇다면, 갈등의 원인은 구글에게 있는가?
2. 인권침해 요소와 해킹은 어쩌면 처음부터 예견된 문제였을 수 있다. 그렇다면, 구글은 애초 중국에 진출하지 않는 것이 올바른 결정이 아니었을까? 그럼에도 불구하고 중국에 진출한 이유는 무엇인가? 마지막으로, 구글의 중국철수는 바람직한 결정이었는가?
3. 만일 여러분이 구글의 최고의사결정권자라면 구글에 대해 가해지는 인터넷 규제를 완화하기 위한 어떠한 조치들을 추구했을 것으로 여겨지는가?

제1절 정치시스템과 위험

제1장에서 살펴본 바와 같이 우리가 살고 있는 현대사회는 국제화가 점차 가속화되고 있다. 그러나 현대사회가 아무리 국제화되고 있다 하더라도 다국적기업이 진출한 나라의 비즈니스시스템은 각국의 정치, 경제, 법률체계라는 세 가지 범주에 따라 크게 차이가 난다. 정치체제는 분석할 수 있는 방법이 여러 측면에서 가능하나 크게 보면 민주주의와 전체주의로 구분할 수 있다. 일반적으로 민주주의는 개인주의에 입각한 경우가 많고, 전체주의는 집단주의와 관련이 많은 체제이다. 한편 경제제도는 정치체제와 밀접한 연관성을 가지고 있으며 대개 시장경제, 계획경제, 혼합경제로 분류한다. 이와 같은 정치 · 경제시스템과 아울러 각국이 갖고 있는 법률시스템은 그 나라에 있는 사람들의 행동을 규제하며 그 나라의 법이 적용되는 과정을 결정한다. 독일, 프랑스, 한국, 일본 등 대부분의 국가에서는 성문법 체제를 갖고 있으며, 미국과 영국은 관습법적 체제를 갖고 있다. 반면, 이슬람교를 국교로 채택하고 있는 많은 국가에서는 종교적 가르침에 기초한 신정법을 적용하고 있다. 즉, 법률시스템은 관습법, 성문법, 신정법으로 세분화된다.

1. 정치적 환경

1) 정치시스템의 정의와 형태

정치시스템은 한 국가에 존재하는 정부의 체제로 정의되어질 수 있으며, 진입하고자 하는 시장에서 채택한 정치제도가 얼마나 민주주의적인 요소를 포함하고 있느냐, 혹은 전체주의적인 특성을 갖고 있느냐에 따라 나뉘곤 한다.

우선 민주주의적 정치시스템에서는 개인의 정치적 자유가 그 사회가 근간하고 있는 가장 기본적인 규칙임을 표방하는 것이 중심적인 생각이며, 따라서 국민의 직접적인 선거를 통해 그들의 대표자를 선출하고 정부를 구성하는 특징을 갖는다(이를 보통 '대의민주주의'라고 일컫는다).

이와 달리, 전체주의적 정치시스템에서는 집단의 목표가 개인의 목표보다 중요시되고, 흔히 대중의 이익을 위해 개인의 권리는 희생되는 경향이 있다. 또한 한 개인 혹은 정당이 절대적인 파워를 행사함으로써 정치적 경쟁이 금지되고, 이는 다시 공산주의적 전체주의, 신정적 전체주의, 부족적 전체주의와 극우적 전체주의로 구분된다.

공산주의적 전체주의에서는 사회주의적 이념이 오로지 전체주의적 독재를 통해 성취된다고 생각하는 경향이 있다. 국민의 기본적 자유를 부정하는 이러한 정부형태는, 세계적으로 퇴보하는 추세에 있으나, 남아있는 대표적인 국가의 예로 중국, 베트남, 라오스, 북한 및 쿠바를 꼽을 수 있다.

신정적 전체주의는 종교적 원칙에 따라 지배하는 정당, 그룹 혹은 개인에 의해 정치적 파워가 행사되는 국가에서 발견된다. 신정적 전체주의의 보편적인 형태는 대개 이슬람을 근간으로 하고 있으며, 이들 국가는 국민의 정치적 · 종교적 자유를 제한하고, 그 국가의 법률은 이슬람의 원칙에 기초를 둔다. 신정적 전체주의의 예로는 2010년에서 2011년까지 재스민혁명을 겪기 이전의 전체주의 국가들(예를 들면, 튀니지, 이집트, 리비아 등)을 들 수 있겠다.

부족적 전체주의는 한 정당이 독점적 권력을 보유한 특정 부족의 이익을 대변할 때 발생된다(그 부족이 항상 다수는 아님). 부족적 전체주의는 짐바브웨이, 탄자니아, 우간다, 그리고 케냐와 같은 아프리카 국가들에서 종종 발견된다.

마지막으로, 극우적 전체주의는 일반적으로 개인의 일부 경제적 자유를 허용하는 경향이 있으나, 개인의 정치적 자유는 철저히 금지하며, 독재정부의 등장을 이끌기도 하였다. 많은 극우적 전체주의 정부는 군부에 그 뿌리를 뒀던 역사적 배경을 갖고 있어서 일부 정부는 군 장교 혹은 장성에 의해 직접적으로 통치된 바 있다. 1980년대 이래로, 이러한 형태의 정부는 크게 감소하는 추세이고, 그 예로는 과거 제2차 세계대전을 일으켰던 주범인 독일의 나치나, 이탈리아의 무솔리니 등을 생각할 수 있다.

2) 정치적 위험의 의의

앞서 설명한 정치시스템은 그 특성과 시장을 둘러싸고 있는 주변 환경 및 정세로 인해 다양한 정치적 위험을 양산하곤 한다. 예를 들어 살펴보면, 2003년 초 미국과 이라크 간 정치적 마찰로 인해 이라크는 미 · 영 연합군에 대항하여 전쟁을 치른 바 있으며, 이 때 여러 한국 회사들이 본의 아니게 철수해야만 했었으며, 이로 인해 상당한 손실을 입었던 일이 있다. 과거 이란에서의 정치적 변화로 인하여 비슷한 경험을 감수했던 사례도 있다. 또한 과거 유고연방에 속하였던 보스니아와 크로아티아, 세르비아에 투자했던 기업들도 전쟁으로 많은 자산의 손실을 입었던 바 있다. 그리고 이라크전쟁과 관련하여 폭발한 반미 감정은 미국제품 불매운동으로 직접 연결되고 있어서, 런던 · 파리 · 취리히 등 유럽에 있는 맥도널드 상점 앞에서 연일 반전시위와 함께 '미국 상품반대' 운동이 벌어졌다.

이러한 예들에서 보듯이 외국의 정치적인 정세변화로 인하여 해외사업은 직 · 간접으로 영향을 받는 일이 많은데, 이러한 정치적 변화에 대한 평가와 대응방안을 분석하는 것은 매우 중요하다.

정치적 위험(political risk)의 개념은 국제경영에 있어서 오래전부터 인식되어 왔지만 아직도 그 정의나 평가, 예측방법 등에 있어서 이론상 커다란 발전을 보지 못하고 있다. 일반적으로 정치적 위험은 "정치적 사건이나 과정에 의하여 야기된 잠재적으로 심각한 경영상의 위험"으로 정의될 수 있으며, 정치적 위험의 정의에 있어서 가장 중요한 두 가지 요건은 첫째, 우선 예측하기 어려운 정치적 변화가 있어야 하고, 둘째 그러한 정치적 변화가 기업의 경영활동에 실질적인 영향을 미쳐야 한다는 점이다. 따라서 정치적 위험이란 단순히 어떠한 정치적 변화를 의미하는 것이 아니라, 어떤 정치적 변화가 다국적기업의 범세계적인 경영활동이나 투자자산 또는 수익성 등에 실질적인 영향을 미치게 되었을 때 비로소 그것을 정치적 위험이라고 할 수 있다.

2. 정치적 위험의 원천과 영향

국제기업에게 정치적 위험을 발생시키는 요인, 다시 말해서 정치적 위험의 원천은 무엇이며 이러한 정치적 위험이 어떠한 집단으로부터 발생하는가, 그리고 이러한 정치적 위험이 국제기업에게 어떤 영향을 가져다주는가가 다음의 <표 2-1>에 요약되어 있다.

정치적 위험의 원천을 살펴보면 다음과 같다.

첫째, 현지국가가 지니는 상반된 정치이념이다. 예컨대, 쿠바의 카스트로 정권의 등장과 같은 자본주의 국가가 사회주의 국가로 정치적 체제와 이념이 바뀜에 따라 발생하게 되는 정치적 위험이 대표적이며, 우리나라 S사의 엘살바도르에서의 투자 철수도 이 경우에 해당된다. 이 회사는 1976년 섬유류제품의 대미우회수출과 중남미시장 개척을 위하여 엘살바도르에 현지공장을 설립하였다. 진출을 검토할 당시에도 현지국의 국내 정치상황이 불안하였지만 진출 시의 경제적 이득을 감안하여 직접투자를 결정하였다. 그러나 3년 후 우익정권이 붕괴되면서 정치상황이 극도로 불안해지고 공장운영이 어렵게 되었으며, 결국에는 정치 · 사회적 혼란이 가중되어 모든 잔여재산을 포기하고 부득이 현지법인을 폐쇄할 수밖에 없었다.

둘째, 현지기업과 다국적기업간의 이해관계도 정치적 위험의 원천이 될 수 있다. 몇 년 전에 국내 유수의 건설회사가 중동의 주요 산유국에서 뇌물공여의 이유 때문에 두 차례나 큰 곤경에 빠진 일이 있었는데, 여기에는 현지정부 내의 세력집단간의 권력다툼, 그리고 경쟁이 되는 외국기업의 영향력 행사 등의 복잡한 변수가 개입되어 있는 것으로 알려졌다.

표 2-1 ● 정치적 위험의 원천과 영향

원 천	원천이 되는 집단	국제경영에 미치는 영향
• 상반되는 정치이념 • 사회적 불안과 무질서 • 현지기업인 또는 외국기업인의 이해관계 • 정치적 독립과 주권선언 • 전쟁 또는 내란 • 새로운 외교관계 형성	• 집권정부와 행정부서 • 의회 내 세력집단 • 의회 밖의 세력집단 • 일반 대중 집단(학생, 노동자, 소수민족 등) • 외국정부 또는 국가 간 연합기관 · 단체 • 전쟁 상대국이나 내란을 지원하는 외국정부	• 재산몰수 • 재산수용 • 운용상의 규제(고용정책, 소유정책, 시장점유율, 제품특성 등) • 이전자유의 제한(배당금, 이자, 상품, 인력 등) • 계약의 일방적 파기 • 차별정책(조세, 하천 등) • 재산 또는 인명피해

셋째, 정치적 독립과 주권선언의 경우로 대개 이 경우 식민지국에서 독립하는 나라는 과거 종주국에 대한 반감을 나타내는 사례가 많다.

넷째, 전쟁, 내란, 테러행위 등도 이라크전쟁, 보스니아내전 등에서처럼 정치적 위험의 원천이 된다.

다섯째, 새로운 외교관계의 수립도 인도네시아의 스카르노 정권이 공산권 국가와의 새로운 외교관계를 수립하면서 외국인투자기업에 제한적인 정책을 취한 사례에서처럼 정치적 위험의 원천이 될 수 있다.

한편 정치적 위험의 원천이 되는 집단에는 ① 집권정부와 행정부서 ② 의회 내 세력집단으로서 특히 반대집단 ③ 의회 밖의 세력집단, 주로 반정부단체 ④ 조직화되지 않은 일반대중(학생, 노동자, 소수민족 등) ⑤ 자국에 영향력을 행사할 수 있는 외국정부나 UN, EU 등 국제기구나 단체 ⑥ 전쟁 상대국과 내란 또는 반군세력을 지원하는 외국정부 등이 있다.

정치적 위험은 여러 가지 측면에서 기업의 국제경영활동에 중대한 영향을 미치는데, 보다 자세하게 살펴보면 다음과 같다.

첫째, 재산몰수(confiscation)의 경우로서 이는 피투자국이 자국에 소재하고 있는 외국인투자기업의 사유재산을 아무런 보상 없이 수용하는 경우이다.

둘째, 재산수용(expropriation)의 경우로서 재산수용은 재산몰수보다 훨씬 더 넓은 의미로 보상이 있든 없든 국가가 특정물건의 소유권을 강제로 징수하여 처분하는 행위이다.

셋째, 운영상의 규제(operational risk)로서 이는 피투자국이 외국인투자기업의 시장점유율, 소유권 비율, 제품의 특성, 고용정책 등에 대해 일정한 규칙을 정해놓고 이를 준수하도록 강요하는 경우이다.

넷째, 이전의 자유에 대한 제한(transfer risk)으로서 다국적기업은 기술, 인력, 자본, 원료 등을 내부적으로 해외에 이전하여 거기에서 제품을 생산 · 판매하고, 여기에서 획득한 이익이나 배당을 본국으로 송금하게 되는데 피투자국은 이러한 송금을 제한하기도 한다.

다섯째, 계약의 일방적인 파기나 변경을 들 수 있는데, 이는 민간 기업들 간에 사적으로 맺어진 계약에 정부가 개입하여 이를 파기하거나 변경하는 경우이다.

여섯째, 현지국의 차별정책으로서 현지정부가 조세상의 차별과세를 한다거나, 대형 프로젝트에 하청업체로서만 참여시킨다든지 혹은 강제적으로 정부공사를 수주하도록 강요하는 것을 의미한다.

마지막으로, 재산 또는 인명상의 피해로서 주로 폭동이나 내란, 전쟁으로 인한 피해를 말한다.

3. 정치적 위험의 관리

정치적 위험의 관리는 크게 해외투자 이전의 관리전략, 투자후의 관리전략, 위험발생 이후의 대응전략 등 세 가지로 나누어 볼 수 있다.

1) 투자이전의 관리전략

1 진출포기 여부 결정

정치적 위험이 큰 경우 기업은 어떤 시점에서 과연 그 나라에 투자를 계속할 것인가를 결정해야 한다. 정치적 위험을 평가하는 절차를 거쳐서 만일 정치적 위험이 너무 크다고 판단될 경우에는 그 나라에 투자하는 것을 피하거나, 현재 진행 중인 투자에서 철수해야 한다.

2 지분의 최소화 및 국제적 분산투자

위험수준이 적절하거나 통제가능한 수준이고, 또한 기대수익률이 높게 나타난다면 현지에 투자를 행하되, 만약에 발생할지도 모르는 정치적 위험에 대비하기 위해 지분의 최소화나 혹은 국제적 통합전략을 구사함으로써 불의의 사태에 대비할 수 있는 지혜를 지녀야 한다.

현지지분을 최소화하기 위한 구체적 전략으로서는 현지차입, 합작투자, 경영관리계약 등의 체결 등 세 가지가 있다. 현지차입이나 현지파트너와의 합작투자를 하는 경우 투자부담을 줄일 수 있어 정치적 위험에 노출될 가능성이 적어질 뿐만 아니라 현지 금융기관이나 합작파트너의 이해관계 때문에 재산몰수나 수용 또는 국유화 같은 정치적 위험을 줄일 수 있다. 그리고 현지국의 정치적 위험이 너무 높다고 판단되면 라이선싱이나 경영관리계약과 같은 현지국에 전혀 지분투자를 하지 않는 방법으로 진출할 수도 있다.

표 2-2 ● 정치적 위험의 관리방안

구 분	내부관리방안	외부관리방안
투자이전	• 진출여부 결정 • 지분의 최소화(현지차입, 합작투자, 경영관리계약 등) • 국제적인 통합(생산, 마케팅, 부품조달 활동을 국제적으로 통합)	• 정부 또는 민간 해외투자보험 부보 • 현지정부 보증 • 투자보장 협정
투자이후	• 적극적인 사회적 책임활동 • 현지화 정책 추진 • 적극적인 기술이전	• 정부 또는 민간 해외투자보험 부보 • 해외 투자에 대한 국제협약
위험발생이후	• 적극적인 회수와 보상방안	

그리고 다국적기업은 전략적으로 여러 나라에 투자를 분산시킴으로써 전체적 위험을 감소시켜 피해를 줄일 수 있다.

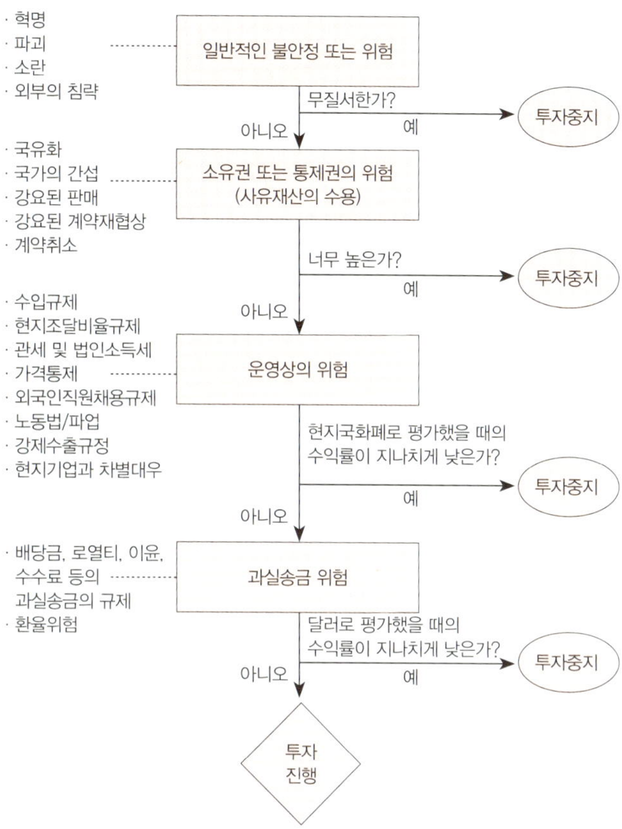

그림 2-1 ● 해외투자의 정치적 위험을 평가하는 의사결정과정

자료: Root, F. R. (2008), *Entry Strategies for International Markets*, *John Wiley & Sons*.

3 국제적인 통합전략의 추구

국제적인 통합전략의 추구는 현지법인의 경영활동을 본사 및 해외자회사들의 경영활동과 연계시켜 국제적으로 경영활동을 통합 · 운영함으로써 정치적 위험을 줄이는 전략이다. 생산, 마케팅, 부품조달과 같은 경영활동을 국제적으로 통합하여 해외자회사를 운영할 경우, 현지정부가 현지자회사를 국유화하더라도 해당 회사를 가동할 수 없기 때문이다. 예컨대, 다국적기업이 생산에 필요한 주요 투입요소와 원료, 기술, 노하우 등을 독점적으로 보유할 경우, 현지기업은 다국적기업으로부터 계속적으로 원료나 기술을 공급받지 못하면 구체적인 조업이 어렵게 되므로 현지국 정부는 함부로 국유화나 규제강화를 시도할 수 없게 된다.

4 보험가입

기업이 해외직접투자 위험을 담보해주는 공적보험 또는 사적보험에 가입하여 정치적 위험을 회피(hedging)하는 방법이다. 예를 들어, 미국의 Overseas Private Investment Corporation이라는 회사는 저개발국에 신규 투자하는 금액에 대해서 보험을 제공하여 주며, 우리나라의 경우 한국수출입은행에서 해외투자 보험을 개발하여 정치적 위험을 줄여주고 있다.

5 현지정부 보증과 투자보장협정

다국적기업이 투자위험이 높은 지역으로 해외투자를 하려고 할 때 현지정부의 보증을 얻어 정치적 위험을 회피할 수 있다. 예컨대, 1990년대 일부 한국기업들이 국교정상화가 안된 상태에서 중국, 베트남, 미얀마 등의 사회주의 국가들에 진출할 때 현지정부로부터 투자를 보장하겠다는 약속을 확보하고 현지투자를 하였다.

한편 투자기업이 본국정부를 동원하여 현지국 정부와 투자보장협정이나 이중과세방지협정을 체결하도록 요청함으로써 정치적 위험을 극복할 수가 있다.

2) 투자이후의 관리전략

일단 현지국에 투자가 이루어지면 기업의 위험은 커지게 되고, 시간이 경과할수록 다국적기업의 교섭력은 저하되는 경향이 있기 때문에 세심한 정치적 위험의 관리가 필요하다.

1 적극적인 기업의 사회적 책임(corporate social responsibility) 활동

현지 지역사회와 투자기업이 원만한 관계를 유지하여 현지 지지기반을 넓혀 나가야 한다. 지역주민의 고용, 학교지원과 장학금 지급, 인근 도로건설, 각종 편의시설 등을 제공하여 현지법인이 지역사회의 발전을 위해 노력하는 선량한 기업시민이라는 이미지를 인식시킴으로써 정치적 위험을 감소시킬 수 있다.

2 현지화정책 및 적극적인 기술이전

다국적기업이 현지인을 자회사경영에 적극적으로 참여시키거나 자회사의 이름이나 경영스타일 또는 경영기법을 현지화 하여 운영함으로써 정치적 위험을 감소시킬 수 있다. 또한 현지부품업체를 육성 · 지원한다든지 적극적인 기술 및 경영 지도를 통해서도 정치적 위험을 감소시킬 수 있다.

3 투자보험과 국제투자협약의 체결

투자이전과 마찬가지로 투자 이후에도 정부나 민간보험에 부보를 하거나, 현지국 정부로부터의 투자보증과 본국정부를 통한 정부간 협정의 체결 등을 통해 정치적 위험을 관리할 수가 있다.

3) 위험발생 이후의 대응전략

실제로 정치적 위험이 발생하였을 경우, 다국적기업은 단계적으로 보상을 받는 또는 투자자산을 회수하는 방안을 강구하는 것이 필요하다.

사례 2-2

엔론社의 인도시장 진출 실패

풍부한 자원, 중국 다음으로 많은 인구, 넓은 국토면적에도 불구하고, 1990년까지 만해도 인도는 외국투자자들에게 있어서 그리 매력적인 시장은 아니었다. 그 이유는 대표적으로 인도가 영국으로부터 독립한 이래로 사회주의적 자급자족 체제를 유지했었다는 사실에서 찾을 수 있다. 그러나 1991년 당시 집권하고 있던 라오 수상은 경제개혁 조치를 발표하고, 개방을 통한 생산의 효율성과 외자유치를 위해 노력하겠다는 의지를 천명하였으며, 이에 수많은 국가들과 기업들이 인도에 주목하게 된다. 그 결과, 1991년 불과 2억 달러에 불과하던 외국인직접투자는 1994년 29억 달러로 급증했다.

이 때 이러한 매력적인 인도시장으로 진출했던 기업들 중 하나가 엔론이다. 엔론은 1990년대 미국 에너지 시장에 대한 규제완화가 행해짐에 따라 에너지 유통업체에서 에너지 중개업체로 급성장한 기업이다. 엔론의 사업은 에너지 중개, 유통, 통신사업 등으로 구성되어 있는데, 포춘(Fortune)이 선정한 500대 기업 중 16위를 시현한 일도 있던 거대기업이다.

1992년 엔론은 인도 주정부와 28억 달러 투자액에 이르는 인도 화력발전소 건설계약을 체결하고, 합작회사인 DPC(Dabhol Power Co.)를 설립하며, 인도시장으로 발걸음을 옮긴다. 엔론은 인도 주정부와 74만㎾ 발전소를 2단계에 걸쳐 건설하기로 합의한 바, 먼저 그 1단계 조치로 9억 2천만 달러를 투자하여 695메가와트 발전소 건설을 시작했다. 그런데 문제는 그 이후 불거졌다. 그 뒤 인도 주정부 정권이 선거를 통해 바뀌면서 국민회의파를 몰아내고 정권교체를 이룩한 국민당은 기존 정권이 엔론과 협상한 계약 내용 자체의 백지화를 선언했다. 국민당에서 이와 같이 백지화를 선언한 이유는 계약 내용에 다음과 같은 특혜가 존재하고 있다는 이유 때문이었다. 이를 구체적으로 살펴보면:

첫째, 연방정부가 주정부의 대금지급을 보증한다.

둘째, 환율은 달러 당 36 루피로 고정한다.

셋째, 20년간 운영권을 보장한다.

넷째, 주전력청은 전력수요에 상관없이 생산한 전기의 90%를 구입한다.

다섯째, 16%의 세후수익률을 보장받는다.

여섯째, 환경영향평가를 면제받는다.

위와 같은 계약내용은 사실 애초 엔론에게 너무나도 유리하게 합의된 협상결과이긴 했다. 따라서 상기 계약내용에 인도 국민들이 반감을 갖는다는 것은 사실 어찌 보면 당연한 것이었으며, 특히 환경영향평가를 면제 받은 것은 환경단체로부터 많은 비판을 받았다. 결국, 엔론은 새 정부의 계약파기를 받아들이고 새로운 협상을 해야만 했는데, 많은 부분을 새로 협상한 뒤 건설을 지속하여 1999년 1단계 발전소를 완공하였다. 그러나 완공 후 얼마 지나지 않아 인도 주정부는 발전소가 설계된 대로 완공되지 않았다며 대금을 지불하지 않고, 오히려 엔론에게 벌금을 부과하였다. 이러한 가운데 엔론 본사가 스캔들 조작 사건에 연루되면서 파산하자 엔론은 발전소 조업과 2단계 건설을 중지했다. 결국 엘론사는 약 10억 달러에 이르는 투자손실을 감내하며 인도시장에서 물러날 수밖에 없었다.

인도시장에서의 엔론의 사례는 정치적 위험이 기업에 얼마나 막대한 영향을 주는지를 보여주는 전형적인 예라고 할 수 있다. 투자국의 정치적인 정세변화로 인하여 해외 진출기업은 직 · 간접적으로 많은 영향을 받을 수밖에 없다. 엔론 사례의 경우, 어쩌면 인도정부 정책의 지속성, 신뢰성 등을 비판할 수도 있겠지만, 엔론의 탓도 없지만은 않다. 먼저, 엔론은 인도 주정부와 최초 협상 시, 본인들의 이해만 과도하게 고려하여 너무 무리한 초기계약을 체결한 면이 없지 않다. 엔론이 인도 주정부와 처음 계약을 맺을 당시, 인도는 해외합작 경험이 거의 전무한 상태였으며, 따라서 엔론의 투자는 인도에게 있어서는 사상 초유의 금액이었다. 인도 국민회의파 정부는 신속한 인프라 구축을 위해 계약을 서두르는 입장이었고, 해외기업과의 협상이 미숙한 상태였기에 엔론과의 협상에서 여러모로 불리했을 수밖에 없다. 이런 상황에서 엔론은 자신들의 이득만을 챙기며, 여러 과도한 안전장치들을 마련해 두고자 했다. 인도는 독립한지 시간이 흘렀다고는 하더라도, 과거 영국에 의한 식민지 경험을 함에 따라 서구에 대한 기본적인 반감을 가질 수 있다는 것은 당연하다. 인도의 입장에서, 엔론의 이러한 행태는 사실 서구 제국주의적 모습과 크게 다를 바가 없다고 느껴졌을 수도 있으며, 계약 체결 종료이후 이내 인도정부와 국민들은 계약이 공정하게 맺어지지 못했음을 깨달았을 것이고, 재협상을 통해 불리한 계약내용을 보완하려고 노력했을 것이다. 마침 인도 내 정권교체는 이러한 명분의 좋은 기회가 되었으며, 따라서 새로이 들어선 인도 국민당 정부는 계약을 원천무효화하고야 말았다.

엔론이 처음부터 인도와의 협상에서 공평한 협상을 진행하고, 자신들의 이득만을 과도하게 고려하지 않았더라면 인도 진출사업이 어쩌면 성공을 거뒀을 지도 모른다. 즉, 엔론이 인도와 대등한 입장에서 계약협상에 임했다면, 인도 내 정권 교체가 일어났을지라도 이것이 정치적 위험으로 작용하지는 않았을지도 모르겠다.

질문:

1. 다국적기업에게 있어서 정치적위험이 왜 중요하게 고려되어져야 하는지를 설명하시오.
2. 엔론이 인도에서 범한 실수를 열거하고, 이것이 현지영업을 수행함에 있어서 어떠한 문제를 야기할 수 있는지 지적하시오.
3. 만약 여러분이 엔론의 최고의사결정권자라면, 재계약체결이후 어떠한 전략을 추구했을 것으로 사료되는가?

제2절 경제시스템

일반적으로 앞서 언급한 정치시스템과 경제시스템은 상호 연관성이 높다. 즉, 개인의 목표가 집단의 목표보다 중요시되는 국가에서는 대개 시장경제를 채택하는 경우가 많으나, 그렇지 않고 개인의 정치적, 경제적 자유가 집단을 위해 희생을 강요받는 국가에서는 흔히 정부가 경제를 강력하게 통제하는 사례가 발견되곤 한다. 여기서 우리는 한 국가의 경제시스템의 유형을 넓게 시장경제, 계획경제, 혼합경제로 구분하고자 한다.

1. 시장경제(market economy)

국가에 의해 주도되고 통제되는 경제체제와 상반되는 개념으로써, 시장경제는 일반적으로 모든 생산 활동이 개인에 의해 주도적으로 행사되어지는 자본주의의 경제를 지칭하는 말이다.

따라서 시장경제체제에서는 모든 경제주체의 생산 활동이 자유로우며, 생산은 수요와 공급의 상호작용에 의해서 결정된다. 즉, 생산이 수요를 초과하면 재화의 가격이 낮아져 생산자는 생산량을 줄이게 되며, 반면 수요가 생산을 초과하면 재화의 가격이 올라가고 생산자는 시장의 신호에 따라 생산량을 늘리게 된다. 즉, 비즈니스를 영위함에 있어 행하는 모든 시장에서의 의사결정이 가격이라는 매개체를 통해 자유의지에 의해 이루어진다. 이러한 경제의 특징은 장기적으로 보아 가격의 자유로운 흐름에 따라 자원의 합리적 분배가 이루어진다는 특징이 있다.

2. 계획경제(planned economy)

순수한 의미의 계획경제 하에서는, 국가가 생산하는 재화와 서비스의 종류와 수량, 그 재화와 서비스의 가격, 이를 생산하기 위한 생산요소(토지 · 노동 · 자본 · 자원 등)의 배분을 정부가 일방적으로 결정하여 실행하는 특징을 갖는다. 즉, 생산수단의 사유를 전제로 하는 자본주의 경제와 달리, 계획경제에서는 기업과 개인의 이윤 · 효용의 극대화와 "사회의 이익"을 위한 자원배분을 정부가 맡아 행사한다. 뿐만 아니라, 모든 기업을 국유화함으로써 국가 경제활동을 정부의 통제와 계획 하에 두며, 이를 다른 말로 강권제 사회주의라 한다.

반면, 동일한 계획경제이면서도 자유제 사회주의는 직업 선택과 소비재 선택의 자유를 인정하고, 이 부문에 대해서 가격의 메커니즘을 적용하고자 하는 계획경제이다. 과거 제2차 세계대전 후의 소련과 동유럽 사회주의 국가가 후자의 유형을 따르다가 1980년대 말 구소련연방이 붕괴되면서 사회주의경제가 무너지고 시장경제로 전환하였다.

3. 혼합경제(mixed economy)

시장경제와 계획경제를 혼합한 경제 형태를 일컬으며, 이중경제(dual economy)라고도 한다. 이러한 경제체제에서는 기업이나 개인이라는 민간 경제주체의 자유로운 경제활동 위에 일부 영역이 존재함으로써 개별경제주체의 최선과 국민경제의 최선과의 조화가 자유시장주의적 메커니즘에 의해 운영되는가 하면, 동시에 정부가 경제활동에 적극적으로 참여 · 개입하는 영역이 공존하는 경제시스템을 지칭한다. 특히 이러한 경제체제에서는 영업상 어려움을 겪는 기업을 국유화하거나, 대규모 정부 국책사업을 시행하거나, 시장의 독점을 금지하고, 적극적인 소득재분배 정책을 시행한다. 정도의 차이는 있으나, 대부분의 경제체제에서 정부 주도의 산업과 민간산업이 공존하고 있으며, 특히 이러한 경제체제는 1930년대의 대공황기에 미국에서 뚜렷이 나타난 이후, 영국, 스웨덴, 프랑스 등으로 차츰 확산되어 갔다.

토의자료 2-1

美자본주의 상징 코카콜라-맥도날드, 볼리비아서 연내 철수

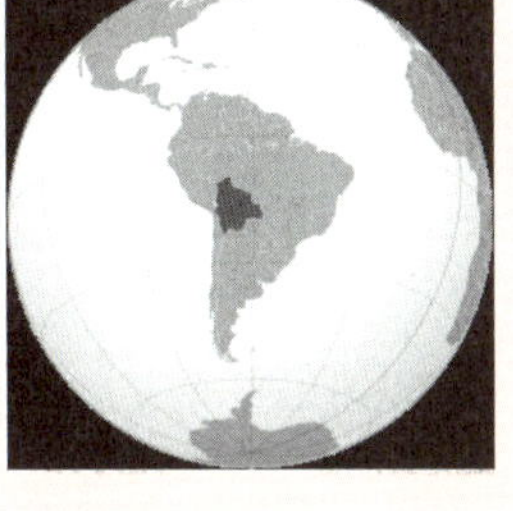

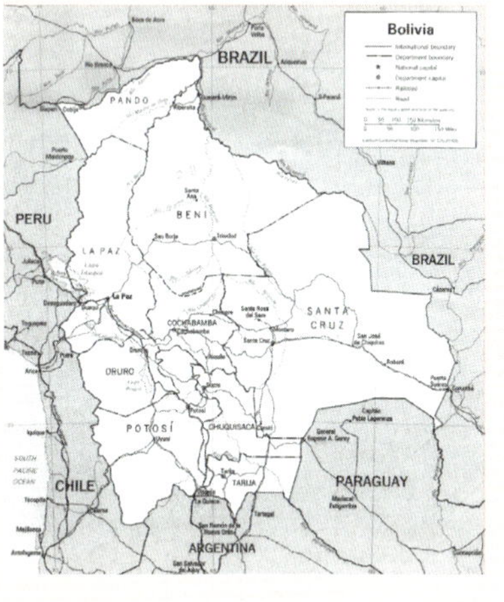

'미국식 자본주의'의 상징이자 세계 최대의 음료회사 및 패스트푸드 업체인 코카콜라와 맥도날드가 연말까지 볼리비아에서 철수할 것으로 알려졌다.

1일(이하 현지시간) 베네수엘라 국영 뉴스통신 AVN에 따르면 볼리비아 외교장관인 다비드 초케우안카는 남미권 위성방송 채널 텔레수르와의 회견에서 코카콜라가 오는 12월 21일까지만 영업활동을 할 것이라고 밝혔다. 그는 "12월21일은 자본주의가 끝나고 공동체주의가 시작되는 날"이라며 코카콜라 추방에 의미를 부여했다.

이어 초케우안카 장관은 대신 볼리비아에선 앞으로 세계에서 가장 많이 판매되는 음료인 코카콜라가 '모코친체(mocochinche)'로 불리는 복숭아 음료로 대체될 것이라고 덧붙였다.

그동안 볼리비아 정부는 코카콜라 음료에 암을 유발하는 위험한 물질이 들어 있는 것으로 의심된다는 주장을 여러 차례 제기했다.

앞서 볼리비아 정부는 지난 2010년 초 코카잎을 원료로 한 에너지 음료 '코카코야'(Coca Colla)를 선보인 바 있다. '코카코야'는 에보 모랄레스 볼리비아 대통령의 정치적 근거지이기도 한 중부 코차밤바 주 차파레 지역의 민간 코카잎 재배업체에 의해 개발됐다. 모랄레스 대통령의 '코카코야' 개발 장려는 당초 미국식 자본주의의 상징인 코카콜라에 타격을 입히는 동시에 지역 코카 재배 농들의 소득증대를 도모하기 위해서였다.

또한 볼리비아 정부는 맥도날드도 14년 만에 영업을 철수할 계획이라고 밝혔다. 이에 따라 볼리비아에서 운영되고 있는 매장 8곳 모두 올해 안에 문을 닫게 된다. 다만 맥도날드의 경우 영업실적 부진이 볼리비아 시장 철수의 주요 배경이 됐다. 볼리비아는 맥도날드가 영업실적 부진으로 철수하는 유일한 국가다. 이것으로 중남미에서 맥도날드 매장이 운영되지 않는 나라는 쿠바와 볼리비아 등 2개국으로 늘어나게 된다.

자료: 파이낸셜뉴스, 2012. 8. 2

제3절 법률시스템

한 국가의 법률시스템이라 함은 예컨대, 시장 내 경제행위를 규제하고 조절하는 원칙과 법을 의미한다. 따라서 한 국가의 법률시스템은 국제경영 활동을 수행함에 있어서 엄청난 중요성과 파급효과를 갖는다. 즉, 한 국가의 법률시스템은 일반적으로 상관습을 통제하고, 상거래가 시행되는 방식을 정의하며, 상거래에 수반되는 권리와 의무 등 원칙을 정하는 역할을 한다. 각 국마다 존재하는 기존 법률적 환경은 상당히 달라서, 법률시스템에 있어서의 차이는 투자처 혹은 시장으로서 한 국가의 매력도를 좌우하기도 한다.

또한 한 국가의 경제시스템과 마찬가지로, 법률시스템 역시 역사적 전통과 더불어 상당부분 정치시스템의 영향을 받는다. 다시 말해서, 정치시스템과 불가분의 관계에 있는 정부는 기업이 비즈니스를 행하는 법률을 제어하고, 한 국가의 법률에는 시장을 지배하는 정치이데올로기가 반영되어 있기도 하다. 본 교재에서 우리는 법률시스템을 관습법, 성문법 및 신정법으로 각기 구분하고, 이들 법체계가 어떠한 특징을 갖는지에 초점을 맞추어 향후 논의를 진행해보고자 한다.

1. 관습법(common law)

관습법은 수백 년간 영국을 중심으로 발전해왔다. 따라서 동 법률체계는 미국을 포함한 대부분 과거 영국의 식민 지배를 받았던 국가들, 즉 영연방 국가들이 채택하고 있다. 관습법은 전통, 선례, 판례 및 풍습에 기초하고 있으며, 전통이라 함은 국가의 역사에 뿌리를 두고 있고, 선례나 판례는 과거 법정에서 규정된 사례에 기초한 반면, 풍습은 특정한 환경에서 법률이 적용되는 방식을 일컫는다. 따라서 법정에서 판결을 담당하는 재판관들은 이러한 특징을 고려하여 법률을 해석하며, 그로인해 관습법 체계에서는 성문법이나 신정법에서는 찾아볼 수 없는 융통성을 갖는다. 관습법 시스템 내 재판관들은 법률을 해석하는 권력을 가짐으로 해서 개별 상황마다 사례의 특징과 상황에 맞게 법률을 적용하고, 각기 사례에 적용된 법해석은 선례나 판례가 되어 미래 발생하는 재판과 필요한 판결에 활용된다. 또한 기존과 다른 판례가 생성된 경우 새로운 상황에 부응토록 법률은 수정 및 개정된다.

2. 성문법(civil law)

성문법시스템은 법전에 기술된 구체적인 법조문에 기초한다. 따라서 성문법을 채택하는 국가에서 법률적 사안이 발생한 경우, 재판관은 법률에 대한 자율적 해석권한을 갖는 관습법 체계에서와 달리, 법률을 있는 그대로 해석해야 한다. 우리나라를 포함한 독일, 프랑스, 일본 및 러시아 등 세계 대부분의 국가들이 이 성문법 체계를 채택하고 있다. 앞서 설명했듯이, 이 성문법시스템에서는 전통, 판례, 풍습에 근거한 다기 보다는 재판관들이 구체적인 법조문에 의지한다는 점에서 판결이 비교적 명료한 반면, 융통성을 발휘하기에는 한계를 갖는다.

3. 신정법(theocratic law)

신정법은 법률이 종교적 가르침에 근거한 법률체계를 지칭하며, 비록 힌두나 유대교 법률이 있기는 하지만, 대체로 현대사회에서 이슬람 법률이 신정법 시스템을 사용하는 대표적 예로 일컬어진다. 이 이슬람법은 상거래법이라기보다는 주로 도덕과 밀접한 관계가 있으며, 이슬람 사회에서 발생하는 모든 사항들을 관장한다. 이슬람법의 토대는 선지자 마호메트의 말이나 가르침(언행록), 즉 순나(Sunnah)와 더불어 코란이라고 불리는 이슬람율법 및 순나와 코란에 확립된 원칙에서 기인한 일반통칙에 기초하고 있다. 이슬람 사회에서 순나와 코란은 곧 신성한 기록 그 자체를 의미하기에 이슬람 법률의 근간은 개정이 불가능하다. 다만, 이슬람 재판관과 학자들은 이슬람 법률이 현대사회에 부합하도록 그 적용에 있어 끊임없이 논의하며, 실제로는 많은 이슬람 국가들에서 신정법과 관습법 혹은 성문법을 혼합하여 사용하고 있다.

4. 왜 법률시스템을 이해해야 하는가?

예를 들어, 대학 친구인 남녀 두 사람이 사정상 수년간 (사실혼 관계는 아닌) 동거를 했

다고 가정하자. 오랜 기간 동일한 집에서 함께 거주함에 따라 그들의 이웃과 친구들은 사실과 달리 그들을 부부로 알고 있으며, 이 경우 관습법 체계를 사용하는 국가에서는 그들을 법적으로 인식된 결혼계약을 체결한 것으로 인정할 것이다. 만일 이 두 사람 중 한 일방이 정말 결혼하고 싶은 이성을 만났을 때, 앞서 기술한 이유로 인해 관습법을 채택하고 있는 국가일 경우, 이들은 법적으로 인식되는 결혼에 대한 해지, 즉 이혼을 선행해야 하여 상황은 무척 복잡해질 것이다. 반면, 만약 이들이 관습법이 아닌 성문법을 채택하고 있는 국가에 거주하고 있었을 때에는 설령 장기간 동거를 해왔더라도 각기 원하는 이성과 결혼을 하지 못할 법적인 아무런 제한이 없기에, 각자 사랑하는 상대와 결혼함으로써 상황은 훨씬 간단하고 명확하게 정리될 것이다. 다시 말하면, 동일한 상황이 발생하더라도 그 상황이 관습법 체계를 사용하고 있는 국가에서 발생했느냐 혹은 성문법 시스템을 채택하는 국가에서 벌어졌느냐에 따라 결과는 무척 상이할 것이며, 동일한 논리가 국제경영에도 적용 가능할 것이다. 즉, 국제경영과 관련된 동일한 거래와 분쟁이 어떠한 법률시스템을 근간으로 두고 있는 국가에서 일어났느냐에 따라 상황에 대한 해석과 결과는 크게 달라질 수 있기에 우리는 진입하고자 하는 시장의 법률적 시스템을 이해하고 대비할 필요가 있다.

사례 2-3

우리들병원의 말레이시아 시장진출 실패

국내에 소재한 우리의료재단의 우리들병원은 척추신경외과 전문병원으로서 1982년 이상호 신경외과의원을 바탕으로 1988년부터 지금까지 전문적인 척추치료 목적의 의료서비스업을 운영하고 있다. 현재 우리들병원은 서울을 비롯해 전국적으로 10개의 지점을 가지고 있으며 인도네시아와 UAE에 해외 지점 병원을 설립했을 뿐만 아니라, 유럽과 남미 지역에도 지속적인 의료수출을 행하기 위해 해당 국가들과 시장진출 계약을 추진 중에 있다. 또한 우리들병원은 의료관광객 유치에 유망한 세계 10대 병원에 선정되어 최첨단 의료기구와 질로 그 기술을 인정받고 있다.

우리들병원

의료산업은 국민의 건강증진을 위해 여러 가지 의료서비스를 제공함으로써 삶의 질을 증대시키고 이와 같은 치료를 통해 수명을 연장하는 데 의의가 있다. 의료산업화는 의료시장이 개방되고 소득이 증대되면서 그 경쟁력과 범위가 넓어지긴 했지만, 현재 국내 의료법은 영리의료법인 개설을 제한하고 있기 때문에 비영리법인만 의료기관을 개설할 수 있다. 최근 비영리법인 형태의 종합 및 개인병원들이 잇달아 개업을 함에 따라 자국민에 대한 의료서비스 경쟁이 치열해졌으며, 따라서 공인된 의료산업 기술을 바탕으로 의료 관광객 유치를 도모하고 있다.

우리들병원은 국내에서 축적한 성공경험을 바탕으로 상기에 설명한 바 있는 치열한 국내 경쟁 환경을 극복하기 위해, 2007년 말레이시아, 인도네시아 및 중국으로 글로벌 의료산업을 진출시키겠다는 의지를 밝혔다. 중국의 경우, 태슬리그룹과 합자를 통해 2008년 12월 중국 상하이에 척추전문 병원을 성공적으로 개원하였으며, 지상4층 53병상 규모에 의사, 간호사 등 의료진을 비롯하여, 약 90명의 직원이 근무하고 있다. 인도네시아의 경우에도 자카르타에 2010년 공동투자의 형태로 병원설립에 성공하였다. 하지만 이와 달리, 말레이시아에서는 사업을 시작하기도 전에 계획이 무산되었다. 그렇다면 시장진출도 하기 전에 고배를 마셔야 했던 이유는 무엇일까?

말레이시아는 13세기 왕국의 설립 이후 18세기부터 20세기 중반까지 영국의 식민 지배를 받았다. 하지만 1957년 독립하게 되면서 입헌 군주제를 따르는 이원 내각제 구성 방식의 정치체제를 가지게 되었다. 우리들병원의 말레이시아 시장진출에 있어서 우선 문제가 된 부분은 말레이시아 정치시스템이 다소 전체주의적인 특성을 띈다는데 있었다. 이와 관련하여, 우리들제약이 말레이시아로 의료수출을 하기 위해서는 정부와의 협약이 선행되어야 했다. 당시 말레이시아 정부는 외국인 투자유치와 의료산업 발전에 힘을 쏟고 있었기 때문에, 정부와의 협약은 무사히 마칠 수 있었다. 구체적으로, 정부는 경제변혁프로그램에서 국가경제핵심영역으로 의료산업을 신장시키기로 결정하면서 피상적으로는 해당국으로의 의료서비스 진출이 수월해 보였던 것이다. 그럼에도 불구하고, 지속되는 말레이인들과 중국계 말레이시아인들 간 갈등으로 발생할 수 있는 내란과 테러의 위험은 정치적 안정성을 저하시켰다. 이들 각 집단 간 갈등과 분쟁은, 정치권에서는 말레이계, 중국계, 인도계를 아우르는 정당연합 국민전선(Barisan National)이 선전을 거두면서 상당히 봉합되는 모습을 보이고 있으나, 각 집단의 상이한 문화, 전통, 종교는 오히려 정치적 갈등 양상을 문화적인 차원으로 다변화시키고 있기도 하다. 이러한 양상은 특히 2000년 이후 두드러졌다. 따라서 말레이시아 다민족 사회에서의 민족 집단 간 갈등은 경제적 불평등이라는 근본적 원인과 함께 문화와 역사적인 측면을 고려하여 좀 더 복합적으로 설명되어야 할 필요가 있는 것으로 보인다. 상황을 더욱 악화시킨 것은, 우리들병원의 말레이시아 진출 시도 시 현지 정형외과의들이 말레이시아 정부에 투자유치에 대한 면허허가를 하지 말도록 정치적 로비를 행했던 데에서 찾을 수 있었다. 실제 말레이시아 정부는 서비스 분야에 외국인 투자제한을 없앤다고 공표하였으나, 세부적으로는 70%만 지분투자 및 참여가 가능한 상태였다. 이는 곧, 현지 투자자가 30% 이상 반드시 참여하여야 병원설립과 영업이 가능하다는 사실을 의미하고 있었으며, 현지 이익집단이 반발하고 정치적 로비가 걷잡을 수 없이 증가하는 환경 속에서는 현지기업과 외국기업의 이해관계 절충이 쉽지 않아 공동투자자를 찾기란 여간 어려운 일이 아니었다. 이에 더해, 현지정부의 차별정책 또한 어느 정도 시장진출 실패에 기여한 것으로 보인다. 말레이시아 정부는 현지에서 병원을 개원하려면 현지 의사를 고용하거나, 현지 정부가 지정한 자국의 의사면허를 한국인이 취득하거나, 혹은 국공립 병원에서 2년을 의무적으로 근무할 것을 요구하였다. 우리들병원의 경우, 현지정부와 협정을 맺긴 하였으나, 이러한 세부적 사항을 미리 조사하여 인지하지 못하였고, 현지 이익집단인 의사단체가 반발할 것을 예견하지 못했던 것이 가장 큰 정치적 요소의 실패요인으로 꼽을 수 있다. 상기한 악재들로 인해, 우리들병원은 정치적 위험 관리 해소를 위한 다른 전략들을 발휘하지 못하고 말레이시아 진출을 접게 되었다.

경제적인 측면을 살펴보면, 말레이시아는 혼합경제체제의 형태를 띠고 있어서 양국 간 큰 차이는 없었으며, 따라서 일견 이는 문제시 되지 않는 것으로 보였다. 하지만 말레이시아의 인구대비 GDP 수준 즉, GNI는 낮은 편에 속하며, 이로 인해 사업이 진출 했을 시 적절한 수입구도를 갖추기가 어려운 상황이었다.

더불어, 말레이시아가 표면적으로는 의료산업의 개방에 대해 긍정적인 태도를 취했다고 할지라도, 내부적으로 해당산업의 경쟁은 아주 치열했고, 내수시장의 크기와 질에 있어서 이미 성장을 확보해 경쟁력을 지니고 있었다. 이것은 정치적 문제에 더해 우리들병원이 앞선 의료기술을 내세운다고 할지라도 경쟁을 극복하고 현지병원을 이길 확률이 크지 않다는 것을 예견해볼 수 있다.

법적인 측면에서는, 수입규제가 두드러지지 않고, 해당 정부는 외국인 투자를 환영하고 있었지만, 우리들병원이 영업하고자 했던 의료산업에 대해서는 법적인 문제가 여전히 존재했다. 먼저, 말레이시아 의료법은 한국과 상이했으며, 이에 대한 양국 간 협의가 국가적 차원에서 이루어진 바 없었다. 구체적으로 말해서, 말레이시아에서 병원을 설립하려면 설립 전 보건부로부터 허가를 받은 뒤 의료면허를 취득해야하는데, 현지의 의사가 반드시 1명 이상 선임이 되어야했다. 앞서 정치적 요소에서 살펴볼 수 있었듯이, 의사집단이 외국병원의 자국 내 설립에 대해 반대를 하고 있던 상황에서 상기 의료법은 우리들병원이 말레이시아로 진출하는데 더욱 어려움을 가중시키는 역할을 했던 것이다. 또한 의사면허법이 까다로워 설령 병원을 설립한다고 해도 정작 의사자격이 없어 의료서비스를 제공할 수 없는 상황이 초래하게 되는 문제도 있었다. 이러한 관계로 법률적 요인들이 정치적 요소와 결합되어 보이지 않는 진입장벽을 만들었던 것이다.

질문:

1. 우리들병원의 말레이시아 시장 진출을 가로막은 정치적 이슈들은 무엇이 있었는지 분석하시오. 이들 정치적 요인들에 대한 극복을 용이하게 했을 전략으로는 무엇이 있겠는가?
2. 말레이시아의 경제적 타당성을 비춰봤을 때, 말레이시아 시장진출을 도모했던 것은 올바른 판단이었는가? 답변에 대한 근거를 제시하시오.
3. 만약 당신이 우리들병원의 최고 의사결정권자였다면, 말레이시아의 법적 장애요인을 극복하기 위해 어떠한 조치를 취했을 것으로 여겨지는가?
4. 만약 당신이 우리들병원의 최고 의사결정권자였다면, 말레이시아 시장진출 성공을 위해 어떤 전략을 행사했을 것인지 종합적으로 기술하시오.

제4절 개발도상국의 경제개발과 다국적기업의 역할[1]

2008년 금융위기 이래로 세계경제의 회복이 지연되고, 이로 인해 다국적기업의 투자활동이 일부 축소되거나 위축되었음에도 불구하고, 지난 30년 동안 전반적인 해외직접투자의 규모는 지속적으로 증가하였다. 그 결과, 1980년 이후 해외직접투자는 전통적으로 선진국, 즉 서유럽 혹은 북미지역으로 주로 행해지던 것이 최근에는 대부분 개발도상국으로 구성된 아시아와 라틴아메리카로 그 투자반경이 확대되고 있다. 또한 화학, 기계, 전기, 정밀기기, 통신과 은행 업무를 비롯한 다양한 영역의 산업 분야들로 직접투자의 유입이 증가되고 있다. UNCTAD가 1999년, 2001년 및 2011년에 발표한 바에 따르면, 1980년 기준 총 해외직접투자 규모가 약 5천억 달러 정도에 머물렀던 반면, 1990년에는 1조 7천억 달러로 늘어났으며, 2000년도에 들어와서는 6조 달러에 이른 것으로 알려지고 있다. 심지어 2010년의 직접투자 규모는 2000년 대비 3배 이상 증가한 것으로 발표되었으며, 그 가치가 20조 4천억 달러에 달하는 것으로 전해지고 있다.

이러한 추세에 부응하여 학계에서는 점차 해외직접투자가 이를 유치한 현지국의 경제발전에 어떠한 영향을 미치는지에 대해 관심을 갖게 되었다. 신고전주의 관점 또는 신성장이론과 같은 주류를 구성하는 경제이론에 따르면, 다국적기업은 최초 자본을 투자하여 현지시장에 기여함은 물론, 선진지식 전파를 매개로 긍정적인 외부 효과를 창출하기에 현지국 경제성장에 상당한 도움을 주는 것으로 이해하고 있다. 즉, 대부분의 개발도상국들은 경제적 도약을 성취하기 위한 전제조건인 자본의 축적이 제대로 이루어지지 않았기 때문에 초기 경제개발을 실행하는데 어려움을 겪는 경우가 흔히 발생하며, 이 경우 외국인직접투자는 국내 저축률과 필요한 투자요구액 간 간극을 좁혀주는 지름길 역할을 해 준다. 이외에도, 다국적기업은 자사의 기술과 경영노하우 등을 해외에 소재한 자회사에 전달함으로써, 이전된 노하우와 지식들이 비시장 메커니즘을 통해 현지경제 전반에 분산되고, 이는 흔히 현지기업의 높은 생산성 및 효율성 향상을 유발시킨다. 더불어 고용창출 또한 외국인직접투자를 유치하는 중요한 이유이기도 하다.

하지만 위의 설명과는 대조적으로, 일부 학자들은 외국인직접투자의 어두운 이면을 강조하는 한편, 현지로부터 발생한 이익과 과실을 지속적으로 본사로 이동시키는 반면 그에 대한 대가는 제대로 지불하지 않는 제국주의의 수단으로 다국적기업을 인식한다. 그들의 설명에 따르면, 다국적기업은 '발전을 위한 동력'이 아닌 '지배를 위한 도구'이자, 개발도상국을 선진경제에 예속시키기 위한 방편으로 바라본다. 이러한 맥락에서 핵심국가와 주변 국가들 간의 경제적 교류는 후자의 경제적 악화로 이어질 수 있으며, 발전

---

1) 본 제4절은 아래 논문을 번역하여 정리한 글이다.
박병일 (2014), What should MNEs do for the economic development of developing countries?: Implications from South Korea, 경영컨설팅연구 14(1): 57~74.

이 늦은 국가로 하여금 핵심 국가들의 투자, 고용 및 기술에 점차 의존하게 만든다고 주장한다. 특히 현지국 내에 존재하지 않는 다국적기업의 기업특유적 지식과 기술은 현지기업을 위협하는 주요한 무기로 활용될 수 있으며, 이를 통해 궁극적으로 다국적기업은 현지시장을 본인들을 중심으로 한 독과점 경영환경으로 변모시킴으로써 이익을 극대화시킨다고 설명한다.

이러한 상기 설명들을 배경으로 몇 가지 질문을 던져보기로 한다. 예컨대, 괄목할만한 경제성장을 시현한 국가들에서의 공통적인 정부정책은 어떠한 모습을 띠고 있는가? 그렇다면, 외국인직접투자는 개발도상국에서 어떠한 역할을 수행해야 하는가? 외국인직접투자가 선진국과 개발도상국 모두를 소외시키지 않고 상호 보완적 발전을 도모하도록 도울 수는 없는가? 다국적기업은 외국인직접투자에 대한 자사의 부정적인 인식을 최소화시키기 위해 어떤 노력을 행해야 하는가? 하지만 현실적으로, 지금까지 국제경영영역에서의 선행연구는 다국적기업의 해외진출 동기와 그들의 투자수익 극대화를 촉진시키기 위한 전략구상에 집중되어져 왔다는 점에서, 이와 같은 질문들 모두에 정확한 답변을 당장 제시하기는 어려워 보인다. 따라서 본 서에서는 이를 성취하기 위한 그 첫 걸음으로 한국의 경제발전 과정을 살펴보고, 성장을 견인한 잠재적 요소들을 토론해 봄으로써 시사점을 찾아보고자 한다.

1. 경제성장을 위한 조건

1970년대 초 산업화 전략을 처음 시도했을 무렵 한국은 전 세계를 통틀어 가장 가난한 국가들 중 하나였다. 그러나 1970년대와 80년대를 거쳐 1990년대 말까지, 그 어떤 발전사에서도 유례를 찾아볼 수 없는 고도의 경제성장을 단기간에 집약적으로 이룩하였다. 그 결과, 1970년에서 2000년까지 한국의 평균 경제성장률은 8%를 웃돌았으며, 세계에서 13번째로 경제규모가 큰 산업국가가 되었다. 1960년 330만 달러에 불과했던 수출규모는 2011년 5,550억 달러로 증가하였고, 메모리칩 생산과 조선 분야에서 선도국의 위치를 차지하게 되었으며, 세계5대 자동차 생산국으로 변모하였다. 하지만 이른바 아시아의 호랑이(예컨대, 홍콩, 싱가포르)라 불리는 다른 인접국들과는 달리, 한국의 경제를 성장시킨 원동력은 외국인직접투자의 유치가 아닌, 재벌들(한국의 거대 복합기업)과 외채였다. 즉, 한국 정부는 다국적기업에 의한 국내시장의 경쟁 격화와 독점을 선제적으로 방어하는 동시에, 국내 자본흐름을 효율적으로 통제하고, 국내의 자본부족 현상을 극복하기 위해 외국인직접투자의 유치보다는 외채에 의존하는 모습을 강하게 보여 왔다. 또한 국가의 주요 자원들을 주로 재벌들에게 배분함으로써 수출주도형 경제성장을 추진하였다. 한편, 상기 언급한 바와 같이, 비록 한국은 세계무대에 발을 담그고 전면에 등장한지 얼마 안 된 후발주자지만, 가난한 약소국에서 산업경제국으로의 변신을 시현한 보기 드문 성공사례로 흔히 일컬어진다. 따라서 한국의 경제발전 과정에 기여한 주요 인자들을 논의해 봄으로써 개발도상국들과의 영업활동을 통해 윈-윈 전략을 찾고자 하는 다국적기업뿐만 아니라 경제성장을 이루기 원하는 다른 저개발 국가들에게도 매우 유용한 시사점을 제공할 수 있을 것으로 판단된다.

1) 인적자본(human capital)

한국은 경제성장의 초기단계에 이미 양질의 교육을 받은 충분한 인적자본들을 축적하고 있어서, 이는 여타 개발도상국들 대비 신속한 경제성장을 시현할 수 있었던 중요한 매개체로 작용하였다. 즉, 한국은 풍부한 인적자본을 기초로 유능한 관료주의를 확립할 수 있었고, 우수한 노동력은 또한 생산성 증대에 기여함으로써 다른 경쟁국들을 캐치업(catch-up) 할 수 있는 원동력이 되었다. 이는 한국의 경제성장과 인적자본간 밀접한 상관관계가 있다는 경제협력개발기구(OECD)(2013)의 발표를 통해서도 공식적으로 확인할 수 있다. 경제협력개발기구는 "25세~64세 사이의 한국 성인 중 80%는 고등학교 졸업 이상의 학력을 가지고 있고, 이는 74%를 기록하고 있는 OECD 평균보다 높은 수치"라고 지적하고 있다. 또한 "25세~34세 사이의 젊은이들 중 무려 98%가 고등학교를 졸업했으며, 이는 82%인 OECD 평균보다 훨씬 높은 수치이고, 특히 한국은 OECD 국가들 중에서도 국어, 수학 및 과학에서 탁월한 기량을 보이고 있다"고 밝힌 바 있다. 경제협력개발기구의 설명과 자료는 한국 내 교육열과 이로 인해 기인된 인적자본의 우수성을 명확하게 대변하고 있다.

2) 기술의 발전

그간 많은 학자들은 기술발전이 경제성장에 있어서 필수요소라고 지속적으로 강조해왔으며, 이를 부인하는 이는 아무도 없을 것이다. 기술의 진보는 동시대 선진경제의 장기적 성장을 자극하는 주요한 요소로 간주되어왔으며, 이와 같은 맥락에서 기술진보는 다수의 경제학자들에 의해 경제성장의 가장 중요한 원천으로 고려되어져 왔다. 한국은 경제발전 초기단계에서 모방을 통해 얻은 지식을 기반으로 기술혁신을 도모해왔다. 1960년대와 70년대, 한국은 수입된 상품을 모방하고 해외기술을 복제하는 데에 중점을 두는 비공식적 경로를 통해 주로 저부가가치 기술을 학습하는데 주력했다. 동시에 기술개발을 목적으로 정부에 의해 제공되었던 각종 보조금은 산업의 동력으로 작용하여 해외시장에서의 상품 판매와 산업화를 촉진시켰다. 이후 1980년대와 90년대에는 해외기술의 수입과 더불어 자체 기술개발을 위한 연구개발 활동에도 적극적인 투자를 시행하여 기술수준을 지속적으로 향상시켜 나갔다. 이 기간 동안 한국은 '단순한 기술의 모방'보다는 '유입된 기술에 대한 창의적인 보완과 개선'에 주력함으로써 커뮤니케이션 분야에서 비약적인 발전을 거뒀을 뿐만 아니라, 선진 산업경제와 비교적 유사한 다양한 기술력을 확보할 수 있었다. 특히 한국에서 성취한 기술발전의 특징은 공공 및 민간부문에 설

표 2-3 ● 교육비 비교표

	GDP 평균					
	초등, 중등 및 대학 이전까지의 교육		대학 교육		모든 교육	
	공립	사립	공립	사립	공립	사립
호주	3.0	0.6	0.7	0.8	3.7	1.4
오스트리아	3.5	0.1	1.2	0.1	5.2	0.2
벨기에	4.3	0.2	1.3	0.1	6.3	0.3
캐나다	3.1	0.4	1.5	1.0	4.6	1.4
체코	2.5	0.3	0.9	0.2	3.9	0.6
덴마크	4.2	0.1	1.6	0.1	6.5	0.6
핀란드	3.8	..	1.6	0.1	5.7	0.1
프랑스	3.7	0.2	1.2	0.2	5.5	0.5
독일	2.6	0.4	1.0	0.2	4.1	0.7
아이슬란드	4.9	0.2	1.2	0.1	7.2	0.7
아일랜드	4.0	0.1	1.2	0.2	5.2	0.3
이스라엘	4.0	0.2	0.9	0.7	5.9	1.4
이탈리아	3.2	0.1	0.8	0.2	4.5	0.3
일본	2.5	0.3	0.5	1.0	3.3	1.7
대한민국	3.4	0.8	0.6	1.9	4.7	2.8
멕시코	3.1	0.6	0.9	0.4	4.7	1.1
네덜란드	3.3	0.4	1.1	0.4	4.8	0.8
뉴질랜드	3.8	0.6	1.1	0.5	5.4	1.2
폴란드	3.4	0.2	1.0	0.4	5.0	0.7
포르투갈	3.4	..	0.9	0.5	4.7	0.5
슬로바키아	2.2	0.4	0.7	0.2	3.5	0.6
슬로베니아	3.4	0.3	1.0	0.2	4.8	0.6
스페인	2.9	0.2	1.0	0.2	4.5	0.6
스웨덴	4.0	..	1.4	0.2	6.1	0.2
영국	4.2	..	0.6	0.6	5.1	0.6
미국	3.8	0.3	1.0	1.7	5.1	2.1

자료: OECD (2013)

립된 연구센터를 통한 자국기술의 적극적인 배양에서 찾을 수 있다. 2000년대 들어서면서, 한국은 해외시장에서 자국의 기술지위를 강화하기 위한 정부차원의 적극적인 정책적 행정지원을 아끼지 않았고, 이러한 지속적인 노력이 있었기에 핵심 선진국들과의 주요한 무역파트너가 될 수 있었음은 물론, 세계에서 13번째 경제대국으로 부상할 수 있었다. 지금도 기술발전과 관련된 연구개발에 선도적인 투자를 적극적으로 시행함에 따라 가장 진보적인 디지털기술을 보유한 국가이자, 전기, 반도체, 통신, 조선 및 자동차 등의 다양한 산업 분야에서 시장을 주도하는 국가로 자리 잡았다.

3) 경제개발에 대한 정부의 의지

혹자는 다음과 같은 의문을 가질지 모르겠다. 자국 경제의 발전을 위해 노력하지 않고 국민의 생활개선을 위해 힘쓰지 않는 정부가 과연 있겠는가? 하지만 놀랍게도 이 질문에 대한 정답은 "YES"이다. Ziegler(2005)의 설명에 의하면, 민주주의 방식으로 선출되지 않은 대부분의 정부들은 국내에 존재하는 자본을 도로, 항구, 공항과 같은 공공 및 사회시설에 투자하는 대신, 주로 자신의 권력을 지탱하는데 도움을 주는 정치 파벌, 군부 혹은 경찰력에 투자하곤 한다. 또한 그는 많은 국가들이 정부 관료들에 의해 자행되는 부정부패로 인해 경제개발에 어려움을 겪고 있으며, 특히 모로코, 온두라스, 방글라데시 및 카메룬 등의 고위 공직자들은 막대한 양의 금전을 외채로부터 갈취하여, 이를 제네바, 런던, 뉴욕 등에 개설된 개인계좌로 입금시키고 있다고 주장하였다.

그러나 언급된 이들 국가들과는 달리, 한국 정부는 자국의 경제를 부흥시키기 위한 다양한 노력을 경주하였다. 첫째, 5년 주기의 경제개발계획을 수립하여 발전단계별 목표를 달성하기 위해 힘썼다(최초 경제개발계획은 1962년에 시작되었으나, 계획의 기안은 제2공화국에서 이루어졌다). 경제개발계획은 총 다섯 차례에 걸쳐 수정되고 재개되었으며, 이 기간 평균 경제성장률은 7~8%를 웃돌았다. 둘째, 정부는 국내에 유입되는 해외자본을 경제개발을 위한 도구로만 사용하여 투명성을 강조하였으며, 국가 전반에 걸쳐 국민들의 삶의 질이 개선되어야만 한다는 신념하에 수차례 불법과 부패에 맞서 싸웠다. 셋째, 새마을운동의 역할을 주목해볼 필요가 있다. 정부는 범국민적인 새마을운동을 통해 경제성장에 박차를 가하고자 했으며, 이는 단순한 지역발전 프로젝트로 끝나지 않고 전 국토의 현대화를 달성하기 위한 전국적인 운동으로 그 영역을 지속적으로 확장하였다. 이러한 정부의 끊임없는 노력은 '한강의 기적'이라 불리우는 성장을 성취하는데 중심 역할을 하였다. 위의 사례를 통해 모든 정부가 자국의 경제적 지위를 향상시키는데 노력하는 것은 아니며, 정부의 경제성장에 대한 갈망이 경제발전의 기반이 된다는 것을 알 수 있을 것이다.

4) 정치적 안정

놓쳐서는 안 될 경제개발을 위한 또 다른 주요한 요인은 정치적 안정을 들 수 있다. 예를 들어, 1991년 이후 소말리아는 내전으로 인해 고통을 받고 있다. 권력쟁취를 위해 시작된 다툼은 정치적 혼란으로 이어지고 내전으로 인해 발생한 사망자는 무려 30만~40

만 명에 이르는 것으로 알려져 있다. 소말리아는 아프리카 내에서도 가장 가난한 국가 중 하나로 인식되는데, 이 국가의 정치적 불안정성은 빈곤의 주요한 원인이 되었다. 또 다른 예로 예멘을 들 수 있다. 예멘은 두 개의 국가, 즉 오스만제국으로부터 자국의 독립을 이룬 북 예멘과 1967년 영국으로부터 독립을 달성한 남부 예멘으로 오랜 기간 분단되어 있었다. 이후 이들은 상호 합의하에 1990년 통일을 이루었으나, 정부 내 주요 직위에 대한 분배문제로 인하여 혼란과 갈등이 야기되었다. 비록 이러한 정치 불안이 북부에 의해 진압되기는 하였으나, 비교적 최근인 2013년, 남부 예멘이 독립을 요구하는 시위가 발생하여 아직까지도 이 문제가 최종 정리되지 못하고 있는 상황이다. 한편, 예멘은 가장 빈곤한 원유 수출국으로 언급되고 있다. 시리아의 역경 또한 경제성장에 영향을 미치는 정치적 안정성의 중요성을 이해하도록 돕는 사례로 꼽을 수 있다. 아랍의 봄은 중동과 북 아프리카 일대에서 다수의 비민주적 경제 국가의 체제를 무너뜨리고 정치적 개선을 이루는 성과를 거두었으나, 이들과 달리 시리아 내 독재자는 시위대를 폭력적인 방식으로 과잉 진압하는 과정에서 그의 권력을 남용하였고, 이는 무역규모 및 내부로 유입되는 외국인직접투자의 감소, 그리고 국가적 식량부족 현상을 발생시켰다.

한국은 산업화 과정에서 이들과는 다른 차별화된 모습을 보였다. 비록 당시 집권하고 있던 통치권자는 한국의 정치사에서 대표적으로 지목되는 독재자(박정희 대통령은 1962년부터 1978년까지 권력을 독점했다)였으나, 12 · 12 쿠데타 발생 이전까지 빠른 속도로 정치적 상황을 안정시켰다. 정부는 정치적 안정을 기반으로 국가주도의 경제성장을 추진, 가난에 허덕이던 한국을 강한 국가로 변모시켰고, 위에 언급하였듯이, 당시 새마을운동은 한국 사회의 발전을 이끈 성공적인 사례로 평가받고 있다. 물론, 정치독재를 찬양하는 것은 당연히 아니나, 그즈음의 정치적 안정이 국가 경제성장에 기여했음은 분명한 사실이다. 소말리아, 예멘, 시리아의 사례를 통해 볼 수 있듯이, 정치적 안정이 부재한 상태에서는 결코 경제개발이 이루어질 수 없다.

5) 자국 시장의 보호

전통적인 국제무역 이론은 자유무역이 자원의 효율적인 배분과 상품/서비스의 효과적인 생산을 가능케 함으로써 수출국 및 수입국 모두에게 상호 이익을 발생시킨다고 설명한다. 예를 들어, 1817년 데이비드 리카르도(David Ricardo)의 주장에 따르면, 각 국가가 비교우위를 지니고 있는 상품의 생산에 특화하고 이를 무역을 통해 교환할 경우 양국의 이익이 증대된다고 하며, 그의 주장은 신성장이론과 같은 오늘날 주류경제학에 많은 영향을 미쳤다. 그러나 이들 이론을 다른 각도에서 해석하고 조명해 본다면, 선진경제대국은 본인들이 보다 효과적으로 생산할 수 있는 고부가가치 상품에 생산력을 집중해야 하는 반면, 개발도상국들은 농업이나 노동집약적 상품들을 판매하는 데에 중점을 둘 수밖에 없다는 점에서, 후진국의 경제개발을 고려할 때 이들 이론의 설명은 사실 난센스에 가깝다. 주류학자들은 자유무역의 미덕이 효율적인 자원의 배분과 이로 인한 전지구적인 부의 창조라고 주장하며, 이것이 전형적인 '비교우위'의 경제원칙이라고 강조하고 있고, 현재 일부에서 각광받고 있는 신자유주의 또한 상기 원칙의 유산이기도 하다.

하지만 과거 주요 산업경제국들이 보인 패턴과 행동방식은 주류학계의 논쟁과는 전혀 다른 양상을 보였다. 미국의 경우를 한번 살펴보자. 미국은 현재 국제시장 내에서 가공할만한 힘을 가지고 있다는 것은 주지의 사실이고, 비록 미국 정부가 흔히 개발도상국들에게 시장개방을 요구하며 압력을 가하는 경우가 있으나, 실상 1913년 미국의 평균 관세율은 자그마치 44%에 이르렀다 (다른 선진국들은 대략 20%를 부과하였으며, 당시 미국은 유럽권 국가들과 비교했을 때, 경제적으로 덜 발달된 국가였다). 일각에서는 오늘날 일본의 주요 수출품이 자동차이며, 일본의 자동차가 다른 산업부문 대비 보다 더 확실한 경쟁력을 갖추고 있다고 주장하고 있다. 하지만 과거 일본 정부는 미국산 자동차로부터 자국시장을 방어하기 위해 끊임없는 노력을 하였을 뿐만 아니라, 이러한 노력이 사실상 일본의 자동차기업이 성장을 도모하던 유치산업 단계에서 시작되었다는 사실을 짚고 넘어갈 필요가 있다. 정부의 보호 하에 일본 내 자동차 제조사들은 심각한 경쟁을 겪지 않으면서 자사의 기술을 안정적으로 발전시킬 수 있었다. 일본과 비교하여, 한국의 사정 또한 크게 다르지 않았다. 한국이 처음 자동차를 생산했을 당시 포니는 국제시장에서 웃음거리이자 조롱의 대상이었다. 그러나 한국 정부는 수입자동차로부터 철저히 자국시장을 보호함으로써 포니가 최소한 한국에서만이라도 충분히 팔릴 수 있도록 배려하였다. 즉, 정부의 충분한 보호와 지원을 받은 자동차 생산기업들은 이를 통해 적절한 기술과 경쟁력을 갖출 때까지 시간을 벌 수 있었다. 이상의 설명은 만일 노동집약적 상품이 아닌 고부가가치 상품을 생산하고 이를 수출하길 원한다면, 개발도상국 정부가 선택해야할 선택지는 시장개방이 아닌 자국시장의 보호라는 사실을 알 수 있다.

본 서는 지금까지 언급된 제반 5가지 요소들이 조화롭게 결합될 때 개발도상국의 경제개발이 현실화 될 수 있다는 사실을 지적하고자 한다.

2. 다국적기업의 역할: 한국의 발전과정으로부터의 시사점을 중심으로

비록 일부 선진국 경제에 부침의 모습이 있긴 했으나, 이들은 대체로 지난 수십 년간 무리 없는 꾸준한 성장을 시현하였다. 하지만 선진국들과는 대조적으로 다수의 개발도상국들은 자국의 생활수준을 발전시키고, 국가적인 경쟁력을 강화시키는데 많은 어려움을 겪어왔다. 이러한 현상으로 말미암아 개발도상국 내 영업환경에 영향을 미치는 다수의 이해관계자들(예컨대, 현지 정부, 현지 소비자, 비정부기구 등)은 다국적기업이 과연 현지국의 경제성장에 어떠한 기여를 하는지에 대해 많은 관심을 갖기 시작하였으며, 이들은 현지시장에서 다국적기업이 '올바른 시민'으로 행동하도록 감시자의 기능을 수행하였다. 또한 다국적기업 역시 이로 인해 수행한 사회적 책임활동으로 인해 자사의 이미지 개선 및 브랜드 가치를 상승시킬 수 있었고, 해외에서 발생하는 외국인비용을 극복하는데 기여하였으며, 소비자 신뢰를 확대시킬 수 있었다. 이러한 관점에서 본 서는 다국적기업의 성공 가능성을 견인하고 동시에 개발도상국 경제의 성장을 촉진하기 위해 아래와 같은 역할에 충실해야 한다고 제안한다.

첫째, 다국적기업은 현지시장의 인적자본 개선을 위해 노력해야 한다. 인적자본이 경제개발을 위해 얼마나 중요한지는 한국의 사례를 통해 설명하였다. 만일 인적자본이 충분치 않았을 때 초기 경제개발의 착수와 유지는 대단히 어려울 것이다. 이러한 관점에서 다국적기업은 현지시장에서 적극적인 문맹 퇴치 캠페인을 벌임은 물론, 대학과 같은 고등교육기관들을 설립하는 등 개발도상국에 기여할 수 있는 방법을 찾아야 할 것이다.

둘째, 자사의 기술 및 지식을 끊임없이 숨기고자 노력하는 모습은 바람직하지 않다. 대체로 다국적기업은 자사의 기술 및 지식을 현지국에 이전하는 것을 꺼리는 경향이 있다. 이러한 행동은 다국적기업의 지식 원천이 현지기업들에게 노출됨으로써 장기적으로 국제시장에서 현지기업이 새로운 경쟁기업으로 부상할 것이라는 두려움에 기인한다. 본 서는 지식이 공익(public goods)의 특성을 갖는다는데 동의하지만, 그럼에도 불구하고 현지기업이 다국적기업으로부터 습득한 정보를 제대로 활용하기까지에는 상당한 시간이 필요하다는 사실을 지적하고자 한다. 즉, 전(全)지구적인 발전과 인류의 성장을 위해서는 자신들 내에 배태된 노하우를 현지기업이 흡수하는 동안 다국적기업은 기술을 숨기기보다는 내재되어 있는 기술을 한 단계 발전시키고자 노력할 때 보다 더 다양한 혁신을 이룰 수 있다.

셋째, 다국적기업은 개발도상국 내 부패를 근절하는데 힘쓰고, '올바른 시민'으로 정착하고자 노력을 경주해야 한다. 기업은 엄격하고 강제적인 규범이 존재할 경우 사회적 책임을 이행하는 경우가 많으며, 대부분 이러한 규정들이 기업과 정부 그리고 여타 이해관계자들의 협상과 합의를 통해 조성되었을 경우 효율적인 강제적 압력으로 작용하곤 한다. 실제로 다국적기업들은 해외시장에서 영업활동을 영위할 시 많은 정치, 경제, 법률적 불확실성과 맞닥뜨리게 되고, 이는 주로 개발도상국의 경영환경을 구성하는 제반 제도와 규정들이 제대로 갖추어져 있지 않다는 사실에서 기인한다. 이로 인해 불행하게도 현실 속의 다국적기업은 자신들의 이익만을 취하기 위해 잘 갖추어지지 않은 현지 규제와 아직은 계몽되지 않은 사회 문화적 의식을 악용하는 모습을 자주 보이곤 한다. 하지만 우리는 여전히 다국적기업들이 현지사회에 적극적으로 참여하여 도덕적 활동 및 사회 안녕의 유지를 위해 노력하고, 사회적 책임을 다하는 행위를 보여줄 것을 기대하며, 이들이 법적·경제적 의무 이상의 활약을 수행할 것을 희망한다.

넷째, 다국적기업은 특히 사회적 책임활동을 비용이 아닌 의무로 생각해야 한다. 기업의 궁극적인 목표가 주주의 이익창출에 있다는 사실 자체를 부인할 수는 없으나, 오늘날과 같이 격변하는 환경에서도 동일한 명제가 적용되어야 하는 것일까? 다국적기업은 개발도상국들이 겪고 있는 다양한 어려움과 고통을 모른 척 해야 하는 것일까? 물론, 격변의 불확실한 시장 환경을 잘만 이용한다면 보다 더 많은 상업적 이익 기회를 창출할 수 있을 것으로 사료된다. 하지만 다국적기업이 이윤만을 추구하는 모습을 보이며 비윤리적인 행위를 하는 독립체로 활동하는 것은 결코 바람직하지 않다. 예를 들어, 대부분의 사하라 사막 이남의 아프리카 국가들은 AIDS의 확산으로 몸살을 앓고 있으며, 그 규모가 지속적으로 확대되고 있는 것으로 알려져 있다. 이는 곧 다국적 제약회사에게는 에이즈 치료제의 판매를 통해 많은 이익을 얻을 수 있는 기회가 존재하고 있음을 의미한다. 하지만 해당 지역 내 다수의 국민들은 특허 받은 서방 의약품들을 구입할 수 있는 경제적 여건 속에 놓여 있지 않은 바, 이 상황에서 과연 다국적 제약회사들은 기업의 본능을 좇아야 할 것인가, 아니면 경제적인 이윤추구를 자제하고 보다 인류애적인 관점에서 문제에 접근하고자 노력해야 할 것인가?

다섯째, 다국적기업은 개발도상국에게 일방적인 시장개방을 강요해서는 안 된다. 다국적기업이 개발도상국들 내 현지기업들과 공정하게 경쟁하고 있다고 말하기는 힘들 것이다. 즉, 다국적기업과 현지의 소규모 기업들이 같은 규정 내에서 공정하게 경쟁을 할 수 없다는 것이다. 그들은 규모와 경쟁력에서부터 근본적인 차이를 보이고, 다국적기업은 이를 활용하여 이윤을 극대화하길 원하기 때문에, 흔히 대부분 다국적기업들은 그들의 본사가 소재하고 있는 서방국 정부에 로비를 시행, 개발도상국들로 하여금 시장을 개방하도록 압력을 행사하곤 한다. 또한 현지 영업활동을 통해 그들의 자회사가 경쟁력이 미약한 현지기업들을 제거하고 시장을 독점하려는 시도를 보이기도 한다. 이유는 단 하나, 개발도상국 시장을 다국적기업이 자신의 것으로 만들었을 때 보다 많은 이익을 시현할 수 있기 때문이다. 하지만 이러한 상황(즉, 다국적기업의 시장독점과 개발도상국의 경제악화)을 기반으로 조성된 이익창출은, 어느 순간에는 결국 개발도상국이 서방국의 상품을 더 이상 구매할 수 있는 능력을 잃어버리게 될 것이라는 점에서 장기적으로 유지되지 못하고 단기에 그치고 말 것이다. 따라서 만약 다국적기업이 지속적으로 자사의 제품들을 개발도상국에 판매하고자 한다면, 다국적기업은 개발도상국의 특정 시장영역을 오히려 보호해줘야 하며, 개발도상국이 정부의 보호 하에 기술발전과 경제성장을 이룩할 수 있도록 시간을 허용해줘야 한다. 이는 현지시장을 독점하는 방식보다 더 장기적으로 매출을 증대시킬 수 있는 첩경으로 작용할 수 있다.

이상과 같은 다섯 가지 원칙을 충실히 이행할 때, 다국적기업은 혹여라도 존재할 수 있는 현지시장 내 정치, 경제, 법률적 위험요인을 극복하고, 개발도상국과 윈-윈 할 수 있을 것으로 사료된다.

주요용어

정치시스템, 정치적 위험, 경제시스템, 경제적 위험, 법률시스템, 법률적 위험, 사회적 책임 활동

연습문제

1. 특정국가의 비즈니스 시스템을 분석해 보시오.
2. 정치적 위험의 유형에 대해서 설명하시오.
3. 정치적 위험의 관리전략을 설명하시오.
4. 우리나라 기업이 직면했던 정치적 위험과 그 대응방안을 사례를 들어 설명하시오.

참고문헌

OECD(Organization for Economic Cooperation and Development) (2013). *OECD better life index* [online]. Paris: OECD, Available http://www.oecdbetterlifeindex.org (접속일: 2013년 7월 24일).

Root, F. R. (2008), *Entry Strategies for International Markets*, New Jersey: John Wiley & Sons.

Ziegler, J. (2005), *L'empire de la honte*, Paris: Fayard.

김기현, 권영철 (2010), 「사례로 배우는 글로벌경영」, 페가수스.

박병일 (2014), What should MNEs do for the economic development of developing countries? :Implications from South Korea, 경영컨설팅연구 14(1): 57~74.

송송이 (2013), 인도시장 진출 10계명 – 성공 및 실패사례로 본 우리 기업의 인도 진출전략, 국제무역연구원.

장세진 (2012), 「글로벌경영」, 박영사.

장세진 (2005), 「한국기업의 글로벌경영 사례집」, 박영사.

전기저널 편집부 (1998), 인도 – 다브홀 발전소 엔론 프로젝트의 전망, 전기저널 254, 43~46.

전희락, 오창우 (2010), 중국정부의 인터넷 규제정책이 지니는 정치적 의미 연구, 정치커뮤니케이션연구 17, 287~331.

조원익 (2005), 「실패한 마케팅에서 배우는 12가지 교훈」, 위즈덤하우스.

파이낸셜 뉴스, 美자본주의 상징 코카콜라–맥도날드, 볼리비아서 연내 철수, 2012년 8월 2일자.

황중서 (1998), 「21세기를 선도하는 국제화 시대의 기업」, 형설출판사.

Global Management

CHAPTER 03

문화적 차이

학습목차

제1절 문화의 개념과 구성요소

제2절 문화적 환경의 종합적 평가모형

제3절 국제문화적 환경의 관리전략

학습목표

본 장에서는 다국적기업이 진입하고자 하는 시장의 문화적 상황과 관련하여, 문화의 개념과 구성요소를 알아보고, 대표적 문화평가모델을 살펴본다. 마지막으로, 국제문화적 환경에 대한 다국적기업의 관리전략을 검토한다.

도입사례 3-1

해외시장 진출과 문화적 요소에 대한 고려의 중요성

전세계적인 차원에서의 무역기구 출범과 나라간 무역장벽의 완화, 이와 더불어 정보 · 통신 기술이 발달함에 따라 세계경제는 지속적으로 글로벌화 되어 왔으며, 이제는 '글로벌화'라는 단어가 새삼 특별하게 느껴지지 않을 정도로 너무나 익숙한 단어가 되어버렸다. 글로벌화에 따라 필연적으로, 세계의 많은 기업들이 시대적 흐름에 발맞추어 자국을 벗어나 해외로 사업영역을 확장해나가고 있다. 각 기업들은 국제경영을 수행해 나감에 있어서 나름대로의 조사와 전략을 통해 성공하는 경우도 있지만, 정말 예상치도 못했던 다양한 요인들에 의해서 실패하는 경우도 발생하곤 한다. 우리는 국제경영 활동의 실패를 야기하는 여러 가지 요인들 중에서 '문화적 환경차이'에 관해서 알아보기로 하자.

먼저 문화란 무엇인가에 대해 생각해볼 필요가 있다. 사실 문화에 대한 정의는 지금까지도 명확하게 합의되어지지 못했다. 왜냐하면 학자들마다 어떤 관점과 견해를 가지고 있는지에 따라 문화에 대한 정의가 조금씩 달랐기 때문이다. 이에 대해 새트히(V. Sathe)는, 문화를 "사회구성원들이 마음속에 공유하고 있는 것은 무엇인가?"라는 관점에서 정의를 내리는 관념학파(ideational school)의 관점과 문화를 사회구성원으로부터 직접 관찰할 수 있는 행동과 언어, 그리고 이들이 사용하는 물체 등에 초점을 두고 정의를 내리는 문화적응자학파(cultural adaptationist school)의 관점으로 나눌 수 있다고 주장하였다. 그리고 두 관점을 모두 종합하여 Light, Jr.와 Keller는 "문화는 사회나 집단을 구성하고 있는 모든 사람들이 공유하고 있는 가치관, 신념, 이념 그리고 관습, 지식, 언어, 신앙, 기술 등을 포함하는 거시적이고 종합적인 개념으로서 사회나 집단구성원의 행동에 영향을 미치는 중요한 요소"라고 정의하였다.

이렇듯 문화는 거시적이고 종합적인 개념이기 때문에 국제경영을 수행하는 기업의 입장에서는 진출하고자 하는 지역의 문화적 차이에 대한 신중한 고려 없이는 결코 성공을 이룰 수 없다. 문화와 관련하여 항상 언급되는 속담이 있다. "로마에 가면 로마법을 따르라." 그런데 왜 로마가 속담에 인용되었을까? 시오노 나나미가 쓴 "로마인 이야기"에서는 다음과 같은 내용이 기술되어 있다. "로마인들은 지성에서는 그리스인보다 못하고, 체력에서는 켈트인이나 게르만인보다 못하고, 기술력에서는 에트루리아인보다 못하고, 경제력에서는 카르타고인보다 못하다." 다른 민족들보다 부족했었던 로마인들이 오히려 그들을 정복하고 대로마제국을 건설할 수 있었던 원동력은 타민족에 대한 이해와 포용성에 있었다고 책은 설명하고 있다. 어쩌면, 이러한 로마인들의 이해와 포용성이 속담 "로마에 가면 로마법을 따르라"에서 굳이 로마를 언급한 이유와 관련이 있을 수도 있겠다는 생각이 든다.

앞서 로마에 대한 이야기에서도 알 수 있듯이 타민족, 더 나아가 다른 문화에 대한 이해는 매우 중요하다. 이는 오늘날 기업들의 국제경영에서도 여전히 유효하기 때문이다. 왜냐하면 기업들이 진출하고자 하는 지역의 문화는 결국 기업이 진출하여 현지에서 수행하는 판촉, 마케팅 활동뿐만 아니라 현지에서 채용할 직원들의 관리와 현지 바이어들과의 협상에 이르기까지 기업 활동 전반에 걸쳐 많은 영향을 끼치기 때문이다.

한 가지 다행스러운 점은, 문화란 생리적 혹은 유전적으로 타고나는 요소가 아니라 후천적인 학습을 통해서 배울 수 있는 요소라는 점이다. 문화라는 개념 자체가 어떤 사회나 집단을 구성하고 있는 사람들이 오랜 기간에 걸쳐서 공유하고 형성해온 가치관이나 관습인 만큼, 끊임없이 배우고 이해하려는 노력을 견지한다면 충분히 타문화를 이해할 수 있다. 국제경영을 추구하는 기업의 입장에서는, 이러한 문화적 환경차이는 극복해야할 위협요인일 수 있지만, 그와 동시에 타문화에 대한 이해를 통해서 기회요인으로 삼을 수 있는 것이다.

문화의 개념 자체가 거시적이고 종합적인만큼, 국제경영에 영향을 끼치는 문화적 요인들도 매우 다양하다. 대표적 요인인 언어에서부터 종교, 교육, 가치관, 태도, 관습, 가족제도, 미적 감각, 정치제도 그리고 의사결정 패턴 등에 이르기까지 매우 광범위하다. 이중에서 저자는 종교, 특히 이슬람교의 영향을 많이 받은 이슬람 문화와 힌두교의 영향을 많이 받은 인도에 대한 사례들을 중심으로 문화적 환경차이와 관련된 국제경영(해외투자) 사례를 살펴보고자 한다.

1. 이슬람 문화와 국제경영

첫 번째 사례는 인도네시아에 진출한 어느 한국투자기업의 예이다. 인도네시아는 전체 국민의 87%가 이슬람교를 믿는 대표적인 이슬람 국가이다. 이곳에 어느 한국기업이 진출하였는데 마침 비슷한 시기에 일본투자기업도 함께 인도네시아에 진출하였다. 두 기업은 시장에서의 위상도 서로 비슷했고, 생산하는 제품이나 생산기술, 생산설비가 유사했으며, 작업환경이나 임금 측면에서는 오히려 한국기업이 일본기업에 비해 더 나았다. 하지만 한국기업에서 일하는 현지 근로자들의 이직률은 일본기업에 비해 더 높았고, 잦은 노사분규에 시달려야 했으며, 이는 생산성 하락으로 이어졌다. 이에 반해, 일본기업의 현지 근로자들은 한국기업에 비해 이직률도 낮았고, 별다른 노사분규도 없었을 뿐만 아니라, 조업도 측면에서의 성과가 굉장히 높았다. 오히려 한국기업은 작업환경이나 임금이 더 높았음에도 불구하고 일본기업보다 더 낮은 수익성을 거둬들인 셈이었다.

두 번째 사례는 스포츠용품 브랜드, 나이키의 사례이다. 나이키는 세계 최대의 스포츠용품 브랜드로서 오늘날 대표적인 국제기업 중 하나이다. 나이키는 1996년에 이슬람 문화권으로 새 운동화를 출시할 목적으로 상품 개발에 착수하였다. 그리고 목표 시장이 이슬람 문화권이라는 점을 최대한 활용하여 이슬람교의 유일신인 '알라' 신을 뜻하는 아랍 문자를 형상화한 로고를 새긴 운동화를 출시하였다. 결과는 대실패였다. 이슬람교도들의 거센 반발에 따른 곤욕을 치러야 했고 결국 80만 켤레의 제품을 다시 리콜 해야만 했다.

세 번째 역시 인도네시아와 관련된 사례이다. 최근 이슬람 문화권 여성들도 미백이나 주름 방지와 같은 외모에 대한 관심이 높아지면서 인도네시아로 보톡스가 진출하였다. 보톡스가 비외과적인 주사요법이라는 사실이 알려지면서 무슬림 여성들 사이에서 보톡스에 대한 초기 반응은 굉장히 뜨거웠다. 하지만 보톡스를 이루고 있는 성분들 중에 돼지와 관련된 성분이 있다는 사실이 알려지면서 무슬림 여성들이 보톡스에 대한 거부감을 느끼게 되었고, 결국 보톡스는 인도네시아 시장에서 자취를 감추었다.

네 번째 사례인 싱가포르계 제과점 'Breadtalk'은 현재 인도네시아에 진출하여 선풍적인 인기를 얻고 있다. 하지만 처음 인도네시아에 진출하였을 때는 상황이 정반대였다. 오히려 초기에는 무슬림 소비자들에게 철저히 외면 받았다. 그러나 '할랄' 인증마크를 부착하고 나서부터는 상황이 180도 바뀌어 현재는 인도네시아의 대표적인 제과점 중 하나로 인정받고 있다.

먼저 첫 번째 사례는 어느 한국투자기업의 인도네시아 진출 실패에 대한 사례이다. 분명 한국투자기업은 일본투자기업보다 작업 환경이나 임금 면에서 훨씬 더 유리한 조건을 지니고 있었지만, 오히려 현지인 노무관리나 수익성 측면에서는 기대 이하의 성과를 거두며 결국 시장안착에 실패하였다. 그렇다면 무엇이 문제였던 것일까? 이는 '이슬람 문화에 대한 이해'의 유무와 관련이 있었다. 이슬람교도들은 이슬람교의 가르침에 따라 5가지의 실천사항을 이행해야 할 의무가 있다. 이 5가지 실천사항을 이슬람의 5행 또는 5주라고 하는데, 차례대로 신앙의 고백, 예배, 자카드(자선), 단식 그리고 순례를 일컫는다. 이 중에서 순례라 함은 이슬람 성지인 메카를 순례하는 것을 말하는데, 건강에 문제가 없고 재정형편이 허락하는 이슬람교도라면 평생에 한번은 실천해야하는 일 중에 하나이다. 일본기업은 바로 이점을 활용하였다. 현지 근로자들을 대상으로 10년 이상 근속한 종업원들에게는 회사비용으로 메카 순례를 지원하는 프로그램을 운영하였던 것이다. 이를 통해 일본기업은 현지 근로자들의 사기를 진작시킬 수 있었고 또한 높은 수익성을 시현할 수 있었다.

두 번째 사례는 나이키의 이슬람 시장 진출 실패와 관련된다. 나이키는 이슬람 문화권이라는 점을 최대한 활용하여 제품개발을 하였음에도 불구하고 결국 막대한 규모의 리콜 부담만 떠안은 채 시장에서 철수해야만 했다. 그렇다면 왜 이슬람교도들은 '알라'신을 뜻하는 아랍 문자를 형상화한 로고의 운동화에 대해 그토록 반발하였을까? 이유는 의외로 굉장히 명확하면서도 단순했다. 이슬람 문화에서는 발을 불결하다고 생각하는 경향이 있다. 그런데 나이키에서 개발한 이 신발은 신발 밑창에 '알라'신을 상징하는 로고를 넣어버렸던 것이다. 결국 이 신발을 신고 다니면 계속해서 '알라'신을 밟고 다니는 꼴이 되니 그 어떤 이슬람교도들이 이 신발을 신고 다닐 수 있었겠는가?

세 번째 및 네 번째 사례는 모두 이슬람교, 즉 '할랄' 제품과 밀접한 관련을 가지고 있다. '할랄' 제품이란 일종의 인증 제품을 의미하는데, 식음료나 의약품, 화장품과 같은 제품들에 있어서 그 제품이 생산되어 유통되기까지의 과정에서 이슬람 교리법에 위배되는 과정을 거친 사실이 있는지 없는지에 대한 인증을 의미한다. 다시 말해서, 위배되는 과정이 없으면 먹어도 되는 음식(할랄)으로 구분되고, 그렇지 않을 경우 금지되는 음식(하람)으로 구분되는 것이다. '할랄' 제품의 인증 절차는 매우 까다롭고 복잡하기 때문에 그만큼 '할랄' 제품 인증에 대한 이슬람 사람들의 신뢰도는 절대적이라 할 수 있다. 또한 이슬람 사람들은 종교적인 믿음이 매우 강하기 때문에 '할랄' 제품에 대한 인증이 있고 없고가 상품 구매에 있어서 가장 주요 결정요인이 된다. 세 번째 사례에서는 초기 보톡스에 대한 이슬람 여성들의 반응이 굉장히 좋았으나 이후에 보톡스에 돼지와 관련된 성분이 있다는 사실이 알려지면서 보톡스에 대한 거부감이 생기게 되었다는 이야기이다. 이는 곧 보톡스가 '할랄' 제품이 아니라는 부정적 구전이 성립되었기 때문이었는데, 이러한 부정적 구전 역시 보톡스가 시장에서 자취를 감추는데 결정적인 기여를 했다고 볼 수 있다. 왜냐하면, 이슬람 사회에서는 여성들이 저녁 이후로는 별다른 외부 활동을 할 수 없기 때문에 동네 여성들이 모두 모여서 함께 대화를 나누며 저녁시간을 보내는 경우가 대부분이라고 한다. 이러한 상황에서 많은 이슬람 여성들이 보톡스가 '할랄' 제품이 아니라는 부정적 구전을 양산하였고, 이 때문에 보톡스는 인도네시아 시장에서 자취를 감추게 되었던 것이다. 이 사례를 통해 이슬람 문화의 일부로 형성된 여성들의 부정적 구전효과가 얼마나 큰 영향력을 가지고 있는지를 확인할 수 있다. 네 번째 사례의 경우도 '할랄' 제품과 관련된 일화이다. 사실 싱가포르계 제과점 'Breadtalk'는 처음 이슬람 시장에 진출할 당시에 이미 '할랄' 인증을 받은 상태였다고 한다. 하지만 실수로 '할랄' 인증마크를 가게에 표시해놓지 않았고 문화적 요인을 간과한 사소한 실수로 인해서 초기에 쓰라린 아픔을 맛보았다.

2. 힌두 문화와 국제경영

다음으로 인도 시장과 관련된 국제경영 실패사례들을 살펴보자. 첫 번째 사례인 켈로그는 미국의 세계적인 시리얼 제품기업으로 알려져 있다. 켈로그는 전 세계 시리얼 시장의 40%를 점유하고 있으며, 특히 전성기였던 1980년대에는 18개 국가에 20개의 공장을 가동시키면서 연매출 60억 달러라는 경이적인 수치를 달성하기도 하였다. 하지만 1990년대에 접어들면서 시리얼 시장에 후발 기업들이 진출해 들어오면서 경쟁은 점차 더 치열해졌고, 주요 제품시장이었던 미국과 영국에서조차 시리얼 시장 자체가 거의 포화상태였다. 상황이 이렇게 되자 켈로그는 새로운 시장을 찾기로 결심하게 되었는데, 마침 1991년 인도가 국제무역장벽을 허물자 인도 시장으로 관심을 돌리기 시작하고, 1994년에 자사의 최고 인기상품이었던 콘플레이크를 가지고 인도 진출에 나섰다. 당시 인도의 인구는 10억 명에 육박하였고 이중 2%에 해당하는 2,000만 명의 인도인들을 공략하기만 한다면 당시 미국 시장보다 훨씬 더 광활한 시장을 얻게 되는 셈이었다. 그러나 이렇듯 매력적인 인도 시장에 당당히 진출하였으나 결과는 별로 시원치 않았다. 초기에는 약간의 수요가 있는 듯도 보였으나, 이내 매출은 급격히 하락세를 보였고, 켈로그에서는 이에 대한 타개책으로써 상품 종류를 다양화하여 시장 공략을 꾀했으나 결국은 참담한 실패로 귀결되고 말았다.

두 번째 사례를 살펴보자. 주지하듯, 맥도날드는 세계적인 패스트푸드 회사이다. 오늘날 맥도날드는 가히 패스트푸드의 아이콘이라 불릴 정도로 전 세계에 걸쳐 많은 매장들을 보유하고 있다. 이러한 맥도날드 역시 인도로 진출한 초기에 예상치 못한 실수를 범함으로써 실패의 쓴맛을 보아야 했다. 맥도날드는 인도 시장 진출 전에 힌두교 문화의 영향으로 인도인들이 소고기를 먹지 않는다는 사실을 알고 자사 제품 빅맥의 페티를 소고기에서 닭고기로 대체하였다. 하지만 사고는 엉뚱한 곳에서 발생했다. 프렌치프라이를 튀기는 기름으로 순수 식물성 기름을 사용한다고 광고하였으나, 조사 결과 이 기름에 소량의 소고기 추출물이 함유된 것으로 밝혀진 것이다. 이에 인도인들은 맥도날드를 상대로 집단 소송을 내고 맥도날드 불매운동을 벌이는 등 시장 초기에 많은 어려움을 겪어야 했다.

세 번째 사례인 대우자동차는 인도가 영어를 사용함으로써 언어소통의 문제가 거의 없고 오랫동안 영국의 지배를 받아온 터라 제도적 인프라가 잘 갖춰져 있다는 점에 착안하여 중국 투자 대신에 인도로의 진출을 선택하였다. 그리고 이미 인도 시장에 진출하여 인도의 DCM기업과 합작하여 트럭을 생산하고 있던 도요타 지분을 확보하여 DCM도요타를 인수하고, 이후 DCM대우로 사명을 바꾼 뒤, 1995년 7월부터 '씨에로'라는 자동차를 생산하기 시작하였다. 대우자동차는 인도 시장을 초기에 선점하고자 예약판매를 실시하였는데, 예약판매 계약자가 11만 명에 이르렀고, 이는 대우자동차가 현지공장을 5년 동안 100% 가동해야 충족시킬 수 있는 대규모 물량이었다. 상황이 장밋빛으로 비춰지자 대우자동차는 예약판매의 엄청난 수요를 충족시키기 위하여 10만 대 규모의 현지생산체제를 미리 구축하기에 이르렀다. 하지만 결과적으로 예약판매 11만대 중에 실제로 '씨에로'를 구입한 인도 소비자는 단 1만여 명에 불과하였으며, 이는 선계약의 10%만이 실제 판매로 이루어진 셈이었다. 또한 앞서 10만 대 규모의 현지생산체제를 미리 갖추어 놓은 상태였기 때문에 시장예측이 빗나가면서 대우는 엄청난 부담을 떠안게 되었다. 이와 더불어 여러 가지 요인들에 의하여 대우자동차는 인도 시장에서 고전을 면치 못하였다.

마지막 네 번째 사례인 한국의 봉제완구업체, IKAK는 인도를 10억 명의 인구를 가진, 생산기지로써 발전 가능성이 큰 나라라고 생각하였다. 이에 낮은 인건비를 찾아 인도의 마드라스에 투자를 했으나, 잦은 이직률과 빈번한 노사분규로 골머리를 앓았다. 더욱이 근로자들의 작업태도에서 책임감이라곤 전혀 찾아볼 수 없었다. 정시출근을 정확히 지키는 사원들은 극히 드물었으며, 가족과 지역사회 공동체에 대한 각종 핑계(가족의 질병, 이웃의 생일, 지역 공동체 일원의 죽음 등)를 대면서 결근하는 일이 다반사였다고 한다. 결국 이 기업은 채 2년이 못되어 문을 닫고 인도 시장에서 철수하였다.

인도 시장진출에 실패한 첫 번째 사례인 켈로그는 당시 세계 최고의 시리얼 브랜드였음에도 왜 시장에서 실패하였을까? 이는 켈로그가 당시 인도 시장의 문화에 대한 세심한 분석 없이 무턱대고 인도에 진출하였기 때문이었다. 당시 켈로그는 미국과 영국뿐만 아니라 유럽, 아시아-태평양 지역 그리고 중남미 전체에 걸쳐서 이미 광범위한 국제경영을 실행하고 있었다. 미국과 영국 외의 지역에서도 판매율이나 점유율이 상당히 좋았었기 때문에 켈로그는 인도에서도 자사 최고의 브랜드인 콘플레이크를 시판하면 반드시 성공할 수 있을 거라 막연히 생각했다. 하지만 이것이 결국 실패의 결정적 원인이 되었다. 인도 시장의 경우는 여타 다른 지역보다 더욱더 문화적 환경차이가 심했었는데, 제일 큰 실패 이유는 인도인들의 아침식사에 대한 개념의 이질성이었다. 이 당시 일반적인 인도인들은 뜨거운 야채 한 접시로 아침식사를 했다고 한다. 이런 인도인들에게는 당시 콘플레이크로 아침식사를 대신할 수 있다는 생각 자체가 부재했었다. 따라서 켈로그의 경우 아침식사와 관련하여서는 다른 경쟁자가 없는 선발주자였지만, 그만큼 '아침식사를 콘플레이크로 대신한다'는 개념 자체를 인도인들에게 심어주어야 할 필요가 있었다. 게다가 일반적으로 인도인들이 먹는 아침식사의 야채가격에 비해 콘플레이크는 무려 3배나 비쌌다. 문제는 이후 켈로그의 대응정책이었다. 초기의 부진에 대한 대응정책으로 인도 시장과 소비자들에 대한 보다 더 깊이 있는 조사가 이루어져야 했지만, 그럼에도 불구하고 켈로그는 단순히 자사 제품인 콘플레이크가 인도에서 적합하지 않은 것이라고 쉽게 결론짓고는 휘트 푸레이크, 푸로스트, 라이스 푸레이크, 허니 크런치, 초코 초코렛 퍼프 등 다양한 맛의 제품들을 시장에 내놓았다. 한마디로 인도 시장의 인구가 많은 만큼 판매제품 종류를 늘려서 '어느 것 하나라도 걸려들어라'는 식이었다. 결국 제품 다양화 정책으로도 시장에서 실패하고 나서야 비로소 켈로그는 시장조사를 실시하여 인도 소비자 입맛에 맞는 시리얼을 개발하는데 착수하였으나, 이미 맛과 가격에 있어서 반감 이미지가 조성되어 온 터라 때는 이미 소 잃고 외양간 고치는 격이었다.

두 번째 맥도날드의 경우는 앞서 켈로그와는 달리 인도 시장에 진출하기 전 어느 정도 시장에 대한 조사가 이루어졌다고 할 수 있다. 인도는 힌두교도가 국민 전체의 80.5%를 차지하는, 힌두교의 영향력이 매우 강한 나라이다. 특히 힌두교에서는 소를 네 발 달린 짐승의 수호신으로 여겨서 숭배하는 경향이 있기 때문에 인도인들은 소를 절대 먹지 않는다. 이에 맥도날드는 자사 제품 빅맥의 소고기 페티를 닭고기로 바꾸어 시장에 진출하였는바, 여기까지는 매우 훌륭하였으나 결국 프렌치프라이를 튀기는 기름이 순수 식물성 기름이 아니라 소량의 소고기 추출물이 함유된 것으로 판명 나면서 큰 타격을 입게 되었다. 이는 표준적 매뉴얼화로 대표되는 맥도날드의 운영정책상의 대표적 실수였다.

대우자동차의 사례에서는 11만대에 이르는 예약판매가 이루어지자 성급히 생산시설을 10만대 수준으로 증대한 것이 화근이었다. 이는 인도 소비자들에 대한 문화적 이해가 선행되지 않았기 때문이라고 볼 수 있다. 사실 우리나라에서는 계약금이라는 제도가 있어서 예약판매를 취소할 경우 약간의 페널티가 부여되지만 인도는 계약금을 모두 돌려주는 것이 관행이라고 한다. 그렇기 때문에 인도의 소비자들은 아무 거리낌 없이 예약판매를 했다가 취소할 수 있었던 것이다. 사실, 대우자동차의 인도 시장 실패 요인에는 이밖에도 다양한 요인들이 맞물려 있다. 먼저, 인도 시장 진출 초기의 보고서에 따르면, 인도는 대규모 중산층이 존재하는 매력적인 시장이라 분석되어 있었지만, 실제 이 당시 인도의 중산층 규모는 매우 열악하였으며, 대우자동차가 생산하는 '씨에로'는 초기 보고서 상의 중산층에게는 사치품일 정도로 과한 가격이었다. 또한 '씨에로'는 가솔린엔진을 장착한 제품이었는데 그즈음 가솔린의 국내가격이 계속 상승하면서 인도 시장에서는 가솔린 엔진보다 디젤 엔진에 대한 인기가 더 높아져있었다. 설상가상으로 대우자동차가 설비시설을 늘린다는 소식을 듣고 다른 자동차제조사들이 인도 시장을 성장 가능성이 높은 시장으로 보고 앞 다투어 지속적으로 유입되어 들어온 결과, 인도의 자동차시장은 공급과잉의 문제를 맞이하게 되었다. 이와 더불어, 대우자동차의 인도 진출 실패 요인에는 인도의 카스트제도 역시 결정적인 영향을 미쳤다. 인도로 진출하는 대부분의 기업들은 인도 특유의 카스트제도 때문에 많은 어려움을 겪는다. 사실 카스트제도는 인도가 1947년에 영국으로부터 독립을 하면서 공식적으로 무효화된 제도이지만, 오늘날까지도 인도에서는 명백히 그 명맥이 유지되어오고 있다. 카스트제도는 브라만, 크샤트리아, 바이샤, 수드라 순으로 이루어져 있는 바, 예를 들어 회사에서 직급이 높은 자리에 카스트제도상 낮은 계급의 사람이 직책을 맡게 되면 아무리 그 사람의 능력이 출중하다 하더라도 아랫사람들이 이를 인정을 해주지 않기 때문에 생산성이 제대로 나오지 않는다. 대우자동차의 경우에도 능력 있는 인도인들을 관리자로 채용하였으나 결국 앞서 언급한 문제들로 인하여 목표하였던 생산성을 이룰 수 없었다. 대우자동차는 카스트제도에 대한 인도인들의 의식을 바꾸기 위해서 다양한 시도를 해보았지만 이는 오히려 사원들의 역효과만 일으킬 뿐이었다.

마지막 사례는 인도 근로자들의 독특한 작업태도와 사회 환경에 대한 이해가 부족했기 때문에 시장 진출에 실패한 사례이다. 인도의 경우, 과거 영국의 식민 지배를 오랫동안 받아왔기 때문에 노동자에 대한 권리 수준은 선진국수준이었으나, 그럼에도 아직까지 근로자의 작업태도는 후진수준에 머물러있다. 예를 들어, 인도 근로자에게 어떤 일을 언제까지 추진하도록 지시를 내릴 경우, 그 어떤 사안이든지 "문제없다"라고 대답을 하지만, 막상 그 기한이 도래하면 갖가지 변명을 늘어놓으며 책임을 회피하는 경향이 강하다고 한다. 이러한 인도인들에 대한 문화나 의식에 대한 이해가 부족했다면, 시장 진출 실패는 어쩌면 피할 수 없는 당연한 귀결이었을지도 모른다.

질문:

1. 해외시장 진출에 있어서 현지문화에 대한 이해와 분석이 왜 중요한지 논하시오.
2. 종교와 관련된 상기 사례들을 통해, 이질적인 종교적 특성을 갖고 있는 지역에 진출하고자 하는 국내 기업들에게 시사점을 제공하시오.

제1절 문화의 개념과 구성요소

1. 문화의 개념과 의의

국경을 넘어 기업 활동을 수행한다는 것은 이질적인 문화적 환경, 즉 복수의 서로 다른 언어와 문화적 환경에 접하게 되며 국제경영활동의 모든 측면에서 광범위하게 영향을 미친다. 따라서 현지문화에 대한 정확한 이해는 성공적인 국제화 실행의 출발점이 된다. 문화요인들은 다음의 <그림 3-1>에서와 같이 현지에서 제품판매, 광고 등 마케팅 활동뿐만 아니라 현지인 노무관리, 본사 파견인 관리 등 기업 전반적인 운영에 광범위하고 깊숙이 영향력을 끼치고 있다.

그렇다면, 문화란 무엇인가? 문화는 한마디로 일목요연하게 정의하기가 쉽지 않은 포괄적이고 다면적인 개념이다. 예를 들면, 문화를 "한 사회에 속하는 사람들의 행위를 조정하는 모든 사회적 규범과 반응의 집합"이라고 정의하는 학자가 있는 반면에, "사회 구성원들에 의해 공유되고 학습된 행위의 총체" 또는 "오랜 생활을 거쳐서 형성된 생활 양식이나 일련의 가치체계"로 보는 학자들도 있다.

결론적으로 이들의 견해를 종합해 보면, 문화란 사회 환경을 구성하는 요소로서 학습된 인간행위의 사회적 규범과 독특하고 체계적인 생활방식으로, 국제경영환경을 결정짓는 중요한 요인이라는 것이다. 여기서 강조하고 싶은 점은 문화가 선천적으로 타고

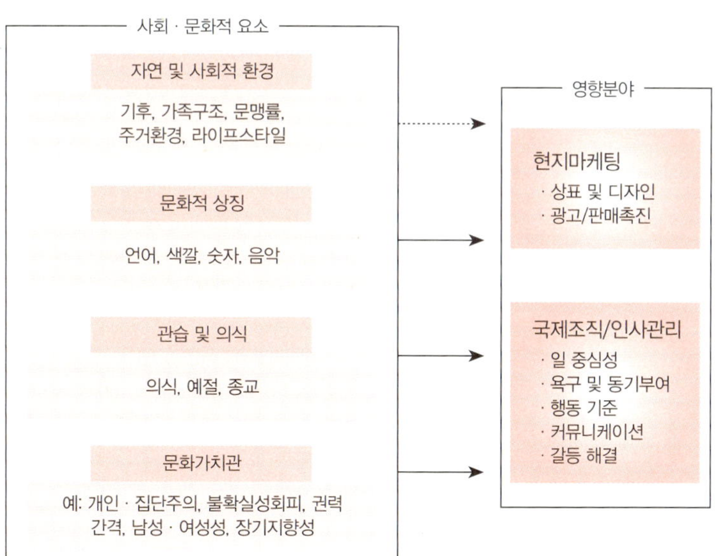

그림 3-1 ● 문화적 요소와 국제경영 영향분야

나는 것이 아니라 학습된 행위(learned behavior)라는 점이다. 따라서 문화는 배울 수 있고 이러한 학습과정을 통해 문화적 차이를 극복하고 타문화에 적응할 수 있게 된다.

2. 문화의 구성요소

국제경영활동과 관련된 문화적 요소들은 매우 다양하며, 또한 이러한 요소들은 상호 밀접한 관련을 맺으며 하나의 체계를 구성하고 있다.

그러면 여러 가지 문화적 요소 중에서 국제경영활동에 가장 민감하게 영향력을 행사하는 요소들을 중심으로 간략하게 살펴보기로 한다.

1) 언어

전 세계에는 약 3,000개의 언어가 존재하고 방언까지 합하면 약 10,000개가 존재하는 것으로 추정한다. 이와 같은 언어의 다양성은 국제경영활동을 제약하는 요인으로 작용하게 된다.

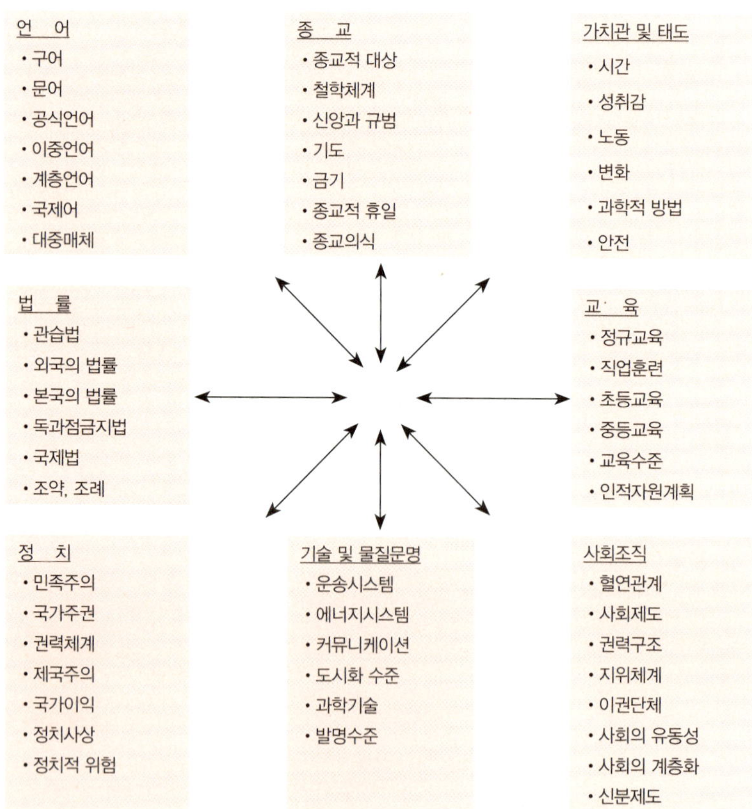

그림 3-2 ● 국제경영에 영향을 미치는 문화적 환경요소

물론 가능한 한 현지국에서 통용되는 언어를 습득함은 국제경영의 전제조건이다. 특히 현지국의 언어에 거부감을 주는 브랜드는 금물이다. 예컨대, 포드자동차가 생산한 「피에라」 트럭은 스페인어로 '추하고 늙은 여자'라는 뜻을 가지고 있었기 때문에 스페인에서 고전을 면치 못하였다. GM의 「노바」(Nova)는 영어로는 '새로운 별'이라는 의미가 있으나, 스페인어로 'No Go'의 뜻이 되고, 「FORD」는 스페인어로 '매일 고쳐주세요'라는 뜻을 지니고 있어 스페인어를 사용하는 시장에서 낭패를 보기도 하였다. 신발회사 리벅의 경우, 여성용 신제품인 「Incubus」브랜드가 말썽을 일으켜 소매상들이 브랜드를 지우는 촌극을 벌이기도 했다. 「Incubus」는 '여인과 친한 요정'의 뜻도 있으나, '잠자는 여인을 덮치는 마귀'로도 해석되어 미국 애리조나 주 소비자들이 외설브랜드로 불매운동을 벌이기도 했다.

또한 우리나라의 중견 수출업체였던 대영자전거는 영어표기를 「DAI YOUNG」으로 하였으나 발음상 「DIE YOUNG」(젊어서 사람을 죽게 만드는 자전거)이 되어 큰 어려움을 겪은 경우도 있었다.

2) 종교

종교적 환경은 다른 어떤 환경요소보다 민감하다고 할 수 있으며, 종교는 소비자의 가치관, 윤리관, 생활태도에 결정적인 영향을 미친다. 따라서 국제경영 관리자는 종교가 생산과 소비에 미치는 영향을 파악하여야 한다. 예컨대, 동일직장 내에 여러 종파의 근로자가 근무를 한다면 작업계획에 차질을 빚을 수 있다. 이슬람교의 라마단금식기간 중에는 생산성이 급격히 떨어지지만 반면에, 소비는 엄청나게 늘어남으로써 긍정적 효과와 부정적 효과를 동시에 발생시킨다.

또한 힌두교에서는 소, 이슬람교와 유대교에서는 돼지를 각각 먹지 못하도록 규정하고 있다. 사우디에서는 알코올이 위법이며, 베일을 벗은 여성이 남성과 함께 있는 것을 금기시하기 때문에 이러한 부류의 광고는 금물이다.

3) 교육

교육적 환경에서 고려해야할 사항은 교육수준, 문맹률, 교육열 등이다. 교육수준이 높으면 일반적으로 예술, 여행, 관광 및 문화적 활동을 많이 하며, 고급제품을 선호하는 경향이 있다.

4) 가치관과 태도

가치관 및 태도에서 고려해야할 사항은 현지국의 독특한 민족적 가치관을 수용해야 한다는 것이다. 가치관의 차이는 시간, 일 및 부에 대한 태도 등에서 나타난다. 예컨대, 아랍인은 정해진 기한이 다가오면 초조함을 느끼기 때문에 기한을 정하는 것을 싫어한다.

그리스인들은 시간제한을 하는 것을 실례라고 생각하며 자신들을 업신여긴다고 생각하는 경향이 있다. 변화에 대한 태도 역시 사회마다 문화마다 다르다. 극단적인 경우 이슬람교에서는 모든 변화와 개혁은 악의 산물이라고 말하며, 또 다른 극단으로는 변화를 진보의 산물로 높이 평가하기도 한다. 미국과 같은 경우 광고에 New, Improved라는 문구를 될 수 있으면 크게 확대하는 것은 이것이 바로 진보된 제품임을 나타내기 위함이다.

5) 관습 및 가족제도

각국마다 관습 및 가족제도가 다르다는 것을 깊이 인식할 필요가 있다. 예컨대, 태국에서는 안경업자가 선전을 위해 안경을 끼고 있는 동물을 이용한 광고를 하였다가 동물을 천하게 여기는 태국의 관습 때문에 실패한 경우가 있다.

그리고 가족제도의 차이도 소비행태에 영향을 미친다. 가정에서 부인의 지위가 어느 정도인가에 따라 소비행태가 영향을 받는다. 예컨대, 회교도지역에서는 부인들이 남편의 종속적인 역할을 하는 반면에, 라틴아메리카에서는 회교도지역보다는 부인의 지위가 향상되어 있지만 남편과 동등한 지위가 되지 못한다. 반면 대부분의 선진 유럽국과 미국의 경우 부인이 구매행동에 있어서 남편과 동등한 결정권을 지니고 있다.

6) 미적 감각과 정치제도 및 의사결정 패턴

마지막으로 국제경영 관리자가 고려해야 할 문화적 환경요소에는 미적 감각, 정치제도 및 의사결정패턴 등이 있다. 미국이나 유럽의 경우 검정색은 죽음(장례식)을 의미하나, 한국, 일본, 중국에서는 검정색과 함께 백색이 같은 의미로 사용되며, 라틴아메리카에서는 죽음의 색깔로 보라색을 삼는다. 이란인은 청색을 좋지 않은 색으로 보지만 세계 대부분의 국가에서는 청색을 남성적인 색으로 본다. 영국과 프랑스에서는 적색을 청색보다 더 남성적인 색으로 보며 미국에서는 핑크색이 가장 여성적인 색이다. 이러한 미적 감각의 차이는 국제시장에서 판매하고자하는 제품의 색채, 도안 및 포장, 광고메시지 선정 등에 큰 영향을 미친다.

또 일국의 정치제도가 민주주의적인지 전체주의적인지에 따라 기업의 의사결정 패턴이 달라질 수 있다. 예컨대, 전체주의적 사회에서 기업의 의사결정은 대부분 조직의 상층부에서 이루어지고 권한의 이양이 거의 이루어지지 않는다. 반면 민주주의 사회에서는 경영자의 권한을 하급자 및 근로자와 공동으로 나누어 가지며 상당한 정도의 권한이양이 이루어지는 것이 일반적이다.

토의자료 3-1

"꽌시"와 접대문화

중국의 꽌시는 어떻게 보면 중국 문화의 총집합체로서, 그 내용을 제대로 이해하지 못하면 중국에서 성공하기가 힘들다. 물론 꽌시에 앞서서 법을 지키며 경영하는 것이 가장 중요하다. 법을 어기면서 꽌시로 성공할 수 있다는 얘기는 아니라는 것이다. 하지만 중국에서 경영을 함에 있어서 준법 다음으로 중요한 것이 꽌시라 해도 과언은 아니다.

필자는 중국에서 15년을 살며 일해 왔지만 꽌시를 제대로 설명하기는 쉽지 않다. 꽌시를 한자로 쓰면 關係, 우리말로 읽으면 '관계'이다. 관계라고 하면 필자도 아무런 느낌이나 감흥을 받지 않는다. 그러나 꽌시라고 하면 신경이 쓰이면서 머리가 아파온다. 아직도 정확한 개념이 잡히지 않아서일 것이다.

그러면 중국인들은 과연 꽌시를 어떻게 생각하고 있을까? 우선 꽌시는 그들의 삶과 연결되어 있다. 거창하다고 생각할지 모르지만, 문화혁명을 거치면서 그들의 삶에서 꽌시는 생명과도 같은 것이 되었다. 그 당시, 꽌시가 형성되어 있지 않던 사람들은 운명이 바뀌었다. 죽임을 당하거나 오지에 노동자로 보내졌던 것이다. 그 충격으로 꽌시는 비즈니스와 각종 생활에 연결되어 꽌시가 약한 사람은 기업을 운영하는 것도 힘들고, 생활하기도 매우 힘들다. 즉, 문화 혁명기에는 생명과도 같던 꽌시가 최근에 와서는 경제적 끈의 역할을 하는 것이다. 이 끈은 매우 복잡하다. 최상층의 사람에서부터 최하층에 있는 사람들에게까지 연결되는 그 끈은 정말 대단하다. 예를 들어, 중국인은 자신의 운전기사와도 꽌시를 잘 맺어야 성공할 수 있다고 생각한다.

우리의 인맥관리와는 성격과 수준이 다르다. 우리는 고교동창, 대학동창, 고향선후배를 중심으로 인맥이 형성되고 3사람만 건너면 모두 아는 사람이라는 말이 있을 정도로 사람관계가 좁다. 그러나 중국은 13억의 인구에 32개 성의 인재가 혼합 발전하고 있기 때문에 꽌시가 매우 복잡하고 학교 중심으로만 이루어지지 않는다. 즉, 한마디로 표현하면 필요에 의해 꽌시가 자연스럽게 형성되는 분위기라는 것이다. 다만 지방의 작은 시에서는 친척을 중심으로 꽌시가 움직이는 경우는 있으나 그것도 우리와는 조금은 다른 형태를 이룬다. 그래서 중국인은 운전기사부터 정부 고위관리들에 이르기까지 모든 계층의 사람들과 꽌시를 잘 맺어서 사업을 번창시킨다. 큰 사업을 하는 사람들이라면 맨 위와 맨 아래만이 아니라 중간의 꽌시 또한 소홀히 하지 않는다.

꽌시는 우리가 생각하듯 상부의 고위층만을 공략하는 정치적인 것이 아니다. 위에서 언급했듯이 우리나라와 달리 동창이나 동문 등의 꽌시가 그리 잘 통하지 않는 중국에서 꽌시는 장소와 연령, 시간을 초월한다고 할 수 있다. 중국에 진출하는 많은 한국인들이 중국에서는 무엇보다도 꽌시를 형성하는 것이 가장 어렵다고 한다. 그만큼 우리와 다른 역사적 · 문화적 코드가 있기 때문일 것이다. 그렇기 때문에 중국의 근현대사 중에서 가장 중요한 몇 가지 사건은 자세히 알아둘 필요가 있고, 중국인 가족과 자주 식사라도 함께 하면서 그들을 이해하려고 노력해야 한다. 그러다 보면 그들과 우리의 비슷한 점과 다른 점을 발견할 수 있을 것이다. 그리고 하나의 꽌시가 만들어지면 그것이 기반이 되어 점점 넓게 그 영역을 넓힐 수 있을 것이다.

필자는 처음 중국에 진출해서 두 명의 중국인을 만나 형제처럼 지냈다. 거의 마음을 터놓고 지내고 서로의 경조사를 챙겼으며 기회가 되면 온 가족이 모이는 등 정말 가깝게 지냈다. 그러다 보니 다른 일에서도 서로 많은 도움을 주고받았고, 그것이 곧 내 꽌시의 원조가 되어 많은 파생 꽌시를 낳았고, 결과적으로 중국에서 두려운 것도 어려운 일도 없어진 듯하다.

여러 가지 쓸데없는 관계를 만들기보다는 중요한 구심점이 될 꽌시를 잘 형성해놓는다면 중국 사업에서 첫 단추는 잘 끼운 것으로 볼 수 있다. 그러나 이것은 자신의 진심과 통하는 문제이기 때문에 사람을 이용하려 하지 말고 신의를 쌓는데 주력해야 한다.

중국인은 사람을 만나면 10년 동안은 의심한다고 한다. 그러고서 상대가 믿을 만하다고 판단이 되면 영원히 믿는다고 한다. 이 말을 명심하고 중국에서 꽌시를 만들고, 넓히고, 이용해야 할 것이다. 꽌시는 필요할 때 이용하고 거기에 준한 대가를 치르는 관계가 아니다. 중국의 역사와 마찬가지로 그들의 꽌시는 우리보다 훨씬 깊고, 길고, 복잡하다. 너무 쉽게 꽌시를 위해 사람에게 접근하다 보면 쉽게 무너질 수 있다는 사실을 명심하고, 오랫동안 이어질 수 있는 꽌시를 만들기 위해서 느긋하게 '만만디'로 노력할 필요가 있다.

꽌시라는 것이 워낙 복잡 · 미묘한 것이어서 말로 설명하는 데는 한계가 있다. 독자들은 특히 이 분야에 대해서 많은 자료를 수집하고 자문을 구해서 정확한 개념 파악을 위해 노력하길 바란다.

중국의 식사 접대

중국의 접대문화는 우리의 그것과는 정말 다르다. 그런데도 중국의 우리나라 사람들은 우리나라에서와 똑같은 방식으로 접대를 한다. 중국인들에게 우리의 방식을 너무 요구한다면 문제가 될 수 있다. 어느 정도는 우리 것을 요구하고 우리 것을 그들에게 전하는 것도 중요하지만, 이들과 정면으로 충돌하거나 문제가 생길 우려가 있다면 자제를 할 필요가 있다.

중국인들은 대개 식사를 하면서 모든 것을 해결하는 경향이 있다. 그들은 식사의 질을 매우 중요시하고, 마시는 술의 종류를 매우 중요시하며, 피우는 담배의 종류, 즉 고가고급 브랜드를 중요하게 생각한다. 그들과 우리의 사고는 엄청나게 다르다. 우리는 옷이 날개라고 생각하지만 그들은 "人不可冒相海水不可斗量"(사람은 생긴 것으로만 판단하지 못하며, 바다의 물을 한 종지로 헤아릴 수 없다)이라고 생각한다. 즉, 겉모습만 보고 그 사람의 깊이를 판단하지 않는다는 말이다. 그들은 먹는 것을 최고로 생각하지만 우리는 상대적으로 간단하고 빠르게 먹는 것을 즐긴다. 우리는 고기를 먹으며 소주를 마시고 나중에 냉면 또는 된장국과 밥을 먹는 것이 보통이다. 그러나 중국인들은 대략 10가지 요리에 국, 8가지 냉채, 그리고 후식까지 대략 20가지 음식을 먹는다. 시간으로 봐도 우리는 1~2시간이면 식사가 끝나고 다른 곳으로 옮기지만, 중국인은 식사에 최소한 2~3시간이 걸리고, 식사가 끝나면 그날의 접대와 비즈니스는 대부분 끝이 난다. 우리 같이 2차, 3차를 가지는 않는다.

실로 중국인은 모든 비즈니스를 식사를 하면서 한다 해도 과언이 아니다. 중국의 가난한 지방 도시나 산둥성(山東省), 랴오닝성(遼寧省), 지린성(吉林省) 등 원래 술을 좋아하는 도시에서는 술로 상대방의 기분을 띄워놓고 공략하는 전략을 구사하기는 하지만, 이마저도 식사를 하는 가운데 이루어진다. 우리처럼 식사는 간단하게 하고, 이어서 커피를 마시거나 술을 마시는 분위기는 아니라는 얘기다. 중국에서는 모든 식사 자리가 1차에서 끝난다. 고급 비즈니스일수록 그 정도는 더하다. 만일 별다른 이유 없이 사업이 성사가 안 되었을 때는 식사와 관련된 상황을 되짚어 보는 것도 다음에 실패를 하지 않기 위한 거울로서 아주 중요하다. 혹시 상대방이 원하지 않는데 술집에 가자고 우기지는 않았는지, 식사를 소홀히 대접한 건 아닌지 말이다.

네 발 달린 것 중에는 책상만 빼고, 나는 것 중에는 비행기만 빼고 다 먹는다는 중국인이다. 얼마나 음식을 중시하는지, 얼마나 잘 먹는지를 알려주는 유머이다. 우리나라 사람들에는 식사를 그저 한 끼 때우는 것 정도로 생각하는 사람들이 많다. 그런 이유로 중국인에게 식사를 대접할 때도 우리 수준에서 결정하는 경우가 많은데, 이는 매우 치명적인 실례를 범하는 것이다. 우리나라에서와 같은 '1차 + 2차 + 3차'의 습관을 가지고 있다면, 그들과 매우 친한 사이가 되기 전까지는 그 3차를 모두 1차에 쏟아 부을 준비를 해야 한다.

또한 우리는 권력을 가지고 있는 사장이나 담당자만을 식사에 초대하는 경우가 많은데, 중국 회사를 접대할 때는 되도록 많은 직원을 초대하고, 그들의 참가자 수만큼 우리도 숫자를 맞추는 것이 예의이다. 상대측에서는 10명이 나오는데 우리는 1, 2명이 나가는 것은 예의에서 아주 벗어난 일이어서 그 만남이 마지막이 될지도 모를 일이다. 대개 중국인 쪽에서 먼저 우리 측에서 몇 명이 나올 것인지를 물어보고 자신들이 그 숫자를 맞추기는 하는데, 우리가 먼저 그런 문화를 이해하고 있다는 것을 보여주면 비즈니스에서 우위를 쥐고 상담을 할 수 있지 않을까 생각한다.

그리고 돈을 건네는 행위는 절대로 해서는 안 된다. 다른 기업에게까지 피해가 갈 수 있다. 특히 공무원에게 돈을 건네는 일은 화를 초래할 수 있다. 향후 중국 중앙정부 차원에서 외국인투자기업이 공무원에게 돈을 주거나 고가의 선물을 하지 않는지 조사하는 작업에 착수한다고 한다. 경거망동하다가는 중국의 가장 굵은 창살을 구경하는 기회를 얻을 수도 있다.

중국은 이해할수록 재미있고 유쾌한 곳이다. 잘 적응하면 중국 생활이 재미있어질 텐데, 적응 못하고 중국사람 욕이나 하면서 지내는 사람을 많이 본다. 중국에서 중국인을 욕하면서 무슨 사업을 하겠다는 말인가? 중국인을 존중하는 마음이 가장 중요하다. 우선 그들을 향해 마음을 열고 그들의 문화를 이해하도록 노력하자. 중국의 관행은 매우 중요한 성공의 열쇠라는 것을 명심하고, 친구를 많이 사귀어 자연스럽게 관습과 관행을 습득하려는 노력을 해야 한다.

자료: KOTRA 칭다오 무역관에서 일부 발췌

제2절 문화적 환경의 종합적 평가모형

문화적 환경을 평가하는 방법에는 크게 부분적 평가와 종합적 평가의 두 가지 방법이 있다. 부분적 평가는 기업의 의사결정에 중요한 영향을 미칠 것으로 생각되는 특정한 문화적 요소를 집중적으로 분석하는 방법이다. 그러나 수많은 문화적 차이를 개별적으로 파악하고 대응하는 데에는 한계가 있기 때문에 여러 가지의 문화적 요인들을 종합적으로 파악하려는 종합적 평가모형이 개발되어 있다.

종합적 평가모형으로는 홉스테드(G. Hofstede)의 모형과 홀(E.T. Hall)의 모형, 그리고 클러크혼(F.R. Kluckhohn)과 스트로드벡(F.L. Strodtbeck)의 모형이 있으며, 이들에 대해서 자세히 살펴보기로 한다.

1. 홉스테드모형

홉스테드는 미국 IBM에 근무하는 40개국의 10만 명에 달하는 직원들을 대상으로 직무관련 가치성향을 실증 분석한 결과, 각국의 문화적 차이에 크게 다음의 네 가지 차원이 있다는 것을 발견하였다.

1) 권력거리(power distance)

권력거리는 사회 내에서 부와 권력이 불평등하게 배분되어 있다거나 혹은 편중되어 있을 경우 이를 어느 정도로 수용하는가를 나타낸다. 권력거리가 큰 문화의 조직구성원들은 조직 내에 존재하고 있는 부와 권력의 불평등에 대해 쉽게 용인하는 태도를 가진다. 반면에 권력거리가 작은 문화에서는 구성원들이 권력의 불평등을 해소하려고 노력한다. 권력거리에 대한 사회구성원의 태도를 통하여 구성원들의 권위주의적 성향과 집권화에 대한 선호정도를 비교할 수 있다. 권력거리가 클수록 권위주의적 성향이 강하고 집권화된 조직구조를 선호한다. 연구결과 필리핀, 말레이시아, 멕시코, 인도 등은 권력거리가 큰 국가군에 속하는 것으로 나타났으며, 반면에 스웨덴, 네덜란드, 호주 등은 권력거리가 작은 것으로 나타났다.

2) 개인주의와 집단주의 성향(individualism vs. collectivism)

이는 사람들이 얼마나 개인주의적이거나 집단주의적인 성향을 보이는가를 의미한다. 개인주의는 집단의 이익보다 개인에게 주어지는 시간적 자유나 자기 자신의 이익을 중요시하는 가치성향을 반영한다. 즉, 개인주의 성향이 높은 사회에서는 구성원들이 자신들의 이익을 집단의 이익보다 우선시하며, 개인 간의 구속력이 느슨한 사회구조를 가지고 있다. 집단주의적 성향이 높은 사회에서는 반면에 구성원들이 자기가족이나 종족에 대한 귀속감이 강하여 자기 자신의 이익보다도 집단의 이익을 더 중요시한다. 홉스테드의 연구에 따르면, 미국, 호주, 영국, 네덜란드 등은 매우 개인주의적 국가이고, 대만, 인도네시아, 한국 등은 매우 집단주의적 국가이며, 인도, 오스트리아, 스페인 등은 중간적 국가로 나타났다.

3) 불확실성의 회피(uncertainty avoidance)

이는 사람들이 모호한 상황이나 불확실성을 용인하는 정도를 나타낸다. 불확실성 회피 성향이 높은 문화에 있는 사람들은 직업안정성이나 직급의 승진패턴에 대해서 상당히 높은 가치를 부여하며 관리자들이 아주 분명한 지시를 내려줄 것을 기대한다. 그 반면에 불확실성 회피성향이 낮은 문화에서는 변화에 대해서 두려워하지 않으며 위험을 극복하려는 성향이 높게 나타난다. 연구결과 불확실성 회피성향이 높은 국가로는 일본, 멕시코, 아르헨티나 등이 포함되며, 불확실성 회피성향이 낮은 국가로는 싱가포르, 덴마크, 오스트리아 등이 해당된다.

4) 남성다움과 여성다움(masculinity vs. feminity)

이는 사회나 조직구성원들이 남성과 여성의 사회적 역할을 얼마나 분명하게 구분하는지를 나타낸다. 남성적인 문화에서는 남녀 간의 역할분담이 이루어져 있고 성취감이나 자기주장, 물질적인 성공에 대해 강한 선호를 나타낸다. 반면에 여성중심적인 문화에서는 관계유지를 중요시하거나 구성원에 대해 배려하는 경향, 삶의 질을 강조하는 면이 강하게 나타난다. 따라서 남성주의적인 성향이 강한 문화에서는 경쟁과 성취에 더 높은 가치를 두고, 여성주의적 성향이 강한 문화에서는 복지와 화목에 더 높은 가치를 두는 성향이 있다. 연구결과 남성주의적 사회로는 일본, 베네수엘라 등이 있으며, 여성주의적 사회로는 덴마크, 스웨덴, 노르웨이 등을 꼽을 수 있다.

한편 홉스테드는 이와 같은 네 개의 차원에서 각국의 문화가 어떠한 성격을 가지는지 0에서 100 사이로 점수화하였다.

이와 같은 홉스테드의 연구는 각국의 문화차이를 계량적으로 측정하고 이를 국가 간에 비교하는 데에 편리하다는 장점이 있으나, 다음과 같은 문제점이 있기 때문에 계량적 문화의 차이가 얼마나 정확한가에 대해서는 이견이 있을 수 있다.

표 3-1 ● 홉스테드 차원별 문화지수

국가	권력간격	개인 집단주의	남성 여성성	불확실성회피	장기지향성
일본	54	46	95	92	80
이탈리아	50	76	70	75	–
멕시코	81	30	69	82	–
영국	35	89	66	35	25
독일	35	67	66	65	31
필리핀	94	32	64	44	19
미국	40	91	62	46	29
호주	36	90	61	51	31
홍콩	68	25	57	29	96
아르헨티나	49	46	56	86	–
인도	77	48	56	40	61
아랍권	80	38	53	68	–
캐나다	39	80	52	48	23
말레이시아	104	26	50	36	–
브라질	69	38	49	76	65
싱가포르	74	20	48	8	48
인도네시아	78	14	46	48	–
대만	58	17	45	69	87
프랑스	68	71	43	86	–
한국	60	18	39	85	75
태국	64	20	34	64	56
칠레	63	23	28	86	–
유고슬라비아	76	27	21	88	–
네덜란드	38	80	14	53	44
스웨덴	31	71	5	29	33

첫째, 홉스테드의 표본은 일반화되기 어려운 문제점이 있다. 홉스테드는 전적으로 IBM의 종업원들을 대상으로 문화의 차이를 연구하였다. 그러나 한국IBM의 종업원들이 한국문화를 대표할 수 없는 것처럼 한국과 각국에 있는 IBM 종업원간의 문화적 차이를 연구했다고 해서 과연 그것이 한국과 다른 나라의 문화를 비교했다고 보기는 힘들다.

둘째, 한 나라에는 여러 개의 문화가 존재하고 있으므로 각국마다 하나의 문화적 단위를 측정해서 이를 비교하는 것은 만일 한 나라 안에 상당히 이질적인 문화가 혼재하는 경우 오류가 발생할 수 있다.

셋째, 홉스테드의 연구는 이제 낡은 것이 되었다. 1960년대와 1970년대의 상황은 2010년대의 상황과는 많은 차이가 있고, 문화도 많이 달라졌기 때문에 그의 연구결과를 현재의 해당 국가에 그대로 적용하는 것은 많은 문제가 있다.

이러한 비난을 상쇄함은 물론, 그의 연구를 확장하고 종래의 패러다임에서 논의되지 않았던 요소들을 보충하기 위해 홉스테드는 그의 문화모델에 유교적 역동성(Confucian dynamism)이라는 다섯 번째 범주를 추가하였다(이 범주는 추후 장기지향성(Long-term orientation)으로 명명된다). 홉스테드의 설명에 의하면, 장기지향성은 시간에 대한 태도, 인내, 전통에 대한 존경정도에 의해 측정되며, 장기 지향적인 사회일수록 미래에 더 많은 중요성을 부여하여 이런 사회에서는 지속성, 절약, 적응능력 등 보상을 지향하는 실용적 가치를 조성한다. 이와 달리, 단기 지향적인 사회에서는 끈기, 전통에 대한 존중, 호혜성, 사회적 책임의 준수 등 과거와 현재에 관련된 가치가 강조된다. 일반적으로 홍콩, 일본, 태국과 같은 동아시아 국가들에서 장기지향성 점수가 높은 반면, 미국, 캐나다와 같은 서구국가들에서 낮은 점수의 분포를 보이는 경향이 있다.

토의자료 3-2

중국 내에서도 지역에 따라 비즈니스 문화가 달라

동양제과의 오리온초코파이는 중국에서 단일 상품으로는 가장 많이 팔리는 우리나라 제품이다. 낱개로 연간 1억 개 이상이 팔린다. 그렇다고 초코파이가 중국 전역에 깔린 것은 아니다. 아직은 베이징을 중심으로 한 북부지역에 주로 공급된다. 이는 오리온이 의도한 것이다. "문화가 비슷한 북부지역 상권을 우선 공략하고 이를 거점으로 중 · 남부로 확산하고 있다"는 것이 이 회사 관계자의 말이다. 거점전략인 셈이다.

오리온 거점전략의 이유는 "다양성"에 있다. 중국은 "다양성의 나라"라고 할 만큼 지역적으로 복잡한 문화를 가지고 있다. 상관습 역시 지역별로 다르다. 당연히 중국 비즈니스 방식도 달라야 한다.

중국인들의 지역별 비즈니스 특성을 얘기할 때 베이징(북경), 상하이(상해), 광저우(광주) 등 3개 도시가 거론된다. 베이징은 북방의 비즈니스 환경을, 상하이는 화둥지역을 중심으로 한 중부지역을, 광저우는 비교적 일찍 개방된 남부도시의 특성을 대표하며, 이를 표로 정리하면 아래와 같다.

표 3-2 ● 주요 대도시별 상관습 특성 비교

도시명	상관습 특성
베이징	• 학벌이 높고 권력욕 및 명예욕이 강하며 예의를 존중. • 남방지역보다 소비에 있어서 보수적이고 신중한 편임. • 의복, 액세서리나 개인용품보다는 필수 가전제품에 소비 집중. • 상품에 대한 정보가 많아 고품질의 제품만 골라 구입하는 선택적 구매 동기가 강함. • 신제품에 대한 선호도와 호기심이 강해 상하이 사람들보다 신상표, 신제품 구매에 적극적임.
상하이	• 국제적인 감각이 뛰어나며, 두뇌회전이 빠르고 실용성 추구 • 외관과 디자인을 중시하는 편이어서 의복, 액세서리, 보석류, 개인용품에 대한 소비비중이 상대적으로 높음. • 구매 패턴이 서구화되어 있어 고가품이라 할지라도 최상급 제품은 잘 팔리며, 브랜드 선호도가 강한 편임. • 가장 까다로운 시장으로 개척에 성공하면 타 지역으로 확산 효과가 큼.
광조우	• 상술과 이재에 밝고 두뇌회전이 빠름. 정교한 작업에 능하고 사치스러움. • 중국 도시 중 자금이 비교적 많아 소비행위에 제약이 비교적 덜함. • 식품, 음료, 오락에 대한 지출 비중이 의복 지출 비중보다 높음. • 홍콩과 인접해 있지만 문화수준이 상하이보다 낮고 국제화가 덜 되어 있어 구매태도가 까다롭지 않음.

이렇듯 중국인들은 다양한 상관습을 특성으로 하여 낯선 외국 비즈니스맨들을 맞이하고 있다.

자료: KOTRA, 중국인의 상관습.

2. 홀의 모형

문화적 차이를 이해하기 위해 문화를 비교하는 비교문화적인 분석방법으로 홀(E.T. Hall)의 모형을 들 수 있다. 그는 각국의 문화를 고배경문화(high-context culture)와 저배경문화(low-context culture)로 이분화하여 분석하고 있다.

고배경문화에서는 의사소통에 필요한 정보가 대부분 비언어적인 배경 또는 개인에 내부화되어 명백한 부호나 메시지로 옮겨지지 않으나, 책임과 신뢰가 중요한 가치로써 강조되기 때문에, 법률적인 서류사무보다 개인의 말이 더욱 확실한 보증서 역할을 하며, 책임과 명예 등에 더 큰 의미를 두고 있다. 또한 책임의 소재는 그 조직의 최고위층에 있게 되며 집단지향적인 성격이 강하다.

반면에 저배경문화는 구체적인 대화를 통해서 정보의 교환이 이루어지고 법률적인 서류가 보증서 역할을 한다. 따라서 법률적인가 아닌가하는 것이 중요한 의미를 가지며, 책임은 하위 실무자 층에게 전가되는 것이 특징이다.

또한 두 문화 간의 차이는 공간을 인식하고 구분하는 데서 찾아볼 수가 있다. 예를 들어, 아랍인들은 서로 이야기를 나눌 때 매우 가깝게 접근하는 것을 선호하나, 미국에서는 상대방과의 지나친 접근을 피한다. 또한 산업재 마케팅과 관련한 두 문화 간의 차이점은 경쟁적 입찰, 협상에서 찾아볼 수 있다. 고배경문화에서는 그 입찰의 대상이 되

표 3-3 ● 고배경문화와 저배경문화

요소 및 차원	고배경문화	저배경문화
법, 변호사	덜 중요하다.	아주 중요하다.
개인의 말	개인에 대한 보증이다.	서면으로 남기는 경우만 신뢰한다.
공간	같이 공유한다.	개인공간은 서로 침해하지 않는다.
시간	인생의 모든 일은 시간이 해결해 준다.	시간은 돈이며, 매사는 하나씩 매듭 짓는다.
협상	시간이 걸리며, 협상 과정을 통해 서로를 이해한다.	신속하게 해결되며, 협상자체의 목적 이외의 목적은 없다.
책임소재	조직의 최고 책임자	업무담당자 또는 최하급자
경쟁 입찰	빈번하지 않다.	아주 흔하다.

는 작업을 가장 잘 수행할 수 있고, 또 입찰자가 가장 통제하기 쉬운 응찰자에게 일거리를 준다. 반면 저배경문화에서는 입찰요건을 명시하여 낙찰자가 작업을 수행함에 있어 그 요건을 위반하지 못하게 한다는 것이다.

이러한 점을 볼 때 일반적으로 중국, 일본 및 아랍문화는 고배경문화에 속하며, 미국 또는 독일은 저배경문화에 속한다고 할 수가 있고, 두 문화의 특징을 분류해 보면 위의 <표 3-3>과 같다.

홀의 모형은 그 모형이 지나치게 기술적이고 주관적이라는 데에 한계점이 있으며, 아울러 두 문화를 구분하는데 있어서 그 경계가 불분명하다는 약점을 지니고 있다. 그러나 비교 문화적 훈련에 대해 생소한 우리나라 해외진출 기업들이 그들의 해외파견 사원을 위한 현지문화적응 훈련모델의 설계에 도움을 줄 수 있다.

3. 클러크혼과 스트로드벡의 모형

클러크혼과 스트로드벡은 문화의 이질성을 구분하기 위해서 문화지향성(cultural orientation) 또는 가치지향성(value orientation)이라는 관점에서 인간이 지니는 여섯 가지의 기본명제에 대한 질문을 제시하고 이 질문에 대한 답변을 기준으로 문화를 양분하고 있다.

여기서 여섯 가지의 기본명제는 ① 인간의 본성 ② 인간과 자연과의 관계 ③ 인간관계 ④ 인간의 행동양식 ⑤ 시간관념 ⑥ 공간관념으로 구성되어 있다.

이와 같은 여섯 가지의 기본명제에 대하여 각각의 문화는 다른 사고를 행하며, 이러한 사고를 바탕으로 행위의 패턴도 달라진다고 설명하였다.

<표 3-4>에서는 여섯 가지 기본명제에 대한 가치체계를 크게 세 가지의 차원으로 분류하여 경영에 주는 시사점을 정리하여 보여주고 있다.

표 3-4 ● 클러크혼의 문화지향성

문화 요소	행위 및 사고차원	경영시사점
인간의 본성	• 기본적으로 선 • 기본적으로 악 • 선과 악의 혼합	• Theory Y, 참여적 경영 선호, 신뢰 • Theory X, 동료와 부하에 대한 불신 • 중개자의 역할 강조
인간과 자연의관계	• 자연을 지배 • 자연과의 조화 • 자연에 복종	• 통제와 계획을 강조, 조직문화 변화에 긍정적인 반응 • 작업장에서의 공개적인 마찰 회피성향, 타인의 존중 • 외부통제 수용성이 높음, 조직문화 변화에 부정적 반응
인간 관계	• 개인주의적 • 집단주의적(수평적 관계를 중시) • 집단주의적(수직적 관계를 중시)	• 그룹의 이익보다는 개인의 이익과 목적을 중시, 경쟁을 강조 • 그룹 내 관계가 상사, 직무에 대한 태도에 영향을 줌 • 권위에 대한 존중, 연공서열, 위계적 의사소통
활동 양식	• 동적 • 통제적 • 정적	• 성과를 주시함, 높은 일의 중요성 • 자기통제를 강조 • 계획과 성과를 덜 중시, 지위는 선척적으로 결정됨
시간 지향성	• 미래지향적 • 현재지향적 • 과거지향적	• 과거 성과보다 미래계획이 우선시됨, 변화와 훈련을 중시 • 현재의 안건이 우선시됨 • 과거성과를 기초로 한 계획 수립, 과거의 전통 중시
공간 지향성	• 사적 • 공, 사 혼합 • 공적	• 개인적 소유를 중시, 격리된 장소에서의 미팅이 보통 • 공사의 구분 • 공개회의를 선호, 장소공유 선호

클러크혼 모형은 물론 문화의 여러 측면 가운데 일부만을 보여주고 있기 때문에 이것만 가지고 외국문화를 완전히 이해할 수는 없지만 간단하게나마 외국문화에 대한 이해를 상당히 증진시킬 수 있다는 점에서 유용하다.

사례 3-2

디즈니랜드가 선택한 파리와 유럽에서의 실수

아마 디즈니랜드에 가보지 않은 사람은 있어도 디즈니랜드 자체를 모르는 사람은 없을 것이다. 월트 디즈니사는 만화영화 제작가인 디즈니가 1928년 월트디즈니 프로덕션을 만들면서 설립되었다. '미키마우스'의 큰 성공을 시작으로, '백설 공주', '피노키오', '신데렐라' 등의 연이은 성공을 통해 디즈니는 사람들에게 꿈과 환상을 심어주는 기업으로 성장하였다. 월트 디즈니는 만화영화나 캐릭터 상품뿐만 아니라 리조트, 테마파크 등의 다양한 사업영역을 가진 종합 엔터테인먼트 그룹이다. 그 중 테마파크는 1955년 만화영화제작자 월트 디즈니가 로스앤젤레스 교외에 세운 대규모 오락시설로서 월트디즈니 수입의 70%를 차지할 만큼 수익률이 좋다. 디즈니랜드의 총 입장객 수는 이미 2억 명을 넘어섰으며, 연간 입장객 또한 1,000만 명을 넘고 있다. 이러한 인기에 힘입어 1971년 플로리다주 올랜도에 디즈니랜드의 100배가 넘는 부지에 월트 디즈니월드를 개설했다.

이렇듯 국제적인 관광 명소가 된 디즈니랜드는 미국에서의 성공을 바탕으로 해외 진출까지 고려하였다. 먼저 많은 인구가 있고 높은 소득수준을 가지고 있어 놀이 문화를 즐길 수 있는 일본을 타깃으로, 1983년에 도쿄 디즈니랜드를 개장하였다. 미국의 디즈니랜드와 큰 차별점을 두지 않았고, 일본의 자연재해에 대한 위험성으로 개장 원년 손실을 예감하였지만, 도쿄 디즈니랜드는 미국의 디즈니랜드를 능가할 정도로 큰 성공을 거두었다. 일본에서의 성공이 실현되자 디즈니사는 이어서 유럽진출로 눈길을 돌렸다. 미국 문화의 기원은 유럽에 있었으며 피노키오, 신데렐라 등 꽤 많은 디즈니 캐릭터가 유럽의 동화나 민화를 바탕으로 한 것이었기에 더더욱 자신감을 가졌다. 뿐만 아니라 유럽의 어린이들은 디즈니의 캐릭터를 좋아했으며, 실제로 미국 디즈니랜드를 방문하는 유럽인의 수는 연간 270만 명에 이르고, 이들이 상품을 구입하는 액수도 연간 16억 달러에 달했다. 상대적으로 거리가 먼 미국까지 오는 인구가 그토록 많은데 가까운 유럽에 개장한다면 더 많은 사람들이 많은 돈을 쓸 것이라 예상했다. 그리고 프랑스에서 맥도날드가 인기 있다는 점을 들어 미국문화의 유럽 진출 가능성을 긍정적으로 보았다.

이에 따라 디즈니는 유럽진출을 결심하였고 적절한 장소를 모색하였다. 유로 디즈니의 최적지를 찾기 위해 디즈니 본사는 유럽의 200여 곳을 돌아보았으며, 그 결과 프랑스 파리와 스페인의 바르셀로나가 최종적으로 경합을 벌였다. 바르셀로나의 최대 매력은 따뜻한 날씨였다. 하지만 바르셀로나의 교통시설은 파리에 미치지 못하였고 무엇보다 모든 시설을 건설할 수 있을 만큼 넓은 부지가 없었다. 따라서 프랑스 파리에 유럽 디즈니랜드를 입지시키기로 결정하였다. 프랑스로 위치를 정한 첫 번째 이유는 프랑스 정부의 적극적인 도움이었다. 프랑스는 자국의 경기회복과 유럽지역 관광객 유치를 목표로 하여 디즈니랜드를 자국에 유치하기 위해 많은 매력적인 조건을 내세웠다. 프랑스는 정부차원에서 도시고속철도(RER)와 고속도로를 사업지구까지 연장하고 초고속열차(TGV)도 연결하겠다고 했다. 파리 철도의 연장으로 유로 디즈니는 유럽의 다른 부분과도 연결될 수 있으므로 이를 강점으로 생각했다. 또한 개발용지의 매입도 적극적으로 협력하였고 필요한 자금의 22%를 빌려주는 등 많은 혜택을 제공하였다. 이러한 정부 차원의 도움 외에도 프랑스는 디즈니랜드가 진출을 결심하기에 충분히 매력적이었다. 프랑스의 수도인 파리는 유럽의 중심지로 매년 2천 6백만 명의 관광객이 방문하는 유럽에서 가장 방문객이 많은 도시였으며 유럽에서 디즈니 캐릭터의 주요 소비시장 또한 프랑스였기 때문이다.

파리를 최종 진출지로 정한 후 디즈니는 다양한 사전 마케팅을 시도했다. 유로 디즈니의 사전 마케팅은 대략 1년에 걸쳐 진행되었고 예산 또한 400억 원 이상으로 막대했다. 디즈니의 사전 마케팅은 주로 가족 시장에 중점을 두었다. 또한 어린이들이 가진 영향력을 높게 보고 '디즈니 클럽'이라는 어린이 프로그램을 방영하였으며 언론매체를 통해 다양한 광고를 했다. 그러나 이러한 노력에도 결과는 참담했다. 첫 입장객 예측치는 연간 1,100만 명이었지만 실제 입장객 수는 예상대비 80~90% 정도에 지나지 않았다. 또한 기대와는 달리 전체 입장객 중 프랑스인의 비율이 매우 낮았고, 유로 디즈니랜드가 위치해있는 파리 시민의 방문율도 채 40%가 되지 않았다. 뿐만 아니라 입장료 외에도 디즈니랜드 매출의 상당부분을 차지했던 식음료 및 기념품 판매는 예측치의 절반 정도 밖에 되지 않았다. 유로 디즈니를 방문한 많은 유럽 방문객들은 그 안에서 음식을 사먹는 대신 도시락을 싸가지고 왔으며, 디즈니랜드에 안에 있는 호텔에 숙박하지도 않았기 때문이다. 이러한 현상은 첫 해의 고난에 멈추는 것이 아니라 1993년, 1994년이 되어도 나아지지 않고 오히려 악화되었다. 이러한 여파로 유로 디즈니랜드의 주식은 급격하게 하락하였고, 1993년 한화 8,010억 원, 1994년 한화 2,685억 원의 적자를 기록하는 등 엄청난 손해를 입었다.

그렇다면, 무엇이 문제였을까? 유로 디즈니랜드 실패의 가장 큰 요인은 문화적 차이에서 찾을 수 있다. 즉 첫째, 지리 및 기후적 요건을 제대로 파악하지 못했다. 프랑스의 기후는 여름에는 건조한 반면, 겨울에는 비가 많이 내리는 특성이 있다. 따라서 프랑스인을 포함한 유럽인들은 겨울에는 지중해 해변과 같이 따뜻한 곳으로 휴가를 간다. 다시 말해서, 프랑스 북부인 파리에 위치한 놀이공원에 가고자 하는 유럽인들은 그리 많지 않았다.

둘째, 유럽인의 여가 성향을 제대로 파악하지 못했다. 유럽인들은 오랜 시간 그들만의 여가문화를 형성해왔다. 이는 사람들이 새로운 여가를 물색하던 미국이나 일본과 달랐다. 유럽인들은 휴가 기간 동안 한 곳에 머무는 것이 아니라 여러 곳을 둘러보는 경향이 있으므로 보통 디즈니랜드에서는 하루 정도만 머물다가 다른 곳으로 이동했다. 따라서 유로 디즈니에 유럽 관광객들이 며칠 동안 머물면서 여러 시설을 이용할 것이라는 디즈니의 예상은 빗나갈 수밖에 없었다.

셋째, 유럽인들의 식사습관을 제대로 이해하지 못하였다. 프랑스인들은 식사를 할 때에 와인을 함께 하는 것을 당연히 여겼지만 유로 디즈니랜드는 레스토랑에서 술을 판매하지 않는 미국의 정책을 그대로 따랐다. 이는 프랑스인들에게는 상상조차 할 수 없는 일이었으며 프랑스의 와인을 마시는 것을 관광의 일부라고 생각하는 유럽인들의 요구 또한 만족시키지 못하였다. 그리고 패스트푸드를 많이 먹는 미국인들의 식습관과 달리 유럽인들 특히 프랑스인들은 오랜 시간동안 코스요리를 즐긴다는 것은 이미 잘 알려져 있다. 이처럼 미국인들은 점심식사를 비교적 간단히 먹는 것을 선호하지만 유럽인들은 그렇지 않았다. 그들은 평소 습관대로 제대로 된 식사를 하고자했다. 그러나 디즈니랜드는 이를 만족시킬 만한 시설을 갖추지 못하였고 이로 인해 레스토랑에서의 대기시간이 매우 길어져 방문객들은 불편을 겪었다.

넷째, 유럽인들의 문화적 성향을 제대로 파악하지 못했다. 유럽인들은 어떤 면에서 보면 미국인들보다도 오히려 개인적인 성향을 가지고 있다. 이러한 성향을 제대로 파악하지 못하고 직원을 대함에 있어 미국 디즈니 본사의 원칙을 강요했다. 미국 디즈니의 원칙에 따라 디즈니에 근무하는 여직원들은 색이 있는 매니큐어를 칠하는 것이 금지되었으며, 스타킹 색상 또한 살색만 허용되었다. 심지어는 머리색, 귀걸이의 크기와 같이 외모에 대한 규칙이 매우 엄격했다. 실제로 유럽인들, 특히 프랑스인들은 타인의 외모 등에 대해 지적하거나 평가하는 것을 매우 좋지 않은 행동으로 여기는 경향이 있다. 따라서 미국에서는 이러한 정책을 실행할 수 있었다하더라도 유럽인들이 생각하기에는 이러한 규정들이 매우 불합리하다고 여겨졌고 이에 직원들은 디즈니를 제소하기에 이르렀다.

다섯째, 유럽인들의 소비습관을 제대로 파악하지 못했다. 유럽인들은 미국인에 비해 훨씬 검소한 소비습관을 가지고 있다. 앞서 말한바와 같이, 유럽 방문객들은 도시락을 싸왔으며, 값비싼 디즈니랜드 내의 호텔도 거의 이용하지 않았다. 기념품에 돈을 쓰는 것 또한 꺼려했다. 최초 유로 디즈니를 개장하면서 음식이나 기념품 등에 대한 1인당 지출 예상비용을 33달러로 계산하였으나, 이는 그들의 소비습관을 잘못 파악한 디즈니의 실수였다. 물론 미국 디즈니랜드에서 유럽인들의 소비가 많았던 점은 디즈니사가 1인당 지출비용을 높게 잡은 근거가 될 수 있다. 그러나 미국에 있는 디즈니랜드로 비행기를 타고 장거리 여행을 가는 사람들과 자동차나 혹은 대중교통을 이용해 가까운 놀이공원을 이용하는 사람들의 소비습관과 경제력에는 큰 차이가 있을 수밖에 없었다.

마지막으로, 프랑스의 법률을 제대로 이해하지 못했다. 유로 디즈니의 방문객 수는 성수기의 방문객 수가 비수기의 10배에 달할 만큼 시기나 계절에 따른 변동 폭이 굉장히 컸다. 이러한 상황에 대응하려면 방문객이 적은 시기에는 직원 수를 줄이는 정책이 필요한데 프랑스의 법률은 직원 수를 쉽게 줄이는 것을 허용하지 않았다. 따라서 실제로 필요한 인원보다 훨씬 많은 수의 직원을 고용함으로써 불필요한 지출을 하게 되었다.

질문:

1. 디즈니사가 파리를 입지로 선택한 의사결정은 바람직한 것이었나? 만약 다른 대안을 찾는다면 어느 도시를 추천하고자 하며, 그 이유는 무엇인가?
2. 프랑스 정부는 어떠한 이유들로 인하여 유로 디즈니를 파리에 유치하고자 했다고 여겨지는가?
3. 디즈니사가 파리에서 범한 오류들을 요약하고, 그 극복방안을 제시하시오.

제3절 국제문화적 환경의 관리전략

각국의 문화적 환경의 차이는 기업이 국제화를 수행하는데 있어 상당한 영향을 미친다. 예컨대, 의식주에 관한 관습의 차이는 독특한 소비패턴과 구매행동을 초래하고, 종교와 교육에 의한 사회화 과정에 따라 가치체계가 달라지며, 이러한 서로 다른 가치체계는 조직의 구성이나 관리의 측면에서 보다 많은 관심과 적응화 노력을 필요로 하는 것이다.

따라서 기업이 행하고자 하는 국제화전략이 효율적으로 달성되기 위해서는 무엇보다도 먼저 객관적이고 타당성이 높은 연구방법을 통하여 국가 간의 문화차이를 비교·분석하고, 그 연구결과에 따라 기업의 실질적인 국제화활동과 국제화전략을 조정해 나가야 하는 것이다.

다국적기업이 국제 문화적 상황을 관리하는 방법에는 문화차이의 무시, 문화차이의 최소화, 문화차이의 이용 등 크게 세 가지 전략으로 나누어볼 수 있다.

1. 문화차이의 무시

이 방법은 바로 '비즈니스는 비즈니스'라는 관점으로 접근하는 경우이다. 즉, 전 세계의 관리자, 엔지니어 또는 은행원 등 어떠한 직종에 있건 모든 사람들은 같은 직종에 있으면 같은 행동과 기준을 적용해야 한다는 관점이다.

이러한 관점에 있는 기업들은 본국에서 개발된 정책과 관행이 당연히 외국에서도 적용될 수 있을 것으로 생각하고 이를 강행하는 경향이 있으며, 이들 기업의 전략은 제품의 질을 유지하고 고객 서비스를 향상시키기 위해서는 전 세계의 종업원들 사이에 똑같은 행동과 사고방식이 필요하다는데 초점을 맞추고 있다.

표 3-5 ● 문화적 환경의 관리전략

전략 / 항목	무시	최소화	이용
기본가정	기업정책은 각국의 문화와 무관함	문화는 기업정책에 문제 및 위협 요소	문화의 이질성은 기회·경쟁우위의 원천
본·지사관계	자민족 중심주의	복수/지역 중심주의	세계 중심주의
기대 효과	표준화 지구적 통합	현지화 반응	개혁과 학습
이행기준	효율성	적응성	상승효과(synergy)
의사전달	상의하달(top down)	하의상달(bottomup)	모든 채널을 이용
주요도전	용인획득	응집력	차이의 극복
우려요인	융통성의 부재 기회의 상실	분열 이중노력의 투입 시너지상실	혼란 불화

자료: 최윤희 (1997), 「글로벌 비즈니스맨과 이문화관리」, 영풍문고, p.41.

따라서 기업은 자체훈련센터 등을 세워 필요한 경영관행과 행태, 핵심신념과 가치관을 심어주려고 노력하게 된다. 예컨대, 맥도날드사는 세계 어느 나라에서의 맥도날드와 마찬가지로 러시아에서 종업원들이 행하는 최소한의 화장, 손톱의 길이까지 규제하며, 여종업원의 경우 귀걸이의 크기나 반지의 착용개수, 남종업원에게는 긴 머리나 수염의 제거 등 강력한 복장규정을 적용하기도 한다. 또한 러시아 감자의 크기가 작아 본사의 프라이용 감자의 제품기준에 맞지 않는다는 이유로 미국감자를 수입해서 사용하였다.

2. 문화차이의 적응

이러한 접근법은 문화차이의 중요성을 인정하며, 문화에 있어서의 차이가 문제를 야기하거나 기업의 효율적 운영을 저해하는 것으로 본다. 여기서 문화적 차이를 최소화한다는 것은 문화의 차이에서 오는 갈등을 줄이기 위하여 문화의 차이를 균일화하는 방법을 찾고, 동질성을 창조하거나 문화의 차이를 분리해 내는 것을 의미한다. 문화의 차이를 최소화하는 구체적인 전략으로서 기업들은 1) 글로벌 기업문화의 창출, 2) 문화의 분리, 3) 완충장치의 창출 등 세 가지 세부적인 전술을 선택할 수 있다.

1) 글로벌 기업문화의 창출

일반적으로 일본기업들이 취하는 전략으로써, 본사와 일본인 해외주재원과의 접촉은 물론 현지인을 위한 강력한 사회화를 통해 현지문화의 차이에서 오는 영향을 최소화하려는 노력을 한다. 따라서 일본기업의 현지자회사의 최고책임자는 자주 본사를 방문함으로써 긴밀한 관계를 형성한다. 현지인의 채용에 있어서도 모기업의 가치관과 행동기준에 맞는 사람을 위주로 채용하며, 현지국의 근로자들은 업무기술뿐만 아니라 경영철학에 관한 집중적인 훈련을 받기 위해 일본으로 파견 · 연수를 받아 일본식 업무처리 방식을 관찰하고 경험하도록 한다.

2) 문화의 분리

문화의 분리란 서로 다른 문화적인 요소를 분리함으로써 미연에 마찰을 피하는 것이다. 현지국의 문화적 차이를 인정하여 전사적인 전략개발은 모기업에서 하지만 운영에 관한 의사결정을 현지기업에 이양함으로써 자율성을 보장하는 것이다. '로마에 가면 로마의 법을 따르라'는 격언처럼 현지기업의 운영은 각각의 현지국 문화에 맞게 운영하는 것이다. 이 경우 현지기업은 문화적 자율성을 갖게 되어 문화다원주의를 정착시키는 계기가 되지만 기업의 전략실행에 비용이 많이 들고 지역의 통합 등이 곤란해질 수 있다.

3) 완충장치의 창출

현지문화의 차이에 민감하게 대응하면서 글로벌 통합의 필요성 때문에 많은 다국적기업들이 지역본부를 가지고 있다. 이와 같은 지역본부는 현지국과의 관계조정기능을 수행하고 이들 간의 상승효과(synergy effect)를 찾아낸다. 지역본부는 또한 현지국과 본국간의 글로벌전략을 조정 · 통합하는 기능을 수행하기도 한다. 따라서 지역본부가 본국과 현지국의 기업문화 차이의 완충지대로서의 역할을 수행하게 된다.

3. 문화차이의 이용

국제경영에 있어서 우리가 또 한 가지 관심을 기울여야 하는 사항은 문화가 경쟁우위를 창출하는 원천이 될 수 있다는 점이다. 많은 학자들이 그룹 중심적이고, 끊임없는 개선을 추구하며, 조직에 대한 충성을 중요시하는 일본적 기업문화가 일본의 자동차산업과 전자산업의 발전에 큰 역할을 한 것으로 평가하고 있다. 또한 목표가 정해지면 빠른 시일 내에 그 목표를 달성하고자하는 우리나라 특유의 기업문화는 한국기업의 고도성장의 근본원인으로 작용하였다. 따라서 우리나라 기업이 해외에 진출할 때에 진출하는 국가의 이질적인 문화에 민감하게 반응하는 것도 중요하지만, 우리기업의 경쟁우위가 우리나라 특유의 문화에서 비롯된 것일 때는 우리나라 문화를 해외사업을 수행하는 데에 어느 정도 반영하거나, 이를 현지종업원에게 교육시키는 방법도 자신이 갖고 있는 비교우위를 충분히 살리는 방법이다.

결론적으로 말해서 다국적기업의 경영환경에는 문화적 차이가 존재하며 이 문화적 차이를 인식하고 적응하려는 노력도 중요하지만, 기업이 가지고 있는 경쟁적 우위가 원래 자기가 갖고 있던 특유의 기업문화에 기인하는 것이라면, 가능하면 현지의 문화와 자신의 문화를 조화시키는 것이 필요하다. 또한 해외진출 대상 국가를 선정할 때도 가급적 문화적 차이가 적은 국가를 선택하는 방법도 본국의 문화와 현지국의 문화적 차이에서 오는 갈등을 줄이는데 도움을 줄 수 있을 것이다.

사례 3-3

홈디포, "중국선 안되네..."

미국에 본사를 둔 홈디포는 가정용 건축자재 및 인테리어 상품을 전문으로 판매하는 업체이다. 간단히 말해서 목재, 전구, 조명기구 등 본인의 집을 본인의 손으로 채우고 가꿀 수 있도록 자재를 제공해주는 업체라고 할 수 있다. 홈디포는 'Improving Homes, Improving Lives'라는 캐치프레이즈를 내세워, 집을 가꿈으로써 삶의 질이 올라간다는 메시지를 전달하려 노력했다. 그들이 타깃으로 삼았던 주 고객층은, 주로 교외지역에 살며 삶의 질에 상당히 관심이 많고, 집을 가꾸는 취미가 있는 사람들이었다. 따라서 이미 만들어진 기성품보다는 개인이 원하는 방식으로 조립해서 사용하는 가구나 건축자재를 주력 상품으로 판매했다. 그리고 매장의 위치선정에 있어서도, 미국에서 집을 소유한 사람의 비중이 많은 캘리포니아 위주로 매장을 확장해나갔으며, 많은 종류의 제품 구색을 갖춰, 고객들에게 최대한 다양한 선택지를 제공하려고 힘썼다. 뿐만 아니라, 건축이나 인테리어에 관해 전문적인 지식을 갖고 있는 직원들은 고객들에게 디자인이나 제품설치 등에 관한 상담 서비스를 제공했는데, 제품의 전반적인 가격대가 저렴함에도 불구하고 이러한 고품질의 서비스가 가능했던 점이 특히 미국인들에게 많은 호응을 얻었다. 저가격 고품질이라는 전략이 큰 호응을 얻음에 따라, 1978년에 비즈니스를 시작한 홈디포는 점차 점포의 수를 늘려 현재는 캐나다, 멕시코를 포함, 미국 전역에 총 2,000여개의 점포를 갖게 되었다. 또한 디자인 전문매장이나, 하드웨어 전문점 등 매장의 종류를 세분화시키고, 자회사를 설립하여 다각화를 추진하는 등의 과정을 거쳐 미국 내 유통업체로는 월마트 다음으로 큰 규모를 갖게 되었다. 자국에서 어느 정도 입지를 다졌다고 생각한 홈디포는 해외로 눈길을 돌려 드디어 2002년 중국으로 진출하겠다는 야심찬 전략을 발표하였다. 당시 중국은 가파른 경제성장으로 인해 중산층의 비중이 늘어났고, 소득이 증가한 중산층 가정들은 본인 소유의 집을 마련하고 싶어 했다. 개인 소유의 집이 늘어날수록 가정용품의 수요가 확대되는 것은 당연했고, 이는 연 500억 위안 규모의 중국 가정용품 시장이 향후 더 커질 수 있는 잠재력을 갖고 있다는 사실을 의미했다. 또한 시장 분석의 결과, 중국인들이 가정용품을 구매하는 주된 목적은 주택 개조나 인테리어 개선에 있었다는 소비 동기는 홈디포가 그동안 타깃으로 삼았던 고객층의 소비 동기와 매우 흡사했다. 더군다나 아직 대형 가정용품 업체가 등장하기 전이었던 중국의 가정용품 시장에는 소수의 전문업체만 존재했을 뿐이었기에, 대부분의 중국인 소비자들은 가구나 인테리어 상품의 소비를 전통시장에 의존하고 있었다는 점에서 홈디포에게 있어서 중국은 더할 나위 없이 매력적인 시장이었다. 그러나 중국인과 미국인의 문화차이를 간과한 결과는 그야말로 참담했다.

무엇보다도 홈디포가 중국에서 실패한 가장 주요한 문화적인 이유는 다른 가정용품 업체들과 차별화를 두었던 Do-It-Yourself(DIY) 제품, 즉 본인의 집을 손수 꾸미고, 가구를 직접 만들도록 원자재 위주로 갖추고 있던 상품들이 중국인들에게는 생소했다는 점이었다. 미국인들에게 있어서 집은 가꾸고 개선시키는 것이라는 인식이 강했다. 더불어 미국에서 인건비는 상당히 비쌌기 때문에 본인이 직접 집을 개조하거나 인테리어 하는 것은 지극히 당연하다는 사고가 팽배했다. 따라서 미국에서는 이러한 일련의 활동과 구입행위들이 취미로 여겨짐은 물론, 이를 즐기는 사람이 많았던 미국 가구시장의 특성은 홈디포가 탄생하고 성장할 수 있었던 배경이기도 했다. 그러나 이와 달리 당시 중국인들에게 있어서 집은 단지 소유물이었고, 집을 소유하고 있던 중국인들 중에는 투자목적으로 구매한 사람들이 상당수 있었다는 점에서 중국인들에게는 집을 개선시키고 향상시켜야 한다는 인식이 별로 없었다. DIY라는 문화 자체가 부재했던 중국에서는, 사회 전반적으로 가구를 직접 만들고 집을 원하는 대로 꾸미는 일은 취미활동이라기보다는 육체노동으로 여겨졌다. 게다가 당시 중국 내 저렴한 인건비는 설령 집을 꾸미더라도 배송과 설치, 애프터서비스 등이 동시에, 그것도 타인에 의해 제공되는 원스톱 서비스를 원했다. 즉, 홈디포는 값싼 노동력을 이용하여 "Do it for me"를 원하는 중국 소비자들의 문화적 특성을 제대로 이해하지 못한 채 이들에게 전혀 받아들여지지 않는 "Do it yourself"라는 공허한 구호만을 반복하여 외치고 있었다.

홈디포가 중국에서 고전한 또 다른 이유 중 하나는 미국과 중국의 주거양식이 다르다는 점에 있다. 미국 시장에서 주 타깃 고객층으로 삼았던 소비자층은 삶의 질을 높이는 데에 관심이 많은 도시 외곽 지역 거주자들이었다. 그리고 도시 근교에 거주하는 대부분의 사람들은 마당과 창고가 있는 집에 거주했다. 이런 주거양식의 특성상, 건축자재를 다루고 가구를 조립할 수 있는 충분한 공간이 있었고, 남은 자재와 공구들을 보관해둘 공간도 충분했다. 그러나 중국은 인구에 비해 주거할 수 있는 공간이 적었고, 그 때문에 중국에는 단독주택보다 아파트의 수가 많았다. 아래의 표를 보면, 2000년도 당시 중국에는 공동주택의 수가 압도적으로 많았던 것을 확인할 수 있다. 상이한 주거환경을 제대로 고려했다면 톱이나 드릴과 같은 하드웨어 제품과 정원용 상품의 수를 줄이는 등 상품의 구색이라는 측면에서 현지화 전략을 펼쳤어야 했음에도 불구하고, 홈디포는 미국의 매장에서 취급하는 상품의 대부분을 그대로 중국 매장에 들여왔다.

표 3-6 ● **20도시 주민의 거주현황 조사**

백분율	거주 형식
87.7%	엘리베이터가 없는 다층집
3.7%	엘리베이터가 있는 다층집
8.2%	단층집
0.4%	화장실과 주방을 동시 사용하는 형태

홈디포가 간과했던 문화적 차이는 매장위치에서도 확인할 수 있다. 홈디포가 미국에서 호응을 얻었던 이유는 미국인들의 쇼핑습관과도 관련이 있다. 주로 평일에는 일과 교통체증 등에 시달리는 미국인들에게 여러 차례 장을 보는 것은 그야말로 스트레스였기에, 그들은 일주일에 한 번 정도 쇼핑을 하면서 대량의 물건을 구입하는 것이 미국인들의 보편적인 소비습관이다. 게다가 자동차가 필수품인 미국인들은 매장이 도시에서 조금 먼 곳에 위치해 있어도 이를 감수할 수 있었다. 또한 한 매장에서 필요한 모든 물건을 구매하고 싶어 했던 점도 대형 매장에 다양한 상품들이 진열되어 있는 창고형 매장을 하나의 흐름으로 자리 잡게 했던 이유로 작용했다. 그러나 중국은 이와 달랐다. 중국인들은 미국인에 비해 여러 번, 소량씩 구매하는 소비습관을 갖고 있었다. 특히 가구와 같은 주거관련 상품을 구매할 때는 여러 매장의 많은 상품을 한꺼번에 보고, 비교하는 것을 선호했기 때문에 다양한 제품을 제공하는 매장이 한 곳에 모여 있는 것이 더 익숙했다. 중국의 新生代市場監測機構와 영국 시장조사국(BMRB), 미국 TELMAR 등이 공동으로 매년 조사 발표하는 '중국 시장과 매체연구 2002(CMMS2002)'에 따르면, 30대도시 가정의 개인 자동차 보유량은 3%이며, 이중 베이징의 자동차 보급량이 8.2%로 가장 높은 것으로 나타났다. 이렇듯 중국의 자동차 보급량이 미국에 비해 현저히 낮은 상황이었기 때문에, 중국 현지인들은 자동차보다 자전거나 대중교통을 더 많이 이용했고, 따라서 도시 외곽지역에 떨어져있는 매장을 방문하기란 여간 힘든 것이 아니었다. 그럼에도 불구하고 홈디포는 미국에서 그러했듯이 중국에 진출해서도 도시 중심부에서 떨어진 외곽지역에 매장을 입점 시킴에 따라 이로 인해 다른 가정용품 전문점들과는 원거리에 위치하게 되었다. 앞에서 지적했듯이, 이는 되도록 많은 상품을 함께 보고 비교하고 싶어 하는 중국 소비자들의 소비문화 습관을 간과했던 결과였음은 두 말할 필요도 없다. 게다가 DIY 제품이 중국인들에게 익숙하지 않았다는 점을 고려하여 이를 팔되 가급적 매장 내에 조립을 도와주는 많은 직원을 배치해 두었어야 함에도 불구하고 홈디포는 상품의 저가격을 유지하기 위해 최소한의 직원만을 매장에 근무토록 했다.

질문:

1. 문화적으로 중국인들은 홈디포의 시장으로서 애초 적합하지 않았는지도 모른다. 그렇다면, 아시아시장에서 어느 곳이 대안이 될 수 있으며, 그 이유는 무엇인가?
2. 만약 여러분이 홈디포의 의사결정권자였다면, 시장에서 어려움을 겪었을 초기 어떠한 선제적인 전략을 강구했을 것으로 여겨지는가?
3. 홈디포의 사례에 비추어 새로운 시장에 진출하고자 하는 다국적기업에게 문화적 중요성과 관련된 시사점을 제시하시오.

주요용어

문화, 홉스테드모형, 권력거리, 개인주의와 집단주의, 불확실성 회피, 남성다움과 여성다움, 장기지향성, 홀의 모형, 고배경문화, 저배경문화, 클러크혼과 스트로드벡의 모형, 문화차이의 무시, 문화차이의 최소화, 문화차이의 이용

연습문제

1. 국제경영 활동을 수행함에 있어서 근본적으로 문화적 차이에 대한 이해가 필요한 이유를 논하시오.
2. 문화와 제품 브랜드명과의 관계를 중국에서의 사례를 이용하여 설명하시오.
3. 홉스테드모형을 설명하시오.
4. 다국적기업의 문화적 환경을 관리하는 전략을 예를 들어 설명하시오.

참고문헌

Hill, C. W. L. (2011), *International Business: Competing in the global marketplace*, McGraw-Hill Irwin.

Hofstede, G. (1980), *Culture's Consequence, International Difference in Work Related Values*, Beverly Hills: Sage.

KOTRA 칭다오 무역관 (2015), 꽌시와 접대문화, [online]. Available http://biz.haoshandong.net/plan/detail.asp?autoid=4679&page=42&cat3=(접속일: 2015년 1월 6일).

KOTRA (2015), 중국인의 상관습, [online]. Available http://english.exportal.or.kr/nation/101046/101046_60_15041.pdf (접속일: 2015년 1월 6일).

김기현, 권영철 (2010),「사례로 배우는 글로벌경영」, 페가수스.

문숙미 외 (2008), 부상하는 이슬람권 여성 소비시장 공략 포인트, 코트라.

박영배 (2008),「글로벌경영 다문화관리」, 도서출판 청람.

송송이 (2013), 인도시장 진출 10계명 – 성공 및 실패사례로 본 우리 기업의 인도 진출전략, 국제무역연구원.

아리마 데츠오 (박영난 역) (2002),「경영의 신화 디즈니」, 북스토리.

장세진 (2012),「글로벌경영」, 박영사.

장세진 (2005),「한국기업의 글로벌경영 사례집」, 박영사.

조선일보, '중국 내에서도 지역에 따라 비즈니스 문화가 달라,' 2001년 12월 6일자.

조원익 (2005),「실패한 마케팅에서 배우는 12가지 교훈」, 위즈덤하우스.

최윤희 (1997),「글로벌 비즈니스맨과 이문화관리」, 영풍문고.

황중서 (1998),「21세기를 선도하는 국제화 시대의 기업」, 형설출판사.

CHAPTER 04

해외직접투자이론

학습목차

제1절 해외직접투자이론의 구성요건과 주류이론
제2절 부차적 해외직접투자이론
제3절 기타 다국적기업 관련 이론
제4절 해외직접투자이론의 종합적 평가

학습목표

이 장에서는 다국적기업의 생성원인에 관한 이론적 접근을 다루며, 해외직접투자가 국제사업활동 형태 중에서 가장 발달된 사업형태일 뿐만 아니라 기술, 자본, 경영 등이 복합된 고도의 진입전략이라는 점에서 해외직접투자이론을 중심으로 살펴본다. 먼저 다국적기업의 해외직접투자가 다루어야 할 이론적 과제를 제시한 후 현재까지 이론적 전개의 주류를 이루고 있는 독점적 우위이론, 내부화이론, 절충이론 등을 살펴본다. 다음으로 기타 주요이론의 유용성과 한계에 관해 아울러 살펴본다. 마지막으로 제 이론들을 종합적으로 평가한 후 앞으로의 연구방향을 제시한다.

도입사례 4-1

글로벌기업 말레이시아로 몰린다.

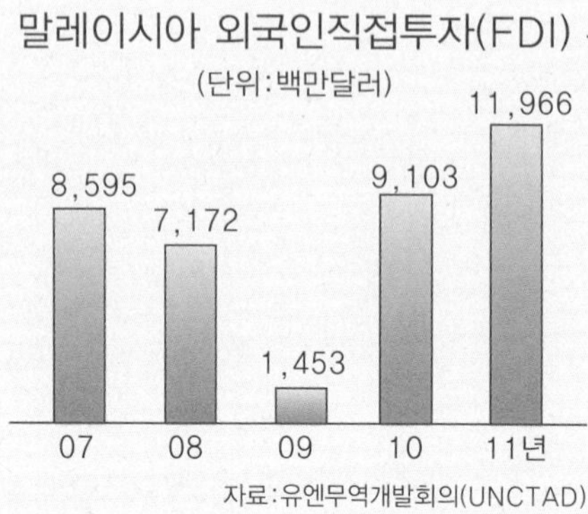

지난해 일본 대지진과 태국 홍수 등 잇단 천재지변에 따른 생산차질에 시달린 글로벌 제조업체들이 자연재해로부터 상대적으로 안전한 말레이시아에서 생산시설을 속속 확대하고 있다. 특히 '말레이시아의 실리콘밸리'로 불리는 페낭섬은 하드디스크드라이브(HDD)부터 반도체에 이르는 글로벌 정보기술(IT) 업체들의 투자가 집중되며 경제에 활기가 더해지고 있다.

일본 자동차 업체인 혼다는 지난 19일 동남아시아 생산능력 증강의 일환으로 말레이시아 자동차 공장에 87억 엔을 투자, 제2라인을 신설하기로 했다고 발표했다. 13일에는 마쓰다가 말레이시아 현지그룹과 합작으로 현지 생산-판매회사를 연내 설립하기로 했다고 밝혔다.

일본 기업들의 이 같은 움직임은 근래 들어 부쩍 말레이시아 내 생산거점을 확충하고 있는 글로벌 제조업체들과 맥락을 같이한다. 1/4분기 말레이시아에 대한 외국인직접투자(FDI) 규모는 75억 링깃(23억7,000만 달러 상당)으로 지난해 같은 기간보다 15% 증가했다. 지난 한 해 동안 말레이시아에 유입된 FDI는 120억 달러 규모로 역대 최고치를 기록한 바 있다.

월스트리트저널(WSJ)은 지난해 일본을 덮친 대지진과 태국 홍수로 글로벌 제조업체들이 생산 공장에 직접 피해를 보거나 부품공급에 차질을 빚으면서 동남아 지역에서 자연재해로부터 상대적으로 안전한 말레이시아가 생산거점으로 주목 받고 있다고 최근 전했다.

WSJ에 따르면 말레이시아는 물류 인프라와 값싸고 안정적인 전력공급 능력이 갖춰진데다 환태평양지진대에서 벗어나 있어 일본이나 인도네시아 등과 달리 지진이나 화산활동의 염려를 덜 수 있다는 것이 커다란 장점으로 꼽힌다. 태국과 비교하면 대홍수 가능성도 상대적으로 덜한 편이다. 게다가 최근 전통적인 글로벌 생산 공장 역할을 해온 중국과 태국의 임금이 가파르게 치솟는 점도 말레이시아 투자가 늘어나는 배경이라고 WSJ는 덧붙였다.

이에 따라 페낭을 중심으로 한 말레이시아에서 자동차 생산부터 반도체 · HDD 등 글로벌 제조업체들의 생산시설이 빠르게 늘어나고 있다.

지난해 태국 홍수로 한동안 현지공장 문을 닫아야 했던 미국계 디스크드라이브 업체 웨스턴디지털은 올해 말레이시아에 새롭게 공장을 열 계획이다. 이 회사는 태국 의존도를 줄이기 위해 5년에 걸쳐 12억 달러를 투자할 방침이다.

세계 최대 반도체 업체인 인텔과 오디오 제조업체인 보스, 전자장비 업체인 내셔널인스트루먼츠 등도 말레이시아 투자를 늘리고 있다.

지난해 본토의 대지진과 태국 홍수 등 잇단 재해에 시달린 일본기업들도 말레이시아 진출에 적극적이다. 니혼게이자이신문에 따르면 혼다나 마쓰다 외에도 JX홀딩스 계열사인 동방티타늄이 오는 2016년 말레이사아에 500억 엔을 투입해 티탄 제련소를 세울 계획이며 일본전산도 말레이시아에 HDD 신 공장을 설립하기로 하는 등 투자확대가 잇따르고 있다. 일본은 지난해 말레이시아로 유입된 FDI의 30% 이상을 차지했다.

현지 제조업체인 글로브트로닉스테크놀로지의 리헹훅 이사는 "자연재해와 부품 공급망 붕괴에 대해 많은 다국적기업들이 보다 나은 대응력을 갖춰나가고 있다"면서 "그들이 매력적인 장소로 주목하는 곳이 말레이시아"라고 강조했다.

자료: 서울경제신문, 2012. 7. 20

제1절 해외직접투자이론의 구성요건과 주류이론

그러면 본 절에서는 먼저 해외직접투자이론의 이론적 과제를 제시한 후, 해외직접투자이론의 큰 줄기를 형성하고 있는 독점적 우위이론, 내부화이론, 절충이론 등에 대해 살펴보자.

1. 해외직접투자이론의 이론적 과제

이론이란 어떠한 현상을 있게 하는 인과관계를 규명함과 동시에, 아울러 그러한 현상의 현실적 행태와 영향을 올바르게 설명해 줄 수 있어야 한다. 따라서 해외직접투자이론 역시 일차적으로는 해외직접투자를 있게 하는 기본적 요인이 무엇인가를 규명함과 동시에 해외직접투자의 현실적 행태와 특성을 설명해 줄 수 있어야 할 것이다. 동시에, 분석의 주된 목적은 이같이 해외직접투자의 생성과 행태에 관한 실증적 측면의 고찰에 있지만 아울러 직접투자가 미치는 경제적 영향이라는 규범적 측면에 대한 이론적 함의까지를 제공해 줄 수 있어야만 보다 완전한 해외직접투자이론이라고 할 수 있다.

그러나 현재의 이론수준에서는 이 모든 것을 전부 설명해줄 수는 없으며, 적어도 다음의 세 가지 질문에 대한 대답을 제공할 수가 있어야만 해외직접투자를 설명하는 일반이론이라고 할 수 있을 것이다.

첫째, 외국기업은 현지국 기업과 비교하여 갖게 되는 여러 가지 불리한 점, 즉 여러 가지 다양한 외국비용(cost of foreignness)을 겪게 됨에도 불구하고 해외직접투자를 행하는 이유가 무엇인가? 이러한 외국비용을 극복하고 현지국 기업과의 경쟁에서 이기기 위해서 갖춰야 하는 외국기업의 우위성의 원천, 즉 경쟁력은 무엇인가?

둘째, 수출이나 라이선싱(저자 註: 재산권과 자산을 사용할 수 있도록 상업적 권리를 라이선시에게 부여하고 대신 로열티와 수수료를 받는 해외진입방식) 같은 다른 사업형태가 있음에도 불구하고 왜 직접투자라는 위험부담이 높고, 자원투입이 많은 사업형태를 택하는가?

셋째, 왜 해외직접투자가 특정국으로 일어나는가? 즉, 다국적기업의 직접투자를 유인하는 요소에는 무엇이 있는가?

이상의 이론적 과제를 중심으로 해외직접투자이론의 큰 줄기는 독점적 우위이론 → 내부화이론 → 국제생산의 절충이론의 흐름으로 파악되어지고 있는 것이 일반적이다. 한편, 다국적기업이 직면하는 전략적 과제는 기업의 국제화단계에 따라 다르다. 기업국제화의 제1단계에서는 무엇보다도 중요한 것은 해외시장의 진입전략이다. 해외시장 진입을 도모하는 기업의 경우 어떤 국가시장에 진입할 것인가, 어떤 시기에 진입할 것인가, 어떤 규모로 진입할 것인가, 그리고 어떤 진입방식을 사용할 것인가를 선택하는 것이 중요하다.

기업의 해외시장 진출 시 활용할 수 있는 전략적 대안에는 여러 가지가 있으나 다음의 <표 4-1>과 같이 크게 수출에 의한 진입방법, 계약방식에 의한 진입방법, 직접투자에 의한 진입방법 등 세 가지로 나누어 볼 수 있다. 특히 직접투자에 의한 진입방식은 다시 그린필드형 투자와 브라운필드형 투자로 나뉘는데, 그린필드형 투자란 해외 투자 시 기업 스스로 부지를 확보하고, 공장 및 사업장을 설치하는 해외직접투자 방식을 말한다. 투자자 입장에서는 투자비와 함께 시장에 안착하는데 장시간이 소요되지만 투자를 받는 입장에서는 고용창출효과가 크다는 장점이 있다. 반면, 브라운필드형 투자는 기존의 회사를 사들여 진출하는 인수합병의 다른 표현이고, 신속하게 생산 및 판매거점을 확보할 수 있다는 장점과 더불어, 일반적으로 경기가 좋지 않을 때 기업 인수가격이 낮아진다는 점에서 상대적으로 각광받는다. 여기서 기업의 '국제인수'는 국적을 달리하는 한 기업이 다른 기업의 주식이나 자산을 취득하면서 경영권을 획득하는 것을 일컫고, '국제합병'은 국적이 다른 두 개 이상의 기업들이 법률적으로나 실질적으로 하나의 기업으로 합쳐지는 것을 말한다. 또한 필요한 자본금 전액을 투자하여 타깃시장 내 신규 법인을 설립하는 완전자회사 방식과 달리, 국제합작기업은 현지기업과 공동투자를 통해 신규 설립된 자회사 운영에 공동으로 참여하는 해외투자방식을 의미한다.

2. 독점적 우위이론

독점적 우위이론(monopolistic advantage theory)은 하이머(S.H. Hymer), 킨들버거(C.P. Kindleberger), 케이브스(R. Caves) 등에 의해 주장되었다.

독점적 우위이론은 해외사업 활동을 행하는 해외진출기업은 현지경쟁기업들에 대해 필연적으로 여러 가지의 불리함 내지는 외국비용(cost of foreignness)들을 가지게 된다는 단순한 전제로부터 출발한다. 이러한 외국비용의 예로서는 언어 · 제도 · 정치 · 법률 · 문화 등과 같은 기업환경의 상이, 현지국 시장에 대한 지식과 경험의 부족, 본사와 시간적 · 공간적으로 떨어진 지역에서 활동함에 따르는 비효율성, 현지국의 민족주의적인 차별대우 등을 들 수 있다.

표 4-1 ● 해외시장진출의 제방법

수출	계약형태의 진입방식	직접투자에 의한 진입방식
1. 간접수출 2. 직접수출	1. 라이선싱 2. 프랜차이징 3. 계약생산 4. 경영관리계약 5. 턴키프로젝트	1. 그린필드형 투자 1) 완전자회사 설립 2) 국제합작기업 설립 2. 브라운필드형 투자 1) 국제합병 2) 국제인수

표 4-2 ● 불완전시장의 발생요인

불완전시장의 요인	예
제품시장의 불완전요인	제품차별화, 특수한 마케팅기술, 재판매가격 유지제도, 관리가격 등
요소시장의 불완전요인	특허권제도, 기술획득 및 자본조달상의 불균등, 경영자 능력의 차이 등
규모의 경제	외부 및 내부적 규모의 존재, 수직적 통합 이익
정부의 규제	조세 · 관세 · 이자율 · 환율에 대한 정부정책, 특정산업에 대한 진출 및 진입의 규제

자료: Kindleberger, C. P. (1969), *American Business Abroad: Six Lectures on Direct Investment*, Yale University Press, p.13.

따라서 기업의 해외진출이 가능하기 위해서는 현지기업과 경쟁에서 이길 수 있는, 즉 그러한 추가적인 외국비용 내지 불리한 점을 극복하고도 남을 현지기업이 갖지 못하는 진출기업의 어떤 실질적인 우위성이 있어야 한다. 이렇게 현지기업이 갖지 못하는 진출기업의 실질적 우위성이 무엇인가를 규명함으로써 해외직접투자를 설명하는 것이 독점적 우위이론(monopolistic advantage theory)이다.

그런데 다국적기업의 독점적 우위는 시장불완전성의 산물이며 완전경쟁 상태에서는 직접투자가 존재할 수 없다. 즉, 모든 시장이 완전경쟁 하에 있고 생산이나 마케팅 상에 외부경제가 존재하지 않으며, 정보의 이전이 자유롭고 무역장벽이 없다면, 모든 기업은 동질의 재화를 생산하고 또한 모든 생산요소의 이용에 있어서도 동일한 입장에 놓이게 됨으로써 현지기업에 대한 어떠한 우위도 누릴 수 없게 되며, 따라서 직접투자는 존재할 수 없고 모든 국제경제거래는 무역의 형태로만 존재하게 된다. 다시 말하면, 직접투자는 시장이 불완전할 때만 존재한다.

킨들버거는 독점적 우위가 발생할 수 있는 불완전시장의 요인을 다음과 같이 크게 네 가지로 분류하고 있다.

그러면, 외국기업이 갖고 있는 독점적 우위란 구체적으로 무엇인가? 그것은 기업내부에 축적되어 있는 우수한 지식이며, 이 지식은 그 기업과 분리하기 어려운 기업특유(firm-specific)의 성격을 갖는다. 기업특유의 지식에는 기술, 마케팅 노하우, 경영능력 등이 포함된다. 기술이란 장기간의 연구개발투자를 통해서 형성된 지식이며, 마케팅 노하우는 광고나 판매경로 등에 대한 투자를 통해서 구축해 놓은 지식이고, 경영능력은 인력에 대한 투자와 경영시스템 개발을 위한 투자를 수단으로 형성해 놓은 지식이다.

그런데 여기서 문제가 되는 것은 이 우위요소를 해외에 이전시키기가 용이하지 않다면 현지시장에서의 경쟁에 아무런 도움이 되지 않는다는 점이다. 그렇지만 일반적으로 다국적기업의 독점적 우위요소는 공공재적인 속성을 가지고 있으므로 이전이 용이할 뿐 아니라 그 이전에 수반되는 한계비용이 영에 가깝다. 즉, 기술이 일단 개발되면 해외자회사는 추가적인 비용을 발생시키지 않고 낮은 기술이전비용만을 부담함으로써 이 기술을 쉽게 이용할 수 있다. 이에 비해 현지기업이 이 우위요소를 습득하기 위해서는 오랜 기간의 연구개발투자를 통한 축적과정을 거쳐야 하므로 이 우위요소를 단기간에 습득할 수는 없다.

이 이론은 종래의 거시적 및 국제자본이동론의 관점에서 설명하던 해외직접투자를 독점적 우위와 시장의 불완전성으로 설명함으로써 미시적 · 경영학적 관점에서의 해외직접투자이론을 본격적으로 태동시켰다는 데에 그 의의가 크다.

그러나 이 이론은 독점적 우위로 기업이 현지기업과의 경쟁에서 이길 수 있는 원천을 잘 설명해 주고 있지만 이러한 독점적 우위의 존재는 해외직접투자의 필요조건은 될 수 있지만 충분조건은 되지 못한다. 즉, 기업특유의 우위요소를 왜 수출이나 라이선싱 대신에 해외직접투자라는 위험이 큰 사업형태를 통하여 활용하는가에 대해 설명하지 못한다.

3. 내부화이론

독점적 우위이론 등과 같은 산업조직론적 접근이 시장불완전성을 통한 진출기업의 우위성에 대한 이론적 해답을 제시함으로써 다국적기업의 해외직접투자에 대한 필요조건은 제시해 주었으나, 그러한 우위성을 수출이나 라이선싱 대신에 왜 해외직접투자를 통하여 이전하는가라는 문제를 해명하지 못하였다. 이러한 문제에 대한 해명을 제시하고자 설명된 이론이 내부화이론(internalization theory)이다.

시장이 완전하다고 가정할 때, 외국에 생산설비를 설치하거나 획득하는 비용과 상대적으로 상이한 문화적 배경 속에서 영업활동을 영위해야 한다는 점에서 직접투자는 흔히 수출이나 라이선싱보다 많은 비용을 수반하고 위험도가 높은 전략으로 여겨지곤 한다. 즉, 기업이 수출전략을 채택할 때, 직접투자로 인한 투자비용을 감수할 필요가 없어지며, 현지 판매 대리점을 이용함으로써 문화적 차이에서 오는 위험도 회피할 수 있다. 또한 이와 마찬가지로, 기업이 보유하고 있는 노하우를 라이선싱 하는 방법을 통해서도 직접투자로 인해 발생할 수 있는 비용과 위험의 회피가 가능하다. 그럼에도 불구하고 왜 많은 기업들은 수출이나 라이선싱 대신 직접투자를 선호하는 것일까?

그에 대한 해답은 시장이 완전하지 않다는데 있다. 내부화이론의 요점은 직접투자를 통한 기업 활동이 언급한 불완전한 시장을 대체하거나 시장 확대를 가능하게 할 수 있다는 관점에서 출발한다. 즉, 내부화이론이란 다국적기업이 시장의 불완전성에 기초한 시장거래를 통해 기업 활동을 영위하는 대신, 기업 활동들을 다국적기업 내에 내부화하여 내부시장을 창출함으로써 시장을 확대하고 이익을 실현한다고 주장한다.

내부화이론은 우선 세 가지 단순한 가정으로부터 출발한다. 첫째, 기업은 불완전시장에서 수익을 극대화한다. 둘째, 중간재시장이 불완전할 때, 내부시장 창조를 통한 불완전의 회피가 기업에게 인센티브를 준다. 셋째, 다국적기업은 국경을 초월한 시장의 내

표 4-3 ● 내부화 결정에 영향을 미치는 네 가지 주요요소

산업 특유요소	제품의 성격과 외부시장의 구조
지역 특유요소	시장과 관련된 지역의 지리적 사회적 특징
국가 특유요소	당해 국가 간 정치적 재정적 관계
기업 특유요소	내부시장을 관리할 경영능력

부화에 의해 탄생되며, 현재의 시장뿐만 아니라, 향후 미래의 시장을 위해서도 시장의 내부화는 중요하게 요구된다.

중간재시장은 늘 효율적이지 못하고 불완전하기에 다국적기업은 이러한 불완전성을 회피하고자 중간재시장을 내부화하게 된다. 중간재시장의 내부화란 다국적기업이 생산에 필요한 원료조달을 원활히 하기 위하여 해외에 직접투자 하거나, 또는 생산한 완제품 혹은 반제품을 판매하기 위하여 자회사를 해외에 설립하는 모든 형태를 포함한다. 중간재를 조달하기 위한 모든 형태의 직접투자가 이 범주에 속한다고 볼 수 있으며, 수직적 직접투자를 통해 다국적기업은 중간재를 저렴한 비용으로 장기적, 안정적으로 확보하게 됨에 따라 외부시장을 통하여 이를 조달하는 경우 보다 훨씬 위험이 감소하게 된다.

이러한 내부화의 결정에는 <표 4-3>과 같이 네 가지 요소가 주요한 영향을 미치며, 이들 요소들과 밀접하게 관련하여 '각 단계별 생산을 서로 다른 국가들에 최적으로 입지시킬 때 다국적기업이 된다'라고 말하여진다. 수직적으로 통합된 기업의 입지 전략은 주로 비교우위, 무역장벽 그리고 내부화에 대한 지역인센티브 등의 상호작용에 의해 결정된다. 또한 생산, 마케팅, 그리고 R&D의 통합을 수반하는 기업 입지 전략의 배경에는 지식이 공익적(public goods) 성격을 가진다는 사실과, 기업 내부적으로 지식이 이전될 때 그 거래비용이 낮아진다는 사실에 바탕을 두고 있다.

지식은 한 기업이 오랫동안 많은 비용을 투자하여 축적해 놓은 주요한 기업자산으로서, 이러한 지식을 기업의 주요활동, 즉 생산이나 마케팅에 도입시키는 데는 많은 시간과 비용이 소요된다. 그러나 지식이나 기술은 일단 그것이 개발되면 기업내부에서는 공익의 성격을 갖게 되며, 지식의 공익적 특징으로 인해 기업은 외부시장 거래를 통해서 그 지식이나 기술개발에 투자된 비용을 적절히 보상 받지 못하는 경우가 흔히 발생한다. 이로 인해 다국적기업은 지식이나 기술상의 우위를 독점적으로 사용할 수 있도록 지식시장이나 기술시장을 내부화하여 이것들을 중간재로 사용하는 완제품을 생산하고 이를 독점함으로써 초기 연구개발에 소요된 비용에 대한 수익을 극대화시킬 수 있다.

예를 들어, 한 기업이 현지기업과 라이선싱이나 프랜차이징 계약을 체결하는 대신 직접투자를 통한 시장진출을 선호하는 이유는 지식의 공익적 성격과 밀접하게 관련되

어 있다. 즉, 만일 한 기업이 특정제품에 내재되어있는 고급기술을 가지고 있다고 가정할 때, 지식의 공익적 특징으로 인해 라이선싱 계약을 체결하는 경우 보유하고 있는 기술이 국제적으로 쉽게 이전될 가능성을 내포하고 있다. 특히, 발전단계가 유사한 국가에 위치하고 있는 기업일 경우, 배운 지식이 더욱 빠르게 동종 산업으로 확산될 수 있다는 점에서 라이선싱 계약은 다국적기업의 입장에서 상당한 위험부담을 안고 있다. 그러나 현지기업이 제품기술을 보다 더 발전시킬 수 있는 능력을 갖고 있지 않거나, 동종 산업의 다른 기업으로 지식이 확산될 가능성이 적을 경우, 위와 같은 라이선싱이나 프랜차이징 형태의 계약도 선호될 수 있다.

일반적으로, 수출과 라이선싱보다는 기업의 내부화된 생산 및 마케팅에 의해 기업특유적 요소들이 강화내지 확대됨으로써 기업이 보유한 기술이나 지식이 보다 더 효율적으로 관리되는 것으로 알려져 있으며, 특히 다국적기업은 생산, 마케팅, 그리고 R&D의 내부적 통합을 통해 여타 평균기업보다 연구개발에 더 전념하는 경향을 보인다. 이와 관련하여 내부화이론은 연구 집약적 기업이 높은 성장과 이익을 실현할 뿐만 아니라, 다른 기업보다 다국적기업으로 성장할 가능성이 높다고 예측하고 있다. 실제로, 많은 실증연구들은 R&D 집약도와 이익 간 관계를 조명함으로써 상기와 같은 내부화이론의 예측에 대한 검증을 시도하였으며, 대부분의 선행연구들은 R&D 집약기업에서 시현하고 있는 우월한 기업성과를 확인하였다. 또한 이들 선행연구들은 다국적기업에서 일반적으로 강조되는 기술 활동들이 해외 R&D 투자로 이어짐을 확인하였으며, 이로 인해 다시 다국적기업의 생산성이 향상되어짐이 증명되었다.

이러한 기업 내부화의 원칙은 내부화의 비용이 이익을 초과하지 않는 선까지 지속적으로 내부화가 진행 되어야 한다는데 있으며 따라서, 각각의 기업 활동들의 입지는 당연히 그 비용을 최소화 할 수 있는 지역에 위치하여야 할 것이다. 기업에게 비용을 초과하여 이익을 제공하는 배경이라고 할 수 있는 내부화의 동기는 적어도 다음과 같은 유형의 시장 불완전성과 관련이 있다.

① 미래시장의 부재
② 가격차별화가 불가능한 경우
③ 경쟁으로 인한 비용 및 사회적 불성실성의 증대
④ 판매자와 구매자간의 상품에 대한 지식의 차이
⑤ 국제시장에 있어서의 정부의 간섭

즉, 기업 내부화는 상기에 언급된 다섯 가지 시장 불완전성을 극복할 수 있는 가장 효율적인 전략이 될 수 있다. 예를 들어, 자동차 엔진을 생산하는 특정기업이 생산된 엔진을 시장에서 판매하는 경우, 엔진을 생산하는 기업과 그 엔진을 구매하여 완제품을 생산하는 기업 간에는 일정수준 협력과 조화가 필요하다. 이 때, 자동차 완제품을 생산하는 기업이 기업 내부적인 이유든, 전략적 판단에 근거하였든, 혹은 구입선을 전환하려는 의도였든 엔진의 구매량을 현격히 줄였다고 가정해 보자. 이러한 불완전한 시장상황 하에서는 엔진생산 기업의 이익은 보장받지 못할 것이다. 따라서 이와 같이 미래시장이 불안정한 경우 완제품 생산기업을 내부화함으로써 보다 더 안정적으로 제품을 판매할 수 있는 교두보가 확보될 수 있다.

반면, 시장을 효율적으로 지배하고 있는 독점기업이 시장에 존재하고 있을 때에도 시장 불완전이 조성된다. 이러한 경우, 외부시장에서 독점기업이 흉내 낼 수 없는 차별화된 저렴한 가격정책을 통해 독점기업과의 경쟁은 극복될 수 있을 것이다. 예를 들어, 특정한 한 국가에 자동차를 제조하는 기업이 하나만 존재한다고 가정해 보자. 십 중 팔구 그 기업은 시장에서 독점적 지위를 확보하고, 그 국가의 모든 국민들은 독점기업이 생산한 자동차를 구입하고 있음에 틀림없다. 이 때, 새로이 시장에 진입하는 기업은 기존 시장을 독점하고 있는 기업보다 저렴한 가격으로 자동차를 공급함으로써 기존 시장을 잠식할 수 있을 것이다. 그러나 문제는 그러한 저가정책이 실질적으로 불가능할 때 발생한다. 이 경우, 기존 독점기업의 합병을 통해 시장을 내부화함으로써 경쟁을 극복하고 이익의 실현이 가능해질 수 있을 것이다.

이번에는 두 기업이 서로 시장에서 경쟁하는 상황을 가정하고, 앞에서 예를 들었던 자동차 산업을 통해 이를 설명해 보자. 시장에 자동차를 생산하는 두 기업이 있으며 그 중 한 기업이 시장의 수요공급 원칙을 무시하고 빈번하게 출혈경쟁을 시도할 경우, 대부분의 소비자들은 가격이 비정상적으로 인하된 경쟁기업의 차종을 구매함으로써 시장 불완전이 조성될 수 있다. 이 상황을 해결할 수 있는 방법은 무엇이 있을까? 내부화이론에서는 경쟁비용을 증가시키고 사회적으로 불성실한 상대기업을 내부화함으로써 예시된 상황이 극복될 수 있다고 설명한다.

시장에는 동일 제품을 판매하는 기업뿐만 아니라, 제품에 필요한 중간재를 공급하는 기업과 이의 수요기업이 있을 것이다. 이들 기업 간 가지고 있는 제품정보에 불균형이 발생하여 제시하는 가격에 현저한 차이가 있는 경우, 시장 내부화를 통해 문제가 해결될 수 있다. 이미 앞에서 살펴본 엔진 제조기업과 이를 수요 하는 기업 간 관계를 가지고 이를 다시 설명해 보자. 엔진제조 기업은 연구개발 투자에 의해 개발된 첨단 신기술을 접목하여 기존 엔진과는 현저히 차별화 된 새로운 형태의 엔진을 개발하였다라고 판단하여 천 원의 가격을 책정 하였으나, 이를 수요 하는 기업에서는 기존 엔진과 차이점을 느끼지 못해 오백 원 이상 지불할 의사가 없다고 가정해 보자. 이때 엔진판매 기업은 수요기업을 내부화함으로써 불필요한 불확실성을 제거할 수 있다.

이러한 수요와 공급이 국제적으로 일어날 때, 정부간섭 또한 시장 불완전을 조성하는 주요요인이 될 수 있다. 예를 들어, 특정 기업이 해외로부터 공급한 중간재에 과도한 관세를 부과하여 시장에서 판매가 어려운 경우, 수요 가능기업의 내부화는 이미 조성된 시장 불완전을 극복할 수 있는 효율적인 방안이 될 수 있다.

하지만, 기업 내부화로 인해 얻을 수 있는 무엇보다 중요한 혜택은 기업이 보유하고 있는 지식의 보전과 관련이 있다. 즉, 직접투자를 통해 시장을 내부함으로써 제품의 생산 및 서비스 질에 대한 통제가 가능해지고, 라이선싱과 같은 거래에서 발생할 수 있는 경쟁기업의 학습효과를 저지할 수 있다.

기업 활동의 내부화로 인해 발생하는 이러한 이익들을 극대화하기 위해 버클리(P. Buckley)와 캇슨(M. Casson)은 내부화 비용의 적절한 조절을 강조하고 있다. 내부화는 기본적으로 외부시장을 몇몇 내부시장으로 분할하는 과정을 수반하기에 이 과정에서 비용이 발생한다. 또한 몇몇 이유들로 인해 내부시장에서의 커뮤니케이션 비용이 흔히 외부시장에서의 비용보다 높다 라고 얘기되며, 그 비용은 언어, 영업환경 그리고 지리적 거리와 같은 이질성에 근거하고 있다. 내부화와 관련된 또 다른 비용은 정치적 이슈와 관련이 있다. 즉, 두 당해 국가 간 정치적 관계가 불완전할 때, 흔히 외국인 소유 기업에 대한 정치적 차별로 인해 내부화 비용이 발생한다. 마지막으로, 언급되는 내부화의 비용은 행정적 비용으로 일컬어 질 수 있으며, 이는 내부시장을 적절히 체계화 시킬 수 있는 경영진의 전문성에 의해 감소될 수 있다.

결국 내부화이론은 기업은 시장불완전성을 극복하기 위해 거래를 내부화하는데, 이와 같은 내부화가 국경을 넘어서 이루어질 때 해외직접투자가 발생하며, 기업의 다국적화가 진행된다는 것이다. 내부화이론이 독점적 우위이론과 다른 점은 특별한 자원의 보유 그 자체가 우위를 주는 것이 아니라 그 자원을 기업 내에 내부화하는 과정이 기업에게 우위를 준다고 보는 데에 있다.

내부화이론은 시장불완전성만 가정한다면 어느 시장에서도 적용될 수 있는 이점이 있는 반면에 다음과 같은 한계점 역시 존재한다. 첫째, 해외진출 동기가 명백하지도 않은데 내부화이론의 출발점인 시장불완전성의 존재만으로 해외직접투자가 발생한다는 것은 지나친 확대해석이다. 둘째, 시장불완전성을 외생적으로만 다루고 있는 내부화이론은 다국적기업의 기업특유의 우위를 유지하기 위하여 내생적으로 창조하는 시장불완전성의 가능성은 무시하고 있다. 끝으로, 내부화이론은 국가 및 지역특유의 요소인 생산입지문제나 행위문제는 설명하지 못하고 있다.

4. 절충이론

더닝(J.H. Dunning)은 기존의 이론들을 하나의 부분적 설명으로 파악하여 여러 이론들의 통합화를 통해 새로운 이론체계를 정립하려는 국제생산의 절충이론(the eclectic theory of international production)을 주장했다.

표 4-4 ● 절충이론의 구조

경쟁우위요소	내용
소유특유의 우위요소 (Ownership-specific advantage)	1) 기업특유의 지식기반 2) 경영능력, 마케팅능력, 재무적 능력 3) 수직적 통합능력(원자재와 시장에 대한 통제권) 4) 위험분산의 가능성
입지특유의 우위요소 (Location-specific advantage)	1) 국내시장의 규모와 경쟁구조 2) 국가의 요소부존량과 기술수준 3) 정부의 지원과 규제 4) 정치적 위험과 문화적 특성
내부화의 우위요소 (Internalization advantage)	1) 거래비용의 절감 2) 구매자에 대한 불확실성의 제거 3) 정부규제의 극복

자료: 박기안, 김찬경 (2003)

더닝은 특정기업이 해외직접투자에 참가하기 위해서는 세 가지 특별한 조건들이 충족되어야 한다고 설명하고 있다. 해외직접투자를 통한 가치창조 활동을 위해 선행되는 세 가지 조건으로 절충이론에 의해 제시된 이들 요소들로는 (1) 소유특유우위 (ownership-specific advantages, OSA) (2) 입지특유우위 (location-specific advantages, LSA) 그리고 (3) 내부화우위 (internalization advantages, IA)가 있다. 절충이론의 설명에 의하면, 이들 세 가지 특유적 우위요소를 특정 기업이 충분히 보유하고 있을 때 그 기업은 가치창조 활동을 해외에서 수행하려 한다고 설명한다.

여기서 소유특유우위는 독점적 우위론의 기업특유우위에 그 이론적 근거를 두고 있고, 내부화우위는 내부화이론에 이론적 근거를 두고 있다. 따라서 더닝의 이론은 이들 두 가지 이론에다 입지특유우위를 추가로 도입하여 절충한 이론(eclectic theory)이라고 하겠으며, 이들 우위의 첫 글자를 따서 OLI패러다임이라고도 한다. 이들 세 가지 우위에 대한 예를 제시해 보면 위의 <표 4-4>와 같다.

해외직접투자에 영향을 미치는 첫 번째 요소는 기업이 해외투자 유치국에서 경쟁기업에 대하여 지니고 있는 소유특유적 요소에 있어서의 우위를 꼽을 수 있다. 특정 기업이 그 기업의 경쟁기업보다 브랜드 네임, 특허 혹은 기술이나 마케팅 노하우와 같이 일정기간 배타적으로 사용할 수 있는 더 나은 무형자산을 소유하고 있을 때 '소유특유우위가 있다'라고 말한다. 이러한 무형자산들은 기술개발 및 기업 효율성 제고의 원천이 되며, 따라서 이들 요소들의 보유는 해외직접투자를 결정하는데 영향을 미치는 경쟁력 확대의 기반이 된다. 특히 더닝은 기업규모, 제품 혹은 서비스의 차별화 능력, 제품 혹은 서비스의 유연성, 기술 집약도, 기업의 국제경험에 의해 소유특유우위가 생성된다고 주장한다.

두 번째 요소는 입지특유우위와 관련이 있다. 입지특유우위는 외국기업을 특정국가로 유인할 수 있는 투자유치국 시장의 국가적 매력요소와 관련이 있다. 예를 들어, 높은 시장성장률, 큰 시장규모, 저렴한 인건비, 우수한 노동력, 원료나 에너지 등 투입요소의 우수한 가격과 품질, 사회간접자본의 발달 정도, 정부의 지원정책, 수송비 및 통신비용, 언어와 문화의 차이 등의 문화적 거리감, 연구개발이나 마케팅 면에서의 경제성 등이 입지특유우위를 결정하는 중요 요소에 포함된다. 이와 같은 설명을 토대로 만약 투자유치국의 생산입지 면에서의 우위가 투자기업의 국내시장보다 낮다면 그 기업은 국내에서 제품을 생산하여 수출하는 것이 해외직접투자보다 유리할 것이라는 예측이 가능하다. 한편, 이들 매력적 국가특유요소들이 특정 시장에서 모든 기업에게 유효하다 하더라도 일부 기업들은 다른 경쟁기업보다 이러한 입지특유우위를 자신에게 더 잘 접목시키는 기업들이 있다. 입지특유우위를 기업에 적용시킬 수 있는 가능한 방법으로는 예를 들어, 해외시장 내 기업 활동의 조화, 혹은 원자재, 노동, 자본, 기술 등 입지적 우위와 관련된 생산요소의 적절한 활용 등이 있을 수 있다. 따라서 국내에 존재하지 않는 생산요소의 적절한 활용을 위한 자본이나 기술의 해외이전과 현지생산은 기업의 비교우위와 입지적 우위가 결합된 기업 활동을 가능케 한다는 측면에서 중요하다고 할 수 있다. 이렇게 볼 때, 소유특유우위는 다국적기업의 해외진출을 작동시키는 푸쉬(push)적인 역할을 하고, 입지특유우위는 다국적기업을 특정국가로 끌어들이는 풀(pull)적인 역할을 하는 셈이다.

절충이론의 마지막 요소는 내부화 우위가 언급된다. 이는 쉽게 말해서, 하나의 다발처럼 단단히 묶여진 투자접근이 느슨한 접근보다 더 선호 된다는 논리가 내부화 우위이다. 즉, 이러한 설명이 가능한 이유는 제품 라이선싱, 자본대여 혹은 기술협력을 통해 기업이 보유한 우위적 요소를 매각 혹은 대여하는 것 보다 이를 직접 활용함으로써 기업이 보다 더 많은 이윤을 창출할 수 있다는 사실에 근거하고 있다.

더닝에 의하면, 해외직접투자가 일어나려면 앞서 설명한 세 가지 요소를 동시에 충족시켜주어야 한다. 다시 말해, 해외직접투자가 이루어지려면 외국기업으로서의 불리함을 극복하고도 현지에서 경쟁해 나갈 수 있는 기업특유의 독점적 우위가 있어야 함은 물론, 국내보다 외국이 생산입지상 우위에 있어야 하고, 또한 기업특유의 독점적 우위를 외국기업에게 라이선싱해 주는 것보다 내부거래를 통해 이전하는 것이 유리해야 하는 내부화의 우위가 있어야 한다는 것이다. 따라서 절충이론에 의하면, 기업특유의 독점적 우위를 외부시장을 통해 거래하는 것보다 내부화하는 것이 유리할 때 기업은 라이선싱 방식을 버리고 해외직접투자를 택할 것이고, 자본 · 기술 · 경영기법 등을 해외로 이전하여 현지의 생산요소와 결합하는 것이 국내생산보다 유리할 때, 즉 입지특유우위가 있을 때 기업은 해외직접투자를 실행한다는 것이다.

표 4-5 ● 우위요소와 해외진입방식

	소유특유우위	입지특유우위	내부화우위
수출	○	×	×
라이선싱	○	○	×
해외직접투자	○	○	○

이상에서 본 세 가지 우위요소와 해외진입방식간의 관계를 표로 나타내면 <표 4-5>와 같다.

한편, 이 이론은 해외직접투자 이론연구의 흐름이라는 관점에서 현재까지의 제 이론을 포괄하는 가장 일반적인 이론이라는 평가를 받고 있다. 해외직접투자이론의 큰 줄기는 독점적 우위이론 → 내부화이론 → 국제생산의 절충이론의 흐름으로 파악되어지고 있는 것이 보편적인 평가이다. 절충이론이 오늘날 비록 유일한 이론일 수는 없으나 하나의 유력한 이론이며, 또한 다국적기업내지 해외직접투자이론의 연구는 대체로 이러한 방향으로 완결되어지는 것으로 파악하려는 것이 대부분의 공통된 견해인 것으로 보인다.

이와 같은 절충이론은 유용하면서도 강한 설득력을 지니고 있으나 이론의 한계점에 대해 많은 비판이 제기되고 있다. 주요 비판으로는 첫째, 이론의 독창성이 없으며 기존의 여러 이론을 결합한 문자 그대로 절충에 지나지 않는다는 점과, 둘째, 형식적으로는 미시와 거시의 통합모델이지만 본질적으로는 미시적 측면이어서 거시적 관점은 고려하고 있지 않다는 점 등이 제기되었다.

사례 4-2

이마트의 중국진출기

1. 이마트의 중국진출 동기

1993년 국내 최초로 ㈜신세계에서 할인점 '이마트'를 오픈하면서 우리나라에 대형 할인점 시대가 열렸다. 4년간 행해진 외국계기업과의 제휴를 통해 대형 유통점 운영의 노하우를 축적한 후, 국내 기업으로는 최초로 대형할인점을 열어 당시만 해도 공장형 매장 분위기에 익숙하지 않았던 국내 소비자들의 발걸음을 이마트로 향하게 했다. 하지만 1996년 국내 유통시장의 전면 개방으로 대형 할인점이 기하급수적으로 늘어나면서 기업형 유통업체가 빠른 속도로 성장하기 시작하였다. 1996년에는 까르푸가 국내에서 매장을 열었고, 1998년에는 월마트가 국내에 진출하는 등 외국계 대형할인점 업체가 속속 한국 시장에 진입함에 따라 이마트 입장에서는 신속한 대외경쟁력 확보가 절실했다. 다시 말하면, 이 시기에 이마트는 새로 생기거나 확장된 국내 유통업체들과도 경쟁하는 동시에 외국계 다국적 유통업체들과도 경쟁해야 하는 어려운 상황에 직면했던 것이다. 이렇듯 경쟁이 심화되고 격화되자, 이마트는 국내뿐만 아니라 점차 해외 시장에도 관심을 갖게 되었으며, 다른 곳보다도 우선 시장잠재력이 풍부한 중국에 눈길을 돌리기 시작했다. 그런데 이 당시 중국은 향후 세계에서 가장 큰 구매력을 가지는 시장이 될 것으로 평가받고 있었고, 또한 중국경제가 지속적으로 고도의 성장을 시현할 것이며, 투자 환경도 많이 개선될 것이라고 여겨졌다. 따라서 많은 글로벌 기업들에게 있어서 중국진출은 매우 중요한 과제가 되었다.

마침 이 당시에는 중국 국내의 자체적인 유통자본의 조성이 이루어지지 않은 상태여서 외국계 유통기업들이 시장에 진입하기에는 좋은 환경을 갖추고 있었다. 이러한 이유를 바탕으로 이마트의 관점에서 보면 한국이라는 포화된 좁은 시장에서 국내외의 수많은 유통업체들과 경쟁을 하는 것 보다는, 장기적인 수익을 목표로 아직 많은 유통업체가 입점하지 않은 중국으로 진출하는 것이 기업에게 장기적으로 더 좋은 전략이 될 수 있을 것이라는 결론을 낼 수 있었다.

2. 중국진출

1996년 1월 신세계는 중국경제의 핵심지인 상하이에 소재한 복합쇼핑센터 내에 의류와 패션잡화를 판매하는 패션백화점 형태로의 진출을 결정했다. 한국 유통업계로는 최초로 중국에 점포를 낸 것이었다. 1997년 2월에는 상하이상무중심건물 일부를 10년 동안 임차하여 '이마이더'라는 상호로 중국 이마트 1호점인 취양점을 열었다. 이마트는 다른 기업과 비슷한 지분을 공유하는 합작투자로 경영권을 나누지 않고, 98%의 자본을 출자함으로써 독자적인 경영과 통제를 도모했다. 이후 2002년 11월에는 중국 현지 유통업체인 구백그룹과 합자계약을 체결하여 총 자본금 2,500만 달러 규모의 중국 내 현지법인인 '상해이매득초시유한공사'를 설립, 중국 진출 사업에 속도를 냈다. 2004년에는 2호점을 여는 등 중국 내 유통 사업을 확장해 나가며, 2010년에는 중국 내 10개의 현지법인과 27개의 매장을 보유하는 성과를 시현했다.

3. 투자실패

현재 이마트는 중국진출 초기에 이뤘던 매출성장과는 달리 적자경영을 면치 못하고 있다. 아래의 그래프는 2005년 이후의 당기순손실만을 나타내고 있지만, 실제로는 그 이전부터 매년 당기순손실이 발생하고 있던 실정이었다. 급기야 2011년에는 중국 내에 있는 27개의 점포 모두에서 적자를 시현하는 상황까지도 발생했다. 회사의 잉여금이 바닥나고 자본금이 마이너스가 되는 자본잠식 상태에 접어들었다고 판단할 수 있을 정도로 결코 적지 않은 수준의 적자가 오랫동안 이어지고 있는 것이다. 실제로 2012년 3분기에는 중국에 설립한 현지법인인 상해이매득초시유한공사와 천진태달이매득초시유한공사가 총 자산보다 총 부채가 더 많은 상황에 이르렀다. 이러한 이유로 이마트는 2011년부터 순차적으로 한 때 10개로 늘렸던 현지법인을 5개로 축소하는 한편, 동시에 적자가 심한 매장들은 다양한 방식으로 처분하기 시작하여 27개의 점포 중 7개의 매장지분에 대한 매각을 단행하였다. 그 중 닝보, 창저우, 항저우, 타이저우에 있는 4개 법인 6개 매장의 지분 100%를 현지 유통업체인 푸젠뉴후아두슈퍼센터(신화도)에 매각했다. 또한 2개의 매장을 자산매각, 다른 2개의 매장은 영업종료를 하면서 매장 수를 지속적으로 줄여왔다. 지난 4월에는 상하이에 세웠던 이마트 3호점인 인뚜점을 처분하면서 이제 중국에 남은 이마트 매장 수는 15개로 감소하였으며, 이마저도 현재 톈진에 있는 매장을 포함하여 점포 4~5개의 추가 처분을 모색하고 있는 것으로 알려져 있다.

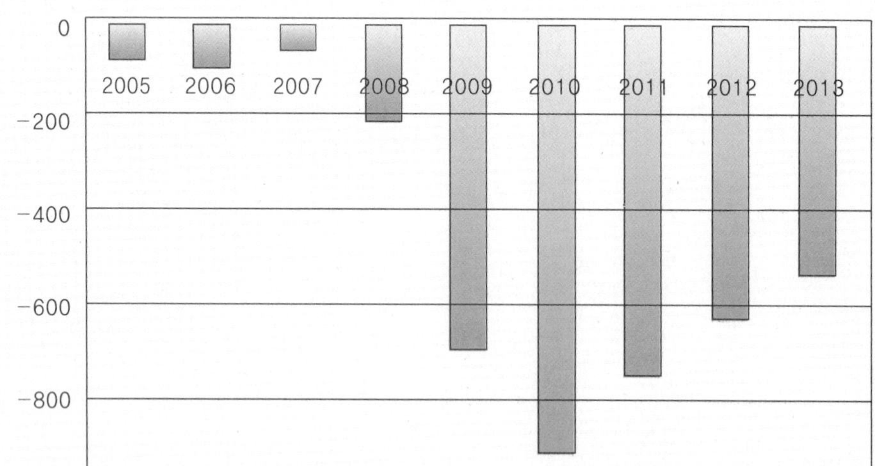

자료: 신세계 및 이마트 연결감사보고서, 금융감독원 전자공시시스템

4. 실패요인 분석

여러 자료를 바탕으로 조사를 한 결과, 이마트의 중국진출이 실패한 핵심적인 요인을 두 가지로 꼽을 수 있었다. 첫 번째로는 입지 선정에서의 오류이다. '이마트의 대(對)중국 고객만족도에 관한 실증적 연구' 자료에 따르면 중국에서 유통시장은 다른 시장에 비해 특히 선발진입자의 이익이 큰 시장이다. 이는 다른 업체에 앞서 시장을 선점하고 사업의 규모를 확장함으로써 경쟁력을 확보했을 때 그 이익이 크다는 것을 의미한다. 그런데 이마트가 중국에 진출하기 이전, 이미 월마트 등 외국계 대형 할인점이 중국 국내에 많이 진출해 있는 상황이었다. 중국 소비자들도 월마트의 매장 동선에 익숙해 이마트 매장을 어색해할 정도로 월마트가 선점우위를 가지고 있었다. 유통시장에서 월마트가 많은 이익을 시현하고 있는 상황에서 이마트가 수익을 내기 위해서는 임대료나 부지매입에 있어 비용을 덜 지출해야 한다는 것을 충분히 예측할 수 있다. 그러나 이마트는 베이징, 상하이, 톈진 중심으로 점포를 오픈했다. 또한 진출초기에는 부지를 임차하는 방식으로 매장을 열다가 나중에는 직접 부지를 선정해 건물을 짓는 '자체출점' 방식을 택했다. 그런데 이 지역들은 상권이 집중되어 있어 기업 간 가격 경쟁이 치열할 뿐만 아니라 토지시세도 매우 높다. 또한 매장의 유지, 관리비도 많이 소요되어 전체적으로 고정비가 상당히 높은 지역이라고 할 수 있었다. 이마트가 선정한 입지와 진출방식은 결국 설령 매출이 높더라도 고정비가 지나치게 커서 이익을 내기 어려운 구조였던 것이다. 따라서 이러한 이유로 매출에 비해 고정비용이 과도했던 것이 이마트가 중국투자에 실패한 하나의 요인이라고 할 수 있다.

두 번째로는 중국인의 소비 성향이나 특성을 적절히 고려하지 않은 것을 그 이유로 들 수 있다. 이는 중국에 진출한 롯데마트와 비교할 때 더욱 극명히 드러난다. 중국인은 매장에서 음식을 먹는 것을 좋아한다. 또한 먹을거리에 대한 불신이 커 신선하고 살아있는 제품을 선호한다. 롯데마트는 이러한 현지인의 소비특성을 감안해 즉석 요리매장을 국내에서보다 서너 배 늘려 운영하였다. 더불어 육류와 어패류 등을 미리 손질해 파는 것이 아니라 고객이 보는 앞에서 직접 손질해 판매했다. 반면에 이마트는 한국식 판매방식을 고수했다. 한국에서 생선을 판매하던 대로 미리 깨끗이 손질해 판매를 준비했다. 그 결과 식품은 거의 팔리지 않았다. 또한 중국인들은 물건이 산더미처럼 쌓여 있을수록 가격이 더 저렴하다고 인식하는 특성이 있다. 그리고 그들은 실용성을 중시하며 시장분위기에 익숙하다. 중국에 있는 다른 대형 할인점들이 대부분 창고형 매장 형태를 띠거나 재래시장처럼 산만한 내부구조를 가지고 있는 것도 모두 이러한 중국인들의 특성을 반영한 현지화전략의 일환이다. 실제로 깔끔함보다는 오히려 산만함을 추구한 외국계 대형할인점이 중국인들로부터 좋은 반응을 얻어냈다. 그러나 이마트는 대도시 백화점식의 마트를 표방해서 한국매장처럼 눈높이에 상품을 가지런히 진열해놓는 방식을 택했다. 중국인의 소비성향이나 특성을 감안하지 않았던 것이 현지화 전략 실패로 이어져 이마트를 연이은 손실로 몰아넣은 주된 요인이라고 할 수 있다.

질문:

1. 이마트의 중국시장 진출을 이론적 관점에서 조명해보시오.
2. 향후 이마트는 중국시장을 포기하고 철수해야 할까? 그렇지 않으면 새로운 전략을 강구하여 중국 내 유통분야에서의 점유율 확대를 모색해야 할까? 답변의 이유는?
3. 만일 상기 질문에서 후자를 선택했다면, 이마트를 위한 새로운 전략을 예를 들어 제시해보시오.

제2절 부차적 해외직접투자이론

1. 거래비용이론

거래비용이론(transaction cost theory)은 기업의 존재를 설명하기 위해서 시장거래에서 발생하는 "비용"이라는 개념을 활용하고 있다. 다시 말하면, 시장 메커니즘에 의한 거래는 종종 고비용을 초래하는 경우가 있어서 그 결과, 조직 내 경로를 통하여 자원을 배분하는 것이 때때로 시장거래 보다 더 효율적인 방법이 될 수 있다고 주장한다. 해외직접투자와 관련하여 이를 쉽게 설명하면, 시장에서의 거래비용이 생산비용에 추가될 때, 일부 제품들은 그 수익성을 상실하는 경우가 있다. 예를 들어, 수송비용을 고려할 경우 시멘트나 청량음료와 같이 어떤 곳에서든 생산 가능하면서도 무게대비 저가치 상품들은 라이선싱이나 직접투자와 비교할 때 수출과 같은 시장거래를 통한 제품판매의 이점이 감소된다.

그러나 조직 메커니즘을 통한 거래 또한 관료적이고 행정적인 비용들을 수반하는 것으로 알려져 있다. 따라서 시장거래를 할 것이냐 혹은 내부조직을 통하여 거래를 할 것이냐(즉, 해외직접투자를 사용한 수직적 통합을 할 것이냐)를 선택하는 데는 시장과 내부화에서 각기 발생할 수 있는 상대적 비용을 비교함으로써 결정될 수 있을 것이다. 이를 달리 설명하면, 시장 거래비용과 조직의 행정비용을 비교함으로써, '비용을 최소화할 수 있는 방안이 무엇인가'가 결정되고, 이를 바탕으로 선택된 방안 안에서 모든 경제활동들이 이루어질 것이다. 윌리엄슨(O.E. Williamson)은 이와 같은 견해를 확대함으로써 시장과 내부조직간 관계를 분석하고 있는 거래비용이론을 발표하였다.

거래비용과 관련한 정의의 개념해석은 교환에 대한 어려움과 관련이 깊다. 거래를 기획하고, 조절하고, 감시하는데 있어서의 어려움은 비용을 수반하며, 윌리엄슨에 의하면, 그러한 비용들은 무엇보다 먼저 제한적 합리성 및 기회주의로써 묘사되는 인간의 특성으로부터 기인한다. 그러나 그러한 기본적 인간성향이 경제행위에 대한 모든 고려사항들을 충분히 설명한다고 보기는 어려울 것이다. 이에 윌리엄슨은 거래비용이론의 틀 안에서 경제행위에 영향을 미칠 수 있는 또 다른 주요 요소들을 다음과 같이 설명하고 있다;

- 인간 요소: 제한적 합리성, 기회주의
- 환경 요소: 불확실성/복잡성, 제한된 선택의 폭
- 다른 중심 개념: 정보편중, 자산의 특수성, 성과측정, 교환의 횟수(빈번함)

기억력과 인식 지각력의 부족으로 인하여 복잡하고 광범위한 정보를 다루는 인간능력은 한계에 부딪히며, 이러한 사실로부터 제한적 합리성이 비롯된다. 이로 인해 거래에 수반되는 모든 복잡한 계약들은 결함과 오류 그리고 누락을 피할 수 없고, 이는 다시 계약종료 시까지 그 계약을 유지하는 것을 불가능하게 하는 요인이 된다. 더욱이 불확실성과 복잡성이 더해져 의사결정권자의 경제 환경 예측을 더더욱 어렵게 함으로써, 다가올 여건에 대한 적절한 사전 적응이나 미래의 일관성 유지는 그만큼 힘들어진다. 이러한 맥락에서 의사결정의 전문화와 커뮤니케이션 비용의 경감을 용이케 하는 내부조직(internal organization)의 중요성이 부상하게 된다.

기회주의는 개인의 "기만적인 자기이익 추구"라고 정의되며, 정보왜곡 혹은 의무나 약속이행의 회피 등을 의미한다. 거래비용이론을 주장하고 있는 학자들의 견해에 의하면, 기회주의적으로 행동하는 것이 용이하다고 생각되고, 또 기회주의적인 행동이 실질적인 이익을 가져다준다고 판단될 때, 인간은 쉽게 그와 같이 행동하는 근본적인 성향을 가지고 있다고 가정한다. 이러한 관점에서 기회주의는 흔히 거래비용을 증가시키며, 따라서 해외직접투자를 실행하여 수직적 구조를 창조함으로써 불필요한 비용이 감소되어질 수 있다고 주장한다.

한편, 거래비용 패러다임은 불확실성과 관련하여 환경변화를 예측하는데 있어서의 복잡성을 의미하는 환경적인 면과 파트너의 행위에 대한 예측의 어려움으로 인하여 발생하는 행위적인 면이 강조된 두 가지 서로 다른 유형의 불확실성으로 분류하고 있다. 거래비용이론에 기여하고 있는 많은 실증연구들은 우선 환경적 불확실성이 구매 및 판매기업간 협력관계와 관련이 있음을 확인하였다. 이는 다시 말하면, 구매자 및 판매자간 협력이 긴밀히 이루어질 때 환경적 불확실성은 감소될 수 있음을 암시하며, 이러한 구매 및 판매가 국제적인 거래를 통해 이루어질 때 두 기업 간의 관계는 더더욱 중요시 된다. 이상의 설명을 종합해보면, 국제거래에서 환경적 불확실성이 클수록 거래비용은 증가하고, 이 때 기업은 해외직접투자를 실행, 거래를 내부조직화 함으로써 발생되는 비용을 감소시키려는 노력을 보일 것임을 쉽게 예상할 수 있다.

행위적 불확실성은 상대 거래기업의 기회주의적 행동의 가능성에서 비롯된 불확실성으로 설명이 가능하며, 따라서 이미 언급된 인간의 기회주의적 성격과 밀접하게 관련되어 있다. 환경적 불확실성과 마찬가지로, 행위적 불확실성 역시 거래비용을 증가시키는 결정적인 요인이 되며, 따라서 기업은 수직적 조직 안으로 거래를 통합시킴으로써 비용을 경감시키려는 경향을 보이게 된다. 지금까지 진행된 실증분석 역시 대체로 행위적 불확실성이 수직적 통합을 가져오는 직접적 동기가 됨을 확인함으로써 거래비용이론이 주장하는 행위적 불확실성과 조직내부 거래의 긍정적 관계를 뒷받침하고 있다.

특히 시장에서 찾을 수 있는 선택의 폭이 제한된 경우에도 거래비용을 증가시키는 주요한 원인이 될 수 있다. 예를 들어, 한국의 타이어 시장이 과점적 상황이라고 가정해보자. 또한 더불어 도요타 자동차가 한국시장에서 새로운 신제품 자동차를 생산하고 타이어를 공급받고자 하는데, 시장에는 단지 한국타이어와 금호타이어라는 두 기업만이 존재한다고 가정하자. 이 때, 크게 양분된 국내시장 분할은 두 타이어 생산기업 모두에게 충분한 이윤확보를 가능케 함으로써 서로가 서로를 경쟁할 필요성을 느끼게 하지 못할 것이다. 또 사실 한 기업이 다른 한 기업을 도태시키기 위해 과도하게 저가정책을 사용하는 경우 자칫 필요하지도 않은 제살 깍아먹기식 경쟁이 될 수도 있기에, 두 타이어 생산기업은 시장경쟁을 의도적으로 회피할 수도 있을 것이다. 이렇듯 공급입찰자들에 대한 제한된 선택의 폭과 공급자들 간 경쟁의 부재는 두 기업이 타이어 입찰가격을 담합할 수 있도록 함으로써 두 기업에게는 기회주의적 행동의 기회를, 그리고 도요타 자동차에게는 거래비용 증가를 가져오는 심각한 시장상황 왜곡으로 이어질 수 있다. 따라서 이러한 시장상황 하에서, 타이어 생산기업에 대한 수직적 통합은 도요타 자동차의 입장에선 거래비용을 감소시킬 수 있는 주요한 수단이 될 수 있다.

정보의 편중은 거래와 관련된 지식을 깊이 알지 못하고, 그러한 지식을 획득하기 위해서는 비싼 비용을 수반하며, 흔히 시장의 불확실성과 거래기업의 기회주의로부터 기인한다고 얘기된다. 특히 이미 밝힌 바와 같이, 정보의 편중은 지식을 보유한 거래 상대방의 기회주의적 성향과 정보균형을 맞추기 위한 고비용 상황이 서로 결합하기에 거래비용이론이 언급하는 주요요소들 중에서도 더욱 심각한 문제들을 야기할 수 있다. 따라서 정보편중에 대한 효율적인 대처를 통한 거래비용의 경감은 기업 활동을 위해 무엇보다도 중요하며, 이러한 정보비대칭 효과를 최소화할 수 있는 방안으로 국제합작투자와 같은 협력형태가 효율적인 대안으로 제시되곤 한다.

자산의 성격이 특정 거래 상대방의 사정이나 희망에 맞춰 변화 되었을 때, 자산의 특수성이 생성되었다고 일컬어진다. 자산이 두 기업 간의 관계 속에서만 특유성을 가지게 되면, 거래 당사자들은 상대방의 기회주의를 약화시키고 서로에 대한 적응성을 강화하기 위하여 기존의 시장거래를 당해 기업 간 거래로 한정하게 되며, 반면 자산이 언제든 대체 가능한 성격을 가질 때는 규모의 경제를 실현하기 위해 시장계약이 보다 선호된다. 그러나 일단 자산의 특수성을 가져올 수 있는 투자가 실행되면 당해 두 기업 간 관계로 거래상황은 변화되어진다. 그럼에도 불구하고, 두 기업 중 한 기업이 기회주의적인 행위 예를 들면, 특정 브랜드에 적합하게 고안된 엔진이라는 특유화된 자산을 공급하던 한 기업이 기존의 거래기업 대신 유사 차종을 개발하고 있는 경쟁기업을 선택하는 경우, 수직적 통합은 사후 발생할 수 있는 거래비용을 줄일 수 있는 효율적인 방안이 될 수 있다. 그와 같은 가능성들로 인해, 특유자산에 투자하고 있는 기업은 거래 상대방의 기회주의적 행동으로부터 늘 그 자신을 보호하기 위하여 강력한 보호수단의 강구를 필요로 하게 된다.

성과측정 문제는 트럭에 물건을 싣는 경우나, 팀(team) 내 생산성에 대한 예를 살펴봄으로써 이해를 돕기 쉬울 것으로 판단된다. 즉, 두 사람 이상이 트럭으로 물건을 옮겨

싣는 경우, 그들 중 누가 가장 많은 힘을 쏟아 짐을 옮기고 있는지를 육안으로 판단하는 것은 쉬운 일이 아닐 것이다. 이와 마찬가지로, 팀 내 생산성에 가장 많은 공헌을 하고 있는 사람을 직접적으로 정확하게 규명하는 것은 결코 간단한 문제가 아닐 것이며, 따라서 이를 적절하게 평가하기 위해서는 신중한 관찰이 요구될 것이다. 성과측정에 대한 위의 설명들은 실제 이루어지는 기업 간 거래관계에도 그대로 적용이 가능하다. 다시 말하면, 기업 간 국제적인 거래관계에 있어서의 상대적인 공헌의 정도나 거래요소의 평가에 대한 어려움 또한 성과측정의 문제와 관련지어 생각할 수 있으며, 이러한 성과측정의 어려움이 발생하였을 때 거래비용이 발생함은 물론, 효율적인 성과측정의 부재는 시장거래의 실패로 이어질 가능성을 안고 있다. 따라서 거래비용이론은 생산적인 가치창조를 유지하고 거래 당사자의 공헌도와 관련한 이익과 비용을 효과적으로 평가하기 위해서 수직적 통합형태가 바람직하다고 주장한다.

거래비용에 영향을 미치는 마지막 요소는 교환의 횟수 혹은 거래횟수의 빈번도와 관련이 있다. 즉, 거래비용이론의 설명에 의하면, 기업 간 거래횟수가 적은 경우 두 기업 간 거래에 따라 발생하는 거래비용의 규모가 크지 않을 것으로 예상되므로 시장에서의 상품교환 혹은 기본적 형태의 기업 간 협력으로 충분할 것으로 판단된다. 반면, 기업 간 거래가 빈번하게 일어날 때는 상황이 달라질 수 있다. 다시 말하면, 기업 간 상품교환이 빈번하게 일어나는 경우, 이에 수반되는 거래비용의 규모도 증가할 것이며, 따라서 이 경우에는 영구적인 수직적 협력형태(완전자회사, 국제합작기업 혹은 전략적 제휴)를 채택함으로써 발생하는 비용을 감소시킬 수 있을 것이다.

거래비용이론은 이미 언급했던 여러 가지 요인들로 인해 발생하는 거래비용의 규모를 바탕으로 기업이 시장에서 상품을 구입해야 하는지 혹은 자체적으로 생산해야 하는지('make' or 'buy' decision)에 대해 분명한 설명을 제시해 주고 있다. 이를 다시 부연하면, 어떤 경우에 수직적인 형태의 제도적 통제가 시장기능보다 효율적이고 효과적이며, 거래비용의 총액을 최소화시키기 위하여 기업은 어떤 형태의 국제 협력활동을 선택해야 하는지에 대한 해답을 제시해 주는 이론이 거래비용이론이라고 할 수 있다.

2. 자원관련이론

해외직접투자와 관련된 이론들 중 기업이 소유한 자원에 대해 가장 큰 중요성을 부여하고 이를 강조한 이론에는 자원의존이론과 자원기반이론이 있다. 주지의 사실이겠지만, 본 장의 목적은 해외직접투자의 이론적 배경에 대해 알기 쉽고 정확하게 설명함으로써 이해를 돕는데 있다. 따라서 두 이론을 모두 함께 살펴봄으로써 기업의 자원이 국제경영과 해외직접투자에 얼마나 중요한 영향을 미치는지를 심도 있게 알아보고자 한다.

1. 자원의존 이론

자원의존이론(resource dependence theory)은 외부자원의 유효성을, 반면 다음절에서 설명할 자원기반이론은 자원의 기업 내 내부축적을 중요하게 다룬다는 점에서 두 이론은 근본적인 차이를 보인다. 즉, 자원의존이론은 기업이 필요로 하는 자원의 부족에서 비롯된 불확실성의 회피, 이를 위한 기업 간 협력관계 구축과, 외부의존으로 인해 수반되는 영향력의 통제를 강조하고 있다. 따라서 자원의존이론은 그 이론 틀 안에 다음과 같은 두 가지 기본신조를 갖고 있다: ① 필요한 모든 자원을 완벽하게 보유하고 있는 기업은 현실 속에서 존재하고 있지 않기에, 불확실성 경감을 위해 기업은 그들이 필요로 하는 자원을 소유하고 있는 다른 기업에 의존하게 되지만, ② 부족한 자원의 타 기업 의존에도 불구하고, 자율과 자유를 확보하기 위해서 외부의 강력한 영향력을 최소화하기 위해 노력한다.

자원의존이론은 기업의 생존이나 성공이 자원을 확보하고 유지하는 기업의 능력에 달려있다고 역설한다. 만약 기업이 필요로 하는 자원이 어디에서나 풍부하게 존재하고 있다면 자원을 확보하고 유지하는 문제는 간단해질 것이며, 기업은 기업 활동에 요구되는 모든 요소들에 대한 통제를 완벽하게 행사할 수 있을 것이다. 하지만, 어느 기업도 필요한 모든 주요자원을 충분히 보유한 기업은 없으며, 이로 인하여 기업은 불확실한 외부환경 속에서 자원 확보를 위해 타 기업에 의존하게 된다. 이는 다시 말하면, 기업은 그들이 활동하고 있는 환경 속에서 그들에게 요구되는 부족한 자원의 확보를 위해 이를 보유하고 있는 해외시장의 다른 기업에 상호의존하고 있음을 유추할 수 있다.

앞에서 했던 설명과 마찬가지로, 만약 필요한 자원의 확실한 공급이 보장된다면 기업의 생존과 성공은 문제가 되지 않을 것이다. 그러나 기업을 둘러싸고 있는 환경은 언제라도 바뀔 수 있으며, 새로운 기업은 시장에서 수시로 진입과 퇴출을 반복하고 있고, 자원의 충분한 공급은 현실적으로 어려운 것이 엄연한 사실이다. 이러한 불안정하고 불확실한 환경은 기업으로 하여금 환경변화에 대응하여 다른 기업과의 안정적인 거래관계를 확보토록 유도하고 있으며, 확실한 기업관계 구축을 위해 기업 간 상호의존을 증대시키고 있다.

그러나 자원의존이론에 의하면, 기업은 그저 단순히 환경적 구속에 피동적으로 반응하지는 않으며, 타 기업에 대한 의존관계를 다각화하고, 주요 자원을 통제하려는 노력을 지속함은 물론, 기업의 독립적인 활동을 위한 자율성을 유지하기 위해 끊임없이 노력한다. 즉, 미래의 안정적인 영업활동을 위해 요구되는 안정성을 확보하기 위해 협력을 근간으로한 기업관계 구축에 매진하는 한편, 다른 기업에 의해 강요되는 영향력은 거부하고 지배력은 강화하려는 움직임을 보인다. 기업의 이러한 안정성 확보와 자율성 추구 경향은 각기 서로 다른 환경 속에서 국제합작기업, 전략적 제휴, 국제인수와 같은 다양한 기업 간 연합 및 동맹을 용이케 하는 원인이 된다.

2. 자원기반 이론

펜로즈(R. Penrose)의 견해를 보다 더 발전시킨 자원기반이론은 기업에 의해 통제되는 다양하고 독특한 자원의 역할에 대한 분석을 이론의 중심에 두고 있다. 자원기반이론의 제하에서, 내부적으로 축적된 자원은 한 기업의 경쟁력을 좌우하는 주요 근원으로서 간주된다. 한편, 자원기반이론을 주장하는 많은 학자들은 기업에 내재된 자원을 다양하게 정의하고 있으나, 이를 설명하고 분류하는 시각이 어떻게 상이하든지 간에, 자원기반이론은 다음과 같은 두 가지 사항을 주요하게 가정한다.

- 자원의 이질성은 경제적 수익을 가져오거나 통상적인 이윤이상을 보장하는 기업의 경쟁우위로서 작용한다.
- 이동이 어려우며, 모방할 수 없고, 대체가 불가능한 자원일수록 가치 있으며, 이들 자원을 많이 보유하고 있을수록 경쟁우위의 확보가 용이하다.

첫 번째 가정과 관련하여, 자원기반이론은 기업을 이질적 자원의 집합체로 간주한다. 다시 말하면, 기업은 각기 서로 다른 일련의 다양한 자원을 보유하고 있는 조직체이며, 기업이 보유하고 있는 이들 자원의 독특한 특징들이야말로 기업의 이윤극대화를 위한 중요한 근원으로써 해석된다. 이와 같은 주장을 바탕으로, 기업의 비교우위는 지식으로 대표되는 무형의 암묵적 자원을 포함한 이들 이질적 자원들에 얼마나 효율적으로 접근할 수 있느냐에 따라 결정된다고 본다. 그럼 그러한 자원의 이질성은 어떻게 만들어지는 것일까? 이질성은 기업 내 독특한 자원에 대한 배타적인 사용으로 인해 유발되고, 그로 인하여 이는 쉽게 사라지지 않고 오랫동안 기업 내에 내재되며, 궁극적으로는 수익을 안겨주는 중요한 원천이 된다.

두 번째 가정과 관련하여, 기업 간 이동이 어렵고, 모방이 쉽지 않으며, 대체 불가능한 자원들 역시 국제시장에서 경쟁우위를 확보하고 지속시키는 촉매제로 해석된다. 기업의 경쟁우위 확보는 기업 활동에 영향을 미치는 자원의 생산적 활동에 의해 좌우되며, 따라서 그러한 자원을 다른 경쟁기업들이 모방할 수 없도록 계속적으로 보강 관리하는 기업이 경제적 이익을 실현할 수 있다고 본다. 이들 자원의 범주에는 기업의 경영기술, 브랜드 네임, 인적자원, 기업 이미지, 기업문화, 기술 등 모든 유형 혹은 무형의 자원들이 포함되며, 자원기반이론에 의하면 이들 자원은 경로 의존적(path dependent)인 특성을 갖고 있어 한 기업에 깊숙이 내재된 복잡한 자원일수록 기업 간 이동이나 모방이 어렵다고 주장된다. 또한 이러한 자원은 인과관계의 모호성(causal ambiguity)이라는 특징을 띰에 따라 다른 경쟁기업에 의한 모방을 어렵게 함으로써 치열한 경쟁적 국제환경 하에서도 다국적기업의 지속적인 수익을 용이하게 하고 다른 기업과의 차별화를 가능케 한다.

간단히 말해서, 자원기반이론에서는 기업이 이질적 자원을 보유하고 있으며, 이 자원이 다른 기업에 의해 모방하기 어렵고, 쉽게 이전되지 않으며, 또 다른 자원에 의해 대체되기 어려운 경우, 보유하고 있는 기업특유적 우위를 해외에서 적극 활용하여 이익을 극대화하기 위해 기업은 해외직접투자를 실행한다고 강조한다.

3. 조직학습이론

조직학습을 연구하는 학자들은 지속적 경쟁우위를 창출하기 위하여 요구되는 주요한 비즈니스 자원으로 지식을 바라본다. 게다가, 그들은 조직학습을 기업의 성과를 한 단계 더 세련되게 향상시킬 수 있는 실질적 변화, 기술, 노하우, 이해, 정보의 획득과정으로써 이해한다. 전통적으로, 조직학습은 일상적으로 일어나는 기업 활동을 개선시킬 수 있는 내부 활동으로 인지되어 왔다. 따라서 새로운 지식의 창조는 기존자원에 대해 추가 혹은 대체를 가능케 하는 외부정보를 내부적으로 흡수, 적용, 모방하는 활동을 포함한다. 그러나 새로운 지식을 흡수하고, 적용하고, 모방하는 능력의 차이로 인해, 다른 기업에 의해 이미 개발된 지식으로부터 수혜를 받을 수 있는 조직능력 또한 기업마다 다를 수 있다. 우리는 지식획득에 요구되는 이러한 기업능력을 "흡수능력"(absorptive capacity) 이라고 한다.

이 이론의 핵심은, 기업은 상호보완적 지식을 얻으려고 애쓰며, 해외직접투자, 예컨대 국제합작기업이나 완전자회사 설립을 통해 습득하고자 하는 기술이나 지식에 대한 학습기회를 붙잡으려 한다는데 있다. 과거 삼성반도체가 반도체 생산기술을 습득하기 위해 미국 실리콘밸리에 자회사를 설립한다든지, 상하이 자동차가 자동차 생산기술을 학습하기 위해 쌍용자동차를 인수했던 사례들이 조직학습이론의 틀 안에서 설명될 수 있을 것으로 판단된다. 특히 조직학습이론이라는 제하에서, 국제 전략적 제휴는 파트너들 간 기술의 실재적 재분산에 영향을 미치고, 시장에서는 유효하지 않은 '새로운 지식'이라는 자원 활용을 허용하는 메커니즘으로써 이해된다. 따라서 협력적 조직형태(예, 국제합작기업, 전략적 제휴 그리고 국제인수 등)는 다국적기업 모기업이 자신들이 보유하고 있는 새로운 지식을 해외시장에 설립된 자회사에게 이전하는 것을 용이하게 하며, 또한 반대로 이들이 필요한 보완적 지식의 습득을 해외직접투자를 실행함으로써 가능케 한다고 주장한다. 이러한 설명은 라이선싱이나 시장거래를 통해서는 쉽게 모방하거나 흉내 낼 수 없는 내재된 지식의 이전과 습득도 해외직접투자라는 수단을 사용한다면 가능할 수도 있다는 것을 의미한다. 종합하면, 조직학습이론은(주로 국제협력을 기초로 설립된) 해외 자회사와의 암묵적 자원교환을 강조하며, 이것이 해외직접투자의 주요 동인이나 동기가 된다고 지적한다.

제3절 기타 다국적기업 관련 이론

1. 제도이론[1]

특정 사회에서 구축된 시스템 내 규범, 가치관, 믿음, 그리고 정의와 관련하여, 한 기업의 어떤 행동이 과연 바람직하고, 올바르고, 적절하다고 말할 수 있는지에 대한 일반적인 인식이나 가정, 즉 환경적 합법성(environmental legitimacy)을 기업은 성취 및 유지해야 한다는 것이 제도이론의 중심생각이라고 할 수 있다(Suchman, 1995: 574). 다시 말해서, 제도이론에 의하면, 생존을 위해서 기업은 주변 환경 내에 존재하는 규칙과 신념체계를 반드시 순응해야 한다고 말한다 (DiMaggio and Powell, 1983). 그 결과, 동일한 환경을 공유하는 기업들은 동일한 관행과 전략을 선택하게 되며, 서로가 상호 동형적(isomorphic)으로 변해가게 된다 (DiMaggio and Powell, 1983). 이러한 이유들로 인해 국가마다 발견되는 동일한 기업관행의 주요 원인은 그들 주변을 둘러싼 경영환경, 이른바 제도적 규범과 밀접한 관련이 있다.

상기 문단에서 지적한, '합법성을 성취하기 위해서 동일 환경을 공유하는 기업들은 유사한 전략을 선택하는 경향을 갖게 된다'는 설명은, 다국적기업과 관련하여 중요한 시사점을 제공하고 있다. 다국적기업은 다양한 국가에서 기업 활동을 영위하는 특성을 갖는 바, 필연적으로 다양한 제도적 환경에 직면하게 된다. 따라서 외부환경에 있어서의 차이로 말미암아 동일한 기업이라고 하더라도 나라마다 상이한 기업관행의 패턴을 보이게 되며, 시장마다 다른 제도적 차이를 적절히 반영하여 합법성을 유지하는 것은 다국적기업의 입장에서 당연히 간과할 수 없는 주요 이슈라고 할 수 있다 (Kostova and Zaheer, 1999). 이러한 관점에서, 다국적기업의 전략을 이해하는데 있어서 제도이론은 기본적인 토대를 제공한다고 지적할 수 있다.

이를 좀 더 부연하여 설명하면, 대부분의 규칙과 규정들은 현지 정부에 의해서 제정되기에 국가 특유적인(country-specific) 성격을 보이게 되고, 현지 정치과정의 결과물이라고 지칭된다는 점에서 규제적 특성(regulatory characteristics)을 갖게 된다. 또한 다국적기업이 투자한 사회의 근간에는 유독 어떠한 특정 상황에서는 어떠한 행동이 올바르고 바람직하다고 고려되어지는, 그 사회가 믿고 존중하는 고유의 규범과 가치관을 보유하고 있는 바, 기업의 전략은 현지 사회가 수용 가능한 범위 내에서 조직되어야 하고, 역으로 현지 사회에 내재된 규범적 특성(normative characteristics)은 기업이 성취해야 하는 합법성과 전략에도 영향을 미치게 된다. 또한 기업의 특정 행동이 문화적으로 받아들여지는 국가가 있는 반면, 그렇지 않은 국가가 있다는 점에서, 기업전략에는

1) 본 이론에 대한 설명은 "Sinkovics, R. & Park B. I. (2017), 제도이론과 다국적기업의 현지국 사회안전망에 대한 기여: 기업적 관점에서, 국제경영연구 28(1): 13~32"에서 차용하였다.

인지적 특성(cognitive characteristics) 이라고 지칭되는 국가마다의 독특한 문화적 배경이 반영되어야 한다 (Scott, 2001).

2. 네트워크이론

네트워크에 관한 관심은 당초 마케팅 분야에서 출발했으나 산업의 효율성, 발전 통제의 측면에서 공급기업과 고객기업 간의 총체적이고 지속적인 영업적 관계가 중시되면서 산업네트워크의 개념이 전개되어 왔다. 특히 불확실성과 경쟁의 격화가 협력적 행동의 중요성을 제기함에 따라 협동과 경쟁이라는 기업행동의 측면을 양립 가능하고 보완적인 것으로 파악하는 이론의 틀이라고 할 수 있다. 네트워크 개념은 상이한 이해 관계자 집단 간 독립성을 유지하면서 상호신뢰를 바탕으로 전략적 의도 하에 장기적인 결속관계를 구축하고 유지하는 과정으로 인식되고 있다(Håkansson and Snehota, 1995; Jarillo, 1988; Powell, 1990). 따라서 기존의 시장과 위계의 규범 및 통제 메커니즘과 구별된다. 매 교환마다 최대 효율성을 추구하기 보다는 장기적 차원에서 교환관계의 총체적 효율성에 중점을 둔 것이 특징이다.

네트워크는 수직통합과는 달리 독립성을 유지하면서 기업 간 관계, 구조, 과정, 지위 등 다양한 차원에서 정의가 이뤄져 왔으나 일반적으로 시장, 위계를 대체하는 관계나 구조의 개념으로 제시되어 왔다. 네트워크는 공통목적의 달성을 위하여 행동하는 조직들의 집단 내 관계의 전체적 유형 자체, 구속적 관계나 사회적 관계에 의해 연계되는 느슨히 연결된 많은 조직, 그리고 둘 이상의 연계된 교환관계로 정의할 수 있으며, 후자로 갈수록 포괄적 성격을 띠고, 가격기구나 위계적 명령과는 달리 상호작용을 통해 관계가 이뤄진다. 이와 같은 이유로 인해, 많은 해외 자회사들을 거느리고 있는 다국적기업 본사와 자회사들 간의 관계와 그러한 그들의 구조가 다국적기업의 성과에 미치는 영향을 실증하기 위해 최근 국제경영 분야에서 각광받는 이론 중 하나가 네트워크 이론이다.

기업 간의 관계(다국적기업 본사와 자회사 간 관계 포함)는 신제도학파이론에서 당초 제시했던 시장, 위계의 구분을 넘어 다양한 명시적, 묵시적 계약과 경쟁 및 신뢰관계에 기초한 기업 간 관계를 형성하고 있는 경우가 허다하다. 최근에는 기존의 계층적 구조가 아닌 상호보완적 역량과 자원을 보유한 기업들 간의 협력관계를 통해 공동이익을 추구하는 기업 간 협력네트워크가 급속하게 전세계적으로 확산되고 있다(Child and Faulkner 1998; Doz and Hamel, 2001; Powell, 1990). 이러한 새로운 형태의 기업 간 협력관계는 계층이나 시장과 같은 전통적 지배구조와는 본질적으로 다른 특성을 가지고 있으며, 특히 파트너 기업 간의 신뢰에 강하게 의존하고 있다. 이것이 바로 신뢰의 경제적 역할에 대한 연구를 급속히 증가시켰다(Powell 1990). 기업 간 협력 네트워크는 생산성, 혁신창출성, 효율성, 환경적응성 등의 측면에서 다른 지배 구조들에 비해 월등히 높은 성과를 창출할 수 있다고 밝혀짐에 따라 1990년대 말 급변하는 환경 하에서 기업경쟁력 향상을 위해 필수 불가결한 전략적 수단으로 인식되고 있다(Dyer and Singh, 1998; Doz and Hamel, 2001).

기업집단, 하청관계, 전략적 제휴 등의 상호협력관계의 측면에서 보듯이, 기업의 행동은 개별기업 만의 행동으로 설명하기에는 한계가 있으며, 기업 간 관계에서 고찰되어야 한다. 특히 기업은 동태적인 환경변화 아래에서 활동하고 있으므로 기업 간 상호작용과 관계는 기업의 생존과 성장에 필수적으로 중요한 기능을 수행한다고 볼 수 있다. 이러한 총체적 기업 간 관계 자체도 또 하나의 동태적인 유사기업의 형태로 이해될 수 있다.

만약 자세한 법적 조항이나 계층적 권위와 같은 방어 메커니즘이 없다면 어떤 제재 수단으로 통제할 것인가에 대한 문제가 제기된다. 장기적 관계에서는 양자간, 다자간 평판효과와 호혜성에 근거한 비공식적이고 사회적인 수단에 의존한다. 기회주의적 행위자는 상대방의 신뢰를 이용하여 단기이익을 얻을 수 있기 때문이다. 그러나 이런 경우 네트워크 지배구조는 먼저 호혜성의 원리에 의해 배신을 당한 파트너가 기회주의적 행위자와 더 이상 거래를 지속하지 않는다.

현재까지 기업 간 네트워크 이론이 완성된 형태로 정착되지는 못하였다. 사회학에서의 제시된 네트워크의 개념, 기업 간 네트워크 개념의 다양성 등이 아직 정리되고 있지 못하며 그 관계가 불명확할 뿐만 아니라, 네트워크 이론의 유용성의 전제 등이 아직 명확히 규정되지 못한 상태이다. 또한 네트워크는 어떻게 형성되고 신뢰는 왜 생성되며 네트워크는 어떤 과정으로 변화하는가 등에 관한 동태적 과정에 대한 연구도 필요하다.

제4절 해외직접투자이론의 종합적 평가

앞에서 살펴본 각각의 해외직접투자이론들은 제각기 서로 다른 이론적 시각과 내용으로써 다양하게 전개되어져 왔으므로 각 이론들은 모두 해외직접투자의 어느 일면만을 강조하고 있기 때문에 어떠한 이론도 해외직접투자의 모든 특성과 제 이론적 과제를 동시에 충분히 설명해 줄 수는 없다. 앞에서도 언급한 바와 같이 해외직접투자이론의 큰 줄기는 독점적 우위이론 → 내부화이론 → 국제생산의 절충이론의 흐름으로 파악되는 것이 일반적 평가이다. 그러나 심지어 현재까지 제시된 제 이론들 중에서 가장 일반적 이론이라는 더닝의 절충이론조차도 모든 이론적 과제를 충분히 설명하지 못하고 있다는 게 중론이다.

따라서 각각의 이론들이 가지는 기본적 시각이 어떠하며 기본적으로 강조하는 측면이 무엇이냐에 따라 나름대로의 이론적 유용성과 한계성을 동시에 지닌다는 점에서 모든 이론들을 그 성격상 대체적이라기보다는 보완적인 것으로 파악해야 할 것이다. 즉,

어느 이론은 타당하고 어느 이론은 타당하지 않다는 택일적 · 배타적 관점보다는 어떠한 이론이 어떠한 점에서 가치 있는 설명력을 가지느냐의 종합적 · 보완적 관점에서 제 이론들을 평가해야 할 것이다.

또한 기존 이론들은 대부분 미국이나 유럽 같은 선도 선진국 다국적기업을 염두에 두고 개발이 되었다는 점에서, 우리나라와 같은 신흥시장 혹은 개도국의 해외직접투자를 설명할 수 있는 이론의 개발이 요구된다. 예컨대, 기존 이론에서는 해외투자의 기본적인 동기로 이윤추구를 위한 독점적 경쟁우위의 활용을 묵시적으로 가정하고 있다. 그러나 많은 우리나라의 기업, 특히 중소기업의 해외 진출 시 방어적인 투자행태가 많다. 중국에 진출하고 있는 우리나라 기업들의 상당수는 가지고 있는 경쟁우위를 활용하기 위해 진출하기보다는 경쟁우위를 창출하기 위하여 진출하거나 영세한 중소기업의 경우에는 본국에서 고임금 등으로 더 이상 경쟁력을 확보할 수 없기 때문에 생존차원에서 해외에 진출하는 경우가 대부분이다. 따라서 이러한 방어적 투자행위도 아울러 반영할 수 있는 이론적 모델의 개발이 필요하다.

사례 4-3

론스타 사건: 외국인투자자를 가장한 희대의 국제 금융 사기

1. 외환은행 매각 이전의 외환은행 상황

외환은행의 역사는 1966년 7월 28일 정부가 외국환 전문은행으로 동 은행을 설립하면서 시작되었다. 따라서 설립당시 외환은행은 외국환거래와 무역금융을 지원하는 특수은행의 업무 특성을 가지고 시작하였지만, 국내 시장이 해외에 개방되면서 타 은행도 외국환거래를 다루게 되었다. 이로써 외환은행은 상업은행들 대비 차별성과 고유성이 사라졌고, 따라서 1989년 12월 30일 한국외환은행법 폐지와 함께 주식회사로 전환되었다.

그 후 1997년 말 외환위기가 도래하면서 국내 다수의 금융업계와 은행들은 도산 위기에 처하게 되었던 바, 대부분 국내 소재 금융기관들은 외화 조달 능력이 불투명해지면서 자산 건전성을 기준으로 매각과 합병의 수순을 밟았다. 외환은행 역시 이 위기에서 벗어날 수 없었다. 외환은행은 금감원이 시중은행에 내린 경영개선권고에 따라 8%의 자기자본 비율을 달성해야 했다. 이를 위해 외환은행은 독일의 코메르츠방크와 합작하기로 결정하고, 1998년 7월 29일에 자본유치 협상을 이루어 낸다. 코메르츠방크는 외환은행의 주식 7,000만 주를 액면가 5,000원으로 매입하며 당시 3,500억 원 정도의 유상증자를 시행했다. 이로써 외환은행은 코메르츠방크의 출자로 인해 경영난을 극복하게 되었고, 선진 경영기술 도입의 계기를 마련하였다.

2. 외환은행 매각의 원인과 과정

외환위기 당시 공적자금이 외환은행으로 투입되었는데 한국 정부가 그 당시 투입되었던 공적자금을 회수하기 위해 정부 보유 주식을 일부 매각하면서 문제가 시작되었다. 그 과정에서 외환은행은 부실은행이라는 평가를 받게 되었고, 이것은 외환은행이 도산 위기로 들어가는 첫 걸음이 되었다.

부실은행이라는 평가와 이미지를 갖게 된 직접적인 배경에는 그 당시 외환은행이 보유하고 있었던 부실채권에 있었다. 하이닉스 채권에 대해서는 모든 시중은행이 대손충당금(필자 註: 돈을 빌려주었는데 돌려받지 못할 것으로 예상되는 경우, 추후에 돌려받을 수도 있고 떼일 수도 있지만, 현 시점에서는 떼인 것으로 잠정 결정하고 은행 건전성 유지를 위해 충당금을 적립하는 방식) 적립의 필요금액을 100%로 설정할 정도로 상황이 악화되어 있어서 외환은행도 대손충당금 적립의 증가와 부담에서 자유롭지 못했다. 뿐만 아니라 외환은행은 현대건설, 쌍용 등 다른 여타 주거래 기업의 부실 대출금도 안고 있었다. 그 와중에 외환카드의 경영난마저 심화되면서 대손충당금 적립의 규모가 증가하였고, 결과적으로 외환은행은 2003년 9,000억 원 가량을 충당금 적립에 소진하였다. 더불어 대손충당금 문제와는 별개로 BIS 비율(자기자본비율) 문제 또한 외환은행을 옥죄어왔다. 아래 그림은 세계일보에서 외환은행 매각 당시 BIS 비율 연말 전망치를 일정 간격별로 정리한 자료이다.

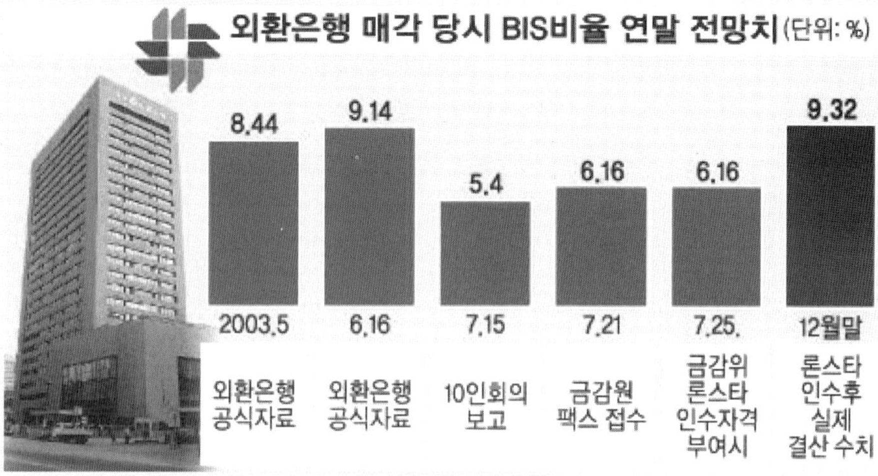

그림 4-1

자료: 세계일보, 2006년 4월 12일자.

비록 상기 그림에는 나타나지 않지만, 2002년부터 지속적인 하락세를 나타내던 BIS 비율은 2002년 12월 9.31%로 하락하였다. 이는 당시 시중은행 평균 10.46%보다 낮은 수치였는데 겨우 간신히 최하위를 면하는 수준이었다(최하위는 조흥은행 8.6%). 그러나 상황은 지속적으로 악화되어 2003년 7월, 매각 당시 금감원에서 파악한 외환은행 BIS 비율은 경영개선권고 수치(8%)보다도 낮은 6.16%가 되었다.

이러한 문제를 해결하기 위해 외환은행은 2002년 하반기 이후로 공모주를 발행하여 증자를 단행하였고, 한편으로는 국외증권 발행을 시도하였다. 당시 국내의 증시상황은 매우 안 좋은 상태였고, 외환은행은 그 중에서도 신뢰도가 떨어진 상황이었으므로 새로운 자금 공급처를 찾는데 애를 먹었다. 게다가 국내법상으로는 산업자본이 금융자본을 인수할 수 없는 규제가 존재했던 바, 그 법은 산업자본이 국가 경제를 좌우하는 금융자본을 조작하지 않게 하려는 안전장치의 일환이었다. 또한 앞서 말했던 외환은행의 대주주였던 코메르츠방크는 본사의 경영난으로 인해 외환은행에 유상증자할 여력이 없었다. 상황이 이러하자 그 과정에서 국제투기자본인 론스타는 외환은행을 비교적 손쉽게 인수하게 되었다(즉 정리하면, 호혜적이지 않은 영업환경 속에서도 비교적 건전했던 외환은행은 부실 금융기관으로까지 지정된 적은 없었으나, 7월 갑자기 BIS 비율(자기자본비율)이 부실 수준인 6%대로 추락하면서 부실금융기관 정리에 관한 예외조항에 해당하게 되었고, 이로 인해 손쉽게 론스타의 손으로 넘어가게 되었다). 외환은행 인수과정을 표로 정리하자면 아래와 같다.

표 4-6 ● 외환은행 매각 과정

일자	내용
2003년 4월	론스타의 외환은행 매수설 처음 제기
2003년 6월	재경부 장관의 론스타에 대한 외환은행 정부지분 매각 시사
2003년 7월	외환은행 매각의 배타적 협상자로 론스타 선정
2003년 8월 27일	정식 계약 체결
2003년 9월 15일	수출입은행 등에서 콜옵션으로 14.23% 추가 인수하기로 결정
2003년 9월 16일	임시주총에서 론스타의 외환은행 경영권 인수를 위한 안건 의결(액면가 이하 유상증자 등)
2003년 9월 26일	금융감독위원회 정례회의에서 론스타의 외환은행 주식취득 신청을 승인, 매각절차 완료
2003년 10월 30일	인수대금 납입 완료
2004년 4월 2일	외환신용카드 인수 합병

자료: 유효상 (2013)

3. 외환은행 매각의 문제점

외환은행의 매각은 세간의 이목을 많이 끌었던 국제인수였다. 인수와 매각의 과정 중에 많은 잡음이 있었으며, 관련자들의 문제제기와 법적 공방 또한 존재했다. 그 문제점 중에서 본 교재는 론스타가 한국의 제도적 허점을 교묘히 활용해 이익을 시현한 문제를 분석해 보고자 한다.

1) 론스타의 산업자본 문제

론스타는 주지하다시피 사모펀드이다. 우리나라 법상 은행을 인수(지분 10% 이상)하려면 국적과 상관없이 금융자본이거나 산업자본 활동을 청산한 조건부 산업자본에게만 인수 자격이 부여된다. 론스타는 금융기관이 아니므로 은행법상 대주주가 될 수 없었으며, 당시 일본의 PMG 골프 산업을 소유하고 있었으므로 산업자본이라고 볼 여지마저 존재했다. 감사원 감사 결과에 따르면, 외환은행은 당시 부실금융기관이 아니었기 때문에 부실금융기관 정리에 관한 예외조항에 해당 될 수 없었음에도, 금융감독위원회는 2003년 9월 26일 부실금융기관 정리 등의 예외적 사유를 이유로 론스타의 외환은행 주식 보유한도 초과 취득을 승인해 주었다. 이를 통해 볼 때 론스타의 외환은행 인수 과정에서 불법적인 로비가 있었을지도 모른다는 합리적 의심이 든다.

2) 론스타의 조세 회피 문제

'소득 및 자본에 관한 조세의 이중과세 회피 및 탈세방지를 위한 협약'은 기업이 경제활동을 하는 국가와 출신국가에서 동시에 이중 과세되는 것과 탈세를 방지하기 위한 협약이다. 이 협약국 사이에서 거래하는 기업은 출신국가에서 한 번만 세금을 내면 경제활동을 영위하는 국가에서는 과세를 받지 않을 수 있다. 론스타는 미국의 사모펀드이지만 버뮤다와 룩셈부르크, 벨기에를 거쳐 한국시장에 진입한 기업이다(즉, 외견상으론 미국 론스타의 벨기에 자회사가 한국시장에 투자를 시행한 모양새를 띤다). 벨기에는 우리나라와 조세협약이 체결되어 있으므로 론스타 자회사의 법적 출신국가인 벨기에에 세금을 내면 된다. 따라서 론스타는 외환은행의 인수와 매각과정에서 생긴 양도차익에 대한 세금을 우리나라에 내지 않아도 되었던 바, 론스타는 총 투자금 2,154,803,005,795 원을 들여 총 회수금 6,139,505,733,904원을 벌어들였다. 이로 인해 대강 보기만 해도 4조원이 넘는 양도차익과 2천억 원이 넘는 환차익에 대한 과세를 한국 정부로부터 전혀 받지 않아도 된다는 것이 론스타의 주장이었다.

다시 말하면, 론스타 측은 본사와 벨기에 법인이 외환은행 인수를 주도했으므로 세금은 두 국가(즉, 미국과 벨기에)에 내야한다는 주장이나, 이와 달리 국세청은 본질적으로 론스타코리아가 외환은행 인수를 담당했다는 점에서 한국 정부에 1조 5천억 원 가량의 양도세를 납부해야 한다고 논쟁하였다. 그러나 민중의 소리 보도에 따르면, 2015년 9월, 서울고법은 론스타에 부과된 외환은행 매각 차익 양도세 중 1,772억을 오히려 론스타에 환급해줘야 한다는 1심 판결을 확정했다. 1심에서는 론스타의 벨기에 소재 페이퍼 컴퍼니인 'LSF-KEB 홀딩스'가 오로지 조세회피만을 목적으로 설립된 회사이기 때문에 한-벨기에 조세조약이 적용되지 않지만, 매각 이익 중 일부가 미국 국적의 최종투자자들에게 돌아갔으므로 그 부분은 한-미 조세조약에 따라 과세할 수 없기 때문에 1,772억은 론스타에게 환급하라는 판결을 내렸다(한국 정부의 일부 패소).

앞서 언급한 바와 같이, 상기 두 가지 문제가 생긴 이유는 모두 우리나라의 제도적 허점에 기인한다. 명백히 산업자본의 성격을 가지고 있는 론스타가 어떻게 국내 은행법을 어겨가면서 외환은행을 인수할 수 있었는지, 그 인수를 승인한 금감원의 권한은 어떠한 이유로 은행법을 초월할 수 있었는지 이제라도 의혹을 명백히 밝힐 필요가 있다. 또한 론스타의 조세회피와 관련해서도, 페이퍼 컴퍼니를 조세 회피국에 설립하고 미국으로 자금을 빼돌린 론스타와 같은 기업을 규제할 마땅한 법적 장치가 마련되어 있지 않다는 점에서 커다란 문제가 있다.

질문:

1. 론스타가 외환은행을 인수한 이유를 절충이론의 관점에서 조명하시오.
2. 향후 이와 같은 사건의 재발을 막기 위해 정부는 어떠한 노력을 기울여야 할 것으로 여겨지는지 논하시오.
3. 한편 '론스타 사건'은 아직까지도 현재 진행형이다. 론스타는 한국 정부 때문에 매각이 늦어져 손해를 봤다며 ISD(투자자 국가분쟁 해결)를 제기했다. 소송에서 패할 경우 정부는 5조 원 상당의 배상금을 지급해야 한다. 이에 대한 한국 정부의 대응방안을 제시하시오.

주요용어

독점적 우위이론(monopolistic advantage theory), 내부화이론(internalization theory), 공공재(public goods), 절충이론(the eclectic theory), 소유특유우위(ownership-specific advantage), 입지특유우위(location-specific advantage), 내부화우위(internalization advantage), 거래비용이론(transaction cost theory), 자원관련이론, 자원의존이론(resource dependence theory), 자원기반이론(resource-based view), 조직학습이론(organizational learning theory), 제도이론(institutional theory), 네트워크이론(network theory), 제3세계 다국적기업

연습문제

1. 다음에 대해 논평하시오. "전통적 무역이론은 오늘날의 다국적기업을 설명하는 데에 기본적인 한계를 지닌다."
2. 다국적기업의 FDI현상을 설명하는 이론 중에서 더닝(J. Dunning)의 절충이론(the eclectic theory of international production)을 가장 설명력이 있는 이론이라고 한다. FDI 현상의 어떤 면을 설명해야 가장 설명력이 있으며, 이 이론은 그것을 어떻게 설명하고 있는가?
3. 제품수명주기이론(the PLC theory)을 이용하여 해외직접투자 현상을 설명하고, 그 한계점을 지적하시오.
4. 지금까지 배운 선진국 다국적기업을 대상으로 개발된 해외직접투자 이론을 이용하여 제3세계 다국적기업(the third world multinational)의 활동을 설명할 수 있는지를 검토하여 보시오.

참고문헌

Buckley, P. J. & Casson, M. (1976), *The Future of the Multinational Enterprise*, London: Macmillan.

Child, J. & Faulkner, D. (1998), *Strategies of Cooperation: Managing Alliances, Networks, and Joint Ventures*, London: Oxford University Press.

Coase, R. H. (1937), The Nature of the Firm, *Economica* 4: 386~405.

DiMaggio, P. & Powell, W. W. (1983), The Iron Cage Revisited: Institutional Isomorphism and Collective Rationality in Organizational Fields, *American Sociological Review*, 48(2): 147-160.

Doz, Y. L. & Hamel, G. (2001), *Alliance Advantage, The art of creating value through partnering*, Boston: Harvard Business School Press.

Dyer, J. H. & Singh, H. (1998), The Relational View: Cooperative Strategy and Sources of Interorganizational Competitive Advantage, *The Academy of Management Review* 23(4): 660～679.

Håkansson, H. & Snehota, I. (1995), *Developing relationships in business networks.* London: Routledge.

Jarillo, J. C. (1988), On strategic networks, *Strategic Management Journal* 9(1): 31～41.

Kindleberger, C. P. (1969), *American Business Abroad: Six Lectures on Direct Investment*, Yale University Press.

Kostova, T. & Zaheer, S. (1999), Organizational Legitimacy under Conditions of Complexity: The Case of the Multinational Enterprises, *Academy of Management* 24: 64-81.

Powell, W. M. (1990), *Neither Market nor Hierarchy; Network Forms of Organization.* In B. M. Staw, & L. L. Cummings (Eds.), Research in Organizational Behavior (Vol. 12, pp. 295-336). Greenwich, CT: JAI Press.

Rugman, A. (1980), Internalization as a General Theory of Foreign Direct Investment: A Reappraisal of the Literature, *Weltwirtschaftliches Archiv* 116, 365～379.

Scott, W. R. (2001), *Institutions and Organizations. Thousand Oaks*, CA: Sage.

Sinkovics, R. & Park B. I. (2017), 제도이론과 다국적기업의 현지국 사회안전망에 대한 기여: 기업적 관점에서, 국제경영연구 28(1): 13～32.

Suchman, M. C. (1995), Managing Legitimacy: Strategy and Institutional Approaches, *Academy of Management Review* 20: 571-610.

Williamson, O. E. (1973), Markets and Hierachies: Some Elementary Consideration, *American Economic Review* 63(2): 316～325.

Williamson, O. E. (1985), *The economic institutions of capitalism: Firms, relational contracting*, The Free Press.

금융감독원 전자공시시스템 (2014), 신세계 및 이마트 연결감사보고서, [online]. Available https://dart.fss.or.kr/ [접속일: 2018년 8월 5일].

노택환 (2004),「다국적기업의 해외직접투자이론」, 학문사.

박기안, 김찬경 (2003),「국제경영론」, 무역경영사.

서울경제신문, '글로벌기업 말레이시아로 몰린다,' 2012년 7월 20일자.

세계일보, 외환은행 BIS비율 들쭉날쭉 왜?, 2006년 4월 12일자.

유효상 (2013),「론스타, 그 불편한 진실」, 21세기북스.

팽연경 (2011). 이마트의 대중국고객만족도에 관한 실증적 연구. 순천향대학교 석사학위 청구논문.

Global Management

PART 2

국제경영환경

Chapter 05 국제교역정책

Chapter 06 국제금융환경

Chapter 07 지역경제통합

국제경영은 자국에서 영업활동을 영위하는 것보다 훨씬 더 복잡하며 불가피하게 다양한 위험에 노출될 수밖에 없다. 그 주된 이유는, 우선 진입하고자 하는 해외 개별시장의 본국과 다른 다양한 영업환경을 충분히 숙지하고 있어야 하기 때문이다. 우선 거시적으로 국제교역정책의 흐름과 국제금융환경에 대한 이해가 선행되어야 하고, 더불어 그 국가가 가입한 지역경제통합체와 국제통상질서에 대한 파악이 이루어져야 한다. 따라서 이를 종합적으로 국제경영환경으로 통합하여 각각의 주요 이슈들을 나누어 살펴보고자 한다.

Global Management

CHAPTER 05

국제교역정책

학습목차

제1절 기본적인 국제무역이론

제2절 보호무역을 위한 정부의 정책적수단과 특징

제3절 세계화와 WTO

학습목표

본 장에서는 다국적기업이 처해 있는 국제무역활동을 체계적으로 분석하기 위해 국제교역정책을 살펴본다. 먼저 기본적인 국제무역이론을 살펴본 후 정부의 무역개입의 경제적 효과를 분석하는 무역규제의 이유와 정책적 수단들 및 이들 각각의 특징을 알아보고, 범세계주의(globalism)를 대표하는 WTO하의 국제무역환경을 검토한다.

도입사례 5-1

중국의 행정적 규제와 롯데마트의 중국시장 실패

롯데마트는 이마트 및 홈플러스와 함께 대한민국을 대표하는 3대 대형 마트 중 하나이다. 1998년 강변점 개점을 시작으로 하여, 전 세계적으로 293개의 점포를 보유하고 있다. 초창기 상호는 '롯데마그넷'으로 시작하였고, 1999년 11월 사업부문에서 사업본부로 조직을 확대하면서 국내시장을 확보하는데 힘썼다. 2002년이 되어서야 현재 국민이 알고 있는 '롯데마트'로 상호를 변경하였고, 2003년 4월부터 롯데의 사업본부에서 독립적인 경영제체로 분리되었다. 또한 국내에서의 확실한 입지를 다지기 위해 LG의 GS마트를 2010년에 인수하였다. 2018년 현재 롯데마트는 국내에 122개의 점포를 가지고 있다. 뿐만 아니라, 경쟁력을 높이기 위해 사업을 다각화하여 회원제 창고형 할인점인 VIC 마켓과, 전자제품 쇼핑몰인 Himart, 그리고 자체주유소인 행복드림주유소를 운영하고 있다.

롯데는 중국시장이 가지고 있는 잠재력에 주목하여, 2007년 네덜란드계 중국 마크로(Makro)사의 8개의 점포를 인수하고, 베이징 주씨앤차오점을 롯데마트로 바꿈으로써 중국 진출을 시작한다. 뒤이어 2009년 중국 Times사를 연이어 인수하며 사업 영역을 점차 확장하였다. 그 뒤, 칭다오시 청양구에 그린필드 방식으로 청양점을 오픈하였다. 롯데마트는 외국계 점포 인수를 통해 3~4급의 중소 도시와 같은 향후 도시 발전에 따른 성장 가능성이 높은 지역에 롯데마트를 입점시켰고, 베이징시와 칭다오시와 같은 대도시에 직접투자 방식으로 점포를 위치시켰다. 이러한 노력을 통해 롯데마트는 중국에서 약 80개의 점포수를 가지고 있는 중국 유통시장 내 14위권에 해당하는 대형 할인점 브랜드가 되면서 글로벌 유통업체로서 경쟁할 수 있는 능력을 갖게 되었다. 롯데마트는 이후에도 사세를 늘려 2011년 94개, 2012년 102개, 2013년 115개로 꾸준히 그 수를 늘려왔다. 진출지역도 기존 동북권에서 중동북까지 아우르는 규모로 성장하였다.

이마트는 작은 규모의 원스톱 쇼핑이 가능한 건물 구조를 만들어 옷, 식료품, 신발 등을 한 번에 구매 가능하게 하는 전략을 중국시장에서 펼쳤다. 이에 대조적으로 롯데마트는 1, 2, 3층에는 마트를, 4, 5, 6층에는 동일한 롯데 계열의 롯데리아, 엔제리너스 커피전문점 등을 배치하여, 중국 내 점포를 몰링(Malling)화하였다. 또한 한국 상품을 자체 브랜드로 새롭게 중국어로 네이밍하여 판매하였다. 중국인들이 선호하는 빨간색을 이용한 바퀴달린 바구니를 선보이고 빨간색을 이용한 POP를 적극적으로 활용하여 중국 소비자의 선호를 이끌어 내려 했으며, POS기의 도입으로 구매 후 계산시간을 단축하고자 하였다. 롯데마트는 중국 소비자를 대상으로 회원제 운영과 쿠폰 북을 발송하는 전략을 도입하여 중국 소비자의 고객 충성도를 견인하려고 노력하였다.

사진: 중국의 롯데마트 (자료: 롯데마트 홈페이지)

롯데마트의 중국시장 철수 배경

그런데 상황은 2016년 7월 한국 내 사드(THAAD, 고고도미사일방어체계) 배치가 최종적으로 결정되면서 예기치 않게 바뀌기 시작하였다. 북한의 핵무기 시험발사와 핵위협이 지속되자, 미국은 이에 대응하여 사드의 한반도 배치를 결정하였으며, 사드 부지로 음성과 칠곡, 군산, 원주, 평택 등 여러 후보지가 검토되다가, 2016년 7월 13일 최종적으로 성주로 결정되었다. 그러자 사드 레이더 전자파와 방사선아래 거주해야하는 성주 군민은 사드 배치를 받아들일 수 없다고 강력하게 반발하였으며, 이에 정부는 성주군 내 제3의 부지를 검토하다가, 민가가 적고 접근성이 뛰어난 롯데그룹 소유의 스카이힐 성주 CC 골프장으로 배치지를 공식 변경하였다. 한편, 사드는 적군의 탄도미사일이 떨어지는 단계에서 레이더로 적군의 미사일을 감지하고 계산한 후, 미사일을 발사하여 적군의 미사일을 파괴하는 방어 무기를 말한다. 사드는 발사대와 X밴드 레이더로 구성되는데, 적이 쏘아올린 탄도미사일을 감지하는 'X밴드 레이더'는 사드의 핵심이라고 할 수 있다. X밴드 레이더에는 탐지거리가 600 km인 종말단계 요격용(TM)과 탐지거리가 1,800 km에서 2,000 km인 전진배치용(FBM)의 두 가지 방식이 있다.

사드에 대한 중국의 불만은 X밴드 레이더로부터 제기되었다. 사드의 X밴드 레이더를 종말단계 요격용으로 사용하면 북한만을 감시할 수 있지만, 탐지거리가 넓은 전진배치용으로 사용할 경우, 중국 대륙의 한복판까지 감시가 가능하게 된다. 중국은 이러한 시스템이 중국의 안보를 침해한다고 주장하며, 한반도 내의 사드배치를 적극적으로 반대하였다. 그러나 한국과 미국은 이러한 중국의 주장을 외면한 채 결국 사드를 배치하였고, 중국은 한국을 상대로 보복적 교역규제에 들어갈 것을 선언하였다.

사드배치 이후 한국 기업에 대한 중국의 비관세장벽은 높아졌다. 중국에 대한 수출에 있어서, 주로 통관에 불필요한 사항이 늘어나고, 대표적으로 무역기술장벽(TBT)과 위생 · 검역조치(SPS)에 대하여 많은 규제를 받게 되었다. 이러한 규제 때문에 수출과정이 길어지고, 결국 바이어의 선택지에서 한국 제품들이 멀어지는 상황들이 발생하였다. 비관세장벽의 영향은 아래의 <그림 5-2>에서 보다 정확하

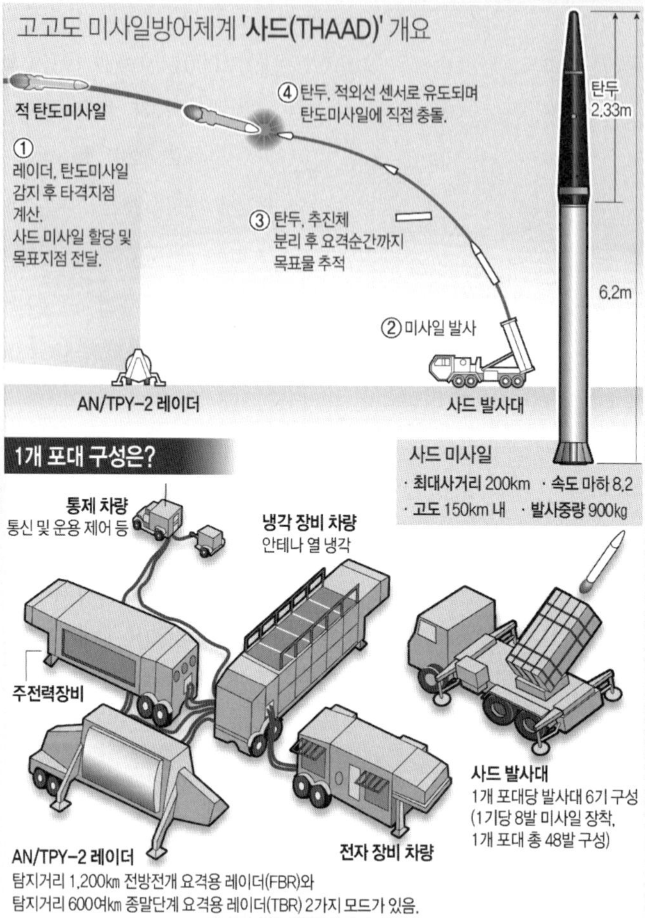

그림 5-1 ● 사드의 구성

자료: 연합뉴스

게 확인할 수 있다. <그림 5-2>는 2016년 하반기부터 1년간 한국 수출품에 대한 비관세장벽이 끼친 영향을 분석한 것이다. 중국의 비관세장벽으로 인해서 한국의 수출과 수입은 물론이며, GDP와 생산량까지 감소하였음을 알 수 있다.

롯데마트의 중국시장 철수

고고도미사일이 배치되는 과정에서, 롯데는 정부와 사드부지의 교환계약을 체결하였다. 앞서 언급했듯이, 롯데가 제공한 골프장 부지에 사드배치는 완성되었고, 이 정무적 행위로 인해 롯데는 결국 중국 정부의 분노를 사게 되었다. 중국에서 많은 매장을 운영하고 있던 롯데마트에도 당연히 이 불똥이 튀었던 바, 중국은 각종 규제를 핑계로 롯데마트의 운영을 방해하기 시작하였다. 중국이 롯데마트를 방해한 주된 규제는 비관세장벽 중 행정적 규제, 특히 'SPS협정'이 사용되었다.

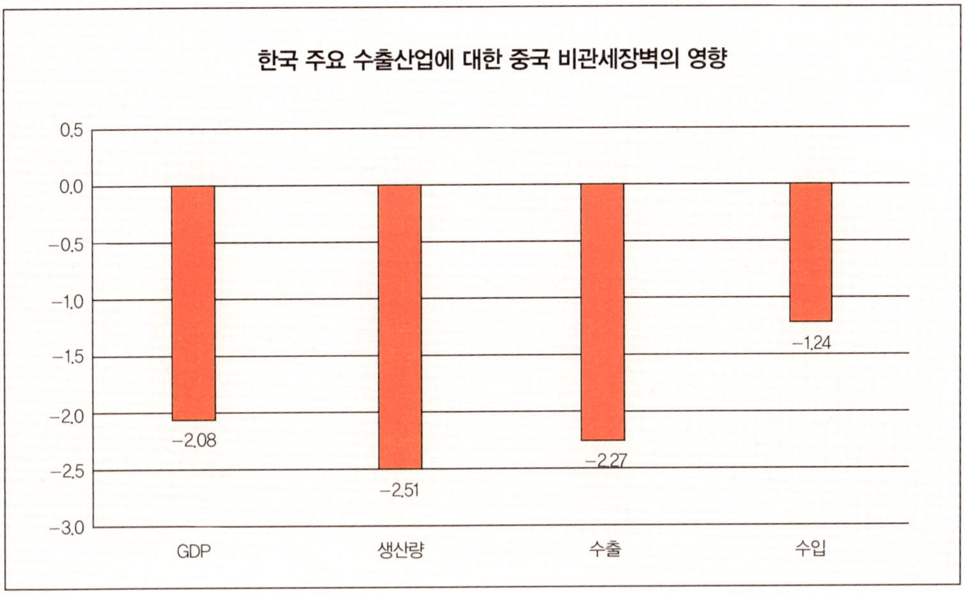

그림 5-2 ● 중국 비관세장벽의 영향(단위: %)

자료: 한국경제연구원

'SPS협정'('Agreement on the Application of Sanitary and Phytosanitary Measures', '위생 및 검역 조치에 관한 협정')은 동-식물의 해충 또는 질병, 식품-음료-사료의 첨가제, 독소, 질병원인체 등에 대해 시행 되는 조치를 말하는데, 동 SPS조치는 국민의 생명과 건강의 보호라는 공공정책목표를 달성하기 위한 것이므로 GATT 체제하에서도 일정한 조건하에 허용되었다. 그러나 이러한 조치들이 타당한 기준에 근거하지 않고 임의적으로 제정-운영될 경우에는 부당하게 무역을 제한하는 보호주의적 수단으로 남용될 소지가 있다.

우려했던 바대로, 중국은 SPS조치를 바탕으로 롯데마트에 대한 수입품 환경기준치 검열 등을 시행하였고, 기준치와 맞지 않는다는 명분으로 롯데마트 87개의 매장에 대한 영업정지 처분을 내렸다. 또한 중국 정부는 소방법, 시설법 위반의 이유를 들어 중국 내 롯데마트 점포 23곳에 대해서도 영업을 정지시켰다. 이 뿐만이 아니라 2016년도 11월, 중국 정부는 중국에 진출해 있는 롯데마트를 포함한 모든 롯데 계열사들에 대해 세무조사를 진행하였다. 이러한 영업정지와 세무조사와 같은 규제는 롯데만을 노리고 진행한 표적수사 형태를 띄었다.

하지만 영업정지 기간에도 직원들의 임금은 지급해야 했고, 사드의 영향으로 영업정지 처분을 받지 않은 나머지 매장의 매출도 80% 이상 급락하였기에, 롯데 측은 이로 인한 마트 사업 피해가 1조 2,000억 원에 이르는 것으로 보고 있다. 또 선양(瀋陽) 롯데타운 건설 프로젝트 중단, 면세점 매출 감소까지 합치면 2조원의 손실을 본 것으로 알려져 있다.

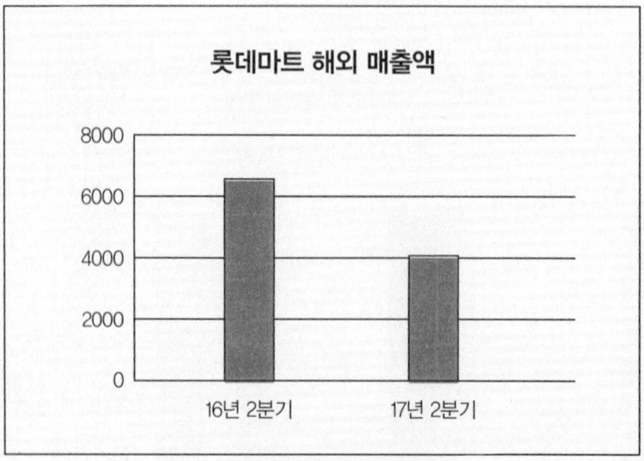

그림 5-3 ● 롯데마트 해외 매출액 (단위: 억 원)

자료: 롯데마트

최악의 상황에 직면한 롯데그룹은 결국 롯데마트의 철수를 결정하였다. 롯데그룹은 최초 중국 롯데마트 전 매장을 한 번에 일괄매각하는 방법을 추진했지만, 이 역시 여의치 않음에 따라 부분매각을 통해 철수를 도모하였다. 즉, 롯데마트는 2018년 베이징 점포 20여 개를 매각한 데에 이어, 중국 상하이 지역 점포 50여개까지 현지 기업에 매각하기로 결정한다. 베이징 점포를 소유한 롯데마트의 화북 법인은 중국의 대형 유통기업 우마트(Wumei)에 2,485억 원에 매각하기로 합의하고, 상하이 점포를 소유한 화동법인은 현지 대형 유통사인 리췬(利群)그룹에 2,914억 원에 매각하기로 합의했다. 남은 동북법인(선양, 지린성)과 화중법인(충징, 청두) 역시 매각 협상이 진행 중으로서, 성숙기에 들어선 한국을 넘어 중국시장을 제패하겠다는 포부를 갖고 진출했던 중국에서 씁쓸한 결과만을 안은 채 11년 만에 시장을 철수하였다.

질문:

1. 기업의 입장에서는 극복하기 어려운 상황에 롯데마트가 직면했었다고 생각되어진다. 그럼에도 불구하고, 철수 외에는 다른 대안이 없었다고 판단되는가? 대안이 있었다면, 어떠한 전략이 있었겠는가? 통상보복이 종료될 때까지 영업활동을 유지하는 것이 바람직하지는 않았는가? 여러분의 의견을 제시하시오.
2. 남북관계의 개선 분위기와 훈풍을 타고 중국 정부의 보복도 점차 줄어들고 있다. 그렇다면, 중국시장에 재진출해야 한다고 여겨지는가? 아니면, 중국이 아닌 다른 시장으로 진출하는 것이 더 현명하다고 보는가?

제1절 기본적인 국제무역이론

기본적인 국제무역이론은 국가 간의 무역이 왜 일어나는가를 설명하기 위한 이론이다. 본 절에서는 국제무역이론의 발전에 기여한 세 가지 이론을 소개한다. 먼저 아담 스미스(A. Smith)가 주창한 절대 우위에 입각한 국제무역이론과 리카르도(D. Ricardo)에 의해 제기된 비교우위이론, 그리고 이를 더욱 발전시킨 헥셔오린(Heckscher and Ohlin) 이론에 대해 차례로 살펴보고자 한다.

1. 절대우위론

절대우위론(absolute advantage theory)은 현대경제학의 아버지라고 불리고 있는 아담 스미스(A. Smith)에 의해 처음 제기되었다. 그가 1677년에 국부론(The Wealth of Nation)을 발표하였을 때, 유럽은 절대왕조시대에 나타난 중상주의적인 사고방식이 지배하고 있었다. 중상주의적 사고방식이란 그 당시 유럽에서 금과 은이 국부를 축적하는 중요한 방법이고 무역거래수단이 되었으므로 가능한 한 수출을 많이 하고 수입을 적게 하여 금과 은이 자국에 많이 쌓이는 것을 선호하는 것이다. 이러한 중상주의 정책 하에서 정부는 가능한 한 수입을 억제하고 수출을 장려하는 정책을 실시하였다. 이와 같은 목적을 위해 수입은 관세나 쿼터에 의해서 제한되었고 수출은 보조금을 지급하면서 장려되었다.

그러나 이러한 중상주의정책의 가장 큰 오류는 무역을 함으로써 특정 한 국가가 이득을 보면 반드시 다른 국가는 손해를 보는 제로섬게임(zero-sum game)으로 파악한 것이다. 즉, 무역으로 인해 발생하는 새로운 가치의 창출은 간과한 채, 고정된 가치를 어느 나라가 더 많이 차지하는가의 경쟁관계로만 본 것이 중상주의자들의 가장 큰 오류라고 볼 수 있다. 아담 스미스는 무역은 제로섬게임이라는 중상주의자들의 주장을 비난하면서, 각국이 생산성이 높은 재화의 생산에 서로 집중하여 국제무역을 하면 전체 재화 생산량이 증가함은 물론 양국 모두에게 무역이익이 발생한다고 지적하였다. 즉, 각국이 생산에 있어서의 절대적인 우위를 가진 제품의 생산에 특화하고 이러한 재화를 다른 나라에서 특화되어 생산된 제품과 교환함으로써 전체적인 부의 증대가 가능하다고 보았다.

설명의 편의상 전 세계에 두 나라 (가봉, 한국)만이 존재하고, 두 재화 (코코아, 쌀)만 생산한다고 가정하자. 또한 이들 두 나라가 등등한 양의 생산자원을 보유하고 있다고 하자. 가봉과 한국이 각 200단위의 자원을 보유하고 있다고 했을 때, 예를 들어 가봉에서는 코코아 1톤을 생산하기 위해 10단위의 자원이 필요하고 쌀 1톤을 생산하기 위해 20단위의 자원이 필요하다. 반면 한국에서는 코코아 1톤을 생산하기 위해 40단위의 자원이 투입되어야 하며 쌀 1톤을 생산하기 위해 10단위의 자원이 요구된다. 이 때 가봉과 한국은 코코아와 쌀 모두를 섭취하고 소비하여야 하기에 만일 양국이 부존생산자원을 두 재화의 생산에 균일하게 배분한다면, 두 나라 공히 100단위씩 코코아와 쌀 생산에 투입할 것이다. 이와 같은 상황에서 무역전 가봉의 코코아 생산량은 10톤, 쌀 생산량은 5톤이 되며, 이와 달리 한국에서는 코코아를 2.5톤 생산하고 쌀은 10톤 생산하게 되어 전 세계의 코코아 및 쌀 생산량은 각각 12.5톤과 15톤이 된다. 이제 가봉과 한국이 보다 효과적으로 생산할 수 있는, 즉 절대 우위가 있는 재화의 생산에 특화한다고 상상해 보자. 가봉은 더운 날씨로 인해 코코아 생산에 절대 우위가 있고, 한국은 농업생산기술이 발전되어 있어 쌀 생산에 절대 우위가 있다. 따라서 가봉은 보유하고 있는 생산자원 200단위 모두를 코코아 생산에 투입하고, 한국 역시 가지고 있는 생산자원 200단위 모두를 쌀 생산에 집중 사용한다. 이렇게 되면 전 세계의 코코아와 쌀 생산량은 20톤씩이 된다. 두 나라가 무역을 하기로 하고 생산된 재화를 6톤씩 (가봉은 코코아, 한국은 쌀을 수출) 교환한다면 가봉과 한국이 소비할 수 있는 재화의 양은 무역을 하기 이전보다 가봉의 경우 코코아 4톤, 쌀 1톤이, 한국의 경우 코코아 3.5톤, 쌀 4톤이 각각 증가한다. 이처럼 절대 우위를 보이는 재화의 생산에 특화하고 국제무역을 실행하면 양국 모두의 생산량을 증가시키며, 따라서 무역 당사자 모두에게 혜택과 이익을 제공한다. 이를 표로 정리하면 <표 5-1>과 같다.

표 5-1 ● 절대우위론

1톤의 코코아와 쌀 생산에 필요한 자원		
	코코아	쌀
가봉	10	20
한국	40	10
무역이전의 생산 및 소비		
	코코아	쌀
가봉	10.0	5.0
한국	2.5	10.0
총 생산량	12.5	15.0
절대 우위가 있는 재화의 생산에 특화		
	코코아	쌀
가봉	20.0	0.0
한국	0.0	20.0
총 생산량	20.0	20.0
각 6톤씩 양국이 수출과 수입이후 소비량		
	코코아	쌀
가봉	14.0	6.0
한국	6.0	14.0
특화 및 무역이후 소비량의 증가		
	코코아	쌀
가봉	4.0	1.0
한국	3.5	4.0

2. 비교우위론

리카르도(D. Ricardo)는 1817년에 출간한 <경제학 및 조세의 원리>에서 절대우위론을 반박하여 양국이 각각의 재화의 생산에 비교우위만 있어도 무역은 발생한다고 주장하였다. 즉, 리카르도의 설명에 의하면, 다른 국가의 생산 대비 절대 우위에 있는 재화가 존재하지 않더라도 상대적으로 효율성이 높은 재화의 생산에 전문화하고 이를 다른 국가와 무역을 함으로써 두 국가 모두에게 이익이 발생한다고 지적하였다.

앞서 설명한 상황을 조금 더 확대하여 살펴보자. 마찬가지로 전 세계에 두 나라 (가봉, 한국)만이 존재하고, 두 재화 (코코아, 쌀)만 생산한다고 가정하며, 이들 두 나라가 등등한 양의 생산자원을 보유하고 있다고 하자. 가봉과 한국이 각각 200단위의 자원을 보유하고 있다고 했을 때 이번에는 앞서 상황과 달리 가봉에서는 코코아 1톤을 생산하기 위해 10단위가, 쌀 1톤을 생산하기 위해 13.33단위의 자원이 요구된다. 반면 한국에서는 코코아 1톤을 생산하기 위해 40단위의 자원이, 쌀 1톤을 생산하기 위해 20단위의 자원이 필요하다. 즉, 가봉이 코코아와 쌀 생산 모두에 있어 절대 우위를 갖는다. 언뜻 보기에 이 상황에서는 가봉의 입장에서 한국과 굳이 무역을 할 필요가 없으며, 서로 무역을 하지 않는 것이 가봉에게 이익이 되는 것으로 비춰질 수 있다.

이 때 가봉과 한국의 국민들은 코코아와 쌀 모두를 섭취하고 소비하여야 하기에 자신들이 가지고 있는 생산자원 100단위씩을 각각의 재화의 생산에 투입한다. 이 경우 무역전 가봉의 코코아 생산량은 10톤, 쌀 생산량은 7.5톤이 되며, 한국의 코코아 생산량은 2.5톤, 쌀 생산량은 5톤이 되어, 전 세계의 코코아 및 쌀 생산량은 각각 12.5톤이 된다. 비록 가봉이 코코아와 쌀 생산 모두에 절대 우위가 있지만, 상대적으로 한국은 코코아보다는 쌀 생산에 비교우위가 있음을 알 수 있다. 만일 한국이 이러한 비교우위를 살리기 위해 보유하고 있는 자원 200단위 전량을 쌀 생산에 집중하고, 반면 가봉은 코코아 생산에 150단위, 쌀 생산에 50단위를 투입한다고 하자. 이제 전 세계 생산량은 코코아 15톤, 쌀 13.75톤이 된다. 이 상황에서 양국이 4톤씩 생산된 재화에 대한 무역(가봉은 코코아, 한국은 쌀을 수출)을 할 경우, 가봉의 코코아 소비량은 11톤, 쌀 소비량은 7.75톤이 되며, 한국은 코코아 4톤, 쌀 6톤을 소비할 수 있는 상황으로 변화하게 된다. 즉, 무역이후 양국의 소비량 변화를 살펴보면, 가봉은 코코아 1톤, 쌀 0.25톤이 증가하며, 한국은 코코아 1.5톤, 쌀 1톤이 무역이전보다 늘어남을 확인할 수 있다. 이를 표로 정리하면 <표 5-2>와 같다.

이와 같이 리카르도는 각국이 자신이 비교우위에 있는 산업에 집중함으로써 생산에 있어서의 효율성이 발생하여 두 국가를 합친 생산량은 크게 증대한다는 점을 강조하였다. 리카르도의 이론에서 비교우위가 발생하는 근본적인 원인은 각국보다 서로 다른 제품을 생산하는데 있어서의 생산성의 차이가 존재하기 때문이다.

표 5-2 ● 비교우위론

1톤의 코코아와 쌀 생산에 필요한 자원		
	코코아	쌀
가봉	10	13.33
한국	40	20
무역이전의 생산 및 소비		
	코코아	쌀
가봉	10.0	7.5
한국	2.5	5.0
총 생산량	12.5	12.5
비교우위가 있는 재화의 생산에 특화		
	코코아	쌀
가봉	15.0	3.75
한국	0.0	10.0
총 생산량	15.0	13.75
각 4톤씩 양국이 수출과 수입이후 소비량		
	코코아	쌀
가봉	11.0	7.75
한국	4.0	6.0
특화 및 무역이후 소비량의 증가		
	코코아	쌀
가봉	1.0	0.25
한국	1.5	1.0

하지만 이러한 설명들은 한 가지 중요한 사실을 왜곡하여 간과하고 있다. 즉, 한국의 수출품은 실상 쌀이 아니며, 현실 속에서 쌀 수입국인 반면, 주력 수출상품은 전자, 자동차, 조선과 같은 고부가가치 상품들이다. 한국과 달리, 현실 속에서도 가봉은 코코아와 같은 열대 농작물을 주로 수출한다. 본인들이 가장 최적으로 생산할 수 있는 재화에 특화하고 이를 아무런 제한 없이 서로 무역을 함으로써 이는 결국 양국 모두에게 혜택으로 돌아온다고 주장을 하여 자유무역의 정당성을 부여하고 있는 상기 이론들은, 발상을 전환하여 생각해보면 후진국은 노동집약적 저부가가치 상품을, 선진국은 기술과 자본집약적인 고부가가치 상품을 지속적으로 생산하고 이를 교환하자는 말과 다름 아니다. 이 경우, 후진국은 영원히 후진국의 굴레에서 벗어날 수 없으며, 선진국은 국제시장에서 선진국의 지위를 영원히 지킬 수 있게 될 것이기에, 어찌 보면 후진국 입장에서는 '자유무역을 할 것이냐' 하는 문제가 딜레마가 아닐 수 없다. 만약 후진국이 노동집약적인 재화의 생산이라는 굴레에서 벗어나 고부가가치 상품을 수출하기 위해서는 국제시장에서 충분한 경쟁력을 가질 때까지 해당 산업을 철저히 보호 육성할 필요가 있다 (과

거 선진국들도 이를 통해 산업발전을 성취하였다). 이러한 관점에서 무역이론을 두 가지 더 살펴본 이후, 다음 절에서는 정부가 보호무역주의 정책을 펴는 구체적인 이유와 그 정책적 수단 및 각각의 특징에 대해 함께 살펴보고 논의해보고자 한다.

3. 헥셔-오린이론

헥셔 (E. Heckscher)는 생산성의 차이가 생기는 원인이 각국마다 서로 다른 요소부존자원에서 발생한다고 주장함으로써 생산성 차이의 원인을 추구하는 연구를 시도하였고, 이후 오린 (B. Ohlin)이 생산성 차이의 원인에 관한 정리로 발전시켰는데 이를 헥셔-오린이론이라고 한다.

헥셔-오린이론의 기본가정은 다음과 같다. 첫째, 두 국가, 두 재화 그리고 두 생산요소(노동, 자본)만 존재한다. 이 가정은 앞서 살펴본 고전무역이론들이 두 국가, 두 재화, 한 생산요소를 가정한데서 조금 발전되었다고 볼 수 있다. 둘째, 동일한 노동과 동일한 자본을 투입했을 때 두 국가는 동질의 생산물을 생산할 수 있다.

즉, 노동과 자본에 있어서 그 부존자원의 양은 국가마다 서로 다르며, 특정 생산요소를 더 풍부하게 보유하고 있을 경우 그 국가에서는 그 생산요소의 가격이 다른 나라에 비해 훨씬 싸다. 따라서 각국은 그 나라에 상대적으로 풍부하게 존재하는 생산요소를 보다 집약적으로 투입하여 생산한 재화에 비교우위를 창출할 수 있게 되며, 따라서 그 비교우위를 갖는 재화의 생산에 특화함으로써 생산성을 향상시킬 수 있다. 다시 말해서, 노동이 풍부한 나라에서는 노동집약적 제품에 전문화하여 이를 집중적으로 생산하는 것이 훨씬 비교우위가 있으며, 반면 풍부한 자본을 보유하고 있는 국가는 관련 산업을 더 적극적으로 육성하는 것이 더 효과적이라는 것이다.

이상에서 살펴본 바를 간단히 정리하면, 헥셔-오린이론이 설명하는 비교우위론은 두 국가가 두 가지 재화를 생산하는데 있어서 생산요소의 부존량이 서로 상이하며, 이로 인해 생산성의 차이가 발생할 때 각국은 생산전문화를 하여야 하고, 또한 생산된 재화를 무역을 통해 교환함으로써 효율성의 증가가 발생한다는 이론이다. 상당히 단순한 이론임에도 불구하고, 앞서 설명한 리카르도의 비교우위론과 더불어 헥셔-오린이론은 자유무역의 이익을 강조하는 학자들에게 강력한 주장의 근거를 제시해주고 있다.

4. 포터의 다이아몬드이론

앞서 살펴본 바와 같이, 헥셔-오린이론에서는 각국의 경쟁력 있는 사업을 결정하는 요소가 노동과 자본으로 단순화된 반면, 포터(M.E. Porter)는 이들 부존자원을 보다 자세하게 나누어 "국가의 경쟁우위"라는 서적을 출간함으로써 일명 다이아몬드이론을 제시하였다. 이 책에서 분석하려고 했던 주요 관심사항은 최초 10개국(덴마크, 독일, 이태리, 일본, 한국, 싱가포르, 스웨덴, 스위스, 영국 그리고 미국)에 다이아몬드 이론을 적용해 봄으로써 국가의 경쟁우위를 결정하는 결정인자가 무엇인지를 알아보는데 있었다. 포터의 다이아몬드 모델에서, 경쟁우위의 촉진이나 퇴보의 결정은 네 가지의 주요 결정요소와 두 가지의 외부변수에 의해 영향을 받는다고 주장된다.

- 요소조건: 숙련된 노동력이나 인프라와 같이 경쟁을 위해 요구되는 국가의 생산요소 보유여부
- 수요조건: 산업제품 혹은 서비스에 대한 수요의 특징
- 관련 및 지원산업: 국제적으로 경쟁력이 있는 제조 및 관련 산업의 존재유무.
- 기업전략, 구조 및 경쟁관계: 기업설립, 조직, 운영에 영향을 미치는 조건 및 국내경쟁의 특징.

이외 경쟁력에 영향을 미치는 두 가지 추가적인 외부변수들은 정부와 기회로 정리된다. 특히 다이아몬드의 여섯 번째 일면인 기회는 이미 이전에 구축된 경쟁자의 우위를 소멸시키고 새로운 다른 환경에서 새로운 기업이 경쟁우위를 확보케 하여 과거 경쟁자들의 지위를 대신하게끔 함으로써, 시장 내 지위를 상승시킬 수 있는 환경을 조성하는 중요한 요소로 간주된다. 예를 들어, 과거 선박에 대한 급격한 수요증가는 일본에 대항하여 한국이 조선 산업에 진출하는 기회가 된 바 있다. 다이아몬드 모델을 언급함에 있어, 마지막 변수는 현대 국제경쟁에 중요한 영향을 미치는 요소로 두드러지게 논의되고 있는 정부의 역할이다. 경쟁우위에 있어서 정부의 역할은 상기에 설명한 바 있는 네 가

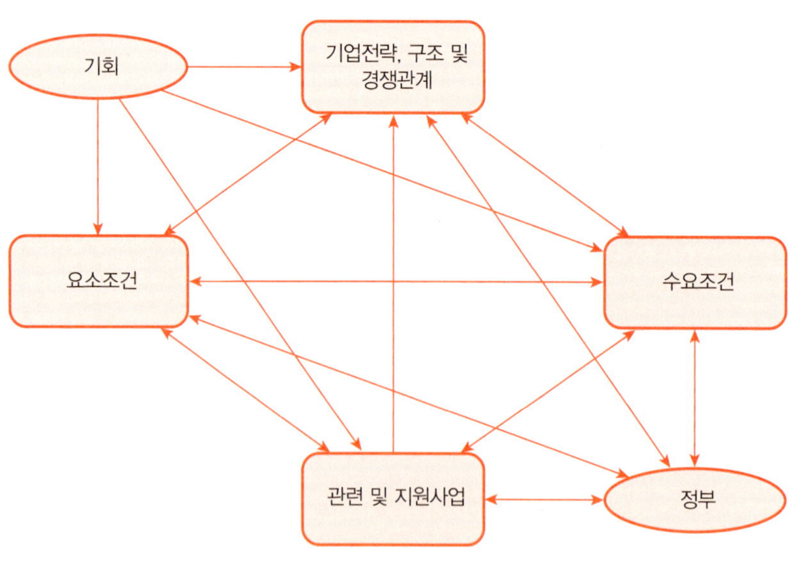

그림 5-4 ● 포터의 다이아몬드 모델

지 결정요소들에 대한 영향력으로 요약될 수 있겠다. 이를 다시 말하면, 정부는 네 가지 결정요소들에 대해 (그리고 결정요소들에 의해) 긍정적 혹은 부정적으로 영향을 미칠 수 있고, 이러한 요소 간 상호작용은 경쟁우위의 변화에 지대한 영향을 미친다.

이들 결정요소들 중 우위를 점하고 있는 요소들 간의 상호작용은 서로서로를 강화시킴은 물론, 산업의 경쟁우위 향상을 촉진한다. 그러한 경쟁우위 향상을 통해 성공적인 국내기업은 자국의 시장기반을 확고히 하여 수출활동을 하거나 해외로의 외국인직접투자를 행함으로써 다국적기업으로 성장하게 된다. 이를 요약하면, 기업은 자국 다이아몬드를 구성하는 요소들의 효율적인 그리고 성공적인 활용을 기반으로 지속적인 경쟁우위 확보가 가능하다고 말할 수 있겠다.

제2절 보호무역을 위한 정부의 정책적수단과 특징

우리는 지금까지 각국이 가장 효율적으로 생산할 수 있는 재화에 대한 전문화와 자유무역을 통해 전 세계의 전체적인 생산량이 높아진다고 주장하는 기본적인 고전무역이론들을 함께 살펴보았다. 하지만 이러한 설명들의 탄탄한 이론적 근거와 다수의 실증연구를 통한 성공적인 검증에도 불구하고, 보호무역을 통해 발전한 선진국들이 후진국들에게 '자유무역'을 강요하는 것은 실상 후자의 효율성과 생산성 증대에 도움이 되지 못한다는 일부 주장이 꾸준히 제기되고 있는 것 또한 사실이다. 이에 본 절에서는 먼저 정부가 무역활동을 규제하는 이유를 찾아보고, 이러한 정부의 관세 및 비관세장벽의 주요 특징들을 살펴본다.

1. 무역규제의 이유

정부가 무역활동에 개입하는 데는 정치적, 경제적 이유 외에도 자국 국민의 건강 및 상대국 국민의 인권보호 등 실로 다양한 논리가 존재한다. 지금부터 이들을 구체적으로 하나씩 알아보기로 한다.

첫째, 정부는 자국의 산업을 보호하기 위해 무역규제를 실행한다. 앞서 설명한 바와 같이, 특정산업을 발전시키기 위해서는 해당 산업이 국제시장에서 충분한 경쟁력을 가질 때까지 정부의 절대적인 육성과 보호가 필요하다. 대표적인 예를 일본의 자동차산업에서 찾을 수 있다. 지금이야 일본하면 도요타, 혼다 등 자동차 제조 기업을 쉽게 떠올리고, 일본 자동차하면 잔고장이 없는 질 좋은 자동차로 회자되고 있지만, 자동차 생산 초기에도 일본 자동차가 경쟁력을 갖고 있었던 것은 아니었다. 도요타의 최초 자동차 브랜드 '도요펫'은 재떨이에 바퀴 네 개 달린 자동차로 인식되어 국제시장에서 흔히 조롱의 대상이 되곤 했으며, 일본 외에서는 철저히 외면을 당했다. 일본 정부는 자국의 자동차 산업이 정상적인 궤도에 오를 때까지 GM과 포드와 같은 미국산 수입 자동차에 엄청난 관세 및 규제정책을 동원해 자국에 수입되지 못하게 하였고, 무려 30년간 지속적인 보호조치를 취하였다. 한국의 자동차산업도 같은 길을 걸으면서 성장과 발전을 성취하였다. 처음 현대자동차가 '포니'를 생산했을 때, 이는 시트에 마치 일정 모양의 양철을 뒤집어 씌워놓은 엉성한 형태였다. 지금이야 한국시장에서 외국산 자동차 브랜드를 보는 것이 흔한 일이 되었지만, 당시 한국 정부는 수입자동차에 과도한 관세를 부과함으로써 최소한 현대자동차가 내수시장에서 만큼은 매출이 가능할 수 있도록 배려하였으며, 이를 통해 시간을 번 현대자동차는 꾸준히 기술을 이전받고 핵심기술을 개발함으로써 지금과 같은 경쟁력을 확보할 수 있었다. 즉, 도요타 및 현대자동차의 사례는 정부가 유치산업 단계에 있는 기업을 무역에 대한 정부규제를 통해 보호해 주어야 할 필요성이 있음을 여실히 증명해주고 있다. 설령 유치산업이 아니더라도, 만일 정부가 자국의 기존산업을 보호하지 않고 모든 교역장벽을 제거하여 선진국 제품에 대한 무조건적인 수입을 실행할 경우, 경쟁력을 확보하지 못한 자국기업은 판매경쟁에서 낙오되어 결국 도산하고 말 것이며, 이 경우 자국기업에 근무하던 종업원들의 실직으로 이어져 실업률이 증가할 것이다. 즉, 자국 산업의 보호와 고용유지를 위해 무역규제의 필요성이 제기된다.

둘째, 정치적인 이유의 보복, 앙갚음 등을 위해 보호무역주의적인 정책이 펼쳐지기도 한다. 과거 한국이 중국과의 수교를 위해 기존 대만 정부와 단교를 하자 (참고로, 수교 이전 한국은 대만을 자유중국, 중국을 중공이라고 지칭하고 있었다), 대만 정부는 한국에 대한 보복을 목적으로 국내산 배의 수입을 금지한 바 있다. 당시, 배를 재배하는 한국 과수농가에게 대만은 주요 수출처 중 하나였기에 갑작스런 대만 정부의 조처는 한국의 배 생산농가에게 심각한 타격이 되었던 일이 있다.

셋째, 자국 국민들의 보건과 건강보호를 위해 일부 무역규제가 시행되기도 한다. 예를 들어, 유전자변이 식품의 경우 건강에 해가된다는 직접적이고 결정적인 증거는 없으나, 일반적으로 도움이 될 것이라고는 생각하지 않는다. 이에 정부는 국민들의 건강 개선과 보호를 목적으로 유전자변이 식품의 수입을 제한하곤 한다. 또한 많은 국가들에서 미국이나 캐나다산 소고기에 대한 수입을 금지하거나 수입을 하더라도 철저히 수입 소고기의 연령이나 부위를 통제하기도 하는데 이 또한 동일한 맥락에서 이해할 수 있겠다.

넷째, 흔한 일은 아니지만, 상대국 국민의 인권보호를 위해 간혹 무역규제를 실행하는 경우도 발생한다. 예컨대, 북한 내 인권침해가 이슈화될 경우 이 상황이 개선될 때까지 북한산 재화의 수입을 허용하지 않기로 한다면 이 경우가 이에 해당될 수 있겠다. 또는 재스민 혁명이 발발하자 정통성 없는 독재정권을 유지하기 위해 신정적 전체주의 정부가 국민들을 탄압하고 억압했을 때, 이들 국가 내 국민들의 정당한 권리와 인명의 보호를 목적으로 국제사회는 이들 국가로부터의 수입을 제한하기도 했었다.

토의자료 5-1

"국제교역 확대의 부작용보다 불균형 방치하는 정책이 문제"

중국산 제품의 물량 공세와 공장 이전 같은 국제교역 확대가 일자리를 빼앗은 걸까? 국제통화기금(IMF)은 "문제는 무역 자체가 아니라, 불균형을 해소하지 못하는 정책과 제도"라고 강조했다.

국제통화기금은 10일(현지시각) 세계은행, 세계무역기구(WTO)와 공동으로 '무역을 모두를 위한 성장 동력으로 만들기 위한 방안(Making Trade an Engine of Growth for All)'이라는 제목의 보고서를 발간했다. 이 보고서는 2008년 글로벌 금융위기 이후 미국 등 몇몇 선진국 제조업 분야를 중심으로 보호무역주의를 주장하는 목소리가 확산하는 데 대한 대답이다. 기금은 "무역개방이 신흥국은 물론 선진국에서도 생산성 증대와 경쟁력 강화, 물가 하락 등으로 인한 저소득층의 생활수준 개선에 기여했다"며 "(금융위기 이후 세계 경제 성장이 둔화한 지금) 농업과 같은 전통 부문과 서비스 교역 같은 새로운 분야에서의 더 많은 무역통합이 세계 경제를 다시 활성화하는 동력이 될 것"이라고 진단했다. 자유무역의 효용을 재차 강조했다는 점에서는 그간 반복해온 신자유주의 세계화와 다를 바가 없어 보인다.

하지만 기금은 "무역확대는 노동자들과 일부 지역사회에 부정적 영향을 미쳤다"며 그 폐해도 인정했다. 한 연구에 따르면, 미국의 경우 1999~2011년 사이 중국 수출품의 영향으로 100만개의 제조업 일자리가 사라졌고, 그 영향으로 140만개의 비제조업 일자리가 또 사라졌다. 보고서는 "특히 여성, 노인, 비숙련 노동자에게 타격이 컸다"며 취약계층이 국제무역으로 인한 이익에서는 배제되고 부작용에는 더 많이 노출되는 현실을 지적했다.

특히 기금은 국제무역으로 인한 산업구조 변화와 그에 따라 피해를 보는 계층을 지원하는 정책의 중요성을 강조했다. 노동시장에서 밀려난 실업자들에 대한 적극적인 재교육 및 재취업 지원 정책과 함께, 실직 기간 이들을 보호할 수 있는 실업급여 확대, 최저임금 현실화와 같은 정책이 필요하다고 주문했다. 더 나아가 "나라별 산업구조와 특성에 맞게 정책을 계획하는 한편, 다양한 제도적 실험과 연구가 필요하다"며 "핀란드에서 진행 중인 기본소득 실험이 좋은 예"라고 강조했다. 이 보고서는 지난달 크리스틴 라가르드 총재가 양극화 해소와 소득 재분배의 중요성을 강조하는 '포용적 성장'을 언급한 것과 맥락이 닿아 있다.

한편 국제통화기금은 미국을 비롯한 선진국들의 보호무역 분위기 등으로 인해, 앞으로 5년 동안 신흥국과 개발도상국의 중기 경제성장률이 이전보다 낮아질 것으로 내다봤다. 보고서는 "2003~2016년에 견줘, 2017~2022년은 자금 흐름, 상품 교역조건, 무역상대국의 경제성장률 등 신흥국이 처한 외부 여건이 전반적으로 어려워질 것"이라고 전망했다.

자료: 한겨레신문, 2017. 4. 10

2. 무역규제의 정책적 수단

정부가 자유무역을 규제하고자 할 때 구체적으로 사용하는 정책적 수단을 크게 두 가지로 나누어보면 관세(tariff)에 의한 무역장벽의 설치와 보조금(subsidy), 수입할당(quota), 현지화비율규정(local content regulation) 그리고 행정절차에 의한 규제 등을 포함한 비관세장벽의 활용으로 구분할 수 있다. 지금부터 이와 같은 무역규제의 정책적 수단에 대한 구체적인 특징들을 함께 살펴보고자 한다.

1) 관세(tariff)

관세는 수입상품에 부과되는 일종의 세금으로서 수입되는 재화의 가격에 대해서 일정한 비율의 관세가 부과된다. 관세는 국제무역을 규제하고자 할 때 사용해왔던 가장 오래된 형태의 정책수단이며, 일본과 한국 정부가 그들의 초기 자동차산업을 보호하기 위해 수입자동차에 부과했던 관세를 대표적인 예로 들 수 있다. 관세는 세수를 확대시켜준다는 점에서 정부에게는 재정적인 도움이 될 수 있으며, 자국의 생산업자들을 보호할 수단으로는 유용하나, 전체적인 산업의 효율성을 감소시키고, 재화의 가격을 증가시킨다는 점에서 소비자들에게는 이익이 되지 않는다.

※ 반덤핑관세(anti-dumping duties): 수출국에서 국내가격보다 싼 가격으로 수출되는 소위 덤핑수출이 수입국내의 산업에 피해 등을 발생시키는 경우에 그 덤핑가격차 상당액 이하로 부과되는 할증관세를 말하며, '덤핑방지세', '부당염매관세'라고도 한다. 흔히 덤핑은 수출국에서 물품이 과잉 생산된 경우나 과도하게 낮은 가격으로 판매하여 수입국 경쟁기업을 도산시키려는 약탈적 목적으로 행해지곤 한다. GATT 제6조 및 WTO 반덤핑 협정(GATT 제6조의 이행에 관한 협정)에 의해 인정되고 있으나, 반덤핑관세의 실제 명분과 다르게 선진국들이 개발도상국의 수입을 규제하기 위한 정책으로 남발하고 있어 문제가 되고 있다.

2) 보조금(subsidy)

대부분 국가의 농업부문에서 흔히 발견된다. 보조금은 정부가 자국의 생산 업자에게 제공하는 일방적인 특혜로, 현금을 지급하거나, 낮은 이자율로 대출을 제공해주거나, 세금을 감면해주거나 혹은 분할 납부를 허용하는 방법 등으로 주어질 수 있다. 또한 과거 한국의 외환위기 당시 많은 은행들이 도산위기에 직면했었으며, 이를 막기 위해 정부가 공적자금 투입을 통한 출자를 함으로써 주주로 참여한 바 있는데 이 또한 보조금의 일환으로 봐야한다.

3) 수입할당(quota)

자국으로 수입되는 재화의 양을 제한하는 규제방법을 일컫는다. 대표적인 예로는 한국의 스크린 쿼터를 꼽을 수 있다. 즉, 아무런 제한을 두지 않을 경우, 미국산 할리우드 블록버스터가 한국의 영화산업을 지배할 것으로 예견되자, 한국 정부는 모든 국내 극장들이 연중 5분의 2에 해당하는 1백46일 이상 한국영화를 상영하도록 의무화하고 있다. 이 제도는 수입재화가 독점적으로 시장을 지배하는 것을 견제함으로써 자국 산업을 유지하려는 산업 보호 정책이라고 할 수 있다. 이 수입할당제는 이를 부과하는 국가가 수입하는 총량을 쉽게 제한할 수 있다는 행정상의 편의의 이유로 흔히 사용되고 있다. 참고로, 수입국에서 수입되는 재화의 총량을 규제하는 수입할당제와는 달리, 수입국에서 행하는 일방적인 수입제한조치를 회피하기 위해 수출국이 자율적으로 수출의 수량 · 가격 · 품질 · 의장 등을 규제하는 경우도 있는데 이를 수출자율규제(voluntary export restraints)라고 한다. 세계 각국은 흔히 무역역조를 이유로 수입국에서 수출국에 이를 요청하는 경향이 있으며, 특히 선진공업국에서 중진국이나 신흥공업국에 대해 수입제한의 새로운 형태로 수출자율규제를 요구하는 사례가 늘어나고 있어 새로운 비관세장벽으로 활용되고 있다.

4) 현지화비율규정(local content regulation)

해외생산 시 재화의 일정비율을 현지에서 생산되는 부품 혹은 원자재로 사용할 것을 강제하는 규정을 일컫는다. 보통 완제품 생산에 소요되는 부품의 일부 혹은 총 재화가치의 일부에 해당하는 부품을 현지국에서 조달할 것을 요청하곤 한다. 이는 다국적기업들이 보호무역 장벽을 회피하기 위해 직접투자를 실행했음에도 모든 부품을 수입 후 현지에서는 단순조립생산만을 하는 것을 규제하고 재화의 직접적 생산을 강제하기 위해 주로 개발도상국에서 광범위하게 활용하곤 했으나, 요즘에는 미국과 같은 선진국에서도 (자국의 고용시장을 보호하기 위해) 널리 실행하고 있는 추세에 있다. 예를 들어, 브라질은 멕시코 자동차 기업이 브라질에 투자한 공장에서 생산된 자동차는 2016년부터 브라질산 부품을 40%이상 사용하는 것으로 높이기로 했으며, 이를 이행하지 않으면 현지에서 생산했더라도 수입자동차로 간주하기로 협의한 바 있다. 현지화비율규정은 수입할당제와 마찬가지로 국내가격은 높이고 국제경쟁은 제한하는 기능과 작용을 한다는 점에서 생산 업자에게는 이익이 되나 소비자 후생은 저하시킨다.

5) 행정절차에 의한 규제(administrative trade policies)

수입상품이 자국에 들어오는 것을 어렵게 하기위해 행정적으로 만들어 놓은 사실상의 무역장벽이다. 예를 들어, 페더럴 익스프레스(Federal Express)와 같은 해외 송배달 업체에게 신속한 우편물 전달은 생명과도 같은 중요한 일일 것이다. 그럼에도 일본은 자국에 외설물이 유입되어서는 안 된다는 이유로 전수조사 하겠다고 주장함으로써 이로 인해 우편물 배달이 상당기간 지연된 일이 있다. 혹은 부패하기 쉬운 물품에 대한 통관을 일부러 지연시켜 궁극적으로는 높은 비용을 발생시키는 경우 이와 같은 행정규제는 사실상 수입을 억제시키는 효과를 가져올 수 있다.

6) 환율조작

환율조작은 수출을 촉진하고 수입을 제한하기 위해 행해진다. 정부가 정상적인 시장가격 보다 낮은 고환율정책을 채택할 경우 이는 수출가격을 낮추는 반면, 수입가격을 높이는 효과가 있음으로써 최근에는 일종의 보호무역 정책의 중요한 도구로 간주되고 있다. 대표적으로 중국이 주요한 환율조작국으로 흔히 지목되고 있다.

사례 5-2

중국의 강제인증제도(CCC)

2001년 WTO에 가입한 이후로 중국은 지속적으로 관세인하를 추진했으며, 이로 인해 2001년 15.2%였던 평균관세율은 2010년 9.8%까지 축소되었다. 결과적으로 무역장벽에서 관세가 차지하는 비중은 크게 줄어들었고 각종 비관세장벽을 바탕으로 한 수입규제가 비중 있게 다루어지고 있다.

중국은 이젠 무역규모 면에서 우리나라의 세계 제1의 교역국이 되었을 정도로, 우리의 대(對)중 무역의존도는 매우 높다. 중국의 통상환경이 우리에게 중요할 수밖에 없는 이유이다. 우리의 입장에서는 중국과의 무역이 보다 자유로워질 수 있도록 각종 기술규정, 기술표준, 인증 절차 등이 무역장벽으로 작용하지 않도록 최대한 준비를 마련할 필요가 있다.

1. 강제인증제도(CCC)

1) 개념과 도입 배경

중국의 강제인증제도(China Compulsory Certification: CCC)는 일종의 '중국 시장 진입 허가증'이라고 할 수 있다. 2003년 5월 1일에 도입되어 그 해 8월 1일부터 전면 시행되었다. 적용시점부터 인증 품목에 해당되는 상품은 반드시 강제상품인증서를 보유하고 제품에 CCC마크를 표시 및 부착해야만 중국 시장에 진입할 수 있도록 강제했다. 또한 인증을 획득하지 못하면 사실상 진입자체가 불가능함은 물론, 심지어 처벌까지 부과 받게 된다. 따라서 중국시장에 진입하고자 한다면 제품생산 과정부터 유통, 교역 등 모든 과정에 있어서 해당 상품이 CCC 대상인지를 확인하고 요건을 갖추도록 준비해야 한다. CCC의 인증대상 품목은 주로 기계 · 전기제품인데, 그 범위와 품목 수는 점차 확대되어 가고 있다.

이러한 인증제도가 도입된 배경에는 중국의 WTO 가입을 들 수 있다. WTO 가입 이전에 중국은 자국 상품과 수입상품에 대해 별도의 인증 제도를 적용하고 있었다. 국내 상품에는 CCEE를, 수입상품에는 CCIB를 적용시키고 있었던 것이다. 하지만 이러한 제도가 WTO의 내국민대우원칙(저자 註: WTO의 가장 기본적이며 중요한 원칙 중 하나로서, 한 국가의 시장에서 수입된 상품은 동종의 수입국 내에서 생산된 상품과 동등한 조건으로 취급되어져야 한다는 원칙이다)에 위배된다는 지적을 받아왔고 이를 보완하기 위해 하나로 통합한 CCC제도를 도입했다.

2) 현재 상황

CCC를 비롯한 중국의 높은 비관세장벽 때문에 국내 기업의 대(對)중국 수출 및 투자 기업들은 관련 애로를 호소하고 있는 상황이다. 국내의 대중국 통상 담당자들이 CCC 인증과 관련하여 토로하는 애로사항 중 가장 대표적인 것은 인증까지의 소요기간이 너무 오래 걸린다는 점이다. 제품의 종류와 기존의 인증 기록에 따라 다소 상이하지만, 보통 인증까지 최소 5개월에서 최대 1년 정도를 두고 준비해야 차질이 없다고 알려져 있다.

또 다른 문제점으로, 실무적인 차원의 어려움을 꼽을 수 있다. 인터넷으로만 접수를 할 경우에는 아무 말도 없다가, 직접 방문했을 때에야 신청 규격이 잘못되었다는 통보를 비로소 받는 경우가 다반사라는 것이다. 시스템은 둘째 치고, 담당자들이 업무를 처리하는 태도 때문에 이메일이나 팩스를 통한 CCC 인증이 사실상 불가능한 상황이라고 전하고 있다. 심지어 통상에 관련된 업무를 수행하는 담당자들마저 중국어만을 구사하는 경우가 많아 언어장벽까지도 존재한다.

이에 더해 비용적인 문제도 무시할 수 없다. 신청부터 각종 인증을 위한 테스트에 매번 비용이 발생한다. 더불어 상기에 언급했듯이, 언어로 인해 발생하는 비용, 즉 인증을 위한 신청 및 접수서류를 중국어로 받는데, 이를 위한 번역료까지 필요하다고 알려져 있다.

3) 국내기업의 피해 사례

앞서 살펴보았듯이, 외국 기업이 중국시장에 진출하기 위해서는 중국의 강제인증제도를 통과해야만 한다. 하지만 이 과정이 쉽지 않기 때문에 많은 기업들이 대행사나 현지 기업과의 협력을 통해 인증을 받고 있다. 이 과정에서 부수적이지만 결코 무시할 수 없는 피해 사례가 발생하고 있으며, 특히 한국의 의료기기 업체들이 핵심기술을 빼앗기는 경우가 종종 발생하고 있다. 일례로, 2003년 당시 위생전자기기를 생산하는 H업체는 중국 진출을 위해 CCC를 취득하기 위한 준비를 하고 있었다. 이 과정에서 중국의 가전제품 제조업체인 C사와 협력관계를 맺고 CCC 취득을 위한 작업을 시작하였는데, C사에서는 인증 과정에서 기술과 제품정보가 필요하다는 이유로 관련 자료를 요구했다. 그러나 H사로부터 핵심기술을 넘겨받은 C사는 자료를 이용해 거의 동일한 제품을 생산한 후, H사 제품의 절반 가격에 일본의 한 홈쇼핑업체와 계약을 체결했다. CCC 인증 과정에서의 번거로움을 악용해 해외 기업과의 협력으로 위장한 후 잇속을 챙기는 현지 기업이 나타나고 있는 것이다.

2. 분석

CCC 제도 자체에도 프로세스 상에서도 국내 기업은 다양한 문제에 노출되어 있지만, 그 밖에도 국내 기업이 접하게 되는 문제점은 다양하다. 중국의 경우에는 지방정부 마다 정책이나 규정에 있어서 상당 수준의 자율성을 지니고 있으며, 실제로도 중앙-지방간, 지방-지방간 규정이 상이한 경우가 많다. 이러한 점은 국내 기업의 중국시장 진출의 걸림돌로 작용하고 있다. 하지만 우리 업체들은 이러한 무역장벽에도 불구하고 중국으로의 시장진출을 가속하고 있는 것으로 나타났다.

토의자료 5-2

트럼프가 뒤흔든 WTO 무역질서, 24년 만에 수명 끝나나

1995년 출범한 WTO 다자무역체제는 2017년 미국 도널드 트럼프 대통령 취임 이후 급격히 흔들렸다. 무역협회(이하 무협)는 미국이 자국 안보와 경제적 이익을 위해 '미국 우선주의' 정책을 강화했고, 미중 무역 갈등이 장기화되면서 WTO 질서가 위기를 맞았다고 분석했다. 특히 오는 12월은 세계 교역 패러다임이 바뀌는 전환점이 될 가능성이 크다. 무협은 "다음달 미국이 WTO 상소기구 신임 위원 임명을 거부할 경우 WTO의 국제분쟁 해결 기능이 약화될 것"이라고 밝혔다. 최근 수년간 미국은 WTO 상소기구(DSB) 내 신임 분쟁해결위원 임명을 거부해왔다. 정원 7명인 DSB에는 현재 위원 3명만 있는데, 이들 중 2명의 임기가 12월에 만료된다.

무협은 최근 급증한 분야별 · 지역별 무역협정들이 WTO의 공백을 보완할 것이라고 내다봤다. 보고서는 "기술진보에 따른 무역 형태의 변화, 신흥 개도국 성장 등 영향으로 새로운 통상규범에 대한 수요가 커졌다"며 "지역 무역협정과 여러 나라가 참여하는 분야별 협정이 난무하는 다층 무역체제가 열릴 것"이라고 전망했다.

실제로 미국 · 중국 · 유럽연합(EU) · 일본 등 거대 경제권이 참여하는 메가 FTA(자유무역협정)가 잇따라 타결 또는 발효되고 있다. 미국은 기존 북미자유무역협정(NAFTA)의 개정판인 미국 · 멕시코 · 캐나다 협정(USMCA)을 새로 맺었다. 지난해 12월엔 일본과 아시아 · 태평양 11개국이 참여한 포괄적 · 점진적 TPP(CPTPP)가 발효됐고, 이달 초에는 한중일 3국을 포함한 역내 포괄적 경제동반자협정(RCEP)이 타결됐다. 무협은 이런 흐름과 별개로 국가별 보호무역조치 역시 더 강화될 것으로 봤다. 미중 간 갈등이 지속되고 국가안보를 이유로 자국경제 우선주의를 내세우는 경향이 심해질 것이라는 분석이다.

WTO 체제 수혜국으로 꼽히는 한국의 고민은 깊어질 수밖에 없다. 무협은 보고서에서 "무역의존도가 높은 한국은 세계 무역의 패러다임 변화를 읽고 최적의 대응 전략을 세우는 데 집중해야 한다"며 "우리 정부는 중견국과의 연대와 신(新)통상규범 수립을 주도해 한국의 통상 위상을 강화하고 핵심 신흥국과의 수준 높은 FTA를 추진해야 한다"고 강조했다. 제현정 무역협회 통상지원단장은 "개별 기업이 통상 질서의 변화에 대응하기는 쉽지 않다"며 "무역협회가 기업 · 정부 · 유관기관 간 협력 체제를 통해 기업을 지원하겠다"고 밝혔다.

자료: 중앙일보, 2019. 11. 17

제3절 세계화와 WTO

앞서 살펴본 바와 같이 자유로운 국제무역은 여러 가지 이유로 당사국과 교역상대국에 의해 제한을 받아왔다. 특히 제1차 세계대전이 일어난 직후, 세계경제는 자국 산업을 보호하기 위해 무역장벽을 높였으며, 각 국가 간 교역량은 자연스럽게 감소하였다. 하지만 세계 각국은 이로 인해 1930년대의 전 세계적인 대공황의 원인이 되었다고 인식하였으며, 특히 제2차 세계대전이후 보다 자유로운 무역환경을 만들기 위한 국제적인 노력이 이루어졌고, 그 결과가 WTO의 출범으로 이어졌다. 이러한 관점에서 지금부터는 구체적으로 WTO하의 국제무역환경에 대해 알아보기로 하겠다.

1. WTO출범의 의의와 배경

대공황(Great Depression)과 제1차 세계대전을 거친 1940년대 후반 세계는 성장과 안정을 위해서 국가 간 협력이 필요하다는 분위기 속에 각종 노력이 이어졌다. 그런 경제협력은 '범세계주의(globalism)'라는 형태로 대두되었다. 범세계주의는 "모든 국가들의 참여 속에 이해관계가 반영된 국제무역 규칙을 제정하고 그 틀 안에서 실행되는 범세계적 자유무역만이 세계전체 자원의 최적분배를 가져오고 인류전체의 후생을 극대화시킬 수 있다"는 논리 하에 세계경제를 하나의 경제규범 하에 두려는 시도이며, 이를 추구하는 기구가 GATT/WTO이다.

WTO(World Trade Organization), 즉 세계무역기구는 다자간 무역체제의 확립을 통해 전 세계의 자유무역을 확대하고 국가 간의 공정무역질서를 확립하기 위해 GATT 제8차 다자간 협상인 우루과이라운드 협상의 결과에 따라 1995년 1월 1일 출범했다. 출범 시 회원국이 81개국이었으나, 2001년 10월 중국이 가입하는 등 2013년 3월 현재 159개국의 회원국으로 구성되어 있다.

WTO는 기본적으로 그의 전신인 GATT(General Agreement on Tariffs and Trade: 관세 및 무역에 관한 일반협정)의 기존 기능을 강화하는 한편, 국제교역환경의 변화에 따라 부상한 새로운 교역과제를 포괄하고 회원국들의 무역관련 법 · 제도 · 관행 등의 명료성을 제고시킴으로써 궁극적으로 세계교역을 증진시키는 데에 목적이 있다. GATT는 1948년 발효된 이후 <표 5-3>과 같이 8차에 걸친 다자간 무역협상을 통해 관세장벽이나 비관세장벽을 제거하거나 완화시킴으로써 무역자유화에 크게 기여하여 왔다는 평가를 받아 왔다. 그러나 GATT는 명칭 그대로 '관세 및 무역에 관한 일반협정'으로서 동 협정의 효율적 운용을 위해 사무국을 설치하는 등 그 운영을 국제기구처럼 해온 것에 불과했다. 특히 GATT는 1980년대에 들어서 체약국간의 보호무역주의의 확산이나 차별적인 지역주의의 대두를 효과적으로 규율하지 못하였을 뿐만 아니라 또한 서비스무역, 지적재산권 보호, 무역관련 투자분야 등 새롭게 대두된 문제를 다루지 못하였다는

표 5-3 ● GATT 다자간협상 개요

횟수	명 칭	참가국	협상기간	관 세 인 하	비 고
1	일반적 관세교섭	23	47.4~47.10	45,000품목양허	
2	일반적 관세교섭	13	49.4~49.10	5,000품목양허	
3	일반적 관세교섭	38	50.9~51.4	9,700품목양허	
4	일반적 관세교섭	26	56.1~56.5	25억 달러 상당의 관세인하	
5	딜론라운드	26	61.5~62.7	4,400품목양허	
6	케네디라운드	62	64.5~67.6	주요 선진국의 제조업 분야 관세율을 35%인하	반덤핑 협정체결
7	동경라운드	97	73.7~79.7	9개 선진국의 제조업 분야 가중평균 관세율을 7.0%에서 4.7% 수준으로 인하	9개 MTN 협정체결
8	우루과이 라운드	117	86.9~93.12	모든 회원국의 평균관세율 인하(33% 이상)	WTO 설립

점에서 새로운 국제무역의 구조변화를 충분히 포괄하지 못하는 등 많은 문제점과 한계점을 노출하게 되었다. 따라서 WTO는 이와 같은 GATT의 한계를 극복하여 새로운 국제무역질서를 구축하기 위해 우루과이라운드의 타결과 함께 출범하게 되었다.

WTO의 특징을 GATT와 비교하면 다음의 <표 5-4>와 같으며, 크게 세 가지로 설명

표 5-4 ● GATT와 WTO의 차이

	GATT	WTO
기구의 성격	• 국제협정일 뿐 엄밀한 의미의 국제기구는 아니었음 • 불완전한 브레튼우즈 체제	• 국제법인으로서 국제기구의 역할 수행 • 브레튼우즈 체제의 완성
국제교역상품	• 공산품과 일부 농산물 • 농산물과 서비스의 교역제한 허용됨	• 농산물, 공산품, 서비스 등 국제적으로 교역되는 모든 상품
국제규범	• 포괄적인 무역규범의 제정에는 실패 • 보조금 협정과 반덤핑 협정의 제정 • NTB(Non-Tariff Barriers)에 대한 규범제정을 시도했으나 실패	• 17개 다자간 협정과 4개의 복수간 협정 포괄 • 서비스(GATS) 제정 • 지적재산권 협정(TRIPs) 제정 • 반덤핑 관세 부과 기준 강화 • 보조금의 운용 기준 강화 • 세이프가드 협정을 통해 회색조치 철폐 의무화
분쟁해결 절차	• 상설 분쟁해결기구가 없으며, 무역 분쟁에 대한 권고안만 제시 • 교차보복(cross-sector retaliation)이 없음	• 상설 분쟁해결기구인 DBS의 신설과 상소기구의 신설 • 분쟁해결의 단계적 절차와 이행 기간 명료화 • DBS 결정사항의 집행용이(negative consensus 채택) • 교차보복(cross-sector retaliation)이 가능

할 수 있다.

첫째, 기구의 성격상 과거 GATT의 기능을 크게 강화, 국제법인으로서의 국제기구의 역할을 수행할 수 있게 되었다.

둘째, 국제교역대상품목은 과거 주로 공산품과 일부 농산물에 한정된 반면, WTO에서는 서비스와 지적재산권, 농산물과 섬유류 등 국제간에 거래되는 모든 상품을 포함하고 있다.

셋째, 과거에는 권고안의 제시에 불과했으나, 강력한 분쟁해결노력의 일환으로 WTO내에 분쟁해결기구(Dispute Settlement Body: DSB)를 설치하여 강력한 해결을 시도하고 있다. 또한 WTO의 분쟁권고를 받아들이지 않을 경우 다른 부문에 대한 교차보복도 가능하게 되었다.

2. WTO의 주요규범과 기본원칙

1) WTO의 주요규범

WTO규범은 넓은 의미의 WTO협정을 의미하는데, 이는 회원국 간의 무역관련 활동에 대한 공통의 제도적 틀을 제공하는 WTO설립협정과 분야별 제도적 틀을 제공하는 부속서들인 다자간 무역협정(Multilateral Trade Agreement: MTA)과 복수간 무역협정(Plurilateral Trade Agreement: PTA)으로 구성되어 있으며, 자세한 내용은 다음의 <그림 5-5>와 같다.

다자간 무역협정은 WTO협정의 일부로서 모든 회원국에게 적용되며, WTO설립협정의 부속서 1, 부속서 2, 부속서 3 등으로 구성되어 있다. 부속서 1은 다시 그 성격에 따라 부속서 1A, 1B, 1C로 구성되어 있는데, 부속서 1A는 주로 상품교역과 관련된 협정인 반면에, 1B는 서비스교역에 관한 협정이며, 1C는 지적재산권 관련 협정이다. 부속서 2는 분쟁해결규칙 및 절차에 관한 양해이며, 부속서 3은 무역정책검토에 관한 것이다.

한편, 부속서 4로 분류되어 있는 복수간 무역협정은 WTO협정의 일부이기는 하지만, 이에 속하는 관련협정들은 이를 수락한 회원국에만 적용된다.

2) WTO의 기본원칙

WTO가 각종 규범을 제정하고 이행해 가는 데에 있어서 크게 다음과 같은 네 가지의 주요 원칙을 기본정신으로 삼고 있다.

첫째, 차별 없는 무역을 보장하는 것이다. 즉, 회원국 간에는 물론이고 수입품과 국내생산품 간에도 차별을 배제한다는 것이며, 최혜국대우원칙과 내국민대우원칙에 잘 나타나 있다. WTO의 가장 기본적이며 중요한 원칙은 최혜국대우(Most-Favored Nation:

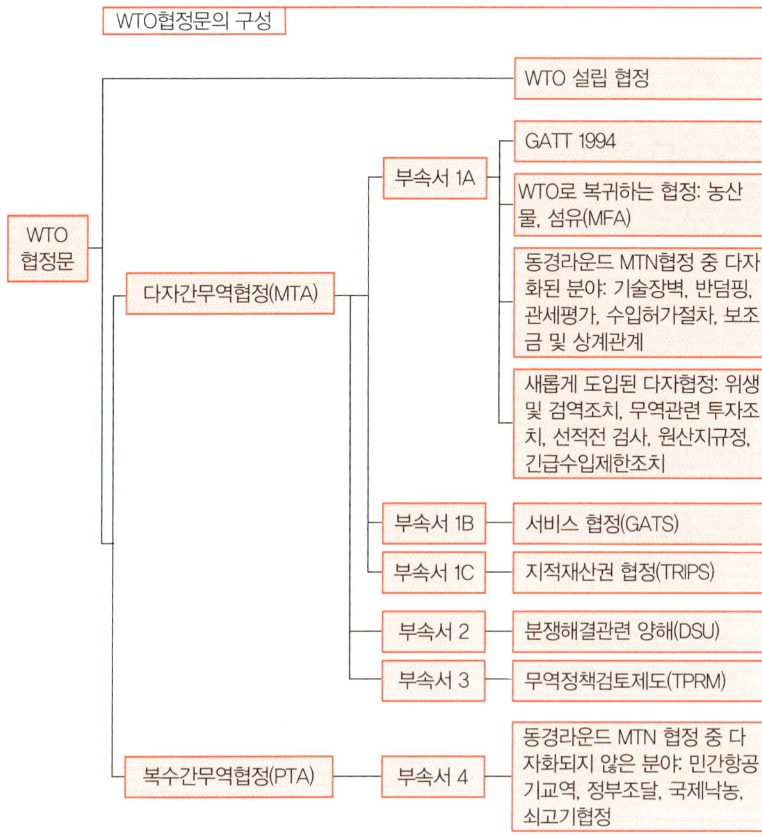

그림 5-5 ● WTO협정문의 구성

MFN)원칙인데, 이는 특정 회원국에게 부여하는 최상의 혜택을 다른 모든 회원국에게도 차별 없이 동등하게 부여해야 하는 것을 의미한다. 내국민대우(national treatment) 원칙은 어떤 상품이 한 국가의 시장에 수입되는 경우 그 상품은 당해 수입국 내에서 생산되는 동종 상품과 동등한 조건으로 취급되어져야 한다는 것이다.

둘째, 예측가능하고 안정적인 시장접근의 보장이다. WTO는 예측가능성과 안전성을 확보하기 위해 수입량을 제한하는 수입제한조치의 사용을 억제하고, 각 국가들의 무역규범을 가능하면 명료하게 만들고 있다.

셋째, 공정경쟁을 촉진시키는 것이다. 무차별원칙과 덤핑과 보조금에 대한 규정, 정부조달협정 등을 통해 공정경쟁을 촉진시키기 위해 노력하고 있다.

마지막으로, 경제개발과 개혁을 장려하는 것이다. WTO는 개도국 및 비시장경제체제로서 경제개혁을 추진하고 있는 국가들에게 각국의 경제상황을 고려하여 무역자유화 추진 속도에 유연성을 부여하고 있으며, 선진국들의 기술지원을 적극 장려하고 있다.

3. WTO의 조직과 운용

WTO의 조직은 다음의 <그림 5-6>과 같다. WTO회원국의 대표로 구성된 최고의결기구인 각료회의를 정점으로 하여 각료회의가 결정한 사항을 수행하는 상설기구인 일반이사회를 두고 있으며, 일반이사회는 산하에 분쟁해결기구와 무역정책검토기구를 두고 있어서 회원국 간의 무역 분쟁 해결이나 회원국의 무역정책 및 관행을 평가하고 있다. 또한 일반이사회 산하에는 상품교역이사회, 서비스교역이사회, 지적재산권이사회 등이 설치되어 있다.

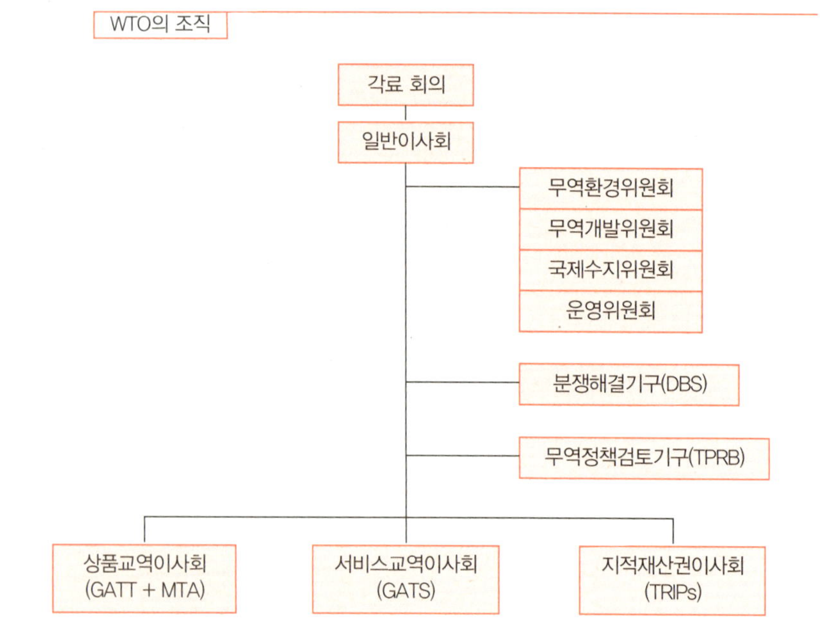

그림 5-6 ● WTO의 조직

토의자료 5-3

미중 1단계 무역합의 서명에도 '갈등 불씨' 수두룩

미국과 중국이 18개월간의 경제전쟁 끝에 1단계 무역합의에 서명함으로써 양쪽의 긴장은 일단 완화하겠지만 여전히 일부 핵심적인 부분이 미완의 상태로 남아있다는 평가가 나온다.

15일 AP통신에 따르면 도널드 트럼프 미국 대통령과 중국의 협상 대표 류허(劉鶴) 부총리는 16일 새벽(한국시간) 1단계 무역합의에 서명, 미국 행정부가 중국에 대한 일부 제재를 완화하고 중국이 미국의 농산물과 상품 구매를 늘릴 예정이다.

이번 서명은 무엇보다 미국 제조업에 상처를 주고 중국 경제를 짓눌러 세계경제에 암운을 드

리웠던 갈등을 완화할 전망이다.

그러나 트럼프 행정부가 2018년 7월 중국산 수입품에 관세를 부과하며 무역전쟁을 시작할 때 요구했던 중국 국유기업에 대한 불공정 보조금 축소와 같은 중국 경제 개혁에는 별 성과를 거두지 못했다는 평가다.

대부분의 분석가는 중국이 미국의 기술적 우위를 빼앗기 위해 약탈적인 방법을 사용하는 상황에서 미국의 핵심 주장이 의미 있는 해결책을 찾으려면 앞으로 수년간 더 논쟁의 시간이 필요할 것으로 보고 있다.

국제통화기금(IMF) 중국담당 책임자로 재직했던 에스와르 프라사드 코넬대 교수는 "1단계 무역합의가 양국 사이의 무역과 경제적 긴장을 해결할 근본적인 내용을 담지 못했다"고 지적했다.

척 슈머 민주당 상원 원내대표는 트럼프 대통령에게 보낸 편지에서 "중국의 탐욕적인 무역행태를 개혁하는데 아무런 진전을 거두지 못했으며 중국 대표들에게 미국은 제압할 수 있는 상대라는 신호를 보내준 것처럼 보인다"고 말했다.

양국의 2차 무역협상도 언제 다시 시작될지 불확실하다.

대다수 전문가는 오는 11월 미국 대선 전에는 협상에서 별다른 진전이 없을 것으로 내다보고 있다.

과거 조지 부시 미 행정부에서 통상업무를 담당했던 존 베로노는 2차 협상을 조급하게 기다리지 않는다면서 "아마 2021년의 일이 될 것"이라고 말했다.

미국 피터슨연구소는 1단계 무역합의로 중국 대미 수출의 3분의 2가 트럼프 행정부의 관세 부과 대상에 포함되고, 미국의 대중 수출품 절반 이상이 중국 보복관세의 영향을 받을 것으로 추산했다.

중국의 대미 수출품에 대한 평균 관세율은 2018년 1월 3%에서 현재 21%에 달한다.

트럼프 행정부는 1단계 무역협정이 지적재산권을 보호하고 외국기업에 대한 첨단 기술 이전 요구를 중단하며 환율 조작을 삼가겠다는 중국의 약속을 실행하는 출발점이라고 강조한다.

또 중국 제품에 대한 높은 관세를 유지함으로써 중국이 약속을 지키도록 영향력을 행사할 수 있다고 주장한다.

미국기업연구소의 중국 전문가인 데릭 시저스는 "우리는 과거 그들을 벌준 적이 없다"면서 "관세가 없다면 중국은 속임수를 쓸 것"이라고 말했다.

자료: 연합뉴스, 2020. 1. 15

4. 뉴라운드(New Rounds)의 대두

1) 다자간투자협정 또는 투자라운드(Investment Round)

상품, 서비스, 지적재산권관련 교역의 질서를 규율하는 WTO체제가 구축되면서 외국인직접투자의 경우에도 이에 상응하는 다자간규범을 제정하는 문제가 UR타결 이후 본격적으로 논의되기 시작했다. 외국인직접투자에 대한 국제규범은 외국인직접투자와 관련된 주체, 즉 외국인투자자, 투자유치국 정부, 투자국 정부 등의 권리와 의무관계를 규정하는 국제규범이다.

이미 세계에는 1,700여 개가 넘는 양자간투자협정(BIT)이 존재하고 있고 OECD, NAFTA 등에서 회원국 간 다자간투자협정(Multilateral Agreement on Investment: MAI)에 대해서 협상을 진행하고 있다. WTO협정 중에서 무역관련투자조치(TRIMS)나 서비스협정(GATS)등에 투자관련 규정이 포함되어 있으나 그 내용이 제한적이어서 보다 포괄적인 투자규범의 필요성이 요구되고 있다.

앞으로 WTO가 MAI에 대하여 논의할 사항은 무역과 투자의 상호보완성, 무역에 영향을 미치는 투자조치, 투자가 경제성장에 미치는 영향 등이 될 것이다.

2) 노동라운드(Blue Round: BR)

노동라운드는 임금이나 근로조건, 근로시간 등 노동환경을 무역규제와 연계시켜 저임금이나 아동근로, 죄수 등 국제사회가 규제하는 근로조건을 충족시키지 못하는 국가가 생산하는 상품에 대하여 무역규제조치를 취할 수 있도록 하자는 다자간협상이다.

노동라운드는 근로자의 권리를 국제기준에 맞춰 보장하지 않고 낮은 임금 및 열악한 노동환경 속에서 값싼 제품을 만들어 내는 국가에 대해서 무역규제를 가한다는 것이다. 이와 같은 노동라운드가 본격화될 경우 노동집약적 제품을 수출하는 개도국들은 선진국 수출에 막대한 타격이 예상되며, 임금상승 시 비용 상승효과가 큰 건설업이나 서비스업종과 중소기업 등이 타격을 받을 것으로 예상된다.

3) 환경 또는 그린라운드(Green Round: GR)

그린라운드는 '죽어가는 지구를 살리자' 혹은 '지구는 하나'라는 목표 아래 국제적 환경

보호기준에 적합한 상품만을 교역대상품목에 포함시키려는 국제적 노력이다. 그린라운드와 관련하여 몬트리올의정서(오존층 파괴물질 규제) 및 바젤협약(폐기물 이동규제), 지구환경변화협약(이산화탄소 배출규제), 생물다양성협약 등 많은 협약이 생겨나기 시작했다.

이와 같은 그린라운드 대두에 따른 환경규제는 원료조달 및 생산, 판매 등 각 단계에서 비용부담을 증가시켜 수출경쟁력을 약화시키고 선진국들이 비관세장벽으로 악용할 가능성 등 부정적 측면이 있으나, 신 시장 및 투자기회의 확대와 국내 산업구조의 개편 등 긍정적인 요인도 있다.

4) 경쟁라운드(Competition Round: CR)

경쟁라운드는 국가 간 시장구조 및 경쟁조건의 차이를 제거하여 외국상품의 시장접근을 원칙적으로 보장하여 주고 국내외 기업이 공정하고 자유로운 조건 하에서 경쟁할 수 있도록 하자는 것이다. 이러한 주장에 따르면 결국 공정한 경쟁을 제한하고 있는 각국의 독특한 시장구조나 기업관행까지도 통일화하자는 것이다. 이 라운드가 실행된다면 일부 개도국들이 특정기업이나 산업에 독점적이고 집중적인 지원을 통한 인위적인 경쟁우위를 갖게 하는 행위에 많은 영향을 미칠 것으로 예상된다.

5) 기술라운드(Technology Round: TR)

기술라운드란 민간산업 부문 등에 대한 정부의 연구개발보조금의 지원을 규제하기 위하여 연구개발 활동과 국제무역을 연계시키는 다자간 기술 · 무역협상을 뜻한다. 기술라운드를 적극적으로 추진하고 있는 나라들은 미국을 비롯한 선진국들이다. 이들 나라들이 기술라운드를 추진하고 있는 것은 민간산업 부문 등에 대한 정부의 연구개발보조금의 적극적인 지원이 공정무역을 저해하기 때문에 각국의 연구개발 활동 등이 공정무역의 차원에서 장애가 되지 않아야 한다는 데에 취지를 두고 있다.

기술라운드가 출범될 경우 정부의 지원으로 연구개발 활동을 추진하고 있는 개도국들은 기술개발에 심각한 타격을 받게 될 것으로 보여진다.

6) 인터넷라운드(Internet Round)

전자상거래가 세계경제에 미치는 영향이 점점 커지면서 세계 각국은 이 분야에서의 주도권 확보를 위해 노력을 경주하고 있으며, 세계무역기구(WTO), 경제협력개발기구(OECD), UN국제상거래법위원회(UNCITRAL), 아태경제협력기구(APEC), 세계지적재산권기구(WIPO), 국제상업회의소(ICC) 등 국제기구에서도 전자상거래에 관한 국제적 규범을 만들려고 노력하고 있다. 주요 논의대상으로는 관세를 포함한 조세문제, 지적재산권의 보호, 내용물규제, 프라이버시보호, 소비자보호 등이다.

사례 5-3

러시아 자동차산업의 통상규제와 현대자동차의 극복

러시아 자동차 시장은 1991년 소비에트 연방이 해체 되면서 개방이 시작되었다. 소련이 해체되기 전 약 2백만 대, 러시아내 수요의 45%정도를 충족시킬 정도의 생산력이 있었으나(1987), 소련 해체 후 유럽 및 일본산 자동차를 수입하기 시작하였다. 하지만 이내 소형차 시장에서 강세를 보이던 AvtoVaz의 Rada는 일본차에게, 중형차 시장에서는 Gaz의 Volga가 독일차를 상대로 고전을 면치 못했으며, 이로 인해 1993년 러시아 국내 자동차 생산대수는 1990년 대비 14%하락하였다. 이에 자동차 산업 부흥을 위하여 다양한 합작 생산 프로젝트 등을 시도하였으나, 자금부족으로 대부분이 실패하였다. 2005년 러시아 경제가 회복됨에 따라, 약 144만대의 자동차(이중 84만대는 러시아제)가 판매되었고, 외국계 제조사들의 대규모 투자에 힘입어 2005년에는 15만 7천대, 2007년에는 45만 6천대가 생산되는, 세계에서 가장 빠른 성장세를 보였다. 이러한 성장세를 통해 2016년경에는 독일의 판매시장(약 320만대 추정)을 제치고 유럽 최대 자동차시장으로 부상할 것으로 전망된다.

러시아의 자동차 시장은 현재 고용규모가 약 60만 명으로 전체 러시아 노동력의 1%를

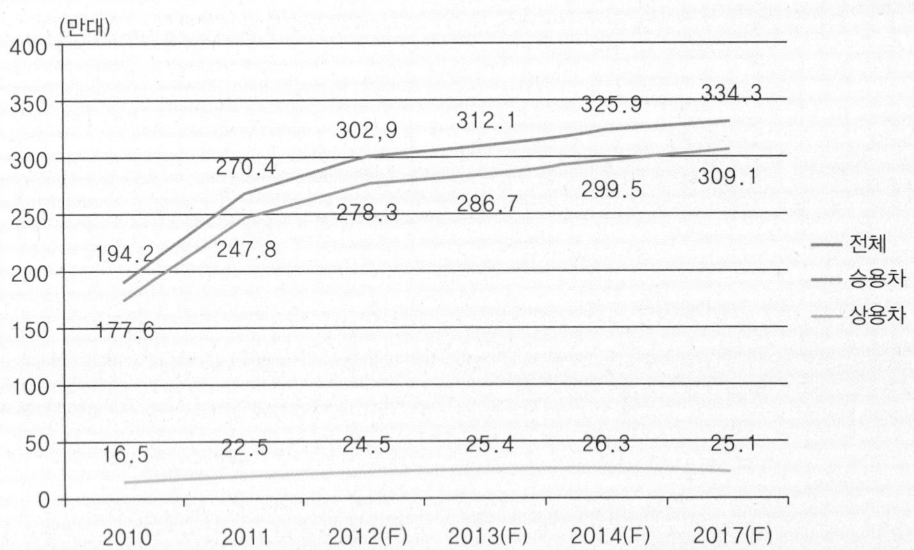

그림 5-7 ● 러시아 자동차 판매동향 BMI(Business Monitoring International 2013.5) Research

차지하고 있다. 또한 연관 산업까지 고려할 경우, 약 2~3백만 명의 고용이 창출된다고 여겨진다. 따라서 러시아의 자동차 시장은 러시아에 있어 산업 · 정치적으로 매우 중요하다고 할 수 있다. 또한 자동차 산업에서 제공하는 복지수준이 도시 및 사회복지에 많은 영향을 미치고 있어서, 예를 들면 Tolyatti 라는 도시는 AvtoVaz 공장과 함께 생겨난 도시로서, 총 70만 명의 인구 중 13만 명이 공장에서 일함에 따라 도시 대부분의 경제가 이 자동차 생산 공장에 의존하고 있다. 이러한 상황에서 2009년 메드베데프 전 러시아 대통령은 자동차 산업의 현대화를 새로운 혁신을 위한 국가차원의 대상 산업으로 선정하였다. 이 사실은 곧 러시아 경제에서 자동차 산업이 얼마나 중요하게 고려되고 있는지를 알게 해주는 대목이라고 할 수 있다. 이러한 정책을 바탕으로 2005년에는 러시아 자동차 산업의 보호 및 육성을 위한 보호주의 정책과 투자유치 정책을 실시하게 된다. 보호주의 정책으로, 국내 산업의 발달을 위해 수입차에 대해서는 폐차세를 부가하고, 수입되는 자동차 부품에는 높은 관세를 매겨, 글로벌 업체들로 하여금 러시아 내에서의 부품조달 및 국내 자동차 업체들과의 협력을 강요하였다. 또한 2011년 3월 러시아 정부는 국내시장에서 판매되는 자동차의 80%를 자국 내에서 생산하도록 관련 법규를 개정하였다. 이러한 정책의 결과로, 글로벌 업체들의 러시아내 생산은 25,000대에서 300,000대로 약 12배가 증가하였으며 조만간 350,000대에 이를 것으로 전망된다.

자동차 산업이 활성화 되고 있긴 하지만, 막상 러시아 자동차 제조기업의 상황은 그리 좋지 않다. 러시아 자동차산업 내 1위 그룹인 AvtoVaz는 현재 경제위기로 인해 파산직전에 몰려있으며, 이에는 소비자 기호의 변화, 시설과 기술의 낙후 등이 주원인으로 작용했던 것으로 보인다. 러시아 정부는 언급한 AvtoVaz를 구제하기 위해 약 18억 7,000달러 규모의 구제 금융을 지원할 계획이다.

현대자동차는 현재 러시아에서 투자유치를 위한 특별 경제구역인 상트페테르부르크에 공장을 직접 설립하였으며, 현재 약 15만대의 연간 생산을 계획하고 있다. 또한 나아가 향후 연간 50만대의 생산을 목표로 하고 있으며, 이는 러시아 자동차 판매량의 약 1/3에 해당하는 어마어마한 규모이다. 이는 현대자동차에게 있어 매우 대담한 미래설계라 할 수 있으며, 상당한 광고효과 역시 수반할 것이라고 기대된다. 또한 2012년 러시아 수입 자동차 시장에서 2위의 판매자로 기록되어 제너럴 모터스를 바짝 뒤쫓고 있다. 그리고 최근 러시아 현지 전략모델인 Solaris가 러시아 자동차 시장의 부진에도 불구하고 전년 대비 13% 판매가 늘어나는 등 러시아 시장 내에서 큰 성공을 거두고 있다. 이렇듯 현대자동차가 러시아 시장 내에서 성공할 수 있었던 요인으로 다음과 같은 이유들을 들 수 있다.

러시아는 상당한 빈부격차를 보이는 국가이다. 중상류층의 경우 경제적인 여유를 바탕으로 하여 막대한 소비지출을 행하기 때문에, 만약 중상류층 고객을 제대로 확보할 경우 수익증대를 기대할 수 있다. 이 점을 간파한 현대자동차는 수도 모스크바의 최고 중심부에 브랜드숍을 개설하여, 직접적인 차량판매 방식이 아닌 시승체험과 문화 및 역사 교양강좌의 개설 등을 통해 부유층과의 접점을 확대하고 있다. 해당 브랜드숍은 현지에서 지속적인 좋은 반응을 보이고 있으며, 현대자동차의 러시아 내에서의 브랜드 포지셔닝에 긍정적인 효과를 창출하고 있다. 이러한 중산층 구매촉진을 통해 브랜드의 이미지 상승을 도모함은 물론, 이는 중형 이상의 차량뿐만 아니라 소형 차량구매 촉진에도 크게 기여할 것으로 기대되고 있다.

현대자동차의 기존 소형차 전략모델 RBr(한국명 베르나)은 기존의 모델에서 전장과 폭을 넓히고 차체를 높이는 등 러시아인들의 취향을 고려하였다. 또한 겨울이 길고 길이 험한 러시아의 지리적 상황을 고려하여 싼타페를 활용한 SUV라인 추가를 고려하고 있다.

더불어 2011년 4월 현대자동차의 현지 전략모델인 'Solaris(국내명 엑센트)'가 출시 3개월 만에 월간 수입차 판매 1위에 등극하고, 2013년 10월 29일부로 현지 시장 내 최단기 30만대 판매기록을 돌파하였다. Solaris는 춥고 겨울이 긴 러시아 특유의 기후여건과 열악한 도로상황으로 인한 환경 및 운전문화를 반영하여, 낮은 온도에서도 시동이 잘 걸리는 고성능 배터리는 물론, 눈이 많은 날씨를 고려해 4L 대용량 워셔액 탱크탑재, ABS, 좌석 히터, 급제동 경보장치(저자 註: 러시아 운전자는 대부분 급제동 · 급시동 하는 경향을 보인다. 이 때문에 높은 사고율을 보이고 있다) 등을 탑재하여 큰 인기를 얻고 있으며, 2010년 3월 8일부터 시행된 러시아 정부의 중고차 보조금 프로그램 대상 모델로 2011년 지정되어, 지속적인 판매가 기대된다.

현대자동차는 러시아 국민차로 발돋움하기 위해, 파워트레인 5년 무상 보증, 5년간 긴급출동 서비스 제공, 5년간 5회 무상 타이어 교체 및 24시간 정비 핫라인 시스템을 도입하였다. 도로 조건이 좋지 않아 고장이 잦은 지역적 특성을 고려하였을 때, 경쟁사들이 시도하기 힘든 과감한 마케팅 전략이라 할 수 있다. 이러한 서비스는 기존의 러시아 국내 자동차 기업에서는 찾아 볼 수 없는 것으로, 서비스에 대한 인식이 부족한 러시아인들에게 큰 매력으로 작용하고 있다. 또한 Solaris의 지속적인 판매 유도를 위해, 무상 차량 점검, 무료세차, 워셔액 무료제공, 동절기 도어코팅, 브레이크 패드 등 소모품 15% 할인 판매 등의 과감한 마케팅 전략을 실시하고 있다.

현대자동차는 현재 최고 40%에 달하는 높은 관세 부담에도 불구하고 에쿠스와 제네시스 등 최고급 럭셔리 세단을 러시아에 투입하고 있다. 또한 ix35(국내명 투싼ix), 싼타페 역시 출시하였으며, 신형 소나타를 곧 선보일 예정이다. 또한 러시아 경제의 기반인 중산층을 적절히 타깃 하고자 그들의 마음을 확실히 사로잡을 수 있는 고급차 시장으로 꾸준히 투자를 시행하고 있다. 경제회복의 기미가 보임에 따라서 고객들의 소비가 살아날 것이라는 전망 하에 상기 설명한 투자가 지속되고 있으며, 이는 나아가 중 · 소형차 시장에서도 브랜드의 긍정적인 포지셔닝을 견인할 것으로 기대된다.

상트페테르부르크에 지어진 현대자동차 공장은 자국 내 자동차 산업의 보호와 성장을 시현하고, 기존 낙후된 시설의 교체 및 지속적인 고용 확대를 바라는 러시아 정부의 바램에도 부응하는 투자라고 할 수 있다. 이곳 현지 공장은 한국기업에 의한 러시아 내 최대 규모의 투자 프로젝트로써, 미화 5억 달러 이상이 투입된 이 시설은 모든 공정과 생산 전 과정을 현지화 함으로써 러시아 내에서 현지화 수준이 가장 높은 생산 공장으로 흔히 언급되고 있다. 또한 러시아 내 우드무르치 공화국 정부와 MOU를 체결, 그 곳에 있는 기존 IzhAvto사의 매입을 긍정적으로 검토하고 있고, 동 IzhAvto공장의 자동차 재생산 허가를 요청하였으며, 러시아 쿠즈바스사와의 합작을 기반으로 러시아 중남부 케메로보주에 상용차 공장을 설립키로 계약하였다. 이는 지역개발에 직 · 간접적으로 현대자동차가 기여하고 있으며, 러시아 정부의 규제 속에서도 안정적인 사업 확장을 가능하게 해줄 것으로 사료된다. 더욱이 국내 거대기업인 현대자동차의 투자에 힘입어 관련 사업에 대한 다른 기업들이 지속적으로 투자를 행하고 있으며, 이러한 일련의 움직임은 러시아 경제성장 및 고용창출과 투자기업의 이익이라는 서로 간의 이익에 상호 부합토록 하는 것을 도움으로써 시너지 효과를 견인할 것으로 기대케 한다.

주요용어

절대우위론, 비교우위론, 헥셔-오린이론, 포터의 다이아몬드이론, 관세, 반덤핑관세, 보조금, 수입할당, 현지화비율규정, 행정절차에 의한 규제, 환율조작, 범세계주의(globalism), GATT, WTO, 다자간 무역협정(Multilateral Trade Agreement: MTA), 복수간 무역협정(Plurilateral TradeAgreement: PTA), 최혜국대우 원칙(Most-Favored Nation Clause: MFN), 뉴라운드(New Round),

연습문제

1. 고전무역이론인 절대우위론과 비교우위론의 맹점을 지적하시오.
2. 포터의 다이아몬드이론을 설명하시오.
3. 보호무역정책의 이유와 정책적 수단을 열거하고 각각의 특징을 설명하시오.
4. WTO의 설립배경, 주요규범과 기본원칙에 대해 설명하시오.
5. 최근에 대두되고 있는 뉴라운드(New Round)의 주요내용을 설명하시오.

참고문헌

Porter, M. E. (1990), The Competitive Advantage of Nations, *Harvard Business Review*, March-April, p.77.

World Trade Organization, http://www.wto.org/english/tratop_e/region_e/regfac_e.htm (접속일: 2012년 8월 5일).

관세용어사전(2018), 위생검역, 위생 및 식물위생조치, [online] Available http://www.customs.go.kr/kcshome/main/dic/DictionaryView.do;jsessionid=B5P2TGSLQLVff2KYNdyNCTkpDpTpX6Gn30WnGS5whp4QNpsqyPXY!-847100351?layoutMenuNo=15244&pageUnit=10&searchCondition=&searchKeyword=&searchWord=S&type=3&vocaId=3958[접속일: 2018년 8월 6일].

김홍률 (2017), 한 · 중 간 사드분쟁이 중국의 비관세장벽에 미치는 영향에 관한 연구, 국제상학 32(3): 211-230.

네이버 지식백과 (2015), 반덤핑관세, [online] Available http://terms.naver.com/search.nhn?query=%EB%B0%98%EB%8D%A4%ED%95%91%EA%B4%80%EC%84%B8[접속일: 2015년 1월 7일].

네이버 지식백과 (2018), 사드, [online] Available https://terms.naver.com/search.nhn?query=%EC%82%AC%EB%93%9C&searchType=text&dicType=&subject=[접속일: 2018년 5월 9일].

네이버 지식백과 (2018), SPA협정, [online] Available https://terms.naver.com/search.nhn?query=SPS%ED%98%91%EC%A0%95&searchType=&dicType=&subject=[접속일:

2018년 5월 10일].

아시아경제, '中, 롯데에 고강도 세무 · 소방안전 조사..."사드 보복 · 표적수사 가능성"', 2016년 12월 2일자

서민교 외 (2000), 「국제경제기구의 이해」, 학현사.

양영환 (2002), 「무역학원론」, 삼영사.

연합뉴스, '<그래픽> 고고도미사일방어체계 '사드(THAAD)' 어떻게 구성되나', 2017년 3월 7일자.

오경수 (2017), 「중국 보호무역조치 확대 동향과 한국 산업의 영향 분석」, KERI Insight 17-14, 한국경제연구원.

인더뉴스, '롯데마트 베이징 점포 21곳, 中우메이그룹에 판다', 2018년 4월 26일자

장세진 (2006), 「글로벌경영」, 박영사.

재정경제부 (2001), 「WTO의 과거, 현재와 미래」, 재정경제부.

조영정 (2003), 「국제통상론」, 법문사.

정환우 (2012), 한 · 중 FTA 비관세장벽 분야 쟁점과 시사점, 한국무역협회 국제무역연구원.

중앙일보, 사드 보복 못 견디고…11년 만에 중국 사업 접는 롯데마트, 2018년 5월 11일자.

최철영 (1998),「국제통화기금(IMF)의 법적 기초와 해석」, 한국법제연구원.

한국무역협회 (2014), 「월간무역」, 각 월호.

한겨레신문, 국제교역 확대의 부작용보다 불균형 방치하는 정책이 문제, 2017년 4월 10일자

중앙일보, 트럼프가 뒤흔든 WTO 무역질서, 24년 만에 수명 끝나나, 2019년 11월 17일자

연합뉴스, 미중 1단계 무역합의 서명에도 '갈등 불씨' 수두룩, 2020년 1월 15일자

Global Management

CHAPTER 06

국제금융환경

학습목차

제1절 국제통화제도(환율)

제2절 국제통화시스템의 변천과정

제3절 국제금융질서와 IMF · 세계은행그룹(World Bank Group)

학습목표

본 장에서는 다국적기업이 국제시장을 대상으로 경영활동을 수행할시 직면하게 되는 환율문제에 효과적으로 대응하기 위해 통화제도별 특징을 살펴본다. 더불어 국제통화시스템의 발전과정과 역사를 알아보고, 마지막으로 국제통화기금과 세계은행의 역할과 기능에 대해 검토한다.

도입사례 6-1

Caterpillar Inc.

캐터필러(Caterpillar Inc.)는 미국 일리노이주 피오리아시에 본사를 두고 있는 회사로서 세계에서 가장 큰 건설용 중장비제조업체이다. 건설용 중장비란 우리가 건설현장에서 흔히 볼 수 있는 트랙터, 굴착기, 불도저 등을 일컫는다. 이러한 제품들은 미국의 32개 공장과 호주, 벨기에, 브라질, 중국, 프랑스, 독일, 헝가리, 인도, 인도네시아, 이탈리아, 일본, 멕시코, 러시아 및 영국에 있는 29개 공장에서 생산되고 있다. 이를 반영하듯, 1980년대 캐터필러는 전 세계 중장비산업에서 53%의 시장점유율을 기록하고 있었다. 당시 캐터필러의 가장 강력한 경쟁기업은 일본의 코마츠(Komatsu)로서 이 기업은 일본과 세계시장에서 각각 60%와 15.2%의 점유율을 갖고 있었다.

1980년대 캐터필러는 미국 내에서 가장 주요한 제조 및 수출기업으로 인식되고 있었다. 이 기업은 무려 50년 동안 연속적으로 흑자를 기록했으며, 주주들에게 평균 27% 이상의 투자수익을 배당하였다. 1981년 이 기업 총 매출액의 57%는 미국이 아닌 해외시장에서 시현하였으며, 이 중 수출비중이 2/3 이상을 차지하였다. 캐터필러는 미국의 3대 수출기업이었을 뿐만 아니라 경쟁업체 대비 상당히 높은 마진을 실현하는 기업이었으며 1981년을 예로 들어 세전 수익은 무려 5억7천9백만 달러에 이르렀다.

이러한 성공이 가능했던 이유는, 전 세계적으로 구축된 강력한 유통망에 있었다. 캐터필러는 고객으로부터 부품주문을 받는 경우 전 세계의 거의 모든 지역에 48시간 이내에 부품을 공급할 수 있는 시스템을 갖추고 있었다. 이러한 서비스는 고객의 장비소유 및 운영비용을 최소화 시켜줌과 동시에 부품 부족 때문에 발생하는 장비의 불가동 시간을 낮춰주게 됨으로써 고객으로 하여금 경쟁사의 부품에 대한 수요를 억제하고 캐터필러의 부품 수요 창출에 기여하였다.

KOMATSU

반면 코마츠는 1921년 일본에서 광산용 기계와 농업용 트랙터를 만드는 작은 회사로 출발하였다. 제2차 세계대전이 끝난 후 코마츠는 수출시장 확대를 시도하였으나 캐터필러의 강력한 유통망을 따라잡지 못했기 때문에 상당히 고전하였다. 더구나 당시 코마츠의 기계들은 캐터필러에 비해서 고장도 잦고 품질도 현저히 떨어지는 제품이었다. 이로 인해 코마츠는 캐터필러의 유통망이 미처 확립되어 있지 않거나 캐터필러가 진출하기 꺼리는 지역으로 사업을 확대하는 방법을 모색하였다. 캐터필러가 전 세계적인 유통망과 우수한 서비스지원을 바탕으로 고가의 프리미엄 제품에 주력했었던데 반해, 코마츠는 캐터필러에 비해 항상 10% 이상 가격을 낮춤으로써 가격경쟁력을 바탕으로 시장점유율을 15%선에서 유지하였다. 따라서 이 당시 코마츠는 국제시장에서 캐터필러와 비교할 수 없는 미약한 경쟁자였다.

하지만 다른 주요통화 대비 달러화의 가치가 급격히 상승함으로써 이러한 환율의 변동이 캐터필러와 코마츠 간 안정적인 경쟁관계를 순식간에 변화시켰다. 즉, 1980년과 1987년 사이, 달러화의 가치는 다른 주요 10대 산업국가와 비교하여 평균 87% 평가절상 되었다. 그 배경을 잠깐 설명해보자. 1980년 미국의 Paul Volker가 연방준비제도이사회(Federal Reserve Board) 의장으로 취임한 이후, 인플레이션을 억제하기 위한 통화긴축정책과 고금리정책을 시행함에 따라 미국의 금리는 급격히 상승하였고, 외국의 투자가들은 미국의 높은 이자율을 활용하기 위해 미국에 대한 자본투자를 대폭 증대하였다. 이로 인해 달러화에 대한 수요가 급격히 증가하자 달러화의 가파른 평가절상이 일어났으며, 이는 다시 연속적으로 캐터필러의 수출가격을 상승시키는 효과로 이어졌다.

달러화의 평가절상이 캐터필러 제품의 달러표시 가격에 대한 실질적인 인상을 가져온데 반해, 이는 미국으로 수입되는 코마츠 제품의 달러표시 가격을 하락시켰다. 엔화대비 달러화 가치의 상대적인 변화로 인해, 1985년 코마츠 제품은 캐터필러가 생산한 중장비보다 무려 40%나 낮은 가격에 판매되었다. 이러한 엄청난 가격 차이가 발생함으로써 소비자들은 캐터필러가 뛰어난 품질을 갖고 있으며 안정된 서비스를 제공함에도 불구하고 코마츠의 제품을 구매하기 시작하였다.

또한 엎친 데 덮친 격으로 제3세계의 부채위기가 발발하였다. 1970년대 초, OPEC 산유국들의 석유가격은 3배 상승하였으며, 이는 막대한 자금의 중동국가 유입이라는 결과를 가져왔다. 또한 이 시기 선진국시장의 건설경기는 냉각되었던 반해 제3세계에 건설 붐이 일어나기 시작하자 국제 상업은행들은 OPEC 산유국들로부터 자금을 차입하여 이를 제3세계 국가들에게 대여해 주었다. 이 당시만 해도 이러한 현상은 캐터필러에게 도움이 되었다. 하지만 위험하고 비생산적인 분야에 지나친 투자가 이루어짐으로써 멕시코, 브라질, 아르헨티나를 포함한 제3세계 정부들은 갑자기 모라토리엄 선언의 위기에 직면하는 상황을 겪게 되었다. 상황이 이에 이르자 국제통화기금이 개입하여 거시적인 국가경제의 재정긴축정책을 조건으로 제3세계 국가들에게 추가적인 외화 원조를 실행하였다. 어려운 경제 여건을 반영하여 이들 제3세계 국가들은 가격에 민감하게 반응하기 시작했으며, 따라서 고마츠 장비에 대한 수요가 늘어난 반면, 캐터필러는 큰 타격을 입게 되었다. 결국 캐터필러는 1980년부터 1985년 사이에 약 10억 달러의 커다란 누적적자를 기록하였으며 전 세계 시장점유율이 53%로부터 40%로 대폭 하락하게 되었다. 그와 달리 코마츠의 시장점유율은 같은 기간 15%에서 25%로 수직 상승하였다.

갑작스런 달러화 평가절상과 제3세계 위기로 인해 큰 폭의 적자를 기록하게 되자 캐터필러는 충격을 받았다. 이 상황을 타개하기 위한 노력의 일환으로, 캐터필러는 1982년과 1985년 사이 미국 내 공장 9곳을 폐쇄함으로써 20% 이상 생산원가를 절감하였으며, 생산인력을 40% 감축하고, 품질향상을 위한 유연생산시스템 도입을 위해 18억 달러를 투자하였다. 또한 다른 수출기업들과 더불어 정부를 상대로는 고평가된 달러를 외환시장에서 다시 절하시키도록 지속적인 압력과 로비를 시행하였다. 1984년, 캐터필러는 당시 레이건 미 행정부에게 외환시장에 개입토록 압력을 행사하는 가장 큰 목소리 중 하나였다.

결국, 미 행정부는 일본, 독일, 프랑스 및 영국의 대표자들을 뉴욕 플라자호텔에서 만나 환율문제를 논의하기 시작하였고, 일본의 성장으로 미국과 유럽 국가들이 경제적인 타격을 입자 엔화의 가치를 평가절상 시키고 달러화의 가치는 절하시키는데 합의를 도출하게 되었다(이를 플라자합의라고 한다). 이 합의를 근거로 각국 중앙은행은 즉각적으로 외환시장에 개입하여 달러화를 팔고 엔화를 구입하기 시작했다. 이로 인해 일본 엔화의 가치는 하루만에 41%나 평가절상 되었고, 그 이후로도 엔화가치는 지속적으로 상승하였다. 1988년에는 엔화가 또 한 차례 큰 폭으로 평가 절상되어 코마츠를 압박하기 시작하였다. 그 결과 1989년 캐터필러는 자신의 세계 시장점유율을 47%까지 회복하는데 성공하였고, 코마츠의 시장점유율은 20% 이하로 다시 감소하였다.

자료: Hill, C. W. L. (2007), International Business: Competing in the global marketplace, McGraw-Hill Irwin 및 장세진 (2006), 「글로벌경영」, 박영사.

제1절 국제통화제도(환율)

기본적으로 환율은 두 통화의 상대적인 가치차이, 즉 수요와 공급에 의해 외환시장에서 결정된다. 또한 특정 통화에 대한 수요와 공급은 당해 국가의 상대적인 인플레이션율과 이자율에 의해 영향을 받는다. 환율은 크게 나누면, 고정환율제도와 변동환율제도로 구분 가능하며, 이하의 설명에서 각각의 종류와 특징에 대해 구체적으로 살펴보고자 한다.

1. 고정환율제도

고정환율제도(fixed exchange rate)는 정부가 각각의 통화에 대한 환율을 일정 수준으로 고정시키고 이를 유지하는 제도를 일컫는다. 고정환율제도는 환율이 안정적으로 유지되기에 정부의 통화정책이 예측 가능하고, 따라서 경제활동의 안정성이 보장되어 대외거래를 촉진시키는 장점이 있으나, 환율 변동에 의한 국제수지의 조정이 불가능함에 따라 대외부문의 충격이 급작스런 물가불안 등 국내경제를 불안정하게 하는 단점도 있다. 즉, 고정환율제도는 무역거래에 있어서 발생하는 환리스크를 제거하기 때문에 교역 확대를 위해 여러 나라에서 채택하여 왔으나, 이 제도를 채택한 국가의 국제수지에 기초적 불균등이 대량으로 발생하는 경우에는 결국 대폭적인 평가변동을 함으로써 경제에 충격을 가할 수 있다. 또한 환율을 일정수준으로 유지해야 하기에, 경제상황이 변동되는 경우에도 필요한 재정정책을 융통성 있게 펼칠 수 없다는 단점도 수반한다. 2000년에 유통되기 시작한 유로화의 도입이전, 유럽연합의 다수 국가들이 고정환율제도를 사용한 바 있으며, 우리나라도 상당기간 고정환율제도를 채택하여 운영하였다. 고정환율제도를 그림으로 설명하면 <그림 6-1>과 같다.

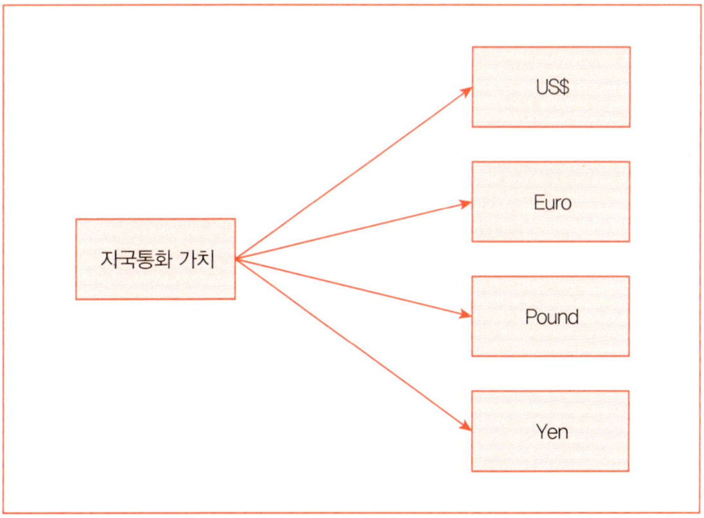

그림 6-1 ● 고정환율제도

반면 많은 소규모 경제 국가들은 그들의 통화가치를 특정 기준통화, 예컨대 미국 달러화나 유럽연합의 유로화 가치와 일정하게 묶어놓음으로써 고정시키기도 하는데 이를 페그제(pegged exchange rate)라고 한다. 이 제도 하에서는 페그제를 시행하는 국가의 통화와 연계되는 기준통화 간에는 환율이 변하지 않지만, 그 기준통화와 다른 기타 통화간의 환율은 변동하므로 여타 통화와는 간접적으로 변동환율제를 채택한 셈이 된다. 페그제는 기준통화로 사용하는 기축통화와의 환율변동에 대한 불확실성이 제거되기에 무역과 다국적기업에 의한 직접투자가 활성화되고, 고정된 환율로 인해 물가가 안정되는 장점이 있으나, 통화가치가 자국의 경제력을 제대로 반영하지 못하는 상황이 발생하면 국제 환투기 세력의 표적이 돼 엄청난 손실을 입을 수 있는 단점이 상존한다. 페그제를 설명하는 그림은 아래와 같다.

2. 변동환율제도

자국통화의 상대적인 가치를 외환시장에서의 수요와 공급에 의해 결정하는 환율을 자유변동환율제도(floating exchange rate)라고 한다. 즉, 자유변동환율제도는 정부의 구조적인 외환시장 개입이나 정책적 제한 없이 환율이 외환시장에서 자유롭게 혹은 독립적으로 결정되는 체제를 의미한다. 미국의 달러화, 유럽연합의 유로화, 영국의 파운드, 일본의 엔화 등 세계경제의 주요통화들은 기본적으로는 서로의 통화가치에 매일매일 자유롭게 변동하는 자유변동환율제도를 채택하고 있으며, 우리나라도 외환위기가 발생한 1997년 12월 이래 이 제도를 도입하여 사용하고 있다. 이 자유변동환율제도는 이론

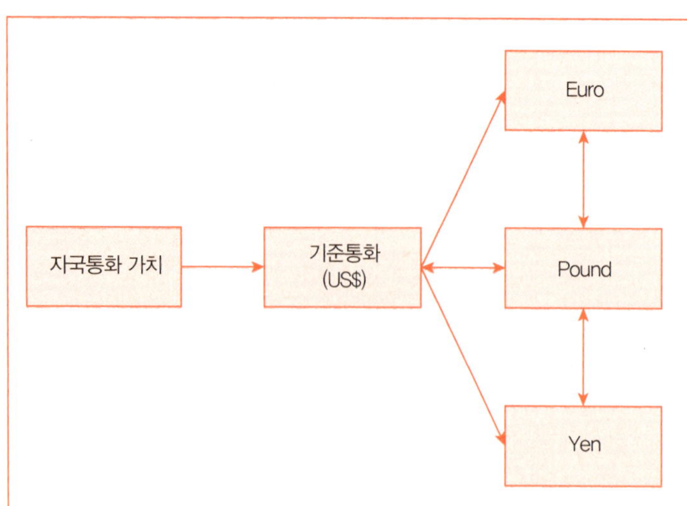

그림 6-2 ● 페그제

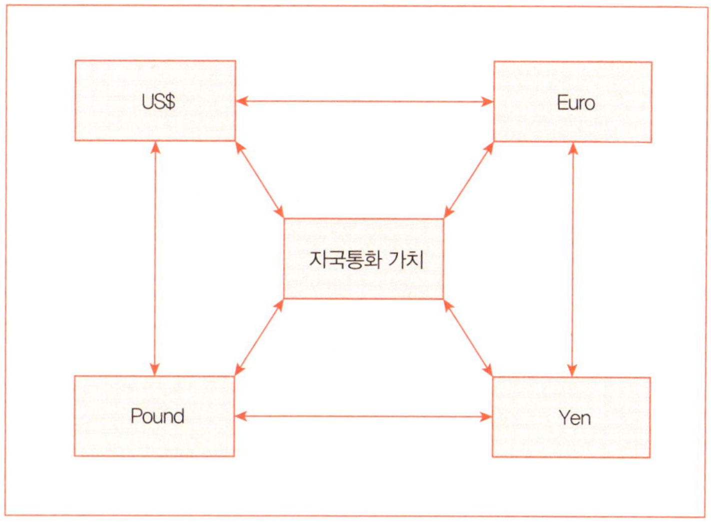

그림 6-3 ● 자유변동환율제도

적으로는 다른 국가와의 교역에 의한 무역불균형이 발생할 경우 환율이 스스로 균형점을 찾아 수렴하고, 환율의 실세를 반영하여 융통성 있게 변동하는 장점이 있으나, 환율이 지나치게 변동하는 경우 경제에 심각한 부담을 주는 동시에 환투기의 가능성이 있을 때에는 안정성을 잃게 되는 단점이 있다. 하지만 자유변동환율제도를 채택하고 있는 국가라고 하더라도 대부분 외환시장에서의 상호작용에 의한 자유로운 통화가치 변동에만 맡기지는 않으며, 상황에 따라 적극적이고 지속적으로 외환시장에 개입 또는 환율을 관리하는 경향이 있다. 자유변동환율제도는 <그림 6-3>과 같이 설명될 수 있다.

한편, 외환시장의 수요와 공급 상황에 따라 변동되도록 하되 중앙은행이 적정하다고 판단하는 수준, 즉 특정 중요한 기준통화 대비 자국의 통화가치가 단기적으로 지나치게 급격히 변동(평가절상 또는 평가절하) 되지 않도록 외환시장에 개입하여 환율 수준을 관리함으로써 환율을 안정시키는 제도를 관리변동환율제도(managed floating exchange rate 혹은 dirty floating exchange rate)라고 한다. 이는 고정환율제도와 자유변동환율제도의 장점을 살린 중간 형태라고 할 수 있으며, 완전히 시장 자율에 맡기게 될 경우 환투기에 의해 외환시장이 불안해지는 것을 감소시키는데 그 목적이 있다. 향후 설명할 국제통화시스템의 변천과정에서 존재했던 1970년대 브래튼우즈 체제가 무너지면서 많은 국가에서 채택되었다. 주요 선진국들이 자유변동환율제도를 도입하여 시행하고 있는 반면, 경제력이 이에 미치지 못하는 개발도상국들은 주로 관리변동환율제도를 채택하는 경향이 있다. 관리변동환율제도는 <그림 6-4>로 설명될 수 있다.

위에서 설명한 고정환율제도와 변동환율제도는 각기 특징적인 장점과 단점을 내포하고 있다. 우선 변동환율제도의 특징을 살펴보면, 고정환율제도 하에서 정책당국은 자

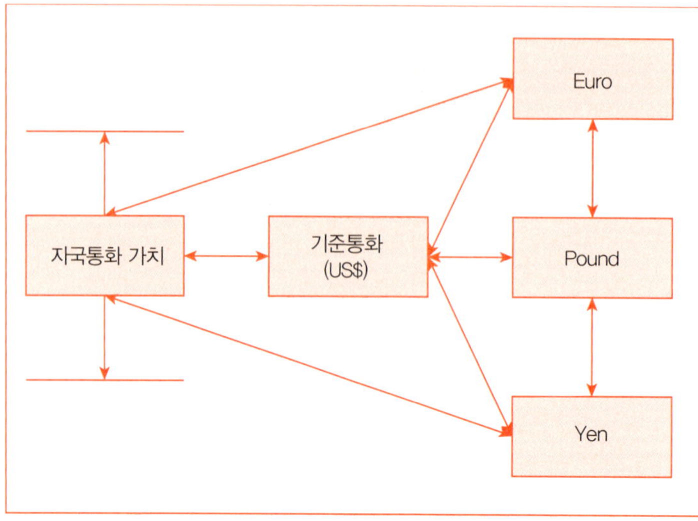

그림 6-4 ● **관리변동환율제도**

국의 통화가치를 일정수준으로 유지할 필요성으로 인해 경제상황에 맞게 융통성 있는 통화정책을 집행하는데 제한을 받는데 반해, 변동환율제도에서는 탄력적인 재정정책을 운용할 수 있는 장점이 있다. 또한 변동환율제도를 옹호하는 집단에서는, 과도한 경상수지 적자가 발생할 경우 변동환율제도 하에서 통화가치에 대한 보다 더 부드럽고 효율적인 조절 메커니즘이 작동한다는 점을 강조한다.

이와 달리, 고정환율제도의 특징은 이 제도를 채택하고 있을 경우 정책당국이 환율을 유지하기 위해서 인플레이션이 발생하는 것을 방지하고자 적극 노력하게 되며, 따라서 시장으로의 과도한 통화 공급을 억제하게 된다. 이로 인해, 변동환율제도의 주요 단점이라고 할 수 있는 미래 통화움직임에 대한 불확실성을 상당 폭 제거할 수 있다. 또한 환투기 세력에 의한 공격을 방지할 수 있기에 통화가치의 급격한 상승 혹은 하락으로 인해 발생할 수 있는 경제적 부담을 막을 수 있다. 마지막으로, 변동환율제도에 대한 비판가들은 변동환율제도가 무역불균형에 대한 조절효과가 있다는 사실에 의구심을 표함으로써 고정환율제도의 효용성을 부각시킨다.

토의자료 6-1

환율이 무역에 미치는 영향

1985년 9월, 미국 뉴욕에 있는 플라자호텔에 미국, 영국, 프랑스, 일본, 독일 등 세계에서 가장 부자나라의 재무장관들이 모여서 미국의 무역적자를 줄이는 방법을 모색하기로 했다. 미국은 세계에서 경제규모가 가장 크지만 동시에 무역적자가 아주 큰 나라이다. 당시에도 미국은 무역적자가

매우 컸는데 이대로 가면 세계경제에도 큰 위험이 될 수도 있다는 걱정에 각국 재무장관들은 "일본 엔화와 독일 마르크화의 환율을 내리자"라는 결정을 내리게 되었다.

일본과 독일의 환율이 하락하면 어떻게 미국의 무역적자가 줄어든다는 이야기일까? 환율변동이 어떻게 수출, 수입과 무역수지에 영향을 주는지 좀 더 자세히 알아보도록 하자. 환율이 상승하면 수출에 어떠한 변화가 일어날까? 만일 우리가 반도체를 세계시장에서 5달러에 판매한다면 환율이 1,000원/1달러일 경우 우리는 반도체 1개를 팔아서 원화로 5,000원을 벌게 될 것이다. 이 때 환율이 1,100원/1달러로 상승한다면 똑같은 5달러로 반도체를 팔아도 우리의 원화수입은 5,500원이 될 것이다. 결과적으로 해외에서 5달러라는 똑같은 가격에 반도체를 팔았어도, 환율이 오르면 기업의 수입은 500원(5,500원-5000원)이 늘어나게 된다.

환율이 상승했을 때 또 하나의 경우로 기업은 해외시장에서 달러로 표시된 반도체 가격을 내릴 수 있다. 예를 들어, 반도체 하나를 팔아 원화로 5,000원의 수익을 받고 싶은 기업은 환율이 1,000원/1달러일 경우 5달러를 받아야 하지만, 환율이 1,100원/1달러로 올라갈 경우 약 4.50달러만 받아도 된다. 왜냐하면 4.50달러를 1,100원으로 곱하면 약 5,000원이 되기 때문이다. 이럴 경우 우리 기업들이 0.50달러(5달러-4.5달러)나 더 저렴한 가격으로 해외에 제품을 판매할 수 있기 때문에 다른 국가들의 상품에 비해 가격경쟁력이 생겨 수출이 늘어나게 될 것이다.

그러면 환율 상승은 수입에 어떤 영향을 미칠까? 예를 들어, 10달러에 향수를 수입하는 경우를 생각해 보자. 과거 1,000원/1달러였을 경우 원화로 10,000원에 수입이 가능하지만, 1,100원/1달러로 환율이 상승하였을 경우에는 원화로 11,000원에 수입이 가능하게 될 것이다. 결국 환율이 상승하면 원화로 표시된 수입가격이 상승하여 소비자들은 수입 향수 사용을 줄이게 되고 결과적으로 수입이 감소하게 된다. 지금까지 살펴본 바와 같이 환율이 상승하면 수출이 증가하고 수입이 감소함으로써 무역수지(수출−수입=무역수지)가 개선되는 방향으로 흐른다. 이와 반대로 환율이 하락하면 수출이 감소하고 수입이 늘어서 무역수지는 악화된다.

무역수지가 개선된다는 점에서 환율이 오르는 것은 반가운 일일 것이다. 그러나 환율이 오른다고 항상 좋은 것은 아니다. 우리나라는 수출에 필요한 원유 등의 원자재를 외국에서 많이 들여와야 하는데 환율이 오르면 석유를 수입하기 위해 필요한 원화의 금액이 올라가게 되어 기업의 부담이 늘어나게 되기 때문이다. 아울러 환율변동은 국내 물가에도 영향을 주게 된다. 원유의 수입가격이 1배럴당 50달러일 경우, 원화환율이 1,000원/1달러라면 원유를 수입하는 회사는 1배럴당 50,000원을 지불하겠으나, 환율이 1,100원/1달러로 상승하면 원유의 1배럴당 수입가격이

55,000원으로 상승하게 되어 원유를 수입한 회사는 원유를 더 비싼 가격으로 국내 소비자들에게 팔게 될 것이다. 여기다 원유가 들어가거나 원유를 사용해서 만드는 모든 제품의 가격이 높아지기 때문에 우리나라의 전반적 물가가 불안한 모습을 보이게 될 것이다.

이렇듯 환율은 동전의 양면과 같다. 환율은 국가 간 화폐의 이동으로 자연스럽게 상승하거나 하락하지만 환율의 급격한 변화는 경제 여러 면에서 충격을 줄 수 있다. 따라서 환율은 안정된 수준을 유지하는 것이 바람직하다.

자료: 한국무역협회 (2015), 무역에 대해서 알아보아요! 中.

제2절 국제통화시스템의 변천과정

1. 금본위제도

금본위제도(Gold Standard System)의 기원은 중세 상업주의 무역에 그 뿌리를 두고 있으며, 각국의 통화가치가 일정량의 금에 고정되고 금을 기준으로 가격이 정해져 있던 통화시스템을 뜻한다. 금본위 제도는 1819년 영국 중앙은행이 금을 보유하고 그것을 파운드로 바꿔주는 제도를 실시하면서 최초 시작되었으나 이후 1880년까지 영국, 독일, 일본 및 미국을 비롯한 당시 전 세계 대부분의 주요 교역국들은 금본위제도를 국제결제시스템으로 채택하게 되었다. 이 제도는 금의 제도적 효율성을 지속적으로 제고하고 안정성을 유지함으로써 세계경제 발전에 크게 공헌하였으나 제1차 세계대전 발발과 더불어 각국이 전쟁비용 마련을 위해 통화를 증발하고 이로 인해 과도한 인플레이션이 발생하면서 금본위제 유지에 대한 회의적 시각이 대두되기 시작하였다.

이러한 상황에서 영국은 1914년과 1925년 사이의 엄청난 인플레이션에도 불구하고 파운드화의 가치를 전쟁전의 금 평가, 즉 온스당 4.25 파운드로 되돌리는 결정을 하였으나, 파운드화의 과대평가는 교역에 있어서의 수출침체와 이로 인한 막대한 실업을 야기하였다. 급기야 시장이 파운드화의 가치유지에 대한 신뢰를 잃게 되자 소유하고 있던 파운드를 금으로 교환하려는 심각한 움직임이 발생하였다. 급기야 보유하고 있던 금의 고갈을 우려한 영국 정부는 1931년 금 태환을 중지하기에 이른다. 또한 1933년 미국은 금 1온스 당 20.67달러였던 달러화의 가치를 1온스 당 35달러로 자국통화에 대한 평가절하 조치를 단행하였고, 이는 다른 선진국들의 자국통화에 대한 경쟁적인 평가절하를 야기하는 도화선이 됨으로써 결국 금본위제도는 붕괴되었다.

금본위제도는 앞서 설명한 고정환율제의 형태를 띠고 있었기에 과도한 재정집행으로 인해 발생할 수 있는 인플레이션을 억제하는 장점과 더불어 국제수지의 자동조절이 가능했다. 즉, 이 제도를 채택하고 있던 당시 국제수지에 적자가 발생하면 국제결제수단인 금이 수출국으로 선적되어 보내져야 했다. 더욱이 금본위제도 하에서 각 국가는 보유하고 있는 금의 양을 기준으로 통화정책을 펴야 했기에 국제수지의 적자는 곧 통화정책의 긴축적 운용과 시중에서 유통되는 통화량 감소의 원인이 되었고, 이는 자연스럽게 이자율 상승을 가져오며, 이는 다시 선순환적으로 외국자본의 유입을 증가시킨다. 동시에 그러한 긴축정책은 자국 시장의 투자위축을 발생시키고 물가를 하락시켜 수입을 억제하는 효과를 가져옴으로써 경상수지를 개선시킨다. 이러한 일련의 과정을 거쳐 금본위제도 하에서의 국제수지는 자동 조절되어 균형점을 찾아간다(국제수지가 흑자인 경우는 이와 반대의 과정을 겪게 된다). 반면, 새로 확보하는 금의 공급량이 경제발전 속도와 화폐공급 증가에 대한 요구를 충족시키지 못할 때에는 (실제 이러한 일이 현실로 발생하였다) 적절한 통화정책을 집행하는 것이 불가능한 단점이 있으며, 또한 자국 경제를 완전히 분리하여 세계적인 경기침체나 인플레이션 영향 등으로부터 차단하는 것이 어려웠다.

2. 브래튼우즈 체제

금본위제도가 국제통화시스템으로서의 역할을 하지 못하고 붕괴하자, 제2차 세계대전 종전 직전인 1944년 미국 뉴햄프셔 주 브래튼우즈에서 44개국 대표가 참가한 연합국 통화금융회의가 개최되고, 이곳에서 각국 대표들의 협의 하에 브래튼우즈체제(Bretton Woods System)라는 새로운 국제금융 질서가 탄생하였다. 브래튼우즈 체제는 각국의 평가절하 경쟁으로 국제경제 · 통화 제도가 파탄됐던 사실을 반성하고, 협정에 따라 통화 가치 안정, 무역 진흥을 도모하며, 국제통화기금(IMF)과 국제부흥개발은행(IBRD)을 설립함으로써 개발도상국을 지원하는 것을 주요한 목표로 하였다. 이 통화시스템의 주요 특징은 미국의 달러화를 기축통화로 하여 금과의 일정 교환비율(금 1온스 당 35달러)로 고정시키고, 달러 가치를 금에 맞춰 태환할 수 있도록 하였으며, 다른 통화의 환율은 달러화에 고정시킨 고정환율제도였다. 브래튼우즈 체제는 고정환율제도를 유지하고 환율을 일정하게 안정시키기 위해서 자국의 통화가치 방어나 무역을 목적으로 한 자의적인 환율인하 혹은 통화량 남발을 엄격히 금지하였다. 따라서 각국의 통화정책은 그만큼 제한되었으나, 인플레이션의 발생을 억제함으로써 전후 피폐화된 전 세계 경제가 안정적으로 성장하는데 크게 기여하였다.

그럼에도 이 체제는 다음과 같은 일련의 문제점을 가지고 있었다. 첫째, 국제유동성 문제가 잠재되어 있었다. 브래튼우즈 체제하에서는 금과 달러 및 국제통화기금의 신용수단이 국제 유동성을 결정하였다. 특히 기축통화의 기능을 하는 미국의 국제수지 상태가 국제유동성수준에 많은 영향을 미칠 수 있었다. 이는 곧 적정수준의 국제유동성을 유지하면서 세계무역의 증대를 기하기 위해서는 미국이 항상 중용의 정책을 추구해야함을 의미하지만, 미국의 정책은 또한 자국 내의 경제여건을 반영해야 하기에 이러한 상황은 소위 유동성 딜레마(liquidity dilemma)라는 구조적 모순을 야기할 수 있었다. 즉, 전 세계의 유동성총량이 일국의 경제정책에 의해 결정되어질 수 있는 문제를 내포하고 있었다. 둘째, 조정의 문제가 있었다. 브래튼우즈 체제에서는 원칙적으로는 환율을 고정(상하 1% 범위 내에서만 조정이 가능)시키고 국제수지의 근본적인 불균형(fundamental disequilibrium)이 발생한 경우에만 예외적으로 그 이상의 변동을 허용하고 있었다. 따라서 환율변경에 의한 국제수지의 조정이 고정환율제의 태생적 문제점인 경직성 때문에 용이하지 않았다. 셋째, 언제든 신뢰의 문제가 발생할 수 있었다. 즉, 만약 거래에 필요한 금액을 훨씬 초과하여 달러를 보유하게 되는 경우 그 가치보장을 위해 금 태환을 요구하게 되나, 특히 미국의 금보유고가 격감한 이후의 달러화는 국제사회에서 신뢰의 문제가 제기될 수 있었던 것이다.

앞의 설명을 간단히 요약하면, 브래튼우즈 체제가 지속적으로 원만히 유지되어 국제통화시스템으로 작동하기 위해서는 금으로 태환할 수 있는 유일한 기축통화인 달러화의 안정이 필수적인 전제조건이었다. 그러나 고정환율제도로 대표되는 브래튼우즈 체제는 1960년대 말까지 제 역할을 다하며 효과적으로 운영되었음에도 다음 몇 가지 사건이 발생함에 따라 1970년대 초반에 이르러 붕괴의 징후가 나타나기 시작하였다. 무엇보다 가장 대표적인 사건은, 미국이 베트남 전쟁에 깊숙이 관여함에 따라 막대한 전쟁비용을 지출하게 되자 부족한 전비조달을 위해 달러화를 지나치게 많이 발행하게 되었다. 하지만 달러화의 과도한 발권은 미국경제의 심각한 인플레이션을 야기하였으며 이는 다시 달러화 가치의 급락으로 이어지게 되었다. 브래튼우즈체제가 안정적으로 유지되기 위한 중요한 전제조건인 달러화 가치의 유지가 지속되지 못하고 폭락하자 세계 금융시장에 큰 혼란이 발생하였으며 더욱이 미국의 국제수지가 지속적인 적자를 시현함에 따라 달러화의 가치하락을 가속시켰다. 국제 통화시스템의 불안이 증폭되고 상황이 악화되자 프랑스를 포함한 일부 국가들이 금태환을 요구하였고, 달러화에 대한 금태환 요구가 과도하게 발생하자 급기야 1971년 8월 닉슨대통령이 달러화의 금태환 중지 선언을 함으로써 브래튼우즈 체제는 막을 내리게 되었다.

3. 킹스턴체제

세계 경제여건의 변화와 달러화에 대한 신뢰성 하락으로 1960년대에 들어와 브래튼우즈 체제는 구조적 모순을 들어내기 시작했으며, 이에 따라 여러 차례에 걸친 국제통화위기가 발발하게 되었다. 그때마다 일련의 수정 내지는 보완작업을 통하여 국제통화위기를 일시적으로 극복해옴으로써 브래튼우즈 체제는 그 명맥을 유지하여 왔다. 하지만 앞서 설명했듯, 미국이 1971년 8월 지속적인 무역수지 적자누증으로부터 달러화를 방어하기 위하여 달러화의 금태환 중지조치를 발표함으로써 브래튼우즈 체제는 사실상 붕괴되었으며, 과도적으로 1971년 12월 스미소니안(Smithsonian) 체제가 성립되었다. 그러나 이 체제도 1973년 초에 달러화의 제2차 평가절하로 무너졌으며, 이후 국제통화체제는 혼미를 거듭하다가 1976년 1월 자메이카의 수도인 킹스턴에서 열린 제5차 국제통화기금 잠정위원회에서 새로운 합의들을 도출함에 따라 킹스턴 체제(Kingston System)라 불리는 신국제통화체제가 탄생하게 되었다.

이 합의의 주요내용은 첫째, 고정환율제와 함께 변동환율제를 병행하여 유지시키되 주요 선진국들은 변동환율제를 사용하기로 하였다. 둘째, 국제통화기금 신용의 확대 및 이용조건을 완화키로 하였다. 셋째, 국제통화기금의 주보유자산을 SDR(특별인출권. 저자 註: 금과 달러의 뒤를 잇는 가상의 국제준비통화. 국제통화기금에 출자금을 낸 가맹국은 금이나 달러로 환산해서 일정액의 SDR을 출연하고, 국제수지 악화 등으로 경제가 어려워지면 SDR을 배분 받아 사용한다)로 한다. 넷째, 금의 지위를 변경시켜 일반상품과 마찬가지로 시장에서 매매가 되도록 하였다. 이로써 금환본위제도와 고정환율제도를 근간으로 30여 년간 유지되었던 브래튼우즈 체제대신 대부분의 국가가 변동환율제를 사용하는 킹스턴체제가 출범하게 되었다.

토의자료 6-2

"위안화 역외금융 허브와 한국의 역할"

지난 4월 초 런던에서 개최된 제1회 한 · 영 금융협력 포럼에선 매우 흥미로운 순간이 있었다. 신제윤 금융위원장이 축사를 하다가 잠시 연단에서 내려왔다. 개회사를 마치고 자리에 앉아있던 시티오브 런던의 피오나 울프 로드 메이어에게 우리나라 500원짜리 지폐가 들어있는 액자를 선물하기 위해서였다. 포럼 참석자들은 박수를 보냈다. 신제윤 위원장은 과거 정주영 회장이 런던 금융

시장에서 조선소 설립 자금을 조달할 당시의 에피소드를 소개했다. 당시 정 회장이 우리나라 선박 제작 역사가 오래됐다는 것을 강조하기 위해 거북선이 그려져 있는 500원짜리 지폐를 많은 관계자들에게 보여주었다는 일화를 전했다. 조선소 설계 회사였던 A&P 애플도어의 롱바텀 회장도 그 중 한 사람이었다. 처음에는 부정적이던 바텀 회장은 정 회장의 열의에 감동했고 바클레이 은행에 정 회장을 소개시켜주기까지 했다. 결국 그리스의 조지 리바노스 회장이 선박 2척을 정 회장에게 발주함으로써 현대중공업이 출범하는 계기가 마련되었다. 바클레이 은행이 주간사가 된 신디케이션이 현대에게 5,000만 달러를 대출해주기도 했다. 우리 경제발전의 밑거름이 된 돈이었다.

달러는 미국 돈이다. 그런데 런던에서도 달러 자금을 구할 수 있다. 이처럼 해당 표시 통화 자금이 제3국에서 조달 · 운용 될 때 이를 역외시장(External Market)이라고 부른다. 역외시장에는 역사가 있다. 제2차 세계대전 이후 소비에트 연방과 미국 간 냉전 상황이 이어지면서 동구권 국가들은 달러 표시 자금을 미국이 아닌 유럽에 예치하기 시작했다. 유럽 금융기관들은 이를 제3국 기업들에게 대출해주었다. 이런 방법으로 자금을 운용하면서 달러로 표시된 자금이 유럽에서 조달되고 운용되는 유로달러시장이 형성된 것이다.

오일쇼크는 역외시장 발전에 큰 역할을 했다. 1973년 석유 가격이 거의 4배 가까이 폭등하면서 석유를 생산 · 판매하는 중동지역에 엄청난 양의 달러가 유입되기 시작했다. 주로 이슬람 국가들로서, 기독교 국가인 미국과 사이가 좋지 않았던 석유생산국들은 이렇게 밀려드는 달러를 유로달러 시장에 예치했다. 그 후 유로달러 시장은 엄청난 규모로 커지면서 도약의 계기를 마련할 수 있었다.

유로달러 시장의 상징인 런던이 최근 위안화 역외금융 시장의 구축을 위해 중국 정부와 교류를 활발하게 진행하고 있다. 3월말에는 런던에 위안화 결제 청산은행이 지정되기도 했다. 이후 위안화 통화스왑이 체결되었고, 런던이 위안화 적격외국인투자자(RQFII) 지위를 획득하면서 홍콩 · 싱가포르 · 프랑크푸르트와 함께 위안화 역외금융 허브로서의 역할에 시동을 걸게 되었다. 물론 위안화의 자본자유화가 이뤄지지 않고 있어서 역할에 제한은 있지만, 점점 그 활동이 늘어나 향후 의미 있는 변화들이 진행될 것으로 보인다.

현재 위안화는 세계 자금결제의 1.4% 정도를 차지하고 있어 아직은 그 비중이 작은 편이다. 하지만 무역결제만을 보면 8.6% 정도로 그 비중이 부쩍 늘어난다. 중국은 일단 위안화 무역결제의 비중을 늘리겠다는 전략을 내보이고 있다. 무역결제 비중을 늘리면서 장기적으로 자본계정의 자유화를 통해 위안화를 달러에 이은 세계 기축통화 지위로 격상시키겠다는 것이 시진핑 정부의 중요한 정책 목표다. 시진핑 정부는 소위 리커노믹스를 통해 이미 소비와 내수 위주의 경제체제 구축을 천명한 상황이다. 그런데 소비와 내수 위주의 경제운용을 할 경우 가장 문제가 되는 것이 경상수지 악화다. 자국 상품을 포함한 외국상품 소비도 늘게 되므로 수입이 활성화되면서 외화부문에 문제가 생길 가능성이 농후해진다.

여기서 중국 정부의 전략이 나온다. 경상수지가 악화돼도 문제가 별로 안 되는 방법 중 확실한 것이 자국통화를 기축통화로 만드는 것이다. 바로 돈을 수출하는 것이기 때문이다. 1990년대 이후 30여 년 이상 무역적자를 내고 있는 미국이 바로 그 좋은 예이다. 달러를 발행하는 기축통화국인 미국은 적자가 늘어도 문제가 되지 않는다. 상대방이 달러를 받아 가면 된다. 적자를 보는 만큼 달러로 결제해주면 되는 식이다. 때문에 경상수지가 적자를 기록해도 큰 문제가 되지 않는다. 기축통화국의 반열에 오르려는 중국의 전략도 같은 이유에서 나온다고 할 수 있다.

기축통화발행국의 지위는 정말 대단한 것이다. 외환위기가 없다는 것이 가장 큰 선물이다. 또한 제조원가가 12센트 정도에 불과한 100달러짜리 지폐를 100달러를 받고 수출할 수 있다. 세뇨리지를 엄청나게 챙길 수 있다는 것이다.

중국은 이러한 지위를 목표로 꾸준히 움직이고 있다. 때문에 우리나라도 이러한 과정을 주시하면서 새로운 시대에 대한 대비를 해야 한다. 7월초 시진핑 주석의 방문을 통해 우리는 원 · 위안화 직거래 시장개설과 위안화 적격 외국인 투자자 지위를 얻었다. 한도는 800억 위안이다. 또한 위안화 청산은행이 중국 교통은행 한국지점으로 지정되었다. 작은 시작이지만 큰 결과로 이어질 수 있다. 바로 우리나라가 위안화 역외금융 허브의 역할을 할 수 있는 기반이 조성되고 있는 점이다. 중국에 흑자를 내는 우리 경제에서 위안화 결제가 늘어날 경우 무역흑자만큼 위안화가 쌓이게 된다. 이렇게 조성된 위안화 자금을 제3자에게 대출해주거나 중국 본토에 넣어 운용할 경우, 우리 금융기관에게 좋은 비즈니스가 생기게 된다.

물론 이를 위해선 위안화의 위상이 높아져야 한다. 하지만 이러한 움직임이 분명해질 때 가서 시작하면 이미 기회를 놓치게 된다. 불확실성은 존재하지만, 투자를 하듯 위안화 역외금융시장으로서의 역할을 준비해 나가야 위안화 위상 제고와 함께 우리에게 좋은 기회가 많이 생길 수 있다는 얘기다. 그렇게 되면 침체된 국내 금융 산업이 재도약하는 기회도 모색할 수 있다. 혹여 위안화의 부상이 늦어지더라도, 위안화 자산은 중국에서 사용할 수 있으므로 큰 문제가 되지 않는다.

위안화 역외금융센터는 하나의 화두이다. 그러나 이러한 부분이 다른 가능성과 맞아 떨어지면 더 좋은 결과로 이어질 수 있다. 지금은 좀 더 세밀한 전략 수립으로 위안화 허브 전략을 추진해 우리의 위상을 높일 기회로 삼아야 할 때이다.

세뇨리지 효과(seigniorage effect)

기축통화국의 지위를 이용해 화폐를 찍어내고 새로운 신용 창출을 통해 끝없이 대외적자를 메워 나가는 것을 말한다. 화폐를 발행하면 교환가치에서 발행비용을 뺀 만큼의 이익(화폐주조 이익)이 생기는데, 그중에서도 기축통화국, 즉 국제통화를 보유한 국가가 누리는 이익 효과를 지칭한다.

자료: 윤창현, FORTUNE Korea

제3절 국제금융질서와 IMF · 세계은행 그룹 (World Bank Group)

1. 국제통화기금(IMF)

제1차 세계대전과 대공황의 여파로 인한 금본위제도의 붕괴 이후 세계경제는 무역제한조치의 만연과 경쟁적 평가절하, 제2차 세계대전 발발로 인한 통제경제의 시련과 세계적 인플레이션을 겪게 되었을 뿐 아니라 국제유동성의 부족과 외환통제의 보편화 등으로 국제통화질서가 극도의 위기에 직면하게 되고 세계경제가 혼란에 휩싸이자, 세계경제를 위기에서 구출하기 위해서는 새로운 국제통화제도를 수립하여야 한다는 논의가 활발하게 전개되기 시작하였다. 이러한 시대적 요청에 따라 1943년 4월 영국 정부는 「국제청산동맹안」(Proposal for International Clearing Union: 일명 Keynes안)을 발표하였으며, 이어서 미국 정부는 동년 7월에 「연합국 국제안정기금 예비초안」(Preliminary Draft Outline of a Proposal for a "the United and Associated Nations Stabilization Fund": 일명 White안)을 발표하였다.

양안은 제2차 세계대전 이전의 쌍무주의나 직접적인 환관리조치 등을 배제하고, 환율의 안정과 세계무역의 균형적 확대를 도모하기 위한 국제적 협력의 필요성을 주장하는 데에는 공통점을 내포하고 있었지만, 제2차 세계대전 후 채무국인 영국과 채권국인 미국의 입장을 대변하여 여러 가지 상이한 점을 가지고 있었다.

양안에 대한 활발한 논의 결과, 미국의 강력한 경제력을 배경으로 한 화이트안이 1944년 4월 뉴욕에서 개최된 30개국 전문가회의에서 「국제통화안정기금설립에 관한 전문가의 공동성명」(Joint Statement by Experts on the Establishment of an International Monetary Fund) 형식으로 채택되었다. 이 공동성명에 따라 1944년 7월 1일 미국의 뉴햄퓨셔주 브래튼우즈(Bretton Woods)에서 연합국 44개국 통화금융회의가 개최되어, 국제통화기금과 IBRD의 설립원안이 확정되고, 이후 1945년 12월 27일까지 총 쿼터의 80%에 해당하는 35개국이 비준하여 1947년 3월 1일부터 국제통화기금(IMF)이 정식 발족하여 업무를 개시하였다.

국제통화기금은 세계무역의 안정된 확대를 통하여 가맹국들의 고용증대, 소득증가, 생산자원개발에 기여하는 것을 궁극적인 목적으로 설립되었다. 구체적으로 IMF협정문 제1조에 따르면, 국제통화기금의 목적은 ① 국제통화문제에 관한 협의와 협력을 제공하는 상설기구로서 국제통화협력을 촉진, ② 국제무역의 확대와 균형을 도모함으로써 모든 가맹국의 고용 및 실질소득의 확대와 생산자원의 개발에 기여, ③ 외환의 안정을 촉진하고 가맹국간의 질서 있는 환협정을 유지하며 경쟁적인 평가절하를 방지, ④ 가맹국간의 경상거래에 관한 다자간 결제제도의 확립과 세계무역의 성장을 저해하는 외환에 대한 각종 제한의 철폐에 협력, ⑤ 적절한 조건으로 가맹국이 기금의 일반재원을 단기적으로 이용할 수 있게 함으로써 국제수지의 불균형을 시정할 수 있는 기회를 제공하며, ⑥ 이상과 같은 조치로 가맹국의 국제수지 불균형이 지속되는 기간을 단축하고 그 정도를 경감하는 것이라고 명시되어 있다.

국제통화기금은 각국의 국제무역 규모, 국민소득액, 국제준비금보유량 등에 따라 회원국 정부의 출자로 이루어진다. 국제통화기금의 주요 기능과 관련하여, 회원국은 일시적인 국제수지 불균형이 있을 경우 필요한 외환을 국제통화기금으로부터 자국통화로 구입할 수 있다. 또 회원국들의 일시적인 국제수지 불균형을 지원하기 위한 방편들도 마련하고 있다. 1952년 대기성 차관협정(Standby Arrangements)을 도입하여 회원국이 실질적 필요를 예상해서 미리 대출한도액을 협상할 수 있도록 하였다.

1961년에는 10개국이 대기성 차관(standby credit)을 제공하는 일반차입협정(General Arrangements to Borrow)을 체결하였다. 1963년에는 수출변동에 대한 보상금융제도(Compensatory Financing of Export Fluctuations)를 도입하였으며, 이는 개발도상국이 갑작스런 수출액 감소에 직면했을 때, 외환을 통제하거나 극심한 불황을 겪지 않고도 이에 대처할 수 있도록 해주는 방법이다.

국제거래의 규모가 확대되고 금융위기가 잇달아 발생함에 따라 국제수지 안정을 위해 쓰일 추가 준비금이 필요해지자, 1969년 10월 IMF 연례회의에서 국제유동성 공급을 영구적으로 확대하는 SDR 창설을 승인하였다. SDR로 인해 금이나 회원국들의 자국통화를 추가로 출자하지 않고도, 사실상 회원국들의 할당액이 증가하는 효과가 나타났다. 1986년부터 국제통화기금은 IBRD와 함께 빈곤한 나라들을 원조하기 위한 수십 억 달러의 공동대출자금을 새롭게 조성하였다.

2. 세계은행 그룹(World Bank Group)

세계은행 그룹은 1944년 브래튼우즈 협정(Bretton Woods Agreements)에 근거해 설립된 국제연합 산하의 금융기관으로, 전후 각국의 전쟁피해 복구 및 개발, 그리고 제3세계의 농업, 교육, 인구통제, 도시개발을 위한 자금을 지원해 주기 위해 1945년 12월 27일 설립된 국제부흥개발은행(IBRD)이 그 출발이었다. 이후 1956년 7월 국제금융공사(IFC)가, 1960년 9월 국제개발협회(IDA)가, 1966년 국제투자분쟁해결본부(ICSID)가, 1988년 국제투자보증기구(MIGA)가 설립되어 이들 기구들로 구성되어 있다. 특히 이 중에서 IBRD와 IDA를 합쳐 흔히 세계은행(WB)이라 부르며, 협의의 의미로는 세계은행의 핵심 기구인 IBRD만을 지칭하기도 한다. 그룹 내 각 기구는 각각의 협정에 의해 설립된 별도의 법인체이나 가맹국, 조직, 기능면에서 서로 밀접한 관계를 맺고 있다. 이

표 6-1 ● 국제통화기금 회원국의 투표권

회원국	지분	회원국	지분
미국	17.41%	일본	6.46%
중국	6.39%	독일	5.59%
영국	4.23%	프랑스	4.23%
이탈리아	3.16%	인도	2.75%
러시아	2.71%	브라질	2.32%
캐나다	2.31%	사우디아라비아	2.10%
스페인	2.00%	멕시코	1.87%
네덜란드	1.83%	대한민국	1.80%
호주	1.38%	벨기에	1.35%
스위스	1.21%	터키	0.98%

註: 각 회원국들은 국가별로 할당된 특별인출권(SDR)의 지분만큼 투표권을 가진다.
자료: 위키백과(접속일: 2012년 8월 20일)

들 기구 중 IBRD, IDA 및 IFC는 총회, 상무이사회, 총재 등이 동일하고 그 운용목표도 지원대상과 조건이 상이할 뿐, 모두 투자 또는 융자형태의 개발자금 지원을 통한 개도국의 생활수준 향상에 두고 있으며, IBRD가 이들 두 기구에 재원을 보조하고 있어 상호 보완적으로 운영되고 있는데, 특히 IDA의 경우에는 별도의 조직 없이 IBRD가 정책수립과 업무집행을 관장하고 있다. 그러나 MIGA와 ICSID는 민간직접투자에 대한 보증제공과 투자분쟁 해결이라는 업무특성으로 인해 조직 및 업무체계에 있어서 위의 세 기구와 다소 상이하다.

IBRD는 앞서 잠시 설명했듯 제2차 세계대전 후 전쟁복구자금과 개도국에 대한 경제개발자금을 지원할 목적으로 1945년 국제통화기금과 함께 설립되었으며, IDA는 IBRD의 지원이 미치지 못하는 최빈개도국에게 양허적 조건의 개발자금을 지원하기 위해 1960년 설립되었다. 그리고 IFC, ICSID 및 MIGA는 IBRD나 IDA의 개발자금 공급과는 달리 경제개발에 있어서 민간부문의 역할이 확대됨에 따라 개도국 내 민간기업의 육성과 대개도국 민간자본의 이전을 촉진할 목적으로 설립되었다는 공통점을 갖고 있으나, 각 기구의 전담 분야와 시대적 요청에 따라 IFC는 개도국 민간 기업에 대한 투융자를 위해, ICSID는 국제투자분쟁의 조정과 중재를 위해 1956년과 1966년에 각각 설립되었으며, MIGA는 민간직접투자의 비상업적 위험에 대한 보증을 제공하기 위해 1988

년에 설립되었다.

설립 후 그동안 세계은행의 대출정책은 세계경제 여건의 변화와 시대적 특수상황에 따라 정책의 우선순위나 주안점이 달라져 왔다. 설립초기부터 1960년대까지는 인프라시설 투자에 대출이 집중되었으며, 1970년대에는 농업/농촌개발, 교육, 보건 및 영양 등 기본적 사회서비스의 제공에 집중 투자되었다. 1980년대에는 개도국의 심각한 국제수지불균형과 외채누적을 해결하기 위해 구조조정대출을 집중적으로 실시하였으며, 1990년대 이후에는 지속가능한 개발이라는 환경보전과 빈곤퇴치를 위한 부문에 집중 투자됨으로써 빈곤퇴치와 삶의 질을 개선하는데 크게 기여하여 왔다.

국제통화기금과 IBRD는 전후 냉전체제 속에서 자본주의 국가 간의 경제협력 및 통화질서의 확립에 기여해 왔으며, 또한 1980년대 말과 1990년대 초 동유럽 사회주의 경제의 시장경제체제로의 전환과 더불어 이들 국가들이 모두 양 기구에 가입함에 따라 명실 공히 거의 세계국가들을 회원으로 하는 국제기구로서 위상을 갖게 되었다.

그러나 이러한 세계은행 그룹의 활동에도 불구하고 몇 가지 점에서 비판을 받고 있다.

첫째, 국제통화기금과 IBRD의 역할중복 문제이다. 국제통화기금이 초기의 국제수지조정을 위한 단기성 차관지원이라는 역할에서 벗어나 중장기성 구조조정자금을 지원하게 되자 개도국의 경제발전을 위해 장기융자지원을 주목적으로 하는 IBRD와의 역할이 중복되게 되었다. 이에 따라 국제통화기금과 IBRD는 업무중복을 피하기 위해 그동안 몇 차례의 협의를 거쳐 국제통화기금은 주로 거시경제정책 조정을 지원하고, IBRD는 산업, 무역, 농업부문 등 주로 미시경제정책 조정을 지원하는 것으로 업무를 분담하였다. 그런데도 불구하고 양 기구의 개도국 경제발전 지원업무는 상당히 중복되는 경향이 있다. 또한 양 기구의 조직, 특히 IBRD의 방대하고 관료적인 조직운용은 자주 가맹국의 비판대상으로 오르고 양 기구가 통합되어야 한다는 주장도 빈번히 제기되고 있다.

둘째, 국제통화기금과 마찬가지로 IBRD도 모두 미국이 최대 지분국으로서 상무이사회의 결정에 대한 비토권을 가지고 있고 전후 설립초기부터 주요 선진국들의 지분이 상대적 우위를 갖게 됨에 따라 양 기구는 그 동안 선진국의 대개도국 경제정책을 반영하는 다자간 기구의 역할을 해왔다는 점에서 비판이 되고 있다.

이러한 비판에도 불구하고 거의 모든 개도국과의 장기적인 협력체계와 다양한 개발경험을 가진 세계은행은 지난 60여년의 경험을 바탕으로 빈곤퇴치와 삶의 질의 향상을 위해 노력해야 할 것이다.

토의자료 6-3

푸틴의 공약-기축통화인 달러의 약화

러시아 대통령 푸틴은 국제무역에 있어서 기축통화인 달러의 역할을 축소하겠다는 공약을 실행에 옮기고 있다고 블룸버그 통신은 5일 보도했다. 이러한 푸틴의 동향은 러시아 경제를 탈 달러화하여 미국의 경제제재로부터 압박을 받는 러시아 경제의 취약성을 낮추려는 전략이다.

러시아의 중앙은행은 작년에 자국 내 달러 보유량의 절반을 포기하는 전략을 택했다.

러시아 중앙은행 자료에 따르면, 러시아 수출에서 미국 달러 대신에 사용하는 유로화의 비중은 4분기 연속 증가하고 있다. EU와 중국과의 수출에서 유로화 사용은 달러를 앞섰고 인도와 교역에서 인도 루블화의 사용이 급증했다.

EU도 역시 미국과의 무역갈등이 고조되고 있어서 달러 의존도를 낮추어야 하는 문제에 직면하고 있다.

중국과의 무역에서 유로사용은 2018년 초에는 전무했으나 2019년 1분기에 교역량의 3분의 1인 108 billion 달러로 증가하였다. 그러나 중국과의 증가하는 교역에서 위안화의 사용은 제한적인데, 그 이유는 중국자산에 대한 외자 투자가 제한되어 있기 때문에 위안화는 세계 무역에서 중요한 역할을 할 수 없다.

그러나 무역에 있어서 통용되는 달러 사용의 일반화된 관행으로 이러한 러시아의 전략 목표달성은 요원해 보인다. 또 다른 이유는 석유 무역이 달러로 이루어지고 있고 러시아는 세계 최대의 석유 수출국 중 하나이기 때문이다.

자료: 베타포스트, 2019. 8. 6

주요용어

고정 환율, 페그제, 관리변동환율, 변동환율, 금본위제도, 브래튼우즈, 킹스턴체제, 국제통화기금(International Monetary Fund), 세계은행 그룹, 국제부흥개발은행(IBRD).

연습문제

1. 환율의 종류를 나열하고, 각각의 통화제도의 특징을 설명하시오.
2. 고정환율제도와 변동환율제도의 장단점을 분석하시오.
3. 국제통화시스템의 변천과정을 기술하시오.
4. 1997년 말 외환위기시 IMF의 우리나라에 대한 금융지원의 내용과 지원조건을 설명하시오.

참고문헌

Hill, C. W. L. (2007), International Business: Competing in the global marketplace, McGraw-Hill Irwin.

두산백과, "국제통화기금", (접속일: 2012년 8월 20일).

박은태 (2011), 「경제학사전」, 경연사.

베타포스트, 푸틴의 공약-기축통화인 달러의 약화, 2019년 8월 6일자.

위키백과, "국제통화기금", (접속일: 2012년 8월 20일).

윤창현 (2014), 위안화 역외금융 허브와 한국의 역할, FORTUNE Korea.

장세진 (2006), 「글로벌경영」, 박영사.

Global Management

CHAPTER 07

지역경제통합

학습목차

제1절 지역화와 경제통합
제2절 국제통상협력과 OECD
제3절 남북문제와 UNCTAD

학습목표

다국적기업의 국경을 넘는 사업 활동을 하는데 있어서 영향을 크게 미치고 있는 최근 지역주의의 대두에 대해 살펴본다. 구체적으로, 지역주의(regionalism)를 대표하는 EU · NAFTA (USMCA) 등의 경제통합체에 대해 알아본 후, 기타 지역에 존재하는 여타 블록의 특징들에 대해서도 논의하고, 마지막으로 OECD와 UNCTAD에 대해서 살펴보고자 한다.

도입사례 7-1

영향력 커진 아세안 ... 주변국들 '구애공세'

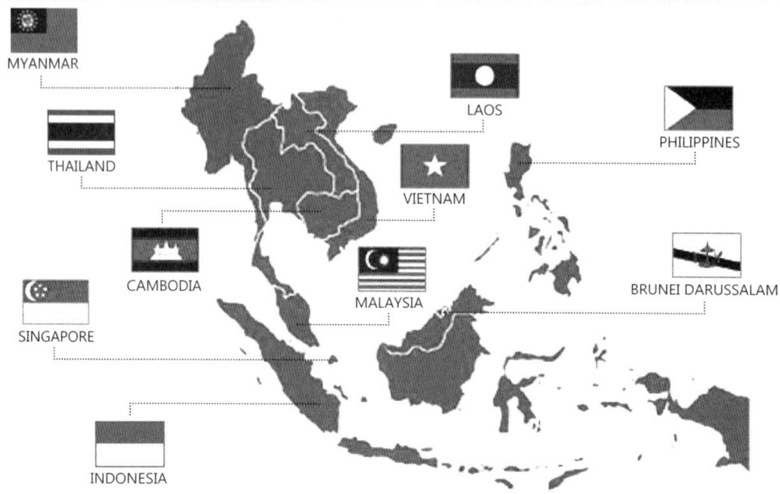

최근 동남아국가연합(아세안)의 역할이 두드러지면서 아세안들을 향한 주변국들의 '구애 공세'가 이어지고 있다.

아세안이 당장 2015년에 경제통합을 실현, 인구 6억 명의 거대 시장으로 급부상할 것이라는 실리적 계산과 최근 들어 막강한 군사력을 바탕으로 고압적 행보를 계속하고 있는 중국을 견제할 동반자가 될 수 있다는 전략적 판단에서다.

무엇보다 미국의 움직임이 발 빠르다. 힐러리 클린턴 미 국무장관은 베트남, 라오스를 잇달아 방문하고 이어 캄보디아 프놈펜에서 열리는 아세안지역안보포럼(ARF)에 참석한다.

그는 이번 방문기간에 메콩강 유역국가들에 대한 대규모 지원계획을 공표키로 하는 등 아세안 국가들의 환심을 사는데 적잖은 공을 들이고 있다.

특히 아세안 의장국 캄보디아의 시엠립에서는 역대 최대 규모의 재계회의를 주관, 투자와 수출 등 아세안과의 경제협력 방안을 집중 협의할 계획이어서 관심이 쏠리고 있다.

이에 앞서 미국 정부는 지난 5월 대(對) 미얀마 제재를 해제했으며, 최근에는 아세안 4개국과도 통상 확대를 위한 협상을 벌이고 있다.

최근 센카쿠(尖閣 · 중국명 댜오위다오<釣魚島>) 열도 영유권 문제를 놓고 중국과 갈등을 빚고 있는 일본도 아세안을 향해 '러브콜'을 보내고 있다.

일본 정부는 내년 말 아세안과 해상 안보협력을 강화하기 위한 특별정상회담을 열기로 했다.

양측은 특별정상회담에서 역내 해상 안보 강화를 위한 지침을 제정하고 구체적인 실행계획도 마련하는 등 협력을 대폭 강화할 것으로 알려졌다.

소식통들은 이와 관련해 "일본과 아세안 국가들은 해상 안보와 관련, 공동의 이해관계를 갖고 있다"면서 "특별정상회담에서 역내 경제교류를 확대하기 위한 논의도 이뤄질 것"이라고 덧붙였다.

최근 남중국해 일부 도서의 영유권 분쟁과 관련해 아세안과 대립구도를 형성하고 있는 중국 역시 아세안에 대해 적잖은 공을 들이고 있다.

중국은 전통적인 우방이자 아세안 의장국인 캄보디아에 적잖은 규모의 원조 및 경제협력을 약속하는 등 상당한 수준의 사전 정지작업을 벌인 것으로 알려졌다.

실제 아세안은 외무장관회의 성명에서 스카보러 섬 대치사태를 구체적으로 적시하지 않는데다 아세안지역안보포럼(ARF) 회의에서도 이를 구체적으로 언급하지 않는 등 신중한 행보를 이어갈 것으로 관측통들은 보고 있다.

자료: 한국일보 2012. 7.11

제1절 지역화와 경제통합

1. 경제통합의 의의

1) 경제통합의 정의

정보통신과 교통의 급속한 발전과 국제경제의 상호의존성의 심화에 따라 지리적으로 인접해 있고, 경제정책의 조율이 용이한 국가 간 경제협력을 추구하는 지역주의의 추세가 확산되고 있으며, 구체적으로 경제통합의 형태로 나타나고 있다. 경제통합(economic integration)이란 역내 인접 국가들이 무역 · 산업 · 재정 · 금융 · 통화 등에 관한 경제협정을 체결하여 하나의 새로운 광역경제권을 결성한 후 역내에 있어서의 상품 및 생산요소의 자유로운 이동을 보장하고 산업구조를 조정하며, 재정 · 금융 · 통화면에서 상호 보조조치를 취하는 지역적 경제조직체를 의미한다. 결국 경제통합은 경제협력을 이룩한 역내국에 대해서는 하나의 국가 내 거래와 동일하게 무역제한을 철폐하면서, 역외국가에 대해서는 차별적인 무역제한조치를 부과하게 되는 자유무역과 보호무역의 강화라는 두 가지 모순된 측면을 가지고 있다.

2) 경제통합의 종류

(1) 수평적 경제통합(horizontal economic integration): 유사한 경제력을 가지고 있는 국가 간 경제통합체를 결성할 때, 이를 수평적 경제통합이라고 한다. 상대적으로 다른 경제통합체 대비 역내국 간 경제발전단계가 비슷한 국가들 간의 조합으로 여겨지는 경제통합은 대표적으로 유럽연합(EU)과 아세안(ASEAN)을 꼽을 수 있다.

(2) 수직적 경제통합(vertical economic integration): 역내 회원국 간 경제발전단계와 경제력에 차이가 있어, 이들 국가들 간 상호 보완적 협력을 통해 상승효과를 기대하는 경제통합을 일컫는다. 즉, 경제발전단계가 늦은 국가는 풍부하고 값싼 노동력과 자원을, 반면 선진화된 산업국은 기술과 자본을 제공하여 공동의 목표를 추구한다. 흔히 북미자유무역협정(NAFTA)이 대표적인 예로 언급된다.

3) 경제통합의 단계

발라사(B. Balassa)는 경제통합의 형태를 그 통합정도에 따라 다음의 다섯 단계로 분류하였다.

1 자유무역지대(free trade area)

가맹국간의 교역에 부과되는 관세나 비관세장벽을 철폐하되 역외국에 대해서는 각국의 독자적인 관세정책을 실시하는 가장 초보적인 경제통합의 형태이다. 이 경우 가맹국이 역외국에 대해서는 상이한 관세율을 적용하기 때문에 역내 저 관세국으로 수입된 제3국 상품이 고관세국으로 간접 수입될 단점이 있다. 대표적인 예로서는 북미자유무역협정(NAFTA)이나 유럽자유무역지대(EFTA) 등이 있다.

읽을거리

한국 FTA 동향

한 · 페루 FTA 1주년, 수출확대효과 톡톡

8월 1일부로 발효 1주년을 맞이하는 한 · 페루 FTA를 통해 對페루 수출이 큰 폭으로 확대되어 무역수지가 개선되고 주요 품목의 경우 페루 수입시장에서 경쟁국인 중국, 일본 등을 추월한 것으로 분석되었다.

한국무역협회 국제무역연구원은 최근 EU 재정위기와 경기침체 여파 등으로 우리나라의 수출 증가가 둔화되는 가운데 FTA 발효 후 對페루 수출은 28.9%나 증가하며 한 · 페루 FTA가 수출확대에 큰 효과가 있었다고 강조했다.

한 · 페루 FTA 발효 후 11개월간(2011년 8월~2012년 6월) 우리나라의 對세계 수출증가율은 6.2%로 소폭 증가에 그친데 비해 對페루 수출은 28.9%나 늘어나는 성과를 거두었다. 반면에 같은 기간 對페루 수입은 7.6% 감소하여, 對페루 무역수지가 개선되는 효과도 거두었다. FTA 발효 전 11개월간 (2011년 8월~2012년 6월) 5.0억 달러에 달하던 對페루 무역수지 적자는 FTA 발효 후 적자 규모가 0.8억 달러로 줄어들어 4.2억 달러의 무역수지 개선 효과가 나타났다.

주요 품목별로는 승용차, 컬러 TV 등의 수출이 큰 폭으로 늘어 페루 수입시장에서 치열하게 경쟁중인 중국과 일본을 앞지르는 성과를 거두었다. 승용차의 경우, 한 · 페루 FTA 발효전인 2010년 일본 43.33%, 한국 24.96%로 상당한 격차를 보여 왔으나, 2011년 한 · 페루 FTA와 일본 대지진 등의 영향으로 일본 29.89%, 한국 29.85%로 일본을 바짝 추격했고, 2012년 1~5월에는 한국 32.06%, 일본 29.16%로 역전에 성공하며 페루 수입차 시장 선두에 올라섰다.

컬러 TV의 경우, 2009년 페루 수입시장 점유율 17.34%를 기록하던 한국産 TV는 2010년 멕시코産(점유율 70.31%)과 중국産(23.98%)에 밀려 점유율이 3.68%까지 내려앉기도 했다. 하지만 한 · 페루 FTA가 발효된 2011년 페루 수입시장 내 한국産 TV 점유율이 28.16%까지 늘어나며 중국(24.76%)을 앞질렀고, 2012년 1~5월에도 27.91%를 기록함에 따라 중국(20.25%)과의 격차를 벌이며 멕시코(51.67%)의 뒤를 잇고 있다. 이외에도 종이제품, 축전지, 편직물, 플라스틱과 제품, VCR, 냉장고, 모니터, 인조섬유장섬유사 등도 FTA 발효를 계기로 수출이 큰 폭으로 늘어나, 페루 수입시장 내 한국産 점유율이 확대되는 추세에 있다.

투자 · 수출 늘어 한국경제의 버팀목 역할

한 · EU FTA 발효 1년, 한 · 미 FTA 발효 1백 일을 맞았다. 길지 않은 시간이지만 성과만큼은 상당한 수준이다. 글로벌 경제위기 와중에도 교역이 크게 증가했고 투자도 많이 유치했다. FTA가 우리 경제의 소중한 버팀목이 되고 있다는 평가다.

충북 음성에 위치한 A사는 오폐수 정화 처리필터를 주력으로 생산하는 중소기업이다. 이 회사는 요즘 정신없이 돌아간다. 수출이 큰 폭으로 증가했기 때문이다. 지난해 상반기 40만 달러였던 수출액이 하반기엔 1백27만 달러로 3배 이상 늘어났다. 수출 호조는 올해도 이어지고 있다. 지난 4월까지 수출액 1백25만 달러로 이미 지난해 하반기 전체와 버금간다.

A사의 수출증가는 한 · EU FTA 효과가 크게 작용했다. 한 · EU FTA 인증수출자로 지정된 지난해 6월 이후 수출이 급증한 것이다. 6.5%의 관세가 사라지면서 가격경쟁력이 부쩍 강해졌다. 기존 거래선의 물량이 증가한 것은 물론 새로운 거래선도 생겨난 것이다.

한 · EU FTA와 한 · 미 FTA의 효과가 상당한 것으로 나타났다. 발효 1년, 1백 일에 불과하지만, 수출과 수입이 큰 폭으로 증가한데다 해외 자본유치도 활성화되고 있다. 특히 FTA의 혜택을 받는 품목의 성장은 놀라울 정도라는 평가다. 세계 경제가 살얼음판을 걷고 있다는 점을 감안하면 FTA의 효과는 그 의미가 더욱 크게 다가온다고 할 수 있다.

글로벌 경제위기에도 對美 수출 '쑥쑥'

한 · 미 FTA 이후 대미 수출은 8.4% 증가했다. 대 세계 수출이 2.5% 줄었다는 점과 대비된다. 특히 자동차부품과 석유제품 등 FTA의 혜택을 받는 품목의 수출은 16.8%나 늘어나는 '괴력'을 과시했다. 같은 기간 FTA 비혜택 품목의 수출은 3.8% 증가에 그쳤다.

한 · EU FTA의 수출확대 효과도 확인할 수 있었다. EU는 스페인, 그리스, 아일랜드 등이 구제 금융을 받는 등 재정위기가 확대되는 초유의 경제위기에 직면한 상태로 경제 활력이 크게 떨어진 상태다. 對EU 수출이 감소(12.1%)한 가장 큰 이유가 여기에 있다. 하지만 FTA 혜택 품목의 사정은 전혀 다르다. 수출은 20.2%나 늘어났다. 자동차(30.8%), 자동차부품(15.8%), 석유제품(23.9%)이 대표적인 품목으로 꼽힌다.

수입은 양상이 조금 다르다. 대미 수입은 전체적으로 6.3% 감소했다. FTA 혜택을 받는 품목은 4.2% 증가했지만 비혜택 품목의 수출 감소폭(15.1%)이 더 컸던 결과다. 대EU 수입은 13.5% 증가했다. FTA 혜택 품목과 비혜택 품목 모두 증가세였다.

FTA 이후 미국, EU와의 교역량이 경제위기에도 불구하고 성장세인 이유 중 하나는 FTA 활용률이 높기 때문이다. 원산지 인증을 받고 교역하는 비중이 높다는 얘기다. 한 · EU FTA의 활용률은 79.8%, 한 · 미 FTA는 59.2%에 이른다. 한 · 아세안 활용률이 발효 1년 후에 3.5%, 한 · 인도가 17.7%인 것과 비교해 월등히 높은 수치다. 활용률을 높이기 위해 기업에 교육과 컨설팅을 제공하는 등 정부의 적극적인 지원이 주효한 것으로 풀이된다.

고용 효과 큰 그린필드형 투자유치 급증

투자유치도 활성화되고 있다. 경제 침체기에는 일반적으로 투자가 감소한다. 성장보다는 위기극복이 우선이기 때문에 씀씀이를 줄이는 것이다. 특히 해외투자는 더욱 그렇다. 하지만 우리나라는 예외다. 최근 들어 외국인 투자 유치 규모가 크게 증가하고 있는 것이다. 특히 한 · EU FTA와 한 · 미 FTA 이후 증가폭이 두드러진 것으로 나타났다.

한 · 미 FTA가 발효된 지난 3월 15일~5월 31일까지 외국인 투자 유치액은 전년도 같은 기간에 비해 2백11%나 늘어났다. 한 · EU FTA 발효일(2011년 7월 1일)부터 5월 31일까지를 기준으로 하면 35% 증가했다. 외국인 투자 유치 증대의 공이 FTA에만 있는 것은 아니지만 상당부분 기여한 것으로 파악된다.

특히 반가운 소식은 고용을 유발하는 그린필드형(해외투자 시 공장과 사업장을 설치해 고용창출의 효과를 내는 외국인 직접투자방식) 투자가 크게 증가했다는 점이다. 한 · 미 FTA 이후엔 전년에 비해 2백95%, 한 · EU FTA 이후엔 42% 늘어 전체 증가율을 앞섰다.

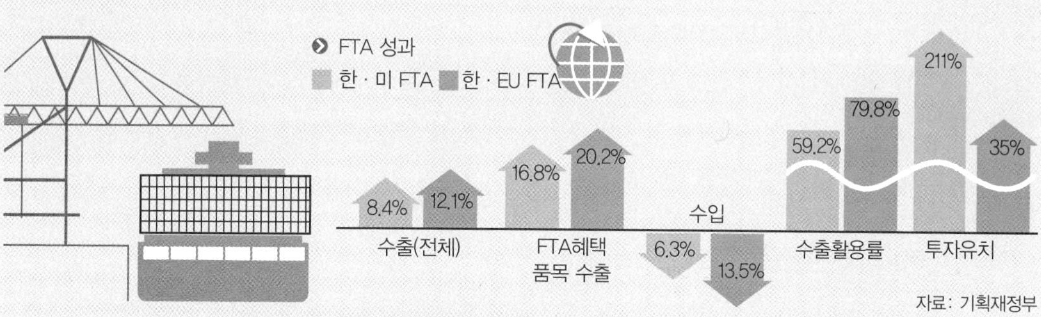

소비자들 체감 수입물가 하락효과도 높아

이에 비해 고용효과가 적은 M&A형 투자는 줄거나 정체됐다. 한 · EU FTA 후엔 8% 증가했지만

한 · 미 FTA 후엔 89%나 줄었다. 이는 FTA의 장점을 활용해 좀 더 유리한 입장에서 해외진출을 하려는 기업들이 늘고 있기 때문으로 분석된다. 우리나라의 FTA 허브국가로서의 이점이 효과를 발휘하고 있다는 얘기다.

소비자들이 피부로 느낄 수 있는 효과도 적잖은 것으로 평가된다. 무엇보다 수입품 가격이 떨어지고 있다. 공정거래위원회는 관세철폐 등으로 가격인하 요인이 발생한 주요 수입소비재의 가격을 매주 점검하고 있다. 미국 13개와 EU 9개 등 22개 품목이 그 대상인데 대부분 가격이 하락하고 있는 것으로 조사됐다. 미국의 경우 오렌지, 체리, 아몬드 등 9개, EU는 전기다리미와 전기면도기 등 6개 품목의 가격이 내렸다.

정부는 FTA의 효과를 극대화하기 위해 활용률을 한층 높여나갈 계획이다. 기존의 FTA 활용지원 사업을 차질 없이 수행하는 것은 물론 추가적인 지원 정책을 발굴해 적극적으로 추진한다는 방침이다.

FTA의 대상 지역도 확대한다. 우리의 주요 교역국인 중국, 일본과는 이미 협상을 진행하고 있다. 멕시코와 캐나다 등 중단된 FTA도 다시 시작해 아메리카 대륙에 대한 FTA네트워크를 강화하기로 했다. 이렇게 되면 GDP 기준 61%인 우리나라의 경제영토는 90% 이상으로 확대된다.

자료: 외교통상부(http://www.fta.go.kr/new/ftakorea/korea_psd_new.asp(접속일: 2012년 8월 5일)

2) 관세동맹(customs union)

관세동맹은 자유무역지대보다 한걸음 더 발전된 경제통합의 형태로서 다수국이 관세에 관한 동맹을 체결하여 동맹국간에는 관세를 감면 또는 폐지하고 비동맹국에 대해서는 차별적인 공동 관세를 부과하는 경제통합체이다. 즉, 회원국들 간 교역장벽을 제거하는 것은 물론, 공동의 무역정책을 집행한다. 관세동맹의 예로서는 베네룩스 관세동맹, 적도아프리카 관세동맹(ECU) 등이 있다.

3) 공동시장(common market)

관세동맹에서 더 발전된 형태로 역내국 간 상품의 자유이동을 보장할 뿐만 아니라 노동, 자본 등의 생산요소의 자유로운 이동을 보장하는 경제통합체이다. 중남미공동시장(CACM)이 대표적인 예이다.

4) 경제연합(economic union)

경제연합이란 공동시장 형태에서 더욱 발전시킨 단계로서 다수의 국가가 산업 · 재정 · 금융 · 통화 · 무역 · 외환 등에 관한 경제협정을 체결하여 각 경제정책을 상호 조정하면서 공동보조를 취함은 물론, 공동의 통화, 세율의 조화 및 공동 재정정책을 펼치는 경제통합체를 말한다. 현재로서는 유럽연합(EU)만이 이러한 단계에 있는 것으로 고려된다.

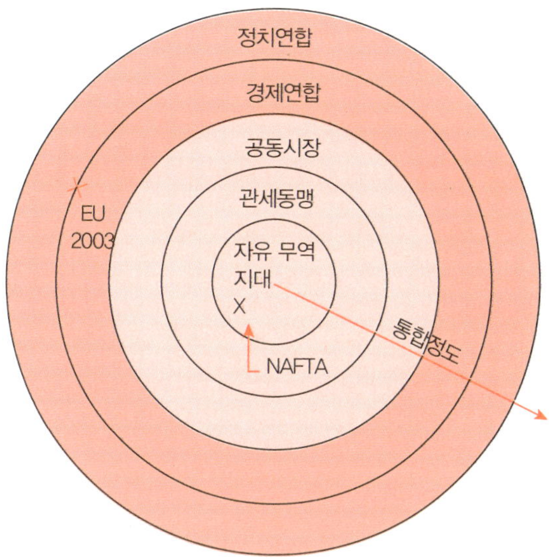

그림 7-1 ● 경제통합의 형태별 특징

5) 정치연합(political union)

정치연합이란 다수의 국가가 경제동맹에 관한 협정을 체결하여 가맹국에서 실시되고 있는 경제정책을 조정하는 데에만 그치지 않고 초국가적 기구의 설립을 통해 통합 · 조정함으로써 정치적인 통합까지 완결, 사실상 새로운 국가를 설립하는 것과 다름없는 하나의 조직체를 구성하는 경제통합체이다. 현재까지 가장 발전된 형태의 경제통합체인 EU가 궁극적으로 추구하는 목표가 바로 이러한 완전경제통합이라고 할 수가 있다.

표 7-1 ● 경제통합의 발전단계별 특징

	수입제한 철폐	공동 대외 관세	요소이동 제한철폐	경제정책 통합조정	초국가적기구의설립
자유 무역 지대	○	×	×	×	×
관세동맹	○	○	×	×	×
공동시장	○	○	○	×	×
경제연합	○	○	○	○	×
정치연합	○	○	○	○	○

2. 경제통합의 장단점

1) 경제통합의 장점

경제통합으로 인해 이룰 수 있는 장점은 크게 경제적 혜택과 정치적 혜택으로 구분할 수 있다. 먼저 경제적 혜택은, 인접국가 간 경제통합체를 결성할 경우 역내 회원국 각자가 가장 효율적으로 생산할 수 있는 재화와 서비스에 특화할 수 있다는 사실을 장점으로 꼽을 수 있다. 이로 인해 역내국간 보유하고 있는 자원의 가장 효과적인 배분을 가능하게 하며, 이를 바탕으로 생산을 최적화 할 수 있게 된다. 또한 경제통합체를 결성함으로써 역내 회원국 간 직접투자와 경제협력이 활성화됨에 따라 장기적으로는 회원국 상호 경제성장을 견인할 수 있는 동력을 확보할 수 있게 된다. 더불어 이러한 경제적인 상호의존은 정치적인 협력을 촉진시키고, 그로 인해 역내국의 정치적인 안정을 가져올 수 있다. 북미자유무역협정을 창설함으로써 정치적 안정을 기할 수 있었던 멕시코를 대표적인 예로 들 수 있겠다.

2) 경제통합의 단점

경제통합은 흔히 성취하기도 어려울뿐더러, 이를 유지하기는 더더욱 어렵다고 언급된다. 그 이유는 경제통합을 결성할 경우, 이를 통해 혜택을 보는 집단이 존재하는 반면, 동시에 국가 내 특정그룹은 경제적인 타격을 입을 수도 있기 때문이다. 또한 경제통합을 계기로 특정 역내국에 대한 무역적자가 심화될 수 있으며, 인접국으로부터 과도한 투자가 이루어지는 경우 자칫 경제주권이 훼손될 수 있고, 국내 이슈의 통제가 어려워지는 단점도 있다.

3) 동아시아에 있어서의 경제통합 장애요인

세계경제가 다자체제인 WTO를 중심으로 통합되어 가는 추세에도 불구하고 신규 지역통합협정의 체결과 기존 경제통합체의 확대 · 심화 추세가 강화되고 있다(그림 7-2 참조). 특히 1990년 이후 경제통합의 결성이 폭발적으로 증가하고 있다. 그 결과 한국, 대만 등 일부 동아시아 국가를 제외한 대부분의 국가들이 이미 1개 이상의 경제통합체에 소속되어 있는 실정이다. 그럼 동아시아 경제통합을 어렵게 하는 요인들은 무엇이 있을까? 우선, 동아시아 국가 간 정치체제가 다르다는 점을 들 수 있다. 중국은 공산당 일당이 정치를 좌지우지 하는 사회주의 체제를 채택하고 있는 반면, 그 외 다수 국가는 민주적 자본주의를 근간하고 하고 있다. 둘째, 역내 국가 간 세계시장에서의 주력상품들이 상호 보완적인 성격을 갖고 있기 보다는 치열한 경쟁품목들이라는 사실을 지적할 수 있다. 즉, 한국, 일본, 중국, 대만 등은 모두 반도체를 포함한 전자 및 자동차 산업이 수출근간을 이루고 있어 각국 정부의 집중적인 육성과 지원을 받고 있는 점도 경제통합

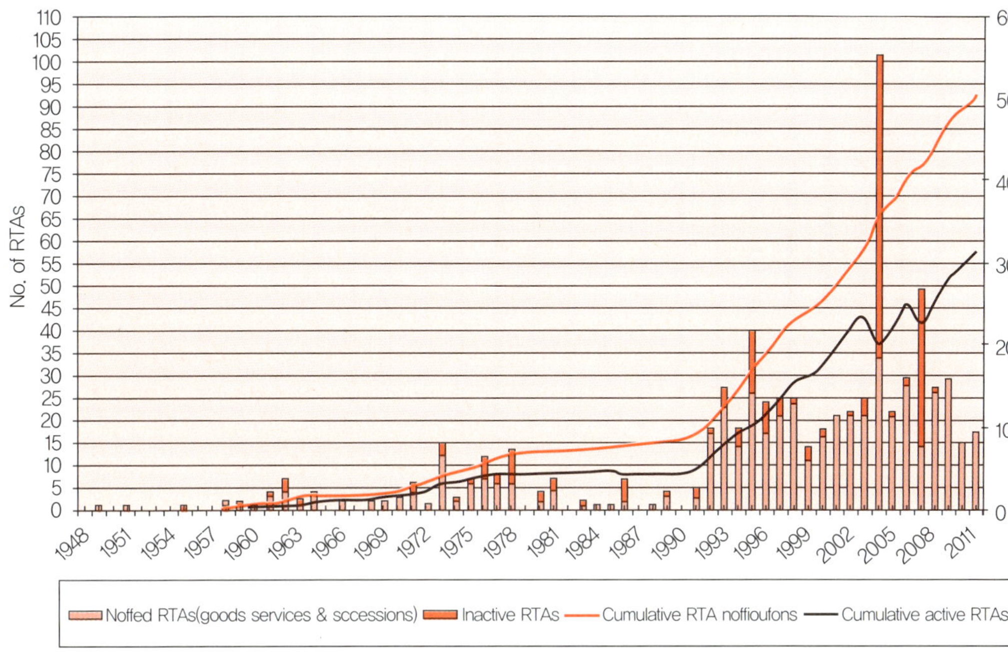

그림 7-2 ● 지역적 자유무역협정의 증가추세

주: RTA는 Regional Trade Agreement의 줄임말 임.

자료: http://www.wto.org/english/tratop_e/region_e/regfac_e.htm(접속일: 2012년 8월 5일)

을 어렵게 하는 장애요인이 되고 있다. 셋째, 동아시아에 경제통합체가 결성될 경우, 북미자유무역협정과 마찬가지로 일본을 중심으로 한 수직적 경제통합체가 될 가능성이 크다. 즉 다시 말하면, 일본은 자본과 기술을 제공하고, 중국은 풍부한 노동력과 자원을 공급함으로써, 역내 경제협력체 내에서 한국과 대만의 역할이 모호해질 수 있다. 마지막으로, 동아시아 각국은 일본에 의해 저질러진 과거 아픈 역사와 상처를 안고 있다. 이로 인해, 과거역사에 대한 일본 정부의 통렬한 반성과 진정성 있는 사과의 부재 또한 이 지역에서의 미래지향적인 경제협력을 어렵게 하는 한 가지 요인이 되고 있다.

3. 주요 경제통합체

1) 유럽연합(European Union: EU)

유럽연합은 현재 형성되어 있는 지역경제통합체 중에서 가장 오래된 역사를 지니면서 가장 발전한 형태이다. 전후 유럽 경제통합의 시작은 1952년 6개국이 설립한 유럽석탄 · 철강공동체(ECSC)라 할 수 있다. EU의 모체라고 할 수 있는 유럽경제공동체(European Economic Community: EEC)는 이 기구의 성공적인 운영에 고무되어, 프랑스 · 독일 · 이탈리아 · 베네룩스 3국(벨기에, 네덜란드, 룩셈부르크) 등 6개국이 로마조약에 근거하여 1958년에 설립되었다. 그 후 1967년 EEC는 기존의 ECSC와 유럽원자력공동체(EURATOM)라는 두 개의 부문별 공동체와 통합하여 유럽공동체(European Community: EC)로 확대 · 개편되었다.

EEC는 1958년 출범 당시 1969년까지 공동시장을 완성한다는 목표를 가지고 있었으나, 사실상 그때까지 관세동맹을 완성한 것으로 평가되고 있다. 1969년 이후 1979년까지 EC의 통합추진은 커다란 진전이 없이 침체기를 거쳐, 1979년부터 새로운 전기를 얻어 1992년까지 역내시장 통합을 완성한 것으로 평가된다. 특히 1979년에는 유럽공동체 국가 간의 안정적인 환율운용을 위한 독자적인 통화제도인 유럽통화제도(European Monetary System: EMS)가 출범하였으며, 종전과 달리 처음으로 직접 · 보통선거에 의해 선출된 의원으로 유럽의회가 구성되어 유럽연합 결성에 관한 문제를 다룸으로써 1992년 말을 통합기한으로 정한 유럽단일의정서를 1987년 발효시켰다.

단일시장의 추진이 본 궤도에 오르자, EC는 1992년 경제통화동맹(EMU)과 유럽정치동맹(EPU)을 포함하는 유럽연합을 결성한다는 내용의 유럽연합조약(일명 마스트리히트 조약)을 체결함으로써, 1993년 11월 이 조약이 발효되고 EC는 EU로 확대 · 개편되었다. 또한 1999년 1월부터 회원국 중 11개국 단일통화로 유로(Euro)를 출범시켰으며, 2002년 1월부터 유로화 지폐 및 주화가 일반 통용되게 되었다.

EU는 ECSC가 출범할 당시 6개국으로 시작하였으나, 2001년 말 정식회원국수가 15개국으로 확대되었고, 2000년 12월 EU정상회의에서 중 · 동부 유럽국가 12개국을 추가회원국(2004년부터 단계적으로 가입함)으로 받아들임으로써 EU는 총 27개 회원국에 4억 8000만 명의 세계 최대 경제권으로 탄생하게 되었다. 그 후 가장 최근인 2013년 7월 1일에는 크로아티아를 28번째 회원국으로 받아들였다. 한편 영국은 2016년 유럽연

표 7-2 ● 유럽경제통합의 연혁

유럽 경제통합의 역사
1951년 8월: 벨기에 프랑스 독일 네덜란드 이탈리아 룩셈부르크 등 6개국 유럽석탄철강공동체(ECSC) 창설
1957년 3월: 유럽경제공동체(EEC) 유럽원자력공동체(EURATOM) 설립
1967년 7월: ECSC EEC EURATOM 유럽공동체(European Communites)로 통합
1978년 12월: 유럽통화시스템(EMS) 구축 합의
1986년 2월: 유럽단일의정서(SEA) 체결
1992년 2월: 마스트리히트 조약 서명
1994년 1월: 유럽통화제도(EMI) 설립 및 유럽경제지대(EEA) 협정 시행
1999년 1월: 단일통화인 유로(Euro) 탄생 및 경제통화동맹(EMU) 출범
2001년 1월: 그리스 가입으로 경제통화동맹 회원국 12개국으로 확대
2002년 1월: 유로화 지폐 및 주화 일반 통용
2002년 3월: 경제통화동맹 회원국 통화 법정통화로서의 효력 상실

합 회원국 탈퇴에 대한 찬반 의사를 묻는 국민투표에서 51.9%의 찬성, 즉 국민적 지지를 얻음으로써 유럽연합 탈퇴가 확정되었으며, 브렉시트(Brexit = Britain + Exit의 합성어) 법안이 하원을 어렵게 통과함에 따라 2020년 1월 31일을 기해 이를 발효하면서 유럽연합 역사상 처음으로 탈퇴국이 되었다.

2) 북미자유무역협정(North American Free Trade Agreement: NAFTA)과 USMCA

NAFTA는 1989년 미국과 캐나다간 자유무역협정이 체결된 후 이와 별도로 1987년부터 추진된 미국과 멕시코간 자유무역협정이 확대되어 1991년 6월부터 미국, 캐나다, 멕시코 3국간 협상이 개시되면서 1992년 8월 결실을 보게 됨에 따라 1994년 1월 1일 발효되었다.

NAFTA는 세계최대의 경제대국인 미국과 경제규모가 미국의 1/20 수준인 멕시코 등 최초의 선진국과 개발도상국간에 이루어진 첫 경제통합이라는 점에서 3국간 득실에 대한 많은 찬반 논란이 있었다. 미국은 NAFTA를 통하여 지역주의에 효과적으로 대응하고 미국의 자본과 멕시코의 저렴한 노동력을 상호 보완적으로 결합함으로써 그동안 악화되었던 미국 상품의 국제경쟁력을 회복할 수 있을 것을 기대한 반면, 멕시코에 대한 투자확대와 수입증가로 인한 실업증가와 임금하락의 우려를 가지고 있었다. 캐나다는 미국과 멕시코간 자유무역협정이 캐나다가 배제된 가운데 체결될 경우 그 동안 누려왔던 미국시장에서의 기득권을 멕시코에 빼앗길 것을 우려하여 NAFTA에 참여하였으며, NAFTA 체결로 인한 멕시코에 대한 투자증가와 수출증가를 기대하였다. 멕시코는 NAFTA를 통해 미국에서의 관세 및 비관세장벽의 철폐로 인한 수출증가와 미국으로부터의 자본과 기술의 도입 및 미국시장 진출의 교두보로서 활용가치가 있는 멕시코에 대한 역외국의 직접투자의 확대를 기대하여 NAFTA에 대한 긍정적인 의견이 지배적이었다. 그러나 일반적으로 NAFTA는 세 나라 모두에게 이익을 가져다주는 것으로 평가되고 있다.

표 7-3 ● 북미자유무역협정의 장단점

Pros	Cons
• 생산지역기반의 확대 • 노동집약적 산업은 멕시코로 특화 • 멕시코 내 투자 및 고용증진 • 멕시코 인들의 소득향상은 미국 및 캐나다의 재화를 구입할 수 있는 잠재적 고객의 증가를 의미 • 재화의 수요증가는 미국 및 캐나다 내 고용의 재창출로 연결 • 소비자들은 보다 낮은 가격에 제품을 구입(소비자 복리후생의 향상)	• 멕시코로의 고용이동(미국 및 캐나다 내 미숙련 노동자들의 실업양산) • 멕시코 기업은 선진화된 미국 및 캐나다 기업과의 경쟁이 불가피(경쟁격화). • 멕시코의 환경파괴 • 멕시코의 경제주권 훼손 • 미국 및 캐나다 입장에선, 경쟁을 극복한 멕시코 기업들이 장기적으로 국제시장에서 경쟁자가 됨.

한편 북아메리카 3국 모두 자국 내의 수많은 반대를 무릅쓰고 이 조약을 타결시켰으며, NAFTA의 성립 이후 북아메리카 3국의 경제적 의존과 무역 역내교역은 급증했다. 이후 EU와 쌍벽을 이루는 거대 무역블록으로 자리 잡았으나, 트럼프 행정부 출범 이후 트럼프 대통령의 공약에 따라 재협상에 돌입했으며, 이로 인해 USMCA(미국 · 멕시코 · 캐나다 협정)로 변화되었다. 2018년 NAFTA를 개정한 USMCA(발효일: 2020년 7월 1일)에는 미국의 강요로 중국과의 자유무역협정을 금지한다는 조항이 명시적으로 삽입되었다. 이에 따라 미국, 캐나다, 멕시코는 모두 중국과의 FTA 공동연구를 전부 취소하였다. 중국이 TPP에 가입하지 않는 한 캐나다와 멕시코는 중국과 양자 무역협상을 할 수 없다. 또한 미국, 캐나다와 멕시코가 원산지 기준을 충족하는 자동차 260만대에 한해 면세하고 이를 초과할 경우 미국의 무역확정법 232조에 따른 25% 관세를 부과할 수 있다.[1]

미국이 USMCA 통해 이루고자 했던 바는 "미국의 이익 강화"라는 지극히 명확한 목적에 토대를 두고 있다. 주요 요구사항은 1) 미국에 대한 멕시코의 상품교역 흑자 감소, 2) 자동차 및 자동차 부품관련 원산지 규정 강화, 3) 미국 기업들에게 캐나다 · 멕시코 내 모든 정부조달 사업 참여를 허용함은 물론, 4) 캐나다 국내 낙농업에 대한 비관세장벽을 철폐해야 한다는 것이었다. USMCA의 주요 내용을 보다 구체적으로 정리하면 다음과 같다.

1 농업분야

(1) 시장왜곡 근절: 농산물 교역확대와 규제 투명성 제고를 위한 정책 개선
- 농산물 관련 수출보조금 금지 및 WTO의 특수 농산물 긴급수입제한 조치 사용 금지 등에 합의함으로써 공정한 시장거래 보장
- 과학에 기반한 위생검역 기준 정립 및 양국 간 분쟁이 발생할 것을 대비하여 분쟁해결 장치 신설

(2) 신규범 정립: 농축산업 기술발전에 따른 지적재산권 제도 개선
- 유전자 조작 등 첨단 농업 바이오 기술과 관련한 새로운 규범수립에 합의하고 양국 간 정보교환 등 농업 기술발전과 교역 증진에 협력
- 농산물의 지리적 표시제도(geographical indication) 정립을 위해 공동 노력하고, 식품 제조법과 관련한 지적재산권 보호 강화를 위한 부속서 채택에 합의

(3) 캐나다 낙농시장 개방: 캐나다의 자국 낙농업 보호를 위한 수입 유제품 공급물량 통제 폐지
- 미국은 캐나다 낙농시장의 전면적인 개방을 요구하였으나 최종적으로 캐나다

1) 본 문단은 나무위키(https://namu.wiki/w/USMCA)의 내용 일부를 차용하였음.

내 7등급으로 분류되는 일부 유제품(유단백질 농축 물, 탈지유 및 분유 등)에 대한 수입 공급물량 통제 제도만 폐지하기로 합의

2 원산지 규정

(1) 자동차: 협상 최대 쟁점이었던 자동차 · 자동차 부품 관련 역내 원산지 비율 규정 강화

- 역내가치비율(RVC, regional value content), 철강 · 알루미늄의 북미산 비중, 노동가치비율(LVC, labor value content)을 모두 충족해야 무관세 혜택 적용 가능. 원산지 규정 미충족 시 수입산 제품엔 현재 관세율인 2.5% 부과. 이와 관련하여 첫째, 역내가치비율 75%를 충족(완성차 이외 자동차 부품을 핵심부품, 주요부품, 보조부품으로 나누어 각 범주에 대한 의무규정도 정의)해야 하고, 둘째, 철강 · 알루미늄의 경우 북미산 70%를 사용해야 하며, 셋째, 시간당 16달러의 임금을 받는 근로자가 차량의 40%(승용차)~45%(경형트럭)를 생산하도록 요구하는 노동가치비율을 설정함.

표 7-4 ● USMCA 자동차 원산지 기준

발효 연차	완성차	자동차 부품		
		핵심부품	주요부품	보조부품
발효 1년차	66%	66%	62.5%	62%
발효 2년차	69%	69%	65%	63%
발효 3년차	72%	72%	67.5%	64%
발효 4년차 및 이후	75%	75%	70%	65%

자료: KOTRA (2022), 「USMCA 원산지규정 해설서」, KOTRA

- 자동차의 경우 캐나다 180만대, 멕시코 260만대, 자동차 부품의 경우 캐나다 324억 달러, 멕시코 1,080억 달러까지 232조 관세부과 대상에서 제외

3 섬유분야

(1) 역내 섬유 · 의류제품 생산에 이용되는 역외 원료 사용에 대한 규제를 강화하여 미국산 섬유, 원사, 천 등 섬유제품 사용 장려

- 원사기준(yarn forward) 지속 시행을 통해 북미산 중간재 사용 독려. 원사뿐만 아니라 원사를 사용한 방적공정까지 역내에서 이루어져야 무관세 혜택 가능(원사기준은 역내국에서 생산된 원사를 이용하여 재단, 봉제 등을 한 경우에 역내국 원산지로 인정)
- 특혜관세 대상 물량 축소에 합의한 대신 원산지 기준을 충족하지 못한 품목도 일정 물량까지 특혜관세 대상에 포함시키는 섬유류 관세특혜(tariff preference

level) 규정 포함

• 반면 대부분의 의류 및 기타 완제품에 대한 USMCA 혜택 수혜는 북미산 봉제실, 주머니감 사용천, 신축 밴드 및 방수가공천이 사용된 경우로 국한

4 투자자 – 국가 간 분쟁해결제도(ISDS, investor-state dispute settlements)

(1) 미국–캐나다 간 ISDS는 3년 내 철폐 예정

(2) 미국–멕시코 간 ISDS는 석유 및 천연가스 관련 탐사 · 시추 · 운송 등의 활동, 전력발전 서비스 공급, 통신서비스 공급 등 일부 분야에 한해 유지

(3) NAFTA 기간에 이루어진 투자(legacy investment)에 대해서는 NAFTA 종료 이후 3년 이내에 ISDS를 통해 중재 요청 가능

5 금융서비스

(1) 데이터의 자유로운 이동과 금융거래 투명성 확보를 위해 금융당국의 데이터 접근가능 조건으로 데이터 현지화 의무요건 금지 합의

• 미국이 체결한 FTA 중 최초로 금융데이터 현지화 요건 금지 명시

6 디지털 무역

(1) 미국이 체결한 무역협정 중 가장 강력한 수준의 디지털 창작물에 대한 무관세 및 차별적 조치 금지 원칙에 합의(전자책, 소프트웨어, 동영상 등 디지털 제품에 대한 일반 관세 및 차별적인 관세 부과 금지)

(2) 전자인증 및 서명사용 제한 금지, 데이터 현지화 및 소스코드 공개요구 금지, 사이버 보안 협력 등 디지털 무역 활성화를 위한 기본 요건에 합의

7 지적재산권

(1) 의약품

• 생물의약품(biologics)에 대한 최소 10년의 자료 독점권 규제가 삭제되어, 미국 12년, 캐나다 8년, 멕시코 5년(멕시코는 일반의약품과 동일) 정보 독점권 유지

• 기존 의약품의 새로운 용도에 특허를 인정하는 조항, 기존 의약품의 새로운 용도와 관련한 3년 임상정보 독점권 인정조항 삭제로 에버그린 전략을 통한 특허기간 연장 방지(에버그린(evergreen) 전략이란, 제약사들이 신약 특허시기를 조정해 여러 유형의 개량 특허를 받음으로써 실질적으로 특허를 연장하고 복제의약품 시장 진입을 차단하는 전략을 일컬음).

(2) 저작권

• 저작물, 실연(연주), 음반에 대한 저작권 보호기간을 발행 이후 최소 75년, 저작자 사후 최소 70년으로 규정

8 노동

(1) 미국 민주당의 노동환경 개선 요구에 따른 3국간 추가 협상에 따라 노동기준이 NAFTA보다 강화

- 멕시코 내 노동자 단체교섭권 활성화를 위한 노동조항 내 관련 부속서를 포함하는 등 미국이 체결한 FTA 협정 중 가장 강력한 노동자 보호법이 추진됨

9 환경

과잉어획 방지, 대기질 개선, 산림관리 지원 등에 대한 규정을 도입하여 포괄적인 환경보호 규범 정립

10 기타

(1) 일몰조항: 협정문 34장(final provisions) 7조(review and term extension)에 아래의 일몰조항을 삽입

- 기존 제시되었던 5년 주기 자동 일몰조항 대신 최초 협정체결 후 16년간 유효하되, 6년째에 성과 평가를 실시하여 갱신하는 방식으로 합의
- 양측이 합의도출에 실패할 경우 잔여 10년 동안 합의를 시도하고, 합의된 시점에서부터 새롭게 16년이 연장되는 방식

(2) 비시장국가(non-market country)와의 FTA 조항: 협정문 32장(exceptions and general provisions) 10조(non-market country FTA)에 아래의 내용을 삽입

- 비시장국가와 FTA 체결 희망 시 협상개시 3개월 전까지 협정국들에게 협상개시 의사를 통보해야 하는 의무규정이 신규 도입. 당사국은 협정국에게 협상 목적과 협정문을 최소 서명 30일 전까지 전달
- 비시장국가와 FTA 발효 시, 당사국이 6개월 내로 USMCA를 종료하고 나머지 두 당사국의 양자 협정으로 대체되는 것을 허용
- 동 조항은 사실상 비시장국가인 중국을 겨냥한 조치로, 중국과 FTA를 추진 중이던 캐나다의 협상 일정에 지연 예상

(3) 환율조작 금지 조항: 협정문 33장(macroeconomic policies and exchange rate matters)에 아래의 내용을 삽입

- 3국은 ① 시장환율 정책 유지, ② 외환시장 개입 등을 통한 경쟁적 자국 통화가치 평가절하 금지, ③ 거시경제 및 환율변동 안정을 위한 경제 기초여건 강화 규정 추가에 합의
- 기존 NAFTA 협정문 분쟁해결(19조) 내용을 계승함에 따라 환율조작 금지 관련 분쟁발생 시 특정 USMCA 회원국의 국내 사법절차가 아닌 전문 국제패널 설립을 통해 중재

표 7-5 ● NAFTA 및 USMCA 비교

		NAFTA	USMCA
발효일		1994년 1월 1일	2020년 7월 1일
협정문 구성		22장	34장
자동차 원산지 규정	역내가치 비율(RVC)	62.5%	75%
	철강 · 알루미늄 사용 비중	–	북미산 70% 이상 사용
	노동가치비율(LVC)	–	시간당 16달러 임금의 근로자 생산 의무
농업 캐나다의 7등급 유제품 수입공급물량 통제제도		유지	폐지
투자자-국가간 분쟁해결제도		3국간 유지	미국-캐나다간 폐지 미국-멕시코간 일부 분야 유지
투금융서비스 데이터 현지화 의무		–	금지
디지털 무역		–	디지털 제품 관세 부과 금지 테이터 현지호, 소스코드 공개 요구 금지 등
지재권 저작권 보호기관		50년	발행 후 75년, 저작자 사후 70년
노동		–	국제노동기구 협약 수준으로 강화
환경		–	불법어업 금지, 환경보호규범 정립
국영기업		–	국영기업에 대한 정의 확장, 노골적인 보조금 지급 금지
일몰조항		–	협정 체결 후 16년간 유지하되 6년마다 검토
비시장경제와 FTA		–	비시장경제와 FTA 체결시 협상 개시의사 통보 의무
환율조작 방지		–	경쟁적 평가절하 금지

자료: KOTRA (2022), 「USMCA 원산지규정 해설서」, KOTRA

토의자료 7-1

"한미 FTA로 수출 늘었다?…진짜인가?"

반기문, 송민순, 김현종, 김종훈…. 이 사람들의 공통점은 참여 정부에서 한미 자유무역협정(FTA)의 출범을 주도한 관료들이었다는 점이다.

이들이 만든 한미 FTA 헤게모니는 이명박 정부와 박근혜 정부에서도 유지되었을 뿐 아니라, 박근혜 전 대통령이 탄핵된 지금도, 변함이 없다.

황교안 권한 대행의 관료들은 어제, 발효 5년의 한미 FTA가 성공했다는 보도 자료를 돌렸다.

아마 그들은 새로운 민주당 정부가 출범한 후에도 내년 봄이 되면 어김없이 한미 FTA는 성공했다는 보도 자료를 뿌릴 것이다.

정체성이 다른 정부를 넘나들며 관료들이 언제나 한미 FTA 정당성을 주장하고, 또 그것이 관철된다면 정권 교체는 한미 FTA에게 의미가 없다.

이처럼 한미 FTA를 정권 교체와 관계없이 언제나 필수품처럼 받아들이는 것이라면 우리 사회는 최소한 그 논거라도 튼튼히 가지고 있는가?

아래에서 보겠지만 우리 사회의 논거는 매우 취약하다. 그런데도 한미 FTA 헤게모니가 관철된다는 것은 그만큼 우리 사회의 경제 민주화 논의가 깊지 않음을 의미한다.

한미 FTA가 정권 교체와 관계없이 필수적인 것이려면 우리 사회에 한미 FTA가 없을 경우 어떤 문제가 생기는지에 대한 공통된 인식이 있어야 한다.

그러나 한국의 FTA 관료들도, 학자들도 그런 연구를 하지 않는다. 대신 미국 정부 기관인 무역위원회가 2016년에 그런 자료를 만들었는데, 자료의 표 일부를 영어이지만 있는 그대로 보여주는 식으로 인용한다. 아래 영어 표를 보면 미국은 2015년에 "Korea"와의 사이에서 283억 달러의 무역 적자를 보았다.("-28.3")

그런데 미국은 그나마 한미 FTA를 한 덕분에 158억 달러 만큼 무역 적자를 줄였다.("15.8") 만일 미국이 한미 FTA를 하지 않았다면 2015년 미국의 대(對)한국 무역 적자는 그만큼 더 늘어난 440억 달러가 되었을 것이다.("-44.0") (출처: USITC, Economic Impact of Trade Agreements Implemented Under Trade Authorities Procedures, 2016 Report p. 139)

Table 3.8:

Partner country	Trade balance in 2015	Estimated trade balance in 2015 absent the trade agreement	Improvement in the bilateral trade balance in 2015	Improvement as a share of total bilateral trade in 2015
Korea	-28.3	-44.0	15.8	13.7

한국의 FTA 관료들은 해마다 3월이 되면, 언제나 동일하게 미국에로의 제품 수출이 늘었으므로 한미 FTA는 성공이라고 반복한다. 올 봄에도 황 대행의 관료들은 한미 FTA 발효 5년간 평균 3.8%가 늘었다고 했다.

그런데 2016년의 미국 경제 회복으로 미국의 수입액은 작년 3월을 기점으로 하면 올 1월까지의 기간에는 무려 10%나 증가했다. 하지만 미국의 수입 급증기임에도 한국의 대미 수출액은 오히려 감소했다. 대신 일본과 중국의 대미 수출은 차례대로 5.1%와 13.9% 증가했다(2016년 1월 대비 2017년 1월 수출액 증가율, 이하 출처 같음). 한미 FTA는 이미 위기이다.

이는 아래 <그림>에서 알 수 있다. 한미 FTA에도 불구하고 한국의 2016년의 대미 수출은 감소했다. 미국 경기 회복기인데 한국만 감소했다. 이처럼 한미 FTA로 미국시장을 차지하겠다는 FTA 관료들의 구상은 이미 위기이다.

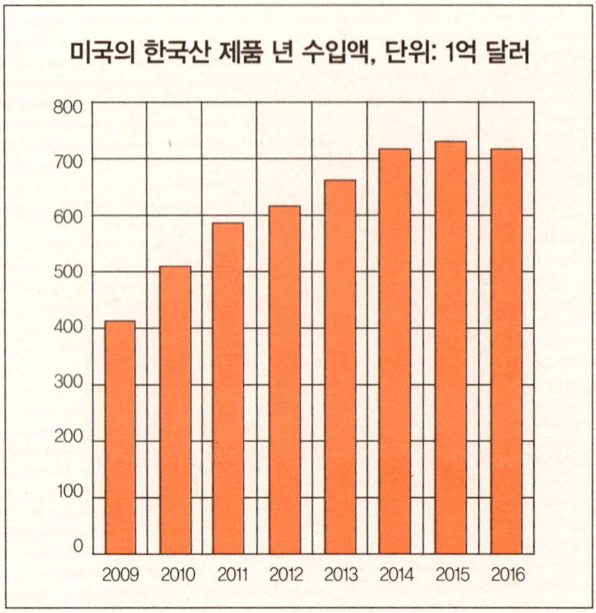

이처럼 한미 FTA 헤게모니의 근거는 매우 취약하다. 한미 FTA가 성공했다는 근거 없는 말에 의문을 제기해야 한다. 참여정부가 한 일이라고 입을 닫는다면, 선의의 침묵이 한미 FTA 헤게모니를 강화하고, 재벌과 미국의 경제 영향력을 더 키우고, 결국 정권 교체의 성과를 초라하게 할 수 있다.

한미 FTA가 경제민주화를 가로막는다는 것을 깨닫기에 5년은 충분하다. 볼 만큼 보았다. 한미 FTA는 시민에게 소득과 일자리를 가져다주지 않았다. 오히려 중소기업 적합업종제와 같은 경제민주화의 장애가 되고 있다. 정권교체는 시민의 생활에 볕이 들게 해야 한다. 한미 FTA 관료들로는 안 된다.

자료: 송기호(2017), 기고: "한미 FTA로 수출 늘었다?…진짜인가?", 프레시안 2017. 3.15

4. 기타 경제통합체

1) 아세안(ASEAN)

아시아에서도 유럽이나 북미지역과 유사한 경제통합이 일찍부터 시도되었었다. 우리에게 잘 알려진 동남아시아국가연합, 즉 아세안(Association of Southeast Asian Nations, ASEAN)이 대표적이다. 아세안은 1967년 8월 태국, 인도네시아, 필리핀, 말레이시아, 싱가포르 5개국이 결성한 지역협력기구로 최초 출발하였으며, 이후 1984년의 브루나이에 이어 1995년 베트남이 정식으로 가입하고, 라오스, 미얀마, 캄보디아 등이 추가 회원국이 됨으로써 지금의 아세안은 총 10개국으로 늘어났다 (도입사례 및 그림 7-3 참조).

그림 7-3 ● 아세안 회원국

설립목적은 ① 동남아시아 역내 회원국 간 경제적 · 사회적 지역협력의 촉진, ② 외국으로부터의 간섭을 배제하고 역내국가의 안정을 수호, ③ 경제 · 사회 · 기술 · 문화 각 분야에서의 상호원조, ④ 평화적이고 진보적인 생활수준의 향상 등이다. 조직은 회원국 정상들의 회담, 회원국 외무장관이 참여하는 각료회의, 주최국 외무장관과 해당국 주재 회원국 대사로 이루어지는 상임위원회, 전문위원회 그리고 각국의 국내 사무국 등으로 구성된다. 아세안 회원국들은 상호 보완적이라기보다는 경쟁관계에 있는 국가들이 가입됨에 따라 지속적인 노력에도 불구하고 큰 진전과 실질적인 성과를 이루어내지 못하다가, 2015년까지 역내관세 철폐 결의를 담고 있는 비엔티안(Vientiane) 행동계획을 2004년에 발표하고, 2005년에는 중국과, 2007년에는 한국과 각각 FTA를 체결하는 등 이전보다 활발한 움직임을 보여주고 있다. 한편, 1997년부터 정상회의 개최시마다 한국, 중국, 일본이 참관국(Observer) 자격으로 초청되고 있다.

2) 메르코수르(MERCOSUR)

남미공동시장, 즉 메르코수르는 1991년 아르헨티나, 브라질, 파라과이, 우루과이가 아순시온 조약을 맺고 설립한 지역경제통합체이다. 이 조약은 1994년 오우로 페루토조약(Treaty of Ouro Preto)에 의해 수정되고 발전되는데, 목적은 상품, 인력, 통화의 자유로운 교역과 원활한 이동을 촉진하는 것이었다. 1995년 1월에 메르코수르가 정식 출범되고, 1996년에 칠레, 1997년에 볼리비아, 2003년에 페루가 준회원국으로 가입하였다. 사무국은 우루과이 몬테비데오에 있다. 메르코수르의 목적은 남미 4개국 간의 EU형 공동시장을 창설하고, 경제공동체를 넘어 정치통합까지 추진하는 것이다.

3) 안데스공동시장(ANDEAN Community)

안데스공동시장은 라틴아메리카의 안데스 지역 국가들로 구성된 경제 공동체이다. 최초 콜롬비아, 페루, 에콰도르, 볼리비아, 칠레 등 이른바 '안데스 제국'의 5개국은 1969년 경제협력을 위해 안데스공동시장을 형성했다. 이후 1973년 베네수엘라가 추가로 공동시장에 합류했다. 한편 창립멤버였던 칠레는 1976년 정회원에서 탈퇴하고 참관국 지위를 유지하다가 2006년 준회원 자격으로 다시 기구에 가입했으나, 베네수엘라는 2006년 탈퇴했다. 안데스공동시장의 기본 내용은 역내 무역장벽을 철폐하는 것과 역외 국가에 대한 공동 관세율을 적용하는 것이다. 이외에 가입 국가 사이에 경쟁이 가열되지 않도록 산업을 계획적으로 분배하는 것과 외자를 도입할 때 공통된 정책을 취하는 것 등이 공동시장 내용에 포함된다.

토의자료 7-2

메르코수르, 남미경제 통합주도

베네수엘라가 곧 남미 공동시장(메르코수르)에 가입해 남미 경제통합이 가속화될 것으로 보인다고 남미 지역통신인 메르코프레스가 28일 보도했다.

이에 따라 남미를 대표하던 양대 경제공동체인 메르코수르와 안데스공동체(CAN)가 벌이던 베네수엘라 영입 경쟁은 결국 메르코수르 승리로 마무리될 가능성이 높아졌고 향후 남미 경제통합도 메르코수르를 중심으로 전개될 전망이다.

메르코수르 핵심 회원국인 브라질 정부는 베네수엘라 가입 문제를 다음 달에 마무리 짓겠다는 뜻을 밝혔다.

지난 25~26일 베네수엘라를 방문한 셀수 아모링 브라질 외무장관은 "우고 차베스 베네수엘라 대통령과 만나 메르코수르 가입 문제를 집중적으로 논의했다"며 "다음 달로 예정된 양국 정상회의가 열리기 전에 이 문제를 마무리할 것"이라고 말했다.

차베스 대통령은 다음달 26일 브라질을 방문해 루이스 이나시우 룰라 다 시우바 브라질 대통령과 정상회의를 가질 계획이다.

아모링 장관은 "정상회의에 앞서 다음달 19~20일 각료회의를 통해 2014년까지 500개 품목에 대한 수입관세를 철폐하는 문제 등을 다룰 것"이라고 덧붙였다.

당초 베네수엘라는 볼리비아, 콜롬비아, 에콰도르, 페루와 함께 CAN 회원국이었다. 그러나 콜롬비아와 페루가 미국과 자유무역협상을 진행하자 이에 불만을 품고 탈퇴한 뒤 메르코수르 가입을 추진했다.

이에 브라질 아르헨티나 파라과이 우루과이 등으로 구성된 메르코수르 회원국 정상은 2006년 7월 베네수엘라 가입에 합의했다. 하지만 브라질과 파라과이 의회가 가입 승인을 늦춘 탓에 3년 가까이 가입절차가 지연됐다. 아르헨티나와 우루과이는 이미 의회 승인까지 마쳤다.

브라질 하원은 베네수엘라 가입 안을 진작 통과시켰으나, 상원에서 야권 의원들이 반대했다. 이번에 베네수엘라 가입이 순조롭게 성사되면 메르코수르는 인구 2억6,600만여 명과 국내총생산(GDP) 2조 달러를 웃도는 거대 경제블록으로 재탄생한다.

자료: 매일경제신문, 2009. 4.28

4) 아시아태평양경제협력체(APEC)

1989년 11월 호주 캔버라에서 한국, 미국, 일본, 호주, 캐나다, 뉴질랜드와 아세안 6개국 등 총 12개국이 참여한 가운데 제1차 회의를 열었다(저자 註: 현재 회원국은 이들 국가 외에 중국, 러시아, 베트남, 페루 등을 포함한 21개국이다). 아시아태평양경제협력체(Asia Pacific Economic Cooperation, APEC)의 목표는 태평양연안 국가들의 경제적인 협력을 증진시키는 것으로써 지역 내에서의 상호의존성을 높이고 궁극적으로 자유무역지역을 형성하고자 노력하는데 있으나, 태평양연안 국가들이라는 공통점을 제외하고는 역사 · 문화 · 경제발전단계 등이 모두 상이함에 따라 큰 진전은 이루지 못하고 있다. 한편 아시아태평양경제협력체

제2절 국제통상협력과 OECD

경제협력개발기구(Organization for Economic Cooperation and Development : OECD)는 경제에 관한 선진공업국 중심의 국제협력기구로서 1961년 9월 파리에 본부를 두고 설립되었다. 설립 당시 미국, 캐나다와 서유럽 선진국의 20개국이 회원국이었

으나, 2012년 현재의 회원국 수는 34개국이다. OECD회원국은 비록 많지 않지만 전 세계 상품 생산의 2/3를 차지하고 있어 세계경제에 막강한 영향력을 미치고 있다. 설립 이후 추가로 가입한 국가들을 보면 우선 1970년대까지 일본(1964년), 핀란드(1969년), 오스트레일리아(1971년), 뉴질랜드(1973년)의 네 나라가 가입하였다. 1990년대 들어와서는 멕시코(1994년), 체코(1995년), 헝가리(1996년), 폴란드(1996년), 우리나라(1996년 10월 12일) 등 개발도상국들이 가입함으로써 '선진국사교클럽'으로서의 처음 이미지가 퇴색되었다. 이후, 2000년에 슬로바키아 공화국과 슬로베니아가 추가 가입했으며, 2010년에 에스토니아, 이스라엘, 칠레 등이 회원국이 되었다.

OECD는 원활하고 지속적인 경제성장, 개발도상국 원조, 자유롭고 다변적인 무역의 확대 등 세 가지를 목표로 한다. UN이나 여타 세계무역기구처럼 모든 국가에 가입자격이 주어지는 것이 아니라, OECD 목적에 동의하고 민주주의와 자유 시장경제라는 공동의 가치관을 가진 나라 중에서 기존회원국의 초청에 의해 가입할 수 있는 동질성이 강한 모임이다.

OECD는 협상을 위한 국제기구는 아니다. 회원국 간의 상호관심분야와 세계경제 현안에 대해 협의(consultation)를 거쳐 합의(consensus)에 의해 해결방안을 도출하는 국제경제기구일 뿐이다. 의사결정은 다수결이 아닌 회원국의 만장일치제로 이루어진다.

OECD 규범의 가장 핵심적인 내용은 경상무역외거래자유화규약(The Code of Liberalization of Current Invisible Operation)과 자본이동자유화규약(The Code of Liberalization Capital Movement)의 두 자유화 규약이다. 이는 국제간 서비스거래와 자본이동의 자유화를 달성하려는 OECD의 기본 헌장으로써 형식상으로는 국제조약은 아니지만 사실상 법적인 구속력을 가진다. 다만 신규가입국의 경우에는 기존회원국이 동의하면 양대 규약의 일부조항에 대한 유보가 가능하다. 오늘날 무역과 환경, 경제정책, 노동기준, 반부패, 투자를 연계시키는 등 국제경제의 주요 현안 문제에 대한 국제적 논의를 OECD가 주도하고 있다.

제3절 남북문제와 UNCTAD

GATT에 의한 관세율 인하는 선진국에는 유리하지만 선진국보다 국제경쟁력이 약한 후진국에게는 불리하다. 관세율 인하의 대상이 주로 선진국의 수출품이자 후진국의 수입품인 공산품이라는 점에서 GATT가 선진국의 이익만을 위한 것이라는 비판이 일기 시작하였는데 그 결과 UNCTAD가 탄생하였다.

UNCTAD(United Nations Conference on Trade and Development)는 1964년 창립된 UN무역개발회의이다. 제2차 세계대전이 끝난 후 식민지 상태로부터 정치적 독립

을 얻은 개발도상국들은 경제발전이 매우 부진하고 선진공업국과의 경제적 격차가 확대되는 경향을 보였다. 이러한 선진국과 후진국 사이의 경제적 격차가 1960년대 접어들면서 중요한 국제경제문제로 대두되었는데 이를 남북문제(North-South Problem)라 일컫는다.

여기서 남북이란 후진국은 대부분 남반구에 있고 선진국은 대부분 북반구에 위치하고 있다는 점에서 후진국과 선진국이라는 뜻으로 사용된 것이다. UNCTAD는 주로 남반구의 후진국들이 주축이 되어 선진국과 후진국 사이의 심각한 무역불균형을 해소하고, 선진국은 후진국 개발에 원조를 제공함은 물론 여러 가지 면에서 적극 협조해야 한다는 등 후진국의 이익을 강력히 주장하는 국제기구이다.

UNCTAD에서 제기된 후진국들의 주장은 대략 다음과 같다.

첫째, 선진국과 후진국 사이에 존재하는 심각한 빈부의 격차는 지난날 선진국이 펼쳤던 식민지 정책의 소산이다. 따라서 선진국들은 마땅히 후진국들에게 무상이나 장기저리의 원조를 하는 등 후진국들의 개발에 적극 참여하여야 한다.

둘째, 후진국들은 일반적으로 선진국을 상대로 값싼 1차 상품(농산물)을 수출하고 값비싼 2차 상품을 수입하기 때문에 무역수지는 악화되고 경제개발은 지연될 수밖에 없다. 따라서 선진국들은 이러한 불균형을 해소하기 위하여 후진국들의 상품에 관한 관세를 철폐하거나 경감시키는 특혜관세제도를 실시해야 한다. 이것이 선진국과 후진국 간의 공정한 무역이다.

UNCTAD의 주장을 수용하여 일부 선진국들은 후진국에 대한 특혜관세제도의 일종으로서 일반특혜관세제도(Generalized System of Preference: GSP)를 1970년대 중반부터 실시해 오고 있다. 우리나라는 일반특혜관세제도의 혜택을 받아 오다가 최근 수혜대상국에서 제외되었다. 대만, 싱가포르, 홍콩과 더불어 신흥공업경제국(newly industrialized economics: NIFs)으로서 다른 개발도상국보다 높은 산업화와 경제성장, 그리고 상대적인 국제수지안정을 경험하고 있기 때문이다.

동서냉전체제가 와해된 이후 국제무역의 마당에서는 각국이 자국의 이익을 우선하는 소리 없는 경제전쟁을 벌이고 있다. 후진국이 유치산업 보호론에 입각하여 애써 육성하는 기간산업의 기술수준은 갈수록 선진국의 기술수준에 비해 뒤떨어지고 있다. 후진국이 인적 물적 자원의 한계를 극복하고 선진국 수준의 기술을 계속 자체 개발해 나가기는 아주 어렵다. 그러나 선진국은 기술보호벽을 더욱 높이면서 후진국의 기술면에서의 값싼 모방이용을 봉쇄하고 있다. 선진국과 후진국간 무역의 균형화와 공정무역을 부르짖는 UNCTAD의 목소리는 선진국 간 무역불균형의 시정을 둘러싼 힘겨루기에 가려지고 있다. 국제무역은 기술과 국력이 모든 것에 우선한다는 정글의 논리가 지배하고 있는 것이 현실이다. 게다가 1980년대에 개발도상국의 외채위기를 중심으로 한 선 · 후진국 간 갈등이 심화되었는데 UNCTAD가 이에 효과적으로 대처하는 데 실패함으로써 UNCTAD의 존재의의에 대한 의문이 제기되고 있는 실정이다.

주요용어

지역주의(regionalism), 경제통합, 자유무역협정(FTA), 유럽연합(EU), 유로화, 북미자유무역협정(NAFTA), 아세안, 메르코수르, 안데스공동시장, APEC, 경제개발협력기구(OECD), UNCTAD

연습문제

1. 최근 급증하고 있는 자유무역협정과 관련하여 우리나라의 대응방안을 설명하시오.
2. 유럽연합의 특징을 설명하시오.
3. 북미자유무역협정의 장단점을 논하시오.
4. 동아시아에 경제통합체가 결성되기 어려운 이유를 설명하시오.
5. 우리나라는 1996년에 OECD에 가입하였다. 우리나라의 OECD가입의 성과를 설명하시오.
6. 남북문제와 관련한 UNCTAD의 역할과 문제점을 설명하시오.

참고문헌

KOTRA (2022), 「USMCA 원산지규정 해설서」, KOTRA

나무위키(2020), USMCA, [online] Available https://namu.wiki/w/USMCA [접속일: 2020년 1월 20일].

네이버 지식백과(2012), 안데스공동시장, [online] Available https://terms.naver.com/search.nhn?query = %EC%95%88%EB%8D%B0%EC%8A%A4%EA%B3%B5%EB%8F%99%EC%8B%9C%EC%9E%A5&searchType = text&dicType = &subject = [접속일: 2012년 8월 8일].

매일경제신문, '메르코수르, 남미경제 통합주도,' 2009년 4월 28일자.

박은태(2011), 「경제학사전」, 경연사.

송기호(2017), 기고: "한미 FTA로 수출 늘었다?…진짜인가?", 프레시안 2017. 3.15

외교통상부(2012), http://www.fta.go.kr/new/ftakorea/korea_psd_new.asp(접속일: 2012년 8월 5일).

장세진(2006), 「글로벌경영」, 박영사.

황중서(1998), 「21세기를 선도하는 국제화시대의 기업」, 형설출판사.

PART 3

국제경영전략

Chapter 08 국제사업활동의 형태와 해외시장 진입전략

Chapter 09 전략적 제휴전략

Chapter 10 해외인수합병전략

Chapter 11 글로벌전략

Chapter 12 해외직접투자의 이익과 비용

이질적인 환경이 주는 사업기회를 활용하여 영업목표를 달성하기 위한 다국적기업의 국제경영전략을 살펴본다. 먼저 국제사업활동의 형태와 해외시장 진입전략을 검토한 후, 전략적 제휴전략, 인수 및 합병전략을 살펴본다. 더불어 국가 간의 자원과 활동을 어떻게 배치하고 이들을 효과적으로 조정할 것인가의 글로벌전략을 논의하고, 마지막으로 다국적기업이 행사한 전략에 근간한 투자국과 현지국의 이익과 비용을 알아본다.

Global Management

CHAPTER 08

국제사업활동의 형태와 해외시장 진입전략

학습목차

제1절 해외진입시장의 선택

제2절 국제사업활동의 형태

제3절 수출과 각종 국제계약에 의한 기업 활동

제4절 국제투자

제5절 진입방식의 결정요인

학습목표

본 장에서는 해외시장선택을 위해 고려할 사항과 선택기법을 알아보고, 다국적기업 또는 국제기업의 활동을 크게 수출, 각종 국제계약에 의한 기업 활동, 국제투자 등 세 가지로 나누어 살펴본다. 그리고 해외직접투자와 관련된 구체적인 방법들에 대해 알아보고, 각 진입방식별 선택환경 및 조건을 조사해본다.

도입사례 8-1

롯데리아, 중국에서는 안 먹히네...

롯데리아는 1979년 일본에서 약 1,600여개의 체인점과 연매출 2천억 엔을 기록하며 성공가도를 달리고 있었다. 일본에서의 성공 노하우를 바탕으로 한국시장에도 진출하였으며, 이후 한국 패스트푸드 시장의 선두주자가 되면서 큰 성공을 거두게 된다. 이 당시 롯데리아는 연평균 30~40%의 성장을 시현하였고, 한국 외식산업에서 유래 없는 발전을 이룩하였으며, 매장수가 전국적으로 빠르게 늘어났음은 물론, 급속한 매출의 증가를 이루었다. 롯데리아는 이러한 성공을 발판으로 하여 연 8~9%의 꾸준한 경제성장을 이루고 있었던 중국시장 진출을 발판으로 삼아 세계적인 패스트푸드 체인점으로 거듭나려는 목표를 가지고 있었다.

롯데리아가 중국에 진출할 당시, 중국의 경제가 가파르게 성장함에 따라 식생활을 가장 중시하는 중국의 전통에서 엿볼 수 있는 외식산업이 가장 중요한 산업으로 끊임없이 발전하고 있었다. 또한 중국 내 시간의 가치가 상승하고 주민들의 소득수준이 증가됨으로써 외식 수요가 증가하여 중국소비자들의 패스트푸드에 대한 수요도 갈수록 늘어갔다. 그리고 한국의 TV 드라마와 가요를 통하여 중국에서 한류 열풍이 불기 시작하면서 대중문화를 뛰어넘어 한국 자체에 대한 애정을 가지는 이들이 증가함에 따라 한국 제품에 대한 선호와 중국으로 진출하려 하는 한국 기업에 친근감을 갖는 '합한족'들이 증가하는 등 롯데리아가 중국시장에서 성공할 요인들은 충분해 보였다.

이에 1993년 롯데리아는 중국에서 '북경난천유한공사'라는 현지 합작법인을 설립하여 프랜차이즈 사업을 시작하게 된다. 중국인들을 가맹점주로 삼아 1994년 11월 북경에 첫 매장을 오픈을 하였고, 이후 북경에 6호점, 1997년에는 하얼빈에도 진출하는 등 중국 전 지역을 대상으로 매장 수를 수백 개로 확장함으로써 중국인들의 입맛을 사로잡으려는 목표를 가졌다. 하지만 롯데리아는 2003년을 기점으로 하여 중국 전역의 24개 매장 전체를 경영부진의 이유로 철수하게 된다.

롯데리아는 중국 내에서 굳건한 입지를 가지고 있었던 글로벌 패스트푸드 체인점인 맥도날드 및 KFC와의 경쟁에 있어서 전혀 힘 한번 제대로 써보지도 못하고 경쟁에서 패하고 말았다. 일례로, 상하이에 입점해있던 롯데리아, 맥도날드, KFC 중 매장의 면적이라는 측면에서는 롯데리아가 가장 컸음에도 불구하고, 고작 20여명의 고객만이 롯데리아 매장에 있었던 반면, 같은 시각 인근 맥도날드와 KFC 매장에는 고객들이 줄을 서서 기다린 일도 있다고 한다. 롯데리아가 중국에 진출하기 전, 중국은 서구식 패스트푸드 문화에 매우 익숙

표 8-1 ● 롯데리아의 중국 발전 연혁

1994년 11월	업계최초 북경 롯데리아 1호점 개점(전문점)
1995년 5월	중국 북경 TV에 한-중 합작 현지 광고 시작
1995년 8월	북경 롯데리아 2호점 개점
1996년 7월	북경 롯데리아 3호점 개점
1996년 10월	북경 롯데리아 4호점 개점
1997년 1월	북경 롯데리아 5호점 개점
1997년 2월	북경 롯데리아 6호점 개점
1997년 5월	하얼빈 롯데리아 1호점 개점
1997년 9월	하얼빈 롯데리아 2호점 개점
2003년 1월	중국 전 점포 철수

자료: 롯데리아 홈페이지

해져 있었고 그 중심에 있었던 맥도날드와 KFC와는 반대로, 한국에서 성공했던 메뉴들이 다수 포진해있던 롯데리아는 결국 소비자들의 반향을 불러일으키지 못하는 결과를 낳고 말았다.

다양한 원인이 롯데리아의 실패에 기여했을 것으로 여겨지나, 우선 경쟁자 분석과 차별화에 대한 실패를 언급하지 않을 수 없다. 롯데리아는 한류를 등에 업고 이를 수단으로 롯데리아의 이미지를 제고하고자 노력했다. 또한 이미 먼저 진출한 KFC, 맥도날드 등 국제적인 브랜드 파워를 가지고 있는 업체들과도 차별화된 기업 이미지를 생성시킬 필요가 있었다. 하지만 롯데리아는 마케팅 능력 부족으로 인해 롯데리아만의 긍정적인 고유의 이미지를 확보하는데 애를 먹었고, 경쟁업체인 맥도날드와 비교했을 때 브랜드 인지도는 낮았지만 가격은 비슷한 수준을 유지함으로써, 동일한 패스트푸드 음식점인 맥도날드 대비 제품과 가격에 있어서의 차별화를 이루지 못했다.

입지 선정과 관련하여, 롯데리아는 유동인구가 많은 상해나 북경 등의 도심에 점포를 입점하였는데, 유동인구가 많은 중심지의 배후상권 주변에는 이미 많은 롯데리아와 비슷한 업종의 경쟁 프랜차이즈 점포들이 즐비하게 들어서 고객들을 선점해놓은 상태였다. 또한 유동인구가 많은 역 주변을 입점 지역으로 선정하여 졸지에 목적지로 가기 전 잠시 시간을 때우기 위해 머무르는 사람들을 타깃으로 삼는 경우가 되어버려, 그 결과 롯데리아를 찾는 고객들은 잠시 시간을 때우기 위해 저렴한 메뉴 하나만을 주문하거나, 식품구매 없이 자리만 이용하는 등 일견 매장에 사람은 많은 듯 했으나 매출은 좋지 않은 상황이 지속적으로 반복되었다.

중국에서 프랜차이즈로 성공하려면, 일단 시선을 잡을 수 있을 정도로 커다란 규모의 매장이 번화한 거리에 입점해야 한다고 한다. 그런데 롯데리아는 대규모 물량공세가 가능한 KFC 및 맥도날드사와의 경쟁에서 이들을 이기기에는 마케팅 능력 및 자금 등에 있어서의 경영자원이 턱없이 부족했다. 또한 프랜차이징을 통한 매장운영에서는 제품의 품질과 서비스 등이 차이가 있었다고 판단된다.

질문:

1. 베트남에서는 크게 성공을 거둔 롯데리아가 중국에서는 실패한 주요한 이유가 무엇이라고 생각하는가?
2. 1번 답을 기초로, 그렇다면 시장선택이 잘못된 것인가?
3. 중국시장에서 성과를 견인하기 위해서는 어떠한 진입전략이 가장 바람직했다고 판단되는가? 또 그렇게 생각하는 근거는 무엇인가?

제1절 해외진입시장의 선택

1. 진입시장선택의 의미

세계에는 각각의 독특한 시장 환경 및 특징을 가진 200여 개가 넘는 국가가 지구상에 존재한다. 특히 기업의 제한된 자원으로 동시에 이들 모든 시장에 진입한다는 것은 불가능하다하며, 따라서 국내시장에서 축적된 경험을 바탕으로 글로벌 시장기회를 모색하는 기업들에게 있어서 진입할 국가시장을 결정하는 것은 매우 중요하다. 더욱이 진입시장의 선택은 아래에 나열한 일련의 구체적 의미를 갖고 있기에, 세계시장에 처음 진출하는 기업뿐만 아니라 국제화가 상당히 진행된 다국적기업에게 있어서도 각 국가시장을 비교 · 평가하여 진입시장에 대한 의사결정을 하는 것은 간과할 수 없는 사항으로 고려된다.

1) 판매시장 및 생산입지의 결정

기업 활동 및 자원의 국제적 배치, 자사의 판매시장 및 생산지역의 선택문제이다. 즉, 주된 판매시장을 어디로 할 것이며, 판매제품의 생산지역을 어디에다 선택할 것인가를 결정해야 한다.

2) 경쟁대상의 결정

진입시장의 선정은 기업 스스로가 자사와의 경쟁기업들을 선택하는 것과 동일하다. 즉, 그 기업이 특정 지역으로 진입한다는 것 자체는 그 지역에서 이미 활동 중인 기업들과의 경쟁을 선포하는 것과 같은 의미이기 때문이다. 따라서 기업들이 특정 시장을 선택하기 위해서는 그 시장의 잠재력뿐만 아니라 경쟁구조 및 잠재적 또는 현재의 경쟁기업들과 비교한 자사의 경쟁우위를 고려해야 한다. 그리고 자사의 시장선택에 따른 경쟁기업의 반응도 반드시 고려해야 한다.

3) 글로벌전략의 수립

진입시장을 선택함에 있어서 기업은 자사의 글로벌 전략을 고려하여 결정해야 한다. 즉, 특정 시장국으로의 진입은 해당지역에서의 단기적인 시장기회뿐만 아니라 해당기업의 글로벌전략을 수행함에 있어서 장기적인 파급효과를 고려하여 이루어져야 한다. 시장을 선택함에 있어서 진입의 영향력은 단지 해당 국가에만 국한되는 것이 아니라 시장국간 연계성을 고려한 글로벌 차원에서의 전략적 결정이 고려되어야 한다. 또한 현재 상황과 장래의 글로벌 시장 및 경쟁 환경의 변화를 고려하여 장기적인 차원에서 진입시장에 대한 평가 및 결정이 이루어져야 한다.

2. 진입시장의 평가 및 결정과정

해외시장의 진입과 진입 후 확장은 해당기업의 국제경영활동의 성공여부를 결정짓는 중요한 과제이므로 매우 신중한 접근이 필요하며, 다음과 같은 과정을 거쳐 결정이 된다. 보다 구체적으로 진입시장의 결정시 고려해야 될 주요 요소들은 다음과 같다.

1) 기업 내부적 평가

우선적으로 진입시장 결정에 있어 해당 기업 내부적으로 글로벌전략, 진입목적, 보유자원 등에 대한 평가가 이루어져야 한다. 예컨대, 만약 회사의 전략적 목표가 판매시장의 확보가 목적인가 혹은 생산이 목적인가에 따라 선택되는 시장국이 달라지고, 생산의 경우에도 현지소비자가 대상인가 혹은 제3국으로의 재수출이 목적인가에 따라 선택이 다르게 된다. 또한 투자가능한 자원의 규모, 해외시장이 갖는 중요성, 경영진의 장기적 목표 등은 해외시장선택에 있어서 많은 영향을 미친다. 그리고 해외시장에서의 효과적인 사업을 위해서는 인적, 물적 자원이 투입되어야 하므로 기업이 보유하고 있는 자원의 양에 따라 진입시장과 전략이 달라질 수 있다.

2) 시장잠재력

시장선택에 영향을 미치는 변수들 중 가장 중요한 변수로는 해당국가의 시장규모와 시장성장률이다. 기업은 GNP나 일인당 소득, 성장률, 중산층의 규모, 산업화지수 등의 각종 2차자료를 이용하여 시장잠재력을 평가한 후 시장잠재력이 큰 시장을 선택하게 된다. 시장잠재력을 평가하는데 있어서 기업이 고려해야할 것은 현재의 잠재력뿐만 아니라 미래의 잠재력을 고려하여 시장을 선정하는 것이 중요하다.

그리고 이러한 시장잠재력의 평가는 기업이 판매하고자 하는 제품의 특성에 따라 그리고 산업별 특성에 따라 그 기준이 달라진다. 예컨대, 자동차회사의 경우 인구수나 일인당 국민소득뿐만 아니라 도로포장율과 자동차보유 대수 및 보유비율을 고려해야할 것이고, 냉장고 판매회사는 기후, 주거면적, 식생활패턴, 라이프스타일 등을 고려해야 한다.

3) 사업의 용이성과 적합성

해외시장에 대한 진입을 결정함에 있어서, 국가별로 현지에서 경영활동을 수행하는데 따르는 어려움과 시장의 유사성 등도 함께 고려해야 한다. 일반적으로 지리적으로 근접하는 경우, 문화적 · 법적 · 경제적 환경이 유사한 경우, 그리고 일인당 국민소득과 인구가 많은 국가에 우선적으로 진입하게 된다. 이 밖에도 현지투자나 생산과 마케팅활동에 대한 정책과 규제가 없는 경우 우선적으로 진입하게 된다.

표 8-2 ● 해외시장선택 및 진입결정과정

기업 내부적 평가
1. 해외시장 진출의 주된 목표는 무엇인가? 2. 장단기적으로 어떠한 글로벌전략을 추구할 것인가? 3. 해외시장 진출이 기업의 글로벌전략에서 어떤 의미를 가질 것인가? 4. 경쟁적인 측면에서 기업의 강점과 취약점은 무엇인가? 5. 보유하고 있는 자본적, 인적, 기술적 자원의 수준은 어떠한가? 6. 해외시장에 대한 경험은 어느 정도 축적이 되어있는가?
↓
해외시장의 평가
환경적 요소
1. 정부 정책상의 투명성 및 안정성 2. 무역 투자에 대한 규제 및 법률 3. 주요 거시경제지표: 경제성장률, 일인당 GNP, 소득분포 등 4. 산업하부구조(Industrial infrastructure) 상태 5. 교육 및 기술 수준
시장잠재력 및 매력도(Market potential and attractiveness)
1. 시장의 크기: 현재 및 잠재 수요, 수요 증가 추이 2. 해당산업 경쟁상태: 경쟁기업 수, 경쟁 정도 3. 제품시장 환경의 유사성 4. 표적시장의 특성
↓
진입시장 결정
↓
진입 시기 및 진입규모 결정
↓
시장진입전략 결정(제반 경영전략 개발 및 시장진입)

4) 경쟁 환경

진입시장의 선택에 있어서 영향을 미치는 또 다른 요소는 산업구조와 경쟁기업의 전략을 들 수가 있다. 먼저 해당기업이 속한 산업의 구조가 소수의 기업들이 지배하고 있는 범세계적 산업(global industry)이라면 이 산업에서의 주요 경쟁자들의 대응을 예상하여 진입지역과 국가를 선택해야 한다. 또한 만약 산업의 경쟁상황이 국가별로 거의 독립적이고 제한되어 있으며 다수의 중소기업들이 경쟁하는 산업(multi-domestic industry)이라면 해당시장 국내에서의 경쟁기업들의 반응과 경쟁방식이 많은 영향을 미친다는 것이다.

토의자료 8-1

한국기업의 해외진출동기

한국기업들은 어떤 동기로 해외에 진출할까? 무역협회에서 조사한 바에 따르면 한국기업의 해외투자 목적은 '저렴한 노동력'보다는 '시장의 성장성'을 중요시 하는 것으로 나타났다. 즉, '시장의 성장성'이라는 답변이 가장 높게 나왔고 그 다음으로 '저렴한 노동력', '시장의 규모'가 차지하였다.

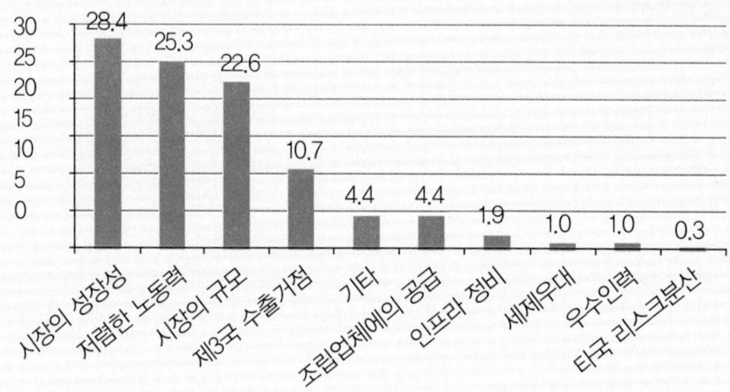

그림 8-1 ● 주요국별 유망 투자지역 선택이유(응답비율, %)

투자동기를 기업규모별로 살펴보면 대기업, 중소기업 모두 '시장의 성장성'을 1순위로 꼽았으나, 2순위에 있어선 대기업은 '시장의 규모', 중소기업은 '저렴한 노동력'을 꼽았다. 대기업의 경우 시장의 성장성, 시장의 규모, 저렴한 노동력 순으로 나타났다. 반면, 중소기업은 시장의 성장성, 저렴한 노동력, 시장의 규모의 순으로 나타났다.

표 8-3 ● 기업규모별 해외투자 이유(응답비율, %)

대기업			중소기업		
순위	투자이유	응답비율	순위	투자이유	응답비율
1	시장의 성장성	27.5	1	시장의 성장성	28.6
2	시장의 규모	26.1	2	저렴한 노동력	27.3
3	저렴한 노동력	19.0	3	시장의 규모	21.5
4	제3국 수출거점	16.2	4	제3국 수출거점	8.9
5	조립업체에의 공급	4.9	5	기타	5.1
6	기타	2.1	6	조립업체에의 공급	4.3
7	우수인력	1.4	7	인프라정비	2.2

8	타국 리스크분산	1.4	8	세제우대	1.1
9	인프라정비	0.7	9	우수인력	0.9
9	세제우대	0.7	10	타국 리스크분산	0.0

지역별로 해외투자동기를 보면 해외법인이 가장 많이 진출한 상위 4개 지역을 대상으로 해당 지역별 투자 이유를 살펴보았다. 중국은 저렴한 노동력, 시장의 성장성 순으로, 베트남은 시장의 성장성, 저렴한 노동력 순으로 나타났다. 반면, 미국과 서유럽은 공히 '시장의 규모', '시장의 성장성' 순으로 조사되었다.

표 8-4 ● 지역별 해외투자 이유(응답비율, %)

	1위	응답비율	2위	응답비율	3위	응답비율
중국	저렴한 노동력	33.7	시장의 성장성	28.7	시장의 규모	21.5
베트남	시장의 성장성	39.1	저렴한 노동력	37.0	제3국 수출거점	6.5
미국	시장의 규모	51.5	시장의 성장성	20.6	제3국 수출거점	11.8
서유럽	시장의 규모	37.5	시장의 성장성	33.3	제3국 수출거점	16.7

자료: 박의범 · 권종욱 · 오대혁 (2011),「글로벌경영 CASE 100」, 도서출판 청람.

제2절 국제사업활동의 형태

다국적기업의 활동형태에는 크게 수출, 각종 국제계약에 의거한 기업 활동, 국제투자 등 세 가지 범주로 나누어 볼 수 있다. 수출은 가장 기본적인 다국적기업의 활동형태로 상품 및 서비스를 외국에 판매하는 활동을 의미하며 일반적으로 간접수출, 직접수출, 지사 및 마케팅 현지법인 설치 등의 방법으로 세분할 수 있다. 다음으로 기술, 마케팅 노하우(know-how), 경영 노하우 등과 같은 무형의 정보나 시스템을 계약에 의해서 독립적인 기업에게 파는 기업 활동방식이 있는데, 국제기술이전계약(라이선싱), 프랜차이징, 경영관리계약, 플랜트/턴키계약 등이 있다. 마지막으로 다국적기업의 가장 본격적인 활동 형태인 국제투자가 있으며, 크게 국제자본투자와 해외직접투자로 나누어진다.

이상에서 설명한 다국적기업의 활동형태를 보다 자세하게 살펴보면 다음의 <표 8-5>와 같다.

실제에 있어서는 다국적기업들은 이러한 여러 가지 방법 중 어떤 제품 또는 지역은 수출방식을 이용하여 국제경영활동을 수행하고, 또 다른 제품 또는 지역은 계약이나 직접투자방식을 이용하여 국제경영활동을 수행한다. 그리고 다국적기업의 범세계적 기업활동에는 이하의 여러 형태의 활동을 동시에 활용하고 있는 것이 일반적이다.

그러나 이와 같은 다국적기업활동의 분류는 포괄적일 수도 절대적일 수도 없다. 왜

표 8-5 ● 국제사업활동의 형태

<table>
<tr><td rowspan="16">다국적 기업 활동</td><td rowspan="4">수출</td><td colspan="3">간접수출(indirect exporting)</td></tr>
<tr><td colspan="3">직접수출(direct exporting)</td></tr>
<tr><td colspan="3">지사 및 마케팅 현지법인 설치(direct branch/subsidiary)</td></tr>
<tr><td colspan="3">기타</td></tr>
<tr><td rowspan="7">각종 국제계약에 의한 기업 활동</td><td colspan="3">국제기술이전계약(licensing)</td></tr>
<tr><td colspan="3">프랜차이징(franchising)</td></tr>
<tr><td colspan="3">경영관리계약(management contracts)</td></tr>
<tr><td colspan="3">건설/턴키계약(construction/turnkey projects)</td></tr>
<tr><td colspan="3">계약제조(contract manufacturing)</td></tr>
<tr><td colspan="3">공동생산계약(co-production agreement)</td></tr>
<tr><td colspan="3">기타</td></tr>
<tr><td rowspan="5">국제투자</td><td colspan="3">국제자본투자(international portfolio investment)</td></tr>
<tr><td rowspan="4">해외직접투자
(foreign direct investment)</td><td rowspan="2">그린필드투자
(green-field investment)</td><td>완전자회사
(wholly owned subsidiary)</td></tr>
<tr><td>합작기업
(int'l joint venture)</td></tr>
<tr><td rowspan="2">브라운필드투자
(brown-field investment)</td><td>기존기업/공장의 인수
(int'l acquisition)</td></tr>
<tr><td>기존기업/공장의 합병
(int'l merger)</td></tr>
</table>

냐하면 기업의 창의성에 의해 실제로 이와 같은 분류에 포함되어 있지 않거나 여러 활동형태의 성격을 복합적으로 갖는 활동형태가 얼마든지 가능하기 때문이다.

다국적기업은 목표제품 및 현지시장에 적합한 국제경영 활동방식의 선택은 현지국과 관련된 요인과 본국과 관련된 요인 등 기업 외부적 요인과 기업제품요인, 기업자원 및 개입정도 요인 등 기업 내부적 요인에 영향을 받아 결정된다.

그러면 다국적기업의 여러 가지 활동들을 자세히 살펴보자.

사례 8-2

네스카페의 한국시장 고전 이유는?

1. 네슬레 기업소개 및 분석

스위스에 본사를 두고 있는 세계적인 식품업체 네슬레는 1867년 앙리 네슬레가 설립한 이후, 다양한 기업과의 M&A를 거쳐, 1977년 현재와 같은 종합식품 업체가 되었다. 네슬레의 대표 브랜드로는 네스카페, 커피메이트, 페리에, 네스퀵 등이 있다. 1979년에는 한서식품과의 합작형태로 국내에 진출하였으며, 1987년에는 네슬레 단독투자 형태의 한국 네슬레가 설립되었다. 그러나 유통상의 한계로 인해 2014년 한국 기업 롯데와의 50:50 합작을 시작하였고, 한국 네슬레에서 롯데 네슬레로 사명을 바꾸었다. 그러나 이러한 노력에도 불구하고 여전히 한국 커피 시장에서는 고전을 면치 못하고 있다.

표 8-6 ● 네슬레의 한국시장 진출 SWOT 분석

강점(Strength)	약점(Weakness)
1. 롯데와의 합작회사 설립으로 소매 유통망 확보 2. 경쟁의 공정성 추구 3. 다른 기업과의 협력관계 구축 4. 캡슐커피 시장 선점	1. 일관된 브랜드 이미지 구축 실패 2. 소극적인 프로모션 전략 3. '네스카페'의 낮은 브랜드 파워 4. 제한적인 의사결정시스템
기회(Opportunity)	**위협(Threat)**
1. 프리미엄 커피의 선호 증가 2. 캡슐커피의 성장성 3. 커피 수요의 계속적인 증가	1. 맥심의 압도적인 시장점유율 2. 대형 할인 유통업체들의 저가 PB제품 3. 원자재 가격 상승

2. 네슬레의 한국 진출 실패와 원인분석

1989년 한국네슬레는 '테이스터스 초이스'로 국내 커피믹스 시장에 진입하였다. 진입 초기 동서식품의 '맥심'이 독점체제를 유지하고 있었음에도 불구하고, 10% 중후반의 점유율을 유지하여 왔으나 점차 동서식품에게 그 점유율조차도 내어주게 되었고, 2010년 남양유업이 커피믹스 산업에 진출한 후로는, 계속해서 한 자릿수의 점유율만을 기록하고 있다. 이러한 상황을 타개하기 위해 '테이스터스 초이스'를 '네스카페'로 통합하는 전략을 펼치기도 했지만, 한국시장 특유의 유통망이나 마케팅 구조 등의 파악 실패로 시장점유율은 지속적으로 부진한 상태이다. 이 후 2014년 롯데와의 합작을 통해 공격적 투자와 유통망 개선에 힘쓰고 있지만 아직까지 시장점유율 1위의 동서기업이나 2위의 남양유업을 넘어설 눈에 띄는 시장점유율 상승은 이루지 못하고 있다.

네슬레의 한국 진출 실패의 원인은 기본적으로 한국시장의 특성과 네슬레 자회사인 네슬레코리아의 역량의 정합성을 찾지 못한 '현지화 실패'에 있다.

표 8-7 ● 네슬레코리아의 현지화 모델

		Subsidiary's relative capabilities		
		L	M	H
Local market's relative differentiation	L			
	M			
	H		Nestle Korea	

(자료: 김주태 (2011), 한국시장에 진출한 다국적기업 자회사의 현지화 수준에 관한 연구: 국내에 진출한 외국계 자회사 사례를 중심으로, 『국제경영리뷰』, 제15권 1호를 토대로 작성)

상기의 <표 8-7>은 자회사의 역량과 로컬 시장의 차별화 특성의 정합성 수준을 보여주고 있다. 네슬레코리아의 경우 자사의 역량과 시장 특성이 일치를 이루고 있지 못함을 확인할 수 있다. 그렇다면, 조금 더 구체적으로 살펴보기로 하자.

1) 유통망 관리의 실패

네슬레코리아의 경쟁기업인 한국 로컬기업 동서식품의 '맥심'으로 대표되는 믹스커피 제품의 구매는 전체의 60% 이상이 대형 할인마트와 체인마트에서 이루어진다. 이는 대형 할인마트와 체인마트에서의 제품 점유율이 제품의 매출규모와 비례한다는 것을 의미한다.

다음의 <그림 8-2>는 네슬레코리아가 롯데와 합작을 하기 전의 마트 점유율을 그래프로 나타낸 것이다. 이 그림을 통해, 네슬레에 의한 대형 할인마트와 체인마트의 점유율이 경쟁기업에 비해 월등하게 낮은 것을 확인할 수 있다. 이는 네슬레코리아의 제품이 소비자에게 노출될 수 있는 절대적인 공간이 상대적으로 매우 부족하다는 것을 의미하며 매출 또한 점유율에 비례하여 낮아지는 것은 당연한 귀결이다.

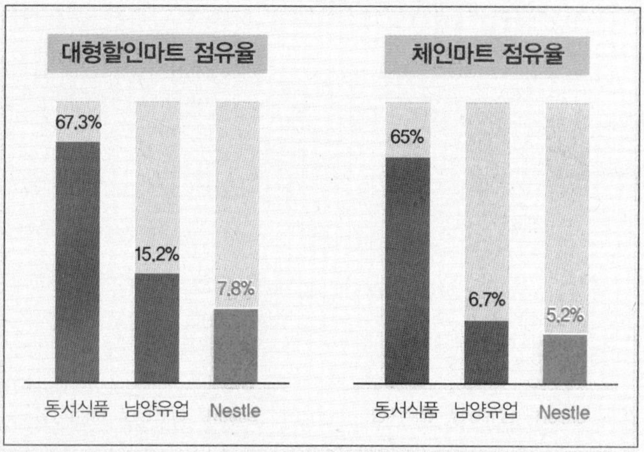

그림 8-2 ● 주요 유통업체들의 대형 할인마트, 체인마트 점유율

자료: 가공식품 세분화 시장 보고서-커피편- FIS 식품산업통계정보

2) 현지 마케팅 전략 실패

① 일관된 브랜드 이미지 구축 실패

현재 네슬레는 구매자들에게 네슬레코리아에 대한 확실한 브랜드 이미지를 구체화하지 못했다. 이는 광고 활동에 있어서 계속해서 구축하고자 하는 브랜드의 이미지인 부드러움, 국민적임과 연관된 광고 모델을 기용했던 맥심과는 달리, 커피의 맛이나 기타 속성들과는 동떨어지게 그 당시 가장 이슈가 되거나 모델 자체의 이미지가 좋은 광고모델을 기용했기 때문이다. 일관된 브랜드 이미지를 구축하기 위해서는 광고에서 전달하는 메시지에서부터 일관성과 연계성을 가져야한다. 또한 최근 네슬레가 시도한 펀(fun) 마케팅 역시 최근의 트렌드라고는 하나 네슬레의 이미지와 연관성 없는 광고로 성과를 거두지 못하였다.

② 소극적인 프로모션 전략

한국의 소비 시장은 기업의 가격 프로모션 전략에 매우 탄력적으로 반응한다는 특징을 가지고 있다. 때문에 한국에서는 원 플러스 원 행사, 시음 등을 통해 소비자들의 이목을 집중시키는 전략을 사용하고 있다. 로컬기업인 동서식품이나 남양유업 역시 국내 소비자들의 이러한 소비행태를 고려하여 집중적으로 가격 프로모션 전략을 펼친 것에 비해, 네슬레코리아는 '공정한 경쟁'이라는 본사의 마케팅 전략을 고수하였고, 결국 한국시장에 대한 현지화 노력의 부족으로 저조한 시장점유율을 탈피하지 못하였다.

3) 현지화에 적합하지 않은 운영방침

① 제한적인 의사결정시스템

현재 네슬레코리아는 의사결정권한에 있어 완전한 자율성을 갖추지 못했는바, 이는 강력한 경쟁사에 비해 뒤처진 전략의 수립 및 실현이나 의사결정을 야기한다. 또한 높은 수준의 현지화가 빠른 속도로 이루어져야 하는 식음료 시장에서 기업의 대응에 대한 자율성의 부재는 소비자의 변화에 대한 발 빠른 대처에 저해요인으로 작용할 수밖에 없다.

② 외국인 CEO 고수

네슬레는 글로벌 차원에서 자회사를 통합 운영하고자 본사 출신의 CEO를 한국의 자회사로 부임시키는 방식을 고수하고 있다. 커피시장 자체가 소비자의 기호나 문화 등이 강력하게 반영되는 만큼 현지화 전략이 중요하다. 때문에 최고의사결정권자가 진입 시장의 문화를 이해하고 습득하는 정도가 기업의 성패와 직결될 수 있다. 따라서 현재 시장 상황을 고려하지 않은 외국인 CEO의 고수는 한국 소비자들의 변화를 동태적으로 파악하기 어렵게 만들며, 시시각각으로 이루어지는 변화에 즉각적이고 탄력적으로 대응할 수 없도록 만든다.

3. 대응방안

1) 롯데 유통망의 전략적 활용

2014년 6월 합작회사 '롯데-네슬레'의 출범 이후 네슬레는 롯데와의 합작을 통한 부진한 유통망 개선을 꾀하였다. 하지만 아직까지는 유통망 확대의 수준이 롯데마트, 롯데슈퍼에 그치는 실정이다. 만약 롯데마트, 롯데슈퍼뿐만이 아니라 롯데홈쇼핑, 코리아세븐, 롯데닷컴, 롯데하이마트, 롯데백화점으로 이루어진 거대 유통망을 보다 폭 넓게, 전략적으로 활용한다면 수익률과 브랜드 이미지 상승의 발판이 될 것이다. 이 뿐만 아니라 국내외 15,000개에 달하는 점포망을 활용하여 스마트폰을 이용한 고객 위치에 따른 정보 제공 서비스인 '스마트 비콘 서비스'를 사용하여 보다 체계적인 고객관리로까지 나아갈 수 있을 것이다.

2) 마케팅 전략의 변화

① 적극적인 프로모션 전략

위의 실패원인 분석에서 언급했듯이 네슬레는 한국 소비시장의 특성을 반영하지 않은 소극적인 프로모션 전략으로 인해 실패를 경험한 바 있다. 따라서 이를 개선하기 위해 시음, 원 플러스 원 행사 등 보다 적극적인 프로모션 전략을 실행해야만 한다. 이러한 프로모션의 실행은 단순히 단기적인 매출 상승뿐 아니라 경쟁사에 비해 잘 알려지지 않았던 네슬레코리아의 커피 맛이나 브랜드를 소비자들에게 각인시키는 기회로 작용하여 장기적 수익 상승에도 긍정적 영향을 미칠 수 있을 것이다.

② 로컬기업과의 협력관계 구축을 통한 캡슐커피 시장 공략

현재 네슬레코리아가 고전하고 있는 커피믹스 시장은 전체 규모가 해마다 감소하고 있다. 반면 캡슐커피 시장은 아직까지는 믹스커피 시장의 규모와 비교하면 미비하지만 꾸준한 성장세를 이어가고 있다. 이러한 캡슐커피 시장의 향후 성장성에 주목하여, 예를 들어 국내 1위 정수기 브랜드인 웅진코웨이와의 '전략적 협력관계 구축을 통한 캡슐커피 시장 공략'이라는 전략을 수립하고, 캡슐커피에 대한 적극적 마케팅이 이루어진다면 새로운 판로를 개척하는 발판이 될 것이라 예상한다. 웅진코웨이가 보유하고 있는 가정, 기업 등 다양한 고객층을 활용함으로써 네슬레는 B2C 중심의 사업형태에서 B2B로의 사업영역 확장을 통한 신규 고객층 유치를 이끌어 낼 수 있기 때문이다. 또한 웅진코웨이의 렌탈 사업 역량을 기반으로 캡슐커피 머신의 렌탈 사업을 성공적으로 진행한다면, 마치 자동차회사가 유지보수에서 많은 이익을 얻는 것처럼 지속적인 이익 창출을 기대해 볼 수 있으리라 여겨진다.

3) 자율성을 가진 의사결정시스템의 확립

현재 네슬레코리아는 의사결정권한에 있어서 자회사 차원의 완전한 자율성을 갖추지 못하고 있다. 상기에서 제시한 '로컬기업과의 협력관계 구축을 통한 캡슐커피 시장 공략', '롯데 유통망의 전략적 활용'이라는 전략이 원활하게 수립, 진행되기 위해서는 한국시장에서 시시각각 변하고 있는 소비자 성향에 즉각적, 탄력적으로 대응할 수 있어야 하며, 전략적 제휴 관계에 놓인 기업간 협력 과정도 일정한 수준 이상의 자율성이 보장되어야 한다. 이를 위해서는 본사 위주의 의사결정 시스템에서 벗어나야 하며, 자회사의 자율적인 의사결정시스템을 구축하는 과정이 반드시 수반되어야만 한다.

질문:

1. 상기 사례에서 제시한 대응방안 외에, 국내 시장점유율 상승을 견인하는데 도움이 될 전략을 제안해보시오.
2. 앞서 설명했듯이, 네스카페와 롯데는 50:50의 합작관계를 구성하고 있는 바, 네스카페가 지분율을 확대하여 경영권을 확보하고 신속한 의사결정을 가능토록 하는 게 낫지 않겠는가? 여러분의 의견을 제시하시오.
3. 2번 질문의 연장선에서, 50:50 합작기업과 자회사에 대한 통제권을 행사하는 경우 각각의 장단점을 논하시오.

제3절 수출과 각종 국제계약에 의한 기업 활동

1. 수출

다국적기업이 해외시장에 진출하기 위하여 활용할 수 있는 대안적 전략형태 중에서 가장 오래되고 대표적인 형태는 국내에서 생산된 제품을 해외에 판매하는 수출의 형태이며, 다시 여러 가지 종류의 수출방식으로 나누어 볼 수 있다.

우선 상품수출만 보더라도 외국의 고객에게 얼마나 근접하느냐에 따라 간접수출, 직접수출, 해외자회사를 통한 수출 등으로 나눌 수 있다.

간접수출(indirect exporting)이란 제조회사의 입장에서 다른 수출업자나 수출대리인을 통한 상품수출을 하는 방법인데, 이 경우의 제조 기업은 사실상 해외사업을 하고 있다고 보기는 어려우며, 투자소요가 적고 위험이 적다는 장점이 있다. 간접수출은 주로 수출경험이 전혀 없거나 수출전문 인력을 이용할 수 없는 중소기업의 경우, 또는 수출규모가 너무 작아 자신이 직접 수출할 필요가 없이 다른 기업에게 맡기는 것이 더 효율적인 경우 등에 주로 사용된다.

우리나라의 중소수출기업이 종합상사를 통해 제품을 수출하는 경우가 대표적이다. 또한 우리나라 운동화 생산업체들이 미국의 나이키(Nike)나 영국의 리복(Reebok) 등과 같은 기업을 통해서 OEM방식으로 수출하는 경우도 제품을 생산한 기업이 수출마케팅 전략에 대한 통제권을 갖지 못한다는 점에서 간접수출이라고 할 수 있다.

직접수출(direct exporting)은 제조회사나 무역회사가 직접 외국의 수입상이나 중간상에게 수출을 하는 경우이며, 직접수출의 물량이 많아지고 해외수요가 증대하게 되면 한 걸음 더 나아가서 외국에 판매를 담당할 지사나 현지법인을 설립해서 현지시장에서의 마케팅 채널을 확보하여 직접 판매하게 된다. 직접수출의 경우, 제품을 생산하는 기업은 시장조사, 고객접촉, 가격결정, 물적 유통, 수출서류 작성 등과 같은 제반 수출마케팅활동을 직접 계획하고 수행하게 된다. 직접수출은 간접수출보다 기업 내에서의 활동이 훨씬 더 발전된 단계로서 시장개입의 범위도 훨씬 더 확대된다. 예컨대, 한국의 삼성물산과 같은 종합상사가 해외 고객에게 직접 수출하는 경우나 보잉사나 소니와 같은 다국적기업이 비행기나 전자제품을 해외고객에게 직접 수출하는 경우가 대표적이다.

마지막으로 해외자회사를 통한 수출은 직접수출의 물량이 많아지고 해외수요가 증대하게 되면 직접수출보다 한걸음 더 나아가 외국에 판매를 담당할 지사나 현지법인을 설립해서 현지시장에서의 마케팅 채널을 확보하고 직접 판매를 수행하기도 한다.

2. 각종 국제계약에 의한 기업 활동

여러 가지 다양한 형태의 국제계약에 입각한 각종 국제경영활동이 있다. 이러한 활동들은 다국적기업이 외국의 영업파트너와 일정한 계약을 체결하고, 그 계약조건과 내용에 따라 국제적인 사업 활동을 수행하는 것이다.

1) 라이선싱(licensing)

이러한 형태 중에서 대표적인 것은 국제기술이전계약(licensing)이 있다. 라이선싱(licensing)은 라이센서(licensor)와 라이선시(licensee)간에 계약을 체결하고, 이 계약 하에서 라이센서가 자사가 보유하고 있는 제조기술, 공정과정, 특허, 등록상표, 거래의 비밀 또는 기타 노하우 등의 상업적 자산권을 사용할 수 있는 권리를 라이선시에게 제공하고 그 대가로 라이선시로부터 일정한 로열티(royalty) 또는 수수료(fee)를 수수하는 국제경영활동이다.

예를 들어, IBM이 일정한 대가를 받고 전자제품의 생산과 관련한 자사의 특허공정을 특정 기업이 일정기간 사용할 수 있도록 권리를 제공하거나, 우리나라의 국제상사(현 LS네트웍스)가 인도네시아의 신발제조업체에게 스포츠워킹화 프로스펙스 W상표를 사용하도록 권리를 제공하는 것 등이다.

라이선싱은 국내에서 제품을 생산하는 경우 생산원가가 너무 높거나 국내에서 제품을 생산하여 해외에 수출하고자 할 때 무역장벽이 존재하거나 또는 현지까지의 운송비가 너무 많이 소요되는 경우, 그리고 제품을 현지에서 생산하기를 원하더라도 현지정부가 외국인투자를 규제하여 현지생산이 불가능한 경우 등에 활용된다(이에 대해서는 추후 제5절에서 구체적으로 다시 살펴보도록 하겠다). 예컨대, 미국의 버드와이저(Budwiser)는 운송비 등을 고려하여 국내 생산 · 수출방식 보다는 외국현지기업에 기술과 브랜드에 대한 라이선싱을 제공하여 전 세계에 제품을 공급하고 있다.

라이선싱은 라이센서의 입장에서는 적은 위험과 비용으로 해외시장에 쉽게 침투할 수 있다는 장점이 있고, 라이선시의 입장에서는 유명제품의 브랜드를 활용할 수 있다는 장점이 있다.

2) 프랜차이징(franchising)

프랜차이징은 제품, 가격, 유통경로, 광고 및 판매촉진 등 포괄적인 마케팅 믹스를 제공함으로써 소비자가 본사와 똑같은 이미지의, 똑같은 제품을, 똑같은 방법으로 서비스 받는다는 느낌을 갖도록 하는 기업 활동방식을 말하며, 소유나 경영면에서의 이전은 없고 단지 상표 및 제조 · 마케팅상의 노하우만이 거래된다. 프랜차이징은 즉석식품, 음료수, 호텔 및 모텔 등의 산업에 많이 이용되고 있으며, 대표적인 예로서는 맥도날드(McDonald's), 켄터키 후라이드 치킨(Kenturkey Fried Chicken) 등을 들 수 있다.

3) 경영관리계약(management contracts)

경영관리계약은 일정기간 동안 계약당사자중 한 기업이 다른 종사자가 소유하고 있는 기업을 대신 경영하여 줌으로써 그 기간 동안 경영에 필요한 노하우와 시스템을 이전시키기로 약정하는 계약이다. 국제경영관리계약의 대표적 예는 호텔산업에서 찾아볼 수 있다. 호텔업에는 특수한 자질과 경험이 있는 경영자와 세계적인 서비스망의 구축이 상호 연결되어야만 능률적 경영이 가능해지기 때문이다. 예를 들어, 미국의 Hilton호텔이나 Marriot호텔, Sheraton호텔, 그리고 우리나라의 신라호텔과 같은 유명호텔들은 자신이 직접 호텔을 소유한 상태에서 호텔업을 운영하는 것이 아니라 외국호텔과 경영관리계약을 맺어 자신들이 호텔의 경영을 담당하는 방식으로 해외에 진출하고 있다. 가령 서울의 Sheraton호텔은 SK그룹이 Sheraton체인에 가맹하여 운영하고 있는 프랜차이즈 호텔이다. SK는 프랜차이즈에 가입한 대가로 Sheraton이라는 상호를 이용할 수 있고 전 세계 Sheraton체인점에 예약을 해주고 있다. 대신 Sheraton 본사는 관리자를 파견하여 Sheraton이란 브랜드에 어울리는 호텔서비스를 제공할 수 있도록 Sheraton호텔의 경영에 관여한다. 이 경우 관리자를 파견하여 경영을 담당해준 Sheraton 본사는 호텔경영에 필요한 관리노하우를 제공하는 대가로 일정율의 경영관리서비스료를 받아 간다.

4) 플랜트/턴키계약(plant/turn-key projects)

플랜트/턴키계약이란 기업이 외국으로부터 생산 공장이나 석유시추시설 등과 같은 산업시스템을 발주 받아 이를 설계 · 건설하여 프로젝트를 완공한 다음 그 초기운영까지를 담당한 후 그것을 발주자에게 일괄 제공하는 방식인데, 일반적으로 계약기간이 장기

표 8-8 ● 우리나라 브랜드형태별 수출건수

구분	브랜드형태							
	노(NO)브랜드				고유브랜드			
	무 브랜드	라이선싱	OEM	ODM	기업 브랜드	개별 브랜드	혼합 브랜드	공동 브랜드
브랜드형태별 수출건수	3,159	108	3,315	205	3,557	700	264	47
브랜드형태별 비중(%)	27.8	1.0	29.2	1.8	31.3	6.2	2.3	0.4
소계	6,787(59.8%)				4,568(40.2%)			
총 수출건수	11,355(100.0%)							

자료: 지식경제부 보도자료

이며 계약금액도 거액인 경우가 많다. 예를 들어, 미국의 GE사나 Westinghouse사가 개발도상국이나 동유럽 국가의 대규모 전력사업을 수주 받아 이를 완공한 다음 일정기간 시운전을 거쳐 발주자에게 제공하는 경우 등이 여기에 해당한다.

한편, 한 걸음 더 나아가 프로젝트의 발주자가 당해 프로젝트를 독자적으로 운영할 수 있도록 경영관리나 근로자 훈련 등과 같은 서비스를 추가로 제공하는 턴키 플러스(turnkey plus) 방식도 있다.

5) 계약제조(contract manufacturing)

계약제조란 일정 수준이상의 제조시설과 능력을 가진 외국의 제조 기업에게 주문회사의 요구수준에 맞는 품질의 제품을 생산 · 공급하도록 계약을 맺고, 공급된 제품의 마케팅은 주문회사가 책임지고 맡아서 수행하는 제조/마케팅의 연결시스템으로써 이는 생산 면에서 강점을 지닌 제조기업과 마케팅 면에서 강점을 지닌 기업과의 합작방식이다. 우리나라 수출의 절반이상을 차지하는 'OEM수출'도 계약제조의 한 형태라고 할 수 있다. OEM(original equipment manufacturing)수출이란 「자사의 상표가 아닌 주문자 상표에 의한 생산 및 수출」로서 예를 들어, 한국의 가전업체가 생산한 칼라TV를 미국의 GE사가 자기의 상표를 부착하여 미국시장에 판매하다든지, 한국 기아자동차의 프라이드를 미국 포드사가 '페스티바'라는 자기상표로, 또한 과거 대우의 르망을 미국 GM사가 '폰티악'이라는 자기상표를 부착하여 미국시장에서 판매했던 경우 등을 예로 꼽을 수 있다. 우리나라의 경우 한국생산성본부가 조사한 바에 따르면, 대략 국내기업의 수출 건수의 40.2%, 수출액 기준으로 68.5%가 고유브랜드 수출이며, 수출건수 기준으로 60%에 이르는 브랜드 없는 수출 중 절반은 OEM수출인 것으로 조사되었다. 특히 중소기업의 경우 전체의 39.1%만이 고유브랜드로 수출을 하고 있어서 중소기업의 고유브랜드 개발이 시급한 것으로 나타났다.

반면 공동생산계약(co-production agreement)이란 경제적 협조와 시장침투를 목적으로 일정한 계약조건하에 공동생산을 약정하는 계약형태이다.

이외에도 서비스계약(service contracts), 생산물분배(production sharing), 국제하청(international subcontracting) 등 여러 형태의 계약에 의한 다국적기업의 활동형태들이 있다.

토의자료 8-2

브릭스(Brics) 누비는 현대자동차

브라질 상파울루시에서 북서쪽으로 160㎞ 떨어진 피라시카바시. 이곳 약 139만㎡(약 42만평) 부지에 오는 11월 완공될 현대자동차 공장이 그 위용을 드러내고 있다. 피라시카바시가 있는 상파울루주는 자동차부품산업의 메카로 불리는 곳이다. 그런 별명에 걸맞게 폭스바겐, 다임러, 도요타, 혼다 등 글로벌 완성차 회사들이 즐비하게 늘어서 있다. 그만큼 글로벌 자동차기업들이 각축을 벌이고 있는 곳이다. 브라질 자동차시장은 지난해 세계 4위 시장으로 랭크될 정도로 성장세가 가파르다. 현대기아차가 이곳에 공장을 건설하는 이유다. 이 공장은 현대기아차의 중남미 기지 교두보 역할을 하게 된다.

비용절감-현지화전략 두 마리 토끼 잡아

지난해 12월 현대차 경영진은 무릎을 쳤다. 2008년부터 브라질에 완성차 공장을 건설 중인 가운데 브라질이 수입차의 공업세를 인상키로 결정했기 때문.

오는 12월부터 브라질로 수입되는 자동차에 대해 공업세를 30%포인트 올리기로 한 것이다. 현대차의 선견지명이 돋보이는 순간이었다. 현지생산이 아니고선 이 같은 관세절감은 불가능하다는 게 현대차 측 설명이다.

총 6억 달러가 투자되는 브라질 공장은 프레스, 차체, 도장, 의장 공정의 완성차 생산설비를 갖추게 된다. 건평은 약 6만9,000㎡(약 2만1,000평)에 달한다.

이 공장에서는 현지수요 특성을 감안해 중남미 전용 소형 해치백모델을 생산할 계획이다. 이미 지난 25일 해외 언론들이 앞 다퉈 현대차의 해치백모델 HB20에 대한 이미지를 공개해 화제가 된 바 있다.

특히 브라질 공장에서 생산되는 모델들은 사탕수수 등에서 정제하는 바이오 에탄올과 가솔린을 모두 사용할 수 있는 '혼합연료(플렉스퓨얼, Flex-Fuel)' 차량으로 출시될 예정이다. 따라서 혼합연료 차량의 판매가 약 90%를 차지하는 브라질 자동차시장 공략에 더욱 박차를 가할 수 있을 것으로 전망된다.

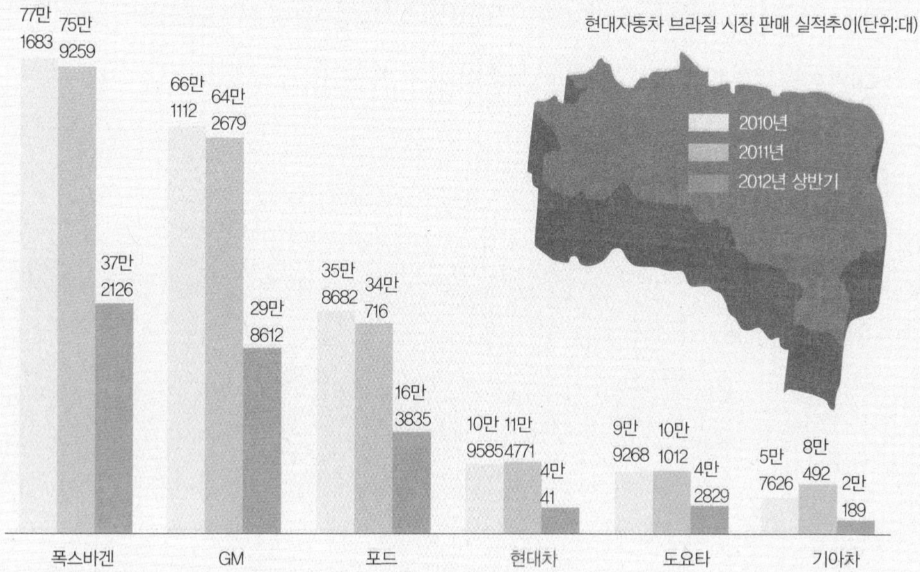

현대차 관계자는 "세계 4위를 기록한 브라질시장에서 현지공장 설립은 판매성장과 발맞춘 최적의 선택이었다"면서 "세금인하, 적기에 현지화된 차량공급 등 다양한 이점을 살리는 동시에 브라질에서 고용창출효과도 가져오게 됐다"고 말했다.

i 30 이어 그랜저 · 아반떼도 전면에

현대차는 그간 브라질 시장에 *i* 30 등 주력모델에 이어 그랜저, 벨로스터, 신형 아반떼 등을 침투시키면서 판매량을 늘리고 있다.

지난해 *i* 30은 브라질에서 총 3만8,000여대가 판매되며 동급 최대 판매를 달성하는 등 브라질 내 판매 견인차 역할을 톡톡히 수행하고 있다. 그에 이어 지난해 하반기 신형 아반떼와 그랜저, 벨로스터 등을 현지시장에 침투시킨 것. 판매차종이 4종으로 늘면서 브랜드 이미지도 대폭 강화됐다.

지난해 브라질시장의 현대차 판매량은 전년 대비 4.7% 증가한 총 11만4,771대. 기아차도 2009년 2만6,000여대 판매에서 2010년 5만8,000여대, 지난해에는 8만여 대를 판매하는 등 3년만에 약 300%의 판매 성장률을 달성하는 기염을 토했다.

업계에 따르면 브라질시장은 단기적으로는 소형차, 중장기적으로는 스포츠유틸리티차량(SUV)의 성장성이 높은 것으로 알려졌다.

현대차 관계자는 "향후 브라질시장은 경제성장으로 중산층이 확대되면서 안정적인 수요증가가 지속될 것으로 보인다"면서 "기존 국내 주력모델 이외에 현지인의 특성에 알맞은 차량을 개발해 판매함으로써 시장 입지를 높여 나갈 것"이라고 말했다.

자료: 파이낸셜타이즈, 2012. 7. 26

자료 8-1

주요 용어의 구분

1. 다국적기업과 해외직접투자

일반적으로 다국적기업과 해외직접투자는 동일한 개념으로 이해되기도 하지만 엄격한 의미에서 그 차이점은 다음과 같다.

첫째, 해외직접투자는 대체로 기업에 의해 이루어지는 것이 일반적이지만 기업 이외의 경제주체(예를 들어, 개인이나 정부)에 의해서 행해질 수도 있다는 점에서 기업 그 자체를 지칭하는 다국적기업과 구별된다. 즉, 해외직접투자가 하나의 행위(act)로서의 성격을 가지는 것이라면, 다국적기업이란 이러한 투자행위를 행하는 제도(institution)로서의 성격을 가진다. 둘째, 해외직접투자는 투자기업에 의해 소유된 해외자산의 자본만을 포괄할 뿐이나 다국적기업이란 그와 같은 자본 이외에 그에 수반된 기술이전, 경영, 서비스, 기업가정신 등과 같은 모든 경영자원들을 포괄한다. 따라서 해외직접투자는 투자기업에 의해 소유된 자본만을 포괄하고 있을 뿐 다국적기업의 통제 하에 있는 자산의 크기를 충분히 반영하지 못한다. 셋째, 해외직접투자가 다국적기업활동 중의 가장 중요한 내용이 되고 있으나 다국적기업의 활동 중에는 해외직접투자 이외에 수출 · 라이선싱 · 자본투자 등과 같은 활동들이 포함된다.

그러나 일반적으로 다국적기업이라는 실체가 해외직접투자의 발전과정에서 출현하여 그 세포 속에서 성장한 산물이며, 현재 해외직접투자의 거의 대부분이 다국적기업에 의해 일어나고 있기 때문에 해외직접투자나 다국적기업에 대한 연구에 있어서 양자는 명확한 구분이 불가능하거나 이러한 구분이 실질적으로 무의미한 경우가 많다고 할 수 있다.

2. 해외직접투자와 외국인직접투자

직접투자를 투자국(home country)의 입장에서 볼 것인가 또는 현지국(host country)의 입장에서 볼 것인가에 따라 해외직접투자와 외국인직접투자로 구분되며 자세한 내용은 다음의 <표 8-9>와 같다.

표 8-9 ● 해외직접투자의 분석시각에 따른 용어의 구분

투자국입장에서 볼 때	현지국입장에서 볼 때
1. 해외직접투자	1. 외국인직접투자
2. 해외자회사	2. 다국적기업의 자회사 · 외국인투자기업
3. 현지기업	3. 국내기업
4. 현지인	4. 내국인

자료: 안세영 (1997), 「다국적기업 경제학」, 박영사.

제4절 국제투자

다국적기업의 해외시장 진출방법 중 가장 적극적인 형태의 전략이 국제투자이다. 국제투자는 경영에 일정부분 영향력을 행사하면서 장기적인 투자목적을 갖느냐 혹은 그렇지 않으냐에 따라 국제자본투자(international portfolio investment)와 해외직접투자(foreign direct investment, FDI)로 구분된다.

국제자본투자와 해외직접투자는 국제간의 자본이동이라는 측면에서는 동일하나, 전자는 투자기업이 경영에 직접 참가함이 없이 주식투자의 경우는 배당수익, 채권투자의 경우에는 이자수익을 바라고 투자하는 반면, 후자는 단지 자산에 대해 유리한 재무적운용에만 목적이 있지 않고 외국기업이 제품생산이나 서비스 제공을 위한 시설을 해외에 직접적으로 투자함으로써 일정수준 현지기업(local firm)의 주식을 소유하고, 이를 바탕으로 그 기업을 통제하며 경영과 의사결정에 참여하는 기업 간 협력형태를 의미한다는 점에서 근본적인 차이가 있다. 또한 이러한 해외직접투자라는 행위를 하는 기업을 다국적기업이라고 부른다.

특히 1980년대 이래로 해외직접투자가 범세계적인 경제활동의 조류로 부상함에 따라 FDI는 국제시장에서의 변화를 주도하는 새로운 세계적 추세가 되어가고 있으며, 국제적으로 다른 기업과 경쟁하기 위하여 많은 기업들은 해외직접투자라는 전략을 채택하고 사용하고 있다. 이로 인해 최근 국가 간 그리고 기업 간 직접투자가 현저히 증가하고 있으며, 1990년 이후 그 규모가 2배 이상 증가하였다.

이러한 해외직접투자는 크게 그린필드투자(green-field investment)와 브라운필드투자(brown-field investment)의 두 가지 유형으로 구분한다. 여기서 새로운 기업의 설립을 통한 직접투자를 우리는 그린필드투자라고 하며, 반면 브라운필드투자는 기존에 존재하는 현지기업의 합병 혹은 인수(M&A)를 통한 직접투자를 의미한다. 이러한 형태의 직접투자는 최소 10% 최대 100%의 지분획득을 수반함으로써 투자기업의 의사결정에 중대한 영향을 미친다는 점에서 단기적으로 10% 미만의 주식을 취득하는 국제자본투자와는 뚜렷이 구별된다.

하지만 과거 다국적기업에 의한 직접투자는 수출촉진 등을 통해 성취 되어질 수 있는 국내산업 발전을 저해하고, 이에 기생하는 전략이라는 선입관이 있었으며, 이로 인해 다국적기업 및 이들 기업에 의한 개발도상국으로의 직접투자에 대한 적대감이 폭넓게 자리하고 있었다. 과거에는 직접투자의 부정적 요인이 지배적이었던 반면, 최근에는 다국적기업이 보유하고 있는 기술과 지식이전, 투자 유치국 자본계정에의 기여, 고용기회의 확대 등 FDI가 갖추고 있는 긍정적 요소들이 보다 부각됨에 따라 이들 다국적기업에 의한 투자에 대해 가졌던 기존 편견들이 점차 변화되어가고 있는 추세에 있다.

다국적기업 자체에 대한 편견이 점차적으로 변화되어감에 따라, 직접투자의 규모 또한 최근 20여 년간 괄목할만한 성장을 거듭하였다. 그 한 실례로, 1985년부터 매년 국가간 이동하는 FDI 규모는 18% 이상 증가하고 있으며, 선진국에서 개발도상국으로의 직접투자 규모 또한 매년 17% 이상 성장하고 있다. 이러한 FDI 규모의 확대를 바탕으로, 이젠 다국적기업이 시장에 존재하는 하나의 기업이 아니라, 여러 가지 면에서 경제를 발전시키는 촉매제의 역할을 한다는 견해가 지배적이다. 특히 본질적으로 기업은 가장 적은 비용으로 고객은 만족시키되 순이익은 증가시키려고 하므로 기술과 지식, 인적자본 그리고 기업 활동에 요구되는 다양한 자원을 최적화하려고 한다는 것은 주지의 사실이다. 이러한 견해에 따르면, 비용과 영업환경의 불확실성 감소와 이익 극대화를 위해 향후에도 해외직접투자는 계속적으로 증가할 것으로 보인다.

한편 그린필드투자는 그 소유지분이 100%인가 아니면 그 미만인가에 따라 단독투자(완전자회사)와 합작투자(국제합작기업)로 나누어지며, 반면 주식취득 방식으로 자회사화한 현지기업에 대해 경영자율권을 인정하느냐 혹은 그렇지 않으냐에 따라, 인정하는 경우 인수, 그렇지 않고 다국적기업의 네트워크에 강력히 편입시킬 때 이를 합병이라고 일컫는다(저자 註: 일부 학자들은 그린필드투자와 마찬가지로, 소유지분을 기준으로 하여 현지기업의 지분 100%를 취득하는 경우 합병, 그렇지 않고 부분적으로만 지분을 취득하는 경우 인수라고 규정하기도 한다. 하지만, 현지기업의 지분을 100% 취득했을 때 모기업은 대체로 자회사에 대해 강력한 통제를 원할 것이라는 일반적인 가정을 고려한다면 두 가지 정의가 크게 다르지 않다고 볼 수도 있겠다).

합작투자 시 설립되는 국제합작기업의 장점은 투자에 필요한 자금 등을 합작파트너와 나누어 충당할 수 있고, 다국적기업이 현지국에 대한 충분한 시장정보를 확보하고 있지 않은 경우 합작기업 설립을 통해 현지파트너로부터 이를 습득할 수 있는 기회를 제공받을 수 있으며, 또 현지기업이 정치적 위험으로부터 방패 역할을 해줌으로써 피투자국 현지에서의 외국비용(cost of foreignness)을 절감할 수 있다.

반면 합작투자의 단점은 다국적기업 나름의 일사불란한 경영체제를 확립하여 통제권을 행사하기 어렵고, 다국적기업의 기술이나 노하우가 궁극적으로는 현지파트너에게 노출될 수 있으며, 합작기업을 운영함에 있어 현지파트너와의 마찰가능성이 상존함은 물론, 발생하는 이익을 보유 지분에 따라 파트너와 공유해야 한다.

합작투자와 달리, 단독투자는 다국적기업이 모든 통제권을 가짐에 따라 기술이나 노하우의 유출가능성이 없고, 기업의 설립과 그 후의 경영활동 모두 모기업의 계획에 따라 새롭게 진행할 수 있다는 장점이 있지만, 투자가 성공하지 못할 경우 투자액 모두를 잃게 되기에 위험도가 상대적으로 가장 높은 투자방식이다. 또한 상기 언급한 그린필드투자는 신규법인이나 공장을 새로이 설립하는 방식이라는 점에서 목표로 하는 시장진출에 많은 시간이 소요되는 문제점도 안고 있다.

한편, 인수합병(M&A)방식의 장점은 이미 제품과 시장을 확보하고 있는 현지의 계속기업을 인수하기 때문에 신속하게 시장에 진입할 수 있고, 인수합병을 통해 인수대상기업이 보유하고 있는 특유한 자원을 확보할 수가 있다는 점을 꼽을 수 있다. 특히 확보한 자원이 보완적 특성을 갖는 경우 시너지효과를 기대할 수도 있으나, 인수대상기업의 선정과 정확한 기업 가치에 대한 평가가 어려우며, 그 기업이 가지는 문제점도 함께 인수되고, 조직통합 과정에서 피인수기업과의 마찰(피인수기업의 저항) 가능성이 있음은 물론, M&A방식은 경제적 공헌도가 낮기 때문에 현지국 정부로부터 우호적인 대우를 받기 어렵다는 단점이 있다.

지금까지 설명한 국제사업형태의 장단점을 요약해보면 <표 8-10>과 같다.

표 8-10 ● 국제사업형태의 장단점

유형	형태	장점	단점
수출방식	수출	• 적은 비용으로 해외시장 진출 • 해외진출 용이 • 소유위험 전무 • 입지 및 경험곡선상의 경제성 실현	• 높은 운송비 • 무역장벽 • 현지 판매대리점 관리 • 입지 경제성 상실
계약방식	라이선싱	• 적은 비용으로 해외시장 진출 • 연구개발비 부담 경감 • 무역장벽 우회 • 정치적 위험 회피	• 지적재산권보호 미약시 위험 증대 • 기술에 대한 통제력 상실 • 입지 및 경험곡선상의 경제성 실현 불가능 • 범세계적인 전략적 조정 불가능 • 경쟁기업 육성
	프랜차이징	• 적은 비용 및 위험으로 해외진출 • 라이선싱보다 통제 가능 • 연구개발비 부담 경감 • 정치적 위험 회피	• 제한적인 이익 • 품질에 대한 통제 불가능 • 범세계적인 전략적 조정 불가능
	관리계약	• 위험이 거의 없는 수익 • 위험회피 • 전문 경영지식이나 경험 활용	• 경영의사결정에 참여 불가능 • 일시적 수탁관리 • 경쟁기업 육성 • 이익이 수수료에 국한됨
	턴키 프로젝트	• 해외투자 철수시의 대안 • 공정기술의 활용에 따른 수익 확보	• 경쟁기업 양성 • 장기적인 시장 확보 불가능 • 정치적, 법률적 변화에 영향을 받게 됨
	계약생산	• 투자 불필요 • 관세장벽 회피 • 낮은 생산비	• 품질관리상의 어려움 • 공급제한

(계속)

유형	형태	장점	단점
직접투자	단독투자	• 기술보호 • 자회사에 대한 효과적인 통제가능 • 이익의 극대화	• 높은 수준의 비용과 위험 • 장기간의 시간 소요 • 상당한 국제경험 필요
	합작투자	• 현지파트너의 지식(기술 포함) 및 자본에 대한 접근 가능 • 파트너와 연구개발비 및 위험에 대한 공유 • 현지의 정치적 수용성 증대	• 기술에 대한 통제력 상실 • 파트너와의 마찰가능성 상존 • 지분에 따른 이익의 공유
	M&A	• 신속하게 진입 • 인수대상기업의 우수한 자원의 확보 가능 • 보완적 자산습득을 통한 시너지효과 유발	• 인수대상기업의 선정과 평가의 어려움. • 인수대상기업의 문제점도 인수 • 조직통합 과정에서의 피인수기업과의 마찰 가능성(피인수기업의 저항) • 현지국정부로부터의 비우호적 대우

자료: 강태구 (2002), 「국제경영」, 박영사, p.21을 수정 · 보완하였음.

제5절 진입방식의 결정요인

1. 진입방식의 결정요인: FDI vs. 라이선싱

해외 시장진입과 관련하여, 비록 프랜차이징이나 경영계약과 같이 기업이 선택할 수 있는 다양한 옵션들이 있긴 하지만, 최근 가장 보편적으로 선택되고 있는 형태들은 수출, 라이선싱, 혹은 국제합작기업이나 완전자회사 설립과 같은 직접투자를 꼽을 수 있겠다. 해외시장에 진출하고자 하는 기업에게 있어서 그 투자형태를 결정하는 것은 대단히 어려운 문제인데, 그 이유는 해외시장 진출은 곧, 그 기업이 보유하고 있는 상당한 자원의 투자를 의미하며 일단 투자가 이루어지고 나면 철수가 어렵기 때문이다. 따라서 시장진입과 관련된 최종 의사결정을 하기 전에 발생 가능한 자원의 낭비를 막기 위해서라도 기업은 그들을 둘러싸고 있는 주변 환경을 조심스럽게 살펴볼 필요가 있다.

여러 가지 옵션 중 해외로 진출하기 위한 가장 오래되고 기본적인 전략적 대안은 아마도 수출이라고 말할 수 있을 것이다. 수출이 가장 기본적인 대안이라고 말할 수 있는 이유는 수출전략이 다른 시장진입 옵션과 동시에 활용되는 경향이 있다는 사실과 더불어 수출이 해외시장 진출의 가장 첫 단계에서 주로 활용된다는 사실로부터 찾을 수 있다. 한편, 수출전략을 취하는 이유는 다양하다. 무엇보다 먼저, 국내시장의 수요 감소로부터 기인될 수 있는 생산잉여 문제는 수출을 통해 해결될 수 있다. 유휴시설의 완전 가동을 통한 주요비용의 감소도 수출을 통해 용이해질 수 있다. 게다가, 판매조건과 시장규모가 자국보다는 해외시장이 보다 더 호의적일 때 수출은 이익을 실현하고 기업성장을 성취할 수 있는 매우 실용적 전략이다. 그러나 수출전략은 수출을 하는 기업의 일방적인 행위만 있을 뿐 다국적기업과 현지기업 간 교류를 수반하지 않는다는 점에서, 본 절에서는 수출이 해외진출의 기본적 대안이 될 수 있을지언정 해외직접투자의 주요 대안으로 간주하지는 않으며, 따라서 수출에 대한 구체적인 설명은 여기서 생략하고자 한다.

수출을 제외하고 해외직접투자의 주요 대안이 될 수 있는 대표적인 전략은 라이선싱을 들 수 있다. 그럼, 라이선싱의 정의를 다시 짚어보자. 라이선싱이란 라이센서(라이선싱을 허가한 기업)가 특허, 트레이드마크, 브랜드, 노하우, 거래기밀, 지식 혹은 기술과정 등의 상업자산을 사용할 권리를 라이선시(자산을 대여 받은 기업)에게 제공하고, 그 대가로 로열티나 수수료를 받는 국제계약을 의미한다.

이러한 정의를 바탕으로, 라이선싱 전략은 해외직접투자대비 해외시장에 진출할 수 있는 보다 더 신속한 방법인 반면, 잠재적 경쟁자를 육성하는 결과를 낳을 수도 있다는 단점을 갖는다. 다른 말로, 라이선싱 계약기간 동안 라이센서가 소유한 기술이나 지식을 라이선시가 흡수하고 개발한 후에는, 라이선시가 현지시장뿐만 아니라 해외시장에서도 강력한 경쟁자로 등장할 수 있는 가능성을 갖는다. 라이선싱의 또 다른 문제는 비록 라이선시의 활동이 불만족스럽더라도 라이센서가 쉽게 교체할 수 없다는데 있다. 예를 들어, 만약 라이선시가 품질관리와 같은 필요한 활동을 부적합하게 수행할 경우 라이센서의 기업, 제품 혹은 브랜드 이미지가 손상 받을 수 있으며, 이는 기업의 영업력 감소로 이어질 수 있다. 그러므로 ① 해외직접투자 경험을 가지고 있는 기업은 라이선싱 전략보다는 직접투자 전략을 선호하는 모습을 보인다.

특히 ② 당해 기업의 라이선싱 거래에서 라이선시의 기회주의적 행동의 가능성이 높을 때, 시장진입 형태로 직접투자가 선택되는 경향이 있다. 라이선싱 메커니즘은 계약위반이라는 주요한 결점을 내포하고 있기에 기회주의의 가능성이 클 때는 아무래도 직접투자가 바람직한 형태가 될 수 있다. 따라서 행위 불확실성이 존재하고 있을 경우 다국적기업의 입장에서는 완전자회사 설립이 큰 장점을 갖는다. 비록 라이선싱은 투자유치국 정부에서 기인하는 정치적 불확실성(예를 들면, 국수주의, 자산몰수 등)에 노출될 가능성을 직접투자보다 상대적으로 줄여주는 전략이지만, 완전자회사를 설립하는 이유는 라이선싱 파트너에게 지식과 같은 독점적 자산을 무료로 배포할 위험을 자회사 설립으로 회피할 수 있기 때문이다. 반면, 만일 시장거래 혹은 계약이 상당한 기회주의 가능성을 안고 있지만, 완전자회사를 설립할 만큼 높진 않을 때, 합작투자를 통한 지분공유는 또 다른 효율적인 대안이 될 수 있다.

라이선싱 전략은 해외에서 직접적인 생산이나 마케팅활동을 하지 않고도 기업제품의 잠재적 판매력과 현지 시장정보를 얻을 수 있는 유용한 방법이다. 하지만, 실제 생산 및 마케팅활동을 수반하지 않는다는 점은 또한 라이선싱 전략이 매우 제한적인 시장

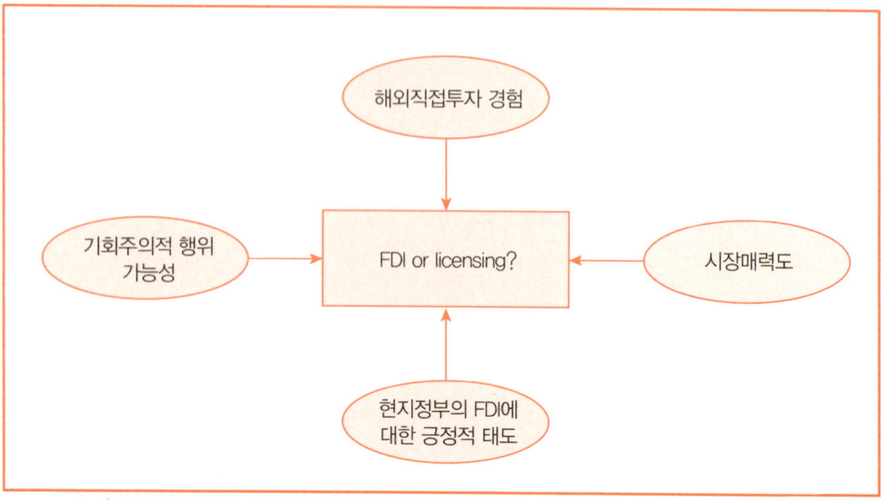

그림 8-3 ● 해외직접투자 및 라이선싱을 위한 환경

* 각 네 가지 요소가 크거나 긍정적일 때 FDI가 적절하다.

진입 형태라는 사실을 암시하며, 이는 곧 라이센서가 생산이나 마케팅활동에서 오는 추가적인 이익을 포기하는 것을 의미한다. 따라서 ③ 특정 해외시장의 시장잠재력(시장의 매력) 규모가 클 때는 라이선싱이 부적합한 진입방법이 될 수 있다.

일반적으로 말해서, 라이선싱 전략은 아마 해외시장에 직접적으로 투자할 만큼 충분한 잉여능력을 갖고 있지 않은 기업에게 특히 보다 더 적합한 시장진입 방법일 수 있다. 이는 기본적으로 ④ 대부분의 정부들이 외국인직접투자를 대하는 의견이나 태도가 상이하다는 사실에서 출발한다. 즉, 몇몇 정부는 라이선싱을 통한 기술도입에 더 호의적이고 직접투자에는 우호적이지 않은 반응을 보인다는 것은 주지의 사실이다. 이러한 국가에서는 해외직접투자가 불가능하거나 적어도 부적합하기에 비록 직접투자를 행할 만큼 잉여의 충분한 자본이나 자산을 갖고 있진 않지만 선진화된 지식을 보유하고 있는 기업의 경우 라이선싱 전략을 활용하는 것이 적절할 수 있다. 이를 요약하면, <그림 8-3>는 해외직접투자 및 라이선싱에 호의적인 환경을 설명하고 있다.

2. 진입방식의 결정요인: 완전자회사 vs. 국제합작기업

해외직접투자를 통한 해외시장 진출이 라이선싱보다 바람직한 옵션이라는 판단이 내려진 경우, 기업이 직면하게 될 추가적인 중요한 의사결정 사항은 완전자회사 설립과 국제합작기업 투자간 선택과 관련이 있다. 과거에 행했던 다수의 해외시장 진출 경험을 갖고 있는 기업은 다른 해외시장으로 이전할 수 있는 무형의 노하우를 그렇지 않은 기업보다 많이 축적하고 있음에 틀림없다. 그러한 능력을 보유하고 있는 기업은 이들 이점을 활용하기 위해 보다 더 통합된 형태의 소유구조를 원하는 경향이 있다. 이를 부연하면, 현지 파트너와 협력함으로써 얻을 수 있는 이익이 비용을 초과하여 발생하지 않을 가능성으로 인해, 현지국가에서 이미 많은 경험을 축적하고 있는 기업은 완전자회사 설립을 새로운 시장진출을 위한 진입형태로서 보다 더 선호한다. 이상과 같은 설명은 특정 해외시장에서의 경험이 기업으로 하여금 해당 시장에서 완전자회사 설립 경향을 증가시킴을 의미한다.

반면, 새로운 시장 진출을 모색하는 기업이 현지기업의 자산을 필요로 하고, 그러한 자산획득이 국제인수를 통해서는 부담스러울 때 합작투자 형태의 기업설립이 고려되곤 한다. 비록 다국적기업이 일반적으로 더 나은 암묵적 노하우와 기술을 보유하고 있는 것으로 일반적으로 여겨지지만, 새로운 현지시장에 진출하는 기업이 시장에 대한 충분한 사전지식을 갖고 있지 않을 때에는 시장특유적 지식과 관련하여 현지기업에 비해 불이익을 겪을 가능성이 예견된다. 그 결과, 투자기업은 현지 환경에 대한 정보에 대해 현지기업에 의지하게 되고, 그러한 지식을 시장진입 초기에 현지 합작기업 파트너로부터 획득하는 경향을 보이게 된다. 이러한 환경 하에서는 합작기업을 통한 현지 파트너와의 협력적 형태와 소유구조 공유가 보다 더 바람직할 수 있다. 또한 합작기업은 새로운 시장에서 다국적기업의 위험노출을 감소시켜 주는 수단이 될 수 있기에 초기에는 완전자회사와 같은 조직형태보다 나을 수 있다. 하지만, 일단 다국적기업이 현지시장에 대한 지식을 축적하고 난 뒤 이어지는 투자에 대해서는 완전자회사의 형태로 이루어질 가능성이 높다.

해외시장 진입의 조직형태를 결정하는 또 다른 중요한 관점은 다국적기업의 독점적 자원 소유여부와 관련이 있다. 국제경영 분야에서 연구된 전통적인 이론들은 기술이나 지식 집약적 기업이 일반적으로 대규모 지분보유를 선호한다고 말한다. 예를 들어, 내부화이론에 의하면, 국경을 넘나들며 창조되는 내부시장은 기본적으로 영업 및 마케팅 혹은 기술자원과 같은 지식의 효율적 활용을 목적으로 하고 있으며, 이와 같은 현상이 다국적기업을 탄생시킨다고 설명한다. 거래비용이론 또한 자산 특유성의 정도와 수직적 형태가 선택되는 경향 사이에는 긍정적 관계가 있음을 지적하고 있다. 이와 같은 경향이 나타나는 이유는 지식 및 기술과 같은 귀중한 자원을 보유하고 있는 다국적기업의 입장에선 자신의 기업특유적 노하우가 다른 곳으로 누수 되는 것을 원치 않기 때문이다. 따라서 이러한 종류의 다국적기업은 해외에서 독점적 자원을 효율적으로 활용하기 위해 보다 더 견고한 통제구조를 원할 가능성이 높다.

시장진입 방법에 있어서 특정형태의 강요와 같은 현지정부의 정치적, 법적, 그리고 경제적 제한은 시장진입을 위한 의사결정에 있어서 고려되어야 할 주요한 환경으로 흔히 언급된다. 즉, 많은 정부가 기업의 외국인 소유에 대해 여러 가지 법적 제한을 도입하고 있으며, 다국적기업이 현지기업과 함께 영업활동을 영위하도록 (대표적으로 합작기업을 통해) 강요하고 있다. 예를 들어, 중국과 같이 준개방적 계획경제 체제는 해외 다국적기업의 시장침투에 대한 장애물로서 다양한 정부법규와 현지시장 보호정책을 시행하고 있다. 외환위기를 겪기 전까지 한국정부 또한 첨단기술을 보유하고 있는 기업이나 수출주도형 산업을 제외하고는 일반적으로 50% 이상 주식의 외국인 소유를 허용하지 않았다. 조금 과장된 면이 없지 않아 있지만, 현지정부가 완전자회사 설립을 제한함으로 인해 몇몇 국가에서는 일종의 파트너십을 통해서만 다국적기업이 제품을 해외에서 생산하고 기업 활동을 영위할 수 있다는 주장도 제기되고 있다. 따라서 다국적기업은 현지정부에 의해 요구되는 합법성을 확립하고 현지 환경에 순응하기 위해, 완전자회사보다는 합작기업을 선택하는 경향이 있다.

더욱이 현지정부의 법률적 요구사항의 부과는 다양한 사회적, 정치적, 그리고 경제적 이유로 자원집약적 산업에서 합작기업 설립이 많이 요구되곤 한다. 이러한 현지정부의 경향이 나타나는 주된 이유는 주로 개발도상국에서 자국의 주요제품 보호를 위해 자원집약 산업의 완전자회사 설립 제한으로 나타난다. 다국적기업의 합작기업 설립이 강요되는 또 다른 산업으로는 기술집약적 분야를 들 수 있다. 현지정부는 현지기업으로의 고급 기술 이전을 촉진할 목적으로 완전자회사 설립을 제한하는 경우가 많으며, 그와 같은 조치는 다국적기업의 합작기업 참여가 그들의 독점적 지식을 노출시키고, 그로부터 지식이전이 촉진됨으로써 자국 기업의 경쟁력 향상으로 이어질 가능성이 있다는 견해를 기초로 하고 있다. <그림 8-4>는 어떤 환경 하에서 국제합작기업이 완전자회사 보다 해외시장에서 새로운 시장진입을 위해 선호되는지를 설명하고 있다.

다국적기업이 해외시장에서 성공적으로 제품을 생산하기 위해서는 현지기업에 의해 소유된 현지상황에 대한 정보와 자신의 기술을 접목할 필요가 있다. 특히 시장기능을 통한 다국적기업의 기업 활동이 해외시장에서 불확실성에 직면할 가능성이 있을 때, 다

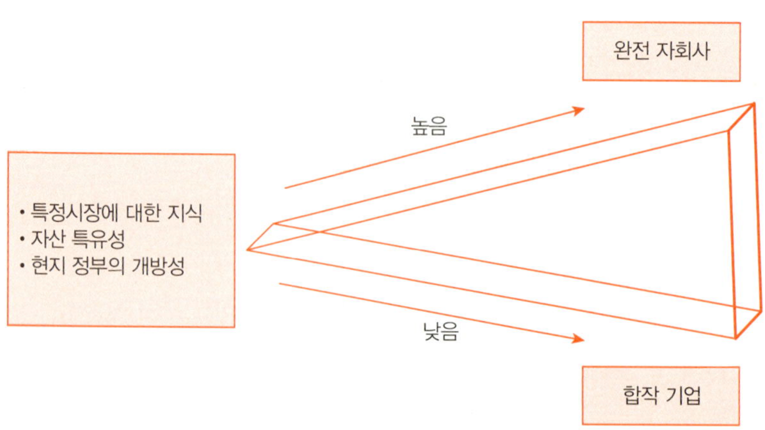

그림 8-4 ● 완전자회사와 국제합작기업의 설립환경

국적기업의 새로운 시장진입을 위해 가장 효율적인 방법이 바로 현기기업과의 합작기업이다. 게다가, 공동으로 기업을 소유하는 책임은 소유하고 있는 각자의 자원을 적절하게 공유하게 함으로써 기업운영을 원활하게 하고 협력을 극대화시키며, 이는 기업성과나 경쟁력 향상과 같은 조직목표 달성으로 이어지곤 한다. 또한 다국적기업이 그러한 불확실성에 직면함으로 해서 자원의 투입을 주저하고 있을 때 완전자회사보다 상대적으로 덜 통합된 진입대안인 합작기업이란 옵션을 통해 현지기업과 위험을 나눌 수도 있을 것이다. 하지만, 살펴본 이러한 합작기업의 장점들에도 불구하고, 파트너십의 가능여부는 현지시장 내 적합한 합작파트너의 존재유무에 달려 있으며, 이에 대해 보다 더 구체적으로는 제9장에서 살펴보기로 하겠다.

3. 그린필드 유형의 직접투자 vs. 국제인수합병

해외직접투자와 관련된 통계에 의하면, 직접투자의 70~80%는 인수합병(M&A)의 형태를 띠는 것으로 보고되고 있다. 그러나 개발도상국의 경우 단지 30% 정도만이 M&A에 기반을 둔 직접투자로서 선진국에서 보여지는 M&A 추세와는 뚜렷한 차이를 보이는데, 이와 같은 현상이 나타나는 이유는 개발도상국의 경우 M&A의 목표가 될 만한 기업이 상대적으로 적기 때문으로 풀이된다. 그렇다면, 어떤 이유로 인하여 M&A가 그린필드 유형의 투자(즉, 완전자회사 및 국제합작기업)보다 선호되는 것일까? 첫 번째 이유는 M&A가 그린필드 유형의 투자와 비교하여 보다 빠르고 용이한 투자방법 이라는 점에서 찾을 수 있다. 10년도 안 되는 시간 동안 세계 시멘트산업 3위와 멕시코 최대 다국적기업으로 성장한 Cemex는 M&A가 아니라 그린필드 유형의 투자방법을 통해서는 지금과 같은 독보적인 위치를 국제시장에서 확보할 수 없었을 것이라는 점에서 좋은 예가 될 수 있겠다.

둘째, M&A가 이루어지는 또 하나의 이유는 해당 피인수기업이 가지고 있는 브랜드로열티(brand royalty), 고객관계, 트레이드마크, 특허권, 생산시스템 등과 같은 전략적 자산의 획득을 위해 행해지는 경우도 흔히 볼 수 있다. 즉, 투자기업의 입장에서 M&A는 이들 전략적 자산의 획득이라는 측면을 고려할 때 그린필드 유형의 투자보다 쉽고 용이하며 위험을 효과적으로 회피할 수 있는 수단이 될 수 있다. 휴스턴에 기반을 둔 시멘트 제조업체인 Southland에 대한 Cemex의 인수합병이 또 하나의 좋은 예가 될 수 있다. Southland의 인수로 인해 Cemex는 피인수기업이 보유하고 있던 생산설비와 판매망을 손쉽게 획득할 수 있었으며, 이를 통해 빠르게 성장하고 있는 미국의 건설시장으로의 신속한 시장진입 또한 가능하였던 것이다.

셋째, 피인수기업의 자원과 투자기업의 자본, 기술 그리고 경영 노하우를 접목시킴으로써 피인수기업의 효율성을 제고할 수 있다는 점 역시 기업이 인수합병 전략을 사용하는 추가적인 주요 이유가 된다. 앞의 두 가지 예에서 언급되었던 Cemex의 경우도 Southland를 인수한 후, 고객욕구에 부응키 위해 그들이 가지고 있던 기술 노하우를 이전하였으며, 이 노하우가 기존기업이 가지고 있던 보완적 자산과 결합함으로써 상당한 상승효과(synergy effects)를 성취한 바 있다. 하지만, 많은 기업들이 애초 기대하였던 효과를 거두지 못하고 실패한 인수합병 또한 현실 속에서 흔히 존재한다는 점도 주목할 필요가 있으며, 이에 대해서는 제10장에서 자세히 다루어 보고자 한다.

토의자료 8-3

일렉트로룩스(Electrolux)의 해외인수합병전략

일렉트로룩스는 스웨덴에 본부를 둔 가전 기업이다. 이 기업은 2006년 기준 전 세계에 6만6천명의 직원을 고용하고 있으며 2005년 총 매출액은 164억 달러에 달하고 있다. 일렉트로룩스는 전 세계 백색가전시장에서 25%의 시장점유율을 갖고 있으며, GE, Whirlpool, Maytag과 함께 세계 백색가전시장을 주도하고 있다. 그렇다면, 일렉트로룩스의 발전과정을 살펴보자.

1980년대 초반까지만 해도 일렉트로룩스는 스웨덴, 노르웨이, 덴마크 등 북부유럽을 중심으로 영업을 영위하고 있던 조그만 가전회사에 불과하였다. 하지만 일렉트로룩스는 1980년부터 전 세계 40여 개국에서 200여건의 인수합병을 통해 빠른 시일 내에 세계 2위의 시장점유율을 가진 글로벌한 기업으로 재탄생하였다.

Electrolux

이렇게 빠른 성장을 성취할 수 있었던 배경으로, 전 세계 가전시장이 1980년대에 들어 급속하게 국제화가 이루어진 사실을 들 수 있다. 과거 가전시장의 제품들은 무겁고 부피가 크기 때문에 운송비용이 많이 들고 각국마다 소비자의 취향이 다르며, 또한 각국마다 전기공급기준이 다르기 때문에 국가별로 차별적인 제품을 생산하는 국가별 산업의 성격이 매우 강하였다,

그러다가 미국과 일본의 경쟁기업이 적극적으로 유럽시장에 진출하고 점차 유럽소비자의 선호가 동질화되면서 변화를 맞이하였다. 일렉트로룩스는 국가별 산업에서 글로벌산업으로 바뀌는 변화를 남보다 일찍 깨닫고 적극적인 인수합병을 통해 다른 기업보다 먼저 글로벌한 기업으로 성장하려는 전략을 추구하였다.

최초에는 북유럽부터 시작하여 범 유럽적인 기업으로 성장한 다음 미국의 White사를 인수하여 미국에서의 생산 및 판매 거점을 마련하였고 최근에는 점차 아시아지역으로도 진출을 시도하

고 있다.

과연 일렉트로룩스가 인수합병을 빠른 시일 내에 효과적으로 할 수 있었던 이유는 무엇일까?

일렉트로룩스는 인수합병전문팀을 조직하여 만일 어떤 기업이 매각의사를 밝혔을 때 그 기업을 인수하는 것이 과연 어느 정도의 경제적 이득을 줄 것인가에 대해서 사전에 미리 연구하고 있다. 즉, 일렉트로룩스는 잠재적 인수합병 대상기업들을 미리 선정해 두고 그 기업에 대한 기초적인 재무조사와 운영현황 그리고 그 기업이 추구하는 전략들을 면밀히 연구한 자료를 갖추고 있어서 언제든지 그 기업을 인수할 준비가 항상 되어있다. 또한 일렉트로룩스는 인수 후에도 빠른 시일 내에 통합절차를 밟아갈 수 있는 태스크포스를 만들어 신속하게 두 기업의 통합이 이루어지도록 하는 기업으로도 유명하다. 인수 후에 매우 구체적인 목표를 제시하고 많은 경우에 인수된 기업의 최고경영층은 교체하나 중간관리자는 보호하는 독특한 정책을 편다.

일렉트로룩스의 성공요인 중 하나는 대부분 재무적인 압박을 받고 있는 기업이나 실패한 기업을 인수함으로써 인수프리미엄을 거의 지불하지 않는다는 점을 들 수 있다.

대표적으로 일렉트로룩스가 이탈리아의 가전기업인 Zanussi를 인수한 사례를 보자. 1980년 당시 일렉트로룩스는 Zanussi를 인수합병 함으로써 자신들의 시장지위가 취약한 남부유럽에서 발판을 마련할 수 있을 것으로 판단하였다. 그러나 일렉트로룩스는 소규모의 본사로 분권화되고 자율적인 경영체제를 취하고 있는 것에 반해, Zanussi는 중앙집권적인 기업문화를 갖고 있고 모든 의사결정이 이탈리아에 집중되어 있는 조직형태를 가짐으로써, 두 기업은 조직체계에서 많은 차이를 보이고 있었다. 이와 같은 기업문화의 차이는 인수통합 후 시너지의 창출을 어렵게 할 소지가 있었다. 또한 Zanussi의 가전사업 분야의 시설은 노후화되었고 부채도 상당히 많아서 재무적으로 큰 위험이 있는 것으로 평가되었다. 그러나 가장 큰 문제점은 이탈리아의 노동조합과의 관계였다.

그럼에도 Zanussi를 인수하였고 단기적인 통합절차를 마친 후 장기적인 통합을 위한 전략들을 검토하였다. 일렉트로룩스는 먼저 Zanussi의 주요 공장의 노후화된 설비를 교체하고, 자동화율을 높이기 위해 새로운 기계를 도입하고 신제품을 개발하도록 하였다. 또한 품질개선프로그램에 착수하여 Zanussi 제품의 품질을 크게 향상시켰다.

그러나 통합의 가장 큰 어려움은 조직을 통합하는데 있었다. 우선 일렉트로룩스는 중간관리자들을 보다 효과적으로 통제하기 위하여 기업이념을 만들어 중간관리자들에게 이를 적극적으로 공개하였다. 이와 같이 중간관리자들과 활발한 커뮤니케이션을 모색함으로써 결국엔 이들을 일렉트로룩스쪽으로 흡수하는 데 성공하였다.

이와 같은 일련의 과정을 통해 습득한 인수합병에 대한 노하우를 바탕으로 일렉트로룩스는 브랜드의 고급화를 위해 박차를 가하고 있다.

지금까지 언급한 일렉트로룩스의 인수합병전략은 현재 적극적으로 해외진출을 하고 있는 한국

기업에게 많은 시사점을 제공해 준다. 빠른 시일 내에 국제화를 수행해야하는 한국기업의 입장에서는 효과적인 인수합병전략의 수립과 이의 실행이 글로벌전략의 성공에 필수불가결한 방법이다.

자료: 네이버 블로그 http://blog.naver.com/pdhsos/120146233125 (접속일: 2012년 7월 30일)

4. 진입방식의 결정요인: 루트의 모형

루트(F.R. Root)는 특정기업이 해외시장 진입방식을 결정하는 데 영향을 미치는 기업 내·외부요인들을 여섯 가지로 나누어서 분석하였다.

1) 진출대상국의 거시환경요인

1 현지국 정부의 정책과 규제

진출대상국의 거시환경요인들 중 기업의 진입방식에 결정적인 영향을 미치는 요인으로는 현지국 정부의 정책과 규제를 들 수 있다. 예컨대, 관세, 쿼터 등의 강력한 수입규제 정책을 실시할 경우 수출보다는 여타의 진출방식이 선호된다. 또한 현지국 정부는 선별적으로 외국인투자를 받아들이며 단독투자보다는 합작투자를, 인수 및 합병보다는 신규투자를 선호하는 경우가 많으며, 개도국의 경우 조세상의 특혜 등 여러 가지 유인책을 이용하여 외국인투자를 적극 유치하기도 한다.

2 지리적 거리(geographical distance)

만일 본국과 현지국과의 지리적 거리가 클 경우, 수출방식에 의해서는 높은 운송비로 인하여 불리하므로 다른 대안적 진입방식, 즉 현지국에서의 조립생산이 선호될 수 있다.

3 경제체제

진출대상국이 시장경제체제하의 자본주의국가인가 또는 중앙계획경제하의 사회주의국가인가에 따라 진입방식이 달라질 수 있다.

4 대외경제관계(external economic relations)

진입방식의 결정에 있어서 현지국의 수출입상태, 국제수지, 외채부담, 환율변화 등의 대외경제관계요인도 고려해야 한다.

5 문화적 거리(cultural distance)

현지국의 문화적 가치, 언어, 사회구조, 생활습관 등이 본국의 것과 매우 상이할 경우 현지경영에 어려움이 크므로 직접투자보다는 라이선싱이나 간접수출방식을 사용하는 것이 유리하다.

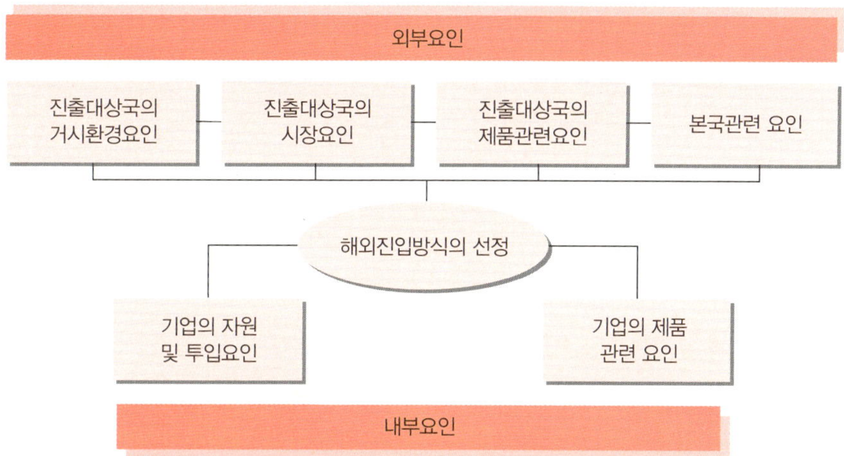

그림 8-5 ● 해외시장진입방식의 결정요인

자료: Root, F. R. (1987), Entry Strategies for International Markets, Mass.: Lexington Books, p.9.

6 정치적 위험(political risk)

정치적 불안정, 몰수위험 등 정치적 위험도가 높은 경우는 현지국에 대한 개입정도가 상대적으로 낮은 진출방식을 선호하게 된다.

2) 진출대상국의 시장요인

1 현지시장규모

현재 및 장래의 시장규모가 클 경우는 직접수출이나 현지생산을 위한 직접투자 등이 선호되며, 시장규모가 적을 경우는 간접수출이나 라이선싱 등이 유리하다.

2 경쟁구조

현지국 시장의 구조가 완전경쟁, 독점, 과점 등의 어느 구조를 가지느냐에 따라 진입방식이 달라진다. 예컨대, 독과점이 존재할 경우 직접투자 등의 적극적인 진출방식이 선호되며, 완전경쟁의 경우 수출방식 등의 소극적인 진입방식이 선호된다.

3 마케팅의 하부구조

예컨대, 만일 유망한 현지대리인이나 도매유통업자가 이미 다른 경쟁업체의 제품판매를 대행하고 있거나, 또는 이런 유망한 유통업자가 현지시장에 존재하지 않을 경우, 현지판매 지사나 법인의 설립을 통한 직접수출방안을 강구해야 한다.

3) 진출대상국의 제품관련요인

현지국의 천연자원, 노동, 에너지, 하청기업, 사회간접시설 등의 질적 및 양적 수준이 기업의 해외진입방식의 결정에 영향을 미친다.

4) 본국관련 요인

해외시장진입방식의 선택 시 본국관련 요인들이 진출대상국의 요인과 마찬가지로 진입방식의 결정에 영향을 미친다.

1 시장규모

국내시장규모가 클수록 기업들은 상대적으로 국내 지향적이 되며, 해외시장에 대한 적극적인 진출을 꺼리게 된다.

2 경쟁구조

국내시장이 과점상태에 있는 경우 과점적 균형을 이루기 위해 한 기업이 해외투자를 하게 되면 다른 경쟁기업들이 선도 기업을 따라 해외투자하게 된다.

3 생산비용

만약 본국의 생산비용이 높을 경우 기업들은 해외투자를 하게 된다.

4 본국정부의 정책

본국정부가 수출과 해외투자 간에 어느 진출방식에 더 지원을 하느냐에 따라 진입방식이 영향을 받는다.

5) 기업의 자원 및 투입요인

경영, 자본, 기술, 마케팅 노하우 등이 풍부할수록 상대적으로 진출방식의 선택의 폭이 넓어진다. 또한 기업의 전략, 조직 내에서의 국제사업부의 위상, 최고경영자의 태도 등에 따라 해외시장에 대한 개입정도가 달라진다.

6) 제품관련 요인

1 차별화의 정도

고차별화된 제품인 경우 높은 수송비와 수입관세를 지불하고도 가격경쟁력을 유지할 수 있으므로 수출에 의한 해외진출이 가능하나, 저차별화된 제품의 경우는 가격경쟁력이 떨어지므로 수출방식보다는 현지생산방식을 택하는 것이 유리하다.

2 사전 · 사후관리의 중요성

사전 또는 사후 서비스를 요구하는 이른바 서비스 집약적 제품(service intensive goods)의 경우에는 현지자회사를 통한 수출이나 현지생산방식이 선호된다.

3 제품적응의 정도

현지국 소비자의 기호에 맞추기 위해 상당한 수준의 적응(adaption)이 요구되는 제품의 경우 현지국 시장과 아주 밀접한 관계가 필요하므로 간접수출보다는 현지판매회사나 현지생산방식이 바람직하다.

4 기술집약도의 정도

기술집약적 제품의 경우 다른 진입방식들에 비해 해외투자라는 전략의 사용을 더 선호하는 경향이 있다.

상기 루트(F.R. Root)가 제시한 일련의 설명을 다시 정리하면, 기업이 해외시장 진입 시 기업내부요인과 외부요인 두 가지를 고려해서 진입방식을 결정해야 한다.

기업의 해외진출 시 진입전략은 내부요인, 즉 ① 기업의 자원 및 투입요인과 ② 기업의 제품관련 요인과 같은 경영자원의 보유수준에 의해 영향을 받는다. 제품요인에는 제품차별화 정도, 사전사후 서비스의 필요 정도, 제품의 특성 등이 포함되고, 자원/투입요인은 기업의 규모와 자원의 투입 정도 등을 들 수 있다. 따라서 기술력이 뛰어나거나 브랜드 이미지가 강해 경쟁력을 확보하고 있는 기업의 경우 위험이 크더라도 단독투자를 선호하게 된다. 이외에 핵심역량의 보유정도와 국제화 경험 등도 내부요인의 일부로 판단할 수 있다.

또한 기업은 해외시장 진입방식을 결정할 때 기업 외부적 요인으로서 현지여건과 제품관련 요인을 고려해야 한다. 현지여건은 크게 시장요인(시장규모, 경쟁구조, 마케팅 하부구조 등) 및 환경요인(현지국의 무역 및 투자정책, 모국과의 지리적 거리, 경제체제, 정치제도)으로 구분할 수 있다. 반면, 제품관련 요인으로는 현지국의 제반자원, 산업구조, 사회간접시설 등을 고려사항으로 들 수 있으며, 아울러 현지 경쟁 상태와 진입장벽 등 산업의 특성도 파악할 필요가 있다. 이와 더불어 본국과 관련된 요인들도 진입전략의 선택에 영향을 미칠 수 있다.

이상의 요인을 고려하여 다국적기업이 사업 활동을 시작하게 되면, 그 다국적기업은 시간이 지남에 따라 외국시장에서의 마케팅 활동에 대한 통제를 보다 강화하면서 점차 진입방식을 변화하게 된다. 그 기업이 통제의 정도를 확대 강화함에 따라 기업자원의 해외시장 개입정도는 점차 높아지게 되고, 이에 따라 시장위험 및 기업위험의 수준도 함께 높아진다. 통제와 위험수준의 정도에 따라 제조 기업이 해외시장 진입방식을 변화시켜 나가는 과정을 살펴보면 <그림 8-6>과 같다.

루트의 모형은 해외시장 진입방식에 영향을 미치는 요인들을 구체적으로 제시하면서 일반적으로 제조 기업은 첫째, 간접수출 ⇨ 대리인이나 유통 업자를 통한 수출 ⇨ 합작투자 ⇨ 단독투자의 경로, 둘째, 간접수출 ⇨ 대리인이나 유통 업자를 통한 수출 ⇨ 해외지사나 현지자회사를 통한 수출 ⇨ 단독투자의 경로를 통하여 해외시장에 개입하게 되고, 기업의 규모에 따라 대리인이나 유통 업자를 통하지 않고 해외지사나 현지자회사를 통하여 해외영업활동을 전개하다가 단독투자를 실행하기도 하며, 서비스업의

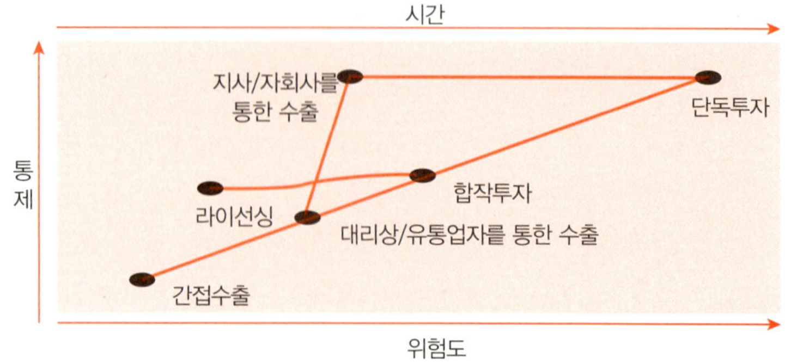

그림 8-6 ● 해외시장 진입방식의 전개과정

경우에는 라이선싱을 통한 진입방식을 먼저 선택하기도 한다고 설명한다.

루트의 모형은 해외시장 진입방식에 영향을 미치는 요인들을 구체적으로 제시하면서 해외시장에 대한 개입방식을 동태적으로 설명하고 있다는 점에서 그 의의가 있다.

사례 8-3

롯데백화점의 중국진출

베이징 올림픽 개막 1주일 전인 2008년 8월 롯데백화점의 베이징점인 러톈인타이백화점(樂天銀泰百貨)이 오픈했다. 백화점의 위치는 왕푸징 보행가 88번지 지샹빌딩(吉祥大厦)이었으며 롯데쇼핑이 인타이쇼핑(銀泰商業)그룹과 2008년 8월 50대50 합작을 통해 이 백화점의 문을 연 것이다. 이 당시, 이는 한국 백화점의 첫 중국진출이었다. 왜 국내 최대 규모의 백화점이 중국시장의 문을 두드리게 된 것일까? 그 동기는 다음과 같다.

1. 글로벌 유통업계로 발돋움하기 위한 발판/국내 시장 내 경쟁심화

롯데백화점은 그동안 국내에서 쌓아온 유통업계의 노하우를 바탕으로 해외로의 진출을 모색하고 있었다. 이러한 배경에는 국내 백화점 시장이 이미 성숙기에 도달했다는 점과 국내 시장의 경쟁이 치열해지고 있다는 점이 크게 작용했다. 현재 국내 백화점업계는 롯데백화점, 신세계백화점, 현대백화점이 주도하고 미미한 성장을 시현하고 있으나, 향후 시장 규모가 더 이상 성장하지 않아 포화상태가 되면 경쟁은 더욱 치열해질 것이고, 비록 매출수준은 유지하더라도 영업이익이 줄어드는 등 생존의 문제가 발생할 것으로 예견되었다. 롯데쇼핑은 이에 협소한 국내 시장에서 벗어나 더 큰 시장을 확보하기 위해 중국진출의 문을 두드렸다.

중국시장에서의 구상을 구체적으로 살펴보면, 2014년 현재 5개인 중국 매장을 2018년까지 20여개로 늘려 중국을 전초기지로 삼아 글로벌 시장을 개척해 나가겠다는 야심찬 포부를 가지고 있었다. 그 출발점이 베이징점인 것이었다. 즉, 당시 중국을 기반으로 러시아, 동남아시아 지역 등 해외에서만 40여개의 매장을 확보해 '글로벌 톱5 백화점'에 진입하려는 계획을 세우고 있었다.

표 8-11 ● 국내 백화점업계 시장 규모와 성장률 (단위: 조원, %)

	2005	2006	2007	2008	2009	2010	2011	2012
판매액	17.4	18.4	19	19.8	21.7	24.3	27.6	29
증감률		5.7	3.3	4.2	9.6	12.0	13.6	7.9

자료: 통계청

(註: 앞서 언급했듯이, 롯데백화점 입장에서 2008년 중국 진출 당시 과거 몇 년간 국내 백화점업계 시장 규모 증가율이 그다지 높지 못했고, 국내 시장의 한계를 느껴 장기적인 안목차원에서 해외진출을 시작했다. 시장 규모가 일정부분 증가하기는 했지만, 오히려 시장에서의 평가는 백화점 시장은 이제 성숙기에 접어들었다는 것이었다. 이러한 관점에서, 롯데백화점을 포함한 국내 백화점 브랜드는 해외 시장개척에 더욱 노력을 기하고 있다.)

2. 세계 최대의 시장 중국

중국 경제는 드넓은 국토와 수많은 인구를 바탕으로 고속성장을 이루고 있었다. 중국의 수도인 베이징은 2008년 당시 1,700만 명이 거주하는 대도시였고, 1인당 GDP 9,075달러, 전년 대비 1인당 GDP 성장률은 23%에 달했다. 베이징시의 인구로 보나 1인당 소득 증가 추이로 보나 중국은 광대하고 매력적인 시장이다. 이렇듯 롯데백화점은 잠재력이 높은 지역에 진출하여 성공 가능성을 높이고자 했다.

3. 베이징 올림픽 특수 노려

2008년은 베이징 올림픽이 열리는 해였고, 따라서 전 세계의 이목이 베이징으로 집중되었다. 8월에 백화점을 개점한 것은 올림픽 특수를 기회로 삼고자 했던 롯데백화점의 일종의 노림수라고 볼 수 있었다.

하지만, 국내 최대의 유통업계 브랜드인 롯데백화점의 베이징 진출은 결과적으로 실패하였다. 2008년인 진출 첫해 172억 원의 적자, 2009년 345억 원, 2010년 336억 원, 2011년 281억 원 등 매년 적자를 시현했다. 누적 적자만 1,134억으로 롯데백화점 측은 더 이상 베이징 점을 유지할 수 없다고 판단했다. 결국 2012년 6월 베이징 점 철수를 결정하고 지분을 매각하였다. 이러한 결과를 거둔 이유는 무엇일까?

1) 합작투자의 한계

해외직접투자 방식 중에서도 롯데백화점은 합작투자 방식을 선택했다. 합작투자의 장점은 현지 파트너와의 공동투자를 통해 정치적 위험 등 외국인 비용을 절감할 수 있고, 현지 시장정보를 비교적 쉽게 습득할 수 있으며, 투자비용을 현지기업과 함께 충당함으로써 위험을 분산시킬 수 있다는 점 등이다. 하지만 단점도 존재한다. 가장 큰 단점은 합작 파트너와의 마찰이 발생하거나 의견조율에 실패하면 적절한 의사결정을 신속히 수행할 수 없다는 점에서 찾을 수 있을 것이다. 이러한 부정적인 요인이 크게 부각되어, 롯데쇼핑과 인타이쇼핑은 운영방식, 고객관리에서부터 사소한 부분에 이르기까지 자회사 영업에 대한 의견이 충돌하였고, 따라서 통일된 전략을 수행하지 못했다. 유통업 특성상 트렌드 변화에 민감하게 반응해야 하는데 의사결정이 신속하게 이루어지지 않는 상황에서 전체적인 효율성이 떨어질 수밖에 없었다.

2) 현지화 부족

러텐인타이백화점은 명품백화점을 표방한 백화점이었지만 중국인 소비자 입장에서는 구매할 매력적인 물건이 없었다. 롯데백화점은 진출 초기 한국에서 인기 있는 A급 브랜드 30여개를 입점 시켰다. 그렇지만 중국과 한국 간 소비자의 브랜드 인지도는 상이했다. 즉, 경쟁 백화점인 왕푸징백화점에는 에르메스 · 샤넬 · 베르사체 · 까르티에 등 명품과 랑콤 · 크리스찬디오르 · 시슬리 등 각종 화장품 브랜드가 입점해 있었지만, 롯데백화점의 경우 화장품 브랜드는 미샤 · AFU · Olife Shop 등 3개뿐이었다. 결론적으로, 롯데백화점의 현지 시장에 대한 이해가 너무나 부족했다고 볼 수 있다.

3) 올림픽 특수를 노린 성급한 의사결정/부적절한 입지 선택

왕푸징 거리는 베이징 내 쇼핑의 중심지로 한국으로 보자면 명동과 같은 지역이다. 그런데 롯데백화점은 왕푸징 거리가 끝나는 지점에서 왕복 4차선 도로를 건너야 하는 곳에 입점하고 있었다. 이로 인해 왕푸징 거리에 자주 오는 현지인조차도 롯데백화점이 있는지도 몰랐다는 인터뷰를 했을 정도로 입지조건은 좋지 못했다. 이는 베이징 올림픽 개최 전에 개점을 서두르려 했던 롯데쇼핑의 패착이었다. 백화점이 입주한 지샹빌딩(吉祥大厦)은 애초에 위치가 애매해 입주가 잘 안되던 곳이었다. 베이징에 아무리 인구가 많고 왕푸징 거리가 소비자들이 몰리는 쇼핑의 명소라고 하더라도 사람들이 찾지 않는 곳에 입점한다면 백화점이 제대로 유지될 리가 없었다.

질문:

1. 롯데백화점의 중국시장 진출동기와 실패 이유를 정리하시오.
2. 1번 답을 근거로, 중국시장에 재진출한다면 어떠한 점에 유념해야 하는지 제시하시오.
3. 롯데백화점의 중국시장 진출을 앞서 공부한 더닝의 절충이론을 들어 설명하시오.

주요용어

수출, 라이선싱(licensing), 프랜차이징(franchising), 경영관리계약(management contract), 플랜트/턴키계약(plant/turn-key projects), 계약제조(contract manufacturing), 공동생산계약(co-production agreement), 해외시장선택, 해외직접투자(foreign direct investment), 국제자본투자(international portfolio investment), 그리필드투자(green-field investment), 브라운필드투자(brown-field investment), 단독투자, 합작투자, 완전자회사(wholly owned subsidiary), 국제합작기업(international joint venture), 인수합병(M&A), 루트의 모형

연습문제

1. 다국적기업의 활동형태는 크게 수출, 각종 계약에 의한 기업 활동, 국제투자 등으로 나눌 수 있다. 각 활동형태들을 자세히 설명하시오.
2. 우리나라 수출의 큰 문제점 중의 하나가 OEM수출방식의 비중이 높다는 점이다. 우리나라의 대표적 OEM수출사례를 이용하여 OEM수출의 개념 및 증대배경, 문제점 등을 설명하시오.
3. 라이선싱 계약에 의해 도입된 상표와 고유 브랜드로 세계적으로 알려진 우리나라 상표를 예시하여 보시오.
4. 해외시장 선택에 영향을 미치는 요소들을 설명한 후, 해외시장선택 절차에 관해 설명하시오.
5. 해외직접투자와 해외자본투자의 차이점을 설명하고, 합작투자와 단독투자간 장단점을 설명하시오. 또한 M&A방식과 그린필드투자의 장단점을 설명하여 보시오.
6. 기업이 라이선싱 대신 해외직접투자를 선택하게 하는 환경을 나열하고 이를 구체적으로 설명하시오.
7. 기업이 완전자회사 설립과 국제합작기업을 통한 시장진입 중 바람직한 진입전략을 선택해야 하는 상황에서 고려해야할 환경과 조건을 나열하고 이를 구체적으로 설명하시오.
8. 대표적인 해외시장진입방식의 선택모형인 루트의 모형을 설명하시오.

참고문헌

Root, F. R. (1994), Entry Strategies for International Markets, Mass.: Lexington Books.

강태구 (2002), 「국제경영」, 박영사.

김주태 (2009), 서구 다국적기업의 한국시장에서의 현지화: 맥도날드, 구글, 네슬레의 사례, 전문경영인연구 12(2): 131-160.

김주태 (2011), 한국시장에 진출한 다국적기업 자회사의 현지화 수준에 관한 연구: 국내에 진출한 외국계 자회사 사례를 중심으로, 국제경영리뷰 15(1): 19-50.

네이버 블로그, http://blog.naver.com/pdhsos/120146233125 (접속일: 2012년 7월 30일).

머니투데이, 한국네슬레, 식품 1등 못하는 이유?, 2009년 10월 7일자.

머니투데이, '동네북' 한국네슬레, '한국 철수' 루머 진짜일까?, 2013년 8월 7일자.

박의범, 권종욱, 오대혁 (2011), 「글로벌경영 CASE 100」, 도서출판 청람.

서울경제신문, [한중 함께 세계로 미래로] 롯데백화점, 선양점 발판삼아 중국판 롯데타운 건설, 2014년 8월 21일자.

산업자원부, 보도자료, 2003.4.22.

시사저널, 한국인 '팽'당한 자리에 외국인 앉았다, [online]. Available http://www.sisapress.com/journal/article/135430 [접속일: 2018년 8월 7일].

시사포커스, 롯데리아 해외시장 부진 왜?, [online]. Available http://www.sisafocus.co.kr/news/articleView.html?idxno=95851 [접속일: 2018년 8월 7일].

아시아경제신문, 中 베이징, 지난해 1인당 GDP 1만 달러 넘어, 2010년 1월 8일자.

아시아경제신문, 글로벌 식품기업, 현지화 전략 비법은?, 2011년 8월 23일자.

안세영 (1997), 「다국적기업 경제학」, 박영사

이장로 (2000), 「국제마케팅」, 무역경영사.

조선비즈, 한국 유통업체들, 中 만리장성 못 넘어 고전, 2012년 6월 18일자.

조선비즈, [Weekly BIZ] 현지화보다 베이징 중심부 진출에 급급…4년간 적자 1134억 원, 2012년 9월 22일자.

조선비즈, 한국선 맥 못추는 '커피왕국' 네슬레, 2014년 1월 25일자.

파이낸셜타임즈, 브릭스 (brics) 누비는 현대자동차, 2012년 7월 26일자.

프라임경제, 글로벌기업 네슬레, 롯데와 합작사 설립 이유는?, 2014년 1월 27일자.

한겨레신문, 인스턴트 커피 시장, 식은 게 아니었어?, 2013년 12월 24일자.

한국경제신문, [2014 BEST RETAIL BRANDS] 롯데백화점, 2014년 5월 29일자.

Global Management

CHAPTER 09

전략적 제휴전략

학습목차

제1절 전략적 제휴의 개념과 유형

제2절 전략적 제휴의 동기와 성과

제3절 국제합작기업의 파트너선정 기준

학습목표

최근 국제경영분야에서 나타난 사업방식의 변화 가운데서 가장 두드러진 형태 중의 하나는 전략적 제휴이다. 본 장에서는 전략적 제휴의 정의 및 유형, 제휴동기와 성과, 그리고 제휴의 대표적인 전략인 국제합작기업의 파트너선정 기준에 대해 살펴본다.

도입사례 9-1

대한항공 vs. 아시아나: 전략적 제휴 경쟁

2003년 2월 17일 오전 서울 소공동 조선호텔 1층 그랜드볼룸, 세계 항공업계 거물들이 한 자리에 모였다. 유르겐 베버(루프트한자), 로버트 밀튼(에어캐나다), 청충공(싱가포르항공) 등의 최고경영자들은 대형 비행기모형 앞에 나란히 앉아 기자회견을 했다. 이날의 주인공은 한국의 아시아나항공. 기자회견은 아시아나의 오랜 숙원이었던 '스타얼라이언스(Star Alliance)' 가입을 공식 발표하는 자리였다.

스타얼라이언스 가입이 아시아나의 '숙원'이라고 하는 데는 그럴 만한 이유가 있다.

아시아나항공을 15번째 회원사로 받아들인 스타얼라이언스는 세계 최대 국제항공동맹이다. 현재 항공업계는 '빅3'로 불리는 스타얼라이언스, 스카이팀(Sky Team), 원월드(One World) 3개 동맹체가 주도하고 있다.

이 셋 중 가장 규모가 큰 것이 바로 스타얼라이언스(이하 스타)다. 3대 항공 동맹체 중 가장 빠른 1997년 5월 미국의 유나이티드항공 주도로 발족한 이 동맹체에는 루프트한자, 에어캐나다, 에어뉴질랜드, 오스트리아항공, 타이항공, 싱가포르항공 등 북미와 유럽 아시아 대양주 등 세계 곳곳의 항공사들이 대거 참여하고 있다.

스타 소속 항공사들이 비행기를 띄우고 있는 노선망은 아시아나 가입 당시 124개국 729개 공항으로 세계 항공수송 분담률의 24%를 차지하고 있었다. 그 같은 촘촘한 노선망에 합류하게 됐으니 아시아나로선 대단한 '경사'일 수밖에 없다. 이날 기자회견장에서 아시아나항공 박찬법 사장이 "스타얼라이언스 가입은 '매듭 없는 노선망'을 향한 새로운 시작이며 '도전"이라고 거창한 의미를 부여한 것도 그런 기쁨이 묻어난 것이었다.

항공 동맹에는 가입의사가 있다고 해서 받아들여지는 것은 아니다. 기존 회원사들의 까다로운 심사를 통과해야 하고, 시간도 오래 걸린다. 아시아나의 스타 가입은 2002년 6월 중국 상하이에서 열린 스타 사장단 회의에서 결정되었다. 이후 8개월여 만에 결실을 맺은 것이었다.

아시아나는 스타 가입으로 많은 이득을 누리게 되는데 이는 승객들을 유치하는데 큰 강점으로 작용할 것으로 예견되었으며, 실제 그러하였다. 즉, 국내에서 대한항공과 치열하게 경쟁해온 아시아나는 무엇보다 기업의 역사가 짧은 탓에 후발주자의 약점을 몇 가지 갖고 있다. 대한항공에 비해 노선망이 다양하지 못하고 국제적 인지도 등에서도 아직은 대한항공보다 떨어지는 게 사실이었다. 또한 이미 2000년부터 스카이팀이라는 항공 동맹을 결성해 제휴효과를 톡톡히 누려왔던 대한항공과 달리, 무엇보다도 국제항공동맹에 가입해 있지 않다는 것이 가장 큰 취약점이었다.

대한항공의 스카이팀은 2000년 6월 아시아지역에서 대한항공, 북미지역에서 델타항공, 유럽지역에서 에어프랑스, 남미지역에서 아에로멕시코 등 4대륙 항공사가 뭉쳐 결성한 항공사 동맹체다. 비록 항공 동맹 중 가장 그 출발이 늦었으나, 꾸준한 사업 확장으로 지금은 원월드보다 훨씬 규모가 커졌다. 2012년 6월 현재 스카이팀 회원사는 대한항공, 델타항공, 에어프랑스, KLM, 중국남방항공, 체코항공을 포함해 총 17개에 이르며, 또한 스카이팀 회원사들의 글로벌 네트워크는 178개국 983개 취항지로 확대되었고, 연간 5억3백만 명의 승객을 수송하는 대형 항공 동맹체로 자리매김하고 있다.

특히 스카이팀은 아시아, 북미, 유럽, 중미, 아프리카 등 지역별 강점을 가진 항공사들로 구성되어 중복노선을 최소화하여 글로벌 네트워크를 형성함으로써 가장 효율적으로 전 세계 취항지를 상호 연결해 승객들에게 편의를 제공하는 동맹체로 평가받고 있다. 경쟁보다는 상생을 추구하는 항공 동맹체의 특성을 가장 잘 살리고 있는 것.

한편 스카이팀이 최근 주목해 회원사 영입을 적극 추진한 곳이 아시아지역 이다. 이미 미들이스트/사우디아라비아/베트남항공 등을 회원사로 영입한데 이어 향후 세계 항공시장의 중심으로 부상하고 있는 중국시장에서는 중국남방항공에 이어 중국동방항공까지 참여시켰다.

특히 창설 주역인 대한항공 스카이팀이 아시아지역에서 가입한 항공사들을 대상으로 글로벌 항공 동맹체에 가입하기 위한 업무 표준화 작업 및 여러 기술 자문 등을 해주고 적극 영입하고 있어 주목을 받고 있다. 대한항공이 아시아지역 스카이팀 항공사의 멘토 역할을 해주고 있는 셈이다. 특히 아시아지역 항공사들은 대한항공이 적극 나서 회원사들을 지속 영입함으로써 세계 최고 동맹체로서의 위상을 더욱 강화해 나갈 예정이다.

스카이팀은 향후 동남아지역을 비롯한, 인도, 남미지역 등지에서도 추가 회원사를 적극 영입하여 성장을 가속시킬 예정이며, 회원사간 비용절감을 통한 시너지 증대로 규모의 경제 효율성도 지속적으로 제고시켜 나갈 계획이다.

세계 항공시장에 항공 동맹이 출현한 건 90년대 후반부터. 항공 동맹은 이제 세계 항공업계가 극심한 불황에 시달리고 있는 상황에서 생존을 위한 필수조건으로까지 꼽히고 있다. 즉, 이 같은 기류를 적극적으로 수용하지 않고는 생존을 보장받지 못하는 상황이 돼가고 있는 것이다. 그럼, 고객들에게는 어떤 혜택이 돌아갈까? 역시 마일리지 공유가 가장 눈에 띄는 혜택이다. 예를 들어, 아시아나클럽 회원들은 아시아나항공과 모든 스타 회원사의 항공편에 탑승할 때 아시아나 비행기를 이용할 때처럼 마일리지를 100% 인정받게 된다. 마일리지를 꼼꼼히 따지는 요즘 승객들로선 그동안 마일리지 혜택이 없어 아시아나항공 비행기 이용을 꺼렸지만 이제 그럴 이유가 없어졌다.

그 외에도 항공사들은 항공 동맹을 통해 ▲전 세계 5,000여개에 달하는 회원 항공사 라운지 이용 및 ▲자사 영업소가 없는 지역에서도 전 세계 회원 항공사의 시내 및 공항영업소에서 예약 및 안내서비스를 받을 수 있게 함으로써 항공사와 고객이 함께 윈-윈 할 수 있도록 서비스를 개발해 편의를 제공할 수 있으며, 또한 회원사의 비행기로 갈아탈 경우 원스톱 체크인도 가능하다. 세계 각국 공항에서 회원사들의 항공편을 연결해 이용할 경우 승객들은 별도의 절차를 밟을 필요가 없어짐으로써 대형 글로벌 동맹체의 "규모의 경제 혜택"을 고객들이 충분히 누릴 수 있게 하고 있다.

파격적인 건 뭐니 뭐니 해도 할인 폭이다. 특정 여정, 예컨대 파리-비엔나-뮌헨-코펜하겐-런던-파리 코스의 항공권 정상가격이 2,000달러라고 했을 때, 고객은 항공 동맹을 활용할 경우 가격을 1/4까지 줄일 수 있다는 것이 항공사의 설명이다. 이와 함께 아시아나는 이미 진행 중인 공동구매와 프로모션, 공동 터미널 및 라운지 공유 등도 더욱 가속화할 방침이다. 스타는 이미 마이애미와 파리 공항 등에서 터미널을 공동 사용하는 방안을 논의 중이다. 이와 같은 시설 공유는 항공사의 운항 비용을 크게 줄일 수 있게 할 것으로 기대된다. 한 치의 양보 없이 경쟁하고 있는 국내 항공사의 '날개싸움'은 항공 동맹이라는 새로운 전장을 무대로 더욱 치열해지고 있다.

자료: 대한항공 및 아시아나 홈페이지(접속일: 2012년 8월 24일) 및 주간동아, 제374호, 2003. 3. 6.

제1절 전략적 제휴의 개념과 유형

1. 전략적 제휴의 개념

최근 국제경영분야에서 나타난 사업방식의 변화 가운데서 가장 대표적인 것 중의 하나가 국제사업자간의 상호협력증대와 전략적 제휴(strategic alliances)추구 경향일 것이다. 1980년대 후반 이후 가속화하는 경영환경의 변화와 글로벌화에 따른 무한경쟁 속에서 기업은 적대적 경쟁 이외에도 협력적 관계를 모색하는 새로운 조류가 탄생하게 되었고, 이는 지금까지 가장 각광을 받아온 기업의 생존전략이며, 앞으로도 더욱 관심이 집중될 기업의 성장전략이라고 볼 수 있다.

일반적으로 전략적 제휴(strategic alliances)는 '경쟁관계에 있는 기업이 일부 사업 또는 기능별 활동부문에서 경쟁기업과 일시적인 협조관계를 갖는 것'을 의미한다. 즉, 상호 협의된 일부 부문에서는 협력을, 그 이외의 분야에서는 경쟁을 전개하는 것이다. 이러한 점에서 협력(cooperation)과 경쟁(competition)의 합성어인 코피티션(coopetition)이라는 용어가 전략적 제휴를 적절히 표현하는 용어라고 볼 수 있다.

예컨대, 그동안 독자노선을 걸어왔던 삼성전자가 백색가전분야에서 GE와 월풀, 미츠비시 등 해외가전업체들과 연구개발, 생산, 유통, 구매 등에 걸친 포괄적 제휴를 진행 및 유지하고 있으며, 또한 국내경쟁업체인 LG와도 홈 네트워크 제품의 표준을 함께 만들고 있어 주목을 끌고 있다.

전략적 제휴라는 개념은 학자에 따라서 다양하다. 일부 학자들은 전략적 제휴를 종래의 전통적인 국제기업협력과 동일개념으로 보기도 한다. 그러나 일반적으로 전략적 제휴는 기존의 전통적인 국제기업협력과는 구별되는 것으로 보며 광의의 개념과 협의의 개념으로 구분한다.

광의의 개념은 전략적 의도만 있으면 구체적인 결합 형태에 관계없이 기업이 협력하는 모든 형태를 말한다. 기술라이선싱, 합작투자, 인수합병 등이 포함된다. 한편 협의의 개념은 전통적인 기업협력이 아닌 교차라이선싱, 상호판매계약 등 쌍방 협력과 계약형

표 9-1 ● 전통적 기업협력과 전략적 제휴의 비교

구분	전통적 기업협력	전략적 제휴
협력 목적	• 경제적 보완	• 범세계적 경쟁우위 확보
협력 관계	• 주로 선 · 후진국 간 수직적 분업관계 • 경쟁 미약	• 주로 선진국 경쟁기업간의 수평적 네트워크 • 경쟁치열, 제휴기업 간에도 부분 경쟁
협력 분야	• 기술이전 및 생산하청 등 단순협력	• 기술표준 설정, 기술교환, 공동개발 · 생산 · 판매 등 광범위하고 복합적

합작사업 등과 같은 비전형적 결합 형태를 갖는 국제기업협력만을 의미한다. 본 장에서는 협의의 전략적 제휴에 관해서 주로 논의하기로 한다.

2. 전략적 제휴의 유형

전략적 제휴는 기준에 따라 여러 가지로 분류될 수 있다. 광의의 개념에 있어서 전략적 제휴유형과 제휴동기를 보면 <그림 9-1>과 같이 크게 합작투자 형태의 제휴와 기능별 제휴로 구분할 수 있다.

기능별 제휴는 대체로 지분참여 없이 해당기업이 수행하는 여러 분야 중 어느 특정 부문에서 타 기업과 협력관계를 가지는 것으로 연구개발, 생산, 마케팅, 유통, 라이선싱 등의 분야에서 협력이 이루어진다. 이는 합작투자와 달리 새로운 조직이 창출되지 않고 제휴영역도 매우 제한적이다. 이에 비해 합작투자는 기업들의 지분참여도가 높고 제휴 당사자들 간에 참여하는 정도가 높은 제휴의 형태로 기능별 제휴와 달리 연구개발, 생산, 마케팅, 유통 등 여러 분야에 걸친 종합적인 협력관계가 요구될 때 이루어진다. 그러나 일반적으로 인수나 합병 이후 한 기업이 경영권을 행사하게 되는 인수합병은 전략적 제휴에서 제외된다.

전략적 제휴는 협력동기별로 기술제휴, 조달제휴, 생산제휴, 판매제휴 등으로 구분될 수가 있다.

기술제휴는 자사의 부족한 기술을 상대기업의 기술, 특허, 노하우 등을 도입하여 기술격차를 줄이고자 하거나 또는 신기술이나 신제품을 공동으로 개발하고자 하는 경우

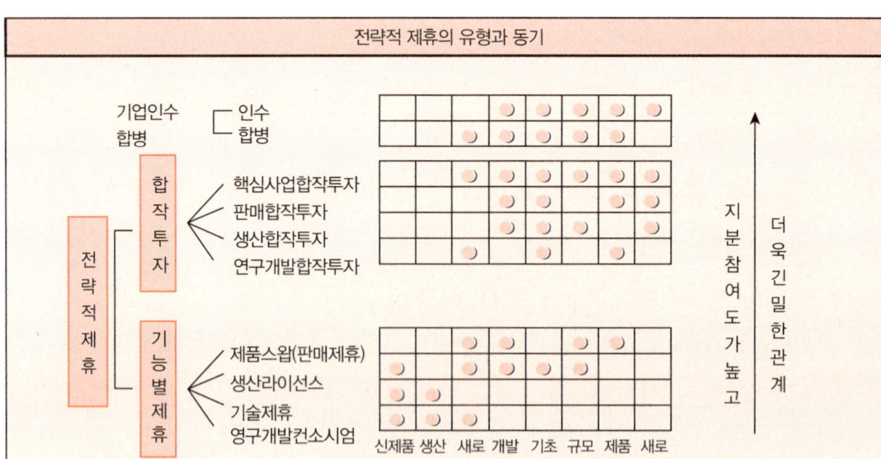

그림 9-1 ● 전략적 제휴의 유형

에 주로 활용된다. 기술제휴의 대표적인 예는, 미국 방문을 통해 전자부문의 첨단기술을 확인하고 기술 도입의 필요성을 느낀 Matsushita(현, Panasonic)가 Philips와 맺은 기술제휴를 들 수 있다.

조달제휴는 다른 기업에게 제품생산을 위탁하거나 다른 기업으로부터 부품을 조달받거나, 또는 자기 기업이 범세계적인 관점에서 자원을 조달하기 위해 글로벌 소싱(global sourcing) 전략을 채택하는 경우에 활용하는 기업 간 협력을 의미한다. 예컨대, Volkswagen은 일본 현지생산 모델인 산타나(Santana)의 부품 70%를 일본 현지 협력업체들로부터 조달받아 이를 조립 · 판매함으로써 일본 중형자동차시장에 진입할 수 있었다.

생산제휴는 제휴기업들이 경영자원을 상호 공급하여 제품을 공동으로 생산하거나 상대방 기업의 위탁을 받아 제품을 생산함으로써 생산비를 절감한다든지 또는 브랜드의 지배력을 강화하거나 규모의 달성 및 유휴 생산시설을 활용하기 위한 협력이다. 예컨대, 삼성중공업은 2000년 중전기부문의 세계적 다국적기업인 ABB사와 선박용 고압 배전시스템을 공동생산 · 판매하기로 하는 전략적 제휴를 체결하였다. 이 제휴에서 ABB사는 고압 배전시스템에 필요한 일부 기술을 제공하고 삼성중공업은 생산을 담당하기로 하였다.

판매제휴는 제휴를 맺은 기업들이 각자가 가지고 있는 유통경로 및 노하우 등을 공동으로 활용하여 제품을 공동으로 판매하거나 또는 판매지역이나 제품을 선택적으로 활용하여 이를 상호간에 마케팅 하는 경우를 의미한다. Nissan과 Volkswagen은 자동차 판매에 관한 전략적 제휴를 맺음으로써, Nissan은 일본에서 Volkswagen자동차를 판매하고, Volkswagen은 유럽에서 Nissan의 4륜구동차를 판매하는 전략적 제휴를 맺은 바 있다.

자본제휴는 특정 기술 및 제품의 개발이나 생산에 있어서 상대방 기업의 주식을 취득하는 등의 방식으로 자본에 참여하는 것을 말한다. 막대한 연구개발비가 투자되는 부문에서 대규모의 생산시설에 필요한 운영비 및 연구개발비를 분담하고 부족한 자원을 확보하기 위해 이러한 형태의 전략적 제휴가 이루어진다. 1999년 LG전자는 네덜란드의 Philips사에 LG-LCD지분 50%를 양도하고 LCD(박막액정표시장치) 사업을 공동 경영하기로 하는 신규 합작법인을 설립하였다. 두 기업은 이 자본제휴를 통해 LG의 세계적인 LCD 기술력과 Philips의 브랜드 인지도 및 글로벌 판매 네트워크를 결합시킬 수 있게 되었다.

표 9-2 ● 협력동기에 따른 전략적 유형

구분	목적	종류	특성
기술제휴	기술의 공동개발 및 상호 교환	• 공동기술개발 • 기술도입, 교환 • 특허공여 • 연구참여	• 자사의 부족한 기술에 대해 타기업의 기술, 특허, 노하우를 도입, 공유하여 기술력 격차 해소 • 신기술, 제품의 공동개발 추진(계약 또는 합작기업형태) → 생산, 판매제휴로 발전하는 경우 많음
조달제휴	범세계적 조달활동으로 비용절감	• 생산위탁 수탁 • 부품조달 • 단순외주가공	• 상대 기업에 대한 생산위탁, 부품조달 제휴 • 전세계적 차원에서 조달 활동 전개
생산제휴	생산비 절감 및 자사 브랜드의 시장지배력 강화	• 공동생산 • 생산위탁 수탁 • OEM • Second Sourcing	• 각사의 경영자원을 상호공급, 공동생산, OEM 및 생산 위탁 • 생산을 위탁받아 생산비 절감, 자사 브랜드의 지배력 강화 • 생산에서 판매단계까지 지속되는 경우 많음 (주로 합작기업 형태)
판매제휴	상대국 시장 접근 및 판매 강화	• 공동브랜드 • 위탁판매 • 공동규격설정	• 판매능력(경로, 노하우 등)을 활용. 자사 제품의 상호 공동판매 • 판매지역이나 제품의 선택적 활용으로 Cross Marketing
자본제휴	특정 기술 및 제품개발	• 합작기업 주식취득	• 특정기술이나 제품개발 또는 생산 • 상대기업의 주식 취득 등 자본참여

토의자료 9-1

세계 일류기업들의 전략적 제휴 사례

자동차 산업의 전략적 제휴

최근 전 세계 자동차 산업은 인수 · 합병(M&A), 전략적 제휴 등을 통해 급격한 구조조정 및 재편 과정을 거치고 있다. 이의 주된 배경요인은 전 세계적인 공급과잉이라고 할 수 있지만, 연구개발비의 공동부담, 제품라인 및 지역적 기반의 상호보완이라는 전략적 제휴의 일반적 동기도 크게 작용하고 있다.

구조조정을 거듭해온 세계 자동차업계는 본격적인 '빅6' 체제로 접어들었다. 르노가 닛산을, 다임러크라이슬러가 미쓰비시를 인수함으로써 GM을 필두로 포드, 다임러크라이슬러, 폴크스바겐, 도요타, 르노 등 6개 업체가 연산 4백만 대 이상의 생산능력을 가진 메이저로 자리 잡은 것이다. 앞으로 이들 빅6간 대형 M&A가 없으리란 법은 없지만 풀라인업(full line-up) 체제를 갖추고 있는 메이저 업체 간 인수합병은 일단 마무리됐다고 보는 것이 대체적인 시각이다.

그러나 신기술이나 신사업영역을 위한 전략적 제휴는 보다 활발하게 이뤄질 것으로 예상된다. GM-도요타, 포드-다임러크라이슬러는 이미 연료전지차 개발을 위한 제휴를 맺었다. GM-포드-다임러크라이슬러로 이어지는 미국업체들의 온라인 부품 공동구매도 경비절감을 위한 전략적 제휴라 할 수 있다. 어떤 경우에도 타 업체와의 자본제휴 없이 경영의 독립성을 유지하겠다고 밝히고 있는 혼다도 뛰어난 기술과 디자인력을 바탕으로 GM과 엔진의 상호공급 등 환경기술 분야에서 제휴관계를 갖기로 합의했다. 안전기술 등 차세대 기술 분야의 협력 강화도 밝힌 바 있다.

빅6이하 중위권 업체들의 경우는 아직도 M&A와 자본제휴의 대상으로 남아있다. 한국의 현대자동차도 다임러크라이슬러와 자본제휴, 월드카 개발을 포함한 기술제휴 등 포괄적인 제휴에 합의한 상태이다. 세계 7위권의 피아트도 이미 GM과의 지분제휴를 통해 GM쪽 네트워크에 편입된 상태다. GM이 24억 달러 상당의 피아트 지분 20%를 인수하고 피아트가 같은 금액에 해당하는 GM의 지분 5.1%를 인수하는 방식으로써 어느 한쪽으로의 인수합병이 아닌 동업자적인 제휴라 할 수 있다.

인터넷사업 분야의 전략적 제휴

최근 M&A 및 전략적 제휴가 가장 활발하게 이뤄지고 있는 분야중의 하나가 바로 인터넷사업이다. 급속히 성장하고 있는 사업에서 시장을 선점하기 위한 목적도 있지만, 다양한 산업과 기술이 융합되어 가는 추세 속에서 이러한 모든 분야를 한 기업이 다 잘 할 수 없다는 점도 제휴의 큰 배경요인이 된다. 인터넷사업을 네트워크 서비스, 접속 단말기, 접속 서비스, 포털 서비스, 콘텐츠 사업 등으로 구분해 볼 때 이들 동일 사업군 내에서는 물론, 가치사슬(value chain) 상의 다른 단계에 있는 업체들끼리의 제휴가 활발하게 진행되고 있는 것이다. 대표적인 인터넷 기업인 미국의 AOL社를 중심으로 전략적 제휴 동향을 살펴보면 다음과 같다.

AOL은 대표적인 ISP(Internet Service Provider)로서 단말기, 포털, 콘텐츠, 네트워크 사업자들과 서로의 필요에 의해 활발한 제휴를 맺고 있다. 우선 초고속 인터넷 서비스를 제공하기 위한 목적으로 Bell Atlantic, Ameritech, GTE 등의 지역전화사업자들과 전략적 제휴를 맺었는데, 여기에는 이들 전화사업자가 케이블망 사업자들과 경쟁하기 위한 전략적 의도가 내재돼 있다. AOL은 ISP 수위자리를 지키기 위한 포석으로 시골까지 위성을 통한 초고속 인터넷 서비스를 제공하고자 DirecTV에 15억 달러를 투자하기도 했다.

AOL은 PC 제조업체 등 인터넷 접속 단말기 사업자들과의 제휴도 추진했다. IBM과 e-Machines가 대표적인 제휴 파트너인데 일정기간 AOL 서비스 가입을 조건으로 단말기를 무상으로 제공하는 방식이다. ISP와 콘텐츠 보유업체 및 포털업체들과의 제휴도 활발하게 나타나고 있다. AOL도 Financial Times, e-Bay 등과 제휴를 맺었는데, 이는 자사가 보유한 망을 기반으로 인터넷 접속 서비스 분야에서 우위를 점하기 위한 시도이며, 이러한 ISP와 콘텐츠 보유업체 사이의 제휴는 인터넷 사업 분야에서의 가장 흔한 제휴 형태이기도 하다. AOL은 Netcenter라는 포털사이트를 가진 Netscape를 42억 달러에 인수하기도 했다.

최근의 인터넷사업에서 가장 두드러진 추세중의 하나는 초고속 인터넷 접속 서비스와 오디오 및 비디오 등 멀티미디어 콘텐츠 제공이다. 이러한 소비자들의 요구 및 기술 환경의 변화는 인터넷사업을 구성하는 서로 다른 사업군(가치사슬)에 속한 업체들끼리의 수직적 제휴를 필요로 하고 있다. 자동차 산업에서 주로 수평적 제휴가 부각되는 상황과 대비된다 하겠다.

시스코-전략적 제휴 중심 협력경영

시스코 시스템스(Cisco Systems)는 주지하는 대로 네트워크 장비 분야의 세계 선두기업으로서 하드웨어와 소프트웨어를 동시에 제공하는 통합 네트워크 솔루션 업체이다. 시스코社는 결산일인 1999년 7월 기준으로 연간 매출액 약 1백22억 달러, 순이익 21억 달러로 전년대비 각각 43.2%와 54.7%라는 높은 성장을 보이고 있다.

시스코사가 이러한 놀라운 성과를 보여온 것은 시장 자체의 성장과 고객 지향적 경영 등이 주요 배경이 됐지만, 전략적 제휴를 중심으로 하는 협력경영도 중요한 요인으로 작용했다. 시스코의 전략적 제휴는 고객에게 통합 솔루션(total solutions)을 제공함과 아울러 지속적인 기술우위를 유지하고, 네트워크 솔루션 분야의 표준을 자사에게 유리하도록 이끌어 가려는 의도로 시도되고 있다. 전략적 제휴의 주요 파트너는 역시 각 분야에서 세계 선두 그룹을 형성하고 있는 기업들로서 IBM, 휴렛패커드, 마이크로소프트, 모토롤라, 인텔, 피플소프트, EDS 등이 대표적이다. 이들은 각자의 우위요소를 결합함으로써 지속적인 경쟁우위(SCA, sustainable competitive advantage)를 확보하며 범세계적인 서비스를 제공하고 있다. 이들 중 IBM, 휴렛패커드, 마이크로소프트 등과의 전략적 제휴를 개략적으로 살펴보면 다음과 같다.

IBM과의 제휴는 각사가 보유하고 있는 인터넷 하부구조, e-비즈니스 시스템 및 서비스 분야에서의 보완적 강점을 결합하는 효과를 가져왔다. 시스코의 인터넷 장비와 IBM의 인터넷 서비스의 강점을 결합함으로써 보다 신속하고 용이하게 e-비즈니스 시스템 및 장비를 제공할 수 있게 된 것이다. 시스코-IBM이 제공하는 e-비즈니스 시스템은 특히 중소 규모의 기업에 적합한 것으로 알려지고 있다. 직원의 교육훈련 분야에서도 제휴를 하고 있으며 동남아 국가 등에서는 자회사 차원에서의 제휴도 맺고 있다.

휴렛패커드와는 기술개발, 제품 통합, 전문 서비스 및 고객 서비스 등 광범위한 부문에서 제휴를 맺고 있으며, 최근에는 가동시간 보증제를 도입해 사용자에게 네트워크 사용에 따른 신뢰성 문제를 해결하고 있다. 양 사 간의 제휴는 시스코의 네트워킹 솔루션 분야 선진 기술과 휴렛패커드의 첨단 텔레커뮤니케이션 관리 솔루션의 결합을 통해 최적의 고객 서비스를 제공하려는 의도로 시도됐다.

마이크로소프트와는 데이터, 음성, 화상을 동시에 전송할 수 있는 인터넷 스트리밍 미디어(streaming media)를 개발하기 위해 제휴를 맺었다. 멀티미디어, 보안 및 디렉터리 서비스 분야 등 광범위한 차세대 기술개발에 초점이 맞춰지고 있다. 인텔 등과 함께 멀티미디어 정보의 전송에 필요한 표준을 제정하려는 노력도 기울이고 있다.

이 외에도 시스코는 부품 공급업자들과의 제휴를 통해 70% 이상의 부품을 외부조달(outsourcing)하고 있다. 이를 통해 생산성 향상은 물론, 신제품 개발주기 단축, 투자비용 절감 등의 효과를 거두고 있으며, 경쟁사에 비해 시장변화에 더욱 신속하게 대응하고 있다. 특히 CCO(Cisco Connection Online)라는 기업 간 (B to B) 전자상거래 시스템을 통해 고객으로부터의 주문, 협력업체로부터의 부품조달 등을 온라인으로 처리하고 있다.

휴렛패커드-제휴역량의 제고

기업역량의 상호보완이라는 기업 간의 전략적 제휴는 제휴 자체로 그 목표달성을 보장하는가? 물론 아니다. 전략적 제휴의 목표달성은 적절한 제휴 파트너의 선정, 제휴의 전략적 중요성에 대한 최고경영자의 인식은 물론, 상대 기업의 보완적 자산과 제휴 경험을 효과적으로 수용해 사내에 전파하는 조직능력에도 크게 달려있다. 이 중에서 제휴를 통해 획득한 경험의 사내 공유를 위한 시스템 구축에 성공한 휴렛패커드의 사례를 살펴보면 다음과 같다.

휴렛패커드는 1990년대 초부터 급변하는 사업 환경 속에서 제휴의 중요성을 인식하고 사업부 수준에서의 전략적 제휴를 적극 추진하기 시작했다. 제휴 추진에 필요한 전반적인 지식은 외부 컨설턴트의 자문으로 해결했지만 사업부 수준에서 획득된 경험적 지식은 전사적인 차원에서 공유되지 못했다. 제휴와 관련해 당면하는 실질적인 문제를 해결하는 데는 일반적 지식보다는 체험적 지식이 더욱 필요한 상황이었다.

이를 인식한 경영진은 개별 부서에서 획득한 경험적 지식을 조직 전체 수준의 지식으로 축적하고 공유할 수 있는 조직학습을 주도할 제휴 전담 조직을 설립했다. 이를 통해 제휴의 결과물, 모범사례, 벤치마킹 등의 정보를 체계화하고 시스템화했다. 축적된 지식은 경영진을 포함한 전 직원 대상의 연 2회 사내교육을 통해 전파됐다. 특히 제휴 경험이 있는 고위 경영자가 사례 위주의 교육을 실시해 구체적인 실행방법을 제시하는데 역점을 두었다. 휴렛패커드는 기업 내부의 제휴 경험을 축적하고 공유함으로써 표준화된 제휴절차를 마련하고 사업부 수준의 제휴를 전사적 차원의 전략과 연계할 수 있게 됐다.

자료: 김주헌, Special Report(SK그룹 웹사이트에서 발췌, 접속일: 2012년 8월 24일)

제2절 전략적 제휴의 동기와 성과

1. 전략적 제휴의 동기

최근 전략적 제휴가 크게 증가하는 이유는 ① 세계적으로 동질화된 소비자들의 기호 ② 기술의 급속한 확산 ③ 지역경제통합 등 보호무역주의 심화 ④ 제품수명주기의 단축

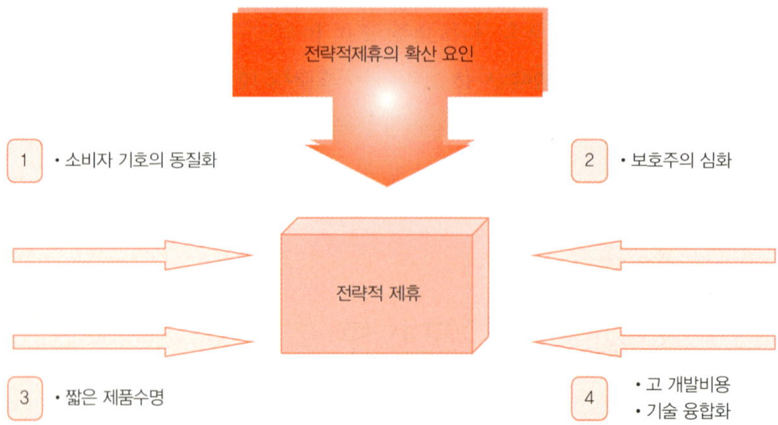

그림 9-2 ● 전략적 제휴의 확산배경

⑤ 막대한 기술개발비용 등을 들 수 있다. 즉, 전 세계시장이 하나의 시장으로 통합하여 국경의 의미가 없어진 치열한 글로벌경쟁 하에서 기업들은 기업 혼자의 힘만 가지고 전 세계를 상대로 한 기업 활동을 벌이기는 쉽지 않으므로 다른 기업들과 협력관계를 맺어 그 기업들의 경영자원을 최대한 활용하여 국제경쟁력을 확보하기 위해 전략적 제휴를 하게 되었다.

이러한 전략적 제휴의 결과로 특정 산업분야에서 국경을 초월하여 기업들이 전략적 제휴 전략을 구사함으로써 소수 거대집단을 형성하고 서로 경쟁하는 이른바 메가 컴피티션(mega competition)이 전개된다. 예컨대, 우리나라의 산업 중 세계 5위를 기록하고 있는 자동차산업의 경우 세계 유수의 자동차 기업들이 재편을 통해 현재는 GM, Ford, Renault-Nissan, DaimlerChrysler, Toyota, Volkswagen의 BIG 6의 체제로 변화되었다. 앞으로 대부분의 자동차기업들이 이 거대 네트워크군에 직접적으로나 간접적으로 관계를 맺게 될 것이며, 그렇지 못한 기업들은 세계시장에서 그 입지가 약화되어 도태될 것이다. 이러한 현상은 자동차산업 뿐 아니라 컴퓨터, 전자, 반도체, 항공, 가전, 제약 산업에서도 활발하게 전개될 것이다. 그럼 지금부터 전략적 제휴의 동기에 대해 보다 구체적으로 살펴보기로 하자.

1) 자원공유를 통한 투자위험감소

최근 들어 거의 모든 산업에서 연구개발투자가 더욱 중요해지고 생산시설이 자동화됨에 따라 예전에 비해 연구개발투자와 생산시설투자에 소요되는 비용이 막대해졌다. 따라서 기업들은 공동 R&D자원과 지식 및 정보를 공유하여 자원을 효율적으로 이용하고 위험을 줄이기 위해 전략적 제휴를 맺고 있다. 예컨대, 연구개발투자가 중요한 항공기 산업에서 Boeing은 Mitsubishi중공업과 긴밀한 제휴관계에 있으며, Boeing의 가장 큰

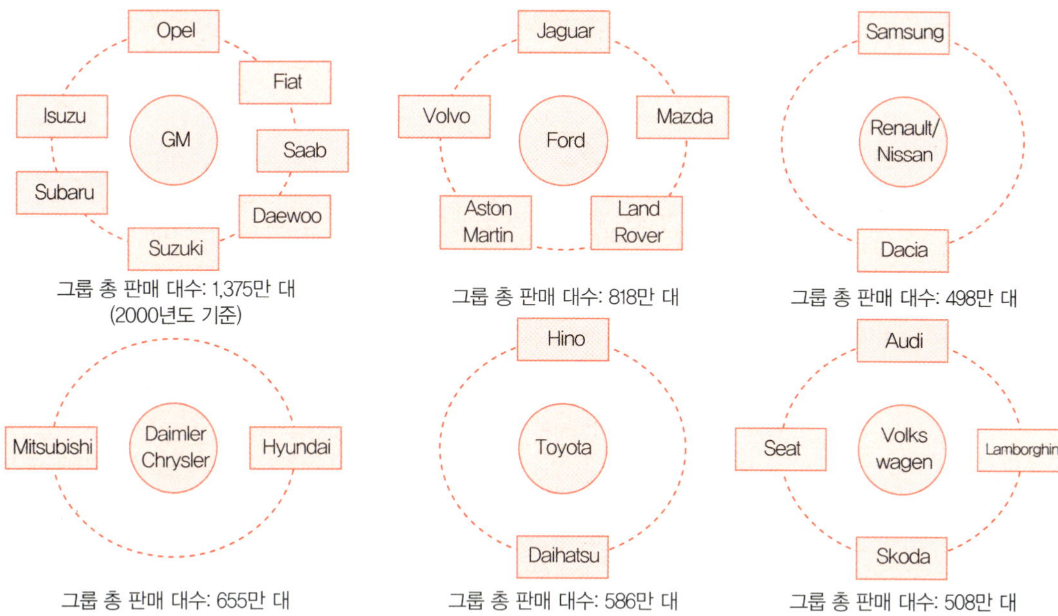

그림 9-3 ● 자동차 산업에서의 전략적 제휴 현황

경쟁사인 Airbus사는 Boeing사에 효과적으로 대응하기 위해 영국과 프랑스, 독일의 항공 산업 기업들의 컨소시엄 형태로 만들어진 기업이다.

2) 신기술개발 및 시장진입의 시간단축

오늘날과 같이 산업기술이 급변하는 시대에는 개별 기업 단독으로는 급속한 산업기술 변화에 효율적으로 대응하는 것이 불가능하다. 따라서 기업들은 각자가 경쟁우위를 가지고 있는 분야에 전문화하여 신기술을 개발하고 그 결과를 공유하기로 하는 전략적 제휴를 맺게 된다. 예컨대, 1998년 일본의 Toshiba는 미국의 IBM, 독일의 Siemens와 공동으로 미세가공기술을 이용하여 기존의 64메가, 128메가 D RAM보다 크기가 20%나 작은 세계 최소형 D RAM을 개발한 바 있다.

신제품 개발의 초기단계부터 시장에서 제품화되는데 소요되는 시간은 경쟁이 심화됨에 따라 지난 수십 년간 계속적으로 단축되어 왔다. 특히 경쟁기업에 비해서 더 빨리 제품을 내어 놓는 기업일수록 여러 가지 초기진입자로서의 우위를 누려서 높은 수익을 보장받을 수 있다. 따라서 기업들은 시장진입의 시간을 단축하기 위해서 전략적 제휴를 하게 되며, 특히 필요한 모든 경영자원을 자체적으로 보유하지 못한 상태에서 신규 사업에 진출하려고 할 경우 시장진입의 시간을 단축하기 위해 전략적 제휴를 하게 된다. 예컨대, 일본의 Toshiba와 미국의 IBM, 독일의 Siemens가 함께 256 D RAM을 공동개발한 이유도 각 개별기업들이 자체적으로 충분히 디자인하여 개발할 수 있는 능력을 보유하고 있으나, 만약 개별기업이 독립적으로 개발할 경우 다른 경쟁자들보다 훨씬 늦게 시장에 진출하여 큰 손해를 볼 것이 우려됐기 때문이다.

3) 산업표준의 선택

많은 산업에서 전략적 제휴를 시도하는 동기 중의 하나는 기술의 표준화를 이루는 것이다. VCR 산업에서 일본의 Sony와 Matsushita가 산업표준화를 위해 경쟁하다가 Sony가 실패한 사례는 산업표준이 얼마나 중요한가를 알려주는 사례이다. Sony는 β방식의 기술을 개발하였고, 이 기술은 Matsushita의 자회사인 JVC가 개발한 VHS기술에 비해 화면의 색상과 품질 면에서 훨씬 더 뛰어난 것으로 알려졌다. 그러나 Sony는 β방식이 훨씬 기술적 우위가 있다고 믿고 다른 회사에게 라이선스를 제공하는 것을 기피하였다. 이에 비하여 기술적으로 열위에 있는 JVC는 VHS방식을 채택하려는 회사에 자유롭게 라이선스를 허용하여, 그 결과로 가전산업의 모든 기업들이 VHS방식을 채택하게 되었다. 따라서 Sony는 자사의 β방식의 품질이 뛰어남에도 불구하고 VCR산업에서 시장점유율이 낮아지게 되었고 결국은 β방식을 포기하기에 이르렀다. 왜냐하면 비디오용 영화 제작사의 입장에서는 화질도 중요하지만 시장점유율이 낮은 Sony의 β방식으로 비디오테이프를 제작하기보다는 더 많은 비디오테이프 구매자들이 있는 VHS 방식을 선호하였기 때문이다.

이와 같이 산업표준이 확립되지 못한 경우에는 기업과 소비자 모두가 혼란을 겪기 때문에 기업들은 산업표준에 맞는 신제품을 만들기 위해 전략적 제휴를 하는 경우가 많다.

4) 기업의 유연성 확보

전략적 제휴가 중요하게 된 또 한 가지 이유는 기업이 전략적 제휴를 통해 기업의 유연성을 확보할 수 있기 때문이다. 예컨대, 기업은 자신의 핵심역량이 아닌 주변 활동이나 기능을 외부기업에게 외주(outsourcing)를 줌으로써 기업은 자신의 설비비용을 크게 줄이고 보다 유연한 비용구조를 가질 수 있게 된다. 기업의 청소나 경비, 건물관리 또는 MIS활동분야를 기업이 많은 비용을 들여서 자체적으로 하는 것보다 건물의 경비와 관리를 전문으로 하는 용역회사와 MIS기능을 전문적으로 하는 회사에 외주를 주는 방법도 전략적 제휴를 효과적으로 활용하는 방법이라고 할 수가 있다. GE의 전 회장이었던 잭 웰치 회장은 피트 드러커의 표현을 인용 “나의 뒤뜰이 남의 앞뜰이 되게 하라”면서, 기업의 아웃소싱을 통한 유연성 확보가 기업 경쟁력 강화의 필수요소임을 강조하였다.

사례 9-2

노키아와 인텔의 전략적 제휴–Meego(OS)

노키아(Nokia)는 세계적인 휴대전화 생산업체로서, 1998년부터 2011년까지 무려 13년 동안 세계 휴대전화 시장에서 부동의 1위를 시현하던 기업이다. 그러나 2007년 애플(Apple)의 아이폰 출시와 함께 시작된 피처폰에서 스마트폰으로의 패러다임 변화에 늦게 대응함으로 인해, 아래 자료에서 볼 수 있듯이 대부분의 타 기업들은 시장규모가 커지면서 기업성장을 달성하였던 반면에, 노키아는 세계 휴대전화 시장에서 점유율이 하락하는 모습을 보이고 있었다.

노키아는 모바일 시장에서 지속적으로 하락하는 시장점유율로 인해 이를 해결할 타개책을 찾아야 했으며, 이에 인텔(Intel)과의 협업을 통해서 기존의 자체 OS인 심비안을 대체할 새로운 스마트폰 OS를 개발, 모바일 시장에서의 독주를 이어가고자 인텔과 전략적 제휴를 맺게 된다.

한편, 인텔은 세계적인 반도체 칩 생산업체로서, 개인용 컴퓨터 및 노트북에 사용되는 CPU 및 칩셋을 주로 생산하는 업체이다. 그러나 인텔 역시 새롭게 모바일 시장이 급속하게 성장해 나가고 있었음에도 시의적절한 시장진출이 이루어지지 않음에 따라 모바일 칩 시장에서의 위치 선점에 실패, 비슷한 시기에 위기를 마주하게 된다. 자료에서 볼 수 있듯이, 2011년에도 ARM의 칩 기술 기반의 퀄컴(Qualcomm), 삼성(Samsung)과 같은 업체들에 밀려 인텔의 아톰 칩은 모바일 칩 시장에서 전혀 존재감을 나타내지 못하고 있었다.

표 9-3 ● Mobile Phone Vendors, Shipments and Market Share, 4Q10 & 4Q11

(Units in Millions)

Vendor	4Q10 Unit Shipments	4Q11 Unit Shipments	4Q10 Market Share	4Q11 Market Share	Year-over-year Change (Unit Shipments)
Nokia	123.7	113.5	30.70%	26.60%	–8.20%
Samsung	80.7	97.6	20%	22.80%	20.90%
Apple	16.2	37	4%	8.70%	128.40%
LG	30.6	17.7	7.60%	4.10%	–42.20%
ZTE	15.7	17.1	3.90%	4%	8.90%
Others	135.9	144.5	33.70%	33.80%	6.30%
Total	402.8	427.4	100%	100%	6.10%

자료: IDC Worldwide Mobile Phone Tracker, February 1, 2012

표 9-4 ● **2011 Smartphone Application Processor Market Share**

Vendor	Revenue (US$ Million)	Market Share
Qualcomm	$876.90	51.50%
Samsung	$347.10	20.40%
Texas Instruments	$234.40	13.80%
Marvell	$86.80	5.10%
NVIDIA	$64.40	3.80%
Others	$93.50	5.50%
Total	$1,703.00	100.00%

자료: Strategy Analytics, September, 2011

인텔은 태생적으로 취약한 소프트웨어 부분을 보완하기 위해서, 그리고 정체되어 있는 컴퓨터 시장보다 광범위한 성장이 예견되는 모바일 시장에서 새로운 성장 동력을 찾겠다는 야망을 갖고 노키아와 전략적 제휴를 체결하게 된다.

인텔과 노키아는 2010년 2월, 세계 최대 모바일 산업전시회인 Mobile World Congress에서 인텔의 리눅스 기반 운영 체제인 모블린(Moblin)과 노키아의 리눅스 기반운영 체제인 마에모(Maemo)를 통합한 OS인 Meego를 공동 개발하겠다고 밝힌다. 이는 전략적 제휴의 유형 중 기술제휴에 해당하는 형태로써, 공동으로 기술개발을 수행함을 통해 시장에서 경쟁우위를 확보하고자 하는 움직임이었다. 2010년 8월 24일, 인텔과 노키아는 오올루 대학과 함께 공동연구센터를 설립하면서 본격적으로 연구수행을 시작하였다. 같은 리눅스 기반의 운영체제를 각각 연구하고 있었던 두 기업은, 당시 전자기기들이 운영체제의 상이함으로 인해서 상호 통신에 어려움이 있다고 판단, 스마트폰뿐만 아니라 태블릿 PC, 노트북 등 다양한 하드웨어에서 구동할 수 있게 Meego를 설계하였다. 두 기업의 합작품인 Meego를 탑재한 처음이자 마지막 스마트폰인 노키아 N9은 2011년 9월부터 판매가 시작되었으며, 레노보(Lenovo) IdeaPad S100, 삼성 N100, 에이수스(Asus) Eee PC X101과 같은 넷북, 그리고 에이서(Acer) Iconia Tab M500과 같은 태블릿 PC도 Meego 운영체제를 바탕으로 출시되었다.

한편, 인텔과 노키아의 전략적 제휴가 적극적으로 출범하던 2010년 10월, 노키아는 쓰러져 가는 기업을 살리기 위한 구원투수로서 마이크로소프트 내 비즈니스 부문에서 부사장을 지낸 스테판 엘롭을 CEO로 전격 영입하게 된다. 그는 만성적자에 허덕이던 노키아를 구하기 위해 기업의 상징이랄 수 있는 핀란드 사옥을 매각하고, 대대적인 구조조정을 단행하는 등 여러 조치를 취한다. 또한 엘롭은 노키아와 인텔이 전략적 제휴를 맺은 지 1년 후인 2011년 2월, 아직 Meego를 기반으로 한 스마트폰을 출시하지 않은 상태에서 심비안과 Meego 운영체제에 대한 불신을 드러내며, 노키아는 앞으로 자체 운영체제 개발을 포기하고, 향후 마이크로소프트의 윈도우폰을 중심으로 미래 스마트폰 전략을 수립해 나갈 것을 천명하였다. 또한 Meego 운영체제를 기반으로 한 스마트폰은 한 종류만 발표하는 동시에 마이크로소프트와의 또 다른 전략적 제휴를 통해 윈도우 OS를 노키아 스마트폰에 탑재하겠다는 내용을 발표한다. 이는 인텔과의 전략적 제휴의 핵심인 Meego를 연구 프로젝트 수준으로 격하시키고, 마이크로소프트와의 협업을 더 우선시하겠다는 의미로 이해되었다. 결국 이러한 CEO의 행보에 따라, Meego 운영체제 개발에 대한 지원은 감소되었으며, 이 연장선상에서 연구 성과도 부진할 수밖에 없었다. 이러한 노키아의 기업 운영방식의 변화에 따라서 양 사의 전략적 제휴의 핵심인 Meego 운영체제에 대한 지원 및 관심은 줄어들게 된다.

그러던 중, 많은 기대와 함께 노키아와 인텔의 전략적 제휴의 핵심인 Meego 운영체제를 기반으로 한 스마트폰인 노키아 N9이 발표된다. 그러나 Meego는 하드웨어 측면에서도 소프트웨어 측면에서도 애플의 아이폰과 iOS, 그리고 구글(Google)의 운영체제인 안드로이드와 삼성의 갤럭시 시리즈에 밀려 시장에서 크게 주목을 받지 못했다. 아래의 스마트폰 OS 점유율 변화를 조사한 자료에서도 Meego 운영체제는 따로 표기되지 않았을 정도로 시장에 미친 영향은 지극히 미미했다.

Meego의 실패에 엎친 데 덮친 격으로 노키아와 마이크로소프트의 협력, 그리고 노키아의 수정된 윈도우폰 전략에 의해서 Meego 개발팀은 N9 출시 및 소프트웨어 업데이트 이후 해체된다. 인텔도 비슷한 시기에 노키아가 아닌 다른 파트너인 삼성전자와 함께 차세대 모바일 운영체제인 '타이젠'을 개발하겠다고 발표하면서 Meego 프로젝트는 공식적으로 막을 내렸다. 이후 노키아는 계속해서 윈도우 운영체제를 기반으로 한 스마트폰을 출시하지만, 시장에서 외면 받았고, 결국 2013년 9월, 13년간 휴대전화 시장점유율 1위를 자랑하던 노키아는 마이크로소프트에 의해 휴대전화 사업부가 인수되면서 몰락의 길을 걸었다.

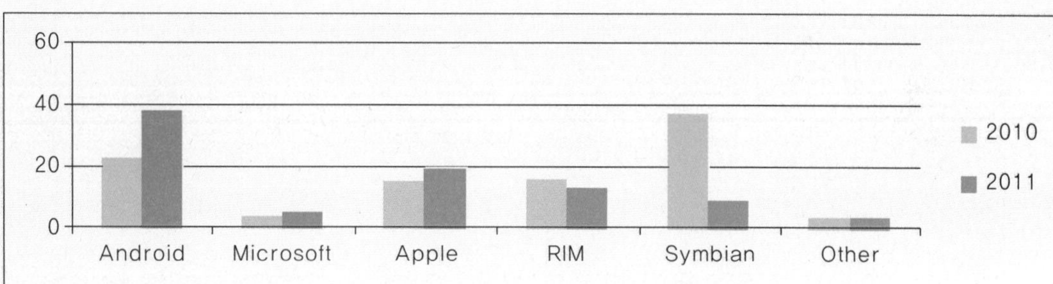

그림 9-4 ● 2010년, 2011년 스마트폰 OS 점유율 변화

자료: Gartner, 2011

질문:

1. 전략적 제휴 파트너 선정의 조건은 무엇이라고 여겨지는가? 즉, 어떤 기업이 최선의 파트너가 될 수 있다고 판단하는가?
2. 인텔은 PC 칩 분야에서는 따라올 업체가 없을 정도로 독보적이었으나, 모바일 칩 시장에서는 후발 주자였다. 노키아 역시 소프트웨어 측면에서는 초기부터 지속적으로 비판을 받아온 심비안 운영체제를 계속 유지함에 따라 체계적이며 사용자의 편의성을 맞춘 애플의 iOS나 구글의 안드로이드보다 사용하기에 불편하다는 평가가 많았다. 즉, 두 기업은 전략적 제휴를 통해서 시장에서 새로운 "Game Changer"가 되고자 하였으나, 이들 모두 당시 스마트폰 시장에서는 상대적으로 경쟁력이 이미 저하된 상태였다. 제휴에 참여하는 기업 간에는 상호 약점을 보완해주고 강점을 강화시켜줌으로서 시너지 효과를 시현해야 하는 바, 이 점에서 인텔과 노키아 간 맺은 전략적 제휴 체결의 당위성을 여러분은 어떻게 평가하는가?
3. 마이크로소프트에 몸담았던 CEO가 새로이 부임함에 따라 전략적 제휴의 파트너가 인텔에서 마이크로소프트로 전격적으로 교체된다. 그의 의사결정을 여러분들은 어떻게 평가하는가? 바람직했는가, 혹은 그렇지 않은가? 답변의 이유나 근거는 무엇인가? 바람직했다고 답변하는 경우, 그럼에도 불구하고 노키아의 성과는 크게 개선되지 않았는데, 그렇다면 제휴 파트너 교체 후 어떠한 추가 전략이 강구되었어야 했다고 보는가?

2. 전략적 제휴의 성과

앞에서 살펴보았듯이 전략적 제휴전략을 통해 기업은 상호보완적인 경영자원을 공유함으로써 기업의 전략적 목적을 달성할 수 있는 여러 가지 장점이 있으나 몇 가지 문제점도 발생한다.

첫째, 전략적 제휴의 본질적인 문제로서 바로 이러한 제휴를 통하여 서로가 경쟁력 향상을 도모할 수 있는가 하는 점이다. 외부의 경쟁업체에 대항하기 위한 목적으로 전략적 제휴를 도모하는 경우, 어느 정도 대외경쟁력 향상을 기대할 수 있겠지만 내부적인 경쟁체제의 붕괴 내지는 내부경쟁감소에서 발생하는 경쟁력의 약화 가능성도 고려해야 한다.

둘째, 전략적 제휴의 실행과정상에서 나타나는 단점으로서 의사결정상의 문제점이다. 서로 다른 목표를 지닌 두 집단의 의견을 조정하기 위한 각종 위험이나 비용이 발생할 수 있다. 또한 양국 간의 문화적 차이나 기업 간의 문화적 차이도 전략적 제휴의 성패를 좌우하는 중요한 요인으로 작용한다.

셋째, 전략적 제휴의 결과로서 나타나는 문제점은 바로 제휴를 통해서 자신의 독점적 우위를 상실할 수 있다는데 있다. 지나치게 협조적인 상황이 지속되면 자신의 비밀이 노출될 수 있고, 또한 비협조적 상황으로 제휴를 지속하다 보면 속빈 강정과 같은 제휴가 될 수 있다는 딜레마가 있다.

미국 하이테크 산업의 100개 업체를 대상으로 한 Coopers & Lybrand의 연구에 의하면, 전략적 제휴를 하지 않는 기업보다 제휴활동을 활발히 전개하고 있는 기업이 수익측면에서 11% 이상, 매출성장은 20% 이상 높은 것으로 분석되었다. 이는 성공적인 전략적 제휴가 무한경쟁시대에서 수익창출과 성장을 위한 핵심적인 전략임을 알 수가 있다. 세계적 컨설팅회사인 맥킨지는 전 세계에 걸쳐 다양한 제휴관계(단순제휴, 지분참여, 합작투자 등 5억 달러 이상)에 포함되어 있는 2,100개의 회사를 조사한 결과, 전체기업 중 52% 이상이 전략적 제휴관계 이후 시장가치의 현격한 변화를 경험하였으며, 이중 70%가 시장가치의 증가로 이어졌다고 한다. 특히 빠른 기술변화를 경험하고 있는 첨단산업과 미디어산업의 경우 M&A보다 제휴관계의 성공확률이 훨씬 높은 것으로 나타났으며, 또한 신규 사업 전개에 있어서도 제휴관계가 유용한 수단임을 밝히고 있다.

그러나 성공적인 파트너십을 확보하고, 전략적 제휴를 통해 소기의 목적을 달성하기는 쉽지 않다. 19개의 정보통신업체가 저궤도위성 휴대전화 서비스를 제공하기 위해 설립한 이리듐이 왜 파산하였을까? 전략적 제휴를 통해 성공한 기업의 비결은 무엇이고, 실패한 기업과의 역량차이는 어디에서 발생하는가?

맥킨지 컨설팅사의 Bleeke와 Ernst는 미국, 유럽, 일본기업의 국제간 전략적 제휴를 대상으로 어떠한 형태의 국제간 전략적 제휴가 훨씬 성공확률이 높은가를 연구하였

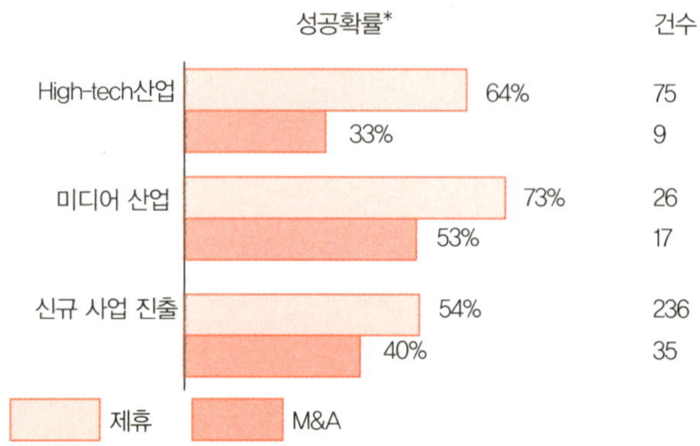

• M&A 제휴 발표 이전 5일, 이후 5일 총 11일 주가변동을 통해 시장평균 변동 대비 초과 수익율을 올린 경우 성공적 거래로 규정

그림 9-5 ● 전략적 제휴와 M&A의 성공확률

자료: Mckinsey Quarterly 2000 Number 3.

다. 그들의 연구결과에 따르면, 표본 49개의 제휴관계 중에서 약 51%는 제휴당사자 모두에게 성공이었고, 33%는 두 기업 모두가 실패를 하였으며, 나머지 16%는 두 기업 중 한 기업은 실패를, 다른 기업은 성공을 한 것으로 나타났다. 또한 전략적 제휴는 지역적, 기술적, 제품별 중복이 없을수록 훨씬 성공할 가능성이 높은 것으로 나타났다. <그림 9-6>에 있는 것처럼 지역시장 간의 중복이 적은 경우에 훨씬 성공할 확률이 높다. 만일 양 제휴선이 동일한 지역에서 높은 시장점유율을 가질 경우 이런 제휴관계는 종종 경쟁적 갈등을 겪게 된다. 중복이 없을수록 서로 이해관계의 갈등을 피할 수 있기 때문에 두 기업 모두 성공을 위해 매진할 수 있기 때문이다.

그림 9-6 ● 지역시장의 중복과 전략적 제휴의 성과

그림 9-7 ● **소유구조와 전략적 제휴의 성과**

또한 <그림 9-7>에서와 같이 투자회사의 지분율이 50 대 50일 때가 지분율이 불균등할 때의 제휴보다 성공할 확률이 더 높다. 제휴파트너에 비해 지분을 더 많이 소유한 기업은 제휴에서 의사결정을 자신이 독점하려는 경향을 보이거나, 상대파트너의 이익에 반해서 자신만의 이익을 챙기려는 경향을 보이는 경우가 많아서 파트너 간에 갈등이 발생하여 제휴가 실패할 가능성이 높아진다.

그리고 강한 기업들 간의 제휴가 강한 기업과 약한 기업 간의 제휴보다 성과가 높다. 이렇게 강자간의 제휴가 더 성공적인 이유는 제휴의 근본적인 동기가 자신의 약점을 보완하고 자신의 강점은 더욱 증가시키는 데 있기 때문이다. 따라서 강자와 강자끼리 서로 자신들의 약점을 보완하여 줄 수 있는 사업 분야에서의 제휴가 성공가능성이 높다.

그러면 이번에는 전략적 제휴가 실패하는 주요요인을 자세하게 살펴보자.

첫째, 불분명하고 측정하기 어려운 목표설정은 제휴 자체를 어렵게 만들고 제휴가 이루어지더라도 상대기업과의 견해차이로 인해 갈등이 증폭하게 된다. 제휴를 하는 것 자체가 목적이 아니라 기술획득, 시장점유율 제고 등이 진정한 제휴의 목적임을 명심해야 한다.

둘째, 자사의 능력을 과대포장하거나 상대회사의 역량에 대한 과도한 기대는 실제 협력과정에서 불신과 갈등을 만들게 된다.

셋째, 상대기업의 기회주의적 행동을 너무 우려하거나 자사의 이익에만 눈이 멀면 상호불신과 기만이 생기기 쉽고 이는 제휴를 실패로 만든다.

넷째, 이익과 경쟁력의 원천이 되는 자체 핵심역량을 보유하지 못한 상황이라면 제휴 사업을 주도할 수도 없고 제휴관계도 오래가지 못한다.

다섯째, 파트너의 핵심역량 흡수에 소홀한 경우이다. 전략적 제휴는 상대기업의 핵심역량을 얼마나 효과적으로 흡수하느냐가 중요하므로 이를 소홀히 해서는 안 된다.

여섯째, 조화되지 않는 기업문화이다. 제휴기업 간에 문화가 조화되지 못하면 갈등과 불신이 초래되고 핵심역량 흡수도 어려워져 실패하게 된다.

마지막으로, 경영진의 무관심이다. 경영진의 지속적인 관심과 지원이 없는 제휴는 실패할 가능성이 크다.

제3절 국제합작기업의 파트너선정 기준

본 절에서는 전략적 제휴, 그 중에서도 제휴에 참여하는 기업 간 가장 강한 유대관계를 요구하는 국제합작기업의 파트너선정 기준에 대해 알아보기로 하자. 특히 국제합작기업이라는 진입전략을 사용하여 해외시장에 진출하기로 결정하고 나면, 다국적기업이 행해야 하는 가장 중요한 의사결정중의 하나가 파트너 선택이라는 점에서 그 선정기준에 대해 살펴보는 것은 의미가 있다. 뿐만 아니라, 이는 향후 합작기업의 성공 가능성에도 미치는 영향이 적지 않기에 앞장(제8장)에서 언급된 합작기업 설립을 위한 주요 환경들 외에 고려해야 하는 필수불가결한 추가요인으로 인식된다.

일반적으로 국제합작기업의 기존 연구와 이론들에 의하면, 보완성(complementarity), 양립성(comparability) 그리고 호혜성(reciprocity) 등 세 가지 조건이 합작기업 설립에 있어서 파트너 선정의 가장 중요한 기준으로 제시되고 있다.

1. 보완성

국제합작기업 설립에 있어서 보완성이라는 조건은 제휴를 통해서 자사가 가지고 있는 약점은 상쇄시키고, 반면 강점은 더욱 강화하는 것이 필요하다는 점에서, 기업 간 서로 보완적 자원을 제공하고 기업특유적 정보와 지식의 공유라는 동기를 충족시킬 수 있는 적절한 파트너를 찾아야 함을 의미한다. 이와 같은 설명이 가능한 배경은 기업 간 협력관계가 전통적으로 독특한 지식과 자원을 파트너십 안으로 가져옴으로써 각 기업이 가지고 있는 우위적 요소를 활용하는 전략이었다는 사실에 바탕을 두고 있다. 따라서 이러한 관점에서, 기업 간 협력관계를 구축하는 가장 보편적 동기는 "보완적 자산의 상호 공유를 통한 이윤의 극대화"라고 주장될 수 있겠다.

2. 양립성

국제합작기업으로부터 기대될 수 있는 혜택은 상호 협력을 통한 효율성 향상으로 요약될 수 있다. 즉, 비용감소와 이익증대로 대표될 수 있는 기업의 기본적 목표는 이를 달성하기 위한 조직의 효율성 증대 노력으로 이어지고, 이는 기업 간 협력 체제를 구성하게끔 하는 중요한 이유와 원천이 된다. 따라서 그러한 조직의 효율성 증진을 위해서는 보완적 자원뿐만 아니라 서로 융화할 수 있는 기업특징을 공유하고 있는 협력 파트너를 찾는 것은 매우 중요한 문제라고 할 수 있을 것이다. 이를 달리 말하면, 양립성은 기업 간 내부적인 특징들에서 기인한 독특한 요소들, 예컨대 기업전략, 기업문화, 경영관리시스템의 측면에서 서로 모순되거나 이해가 상충되지 않고 서로 유사성을 가져야 한다는 것이다. 가령 합작기업에 임하는 기업들의 전략이나 기업문화 등이 서로 모순되거나 상반되면 이를 적절하게 조화시키는 것이 어렵게 될 것이고, 따라서 그 제휴는 파트너 간 많은 갈등을 야기할 것이기에 합작기업 설립을 통한 지속적인 경쟁력 우위의 확보는 실패할 가능성이 높아진다.

3. 호혜성

호혜성이라는 조건은 적대감이나, 감독 혹은 지배라는 용어로 표현되기 보다는 합작기업 파트너 간 상호 신뢰, 협력, 그리고 조정 등을 강조한다. 이와 같은 설명은 호혜성이 합작기업에 참여하고 있는 기업 간 조화로운 활동을 통하여 공동으로 추구하고자 하는 이익이나 결과를 함께 성취하고자 하는 바람에서 기인하고 있음을 나타내고 있다. 따라서 합작기업의 설립은 기업 간 협력적 관계가 아니고서는 획득되기 어려운 다양한 전략적 필요나 사회적 기회, 그리고 호혜적 혜택에 의해 촉진되는 조직으로 이해될 수 있다. 오늘날, 협력적 관계는 바라던 결과에 이를 수 있게끔 돕는 보다 빠르고 보다 적절한 첩경을 의미하며, 그로 인해 기업은 보다 더 큰 환경에 자신을 존재시킬 수 있게 된다. 특히 기업 간 협력은 기업이 불확실성에 더 효율적으로 적응할 수 있도록 돕는다는 점에서 불확실한 환경 하에서 더욱 가치를 발하며, 환경변화를 공동 감시함으로써 더 많은 영업기회를 창조한다.

해외시장으로 신규 진입한다는 결정은 다국적기업이 익숙하지 않은 환경으로 그들 자신을 내몰아야 하기에 국내투자와 비교하여 훨씬 더 많은 위험을 감수해야 함을 의미한다. 이것이 바로 다국적기업이 합작기업을 설립하고자 하는 주요 이유가 된다. 예를 들어, 현지국의 정치적 위험수준이 상당할 때, 현지기업의 울타리나 방패를 통해 투자위험이 함께 공유될 수 있다. 외부위험은 또한 자원부족과 환경변화에 대한 완벽한 지식의 부족에 의해 발생하기도 하며, 그것 역시 현지기업과의 협력을 통해 감소될 수 있다. 현지기업의 입장에선 그들보다 더 나은 보완적 기술과 선진화된 지식을 보유하고 있는 다국적기업과 위험을 나눔으로써 환경 불확실성이 관리되거나 제거될 수 있다. 즉, 다국적기업과 현지기업을 막론하고 위험을 서로 공유하려는 동기는 보다 더 안정적이고 예측 가능한 환경을 제공할 수 있는 합작기업의 설립을 촉진한다.

합작기업은 파트너 기업과 일종의 동업관계를 유지함을 뜻하기에 일정부분 상대기업의 기회주의적 행위가능성에 노출되는 단점을 가지고 있다고 흔히 언급된다. 즉, 참여기업들이 상호 신뢰관계에 몰입하지 않는 경우 다국적기업이 가지고 있는 값비싼 기술이나 노하우를 파트너기업이 종종 도용함으로써 합작기업이 기회주의적 행동에 직면하는 것은 피할 수 없는 운명인 것처럼 보인다. 하지만 이를 다른 각도에서 고려하면, 국제합작기업이 당해 거래기업의 기회주의를 오히려 감소시킬 수 있는 효율적인 도구가 될 수도 있다. 즉, 국제합작기업의 설립 없이 다국적기업이 시장거래나 라이선싱 계약의 환경에서 거래기업의 기회주의적 행동을 피하기가 오히려 더 어려울 수 있다. 예를 들어, 고도의 기술을 다국적기업이 보유하고 있는 상황을 가정할 때, 국제합작기업은 거래기업을 하나의 협력적 공동체로 함께 묶는 역할을 하기에 귀중한 기술과 지식이 상대기업에 의해 도용되는 것을 막아줌으로써 시장 혹은 계약거래보다 더 나은 비즈니스 전략이 될 수 있다.

이 뿐만 아니라, 국제합작기업을 통해서 새로운 시장기회 또한 창출될 수 있다. 합작기업이 현지정부의 법규를 위반하지 않으면서 새로운 비즈니스 기회에 접근할 수 있는 기회를 제공할 수 있을 때, 이러한 분위기는 다국적기업의 입장에서 호혜성 조건을 기반으로 합작기업 설립을 추진하게끔 하는 충분한 동기가 된다. 다국적기업에 의한 시장침투 수단으로써의 합작기업 활용과 관련하여, 실제 최근 몇 년간 새로운 해외시장 기회를 찾기 위해 합작기업 설립에 관심을 보이는 다국적기업이 크게 증가하였다는 사실은 합작기업 설립과 해외시장 침투와의 상관관계를 잘 설명하고 있다.

새로운 시장기회라는 조건은 현지기업에게도 기업 간 협력관계를 추진하게끔 하는 원동력으로 작용한다. 즉, 기술, 자본 혹은 브랜드 인지도 부족으로 인해 스스로 시장을 개척하는데 어려움을 겪고 있는 현지기업에게 다국적기업과의 합작기업 설립은 특히 새로운 해외시장에 침투할 수 있는 기회로 작용할 수 있다.

표 9-5 ● 국제합작기업 설립이유

설립이유	다국적기업	현지기업
시장침투	• 현지정부 정책에 근거한 시장침투	• 새로운 해외시장 기회 탐색
불확실성과 기회주의의 감소	• 환경 불확실성 및 기회주의에서 기인된 위험의 공유	• 환경 불확실성에서 기인된 위험의 공유
보완적 자산공유	• 지식이전(예, 경영 및 기술 노하우) • 기타 보완적 자원의 공유	• 지식이전(예, 현지 시장 환경) • 기타 보완적 자원의 공유
기업 경쟁력 강화	• 파트너십을 통한 경쟁우위의 강화 및 활용	• 파트너십을 통한 경쟁우위의 강화 및 창출

주요용어

전략적 제휴, 전통적 기업협력, 메가 컴피티션(mega competition), 기술제휴, 조달제휴, 생산제휴, 판매제휴, 자본제휴, 국제합작기업, 보완성(complementarity), 양립성(compatibility), 호혜성(reciprocity)

연습문제

1. 최근 각광받는 전략적 제휴의 증가배경을 설명하시오.
2. 전략적 제휴의 정의와 유형에 관해 설명하시오.
3. 최근 off-line의 전통적 다국적기업뿐만 아니라 인터넷기업들도 활발하게 전략적 제휴를 도모하고 있다. 우리나라의 on-line 인터넷기업과 관련된 전략적 제휴사례를 조사하고, 급증하는 이유를 설명하시오.
4. 국제합작기업 파트너 선정기준을 분석하고 이를 설명하시오.

참고문헌

Gomes-Casseres, B. (1993), *Managing International Alliances: Conceptual Framework*, Case 9-793-133 (Harvard Business School); J. Child and D. Faulkner (1998), *Strategies of Cooperation: Managing Alliances, Network and Joint Ventures*. New York: Oxford University Press.

Ohmae K. (1989), The Global Logic of Strategic Alliances, *Harvard Business Review* Mar-Apr, 143~154.

김주헌 (2012), Special Report (SK그룹 웹사이트에서 발췌, 접속일: 2012년 8월 24일).

김창현 (2000), "M&A 열풍과 그 그림자", LG주간경제, 2000.12.20.

삼성경제연구소 (1997), "전략적 제휴-무한경쟁시대의 생존대안-", CEO Information 제97호.

아시아경제신문, Nokia-Intel, 차세대 모바일 플랫폼 '미고' 첫선, 2010년 2월 16일자.

LG경제연구원 (1999), "전략적 제휴 21세기 'Win-Win'전략", 주간경제 542호, 1999.10.27.

장세진 (2002),「글로벌경쟁시대의 경영전략」, 박영사.

전성용, 안성원 (1997), 경쟁과 협력시대의 전략적 제휴 추진 방향, 기업경제, 현대경제연구원.

전용욱 (2004),「국제경영」, 문영사.

정희식 (1998), 경쟁력 제고를 위한 전략적 제휴, 기업경제, 현대경영연구원.

Global Management

CHAPTER 10

해외인수합병전략

학습목차

제1절 해외인수합병의 의의

제2절 해외인수합병의 동기 및 추진단계

제3절 해외인수합병의 성과와 성공적인 추진방법

학습목표

최근 국제경영분야의 해외사업형태 중에서 해외인수합병에 의한 해외진출이 많은 관심을 끌고 있다. 본 장에서는 해외인수합병의 정의 및 유형, 동기, 그리고 효율적인 해외인수합병전략의 수립 등에 관해 살펴본다.

도입사례 10-1

한화의 큐셀인수, 한화큐셀의 말레이시아 공장

1. 한화그룹의 태양광 사업

한화그룹은 2010년 미국 나스닥에 상장되어 있는 중국 태양광업체 솔라펀파워홀딩스(Solarfun Power Holdings Co., Ltd, 현 한화솔라원)의 지분 49.9%를 약 4,300억 규모에 인수하면서 태양광 사업에 첫발을 내딛었다. 이어 한화케미칼을 통해 전남 여수에 연 1만 톤 규모의 폴리실리콘 공장을 착공했고, 미국 태양광 업체들을 연이어 인수함에 따라 한화케미칼-한화솔라원-한화솔라에너지로 이어지는 태양광 수직 계열화를 이루었다. 이를 통해 완성도 높은 작업과정을 확보하였고, 일본 태양광 발전소 사업에 4년간 약 500MW 규모의 태양광 모듈을 공급하는 계약을 성사시켰다. 최근에는 북미 태양광시장 개척을 위한 한화솔라에너지 아메리카도 설립했다.

2. 한화큐셀

2012년 10월 한화그룹은 독일 태양광업체 큐셀을 인수했다. 2012년 4월 큐셀은 중국 업체의 저가 공세를 극복하지 못하고 파산하였고, 약 6개월 후 한화케미칼은 큐셀을 인수하여 이를 한화큐셀로 새로이 출범시켰다. 당시 인수금액은 현금 4,000만유로(한화 약 555억 원)이며, 큐셀이 말레이시아 정부에 지고 있는 부채 8억5,000만 링깃(한화 약 3,000억 원)의 채무를 한화가 맡는다는 조건이었다. 또한 한화는 독일 탈하임에 위치한 큐셀의 연구센터와 공장, 말레이시아 공장 근무자의 75%를 그대로 고용하기로 하였고 이를 실천했다. 이로써 한화케미칼은 한화솔라원 기존 중국 공장의 연간 1.3GW 셀 생산규모에 큐셀의 1.1GW 생산설비를 더해 연간 2.4GW가 됨으로써 세계 3위 규모의 태양광 전문회사가 되었다. 큐셀은 독일(200MW)과 말레이시아(800MW)에 생산설비를 보유하고 있었던 바, 한화큐셀은 중국, 유럽, 동남아에 이르는 생산거점을 확보하였고, 이로써 다양한 지역에서의 셀 생산을 가능케 하였다. 또한 큐셀 인수를 수단으로 유럽 내에서 중국산 셀에 대한 반덤핑 규제를 피할 수 있게 되었다. 한화그룹은 그간 미국 실리콘밸리에 위치한 태양광 연구소인 한화솔라 아메리카를 운영하며 태양광 기술을 개발해왔으나, 이제는 큐셀의 본사가 소재한 독일에서 한화큐셀의 중심적인 연구개발을 도모하게 되었다.

3. 한화큐셀의 말레이시아 공장

한화큐셀의 말레이시아 공장은 말레이시아 수도인 쿠알라룸푸르에서 남서쪽으로 33킬로미터 정도 떨어진 셀랑고르주의 사이버자야에 위치해 있었다. 말레이시아 정부는 사이버자야를 아시아의 실리콘밸리로 만드는 것을 목표로 적극적인 지원을 시행하였고, 이 지역에는 이미 한화큐셀 공장 외에도 IBM, 인텔, 모토로라 등 여러 굵직한 글로벌기업이 들어서 있었다. 세계 최첨단 시설을 갖추고 있던 한화큐셀의 말레이시아 공장은 2009년 당시 독일의 태양광 회사였던 큐셀이 설립했던 바, 국제인수를 통해 이젠 한화의 주력 생산설비가 되었다. 한화가 당시 자칫 무모해 보일 수도 있는 큐셀의 인수를 적극적으로 추진한 주요한 이유의 하나가 바로 이 말레이시아 소재 공장의 경쟁력 때문이었다. 한화큐셀의 말레이시아 공장은 독일의 우수한 기술을 집약적으로 담고 있었기에 한화그룹의 태양광 산업을 세계적으로 발돋움시키기에 적합했다. 한화큐셀은 파산 당시 20~30%에 불과했던 가동률을 인수 후 90% 이상까지 끌어올려, 결과적으로 한화큐셀의 말레이시아 공장 인수는 말레이시아와 한화그룹 모두에게 성공적인 투자가 되었다고 볼 수 있다. 말레이시아는 파산한 큐셀 대신 한국의 주요 대기업인 한화로부터 투자를 받아 공장을 운영할 수 있게 되었고, 한화는 상대적으로 저렴한 비용으로 핵심 사업이자 고부가가치 산업인 태양광 산업을 추진할 수 있었기 때문이다. 한화의 말레이시아 공장 투자에 대해 말레이시아 현지정부는 적극적으로 기업 우대정책을 펼쳤는데, 예컨대 저가로 기본적인 인프라를 한화에 제공하는 것을 보장하고, 10년간 세금을 면제하였으며, 해외자금 조달을 허용하는 등의 인센티브를 제공하였다.

4. 성공요인 분석

독일의 태양광 회사인 큐셀은 태양광 시장의 불황과 중국 업체들의 값싼 태양광 공급으로 인한 가격 폭락, 그에 따른 차입부담을 극복하지 못하고 2012년 4월 파산했다. 그리고 2012년 10월 한화그룹이 이를 인수했는데, 당시 많은 우려에도 불구하고 한화그룹이 큐셀을 인수한 가장 큰 이유는 말레이시아 공장이 갖고 있는 경쟁력 때문이었다. 독일 태양광 기업 큐셀은 그즈음 투자비 3억 5,000만 유로(한화 약 5,000억 원)를 들여 이 공장을 2009년에 완공하였고, 독일의 최첨단 기술과 생산시설을 갖추고 있었다. 큐셀의 말레이시아 공장은 독일기업 특유의 독보적인 셀(태양전지) 제조기술과 연구개발 기술을 집약시켰으나, 우수한 기술에도 불구하고 공장설립 이후 100% 가동을 하거나 이익을 시현한 일이 거의 없으며 누적 영업적자만도 4,420만 달러(한화 약 490억 원)에 달했었다. 큐셀이 파산 할 당시에도 말레이시아 공장 가동률은 20%에 불과했다. 그럼에도 최첨단 설비가 들어선 이 공장의 경쟁력을 높게 평가한 한화가 과감하게 투자를 감행하였고, 인수 1년 후 한화큐셀 말레이시아 공장은 인수 당시 분기당 평균 60MW에 불과했던 셀 판매량을 2014년 1분기에 150% 증가한 173MW로 늘렸다. 또한 셀보다 부가가치가 높은 모듈 제조 비중을 지속적으로 늘려가고 있으며, 좀 더 기술 중심적이고 수익성이 높은 사업구조로 점차 개편 중에 있다. 이처럼 태양광 시장 침체가 여전한 상황에서도 한화큐셀 말레이시아 공장의 변화가 가능했던 이유는 한화큐셀 말레이시아 공장에서 실현되고 있는 우수한 독일기술, 한화그룹의 경영능력, 말레이시아 정부의 적극적 지원이라는 세 가지 요소의 삼위일체를 꼽을 수 있으며, 이러한 한국, 독일 및 말레이시아 3국이 갖추고 있는 보완적 강점을 결합한 시너지 효과가 한화큐셀의 경쟁력 확보에 주효하게 기인하였다.

이를 보다 자세히 살펴보면, 한화큐셀은 중국 등 경쟁업체들이 따라올 수 없는 큐셀만의 우수한 기술력과 이를 반영한 말레이시아 공장의 첨단 생산능력을 갖추고 있다. 말레이시아 공장은 연간 생산능력이 800MW에 달하는 대규모 생산시설이며, 공정준비 단계인 웨이퍼 입고와 분류, 마지막 단계인 태양전지 제품 포장 등 일부를 제외하면 100% 무인 자동화 공정이 이루어지고 있다. 또한 웨이퍼(wafer)가 공정에 투입되는 순간부터 품질을 추적하는 자동화 시스템을 갖추고 있어서 이를 통해 불량률 0.0025%라는 세계 최저수준을 달성하고 있다. 이는 공정단계에서 숙련 근로자들의 수작업을 활용하는 중국의 경쟁업체들과는 차별화된다. 중국 태양광 기업들은 최근 값싼 인건비와 정부 보조금의 지원을 받아 태양광 산업에서 빠른 시장점유 개선을 보이고 있지만, 한화큐셀 말레이시아 공장은 기술력과 더불어 말레이시아 입지를 활용, 현지정부의 지원 아래 인건비 지출을 중국 업체와 대등한 수준으로 유지하고 있다. 결론적으로, 자동화서비스를 통해 불량률을 낮추고, 기술적으로 우수한 연간 2억장의 태양전지 셀을 생산하지만, 동시에 말레이시아 정부의 지원 하에 소요되는 인건비 규모를 낮추는데 성공함으로써 오히려 불량률은 높고 막대한 수의 노동인력을 투입하는 중국 업체들과의 경쟁력을 확보하였다.

또한 큐셀 인수 후 한화그룹은 전략적인 경영능력을 보여준 바, 즉 원자재 구매가격을 절감해 수익성을 높이고, 기존 큐셀의 사업포트폴리오를 단순 셀 제조에서 부가가치가 높은 모듈 제조 비중을 늘려 인수 전 45대 55 수준이었던 셀과 모듈의 생산비율을 2014년 2분기까지 28대 72로 조정하였다. 그 외에도 한화큐셀은 가장 빨리 성장하고 있는 일본시장 판매 비중을 대폭 늘렸다. 최근 태양광 투자를 확대하고 있지만 자국브랜드에 대한 선호가 높아 외국제품의 진입이 어려운 일본시장에서 대규모 거래가 연이어 확보된 것은 한화큐셀의 기술과 품질뿐만 아니라 브랜드 파워에 기인한다고 말할 수 있을 것이며, 일본시장 확보를 기반으로 2012년 11MW였던 판매량이 2014년 상반기 108MW로 10배 가까이 증가했다. 뿐만 아니라 가장 큰 시장인 유럽에서도 프리미엄 브랜드라는 입지를 다져가고 있다.

더불어 말레이시아 정부로부터 다양한 세제혜택과 자금지원, 그리고 99년에 이르는 공장부지에 대한 무상임대 보장과 법인세 면제를 지원받았다. 최근 유럽이 중국산 태양광 패널에 대해 반덤핑 관세를 부여한 바 있는데, 말레이시아 공장은 이 같은 규제 또한 받지 않는다. 이러한 요인들이 더해져 한화큐셀이 세계 태양광 시장에서 경쟁력을 확보할 수 있었고, 앞서 언급했듯이, 큐셀을 인수할 당시만 해도 불과 20~30%에 머물던 말레이시아 공장 가동률을 90% 이상까지 확대할 수 있었다.

제1절 해외인수합병의 의의

1. 해외인수합병의 개념과 현황

1) 해외인수합병의 개념

해외직접투자는 새로운 기업을 설립하는 형태(greenfield investment)로도 이루어지지만 기존기업을 인수 합병하는 경우도 많다. 해외인수합병(international M&A) 또는 국경 간 M&A(cross-border M&A)의 개념이나 과정은 국내 M&A와 기본적으로 다를 바 없다. M&A는 둘 이상의 기업이 하나로 통합되어 단일 기업이 되는 합병(merger)과 한 기업이 다른 기업의 주식 또는 자산을 취득하여 경영권을 획득하는 인수(acquisition)가 결합된 개념으로써 외부적인 경영자원을 활용하여 기업의 성장을 도모하는 기업경영전략상 가장 적극적인 투자방법중의 하나이다. 합병과 인수는 합병이 두 회사가 통합하여 하나의 회사로 변신하는 것에 비해 인수는 피인수기업을 그대로 존속시키면서 경영권을 행사하는 방법이라는 점에서 차이가 있다. 이와 같은 일반적인 M&A의 개념을 해외인수합병에 적용하면 어느 한 나라의 기업이 다른 나라의 기업과 결합하여 하나의 회사가 되거나, 다른 나라 기업의 주식 지분 및 자산을 인수하여 그 기업의 경영권을 획득하는 일련의 과정으로 정의할 수 있다.

2) 해외인수합병의 현황

인수 및 합병은 국내 및 국제를 가릴 것 없이 기업의 성장, 다각화, 해외진출전략 등의 일환으로 그 빈도나 금액에 있어서 급속한 증가를 보이고 있다. 이는 비교적 단기간에 외형적 목표를 달성할 수 있는 장점이 있기 때문이다. 1990년대 세계경제의 개방화와 글로벌화 추세에 맞추어 국경 간 M&A 규모가 1990년 153억 달러에서 2000년 약 1조 달러를 돌파하였다. 특히 인터넷 활용이 대중화되기 시작한 1994년 이후부터 계속 급증세를 보이고 있고, 10억 달러 이상의 대규모 M&A가 차지하는 비중이 매년 증가하여 2000년에 77.2%를 차지하고 있다.

표 10-1 ● 국경 간 M&A의 추이(단위: 10억 달러)

구분	93	94	95	96	97	98	99	2000	…	2006	2007
	83	127	187	227	305	532	720	1,144	…	625	1,023

자료: UNCTAD (2000, 2001, 2011), 「World Investment Report」, Geneva: United Nations.

(단위: 건, 백만 달러)

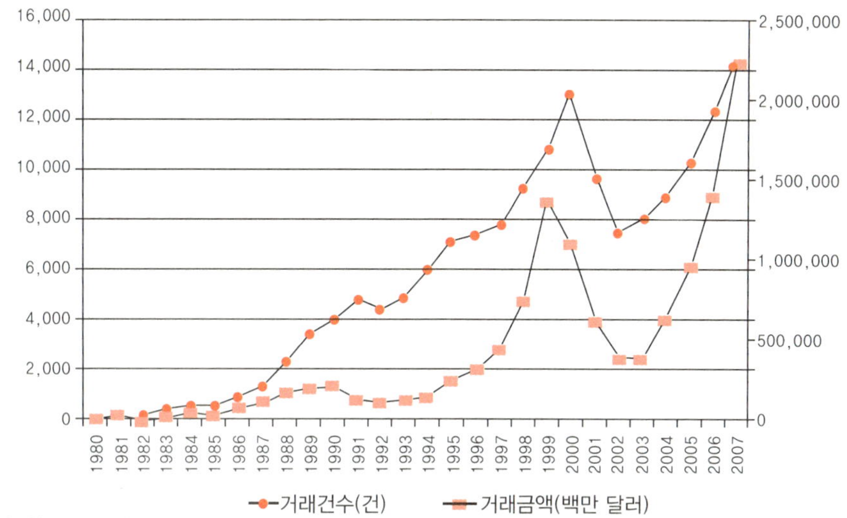

주: 거래건수는 왼쪽, 거래금은 오른쪽

그림 10-1 ● 국경 간 M&A 발표 건수 및 거래금액

자료: 현혜정, 김혁황, 박철형, 성한경 (2008), 국경 간 M&A를 통한 한국기업의 해외진출전략 연구, 연구보고서 08-10, 대외경제정책연구원.

표 10-2 ● Top 10 국경 간 M&A(2010년)

순위	인수액(십억 달러)	피인수기업(국가)	인수기업(국가)
1	18.8	Cadbury PLC (영국)	Kraft Foods Inc (미국)
2	10.7	Zain Africa BV (나이지리아)	Bharti Airtel Ltd (인도)
3	9.7	Brasilcel NV (브라질)	Telefònica SA (스페인)
4	9.1	EDF Energy PLC (영국)	Investor Group (홍콩)
5	9.0	Lihir Gold Ltd (파푸아뉴기니)	Newcrest Mining Ltd (호주)
6	7.6	Solvay Phamaceuticals SA (벨기에)	Abbott Laboratories (미국)
7	7.6	Fomento Economico Mexicano SAB de CV (멕시코)	Investor Group (네덜란드)
8	7.1	Repsol YPF Brasil SA (브라질)	China Petrochemical Corp (Sinopec Group) (중국)
9	6.1	Millpore Corp (미국)	Merck KGaA (독일)
10	5.5	ZAO "Kyivstar GSM" (우크라이나)	OAO "Vympel-Kommunikatsil" (Vimpelkom) (러시아연방)

자료: UNCTAD (2011), 「World Investment Report」, Geneva: United Nations.

표 10-3 ● 인수국가별 M&A 순위(1980~2007년)

(단위: 건, 백만 달러)

순위	인수국가	거래건수	순위	인수국가	거래금액
1	미국	36,203	1	미국	2,332,539
2	영국	21,224	2	영국	2,268,209
3	캐나다	10,652	3	프랑스	1,027,901
4	독일	10,002	4	독일	1,006,224
5	프랑스	9,732	5	캐나다	568,488
6	네덜란드	6,350	6	네덜란드	529,559
7	일본	6,066	7	호주	504,576
8	스웨덴	4,961	8	스위스	449,390
9	스위스	4,910	9	스페인	439,405
10	호주	4,455	10	이탈리아	340,790
11	홍콩	4,029	11	일본	308,455
12	싱가포르	3,407	12	스웨덴	236,055
13	이탈리아	3,297	13	홍콩	167,793
14	벨기에	2,434	14	버뮤다	167,078
15	스페인	2,312	15	싱가포르	160,236
30	한국	719	38	한국	31,592

자료: 현혜정, 김혁황, 박철형, 성한경 (2008), 국경 간 M&A를 통한 한국기업의 해외진출전략 연구, 연구보고서 08-10, 대외경제정책연구원.

한편, 우리나라 기업의 해외인수합병은 1978년 동양화학공업(주)가 필리핀 시멘트 회사인 프라임사의 지분 24.29%를 인수한 것이 효시이다. 그러나 80년대 중반 이전까지는 건수나 규모면에서 소규모였다. 한국기업의 본격적인 해외기업 인수는 1986년 대우중공업이 미국 반도체 설계회사인 자이모스社를 인수한 이후부터이며, 1978년 이후 매년 한 두건에 불과하던 M&A사례가 80년대 중반 이후 해외투자가 본격화되자 1986~89년 사이에 26건, 90년 15건, 95년 22건으로 증가하다가, 2000년대 들어 2006년 30건, 2010년 55건 등으로 점점 사례건수가 증가하고 있다.

업종별로 보면 절반 이상이 전자, 전기, 통신업종의 사례로, 이는 국내 전자 및 통신업계가 선진기업의 기술습득과 판매망 확보를 위해 활발하게 해외기업 인수 전략을 활용한 결과이다. 지역별로는 총 해외인수 건수의 54%가 미국지역에서 이루어져 왔고 상대적으로 유럽이나 아시아 지역에 대한 해외기업 인수는 저조한 형편이다.

한국기업의 해외기업 인수는 대체로 다음과 같은 몇 가지 동기에 의해 이루어지고 있다. 첫째는 무역장벽을 극복하고 해외유통망을 확보함으로써 해외시장에 접근하려는

표 10-4 ● 피인수국가별 M&A 순위

(단위: 건, 백만 달러)

순위	피인수국가	거래건수	순위	피인수국가	거래금액
1	미국	27,659	1	미국	3,035,574
2	영국	15,183	2	영국	2,036,319
3	독일	10,944	3	독일	828,533
4	캐나다	8,314	4	캐나다	668,791
5	프랑스	8,195	5	네덜란드	638,681
6	호주	6,408	6	프랑스	542,483
7	중국	5,161	7	이탈리아	401,953
8	이탈리아	4,357	8	호주	374,096
9	스페인	4,201	9	스페인	356,633
10	네덜란드	4,056	10	스웨덴	259,753
11	홍콩	3,731	11	브라질	193,049
12	스웨덴	3,413	12	스위스	173,119
13	인도	3,024	13	중국	162,360
14	스위스	2,639	14	일본	159,060
15	브라질	2,401	15	벨기에	157,870
36	한국	1,181	19	한국	105,524

자료: 현혜정, 김혁황, 박철형, 성한경 (2008), 국경 간 M&A를 통한 한국기업의 해외진출전략 연구, 연구보고서 08-10, 대외경제정책연구원.

동기, 둘째 원자재 등 생산요소의 안정적 확보를 위한 M&A, 셋째 새로운 기술에 접근하고자 하는 동기의 M&A, 넷째 지역적 다변화 및 경영다각화를 이루기 위한 M&A 등이다.

2. 해외인수합병의 유형

인수합병은 여러 가지 기준으로 분류할 수 있다. 먼저 두 통합기업간의 산업특성이나 경쟁성격에 따라 수평적 M&A, 수직적 M&A, 복합적 M&A 등으로 구분할 수 있다.

표 10-5 ● 국내기업들의 해외기업 인수 건수 및 금액(2005~2010년, 단위: 백만 달러)

건수						금액					
2005	2006	2007	2008	2009	2010	2005	2006	2007	2008	2009	2010
17	30	39	50	57	55	194	1,057	8,646	3,882	6,951	9,915

자료: UNCTAD (2011), 「World Investment Report」, Geneva: United Nations.

표 10-6 ● 한국기업들의 외환위기 이전 해외기업 매수 현황 (단위: 달러)

연도	회사명	대상회사	주요사업	취득액	취득비율(%)	취득이유
1986	대우중공업	미국 Zymos	주문형 반도체의 도안 및 제조	13,400천	56.4	첨단반도체기술이전, 미국 반도체 산업에 진출
	대우	미국 Corona	PC 연구개발	300만	53.6	필요한 기술을 취득하기 위해
1987	풍림산업	미국 Yashima	건설업	100천	50.0	
	삼성출판사	독일 Gotzky	인쇄제본	400천 마르크	50.0	해외시장의 확보, 개척을 위해
	동양나이론	미국 Brand Tech.	HDD 제조	250만	25.0	필요한 기술을 취득하기 위해
1988	삼성전기	일본 Jelco	키보드, 키패드 제조	102,375천 엔	75.0	종합메카트로닉스 업체로의 도약을 위한 사업영역확대
	쌍용자동차	영국 Panther	스포츠카 제조	80만 파운드	80.0	자동차사업 해외진출 기반 확보
	동신제지	캐나다 카카베카	목재가공품	2,300천 캐나다달러	100	포화된 국내시장을 벗어나 기업성장을 위해
1989	삼미종합특수강	캐나다 Atlas	핫코일 제조	250백만 캐나다달러	100	해외시장의 확보, 개척을 위해
	삼성전자	캐나다 Norpak	Teletext, Videotex 제조	1,784천 캐나다달러	20.0	선진기술 확보, 뉴미디어 분야의 사업기반 확보
	대우통신	미국 리딩에지	컴퓨터판매업	200만	100	무역업 행위
1990	한화화학	미국 Union	식품가공업 및 무역업	500만	100	
	진도	미국 퍼볼트	모피 유통업	2천만	100	해외 현지유통망 확보
	영창악기	미국 Kurzweil	전자악기 제조	300만	100	선진기술 습득을 위해
	갑을방적	스리랑카 튤리리아	면사 면직물 제조	3,360천	100	규모의 경제를 통한 경쟁력 제고
	부산파이프	미국 스테이트	강관 유통	1천만		대미강관 수출의 유통기지로 활용
	서통	미국 아메리칸	접착테이프 제조	6천만	100	규모의 경제를 통한 경쟁력 제고
	아남산업	필리핀 Amkor	반도체 제조	3천만	40.0	조립기술의 해외수출과 노후장비 이전활용
	삼성물산	미국 Skydata	위성통신 지상설비 개발, 판매	216만	41.1	통신설비제조기술 확보 및 국내생산
	동양화학	미국 Kerr McGee	소다회 등 제조	16,700천	22.95	원자재의 원활한 공급원 확보
	태일정밀	미국 NMI	컴퓨터용 소재	3,700천	51.0	원자재의 원활한 공급원 확보
	일진전기	미국 ETEX	연구개발	2,400천	52.0	필요한 기술을 취득하기 위해

연도	회사명	대상회사	주요사업	취득액	취득비율 (%)	취득이유
1986	대우중공업	미국 Zymos	주문형 반도체의 도안 및 제조	13,400천	56.4	첨단반도체기술이전, 미국 반도체 산업에 진출
	대우	미국 Corona	PC 연구개발	300만	53.6	필요한 기술을 취득하기 위해
1987	풍림산업	미국 Yashima	건설업	100천	50.0	
	삼성출판사	독일 Gotzky	인쇄제본	400천 마르크	50.0	해외시장의 확보, 개척을 위해
	동양나이론	미국 Brand Tech.	HDD 제조	250만	25.0	필요한 기술을 취득하기 위해
1988	삼성전기	일본 Jelco	키보드, 키패드 제고	102,375천 엔	75.0	종합메카트로닉스 업체로의 도약을 위한 사업영역확대
	쌍용자동차	영국 Panther	스포츠카 제조	80만 파운드	80.0	자동차사업 해외진출 기반 확보
	동신제지	캐나다 카카베카	목재가공품	2,300천 캐나다달러	100	포화된 국내시장을 벗어나 기업성장을 위해
1989	삼미종합특수강	캐나다 Atlas	핫코일 제조	250백만 캐나다달러	100	해외시장의 확보, 개척을 위해
	삼성전자	캐나다 Norpak	Teletext, Videotex 제조	1,784천 캐나다달러	20.0	선진기술 확보, 뉴미디어 분야의 사업기반 확보
	대우통신	미국 리딩에지	컴퓨터판매업	200만	100	무역업 행위
1990	한화화학	미국 Union	식품가공업 및 무역업	500만	100	
	진도	미국 퍼볼트	모피 유통업	2천만	100	해외 현지유통망 확보
	영창악기	미국 Kurzweil	전자악기 제조	300만	100	선진기술 습득을 위해
	갑을방적	스리랑카 튤리리아	면사 면직물 제조	3,360천	100	규모의 경제를 통한 경쟁력 제고
	부산파이프	미국 스테이트	강관 유통	1천만		대미강관 수출의 유통기지로 활용
	서통	미국 아메리칸	접착테이프제조	6천만	100	규모의 경제를 통한 경쟁력 제고
	아남산업	필리핀 Amkor	반도체 제조	3천만	40.0	조립기술의 해외수출과 노후장비 이전활용
	삼성물산	미국 Skydata	위성통신 지상설비 개발, 판매	216만	41.1	통신설비제조기술 확보 및 국내생산
	동양화학	미국 Kerr McGee	소다회 등 제조	16,700천	22.95	원자재의 원활한 공급원 확보
	태일정밀	미국 NMI	컴퓨터용 소재	3,700천	51.0	원자재의 원활한 공급원 확보
	일진전기	미국 ETEX	연구개발	2,400천	52.0	필요한 기술을 취득하기 위해

연도	회사명	대상회사	주요사업	취득액	취득비율 (%)	취득이유
1991	쌍용양회	미국 리버사이드	시멘트 제조	44,700천	100	생산기반의 해외 다각화
	대우전자	프랑스 JB	가전제품 판매	1,500만	100	지역적으로 영업을 다변화
	LG전선	영국 Heat Trace	정온전선 제조	200,200만 파운드	26.04	선진기술 및 경영기법 습득
	한화기계	미국 유니버설	Needle Roller	2,350만	34.0	규모의 경제를 통한 경쟁력 제고
	동양나이론	스리랑카 랑카합섬	나이론원사 등 제조	561만	90.0	수출증대 및 원사공급
	삼미기업	미국 앨리슨	스피커			스피커 제조기술 습득
	코오롱	영국 Imperial	그래픽 아트 필름제조	7,457천 파운드	100	유럽시장 교두보 확보 등
1992	유공	미국 테네시 RSA	정보, 통신서비스	2,558,092	20.0	선진기술습득, 전문 인력 양성
	LG화학	헝가리 Pannonplast	바닥장식재, 산업용 sheet	950만	50.0	해외시장 확보 및 개척
	삼성전관	독일 WF	CPT 제조	18.5백만	100	EC지역 생산거점 확보 등
	종근당	네덜란드 파레크	의약품 제조	500만	15.0	유럽시장 진출
	LG전선	말레이시아 Leader	권선, 기기선	4.4백만	49.0	포화된 국내시장을 벗어나 성장을 위해
	대림산업	중국 청도교하	방수포 제조	100만	25.0	사업다각화 및 중국진출 교두보 확보
1993	송원산업	미국 Vygen	PVC Resin 제조	130만	100	북미지역 수출거점 확보 및 신기술 습득
1994	영풍	미국 Flex Link	연성회로기판 제조	180만	72.0	경영다각화 및 선진기술 도입
	삼성전자	칠레 ENTEL	통신서비스	449,859천	15.1	통신기기 수출촉진 등
	현대 종합상사	캐나다 Anvil	연, 아연 광산	17,900천	21.77	사업 확대, 향후 자원개발 사업기회 모색
	대영전자	미국 INC	정보통신장비 제조	6,480천	11.2	수출촉진, 선진기술 도입
	삼성전자	일본 LUX	전자기기 제조	18.9억 엔	51.0	일본시장 진출, 신기술 흡수
	현대 종합상사	미국 Maxtor	컴퓨터 HDD	37,400천		반도체 수출확대
1995	삼성전자	미국 Integrated	통신용 반도체	8,535천	72.23	기술 및 특허확보

연도	회사명	대상회사	주요사업	취득액	취득비율 (%)	취득이유
	삼성전자	독일 Rollei	카메라, 프로젝터 등 제조	46,000천 마르크	80.0	기술 및 특허확보
	삼성전자	미국 AST	PC제조	377,419천	40.25	지역경제블록화에 대비
	삼성전자	일본 Union	현미경, 반도체장비 등 제조	1,908백만 엔	20.0	기술 확보 등
	동양화학	미국 롱프랑	천연소다회	1,158억원	51.0	세계시장 진출을 위한 제조기반 확보
	상아제약	미국 아비론	의약품 개발	3,972천	10.0	의약품 제조기술의 도입 및 연구개발
	LG전자	미국 Zenith	TV, VCR 등 제조	351,190천	57.68	기술 확보 및 미국시장 진출
	고려아연	미국 Big River	아연제련	52,500천	100	시장 확대 및 국제 경쟁력 강화

자료: 강호상, 성용모 (1996), 우리나라 기업의 해외기업매수 선택에 관한 실증연구, 경영학연구 25(4), 1~33.

수평적 M&A(horizontal M&A)는 서로 경쟁관계에 있는 기업 간에 이루어지는 것으로 생산설비의 효율적 활용, 규모의 경제실현으로 인한 생산비용 감소, 중복투자 배제 등의 경제적 효과를 가져올 수 있다. 반면 수평적 M&A는 시장에서의 경쟁을 제한하는 결과를 초래할 가능성도 있어 독점규제법의 규제를 받을 수도 있다. 대표적 예로는 규모의 확대 및 시장지배력 향상을 위한 독일 벤츠자동차의 클라이슬러 인수와 최근 활발하게 일어나고 있는 우리나라 은행 간의 인수합병을 들 수 있다.

수직적 M&A(vertical M&A)는 원자재 또는 제품의 생산과 판매관계에 있는 기업 간에 이루어지는 것으로 생산의 효율화, 원자재의 수급불균형 해소, 유통경로의 단축, 재고관리비 절감 등의 경영효율화를 위해 시행된다. 예컨대, 우리나라의 진도가 미국의 퍼볼트를 인수한 것은 모피 유통산업으로의 수직적 M&A이다.

복합적 M&A(conglomerate M&A)는 전혀 다른 산업에 속한 기업, 즉 전략적 연계성이 별로 없는 기업을 인수하는 것으로 최근에 다른 유형에 비해 그 사례가 많지 않다.

그리고 M&A는 인수기업과 피인수기업의 합의에 의해 인수가 이루어지는 우호적 M&A(friendly M&A)와 피인수기업의 의사에 반해 강제적으로 기업을 인수해 버리는 적대적 M&A(hostile M&A)로 구분할 수도 있다.

국경 간 M&A의 56% 정도가 관련 산업 분야로의 진출을 위한 수평적 M&A가 차지하고 있고, 93% 이상이 우호적인 방법으로 이루어지고 있다.

토의자료 10-1

中, 글로벌 M&A시장에서 달라졌다... CNOOC 넥센 인수의 의미

사진은 중국 해양석유총공사(CNOOC)가 24일(현지시간) 151억 달러에 인수 합의한 캐나다 석유업체 넥센의 캐나다 앨버타 오일샌드전. 앨버타/AP뉴시스

중국 최대 석유 · 천연가스 개발업체인 국영 중국해양석유총공사(CNOOC)의 캐나다 석유기업 넥센 인수는 그 동안 정치적 압력과 경험부족으로 실패를 맛봤던 중국기업들의 '와신상담'을 단적으로 보여 줬다는 평가가 나오고 있다.

24일 파이낸셜타임스(FT)는 "주식회사 중국이 글로벌기업 인수합병(M&A) 시장에서 어느 수준까지 이르렀는지 잘 보여주는 사례"라고 평가했다.

CNOOC의 북미지역 대형 M&A는 이번이 처음 시도가 아니다. 지난 2005년 CNOOC는 미국 석유화학기업 유노칼(Unocal)을 185억 달러에 인수하려 했지만, '에너지 안보' 논리를 내세운 미국 정치권의 반대에 밀려 무산됐던 적이 있다.

당시와 달리 이번 넥센을 151억 달러(부채 등을 포함하면 182억 달러)에 인수하기로 한 것은 상대적으로 전망이 밝은 편이다. 당국의 최종 승인이 떨어지면 이는 중국기업으로는 사상 최대 규모의 해외 M&A다.

CNOOC 말고도 중국 국영기업들은 최근 해외 M&A시장에서 적극적인 모습을 보이고 있다. 유로존 부채위기 등으로 글로벌 경제성장세가 둔화되면서 서방 기업들을 인수할 기회가 많아졌기 때문이지만, 특히 중국기업들은 그 동안 겪은 숱한 실패를 교훈삼아 예전보다 훨씬 더 전략적인 접근방식을 구사하고 있다는 평가다.

넥센 인수만 해도 여전히 넘어야 할 벽이 높다. 당장 캐나다 정부가 인수를 승인해야 하는데, 넥센은 캐나다 최대 에너지기업이다. 또 미국에서는 관련 사안을 관장하는 대내투자위원회(CFIUS)를 거쳐야 하고, 영국 당국의 사업적격자 승인도 얻어야 한다. 넥센이 멕시코만과 북해 지역에 시추시설을 보유하고 있기 때문이다.

이 때문에 CNOOC의 넥센 인수는 지금부터가 시작이며 상당한 시간이 걸릴 것이라는 전망도 나오고 있다. 그러나 관계자들에 따르면, 이번 인수는 앞으로 예상되는 각 감독당국과의 협의를 최대한 염두에 두고 진행된 것으로 알려졌다. 일부 실무자들은 "지금까지 이토록 복잡한 접근은 본 적이 없었다"라고 전했고, CNOOC측 관계자도 "지난 유노칼 인수 실패에서 얻은 교훈을 반영했다"고 말했다.

업계 관계자들도 이번에는 미국 정치권의 강력한 반대는 없을 것으로 전망하고 있다. 앞서 CNOOC가 체사피크에너지의 지분을 사들이며 셰일가스 사업에 투자했을 때도 미국 정치권의 거부는 없었다. M&A전문 로펌 스케이든압스의 이반 슐래거 변호사는 "이번 넥센 인수 건은 우호적 M&A를 깨려고 했던 유노칼 인수와 근본적으로 다르다"고 말했다. 당시 유노칼 인수는 미국 셰브론텍사코가 먼저 인수하려 했던 것에 CNOOC가 뒤늦게 끼어들면서 곱게 봐줄 수 없다는 분위기였고, 미 · 중 간의 정치이슈로까지 비화될 빌미를 제공했던 측면이 있었다.

최근 국제유가가 약세를 이어가면서 전 세계 자원기업들도 자금 확보에 골머리를 앓고 있다. 한편 중국은 급속한 경제성장으로 에너지 수요도 폭발적으로 늘면서 CNOOC, 중국석유(페트로차이나), 시노펙(중국석유화공), 시노켐(중국중화집단) 등 국영기업들의 해외인수를 적극 장려해왔다. 시장에서 상대적으로 저평가됐다고 판단하고 있는 중국기업들은 충분한 해외진출 동기와 자금 '실탄'을 갖고 있다.

CNOOC는 이전부터 넥센과 상당한 유대관계를 구축했다. 지난해에는 넥센과 손잡고 멕시코만 심해유정 개발에 뛰어들었고, 파산보호를 신청한 옵티캐나다의 오일샌드 지분을 21억 달러에 인수하며 '백기사'로 나서기도 했다. 이외에도 시노펙이 2010년에 코노코필립스의 신크루드캐나다 지분을 약 47억 달러에 매입하며 오일샌드 확보전에 가세했고, 페트로차이나도 2009년 17억 달러를 들여 아타바스카오일샌드로부터 2개 개발프로젝트 지분 60%를 인수하기도 했다.

그러나 유노칼처럼 실패한 경험 때문에 지금까지 중국 에너지기업들은 해외 상장기업들의 지분 대부분을 획득해 경영권까지 가져오기보다는 소규모 지분만 얻는 경향이 있었다. 하지만 넥센 인수가 성공적으로 마무리되면 이는 바뀔 수 있다. 때문에 CNOOC의 이번 넥센 인수는 중국 해외자원시장 확대의 전환점은 물론 괄목상대한 중국의 글로벌 M&A시장 능력을 증명하는 계기가 될 것으로 보인다.

자료: 아시아경제, 2012. 7. 24

제2절 해외인수합병의 동기 및 추진단계

1. 해외인수합병의 동기

그렇다면, 기업들이 해외에서 인수합병을 벌이는 동기는 무엇인가?

첫째, 해외기업 인수를 통해 해외시장에 신속하게 진출할 수 있다. 기존의 기업이 새로운 해외시장으로 진출하려고 할 때 많은 어려움이 따르게 된다. 생산거점을 시작으로 유통망과 판매망을 현지에 확보해야 하고 그만큼의 인력도 확보해야 한다. 그러나 그러한 준비 작업을 모두 수행하려고 한다면 너무나 많은 시간과 비용이 소요되어 기회를 놓칠 우려도 있게 되므로 이미 해외에 거점을 가지고 있는 현지기업의 인수를 하게 된다.

둘째, 선진국의 무역장벽 극복 및 해외유통망 극대를 통한 해외시장 확보를 위해 해외기업 인수를 하게 된다. 최근 세계경제의 블록화 및 선진국의 보호무역주의 심화 등으로 인해 무역장벽이 날로 높아지고 있는데, 해외기업 인수를 통해 장벽 안에 있는 기업을 인수함으로써 장벽을 통과할 때 겪어야 하는 여러 가지 어려움을 해소할 수 있다.

셋째, 선진 기술취득 및 습득을 위하여 해외기업 인수를 하게 된다. 해외기업 인수의 동기 중에서 기술획득을 위한 동기는 특히 선발개도국의 경우 매우 중요하다. 기술이전과 판매를 꺼리는 선진국의 기술에 접근하기 위해 다소의 프리미엄이 들더라도 해외기업을 인수하게 된다.

넷째, 사업영역의 확대를 도모하고 지역적으로 영업을 다변화하기 위해 해외기업 인수를 한다. 신규 사업 및 지역에 진출 시 기존 해외기업의 인수를 이용하면 인력, 기술, 시간의 절약 등 이점이 있다.

다섯째, 원자재의 안정적 공급 및 저렴한 노동력의 확보를 위해 해외기업 인수를 하게 된다. 자원이 부족한 국가의 기업인 경우 자원민족주의에 대처하면서 자원의 장기 안정적 공급원을 확보하기 위해 자원풍부국의 자원을 보유한 해외기업을 인수하게 된다. 또한 현지국의 노동비용이 자국보다 낮고 이에 따라 생산성이 오히려 높은 수준에 있는 경우 이러한 이점을 이용하고자 해외기업 인수를 하기도 한다.

2. 해외인수합병의 추진단계

해외인수합병은 다음의 <그림 10-2>에서와 같이 일반적으로 인수합병 팀의 구성 ⇨ 전략적 검토 ⇨ 재무적인 기업가치의 평가 ⇨ 인수합병조건에 대한 협상 ⇨ 인수 후 통합 등 다섯 단계를 거치게 된다.

첫 번째 단계는 투자은행, 변호사, 회계사, 해당사업부 부서장으로 이루어진 인수합병 팀을 구성하는 것이 필요하다. 인수합병에는 대상기업의 가치평가, 인수계약, 자본조달 등 각 분야의 전문가가 필요하다.

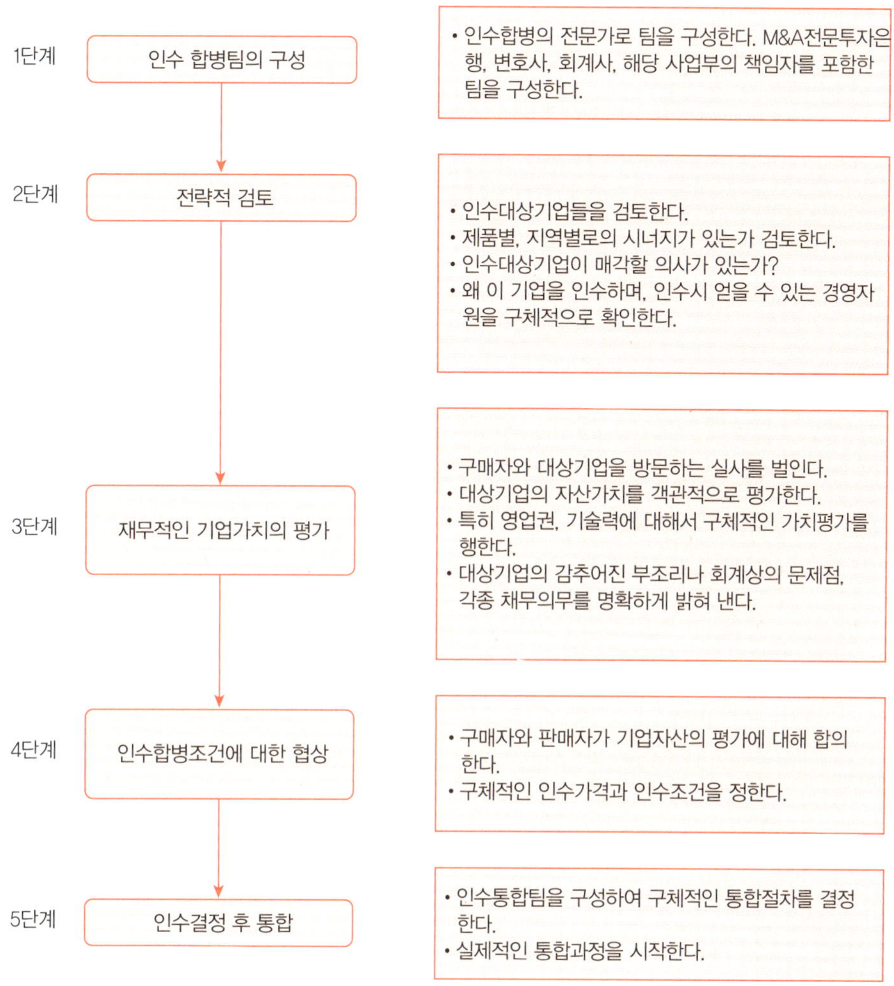

그림 10-2 ● 해외인수합병의 절차

두 번째 단계에서는 인수 대상기업들을 검토한다. 여러 인수 대상기업들을 조사하여 제품별, 판매지역별 시너지 효과가 있는지를 평가하고, 또한 이들 기업의 매각의사에 대해서도 검토한다. 대상기업의 의사에 반하여 적대적 기업인수를 하는 경우 인수비용도 커지고, 인수 후 통합과정에서도 마찰이 빚어지게 되므로 인수에 우호적인 기업을 선택하는 것이 바람직하다. 또한 인수 후 사용가능한 경영자원을 파악하고 과연 그 기업을 인수하는 것이 타당한가에 대한 전략적인 검토가 필요하다.

세 번째로는 대상기업에 접근하여 가능성을 타진한 후 실무적으로 인수 대상기업의 가치를 평가하는 일이다. 이 단계에서는 그 기업이 가진 자산을 객관적으로 평가하고 기술력, 영업권 등을 평가하여 구매가격을 계산한다. 이 단계에서는 회계사와 투자은행의 도움을 받아 실사를 벌인다.

네 번째 단계에서는 구체적인 인수조건에 대한 협상을 전개한다. 인수 대상기업의 가치에 대해서 판매자는 가능한 한 높이 평가하려고 노력하고, 구매자는 낮게 평가하려고 하기 때문에 구체적인 인수가격을 결정하는 데에는 실무자들의 협상이 중요하다. 또한 인수조건을 현찰로 할 것인가 또는 주식 등으로 할 것인가의 문제, 또한 부채를 어떻게 부담할 것인가의 재무적인 측면도 중요한 협상의 대상이다.

마지막으로, 인수결정이 난 후 통합을 위한 태스크포스를 구성하여 구체적인 통합절차를 결정하게 된다. 특히 이 단계에서는 이질적 문화나 시스템에서 파생되는 문제점을 파악하여 대응책을 마련하는 인수 후 통합이 중요하다.

제3절 해외인수합병의 성과와 성공적인 추진방법

해외인수합병의 성과에 관한 체계적 연구는 아직 많지 않지만 일반적인 인수합병전략의 성과에 대한 연구는 대부분 인수합병의 결과가 그렇게 좋지만은 않다는 사실을 보여 주고 있다. 포터(Porter)의 연구에 의하면, 미국에서 일어난 기업인수합병의 약 70% 정도는 실패하여 그 결과 약 5년 사이에 다시 매각된다고 하며, 기껏해야 절반 정도만이 재무적 기대치를 얻었을 뿐으로 M&A의 실패는 50~60%에 이르고 있다. 또한 최근 Business Week의 조사에 따르면, 1990년과 1995년 사이에 이루어진 많은 인수합병의 결과 50% 이상의 기업이 그 주식의 가치가 하락하였으며, 34%는 미세한 성과를 얻었고, 약 17% 정도만 높은 성과를 얻었다고 한다.

만약 해외인수합병은 상당히 위험도가 크며 성공하는 기업보다는 실패하는 기업의 수가 더 많다고 한다면, 해외인수합병이 실패하는 근본적인 이유는 무엇인가?

그것은 인수합병을 통해 새로운 가치를 창출하는데 실패하기 때문이다. 인수합병을 통해 창출될 수 있는 새로운 가치는 두 기업이 합쳐짐으로 얻을 수 있는 시장지배력의 증가, 범위와 규모의 경제를 통한 비용절감, 그리고 두 기업의 경영자원이 결합하여 상호 약점을 보완하고 새로운 경쟁우위를 창출해낼 수 있는가의 여부에 달려 있다.

그렇다면 인수합병을 통해 새로운 가치를 창출하지 못하게 하는 보다 구체적인 이유는 무엇인가?

이를 분석하기 위해서는 해외인수합병의 절차를 중심으로 성과에 영향을 미치는 요인을 크게 두 단계로 나누어 분석할 필요가 있다. 해외인수합병을 크게 두 단계로 분류하면 인수의 동기가 발생하여 인수 대상기업의 선정과 교섭을 통해 인수를 결정하는 인수의 의사결정과정과 인수 후 통합하는 과정으로 나누어 볼 수 있다. 따라서 해외인수합병의 성공여부에 영향을 미치는 요인도 인수대상의 선정과 교섭부터 인수결정까지의 인수 대상기업 선정 및 의사결정과정상의 요인(사전적 요인)과 인수 후 조직통합을 통해 얼마나 인수한 기업을 효율적으로 통합 · 관리할 것인가의 요인(사후적 요인)으로 대별할 수 있다.

인수 대상기업의 선정과 교섭 등 의사결정과정상의 성과 결정요인으로는, 서로 지역 시장별 · 기술적 중복이 많을수록, 인수기업과 피인수기업간에 보유한 보완적 핵심역량을 상호 가급적 많이 이전할수록 더 성과가 높고, 인수 시 인수전 철저한 사전조사가 중요하며, 우월한 정보를 가지고 사업성과를 개선시킬 독특한 능력이 있을 때, 우수한 중간 관리층을 가진 저평가된 기업을 인수할 때 성공할 가능성이 높다. 반면 인수 후의 이윤성장에 대한 지나친 낙관으로 인한 너무 높은 인수 프리미엄의 지불, 인수가격협상에 지나치게 집착하여 인수의 필요성에 대한 근본적인 문제에 소홀할수록, 기회주의적인 인수로 인해 전체적인 기업전략과의 불협화음 발생 시 실패할 가능성이 높다는 연구결과도 있다. 특히 인수 대상기업의 평가 시 장부상에 나타나지 않은 악성채무관계나 부정행위 등 감춰진 문제점들을 간과한 경우 실패할 가능성이 많으며, 그 외에도 최고경영자의 직관에 의한 M&A의 무리한 추진, 실사의 오류로 인한 과도한 인수가격 지급 등을 실패요인으로 지적한 연구도 있다.

다음으로 인수 후 어떻게 피인수기업을 통합 · 관리할 것인가의 문제가 성과에 영향을 미친다. 인수 후 통합의 형태에는 절차적 통합(procedural integration), 실질적 통합(physical integration), 경영 및 사회문화적 통합(managerial and sociocultural integration)이 있으며, 이러한 인수 후의 통합은 인수합병의 성과에 지대한 영향을 미친다. 절차적 통합은 회계, 경영시스템, 전략수립의 절차를 통합하는 것이며, 실질적 통합은 제품종류, R&D 계획, 생산기술 등의 통합을 의미한다. 경영 및 사회문화적 통합은 경영진의 이동, 조직구조의 변화, 지속적인 조직문화의 개발, 종업원의 성취동기유발, 새로운 리더십의 설정 등을 의미한다. 이 세 가지 유형의 통합 중에서도 가장 어려운 것이 경영 및 사회문화적 통합이며, 이는 다시 사회문화적 차이에 대한 인수기업의 인식 및 인수 대상기업의 자기조직문화에 대한 애착의 강도와 인수기업문화의 매력도 등을 기준으로 몇 가지 유형으로 나누어 볼 수 있다.

자신의 현재 문화에 가치를 부여하고 그것을 보호할 만한 것으로 생각하는 정도, 즉 자기문화에 대한 피인수기업 구성원의 의지와 상대 인수기업의 문화를 매력적인 것으로 인정하는 정도에 따라 인수 후 조직통합의 유형은 다음의 <그림 10-3>과 같이 나누어 질 수 있다.

인수기업의 문화가 약하고 상대의 매력도가 높은 경우, 피인수기업이 자신의 문화를 포기하고 인수기업에 동화(assimilation)하는 것이 가장 일반적인 통합 형태이다. 자신의 문화적 특성과 함께 상대방에게도 일부 매력을 느낄 때, 양 문화 간의 개방과 균형을 이루려는 것이 통합(integration)이다. 그러나 여기에는 두 조직 간의 협력체제나 의사소통의 문제와 같은 조건들이 필요하기 때문에 완전통합을 위해서는 여러 가지 잘 계획

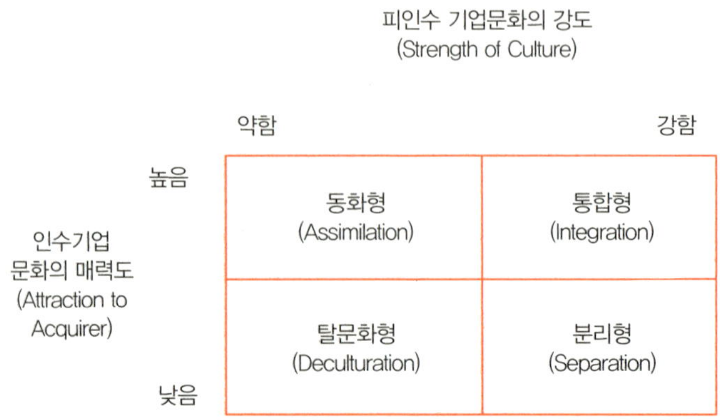

그림 10-3 ● 피인수기업 구성원의 인식에 따른 인수 후 조직통합의 유형

자료: Nahavandi, A. & Malekzadeh, A. (1993)., pp.62~76.

된 접근이 필요하고, 상당기간의 시간도 요구되며, 또한 그 과정에서 문화적 충돌의 가능성이 높다. 다음으로 피인수기업의 문화적 요소나 관습 등을 유지한 채, 모기업으로부터 자율권을 부여받아 문화를 유지하며 존속하는 분리(separation)의 형태도 있는데, 이것은 피인수기업의 문화고수 경향이 강하고 인수기업이 다문화주의를 가졌을 때 가능한 전략이다. 마지막으로, 탈문화(deculturation) 형태가 있다. 피인수기업의 문화가 약해져 구성원이 그것을 버리려고 하지만 동시에 인수기업의 문화에도 적응하지 않음으로써 문화적 · 관리적 통합이 이루어지지 않는 것을 의미하며, 탈문화는 종업원 갈등의 정도가 높고 혼란, 스트레스를 갖게 된다. 합병이 잘못 관리되는 경우에 탈문화로 나아갈 소지가 있다.

인수 후 경영 및 사회문화적 통합의 실패는 탈문화형이나 통합형에서 통합에 실패하는 경우 나타날 수 있다(Nahavandi & Malekzadeh 모형 참조). 특히 이러한 인수 후 통합의 실패는 바로 인수의 성패를 결정하는 요인으로 작용한다. 왜냐하면 기술이나 마케팅능력 등 경영자원을 얻기 위한 인수의 경우, 이러한 경영자원이 피인수기업에서 일하는 직원들에게 체화되어 있는 경우가 많기 때문에, 만일 인수 후 통합의 실패로 기술이나 마케팅능력과 같은 무형자산을 가진 종업원이 그 기업을 떠난다면, 인수는 실패로 돌아간다. 예를 들어, 일본의 미쓰비시화학은 1989년 미국의 Seradyne이라는 생화학산업의 중견기업을 인수하였다. 그러나 인수 후 일본식 경영방식을 고집하여 일본 본사가 Seradyne의 연구자들에 대해 통제를 심하게 하고 연구 활동에 대해 지나치게 간섭하자, Seradyne의 연구자들은 얼마 지나지 않아 모두 회사를 떠나게 되었다. 그 결과 미쓰비시화학은 생화학기술을 전혀 전수받지 못하고 큰 손해를 보게 되었다.

사례 10-2

다음-라이코스 '잘못된 만남'?

1. 우리나라 해외인수합병의 현황

우리나라의 해외인수합병은 1980년대 중반 이후부터 본격화되었다. 2006년도에는 해외인수합병 비중이 2.5%에 머물렀으며, 그 후 꾸준히 증가하였다가 2008년 금융위기를 겪으면서 7.9%로 주춤하였으나, 2010년도에는 19.2%의 비중을 기록하면서 다시 증가하는 추세를 보이고 있다. 우리나라는 다른 선진국에 비해 해외인수합병이라는 진입전략을 사용하는 데 기업들이 다소 소극적인 경향을 보이고 있으나, 최근에는 대기업을 중심으로 해외인수합병 전략이 크게 눈에 띄게 증가하고 있다. 예를 들어, LG생활건강은 2012년 일본의 긴자 스테파니를 인수했으며, 이후 2014년 5월에는 긴자 스테파니와 R&Y코퍼레이션을 합병했다. 삼성전자는 2014년 8월 미국의 스마트싱스와 콰이어트사이드를 인수했을 뿐만 아니라, 그밖에도 2013년부터 10건 정도의 M&A를 실행하고 있다. 그리고 CJ대한통운은 싱가포르 APL 로지스틱스와의 전략적 제휴, M&A 등을 검토하고 있다고 밝혀 해외인수합병에 대한 기대감을 높이고 있다.

2. 다음(Daum)의 라이코스(Lycos) 인수합병 사례

국내 다음(Daum)이 2004년에 미국 포털업체인 라이코스(Lycos)를 1,112억에 인수했다. 다음은 1995년 (주)다음커뮤니케이션이라는 이름으로 설립된 인터넷 기업으로 한메일, 다음카페, 다음검색, 온라인 쇼핑 등을 제공하고 있다. 2000년에는 포브스지가 선정한 세계 300대 유망 중소기업에 포함되기도 했으며, 국내에서는 네이버, 네이트와 경쟁관계에 있다. 라이코스(Lycos)는 1995년 설립된 미국의 인터넷 검색서비스 전문업체로서 전자우편, 게임, 전자상거래 등의 서비스를 제공한다. 다음의 라이코스 인수 당시 많은 매체와 국내 전문가들은 두 기업의 결합에 상당한 우려를 표현했다. 라이코스는 미국시장에서 야후, 구글에 비해 뒤쳐진 상태였고, 미국시장 진출에는 시간적, 비용적 어려움이 클 것이라 예상했기 때문이었다. 그러나 동시에 한국 포털사이트의 미국시장 진출이라는 타이틀로 많은 주목을 받기도 했다. 무엇보다도 다음이 라이코스를 인수하기로 결정한 배경에는, 라이코스의 경우 미국에서 가장 자주 방문하는 사이트 7위, 인지도 92%를 기록하는 강력한 브랜드 가치를 보유하고 있었고, 반면 다음은 인터넷 강국 한국에서 오랫동안 업계 1위를 지켰던 노하우를 가지고 있었다. 이 두 기업의 인수합병이 성공하여 보완적 자산을 잘 결합한다면 다음은 시장의 선발주자로서 시장점유율을 확대하고 높은 수익을 시현할 수 있으리라 예상한 것이다. 그러나 인수합병이후 라이코스는 계속해서 적자를 냈고, 다음은 해외산업 부문 비용손실을 줄이기 위해 구조조정을 하는 등의 노력을 지속해야 했다. 비록 2009년 3분기에는 잠시 12억 원의 흑자를 내는데 성공하기도 했지만 이것으로 그동안의 손해를 매우기에는 터무니없이 부족했다. 결국 6년만인 2010년, 다음은 라이코스를 와이브랜트라는 인도회사에 426억 원을 받고 매각한다. 인수할 때의 금액에 비하면 38%정도 밖에 되지 않는 매각금액이었다.

3. 다음의 해외인수합병 이유와 전략

다음이 라이코스를 인수한 이유는 해외시장 진출 즉, 미국시장으로의 진출을 위해서였다. 2004년 다음의 라이코스 인수합병 당시 미국의 인터넷 시장은 빠르게 성장하고 있었고, 미국시장에서 라이코스의 이름은 이미 익히 알려진 상태였다. 국내에서 성장하면서 배운 노하우와 라이코스의 브랜드 이미지, 그리고 성장 중인 미국시장을 고려했을 때, 라이코스는 다음이 글로벌기업으로 도약하는 발판이 되기에 충분하다고 판단했다. 이재웅 다음 커뮤니케이션 대표이사는 2004년 8월 2일 "이제 한국의 인터넷 기술과 노하우가 해외에서 먹힐 때가 됐다"고 말하면서 "라이코스의 브랜드 파워를 살려 미국시장에 진출하는 것이 향후 성장을 위한 글로벌 초석이 될 것"이라고 설명했다.

이러한 배경 하에, 다음은 회사채 900억 원을 발행하는 방법을 통해 라이코스 인수합병을 위한 비용을 마련하고, 직접적인 인수 비용 외에 추가로 소요되는 비용은 인수 후 1년 동안 300억 원 이내일 것이라고 전망했다. 다음의 라이코스 인수합병은 수평적이고 우호적인 인수합병으로, 무역장벽을 극복하고 해외시장에 용이하게 접근하려는 목적을 가지고 있었다. 다음이 국내 인터넷업계에서 학습한 노하우를 바탕으로 다음의 커뮤니티 서비스와 라이코스의 검색서비스를 결합시켜 시너지효과를 만들려는 전략이었다. 이에 다음은 1인 미디어 형태의 커뮤니티 서비스개발, 라이코스의 약점인 메일 부문의 보완과 강점인 검색서비스의 강화를 위해 노력했다. 다음이 미국에 지주회사인 페닉스(Fenix Acquisition)를 출범시켜 라이코스를 최종 인수하기로 의사결정을 내린 배경에는 이러한 이유들이 존재하고 있었다. 인수과정에서 라이코스의 대표였던 데이비드 김을 페닉스의 CEO로 임명했으며, 서울 본사에서 선임한 이들을 경영진에 합류시켰다. 라이코스의 사정을 잘 알고 있는 경영자를 내세우고 지주회사를 통해 인수합병을 함으로써 인수합병 후에 나타날 수 있는 문제를 사전에 선제적으로 예방할 수 있는 전략을 세웠던 것이다. 하지만 문제는 다음의 전략 속에서 라이코스와의 인수합병 직후 벌여야 할 야후, 구글 등과의 경쟁은 없었다. 이는 뚜렷한 매출성과 이후에 생각해 볼 문제라는 것이 이 당시 다음 경영진의 생각이었다.

4. 전략이 실패한 원인

다음의 인수합병전략은 전략적 검토와 기업가치의 평가에 근본적인 문제가 있었던데 있다. 라이코스의 정확한 가치를 객관적으로 파악하지 못하고 인수합병에 들어갔으며 미국시장에 대한 이해 또한 워낙 부족했다. 인터넷 IT 전문가는 "다음보다 약 4년여 앞선 지난 2000년, 스페인의 테라네트웍스는 미국 라이코스를 125억 달러에 매입했다. 이후 4년이 채 되지 않아 테라네트웍스는 라이코스를 매각했다. 이미 라이코스가 돈이 안 된다는 것을 파악했던 것이다"라고 말하면서 다음이 시장상황을 정확히 파악하지 못해 가치 없는 기업의 매입을 위해 큰돈을 주고 인수한 것이 근본적인 실패의 원인이라고 전했다. 또한 언어와 문화에 대한 전략이 부실해 현지화에 실패했다. 다음 이병선 기업 커뮤니케이션본부장은 "2004년 미국시장 진출 시 한국에서 인기를 끌었던 카페와 e메일 서비스가 세계시장에서 통할 것으로 기대했지만 언어와 문화의 벽을 넘지 못하고, 생각만큼 시너지 효과가 없었다"고 말했다. 서비스의 외형은 미국인들에게 맞추었으나 내부 서비스나 콘텐츠는 영어권 문화에 맞추지 못한 한계가 있었던 것이다. 자금력의 부족도 실패의 한 원인이다. 다음은 손해내지 충분치 않은 흑자를 지속하면서 라이코스를 이끌어갈 자금력이 없었다. 또한 다음이 예상했던 인수합병 직후 1년간 300억 원이라는 비용보다 훨씬 더 많은 운영비용이 필요했다. 미국시장 경쟁자에 대한 전략 역시 부족했던 것도 실패의 중요 원인 중 하나였다. 미국시장의 경쟁자인 야후, 구글 등은 다음과는 비교도 할 수 없을 정도로 거대 기업이다. 이들 기업들은 다음이 경쟁할 의사가 없다고 해서 경쟁을 회피할 수 있는 것이 아니었으며, 이 사실과 더불어, 이들과 경쟁하기 위해서 또는 적어도 방어하기 위해서 적절한 전략을 미리 마련했어야 했다. 다음은 인수합병의 시너지 효과를 예측하는 과정에서 라이코스의 브랜드 가치와 검색 서비스에 과도한 기대를 걸었으며, 라이코스가 이미 미국시장에서 구글, 야후 등에 뒤쳐진 '저무는 해'였다는 사실을 상대적으로 간과했다.

질문:

1. 해외인수합병 전략을 사용했을 때 발생할 수 있는 문제점들을 열거하시오.
2. 야후 및 구글 등과의 경쟁에 대비하여 다음이 라이코스를 인수했을 당시 고려했어야 할 전략을 설명해보시오.
3. 인수기업이 피인수기업을 인수합병 하는 경우 흔히 있을 수 있는 주요 위험 중 하나로 오우버페이먼트(over-payment)의 가능성을 들 수 있다. 이와 같은 위험을 줄이기 위해서는 인수기업이 고민해야 할 사항들에는 무엇이 있다고 판단하는가?

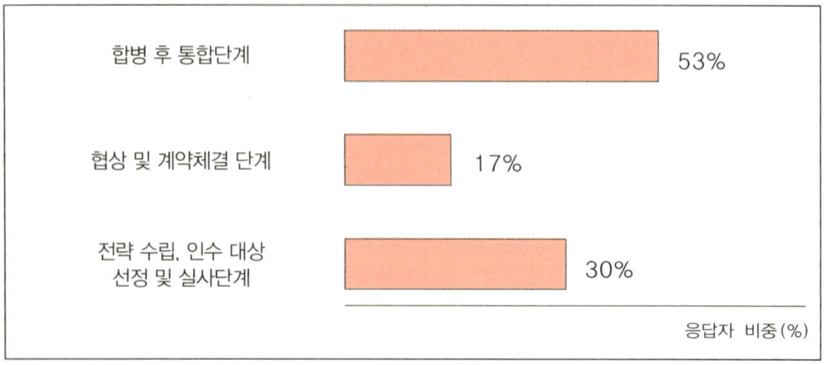

그림 10-4 ● M&A의 단계별 실패위험

AT Kearney의 조사결과를 보면 실제 M&A를 추진한 기업의 53%가 합병 후 통합과정에서 가장 많은 실패위험이 있다고 대답함으로써 특히, 합병 후 통합과정에 대한 체계적 대응이 필요함을 시사하고 있다.

지금까지의 논의를 요약해 보면 다음의 <그림 10-5>와 같이 인수합병의 성과는 인수합병을 통해 새로운 가치창출 여부에 달려 있으며, 이는 크게 인수동기가 작용하여 인수대상기업을 선정하고 교섭을 하는 의사결정과정상의 요인(사전적 요인)과 인수 후 통합 상의 요인(사후적 요인)에 달려 있다. 성과에 영향을 미치는 사전적 요인으로는 인수합병전략에 대한 분명한 전략적 검토와 아울러 인수 대상기업에 대한 면밀한 평가와

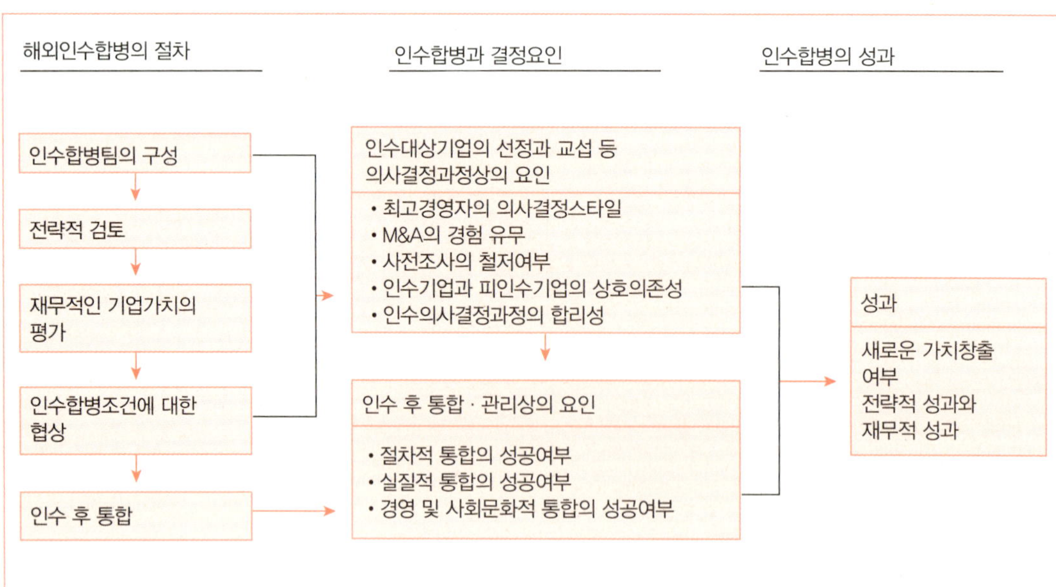

그림 10-5 ● 인수합병의 절차와 성과결정요인

자료: 서민교 (2000), 한국기업 해외기업인수의 성과와 영향요인, 대한경영학회지 26, 83~109.

검토 및 이에 입각한 협상이 중요한 과제이며, 사후적 요인은 이질적인 문화적 차이를 얼마나 극복할 것인가의 인수 후 통합관리의 문제가 중요한 과제이다. 즉, 해외인수합병이 실패할 가능성이 매우 높다는 점에서 새로운 가치를 창출하여 인수가 성공하기 위해서는 사전적으로는 먼저 철저한 사전조사와 합리적 의사결정과정을 거쳐·얼마나 정확하게 인수 대상기업의 가치를 평가 · 선정하여 교섭할 것인가, 그리고 사후적으로는 인수 후 경영 및 조직문화상의 차이를 극복할 것인가에 달려 있음을 알 수 있다.

사례 10-3

상하이자동차와 쌍용자동차간 인수합병[1]

1. 상하이자동차 기업개요 및 발전과정

상하이자동차는 디이자동차(제일자동차), 둥펑자동차에 버금가는 중국 국유의 3대 자동차 제조 기업 그룹 중 하나로, 정식 명칭은 상하이기차공업총공사(上海汽車工業總公司)이다. 승용차, 버스, 트럭, 모터사이클, 자동차부품 등을 제조 · 판매하며 연구개발 및 투자, 금융업무 등을 수행하고 있다. 1915년 상하이 바오창자동차로 처음 설립되었으며, 사명(社名)에서 볼 수 있듯이 본사는 상하이에 위치해있다. 1982년 독일의 폭스바겐과 합작해 중국 자동차업계에서 가장 오래된 합작사라고 볼 수 있는 상하이폭스바겐을, 1997년에는 미국의 제너럴모터스(GM)와 합작하여 상하이GM을 각각 설립했다. 2004년에는 한국 쌍용자동차(주)를, 그리고 2007년 영국의 MG로버를 각기 인수했다.

이 자동차 그룹의 2017년 매출액은 8,706억 3,900만 위안(약 141조 원) 규모다. 2017년 상하이 100대 기업의 전체 매출액은 6조 400억 위안(약 984조 원)인 것으로 볼 때, 상하이자동차가 중국 경제에서 차지하는 비중은 상당하다고 할 수 있다. 상하이자동차는 2018년 포춘 글로벌 선정 세계 500대 기업 중 36위에 올랐다. 10년 전인 2008년 373위에서 빠르게 올라선 것으로, 참고로 2018년 현대자동차는 78위였다. 2017년에는 계열사인 상하이통용우링기차(SAIC-GM-Wuling · SGMW)를 통해 인도네시아에 연산 12만대 규모의 첫 해외 공장을 설립하는 등 글로벌화에 시동을 건 바 있다. 상하이통용우링기차는 상하이자동차가 50.1%, GM이 34%, 우링기차가 15.9% 출자한 합작기업이다. 우링(吳菱)과 바오쥔(寶駿)이라는 두 개의 저가형 브랜드를 갖고 있다. 상하이자동차그룹의 판매대수 볼륨 달성은 대부분 이 저가형 모델 판매에서 나온다. 그밖에 자회사로는 상하이GM, 상하이폭스바겐 등 완성차 회사 7개, 자동차 부품 회사 32개, 서비스 회사 9개, 해외 현지법인 4개, 연구개발센터 3개 등이 있고, 중국 내에 50여 개의 공장을 가지고 있다.

2. 쌍용자동차 기업개요 및 발전과정

1954년 '하동환자동차제작소'로 출범한 쌍용자동차는 회사 주인이 7번이나 바뀌는 부침을 겪었다. 주인이 바뀔 때마다 크고 작은 논란이 있었지만 오늘날 쌍용차 사태의 시작점으로 가장 많이 지적되는 문제는 2004년 중국 상하이자동차의 쌍용차 인수다.

---

1) 본 사례는 제15장에서 국제인적자원관리의 차원으로 다시 재조명해보고자 한다.

쌍용자동차는 상하이자동차에 매각되기 전 쌍용그룹이 부실해지면서 1996년 매물로 나왔다. 이후 대우가 1998년 1월 전격 인수해 대우그룹에 편입됐다. 대우그룹에 편입된 뒤 쌍용차는 대우자동차 판매망을 활용하며 판매량을 크게 늘렸고, '제2의 전성기'를 맞는 듯했다. 김우중 전 대우그룹 회장의 쌍용차에 대한 애정도 각별했던 것으로 알려졌다. 하지만 대우그룹이 몰락하면서 쌍용자동차는 1999년 12월부터 기업 회생절차인 재무구조 개선작업에 들어갔다. 이후 여러 차례 매각 대상 기업을 물색하다 2004년부터 매각작업이 급물살을 탔다. 쌍용차의 실적이 크게 개선된 덕분이었다.

쌍용자동차는 2003년에 3조 4,173억 원의 매출과 2,890여억 원의 영업이익을 내며, 2001년 이후 3년째 흑자행진을 이어갔다. 대형차 체어맨과 스포츠유틸리티차량 코란도가 인기를 이어갔기 때문이다. 하지만 실적이 개선되자 당시 정부와 채권단은 매각을 서두르기 시작했다.

2004년 진행된 쌍용차에 대한 첫 인수의향서 모집에 GM과 르노 등 글로벌 완성차 업체와 중국의 란싱그룹, 상하이자동차 등 8개 업체가 몰렸다. 가장 높은 금액을 써낸 란싱그룹이 '우선협상대상자'로 선정됐지만 란싱 측이 이후 협상과정에서 인수가격을 깎자고 나서면서 협상이 무산됐고, 결국 재입찰에 뛰어든 상하이자동차가 새롭게 인수기업으로 부상하였다.

3. 인수 동기

전술했듯이, 상하이자동차는 물론 중국의 3대 자동차 생산기업 중의 하나이기는 했지만, 부족한 점이 많이 있었다. 독자적인 브랜드를 가지고 글로벌 기업으로 성장하는 데는 생산기술 뿐만 아니라, 이를 개발할 능력이 있어야 하는데 상하이자동차의 힘만으로는 역부족이었다. 이로 인해 쌍용자동차 인수가 필요했다. 쌍용자동차는 비록 회사의 규모는 작았지만 자체 차량 연구소와 엔진 공장 등이 설비되어 있음으로 연구개발에 집중할 수 있었다. 또한 독자적인 브랜드를 가지고 기업을 운영하고 있다는 점 역시 상하이자동차의 입장에서는 매력 포인트로 작용하였다. "쌍용자동차는 기술, 연구개발에 우위를 가지고 있으며, 상하이자동차는 자금 및 시장에서의 우위를 가지고 있으므로 두 기업이 보유한 자원의 상호보완을 통해 쌍방의 역량을 강화할 수 있다"라고 상하이자동차의 총수 후마오위엔이 말한 바를 통해서도 인수의 배경을 짐작할 수 있다.

인수를 통한 중국 내 지배력 확대도 동기가 되었다. 상하이자동차는 쌍용차를 인수하여 경쟁기업인 제일자동차를 제치고 중국 1위 자동차 회사가 되려는 욕심이 있었다. 후에 상하이자동차는 쌍용자동차를 인수하여 이러한 목표는 실제로 이루어졌다.

4. 인수합병 과정

2004년 10월 28일, 상하이자동차는 쌍용자동차의 주식 48.92%를 5억 달러(당시 한화 약 5,185억 원)에 매입하였다. 상하이자동차는 쌍용자동차의 R&D 및 설비 개선을 위해 일정 규모 이상의 지속적인 투자를 약속했다. 또한 쌍용자동차 노조의 반발을 방지하기 위해서 기존 쌍용자동차의 관리층과 노조원들을 포함한 임직원 전원에 대해 고용을 승계하겠다고 약속했다. 이에 노조는 경영참여를 하지 않고 대신에 상하이자동차의 계약 이행을 감시하는 단체를 운영하기로 합의했다. 상하이자동차는 쌍용자동차의 한국 사업 확장을 도울 뿐만 아니라, 중국시장과 기타 해외시장의 개척을 위해 중국 내에 있는 상하이자동차의 마케팅 인프라를 활용할 수 있도록 했다.

하지만 상하이자동차가 인수한 뒤 4년 만에 쌍용자동차는 또 다시 위기를 맞았고, 상하이자동차는 특별한 조치를 취하지 않았다. 그 후 회사는 파산을 막기 위해 정리해고안을 내놓았고, 결국 노조는 무더기 정리해고 소식에 약 2개월 간 총파업 투쟁을 벌였다. 결국 '52% 구조조정, 48% 구제'에 합의했다. 하지만 상하이자동차는 결국 쌍용자동차를 독자적으로 회생시키는데 실패하고 중국으로 돌아갔다. 상하이차 임원들은 당시 철수하면서 "한국의 강성 노조는 사회주의 국가 출신인 우리도 감당을 못하겠다"며 사업실패의 원인으로 강성노조를 꼽았다.

중국 상하이자동차에 매각된 후 우려했던 대로 기술 유출이 발생하며 인수 시 약속했던 재투자는 전혀 지켜지지 않았던 것으로 드러났다. 기술 유출 관련, 국가에서 지원한 연구개발 자금을 사용해 쌍용자동차가 개발하게 한 디젤 하이브리드 기술이 상하이자동차로 유출되었음이 2006년 11월 국정원에 의해 적발되어 문제시되었다. 이후 당시 진보신당의 심상정 의원이 2009년 1월에 공개한 외교부 대외비 문서에 따르면, 상하이자동차가 쌍용차를 털고 가기로 결정한 이유로 기술 유출에 예민한 노동자의 비협조, 검찰의 미흡한 조사, 정부의 비협조, 금융기관의 무관심이었음이 밝혀졌다. 상하이자동차는 언급된 4가지 이유와 2008년 서브프라임 모기지 사태의 세계금융위기가 오면서 유동성 위기를 맞아 쌍용자동차 법정관리를 신청했던 바, 이 과정에서 4년 동안 쌍용차의 기술력을 모두 흡수한 다음 먹튀했음에도, 이명박 정부가 쌍용자동차의 고의부도를 야기했다는 의혹을 명확히 밝히기보다는, 강경한 노조를 정리해 또 다른 기업에 매각하는 방향으로 처리하기로 결정함에 따라, 이후 노동자들의 옥쇄파업 등이 잇달았다.

질문:

1. 상하이자동차에 의한 쌍용자동차 기술습득은 계획된 먹튀라고 여겨지는가? 아니면, 합법적인 기술이전이라고 생각하는가? 여러분 견해에 대한 이유를 밝히시오.
2. 당시 쌍용차 노조는 물론이고 자동차 전문가들도 '기술 유출' 가능성 문제를 줄곧 제기했음에도 불구하고, 정부와 채권단이 상하이자동차에 쌍용차를 매각한 이유는 무엇이라고 여겨지는가?
3. 상하이GM, 상하이폭스바겐의 중국 내 위상 강화 및 수출 증대를 추진하던 상하이자동차의 글로벌 전략에 비추어 쌍용차의 비극적인 운명을 조명하시오.

주요용어

인수 및 합병, 수직적 M&A, 수평적 M&A, 복합적 M&A, 우호적 M&A, 적대적 M&A, 절차적 통합 (procedural integration), 실질적 통합 (physical integration), 사회문화적 통합 (managerial and sociocultural integration), 인수 후 통합 (post-merger integration)

연습문제

1. 해외직접투자의 한 유형인 해외인수합병의 그 전략적 동기와 신설투자와 비교한 장단점을 설명하시오.
2. 인수합병의 유형을 설명하시오.
3. 인수합병의 절차를 설명하시오.
4. 해외인수합병의 성과에 미치는 요인을 크게 사전적 요인과 사후적 요인으로 구분하여 설명하고, 성공적인 인수합병전략을 설명하시오.
5. 우리나라 전자3사의 미국기업 인수사례를 중심으로 성과에 미치는 요인과 시사점을 설명하시오.

참고문헌

Cartwright, S. & Cooper, L. C. (1992), *Managing Mergers, Acquisitions and Startegic Alliances: Integrating People and Cultures*, Oxford: Butterworth-Heinemann.

Nahavandi, A. & Malekzadeh, A. (1993), *Organizational Culture in the Management of Mergers*, Westport: Quorum Book.

Shrivastava, P. (1986), Postmeger integration, *Journal of Business Strategy*, 7(1), 65~76.

UNCTAD, 「World Investment Report」, 2000, Geneva: United Nations.

UNCTAD, 「World Investment Report」, 2001, Geneva: United Nations.

UNCTAD, 「World Investment Report」, 2011, Geneva: United Nations.

강호상, 성용모 (1996), 우리나라 기업의 해외기업매수 선택에 관한 실증연구, 경영학연구 25(4), 1~33.

경향비즈, 「쌍용자동차 사태」 주요 쟁점 (1) 상하이차로의 매각, 2013년 1월 23일자.

국민일보, 獨 최고 업체 인수한 한화큐셀, 발빠른 변신 성공가도, 2013년 9월 29일자.

국제경영연구회 (2002), 「국제경영」, 문영사.

디지털데일리, 다음, 해외시장 공략 참담한 실패, 왜? ... '콘텐츠가 없었다', 2010년 8월 16일자.

서민교 (2000), 한국기업 해외기업인수의 성과와 영향요인, 대한경영학회지 26, 83~109.

서준석 (1996), 한국기업의 해외기업인수 동태적 결정요인에 관한 연구, 무역학회지 21, 471~504.

아시아경제, '中, 글로벌 M&A시장에서 달라졌다… CNOOC 넥센 인수의 의미,' 2012년 7월 24일자.

장세진 (2006),「글로벌경영」, 박영사.

중앙일보, 한화, 독일 태양광 업체 큐셀 인수, 세계 3위 도약, 2012년 10월 30일자.

프리미엄조선, 상하이차의 쌍용차 인수, 중국 기업의 역대 M&A 실패작 6위, 2014년 3월 21일자.

현혜정, 김혁황, 박철형, 성한경 (2008), 국경 간 M&A를 통한 한국기업의 해외진출전략 연구, 연구보고서 08-10, 대외경제정책연구원.

CHAPTER 11

글로벌전략

학습목차

제1절 글로벌전략의 의의

제2절 글로벌전략의 주요 요소

제3절 글로벌전략의 모델

제4절 글로벌전략의 실행

학습목표

전 세계시장을 무대로 경쟁하고 있는 글로벌기업들은 글로벌화와 동시에 현지화를 달성해야 하는 상반된 목표를 갖게 된다. 이 장에서는 이런 경영환경에 직면한 기업들이 세계 곳곳에 다양한 경영자원의 집중 · 분산 또는 통합 · 조정을 통해서 범세계적 경쟁에 대처하는 글로벌전략을 분석해본다. 먼저 글로벌전략의 개념을 이해한 후, 글로벌전략의 여러 모델들을 알아보고, 마지막으로 글로벌전략의 수립절차를 살펴본다.

도입개념

글로컬라이제이션

글로컬라이제이션(glocalization)은 세계화를 뜻하는 globalization과 현지화를 의미하는 localization을 합친 말로 소니의 창업자 모리타 아키오가 만들어낸 신조어이다.

세계는 지금 무한경쟁 시대라 해도 과언이 아니다. 기업은 물론 각 국가들 역시 자신들의 지속적인 성장을 위해 무한경쟁을 벌이고 있다. 인터넷과 멀티미디어 등의 정보통신기술과 교통의 비약적인 발전은 전 세계를 하나의 망으로 연결시켰으며, 경제활동에 있어서도 개별 국가단위의 국경을 없애고, 하나의 단일시장으로 형성되는 계기를 제공하고 있다. 이러한 경쟁구조 하에서 기업들은 각국의 개별 소비자들의 마음을 사로잡는 동시에, 현지에서도 지속가능한 기업으로 성장하기 위한 전략, 즉 glocalization 전략을 펼치고 있다.

글로컬라이제이션(glocalization)이란?

세계화는 전 세계시장을 대상으로 생산과 원재료 조달 및 판매활동을 최적의 장소에 배치함으로써 경쟁력을 확보하기 위한 경영방식이며, 현지화는 현지의 문화나 소비자 기호 등의 차이를 반영하여 생산, 마케팅, 연구개발 등의 활동들을 현지 실정에 맞게 수정하여 실행하는 경영방식이다. 즉, 이 둘을 합친 글로컬라이제이션(glocalization)이란 세계화를 추구하면서 동시에 현지국가의 기업풍토를 존중하는 경영방식을 일컫는다.

사고는 global하게 운영은 local하게

소니의 모리타 아키오 회장은 글로컬라이제이션을 "사고와 전략은 global하게 하되 행동과 운영은 현지 상황을 적절히 반영하여 local하게 해야 한다"라고 주장하면서, 소니 브랜드는 글로벌전략 하에 동일하게 하되 제품을 국가별 소비자 기호를 반영하여 제품의 색상이나 기능에 차이를 두게끔 하였다. 이러한 소니의 글로컬라이제이션 전략은 궁극적으로 기업경쟁력을 제고하기 위한 전략으로 활용되었다.

맥도널드 역시 2006년에 사훈을 "Think Globally Act Locally"라고 명명하면서, 브랜드와 매장 인테리어, 색상 등을 동일하게 사용하되 햄버거의 원료인 패트는 각 고객의 기호를 반영하였다. 대표적으로 쇠고기를 먹지 않는 인도시장에 진출할 때에는 소고기 대신 양고기와 치킨을 사용하였으며, 채식주의자가 많은 시장특성을 반영하여 채소버거를 개발하였다. 한편 남녀 구분이 확실한 사우디아라비아 권에서는 남녀 좌석을 분리시킴으로써 소비자의 호응을 얻을 수 있었다.

ABB(Asea Brown Boveri) 또한 글로컬라이제이션 전략을 잘 활용하고 있다. 먼저 판

매와 수주는 전 세계에 구축된 ABB 판매망을 통해 수행하는 방식을 취하는 한편, 생산과 조직운영은 현지실정에 맞게 조정 운영할 수 있게끔 현지 소조직(capture team)이 맡게 한 것이다. 예를 들어, ABB가 일본에서 프로젝트를 수주했다면 발전은 일본에서, 재무는 영국에서, 영업은 일본이 담당하게 함으로써 고객을 만족시킬 수 있는 최적의 팀을 운영하는 방식이다.

LG전자도 글로컬라이제이션을 강조하면서 소비자의 기호를 반영한 제품개발과 더불어 해외법인의 중간이상 관리자 중 현지인의 비율을 높이기 위한 현지인 육성 프로그램 등을 강화하고 있다. 이러한 전략을 통해 향후 국적과 인종을 불문한 인재확보와 활용전략을 적극 추진할 계획이다.

현지화에 실패한 월마트와 까르푸

한편, 잘못된 글로컬라이제이션 전략의 실패사례로 할인 유통업체인 월마트와 까르푸를 예로 들 수 있다. 이 두 업체는 한국시장에 정착하지 못하고 철수하였는데, 그 이유가 바로 한국 소비자들의 취향과 문화적 특성을 이해하지 못한 채 선진국에서 성공했던 유통 영업방식을 그대로 적용했기 때문이라고 할 수 있다. 두 업체는 자국에서 해오던 기존 방식대로 어두운 창고형 매장과 높은 진열대, 대량 냉동묶음 식품을 판매하였는데, 밝고 고급스러운 분위기의 매장과 손이 닿을 수 있는 높이의 진열대, 그리고 신선식품을 구매하여 요리하는 한국 소비자들의 문화를 전혀 이해하지 못했던 것이다. 결국 이들 선진 유통업체들은 선진 유통방식을 통한 수익성과 경쟁력 확보를 맹신함으로써 한국 소비자들의 기호에 맞는 현지화 전략에 실패하게 되었고, 국내기업에 매각되어 철수하게 된 것이다.

즉, 글로컬라이제이션 전략이란, 기업경영에 전 세계시장을 대상으로 경영활동을 수행하되 현지의 사업풍토(문화, 기호, 소비자 행동의 차이 등)를 반영하여 현지에 맞는 전략을 실행하는 것을 의미한다. 기업의 전략방향이나 기본적 가치관은 동일하게 유지하되, 제품의 성능이나 마케팅 방식, 조직운영 등은 현지실정에 맞게 수정함으로써 경쟁력을 강화하기 위해 노력하는 것이라 하겠다.

자료: 김용식 (2008), '글로콜라이제이션(Glocalization),' POSRI.

도입사례 11-1

캐나다에선 성공, 중국에선 처참히 무너진 베스트 바이, 왜?

1. 베스트 바이(Best Buy)의 성장과 중국진출

베스트 바이(Best Buy)는 북미시장 최대 규모의 전자제품 소매 유통업체로, 1966년에 설립한 작은 오디오 전문점이 그 시작이었다. 이후 1983년부터 본격적으로 가전제품 소매사업을 런칭하여 고객 중심의 서비스와 효과적인 마케팅전략을 발휘, 미국 전역에서 성장하기 시작한다. 미국 내 1,056개 매장을 보유할 정도로 거대 브랜드로 성장한 베스트 바이는 미국시장에서의 성공을 발판삼아 2001년 캐나다에서도 큰 성공을 거두어 북미지역을 장악한다. 이후 북미지역에서의 성공적인 유통 노하우와 경영전략을 기반으로 해외진출을 꾀하게 된다. 베스트 바이가 해외시장으로 눈을 돌린 이유는, 북미지역에서 이미 성공을 거두어 보다 더 큰 수익을 위해 새로운 시장을 개척하려는 동기도 있었지만, 경쟁업체들의 등장으로 북미시장이 점점 과열되기 시작했기 때문이었다. 2006년 월마트가 미국 내 전자제품 소매시장에 뛰어들기 시작했고, 그 당시 월마트의 소매 수입증가율은 베스트 바이의 2배에 이를 정도로 시장점유율을 위협하기 시작했다. 이러한 위협 상황을 극복하기 위해 베스트 바이는 해외 여러 국가로의 진출을 모색하게 되었으며, 그 중에서도 중국은 급격한 경제성장을 통한 높은 구매력과 잠재고객층으로 인해 최적의 진출국가로 여겨졌다.

2006년 당시 중국은 개혁개방 정책이 자리 잡힌 시기로 어느 기업이 보아도 성공할 수 있는 잠재력이 무궁한 국가였다. 하지만 동시에 글로벌 기업들의 진출이 왕성한 시장이 아니었기 때문에 그 만큼 진출에 대한 리스크가 존재했었고, 따라서 이에 대비한 구체적인 전략이 필요했다. 이에 베스트 바이는 완전자회사를 설립하여 중국시장에 진출하는 것은 위험하다고 판단, 2006년 당시 중국의 3대 가전제품 중 하나인 우싱전기를 인수하여 진입하는 전략을 세운다. 현지 기존업체를 인수함으로써 유통망 등 이미 존재하는 현지기업의 자산을 활용함으로써 점차 중국 내 점유율을 높이려 했고, 2008년에는 10억 달러의 자금을 추가 투입하는 등 중국 시장에서도 북미의 명성을 재현하려고 노력했다. 당시 중국 정부에서도 농촌지역에 가전제품을 보급하는 부양책을 실시했기 때문에 베스트 바이는 성공적인 중국진출을 예상했다. 하지만 베스트 바이는 결과적으로 2011년, 진출 5년 만에 중국 시장에서의 철수를 결정한다. 베스트 바이가 각광받는 중국시장에서 실패한 이유는 바람직한 글로벌전략의 부재가 큰 원인이 되었다.

2. 베스트 바이의 중국진출 실패 요인

베스트 바이가 중국시장에서 성공을 이루지 못한 이유는 크게 두 가지로 정리할 수 있다. 첫째, 중국 내 시장경쟁에 대한 대비가 적절히 이루어지지 못했다. 베스트 바이가 우싱전기라는 가전제품 점유율 중국 내 3위 업체를 인수해 중국진출을 꾀했지만, 이미 중국시장은 1, 2위 업체인 궈메이와 수닝이 시장의 70%를 장악한 상황이었다. 우싱전기의 시장점유율은 10% 정도로 다소 미미했기에 중국시장에 대한 이해가 잘 되어있는 현지 업체라고 하더라도 선두그룹이 이미 유통 인프라를 확고히 구축한 상태에서는 점유율을 높이기가 쉽지 않았던 것이다. 또한 그 당시 중국 소매시장에서는 브랜드가 구매에 큰 영향을 끼치지 않았던 반면, 가격이 중국인들의 가장 큰 구매결정 요인으로 작용하였다. 베스트 바이는 이미 중국 전역에 포진되어 규모의 경제를 실현하고 있는 현지 업체에 비해 가격경쟁에서도 열위에 있을 수밖에 없었기 때문에 영업이익을 높이기가 어려웠다. 이처럼 현지 시장이 이미 과열된 상태에서 새롭게 시장에 진출할 때에는 기존과는 다른 차별화 전략이 필요하다.

베스트 바이가 기존 유통 소매업체와 달랐던 것은 자신들의 강점이었던 선진국의 소매 유통 노하우를 중국시장에도 적용했다는 점이다. 중국 현지 업체들은 매장 내 판매 운영을 생산업체에게 맡긴다. 생산업체의 판매직원이 매장 내에서 영업을 하기 때문에 소매업체는 인건비를 줄일 수 있으며, 생산업체로부터 제품 판매액의 일정 금액을 받음으로써 추가 수익을 실현할 수 있었다. 이와 대조적으로, 베스트 바이가 펼쳤던 미국식 소매유통 방식은 생산업체로부터 제품을 선구매하고 매장 내에 자신들이 고용한 직원들을 직접 고용해 영업을 하는 방식이다. 이 방식은 유통업체가 모든 브랜드들을 적절히 관리하면서 월등한 영업능력을 가지고 있다면 그것이 자사의 고유 브랜드 아이덴티티(identity)가 될 수 있고, 이것이 소비자에게 어필할 경우 지속적인 매장 수익을 확보할 수 있다는 강점이 있다. 또한 베스트 바이는 대형매장과 체인운영을 통해 규모의 경제를 실현하고 시장 통제력을 높이려 하였다. 하지만 이 같은 전략들은 유통업체의 자금 부담률이 높아진다는 점에서 이미 시장이 과열된 상태에서는 필연적으로 경영 리스크가 수반된다. 베스트 바이는 이렇듯 현지 시장의 환경과는 다소 다른 선진국의 유통방식을 채택했지만, 이는 중국 전역에 이미 상권을 확보하고 인지도를 높인 중국 현지 업체가 존재하고 있는 상태에서 이들과 경쟁하기 위한 전략으로는 부합하지 않는 면이 있었다.

둘째, 중국에서 가전제품을 구매하는 중국인들의 소비성향에 대한 이해가 부족했다. 베스트 바이가 선전했던 북미지역 소비자들은 제품과 브랜드에 대한 이해도가 높기 때문에 주체적으로 제품을 구매한다. 따라서 그들은 영업직원이 소비자들을 상대로 직접적인 판촉행위를 하는 것을 그다지 선호하지 않는다. 베스트 바이는 이러한 소비자 특성에 맞게 직접적인 판촉행위 대신 소비자가 최적의 구매활동을 할 수 있게 해주는 서비스를 제공했다. 매장 내에서 직접 제품을 사용하고 체험할 수 있도록 매장을 구성하고 소비자들의 비교가 용이하게 제품을 브랜드별이 아닌 품목별로 진열하는 방식을 택했다.

하지만 중국 소비자들의 소비 성숙도는 선진국에 비해 상대적으로 높은 편이 아니었기 때문에 구매를 결정할 때 서비스를 우선적으로 고려하지 않았다. 그들은 구매를 결정할 때 서비스보다는 가격과 편의성을 더 중시한다. 그리고 중국 소비시장에서는 흥정 문화가 널리 자리 잡은 상태였다. 그들은 매장 내에서 주체적으로 제품을 구매하는 것보다는 영업직원과의 소통을 통해 가격 흥정이나 추가적인 서비스를 얻어내는 방식을 더 선호했다. 현지 소매업체들의 경우 이러한 중국 내 소비자 특성을 잘 이해했고 이에 부응하는 전략을 취했으나 베스트 바이는 선진국에서 채택했던 유통방식을 그대로 고집함에 따라 중국 소비자들을 사로잡는데 실패했다.

3. 중국 진출 실패에 대한 베스트 바이의 대응

중국시장 현지화에 실패한 베스트 바이는 2011년 3월 중국 시장에서의 철수를 결정하지만 이후 2011년 10월 재개업을 선언한다. 비록 앞서 제시한 두 가지 요인들로 인해 베스트 바이는 중국 내 판매 분야에서 실패했지만, 2009년 지분을 모두 인수했던 우싱전기 운영을 통해 중국 소비자들을 사로잡을 수 있는 새로운 유통 모델을 활용하여 재진입을 노렸다.

우싱전기는 선진국에서처럼 모든 고객층에 집중하는 대신 고객층에서도 비중이 가장 높은 고객군에 초점을 두는 집중화 전략을 펼쳤다. 예를 들면, 우싱전기의 고객층 중 가장 높은 비율을 차지하고 있는 고객은 월 소득 5,000위안 수준의 신혼부부이다. 우싱전기는 중국인들은 사람과 사람의 관계, 즉 꽌시를 중요시한다는 점에 착안하여 그들과의 고객관계를 개선하는데 주력함과 동시에, 그들에게 맞춤 서비스를 제공했다. 기존의 베스트 바이 영업직원들이 고객들에게 직접적으로 접촉하는 것을 지양했다면, 실패를 경험한 후, 우싱전기는 고객들과 소통을 하면서 친밀한 관계를 구축하기 위해 노력했다. 우싱전기는 '솔루션 전문가' 제도를 도입함으로써 고객들의 제품 선택에 직접적인 조언을 주고, 연락처 전달을 통해 언제든지 고객과 소통하는 전략을 취했다. 이 새로운 전략을 구사함으로써 타깃층의 충성도를 높일 수 있었고, 실제로 영업직원이 그들의 결혼식에도 초대되는 일도 생겨났다. 나아가 기존의 영업방식이 제품 판매에만 집중했다면 재진입 이후에는 중국인들이 선호하는 방울토마토와 차를 대접하는 등 제품 판매 이외의 중국 소비자들의 편의성을 높이려고 노력했다. 또한 중국 정부의 그린 산업정책에 대응한 태양광 온수기 보급과 재활용 시스템 도입과 같은 전략을 통해 현지화에 집중하려는 움직임을 보였다. 하지만 이러한 노력들에도 불구하고, 시장점유율을 더욱 높여간 경쟁업체와의 격차를 줄이지는 못했고, 베스트 바이는 2014년 12월 우싱전기를 포함한 중국 내 사업부 매각을 결정함으로써 2011년 부분 철수 이후 4년 만에 중국시장에서 완전 철수하게 된다.

질문:

1. 중국 내 경쟁 기업들과는 비교조차 불가능한 경영 능력과 마케팅 경험을 갖고 있는 베스트 바이는 왜 중국시장에서 성공하지 못했을까? 여러분의 견해를 밝히시오.
2. 세계 최대인 13억 인구와 무서운 경제발전으로 인한 구매력 증가, 결과적으로 엄청난 양의 잠재 고객이 존재한다는 사실이 베스트 바이의 주의를 사로잡았고, 그것이 중국시장에 진출한 주요 이유라고 판단된다. 그렇다면, 중국은 과연 블루오션인가?
3. 베스트 바이의 중국시장 철수는 결국 글로컬라이제이션의 실패에 기인했다고 생각된다. 만일 여러분이 베스트 바이의 최고 의사결정권자였다면, 어떠한 부분을 개선함으로써 글로컬라이제이션 전략을 견인하려고 노력했을 것이라고 여겨지는가?

제1절 글로벌전략의 의의

1. 글로벌전략의 기본과제

최근에 국제경영활동을 수행하는 기업들은 지역별 대응을 요구하는 현지화(localization)와 더불어 범세계적 규모의 경제 활용을 요구하는 범세계화(globalization)라는 서로 상반된 압력에 동시에 직면해 있다. 즉, 글로벌화의 압력은 사업 활동에 있어서의 규모의 경제의 확대나 소비자 욕구의 동질화, 관세 및 비관세장벽의 완화, 정보혁명 등의 요인들에 의해 높아지는 반면에, 국가마다 갖고 있는 상이한 시장구조나 소비자 기호 등의 요인으로 현지화의 압력이 높아진다.

따라서 이와 같이 상반된 압력에 대응해서 글로벌기업이 사업 활동을 얼마만큼 집중 또는 분산 · 배치하고 어느 정도 조정 · 통합할 것인가의 수준을 결정하는 것이 글로벌 전략의 요체라고 할 수 있다. 즉, 이처럼 '상반된 두 갈래의 글로벌경영 환경변화에 대해 기업들이 어떻게 조화롭게 대응을 해나가느냐'가 기업의 글로벌전략의 수립에 중요한 과제로 등장하고 있다.

기본적으로 세계화라는 환경 속에서 기업의 경쟁력을 유지하기 위해서는 범세계적인 규모의 경제(global scale economies)의 활용에 바탕을 둔 전략이 요구된다. 즉, 전 세계 시장을 상대로 동일한 제품을 일괄 생산하여 공급함으로써, 글로벌기업은 생산과 판매에 있어서 규모의 경제를 실현할 수 있다. 표준화된 제품을 대량생산하여 세계시장에 판매함에 따른 비용의 절감은 기업 경쟁력의 우위라는 결과로 나타나게 되는 것이다.

반면에 국제경영에 필연적으로 수반되는 위험과 불확실성은 아직도 상당히 존재하며, 동시에 국가간 존재하는 제반 경영환경의 차이는 기업으로 하여금 각국에서 현지상황에 부합하는 접근방식을 요구한다. 해외시장에서 각 시장별 특성에 맞는 제품을 개발하여 생산하고 현지화된 방식으로 제품을 유통 판매하여야 할 필요성이 엄연히 존재한다.

이러한 범세계화와 현지화의 압력간의 딜레마를 풀기 위해서는 결국 전략적 융통성의 발휘가 핵심이 되는데, 이것은 한 제품의 생산 및 판매에 관여하는 여러 기능 중 규

그림 11-1 • 글로벌화와 현지화의 압력

모의 경제에 민감한 기능은 한 곳으로 집중시켜 관리하는 반면, 현지화에 충실해야 할 기능은 각국에 분산시키는 이원적인 접근방식을 취하는 것이다. 즉, 두 가지 성격이 다른 기능들 간의 적절한 국제간 분업 및 긴밀한 연계를 취함으로써 규모의 경제 이점은 그 이점대로, 그리고 지역적 차별화 요구는 그 요구대로 수용함으로써 문제의 난국을 푸는 묘안이 되는 것이다.

결국 글로벌전략을 수립할 때는 산업과 제품, 국가와 지역에 따른 글로벌화와 지역화의 압력, 기업의 전략목표, 그리고 경쟁우위의 원천을 명확하게 하고 이들을 잘 조화시키는 지혜가 필요하다고 하겠다.

사례 11-2

일본서 체면구긴 P&G... 왜?: P&G의 초기 실패

유니레버와 함께 일용품 제조 산업에서 전 세계적으로 가장 높은 시장점유율을 갖고 있는 P&G는 2차 세계대전 후 자국시장 포화와 맞물려 적극적인 해외진출을 전개하기 시작했는데 유럽에서의 성공적인 진출을 기초로 아시아 진출을 준비하였다. 당시 일본시장은 경제적 호황기에 있었을 뿐 아니라 맥도날드, 리바이스, 말보로 등의 미국상품들이 일본에서 모두 좋은 성과를 냈기 때문에 일본시장을 첫 아시아의 타깃시장으로 정하고 진출을 서둘렀다. 하지만, 문제는 P&G가 뛰어들기 이전 일본시장에는 Kao와 Lion이라는 두 기업이 이미 진입하여 시장을 양분하고 있었다. 당시 Kao는 100년 이상의 역사를 갖고 있는 기업으로 연구개발에 뛰어난 역량을 보유하고 고품질의 생활용품과 화장품 등에서 높은 경쟁우위를 지니고 있었다. 무엇보다 일본 전체 소매상 조직의 65%정도와 충분한 유통 네트워크를 형성하였고, 이 유통에서의 역량을 통해 강력한 물류시스템뿐만 아니라 소비자의 수요변화에도 민감히 반응할 수 있었다. 또한 업계 2위인 Lion 역시 100년에 가까운 역사와 함께 비누, 치약 등 생활용품 산업에서의 우위를 바탕으로 높은 시장점유율을 차지하고 있었다. 이런 강력한 경쟁자와 복잡한 일본의 유통시스템으로 인해 P&G는 일본시장 내 리스크 감소와 유통망확보 등을 위한 현지 파트너가 필요했으며 따라서 미미한 시장점유율로 동종업계에서 약세를 면치 못하고 있던 회사들이 합쳐진 'Nippon Sunhouse'라는 일본기업과 1972년 50%의 지분으로 합작투자를 실시하였다.

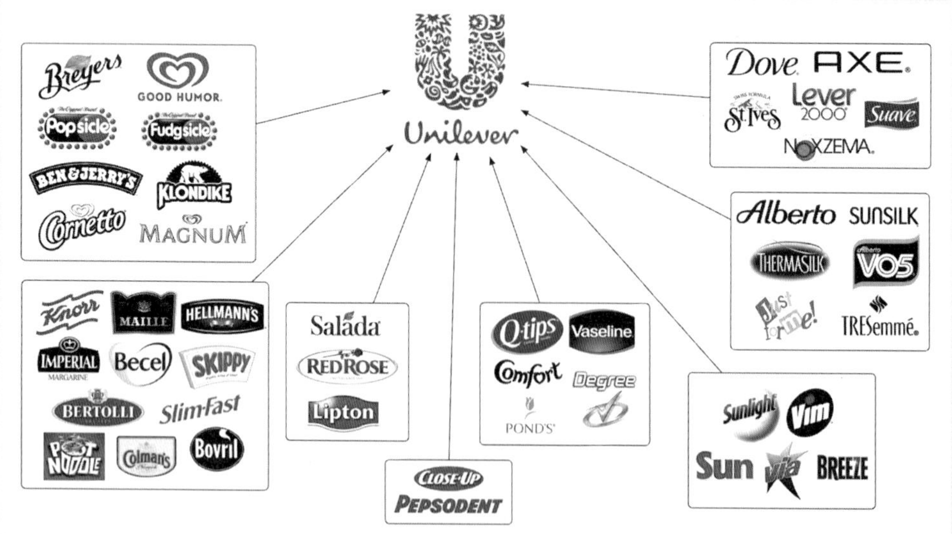

P&G의 초기 일본진출 전략은 거의 모든 부분에서 획일화, 표준화된 국제 표준 전략을 사용하였다. 이때까지만 해도 P&G의 거의 모든 글로벌 비즈니스는 연고지 시장인 미국에서의 브랜드를 진출지역에 그대로 판매하거나 혹은 진출지역의 현지 자회사가 만든 지역 브랜드로 구성되어 있었다.

일본에 진출할 때도 P&G는 기존 미국시장에서 판매되고 있는 세탁세제 'All Temperature Cheer'를 현지의 기호에 맞춰 변형을 시행하지 않고 그대로 출시하였다. 이 제품은 말 그대로 모든 온도에서 사용이 가능한 세제 제품이다. 미국에서 기존 세제가 찬물에 잘 안 풀렸지만, 동 제품은 P&G의 기술혁신을 통해 찬물에서도 사용이 가능하도록 개발된 제품으로 P&G가 유럽과 남미시장에 진출했었을 때 선풍적인 인기를 모았던 제품이었다. 따라서 P&G는 일본진출 시에도 시장에 빠르게 정착하고 성공 가능성을 견인하기 위해 언급한 제품을 전략상품으로 선보였으며, 또한 더불어 일본 내 경쟁업체에 비해 낮은 가격을 책정하였다. 이는 글로벌화를 통해 규모의 경제를 실현함으로써 가격경쟁력을 갖출 수 있었기에 가능했다. 그러나 일본인들은 대개 목욕 후 욕조에 남은 물을 사용해 빨래를 해왔기에 원했던 모든 온도에서 세탁이 가능한 이 세제의 장점은 부각되지 않았고, 그 결과 야심차게 내놓았던 상품은 일본의 현지상황과는 잘 맞지 않았다.

또한 표준화에 따른 저가 전략 역시 부정적인 결과를 초래했다. 초기에는 시장점유율을 향상시키는데 저가격전략이 일부 기여했던 면을 부인할 수 없으나, 저가격보다는 고품질, 프리미엄 서비스제공을 수반하는 고가품에 대한 선호도가 높은 일본 소비자에게는 이것이 마치 P&G는 저품질의 저가제품을 생산하는 기업이라는 부정적인 이미지를 심어줬다. 뿐만 아니라 경쟁업체들이 출시한 신제품에 비해 가격이 낮게 책정됨으로써 대부분 P&G의 제품은 경쟁사 대비 품질경쟁력에서 뒤처지는 것을 인정하듯이 비추어졌다.

상품 전략과 마찬가지로, 일본에서 취해진 마케팅전략 또한 미국에서 했던 방식과 같이 찬물, 더운물을 가리지 않고 모든 온도에서 사용이 가능한 점을 강조하였다. 그러나 일본 소비자들은 온도와 관계없이 세탁이 가능한 세제가 아닌, 세탁력과 표백효과에 주목했기에 이는 브랜드이미지를 저하시켰다. 이후에도 여전히 P&G의 표준화된 브랜드전략에 따라 브랜드의 광고만을 일관하며 기업가치 자체를 알리는데 소홀하였고, 이는 기업에 대한 신뢰를 중시하는 일본 소비자 특성상 호응을 얻기에 어려운 한계점을 갖고 있었다.

P&G의 초기 경영시스템을 살펴보면, 초대 사장만 일본인이었고 이후에는 미국 본사에서 파견된 미국인이 임명되었다. 즉, 임원 등 전체적인 관리자가 대부분 미국인 위주로 구성됨으로써, 이들은 일본시장에 대한 이해가 지극히 부족하였으며, 더불어 이는 현지 일본인 직원들과의 의사소통과 커뮤니케이션을 어렵게 만들었다.

제품유통에 있어서도 문제가 있었다. 일본의 유통구조는 우리나라와 비슷하게 도매, 소매로 구성되어 있으며, 직접구매는 그리 많지 않았다. 일본에서는 1만 7천개 정도의 많은 도매상과 약 120만에 이르는 1차 소매상, 2차 소매상으로 구분되는 소매상들이 복잡한 유통시스템을 형성하고 있었다. 따라서 이러한 복잡한 다단계 형태의 유통구조에서 도매상은 소매점과 제조업체 사이를 이어주는 아주 중요한 가교역할을 맡고 있었다. P&G는 일본시장 진입초기 도매상 기능이 발달되어 있는 전통적인 일본 내 유통체계를 무시하고 미국이나 유럽 등 기존 시장에서 시행하던 방식으로 가격공세 및 소매상과 소비자를 대상으로 하는 직접적인 프로모션 활동을 시도하였다. 이러한 유통전략은 초기에는 일정부분 효과를 거두기는 했지만, 일부 소매상과의 직접 거래로만으로는 일본시장의 유통구조를 소화하기 어려웠으며, 더욱이 이러한 방식은 일본 내 유통경로의 핵심역할을 하는 대다수 도매상들과 나머지 소매상들에게 반감과 강한 저항을 야기하였다. 뿐만 아니라, 경쟁업체와 언론으로부터 상도에 어긋나는 부도덕한 기업으로 비난을 받기도 하였다. 결국 P&G의 표준화된 유통전략은 실패로 돌아갔고 이것은 바로 시장점유율의 하락과 대규모 적자로 이어졌다. 이후 P&G는 유통의 현지화를 단행한다. 복잡한 유통채널을 단순화하여 50여개의 주거래 대형 도매상과 1,000여 개의 2차 도매상으로 유통채널을 수정하고, 이들에게 P&G제품의 독점적 판매권 부여, 배송 서비스 제공 및 통신망 개설 등을 통해 도매상에 대한 충성심과 통제력을 강화하였다.

질문:

1. 표준화된 글로벌전략의 장단점을 기술하시오.
2. 표준화된 글로벌전략을 사용하여 유럽과 남미에서 성공했던 P&G가 유독 일본시장에서만 초기 실패했던 이유는 무엇이었겠는가?
3. 과연 초기 아시아시장 진출의 교두보로 일본을 선택한 것은 옳은 결정이었는가? 대안으로는 어떤 시장이 고려될 수 있으며, 그 이유는 무엇인가?

토의자료 11-1

스타벅스의 글로벌전략

스타벅스 커피맛은 똑같다고?

커피명가 스타벅스가 현지화 전략을 내세워 제2의 도약기를 맞고 있다.

스타벅스의 재도약을 주도하고 있는 하워드 슐츠 회장은 최근 인터뷰에서 "획일적이고 표준화된 매장으로는 인간애를 바탕으로 지역사회와 호흡하고 봉사하는 스타벅스의 가치를 실현할 수 없다는 판단을 내렸다"며 글로컬라이제이션 추진배경을 설명했다.

슐츠 회장은 "스타벅스는 지역사회와의 소통을 강화하고 '착한 기업'의 가치를 실현하기 위한 전략을 추진 중"이라면서 "단순히 매장 수를 자랑하기 위해서가 아니라 '커피문화'와 '스타벅스의 가치'를 함께 전파하기 위해 점차 체인점을 늘려갈 것"이라고 밝혔다.

슐츠 회장은 지난 2008년 미국발 금융위기 때 지나친 성장전략의 부작용으로 매출이 떨어지고 수백 개의 점포를 닫게 되자 최고경영자로 복귀해 위기탈출 전략으로 '창업정신 회복'을 선언했다. 고객들이 보다 편안한 분위기 속에서 최고의 맛을 즐길 수 있도록 하고 지역사회와의 소통도 강화하고 나섰다.

효과는 바로 나타났다. 떨어지던 글로벌 매출은 곧바로 회복돼 2009년 98억 달러에서 2010년 107억 달러로 올라섰다.

변신 시도하는 커피명가 스타벅스

시애틀의 1호점에서 오후의 여유를 즐겼던 사람도, 바쁜 출근길에 아침식사 대용으로 찾았던 뉴요커도, 점심식사 후 커피 한 잔의 즐거움을 느끼고자 했던 한국 사람들도 모두 같은 로고의 같은 커피 잔을 들었다. 획일화와 표준화. 스타벅스는 그렇게 성장했다. 서울 한복판에서도 심지어 중

서울 광화문 이마빌딩에 입점한 스타벅스 400호점 내부. 이마빌딩은 조선시대 궁중의 말과 가마, 마필 그리고 목장등을 관장하던 관청 "사복시"가 있던 터에 자리 잡고 있다. 스타벅스는 400호점 내부를 문화재청으로부터 조선시대 말에 대한 국립중앙박물관자료 등을 받아 한국적 스타일로 꾸몄다.

국에서도 뉴욕과 똑같은 인테리어에 똑같은 커피 맛. 전 세계 사람들은 어느 곳에서나 스타벅스 커피에서 시애틀의 향을 맡았고 뉴욕의 맛을 음미했다. 고객들이 세계 어느 곳을 가더라도 고향 같은(Homie feeling) 스타벅스 커피 맛을 즐길 수 있었던 것이다. 이른바 글로벌 스탠더드 전략 덕이다.

그러던 스타벅스에 변화가 일기 시작했다. 이는 위기에 처한 스타벅스가 마케팅 전략을 새로 정비하면서부터다. 세계 경제를 강타한 미국발 금융위기 때인 2008년, 스타벅스 매출은 급감했다. 그해 104억 달러였던 글로벌 매출은 2009년 98억 달러로 떨어졌다.

급기야 수백 개의 점포 문을 닫고 파트너라고 아끼던 직원도 줄이는 등 치욕적인 결단을 내리기도 했다. 지난해 한국에서는 토종 브랜드 카페베네가 점포수에서 스타벅스를 앞질렀다.

무리하게 점포를 확장했지만 금융위기를 계기로 수익을 못 내는 매장이 속출했다. 급기야 하워드 슐츠 스타벅스 회장이 구원투수로 나섰다. 돌아온 슐츠는 기존의 표준화 전략에 메스를 대기 시작했다.

단순히 매출이 떨어지고 점포가 문을 닫았다는 것 때문만은 아니었다. 스타벅스 본래의 창업정신이 흔들리고 있다는 판단 때문이었다. 고향 같은 스타벅스 커피 맛, 획일화된 커피 맛을 강조하다보니 지역별 특성이 무시됐고 결국 지역사회에 제대로 뿌리내리지 못했다는 반성이 일어났다.

'다각화 · 현지화'가 본격적으로 시작됐다. 이제 뉴욕의 스타벅스와 서울의 스타벅스는 인테리어부터 판매되는 메뉴, 머그와 텀블러(뚜껑이 달려 있는 컵의 일종)도 다르다. 한국인 직원의 아이디어로 개발된 훈민정음 머그와 텀블러가 '한국의 스타벅스' 매장에서 외국인 관광객의 눈길을 끌고 있다.

서울 광화문 이마빌딩에 자리한 스타벅스 400호점은 조선시대와 말에 대한 전통자료 등을 토대로 매장을 꾸몄고, 충무로 점은 영화의 역사가 담긴 인테리어를 도입했다. 한국의 팥빙수에서 아이디어를 얻은 레드빈 프라푸치노는 전 세계 매장으로 진출했다. 경기도와 스타벅스가 '우리 쌀 소비를 위한 떡 산업 육성 협약'을 체결하고 공동 개발한 경기미 떡과 라이스바, 라이스칩, 라이스키위 등이 한국의 스타벅스 매장에서 팔리기 시작한 지도 벌써 수년째다.

슐츠 회장은 최근 매일경제와 인터뷰하면서 "현지화 전략은 이제 시작"이라며 "방한 때 한국에서 볼 수 있었던 한국만의 스타벅스는 매우 흡족했다"고 말했다.

스타벅스의 이러한 변신을 두고 전문가들은 단순한 세계화 시대 '글로벌라이제이션(globalization)' 전략을 넘어 현지화를 동시에 추구하는 글로컬라이제이션(glocalization) 전략이 본격화된 것이라고 분석한다.

김주권 건국대 경영대 교수는 "획일화되고 표준화된 맛과 인테리어로 세계화의 첨병으로 나섰던 맥도널드는 이미 수년 전부터 유럽과 중국 등지마다 각각 현지 사정에 맞는 메뉴와 인테리어를 도입했다"며 "맥도널드 성공 이후 또 다른 미국적 세계화의 선봉에 있던 스타벅스 역시 그동안의 세계화 전략을 근간으로 이제부터 현지화에 나서고 있는 것"이라고 덧붙였다. 모든 글로벌 프랜차이즈 사업은 앞으로 현지화 전략을 함께 추구할 수밖에 없고, 특히 문화적 자존감이 강한 중국시장 등 아시아시장에서의 성공을 위해서는 더더욱 글로컬라이제이션 전략을 쓸 수밖에 없다는 얘기다. 여기에 '창업정신', '지역사회와의 소통'을 강조하니 자연스레 현지화가 탄력을 받는다는 것이다.

현지화에 다각화도 더해졌다. 새로운 세대에도 스타벅스를 알리고 지속적인 혁신과 성장을 이루기 위해 현지화뿐만 아닌 비즈니스 다양화도 필요했다는 것이 스타벅스 관계자들의 전언이다.

스타벅스의 새로운 시도 중 가장 파격적인 것은 '스타벅스 바(Bar)'다. 커피 전문점이었던 스타벅스가 테스팅 매장으로 시애틀에 스타벅스 바 1호점을 냈다. 오후 시간에는 스타벅스 와인과 맥주를 즐길 수 있는 곳으로 변신했다.

뿐만 아니라 스타벅스는 커피믹스 브랜드인 네슬레와 경쟁을 시작했다. 한국에는 9월 출시될 예정인 스타벅스 카페 VIA(커피믹스)는 미국에서 출시되자마자 선풍적인 인기를 얻었다.

VIA는 언제 어디서나 스타벅스를 즐길 수 있다는 장점으로 고객들의 눈길을 끌었다. 단순한 커피믹스가 아니라 질 좋은 스타벅스 원두를 미세 처리한 후 진공포장을 했다. 커피전문점 고객들의 까다로운 입맛을 공략하기 위해서다.

이전부터 추구해온 '쿨하고 착한 기업' 스타벅스의 이미지 메이킹도 디지털 공간을 활용하면서 점점 강화되고 있다. 이러한 '공정무역'과 스타벅스의 '사회책임'이 소셜네트워크서비스(SNS)와 유튜브 등 뉴미디어를 타고 소비자들에게 퍼지면서 '착한 기업' 스타벅스의 이미지를 더욱 강화시키고 있는 것이다.

자료: 매일경제신문, 2011. 9. 2.

2. 글로벌전략의 정의

일단 기업 국제화의 제1단계에서 성공적인 해외시장진입이 달성되어져서 기업의 국제화가 급속히 진행되면 다음으로 중요한 문제는 기업의 활동방식을 각 지역별로 대응할 것인가, 아니면 전 세계적으로 통합할 것인가의 선택이 중요한 전략적 관심이 된다.

최근 글로벌산업의 확대와 더불어 글로벌전략이라는 말이 유행하고 있다. 글로벌산업이란 국별 경쟁 산업과는 달리 한 국가 내에서의 경쟁지위가 다른 국가 내에서의 경쟁지위에 영향을 받는 산업이다. 오늘날 경제의 범세계화(globalization)에 따른 글로벌산업이 등장하게 되자 다국적기업 경영자들이 가장 중요시하는 문제의 하나는 세계사업을 국가별로 흩어져 있는 사업의 단순한 집합이라는 개념에서 글로벌전략(global strategy)을 수행하는 하나의 통합된 사업의 개념으로 전환하려는 것이다. 이렇게 글로벌하게 전략을 통합하는 접근방법은 국가별로 현지소비자의 요구에 적합한 제품을 개발, 생산, 판매하는데 초점을 맞추는 '다국가적 접근방법(multinational approach)'과 대조를 이룬다. 즉, 혁명적인 교통 · 통신수단의 발달, 국가 간 무역장벽의 완화, 생산기술의 발달과 더불어 국내소비량을 능가하는 규모의 경제단위의 확대, 개도국들의 소득수준 향상으로 인한 세계시장의 확대, 소비자욕구의 동질화 등으로 세계가 하나의 큰 시장으로 변해 가는 범세계화 현상이 발생하자, 이러한 환경 속에서 기업의 경쟁력을 유지하기 위해서는 범세계적인 규모의 경제(global scale economies)에 바탕을 둔 여러 국가 및 지역을 통합하는 글로벌전략(global strategy)이 등장하게 되었다.

3. 글로벌전략의 장단점

그렇다면 다국적기업이 글로벌전략을 수행하였을 경우 국가별로 차별화를 취하는 다국가전략(multilocal strategy)에 비해 가지는 장 · 단점은 무엇인가?

먼저 글로벌전략의 장점은 다음의 네 가지를 들 수 있다.

첫째, 글로벌전략은 비용절감을 가능하게 한다. 여러 국가시장에서 개별적으로 수행되는 가치 활동을 조정함으로써 규모의 경제를 누릴 수 있게 할 뿐만 아니라 생산 또는 여타 경영활동을 저임금 국가로 이전함으로써 생산요소 비용을 절감할 수 있다. 또한 다양한 현지적응제품을 생산하지 않고, 그 숫자를 줄여 소수의 글로벌한 제품을 생산하는 집중생산을 통해 단위당 생산비를 절감할 수 있다.

둘째, 다국가전략에서와 같이 많은 종류의 제품과 프로그램을 제공하는 것보다 글로벌전략의 경우 소수의 제품과 프로그램에 집중하는 것이 제품과 프로그램의 질을 높일 수 있다.

셋째, 글로벌전략은 고객의 충성도를 제고하는데 도움을 준다. 세계 어느 시장에서도 구입할 수 있고, 서비스도 가능하며 글로벌한 인지도가 있는 제품이라면 그 제품에 대한 소비자의 선호도는 향상되기 마련이다.

넷째, 글로벌전략은 경쟁압력에 대응하는 데 있어서 여러 가지 대안을 가질 수 있도록 하여준다. 한 국가시장에서 경쟁지위를 개선하고자 하는 기업은 그 국가시장에서 경쟁기업을 공격하는 것과 아울러 제3국 시장에서 경쟁기업을 공격하는 것도 효과적일 수 있기 때문이다.

그러나 글로벌전략은 위에서 살펴본 여러 가지 장점뿐만 아니라 단점도 있다.

첫째, 글로벌전략은 관리비용의 확대를 가져온다. 이는 본사의 조정활동 및 본사로의 보고사항이 증가하며, 전략의 수행을 위해 더 많은 관리요원들이 필요하기 때문이다.

둘째, 글로벌전략의 수행에 따라 나타나는 본사로의 지나친 집권화는 현지자회사의 사기 및 동기부여에 악영향을 주어 현지자회사의 경영효율성을 감소시킬 수 있다.

셋째, 제품표준화를 극단적으로 추구하다 보면 결국 어느 소비자도 완전히 만족시킬 수 없는 제품을 만들어 내는 수도 있다. 또한 지나친 마케팅 표준화도 현지소비자의 행태나 마케팅 환경에의 적응력을 감소시킨다.

토의자료 11-2

"IT-UP 글로컬로 혁신을 주도한다"

"전 세계 소비자 입맛에 맞춘 '글로컬(glocal)' 전략으로 세계시장을 누빈다."

국내 IT기업들이 글로벌 스탠더드를 넘어 현지화 전략으로 글로벌시장 개척에 나서고 있다.

이들 업체의 전략은 글로벌시장을 개척하되 각국 소비자에 대한 이해를 토대로 유연하게 접근하는 '세계화(globalization) + 현지화(localization)'인 '글로컬라이제이션(glocalization)' 전략이다.

글로컬라이제이션은 세계 어디서나 동일한 '글로벌 스탠더드'가 원칙이지만 현지 사정에 유연하게 적응하는 것을 말한다. 세계화와 현지화를 동시에 이뤄 시너지 효과를 극대화하는 다국적기업의 현지 토착화 전략이다.

글로컬라이제이션 전략이 필요한 것은 현재 전 세계가 격변기에 접어들었기 때문이다. 변화의 중심에는 스마트혁명이 있다. 스마트폰으로 시작된 스마트혁명은 휴대폰을 넘어 스마트패드, TV, 스마트워크, 클라우드컴퓨팅으로 번져가고 있다. 세계 IT 지도를 바꾸어 놓을 수 있을 만큼 거센 불길이다.

IBM, 구글, 마이크로소프트 등은 스마트혁명에 대응해 세계 각지에서 공격적인 인수합병(M&A)을 감행하며 전 세계를 한 울타리 안에 묶는 전략을 전개하고 있다. 구글은 지난해 48개 기업을 인수한데 이어 올해에도 200억 달러가 넘는 현금을 갖고 공격적인 M&A에 나서고 있다. IBM은 2015년까지 200억 달러를 기업 인수합병에 쓴다고 밝힌 바 있어 올해 세계에 M&A 바람이 휘몰아칠 전망이다.

• "국산이 곧 글로벌 브랜드"=우리 기업도 이 같은 흐름에 동참한다. 한국산 제품이 글로벌 브랜드로 등극한 자신감을 바탕으로 글로컬라이제이션(glocalization) 전략을 펼치고 있다. 세계 최대 브랜드 컨설팅 회사인 인터브랜드는 지난해 세계 100대 기업 중에서 삼성전자의 브랜드 가치를 19위, 현대자동차는 65위로 매겼다. 우리 기업들이 꾸준히 품질을 높이고 적극적인 마케팅을 펼친 결과다.

그러나 글로벌 브랜드를 구축하는 것과 동시에 지역별 수요를 충족시켜야 하는 과제가 여전히 남아 있다. 국내에서는 업계 1위 브랜드임에도 불구하고, 외국시장에선 각 지역에 따라 고급 브랜드가 되거나 때로는 보급형 브랜드가 되는 사례를 종종 볼 수 있다. 아시아 신흥시장에서는 브랜드로서 입지를 다졌지만, 북미와 유럽 지역에서는 최근 눈부신 성장에도 불구하고 만족할 만한 상황이 아니다. 즉, 전 세계를 단일시장으로 보고 동일한 전략을 추진하는 것은 한계가 있다. 글로컬라이제이션 전략이 필요한 이유다.

• 'IT 정글' 현지화가 핵심=이 같은 한계점을 인식하고 국내 IT기업들은 미국, 유럽 등 선진시장을 비롯한 동남아, 중국, 중동, 독립국가연합(CIS) 등의 지역을 중심으로 공격경영을 본격화하고 있다.

대표주자는 전자업계다. 우리나라를 대표하는 삼성전자와 LG전자는 현지화 전략을 키워드로 그동안의 경험과 노하우는 물론이고 글로벌경영을 위한 혁신적 기법을 발 빠르게 도입하면서 세계시장 공략에 나서고 있다.

삼성전자는 올해 스마트TV 1,200만대를 비롯한 6년 연속 세계 TV시장 1위 기록달성에 나선다. 스마트폰시장에서는 넘버원 브랜드로 도약하기 위해 공격적인 영업을 전개한다. LG전자 역시 어떤 위기에도 흔들림 없는 강한 회사로 거듭나기 위해 연구개발(R&D) 및 제조에서 품질과 스피드를 확보하기 위한 담금질을 하고 있다.

통신업계는 포화된 국내시장에서 벗어나 해외시장 진출 노력을 강화하고 있다. KT는 아시아 · 아프리카 · CIS · 중동 · 북아프리카 등에서 와이브로, 광케이블 등 국가 기간망 구축사업을 수행하며 역량을 인정받았다. SK텔레콤은 중국 · 대만 등지에서 한발 앞선 서비스를 선보이며 한국 통신기업의 경쟁력을 입증했다. '글로컬라이제이션' 관점에서 단순히 서비스를 공급하는 것으로 끝나지 않고 현지 관련 업체와 적극적인 파트너십을 구축하는데도 힘쓰고 있다.

• 제휴와 합병, 시장 안착의 지름길=방송업계도 올해를 해외진출의 원년으로 삼았다. 위성방송사인 스카이라이프는 최근 쿠델스키그룹의 나그라비전과 맞춤형 광고 솔루션사업을 위해 국제합작기업을 설립하기로 했다.

삼성SDS · LG CNS · SK C&C 등 IT 서비스업체들은 갈수록 고도화되는 IT 컨버전스와 스마트 서비스 등 새로운 수요에 대한 무한한 가능성을 확인하고 글로벌시장 공략을 위한 채비를 서두르고 있다. 이들은 중동 · 인도 · CIS · 동남아 · 중국 · 중남미 등에서 전자정부와 지능형교통시스템(ITS) · 보안 · 지리정보시스템(GIS) 등의 수주에 나선다.

제조업뿐만 아니라 서비스업계도 글로컬라이제이션 전략을 염두에 뒀다. 서비스 대표업종인 유통분야 업체들은 현지 업체들과의 합작투자, 지역 특화 전략을 펼치고 있다. CJ오쇼핑은 중국 미디어그룹인 '상하이 미디어 그룹'과 손잡고 동방CJ라는 합작사를 설립, 성공적으로 시장에 안착했다.

지난해 스마트폰 등 모바일시장이 빠르게 팽창하자 모바일사업에 초점을 맞췄던 게임사들은 올해 본격적으로 세계시장을 겨냥한 스마트폰용 게임을 쏟아내는 등 글로컬라이제이션 전략을 펼칠 예정이다.

국내 금융사도 연내 9개 은행이 27개 해외점포를 설립하기로 하는 등 미국발 금융위기 극복에서 얻은 자신감을 바탕으로 차세대 먹을거리 창출이라는 출사표를 던졌다..

- 다국적기업들 "우리도 한국기업"=국내에 진출한 다국적기업들도 이익이라는 '실속'과 동반성장이라는 '배려'로 한국에 터전을 닦고 있다. 다국적기업의 현지화 목표는 1차적으로 자사제품과 브랜드의 한국시장 판매다. 그 다음은 글로벌화 지원 및 협력을 통한 동반 성장이다. 금융위기 불황터널을 모범적으로 극복한 한국에 또 다른 성장엔진을 제공하겠다는 것이다.

한국IBM · 한국후지쯔 · 한국EMC 등 다국적기업들은 클라우드컴퓨팅이라는 신 시장 선점에 초점을 맞췄다. 클라우드 서비스 라인업을 갖추고 마케팅 열전에 돌입했으며 가상화 등 소프트파워를 강화하고 있다.

한국 내 현지화를 지향하는 다국적기업들은 본사는 비록 외국에 있지만 '우리도 한국기업'이라는 신념으로 한국경제 발전의 일선에서 분투하며 국내업체와의 협력은 물론, 고용과 교육의 책임까지도 마다하지 않는다. 사회공헌 활동에도 빠지지 않는다.

당장 눈에 보이는 이익은 없지만, 씨를 뿌려 놓음으로써 장기적으로 미래 수요 발굴 · 핵심 엔지니어 양성 · 회사 인지도 향상 · 제품 친숙도 확대 등을 통해 한국에서의 기반을 보다 확고히 하겠다는 포석이다.

자료: 전자신문, 2011. 3. 9

제2절 글로벌전략의 주요 요소

글로벌전략의 핵심요소는 범세계화와 현지화의 상반된 압력 하에서 기업 활동을 집중 또는 분산할 것인가의 배치문제와 배치된 기업 활동을 어떻게 통제 또는 조정할 것인가의 두 가지로 나누어 볼 수가 있다.

1. 기업 활동의 세계적 배치

기업 활동의 세계적 배치를 이해하려면 부가가치사슬(value chain)의 개념을 먼저 이해해야 한다. 부가가치사슬은 기업의 경영활동을 하나의 단순총체로 보지 않고 전략적으로 연관이 있는 활동들로 나누어 각각의 부문에서 어느 정도의 비용이 들고 어느 정도의 부가가치를 창출할 수 있는가를 분석해 주는 개념이다. <그림 11-2>와 같이 부가가치활동은 크게 본원적 활동과 지원활동으로 구분된다.

본원적 활동은 제품이 제조되는 물리적 과정과 판매 그리고 소비자에게 전달되는 물적 유통과정과 애프터서비스활동이 포함된다. 지원활동은 기업의 기획, 재무, 법률서비스, 연구개발, 디자인, 그리고 인적자원관리와 같이 본원적 활동을 보조해주는 활동이다.

이러한 가치사슬에 따라 다국적기업의 활동을 구분해 보면 각각의 부문에서 기업의 경쟁우위를 결정하는 요인이 서로 다르다는 것을 알 수가 있다. 기업이 각각의 가치사슬활동을 세계 각국의 어느 곳에 배치를 할 때 가장 효율적으로 부가가치를 창출할 수 있는지를 분석할 수가 있다. 따라서 다국적기업은 자신이 핵심역량을 보유하고 있는 활동은 본국에 남겨두고 기타의 활동은 세계 각국 중 각 활동부문을 가장 잘 수행할 수 있는 국가에 배치함으로써 기업 전체적으로 효율성을 극대화할 수 있다. 즉, 부가가치사

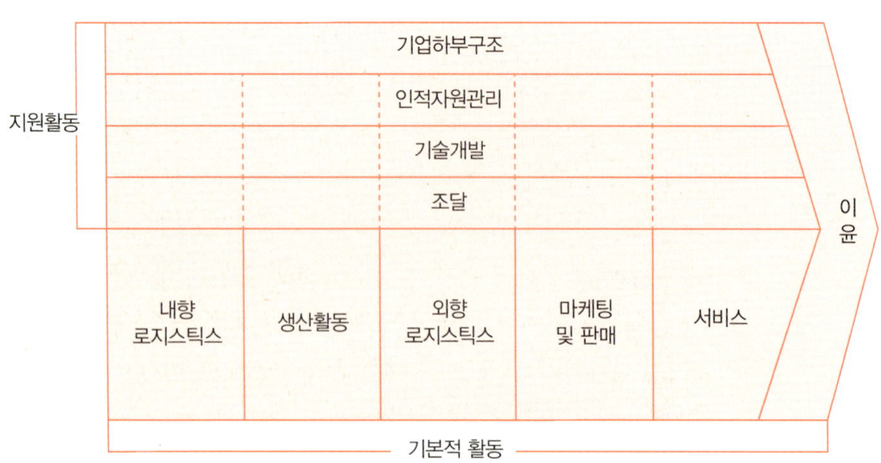

그림 11-2 ● Porter의 부가가치사슬

슬의 개념에 따라 각각의 활동부문을 특정국가에 집중시키거나 여러 국가로 분산 배치하는 전략적 대응이 가능한 것이다.

2. 기업 활동의 세계적 조정

기업이 부가가치활동을 집중 또는 분산할 것인가를 결정하고 나면 다음으로는 기업 활동의 조정이 문제가 된다. 가치 활동의 조정은 각 국가에서 수행되는 가치사슬의 상호작용 정도를 의미한다. 높은 조정수준의 경우 기업 활동의 통합을 추구하는 중앙집권적 조직구조를 가지게 되며, 낮은 조정수준의 기업은 조직 내부적으로 자율성이 부여되는 분권화된 조직을 가지게 된다.

제3절 글로벌전략의 모델

지금까지 연구된 대표적인 글로벌전략의 모델들을 살펴보기로 하자.

1. 통합-대응(Integration-Responsiveness)모델

통합-대응모델(Integration-Responsiveness Model)은 1975년과 1976년에 발표된 Prahalad와 Doz의 하버드대학 박사학위논문에서 처음 소개된 모형이다. 이 모델에 따르면, 다국적기업은 글로벌통합의 압력과 지역별 대응의 압력이라는 두 가지의 상반된 압력에 동시에 직면하고 있다는 것이다.

먼저 글로벌통합의 압력(pressures for global integration)으로 작용하는 요인들을 구체적으로 살펴보면 범세계적 소비자들의 존재, 범세계적 경쟁자들의 출현, 첨단산업을 중심으로 한 R&D집약적 산업의 등장, 비용절감에 대한 압력, 소비자욕구의 동질화 등이다. 이러한 요인들은 국가들 간에 존재하는 벽을 허물어, 전 세계를 하나의 단일시장으로 파악하고 전략을 수립하는 글로벌경영을 요구하고 있다.

이에 반해 지역별 대응의 압력(pressure for local responsiveness)으로 작용하는 요인들을 보면 소비성향의 이질성, 시장구조의 상이성, 대체품의 존재, 현지국 정부의 압력 등이다.

그러면 개별 다국적기업이 이상에서 살펴본 글로벌통합의 압력과 지역별 대응의 압력의 고저에 따라 취할 수 있는 전략은 글로벌통합전략(global integration strategy), 다중심전략(multifocal strategy), 지역별 대응전략(local responsiveness strategy) 등 크게 세 가지 전략으로 나누어 볼 수 있다.

글로벌통합전략은 기업경영자들이 글로벌통합압력을 높은 수준으로 인식하는 반면에, 지역별 대응압력을 낮은 수준으로 인식할 때 나타나는 유형이며, 이 경우 다국적기업은

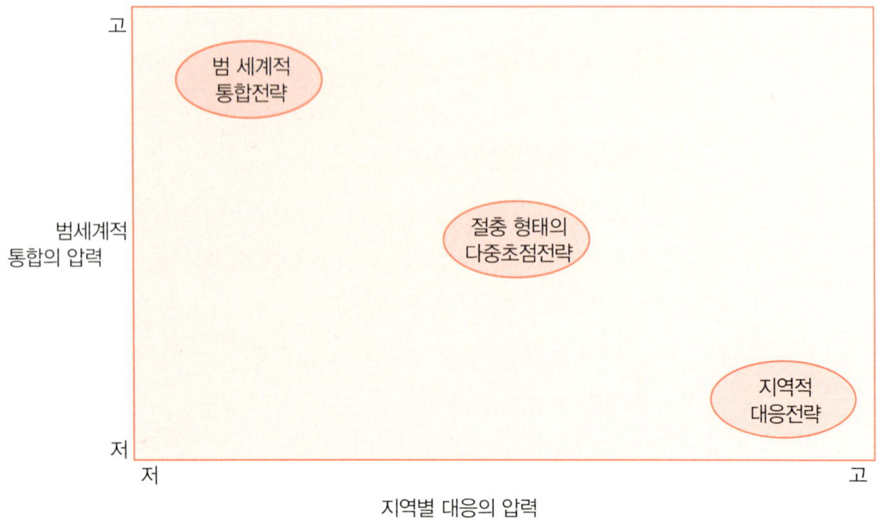

그림 11-3 ● 통합-대응모델

자료: Roth, K. & Morrison, A. J. (1991), An Empirical Analysis of the Integration-Responsivesness Framework in Global Industries, Journal of International Business Studies 21(4), p.544.

본사가 자회사들을 직접 지휘, 통제를 하게 되고, 특히 생산이나 판매 면에서 자회사들 간에 긴밀한 상호의존성을 가지게 된다. 따라서 이 전략은 중앙집권적 조직구조를 갖는다.

지역별 대응전략은 글로벌통합전략과는 반대로 기업경영자들이 지역별 대응압력을 높은 수준으로 인식하는 반면에, 글로벌통합전략은 낮은 수준으로 인식할 때 나타나는 기업의 대응유형이다. 이 경우 개별국가의 환경에 맞추어 마치 그 나라의 기업처럼 현지국에서 자율적으로 적응하게 되며, 주로 분권적 조직구조를 갖게 된다.

다중심전략은 글로벌통합압력과 지역별 대응압력을 동시에 높게 인식하는 경우이며, 다국적기업은 자회사들 간에 독자적인 자율경영원칙 하에 본사가 각 지역의 자회사간의 이해를 통합 · 조정하게 된다.

2. 부가가치활동의 배치와 조정모델

배치-조정모델(Configuration-Coordination Model)은 가치사슬에 기초하여 포터(M.E. Porter)에 의해 제시되었다. 포터는 가치 활동의 범세계적 배치와 조정을 통한 글로벌경쟁전략에서 기업특유의 우위가 도출되며, 이러한 경쟁우위가 국제경쟁력을 결정지어 준다고 보았다. 즉, 기업은 가치 활동의 배치(configuration)와 조정(coordination)을 통해 비용우위와 차별화를 실현할 수 있으며, 이러한 비용우위와 차별화로 글로벌경쟁에서 경쟁우위를 유지할 수 있다는 것이다.

그렇다면 가치 활동의 배치와 조정이란 무엇인가?

배치란 가치사슬의 각 활동이 어디에서 수행되는가 또는 기업의 제활동을 국가들 간에 어떻게 산재시킬 것인가 하는 것이다. 여기에는 집중과 분산의 두 가지 차원에서 그 정도가 구분되는데, 집중이란 가치 활동을 한 곳에 집중시켜 수행한 후 전 세계에 배분하는 것을 의미하며, 분산은 기업 활동을 개별국가에서 수행하는 것을 의미한다.

조정이란 각 가치 활동이 다른 가치 활동과 어떻게 통합되는가 하는 것이며, 여기에는 조정의 정도에 따라 무조정과 고도의 조정으로 나누어진다. 예컨대, 고도의 통합이 이루어질 경우 각국의 모든 자회사가 동일한 정보시스템과 동일한 생산 공정 및 부품을 사용함으로써 엄격하게 통합되며, 그 반대의 경우는 개별자회사가 완전한 자주권을 가지고 독자적으로 운영된다.

이상에서 살펴본 부가가치활동의 배치와 조정이란 두 차원을 결합할 경우 다음의 <그림 11-4>와 같은 네 가지의 대표적인 국제경쟁전략이 나타난다.

첫째, 순수 글로벌전략(pure global strategy)은 기업의 가치 활동 중 규모의 경제에 민감한 부분들은 어느 한 국가에 가능한 한 많이 집중시키고, 현지화에 충실해야 할 기능만 최소한으로 분산시키며, 개별국가간의 차이를 좁히도록 높은 조정수준을 유지한다. 이 전략은 1960년대와 1970년대 일본기업들에 의해 주로 채택되었다.

둘째, 개별 국가중심의 전략(country-centered strategy)은 가치 활동이 국제적으로 분산 배치되어 있고, 서로 다른 국가에 위치한 가치 활동이 서로 조정되지 않는 유형이며, 이 전략의 대표적 예로서, 미국의 GM사의 경우를 들 수 있다. GM사는 세계 여러

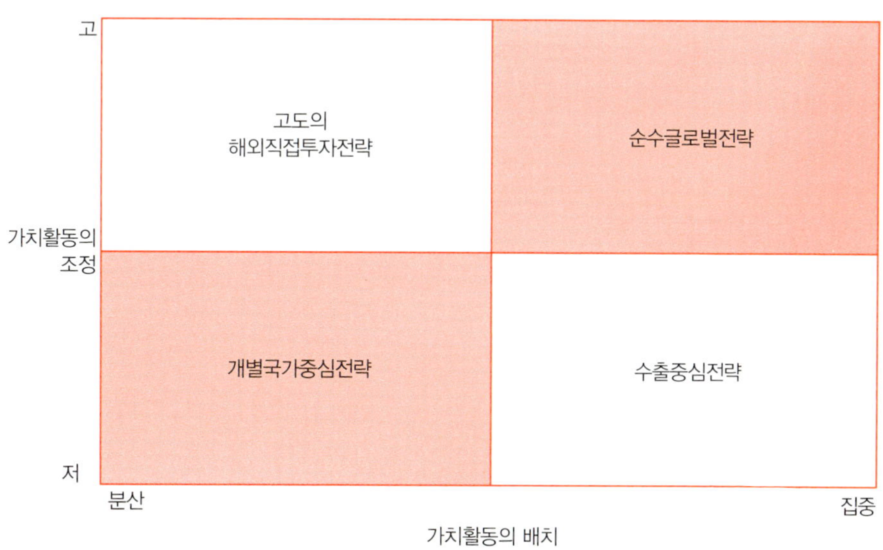

그림 11-4 ● 가치 활동의 배치-조정모델

자료: Porter, M. E. (1986), Competition in Global Industries: A Conceptual Framework, in M.E. Porter (ed.), Competition in Global Industries, Harvard Business School Press, p.28.

곳에 별개의 제조공장을 두었을 뿐만 아니라 심지어 지역에 따라 서로 다른 상표명을 사용하는 전략을 사용하였다.

셋째, 수출중심전략(export strategy)은 가치 활동을 지역적으로 집중시키되 가치 활동의 조정은 별로 하지 않는 전략이다. 즉, 순수 글로벌전략처럼 기업의 가치 활동 중 규모의 경제에 민감한 기능들은 가급적 한 곳으로 집중시켜 관리하고, 최소한으로 현지화에 필요한 기능(마케팅 기능)만 분산시켜 각 지역별 적응의 요구에 대응하는 수출위주의 전략이다.

넷째, 고도의 해외직접투자전략(high FDI strategy)은 가치 활동을 국제적으로 분산 배치하고 있다는 점에서 개별 국가위주의 전략과 유사하나 이렇게 분산된 가치 활동에 대해서는 철저한 중앙통제 및 조정을 한다는 점에서 차이가 있는 전략이다.

결국 이 모델에 따르면, 각 기업들은 가치 활동의 배치와 조정의 고저에 따른 장단점을 잘 이해하여 기업 및 산업특성에 알맞게 가치 활동을 전 세계에 배치 및 조정함으로써 자사의 경쟁적 우위를 확보할 수 있는 글로벌전략을 선택해야 한다.

토의자료 11-3

"글로벌전략 없는 르노그룹 경영실패가 원인"

판매부진을 겪던 르노삼성이 전 직원의 15%가량인 800명을 희망퇴직 시키기로 결정한 이유로 전문가들은 ▲신차의 잇따른 실패 ▲높은 원가 구조로 인한 수익성 악화 ▲르노닛산 그룹의 글로벌 생산전략 부재 등을 꼽는다. 1995년 삼성자동차로 출범한 르노삼성은 외환위기 이후인 1999년 법정관리를 신청하고, 2000년 프랑스 자동차 회사인 르노에 매각됐다. 르노삼성은 지난해부터 판매가 본격적으로 줄기 시작했고, 올 상반기에는 국내 · 외에서 지난해 같은 기간보다 32.8% 감소한 8만3,062대밖에 차를 팔지 못할 만큼 부진한 상황이다. 6월에는 쌍용차에까지 밀리며 국내 완성차 업체 중 꼴찌를 하는 수모도 겪었다.

전문가들은 르노삼성의 실적이 안 좋은 첫 번째 이유로 신차가 기대에 못 미치는 것을 꼽았다. 김기찬 가톨릭대 경영학과 교수는 "자동차 회사는 신차로 모든 것을 말해야 하는데 르노삼성은 그동안 이렇다 할 신차가 없었다"면서 "닛산 주도로 개발된 과거 신차는 경쟁력이 있었지만, 르노 주도로 개발된 최근의 신차는 국내 브랜드의 차보다 나은 차라는 인식을 주지 못하는 것이 문제"라고 말했다.

김필수 대림대 자동차학과 교수도 "르노삼성은 차종이 겨우 네 개로 적은데다, 디자인이 나빠졌다는 평가를 받는다"면서 "프랑스에서 대중 차 역할을 하는 르노의 디자인으로는 눈 높은 국내 소비자를 잡을 수 없다"고 말했다.

르노삼성은 지난해 9월 최고급 세단인 SM7을 출시했지만, 오히려 구형 모델보다도 판매가 저조한 상황이다. SM7은 8월까지 지난해보다 62.2% 줄어든 3,966대가 팔렸다. 구형 모델을 팔았던 지난해 8월까지 르노삼성은 1만486대의 SM7을 판매했다.

이어 올 초 출시한 주력 제품 SM5의 개선 모델도 부진하기는 마찬가지다. 연비 향상 기술을 적용해 상품성을 높였지만, 판매증가로 이어지지는 않고 있다. SM5 역시 8월까지 지난해보다 39% 줄어든 2만667대밖에 팔지 못했다. 스포츠유틸리티차량(SUV)인 QM5는 월평균 400여대가 팔릴 만큼 존재감이 없다.

르노삼성은 최근 신형 SM3를 출시하며 반전을 노리고 있다. 특히 신형 SM3에 동급 최고의 연비를 구현한 것에 르노삼성은 큰 기대를 하고 있다. 하지만 SM3가 이익이 많이 남지 않는 준중형 세단이라 실적개선에 큰 기대를 하기는 어려운 상황. 김필수 교수는 "SM3 역시 이전 디자인이 크게 바뀌지 않아 성공을 말하기가 쉽지 않다"면서 "앞으로 나올 SM5는 디자인을 더 획기적으로 개선해야 할 것"이라고 말했다.

르노 그룹의 글로벌 생산전략도 실패

전문가들은 또 르노삼성을 제대로 활용하지 않는 르노 그룹의 전략 부재도 위기의 원인으로 꼽았다. 먼저 르노 그룹이 르노삼성의 연구개발 부문을 육성하지 않고 르노와 닛산의 기존 것들을 그대로 가져다 쓰는 전략을 사용한 것이 문제로 꼽혔다. 김기찬 교수는 "기본적으로 투자가 부족하다 보니 좋은 제품이 나올 수 없고, 제품이 경쟁력이 없다 보니 판매도 부진해 투자할 자금이 더 부족해지는 악순환이 이어지는 것"이라고 분석했다.

특히 카를로스 곤 회장이 최근 르노삼성 부산공장에 1,800억 원을 투자해 닛산의 신형 스포츠유틸리티차량(SUV) 로그 생산을 맡긴다고 한 것에 대해서도 전문가들은 부정적인 시각을 갖고 있다. 김필수 교수는 "위탁생산을 맡아 생산기지 노릇을 하는 것은 단기적인 처방밖에 되질 않는다"면서 "결국 중요한 것은 내수판매를 살리는 일이고, 그러려면 대대적인 연구개발 투자가 필요하다는 것을 르노가 간과하는 것 같다"고 말했다.

르노 그룹이 국내에서 현지화하려는 노력이 부족하다는 것도 문제로 꼽힌다. 르노삼성 관계자는 "르노 또는 닛산 출신의 외국인 임원과 한국인 임직원들 사이에 의사소통이 잘 안되어 답답한 경우가 많다"면서 "식민지 시대가 이런 것이구나 라고 말하는 사람도 있다"고 전했다. 김필수 교수도 "르노가 현지화 노력을 별로 하질 않아 르노삼성 조직 내에서 이질감을 느끼는 직원이 많다"면서 "외국기업의 이미지를 최대한 탈피해 현지화를 해야만 국내시장에서 성공할 수 있을 것"이라고 말했다.

김기찬 교수는 "가장 시급한 것은 뛰어난 신차를 내놔 성공을 하는 것"이라면서 "신제품을 통해 규모의 경제 효과를 보고, 이를 다시 투자하는 선순환 구조가 만들어져야만 르노삼성이 회생할 수 있다"고 말했다. 김필수 교수는 "한 번 떠난 고객이 돌아오는 데는 많은 시간이 걸린다"면서 "틈새 차종을 지속적으로 투입하고 기존 차종도 완전히 바꿔야 르노삼성이 3~4년 안에 회복할 수 있을 것"이라고 말했다.

자료: 조선비즈, 2012. 9. 10

제4절 글로벌전략의 실행

입(G.S. Yip)은 글로벌전략의 필요성을 강조하면서, 이러한 글로벌전략을 수행하기 위한 다음의 <그림 11-5>와 같은 총체적 글로벌전략모형(total global strategy framework)을 제시하였다.

글로벌전략을 수행하기 위해 우선적으로 고려되어야할 점은 먼저 기업과 사업이 글로벌전략을 사용할 수 있는 경쟁적 지위와 자원이 있는가를 평가하는 것이다.

다음으로 고려해할 것은 그 기업이 속해있는 산업이 과연 어느 정도 글로벌화가 되어 있는가를 평가하는 일이다. 즉, 각 산업들은 각기 다른 정도의 글로벌화의 잠재력을

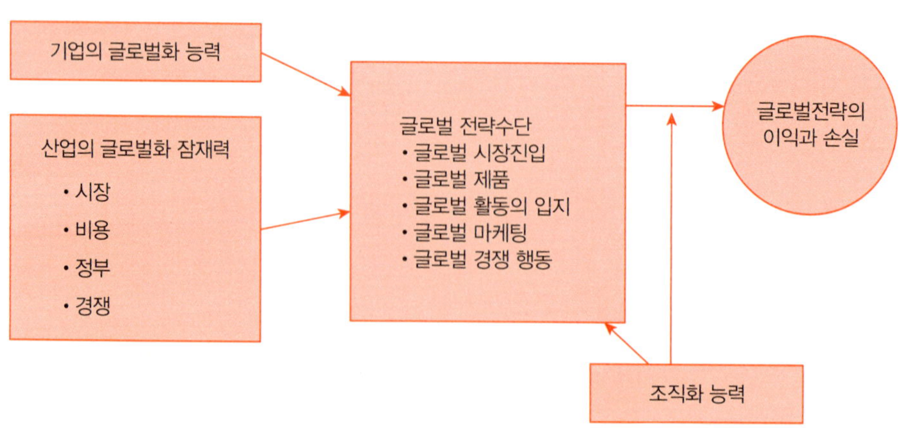

그림 11-5 ● 입(Yip)의 글로벌전략의 틀

자료: G.S. Yip, 상게서, p.31.

지니고 있으므로 각 산업들의 글로벌화의 잠재력을 체계적으로 분석해야만 적절한 글로벌전략의 수립이 가능하게 된다.

이상과 같이 기업의 글로벌화 능력과 산업의 글로벌화 촉진요인을 적절히 평가한 후에는 글로벌전략을 실행할 때 사용하는 다양한 글로벌전략 수단들을 이해하여 적절한 수단들을 선택해야 한다. 다국가전략은 개별 현지국에서의 경쟁우위, 판매, 이익을 극대화함으로써 세계 사업성과의 극대화를 추구하는 전략인 반면, 글로벌전략은 현지국별 사업의 공유 및 통합을 통해 세계 사업성과의 극대화를 추구하는 전략이다. 물론 두 전략의 중간적 위치도 가능하다. 완전히 글로벌화된 전략을 추구하는 기업은 글로벌 시장 참여, 글로벌 제품 및 서비스, 글로벌 활동입지, 글로벌 마케팅, 글로벌 경쟁행동 등 다섯 가지 글로벌전략 수단을 최대한 활용해야 한다.

또한 이러한 글로벌전략 수단들을 실행할 만한 조직의 능력이 있는지를 평가해야 한다. 이를 위해서는 조직이 전략의 실행에 미칠 수 있는 영향력과 역으로 글로벌전략이 조직에 미칠 수 있는 영향력을 고려해야 한다.

마지막으로, 글로벌전략의 실행이 기업에 주는 이익과 손실을 계산한 후 글로벌전략을 실행해야만 한다.

토의자료 11-4

한국기업의 글로벌전략 포인트

대부분의 한국기업들은 글로벌시장의 후발자로서 자원과 브랜드 인지도, 역량 측면에서 선발자인 글로벌기업에 비해 열세의 위치에 있다. 따라서 글로벌화를 전개하기 위해서는 후발자의 이점을 활용하고, 선택과 집중, 현지 밀착, 문화 적응적인 마케팅을 펼쳐야 한다. 또한 학습메커니즘을 구축하고 글로벌 인재육성에 주력해야 한다.

'지구촌(Global Village)'. 30여 년 전 미국의 Marshall McLuhan 교수가 세계시장을 함축적으로 표현한 말이다. 당시에는 조금 생소한 표현이었지만, 오늘날에는 이 용어가 결코 낯설지 않다. 그만큼 우리는 동시화된 세계시장에서 살고 있다. 특히 'IMF 관리체제'는 우리 기업들이 지구촌으로 수렴해 가는 세계화의 위력을 절실히 느끼게 해 주었다.

지구촌에 사는 우리 기업의 과제

지난 해 8월 우리는 IMF 체제를 '졸업' 했지만, 그 과정에서 해태제과, OB맥주 등을 비롯한 수많은 기업들의 주인이 외국인(기업)으로 바뀌었다. 지난 4년간 한국에 진출한 외국인 투자기업의 수는 약 1만 여 개에 이른다고 한다. 또한 과거 보호받던 많은 산업들이 새로운 WTO체제 하에서 개방됨에 따라 이제는 어떤 국내기업들도 숙명적으로 외국기업들과 글로벌경쟁을 해야 하는 현실에 직면해 있다.

이러한 경쟁의 글로벌화는 필연적으로 우리 기업들도 글로벌화 하지 않으면 안 되게끔 요구하고 있다. 우리의 안방을 내어주는 몫만큼을 기업들이 벌충하자면, 그리고 성장을 지속하자면 해외로 눈을 돌리지 않으면 안 되기 때문이다.

그러나 문제는 해외에서의 시장 확보가 그리 쉽지 않다는 점이다. 이미 많은 선진국 기업, 소위 글로벌기업들이 일찍부터 글로벌화를 추진하여 선진국 시장은 물론이고, 개발도상국 시장까지 이미 글로벌경쟁 정도가 상당 수준 이르렀기 때문이다. 따라서 이들보다 상대적으로 글로벌화를 늦게 시작한 우리 기업들로서는 그만큼 불리한 위치에 있기 때문에 이들 기업들과는 차별화된 글로벌전략을 전개하지 않으면 살아남을 수 없게 되었다.

다음에서는 후발기업으로서의 한국기업들이 차별화된 글로벌전략을 전개하기 위해 유의해야 할 점이 무엇인가를 제시해 보려고 한다.

'First Is Beautiful?'

시장에서의 선발기업(First mover)은 여러 가지 선발자의 이점(First mover advantage)을 누릴 수 있다. 예를 들어, 선발기업은 프리미엄 가격(Premium prices)을 향유하며 단위당 낮은 마케팅 비용을 유지할 수 있다. 또 자신의 우월적 지위를 활용하여 새로운 제품 카테고리로의 진입을 용이하게 할 수 있다. 이 때문에 시장에서의 진입 순위는 시장 리더십을 지속하는 주요 요인이 된다.

이러한 선발기업 이점이 발생하는 원천으로는 여러 가지가 있다. 우선 새로운 시장에서 선발기업은 소비자들의 기호 형성에 영향을 주며 자신의 브랜드를 지속적으로 선호하도록 유도함으로써 고객 충성도를 높일 수 있는 유리한 위치를 점할 수 있다. 또한 소비자들은 브랜드 전환 비용이 클 경우 후발기업 브랜드로의 전환보다는 선발기업 브랜드를 지속해서 사용하려는 관성을 갖는 경향이 있기 때문에, 이것도 선발기업 이점의 원천으로 작용한다. 특허권도 원천으로 작용한다. 선발기업은 이를 통해 자신의 기술적 우위를 지속할 수가 있기 때문이다. 선발기업이 갖는 누적된 경험 효과도 낮은 원가를 유지하는 이점을 준다. 마지막으로, 원료 공급, 생산 설비, 유통 등에서의 선점을 통해 선발기업의 우위를 지속시킬 수 있다.

후발자의 이점을 이용하라

그러나 선발기업이 시장에서 항상 유리한 것만은 아니다. 선발기업이 규모의 경제 효과, 경험 효과, 선점 효과 등으로 원가상의 우위를 갖기도 하지만, 이면에는 또 다른 비용이 발생하기 때문이다.

예를 들어, 기술과 시장이 불확실한 상태에서 초기의 과도한 투자는 위험 부담이 크다. 이미 대규모 투자를 한 상태에서는 환경이 바뀐다 해도 신속하게 전환하기 어렵다. 따라서 이런 상황은 선발기업에게 큰 부담으로 작용할 수 있다. 오히려 후발기업들은 선발기업의 실패를 거울삼아 안전한 투자를 할 수 있다는 이점이 있다. 기술과 시장의 불확실성이 해소된 이후에 안전한 투자를 함으로써 환경변화에 유연하게 대처하고 실패 부담을 줄일 수 있다.

또한 후발기업들이 선발기업의 이점을 무임승차(Free-rider) 할 수가 있다. 선발기업이 새로운 아이디어나 기술을 개발했을 때 후발기업은 법이 허용하는 한도 내에서 이의 모방을 통하여 선발기업 만큼의 개발비용을 들이지 않고도 혜택을 볼 수가 있다. 때때로 선발기업이 기존의 우위에 안주하여 혁신을 게을리 하는 타성에 젖을 수 있는 것도 후발기업에게는 기회로 작용한다.

일반적으로 기술 노하우를 가진 기업의 경우에는 학습곡선이나 신제품/신공정 활용을 위해 선점자가 되려고 하겠지만, 마케팅 스킬(skill)을 가진 기업은 다른 기업보다 고객 니즈에 맞춰 주는 능력이 더 있다고 판단하여 오히려 Wait-and-See, 즉 후발자 전략을 추구할 수도 있다.

선발자가 있다는 것이 후발자에게는 큰 도움이 된다. 선발자를 벤치마킹의 대상으로 삼아 자신의 발전 계기로 삼을 수 있기 때문이다. 예컨대, 필리핀의 외식업체인 Jollibee사는 McDonald 사가 자국 시장에 진입하였을 때 그들의 Best practice를 벤치마킹하여 자신의 역량 제고에 활용함으로써 글로벌기업으로 성장하는 밑거름으로 삼았다.

대체적으로 개발도상국 기업들은 글로벌시장에서 후발자의 위치에 있다. 더욱이 자원이나 기술, 사업 역량 모두 글로벌 사업을 전개하기에는 취약한 실정이다. 따라서 개발도상국 기업들은 선발자와 차별화하기 위해서는 이와 같은 후발자의 이점을 잘 활용할 필요가 있다.

글로벌시장 세분화를 하라

통신수단의 발달, 인터넷 보급의 증가, 매스컴의 영향, 교통의 발달에 따른 해외여행의 증가 등은 세계를 하나로 묶는 촉매 역할을 하고 있다. 또한 선진국과 개발도상국간 소득 격차의 축소 및 전반적인 교육수준의 향상은 생활방식과 소비자 기호를 수렴시키는 역할을 하고 있다. 이러한 영향으로 인해 세계시장은 점점 동질화되고 있다.

글로벌기업들은 이러한 추세에 부응하여 소위 '글로벌 제품'을 무기로 하여 '글로벌 고객'을 상대로 '글로벌 브랜드'를 형성해 나가고 있으며, 이런 점에서 선발자의 이점을 향유하고 있다.

그러나 세계는 넓고 빈 곳은 많다. 글로벌기업이라고 해서 모든 지역을 다 커버하고 있는 것은 아니다. 그네들의 자원배분의 우선순위에 따라 관심 밖의 지역이 나타날 수도 있다. 특히 브라질, 인도, 러시아, 동유럽 등 개발도상국, 즉 신흥시장에서 이런 기회가 많이 나타나고 있다. 상대적으로 글로벌경쟁이 덜 치열한 지역에서 선발기업보다 더 나은 제품과 서비스를 제공한다면 시장 확보에 성공할 수 있다.

또한 세계 각 지역을 좀 더 심층적으로 들여다보면 오히려 경제발전에 따라 고객층이 양극화되는 추세를 발견할 수 있다. 예를 들어, 중국의 경우 도시 지역의 평균 소득이 농촌지역의 3.5배에 달하며 인도의 경우에는 1.7배에 달한다. 중남미의 경우 상위 인구 10%가 GDP의 40%를 차지하고 있다. 이와 같이 각 국가 또는 지역별로 양극화 현상이 심하게 나타나고 있다.

이러한 양극화 추세를 잘 들여다보면 나라와 나라 사이, 즉 미국, 일본, 한국, 중국 등에 비슷한 선호도와 소비 패턴을 보이는 고객집단이 존재한다. 마치 하나의 띠처럼 전 세계에 비슷한 선호도와 구매 패턴을 보이는 글로벌고객이 있다. 대표적으로, 말보로 담배나 스카치위스키 등이 여기에 해당된다고 할 수 있다.

이런 점을 감안할 때 이제는 국가별로 시장 세분화를 할 것이 아니라, 전 세계를 대상으로 시장 세분화를 해야 한다. 자원과 역량이 제한되어 있는 개발도상국 기업으로서는 전 세계, 전 시장을 대상으로 할 수는 없다. 따라서 소위 '글로벌 니치(niche)'를 찾아 포지셔닝하는 것이 중요하다. 한 국가를 대상으로 니치를 추구할 때에는 규모의 경제 효과를 얻기가 힘들었겠지만 글로벌 니치를 공략한다면 충분히 규모의 경제를 누릴 수 있을 것이다.

선택과 집중이 필요하다

자신의 사업영역을 명확하게 정의하는 것도 글로벌사업 전개에 있어서 중요한 성공요건이다. 다양한 사업영역 중에서 전부 다 할 것인가 아니면 일부에 전문화 할 것인가는 중요한 결정사항이다. 무조건 고부가가치만을 좇아서 갈 수는 없다. 이는 자신이 처해진 경쟁여건과 역량과 연계되어 결정되어야 한다. 후발자의 위치에 있는 개발도상국 기업들로서는 자원과 역량의 한계 때문에 전부를 영위하기는 어렵다. 전문영역에 집중해서 글로벌시장을 상대로 경쟁해야 한다. 그리고 단계적으로 전문화 영역을 이동/발전시켜 나가야 한다.

현지 밀착형 마케팅을 하라

개발도상국 기업들은 선진기업들에 비해서 글로벌 브랜드 인지도가 낮기 때문에 해외시장 침투에 상당한 어려움을 겪게 된다. 더욱이 마케팅 자원이 한정적이기 때문에 대중을 상대로 한 광범위한 이미지 구축작업을 펼치기가 어렵다. 따라서 선진기업들처럼 매스(mass) 마케팅을 전개하기보다는 점에서 선으로, 선에서 면으로, 면에서 공간으로 확대해 가는 마케팅을 펼쳐야 한다. 특히 고객의 충성도를 높이고 이를 발판으로 점유율을 높이기 위한 현지 밀착형 마케팅 노력이 필요하다.

LG전자가 브라질 모니터시장에서 성공적인 지위를 구축한 사례는 현지 밀착형 마케팅의 중요성을 잘 예시해 주고 있다. LG전자는 1996년까지만 해도 브라질 모니터시장의 점유율이 4%에 불과하였다. Philips(19%), 삼성(24%), TCE(19%)보다 후발진입자로서 LG전자는, 브라질의 높은 관세부담을 해소하기 위해 1997년 초 현지공장을 설립한 이후 줄곧 시장점유율 1위를 차지하고 있다.

LG전자가 브라질 모니터시장에서 이러한 놀라운 성과를 거두게 된 것은 '현지 완결형 공장'을 가동하고, 시장 불량률을 0.5% 미만으로 관리하는 품질 최우선 정책과 현지 밀착형 마케팅을 전개하였기 때문이다.

더욱이 구매일로부터 1년 내 제품에 품질 이상이 있을 경우 고객에게 동급의 신제품으로 무상 교환해주는 '제로 아워 서비스(Zero Hour Service)'와 같은 고객중심 서비스 활동을 꾸준히 펼쳐 브랜드 신뢰도가 더욱 높아졌다.

또한 LG전자는 유통망을 대상으로 'LG Club'을 구성하여 중간 도매상과 소매상들로부터 브랜드 신뢰도를 쌓는 한편, 매월 'LG Day'를 정해 거래선 판매원들과의 우의를 다지는 프로그램을 운영함으로써 브랜드 신뢰도를 쌓아 나갔다.

LG전자는 이와 같은 현지 밀착형 마케팅을 브라질뿐만 아니라 인도, 동유럽, 러시아 등 소위 신흥시장에서 유사하게 실시함으로써 후발진입자로서의 한계를 극복하고 시장지위를 확보해 나가고 있다.

특히 신흥시장은 그 시장 성장과정이나 여건이 우리나라와 유사한 측면이 많기 때문에 국내에서 시장 확보 시에 축적한 고객 밀착 마케팅 노하우를 잘 활용하면 우리 기업들이 직면한 브랜드 인지도의 한계를 잘 극복할 수 있을 것이다.

문화적 측면을 공략하라

국가나 지역마다 독특한 문화를 형성하고 있다. 이런 문화는 오랜 역사적 배경을 갖고 이루어진 것이기 때문에 쉽게 바뀌지도 않을 뿐더러 이해하는 것도 쉽지 않다. 이러한 문화적 특성은 그 문화 속에 상주하는 소비자들의 구매 패턴에 지대한 영향을 준다. 따라서 이러한 문화를 잘 이해하고 문화 적응적인 마케팅을 펼치는 것이 중요하다.

(앞서 보았던,) 미국의 P&G사가 일본진출 초기에 실패한 사례는 문화의 이해가 얼마나 중요한가를 단적으로 증명해 주고 있다. 초기 진입 시 P&G사는 일본시장에 대한 지식이 충분하지 않은 채 과거 다른 시장에서의 성공방식을 그대로 적용하였다. 일본 소비자들이 주로 찬물로 세탁을 하고 있다는 것, 브랜드보다는 메이커를 중시한다는 것 등을 무시하고 냉/온수 겸용 세제를 브랜드 중심으로 광고하였다. 그 결과는 참담한 패배였다. 이후 현지에 R&D 센터를 설립하여 근본적인 소비자 행태부터 조사하고 브랜드보다는 메이커를 중심으로 광고함으로써 시장을 확보해 나갈 수 있었다.

학습 메커니즘을 구축하라

서두에 언급하였듯이, 후발기업이 선발기업에 대해서 가질 수 있는 이점 중의 하나가 벤치마킹을 할 수 있다는 점이다. 그러나 이것이 잘 이루어지려면 조직 내에 학습 메커니즘이 잘 구축되어야 한다. 학습의 대상은 외부 Best practice도 있지만 자신이 글로벌사업을 전개하면서 경험한 지식도 중요한 원천이 될 수 있다. 특히 실패 사례는 중요한 자산이 된다. 그러나 많은 경우 실패 사례는 그 자체의 속성 때문에 사장되기 쉽다. 따라서 이런 귀중한 경험들이 효과적으로 쓰이기 위해서는 조직 내에 이를 지식으로 축적하고 공유/활용할 수 있도록 학습 메커니즘을 구축하는 것이 필요하다. 후발자는 특히 경험 있는 인력이 부족하기 때문에 학습을 통해 해외사업 경험과 지식을 공유하는 것이 중요하다.

LG전자가 개발도상국 기업으로서의 한계를 극복하고 글로벌기업으로 성장할 수 있었던 데에는 글로벌 학습 메커니즘이 큰 역할을 하였다. LG전자가 90년대 초 일본기업과의 품질경쟁, 중국기업과의 가격경쟁의 틈새에서 고전할 때 전사적인 지식창출 활동이 돌파구를 마련해 주었다.

LG전자의 지식경영은 세 단계의 발전과정을 거쳤다. 우선 전사적으로 각 사업 단위별로 혁신을 위한 과제를 도출하고 이를 전문적인 문제해결 기법을 통해 해결해서 성과로 연결시키는 'Super A' 활동을 지속적으로 전개하였다. 이로써 창출된 지식들은 일회성으로 끝나는 것이 아니라 Skill Olympic을 통해서 전사적으로 공유하는 활동을 전개하였다. 뿐만 아니라 사내 지식 포털사이트를 구축하여 온라인으로 언제든지 학습할 수 있는 지식경영 체제를 구축하였다.

이러한 과정을 통해 기술개발, 생산, 마케팅, 서비스 등 전 비즈니스 시스템에 걸쳐 지속적인 혁신활동이 이루어 졌으며, 이는 글로벌 경쟁역량을 제고시키는데 큰 역할을 하였다. 또한 중국을 비롯한 중남미, 인도, 중동, 러시아, 동유럽 등 신흥시장 개척에서도 선행 지역에서의 경험을 공유하고 학습함으로써 해당 지역에서 높은 시장지위를 확보할 수 있었다.

글로벌 인재를 육성하라

후발자의 위치에 있는 개발도상국 기업들이 글로벌전략을 전개함에 있어서 가장 애로를 느끼는 점이 글로벌 인재의 확보이다. 그 동안 주로 내수 위주로 사업을 영위해 온 기업으로서는 해외 현지 환경이나 시장에 익숙한 인재 육성이 제대로 이루어 질 수가 없었다. 그렇다고 해외사업을 완전히 현지인에게만 맡기는 것도 문제의 소지가 있다. 그럴 경우 본사의 글로벌정책 전개가 제대로 이루어지지 않거나 커뮤니케이션의 미흡으로 갈등이 발생할 수 있기 때문이다. 결국 완충 또는 조정역할을 위해서도 본국의 인재파견이 수반되어야 하는 것이 현실이다. 그러나 이러한 글로벌 인재의 육성은 단기간에 이루어지는 것이 아니기 때문에 장기적인 관점에서 정책적으로 관리되어져야 한다.

미국, 유럽, 일본의 글로벌기업들을 대상으로 조사한 바에 따르면, 조사 대상 기업 중 해외 파견인력의 실패율이 10%가 넘는 기업들이 4분의 3을 넘는다고 한다. 이러한 실패는 본인이나 배우자의 현지 적응 실패, 기술적인 능력 결여 등에 주로 기인한다.

이러한 실패를 방지하기 위해서는 우선 해외 파견인력을 잘 선정하여야 한다. 인력선발 시부터 자질과 능력에 대한 엄격한 심사가 있어야 한다. 해외생활에 대한 자신감, 커뮤니케이션과 사교능력, 문화적 이해능력 등이 하나의 기준이 될 수 있다. 또한 현지의 문화, 언어, 업무에 대한 적응훈련을 철저히 시켜야 한다. 이때 본인뿐만 아니라 배우자에 대한 교육을 겸한다면 성공률을 높일 수 있다.

이렇게 훈련받은 인재를 해외에 파견한 후에는 그에 대한 성과측정과 보상방침을 잘 정해야 한다. 특히 해외 파견인력의 평가에 있어서는 평가 주체를 누구로 할 것인가가 어려운 결정사항이다. 그래서 때로는 본사와 현지 관리자가 동시에 평가하는 경우가 있는데, 이때 서로 평가하는 기준이 다를 수 있다. 예를 들어, 현지에서는 현지 업무수행 능력을 중심으로 평가하고, 본사에서는 현지 활동이 본사의 전략과 얼마나 일치하느냐에 더 중점을 둘 수 있다. 이럴 경우 당사자는 공정한 평가를 받고 있지 못하다는 인식을 하게 될 것이다.

급여수준도 본사의 수준에 맞출 것인가, 현지의 수준에 맞출 것인가에 있어서 마찬가지 문제를 야기시킨다. 일반적으로는 본국에서의 급료 수준에다가 현지 근무에 대한 보상, 현지 생활을 위한 보조 등을 감안하여 결정한다. 그러나 성과측정이나 보수수준 결정에 있어서 무엇보다도 중요한 것은 동기부여가 될 수 있도록 방침이 정해져야 한다는 것이다.

마지막으로, 해외 파견인력이 장기간 근무를 마치고 귀환했을 때 재적응할 수 있도록 지원해 주는 것도 중요하다. 간혹 귀환후의 관리가 제대로 안되어서 해외경험과 무관한 부서에서 근무하게 되거나 오랜 해외근무로 인해 본국 문화에 제대로 적응하지 못함으로써 직장을 떠나게 되는 경우가 종종 있다. 이런 사태를 방지하기 위해서는 귀환후의 적응 프로그램을 마련해 두는 것이 필요하다. 글로벌 인재의 육성도 중요하지만 이들을 유지하는 것이 더 중요하기 때문이다.

선발자를 뛰어 넘는 길

개도국 기업들은 대체적으로 글로벌시장에서 후발자에 속한다. 시장에서의 선발자는 많은 이점을 가진다. 그러나 이면에는 앞에서 언급했듯이 불리한 점도 있다. 이는 후발자에게는 하나의 기회요인이 될 수 있다. 특히 지속적으로 강조하건데, 선발자를 벤치마킹할 수 있다는 점이 그것이다. 때문에 자신을 학습조직으로 만드는 것이 중요하다. 또한 후발자로서의 위치와 한계를 잘 간파하고 이를 극복하는 방향으로 자원을 집중하여 글로벌전략을 전개해 나가는 것이 필요하다.

'지속적인 경쟁 우위(Sustainable Competitive Advantage)의 확보', 이는 전략을 고민하는 사람들의 공통적인 화두이다. 그러나 과연 지속적이란 것이 존재할 수 있을까? 끊임없이 변화하는 환경 속에서 과거의 성공요인이 현재의 성공요인이 될 수 없듯이, 오늘의 성공요인이 미래의 성공요인이 될 수 없다. 그래서 혹자는 오히려 '일시적인 경쟁 우위(Temporary Competitive Advantage)'라고 표현하는 것이 옳다고 주장한다. 그렇기 때문에 더 중요한 것은 우위요인이 무엇이냐가 아니라 이를 확보하는 방법을 습득하고 있느냐라는 것이다. 그래야만 '일시적인 우위'를 지속적으로 창출할 수 있기 때문이다. 바로 이것이 글로벌시장에 후발자로 뛰어드는 우리 기업들이 선발자를 뛰어넘는 길임을 명심해야 한다.

자료: 홍덕표 (2002), 주간경제 658호, LG경제연구소, 2002. 1. 16.

주요용어

글로벌전략, 범세계화(globalization), 현지화(localization), 글로컬라이제이션(glocalization), 부가가치사슬, 통합-대응(Integration-Responsiveness) 모델, 부가가치활동의 배치와 조정모델

연습문제

1. 우리나라 기업의 바람직한 글로벌전략에 대해 설명하시오.
2. 주요 글로벌전략의 모델들을 비교 · 설명하시오.

참고문헌

KOTRA 상하이무역관 (2009), 「[M&A] BEST BUY, 중국 가전연쇄점 100% 인수완료, KOTRA.

KOTRA 다롄무역관 (2011), 「BEST BUY, 중국 매장 폐쇄 7개월 만에 재개업 선언」, KOTRA

KOTRA 칭다오무역관 (2015), 「중국 소매업 최신동향」, KOTRA

Porter, M. E. (1986), Competition in Global Industries: A Conceptural Framework, in M. E. Porter (ed.), *Competition in Global Industries*, Harvard Business School Press.

Roth, K. & Morrison, A. J. (1991), An Empirical Analysis of the Integration-Responsivesness Framework in Global Industries, *Journal of International Business Studies* 21(4), 541~564.

Yip, G. S. (1992), *Total Global Strategy*, Prentice Hall, Inc., (국제경영연구회 역 (1994), 「국제화 시대의 세계경영전략」, 김영사.

국제경영연구회 (2002), 「국제경영」, 문영사.

국제섬유신문, 베스트 바이 중국시장에서 철수, 2014년 12월 8일자.

김용식 (2008), '글로콜라이제이션 (Glocalization),' POSRI.

매일경제신문, 일본서 체면구긴 P&G...왜?, 2011년 4월 9일자.

매일경제신문, 변신 시도하는 커피명가 스타벅스, 2011년 9월 2일자.

이투데이, [CEO 리포트] 中 공략, 베스트바이만큼만 해라, 2012년 6월 19일자.

장세진 (2006), 「글로벌경영」, 박영사.

전용욱 (2004), 「국제경영」, 문영사.

전자신문, 'IT-UP 클로컬로 혁신을 주도한다', 2011년 3월 9일자.

조선비즈, '글로벌전략 없는 르노그룹 경영실패가 원인', 2012년 9월 10일자.

중앙일보, 미국 베스트바이 중국서 간판 내린다, 2011년 2월 24일자.

중앙일보, 베스트바이 중국 철수: 중국 과연 블루오션인가, 2011년 5월 19일자.

CHAPTER 12

해외직접투자의 이익과 비용

학습목차

제1절 다국적기업과 세계경제
제2절 외국인직접투자에 대한 다양한 시각
제3절 외국인직접투자와 현지국 경제
제4절 해외직접투자와 투자국 경제

학습목표

다국적기업이 취하는 해외직접투자전략에 따라 이를 유치하는 현지국과 실행하는 투자국은 각기 상이한 이익과 비용을 경험한다. 본 장에서는 다국적기업의 직접투자로 인해 현지국과 투자국 경제가 겪게 되는 영향에는 무엇이 있는지를 집중적으로 살펴보고자 한다. 구체적으로 이를 알아보기 전에 우선 다국적기업과 세계경제간의 관계와 이를 바라보는 견해에 대한 시각 차이를 알아보고자 한다.

도입사례 12-1

앨라배마의 현대자동차

"땅도 세금도 공짜" 파격 인센티브

"현대자동차는 오늘부터 우리 가족이 됐습니다. 앨라배마는 온 가족이 새 신부(新婦)를 맞는 기분으로 현대차를 환영합니다." "미국에 있는 친구들에게 전화를 걸어 모두 현대차를 사라고 하겠습니다."

지난달 16일 미국 남동부 앨라배마주(州) 몽고메리시(市)에서 열린 현대차 공장 기공식에서 단 시글먼 주지사는 어린아이처럼 기뻐했다. 현대는 왜 앨라배마로 갔을까? 켄터키 등 6~7개 주들과 경합을 벌인 앨라배마주가 현대차 공장을 유치하는데 성공한 비결은 상상을 초월하는 파격적인 인센티브를 제시했기 때문이다.

- 치열했던 유치 경쟁 = 앨라배마주가 현대차에 관심을 가진 것은 지난해 9월부터였다. 켄터키 · 테네시 · 조지아 등 6~7개 주의 주지사들이 현대차 공장을 유치하기 위해 서울을 다녀왔다는 소식이 전해진 후 뒤늦게 유치경쟁에 뛰어들었다.

앨라배마주가 이처럼 파격적인 인센티브를 제공하면서 현대차 유치에 나선 것은 주의 경제력을 키우고 주민 소득을 높이기 위해서다. 농업이 주된 산업인 앨라바마주 주민의 1인당 소득은 미국의 50개 주가운데 최하위 권에 머물고 있다. 단 시글먼 주지사는 "현대차 공장을 설립하면 2005년까지 6,000개의 새로운 일자리가 생기고 앨라배마주가 얻는 경제적인 효과는 약 2억8,000만 달러에 이른다"고 설명했다.

자료 : 조선일보, 2002년 5월 7일자 기사

1. 현대자동차 투자유치의 성공요인

1) 파격적인 재정적 투자유인

• 공장부지의 무료제공

미국 앨라배마 주 몽고메리 시에 위치한 시가 3,750만 달러에 달하는 공장부지 210만평을 1달러에 소유권을 현대자동차에 이전하였다. 무상으로 제공하지 않고 1달러에 판매한 것은 무상증여세를 회피하기 위한 몽고메리시의 배려였다.

• 인프라제공

고속도로에서 공장부지까지 놓여있던 협소한 기존 도로를 4차선으로 확장하였고 도로명도 "현대대로"로 바꾸었다. 농지를 공장부지로 변경하면서 새롭게 공장안까지 철도를 연장했고, 상/하수도, 가스, 전기, 전화, IT 시설 등 각종 인프라를 주 정부 비용으로 설치하여 주었다. 공장의 안전과 치안을 위해 공장 인근에는 새롭게 소방서와 경찰서를 개설하였다. 이러한 인프라 제공에 총 4,720만 달러가 소요되었다.

- **직업훈련 실시**

주 정부는 현대자동차의 요구에 맞추어 직업훈련 시설을 건립하여 자동차 생산시설에서 일할 종업원을 선발하는 일과 이들에게 직업훈련을 실시하는 일을 맡았다. 이를 위해 총 6,180만 달러의 예산이 배정되었다.

- **광고 지원**

주 정부는 2년간 신문과 TV에 게재하는 현대차 광고를 지원하는데 총 1,000만 달러를 제공하기로 하였다.

- **세금감면**

주 정부와 시는 자동차를 대량생산하는 시점부터 20년간 법인세와 지방세를 감면해 주기로 하였고 공장전체를 보세지역으로 지정하여 관세를 감면해주었다. 또한 각종 인허가 비용과 기업지역세를 면제해 주기로 하였다. 이로부터 발생하는 총 감면액은 9,350만 달러에 달하는 것으로 추정되었다. 이에 따라 현대자동차 미국 생산법인이 받은 인센티브 총액은 약 2억 5,000만 달러에 달아는 것으로 평가되었다.

2) 행정적 투자유인

- **몽고메리시에 현대가족 지원부서 신설**

몽고메리시는 현대차 파견 직원을 위해서 '현대가족지원부서'를 신설하였다. 이 부서의 직원들은 아예 현대자동차에 상주하면서 현대차 직원 가족의 애로사항을 즉석에서 해결해준다. 예컨대, 주택 구입부터 전기, 가스, 물 상하수도, 쓰레기 수거 등 공공시설 신청을 대행해 주고, 자녀들이 스쿨버스를 타는 것까지 도와준다.

- **토지소유권 이전을 위한 행정 편의 제공**

주 정부는 원래 외국인에게 토지소유권 이전을 금지하고 있던 주 헌법을 개정해 부지를 마련해주었다. 농지였던 토지를 공업용지로 바꾸어 주었고, 몽고메리시 외곽에 있던 부지 중 일부를 시로 편입시켰고, 지번도 현대차의 울산공장과 같은 700번지로 바꾸었다. 한국 본사와 미국 자회사 간의 우편물 소통을 원활하게 하기 위한 배려이다.

- **노조활동의 제한**

외국기업을 유치하기 위해 주 정부가 노조활동을 자제시키고 있다. 현대자동차 앨라배마 공장에도 노조 설립을 당분간 금지하였다. 현대차가 미국공장설립 계획을 발표한 것은 2002년, 현대차는 당시 미국 내 자동차 판매 상위 10대 메이커 중 유일하게 현지공장이 없었다. 한 해 1,500만대가 팔리는 세계 최대의 시장에서 현지공장 없이는 현대차가 사활을 걸고 추진 중인 '글로벌 5' 진입이 불가능 했다. 현대차가 미국에 현지공장을 건설한 이유이다. 앨라배마주의 몽고메리시를 선택한 것은 재정적, 행정적인 측면에서의 파격적인 투자유인이 큰 역할을 하였다. 현대자동차의 공장부지 210만 평은 당초 6명이 공유하고 있던 목장이었다. 현대자동차가 10억 달러를 투자하는 대신 각종 인센티브로 돌려받은 금액은 약 2억 5,000만 달러가 넘는다. 주 정부는 2억 5,000만 달러 상당의 투자유인을 제공하지만 현대자동차 공장이 확장될 경우 5,000여 개의 일자리와 함께 연간 2억 달러가량의 경제효과가 발생한다. 현대자동차와 동반 진출하는 200여 개의 부품업체가 3,000여 개의 일자리를 추가로 만들게 되는 것이다. 몽고메리 시의 이와 같은 투자유인은 현대자동차에게만 제공된 것은 아니다. 앨라배마 주는 독일의 메르세데스-벤츠와 일본의 혼다 공장을 유치하면서 일자리 창출 규모에 따라 각각 2억 5,000만 달러와 1억 5,800만 달러를 인센티브로 제공하였다.

질문:

1. 앨라배마 주가 현대자동차의 투자를 유치하기 위해 많은 지원과 노력을 아끼지 않았던 이유는 무엇인가? 현대자동차를 유치함으로써 앨라배마 주가 얻게 되는 경제적인 이익은 무엇인가?
2. 반면 현대자동차가 미국으로의 투자를 결정했던 이유는 무엇이라고 여겨지는가?
3. 현대자동차가 캐나다나 멕시코 대신 미국을 투자처로 결정한 이유는 무엇이라고 판단하는가?
4. 앨라배마 주의 입장에서, 현대자동차가 앨라배마 주에 투자함으로써 겪게 되는 잠재적 문제 혹은 비용은 무엇인가?

제1절 다국적기업과 세계경제

1. 다국적기업의 세계경제에 미치는 영향

다국적기업이 세계경제에 미치는 영향은 긍정적이든 부정적이든 점점 증대되고 있는 것은 누구나 부인할 수 없는 사실이다. 이에 세계경제에 미치는 다국적기업의 영향을 구체적으로 살펴보기로 한다.

1) 세계경제의 글로벌화 주도와 국제 분업체제의 확립

세계무역 보다도 훨씬 빠르게 증가하고 있는 해외직접투자는 국제생산체제의 발달을 가져왔고, 다국적기업에 의한 국제생산규모는 세계전체 무역규모를 상회하고 있다. 이에 따라 전통적인 국민경제의 개념은 퇴색되고 다국적기업이 주도하는 세계경제의 글로벌화 추세 속에서 재화와 자본뿐만 아니라 생산 활동 그 자체가 국가 간에 자유롭게 이동하여 역동적인 세계경제 발전의 원동력이 되고 있으며, 세계경제의 통합을 촉진하여 명실상부한 글로벌경제가 형성되고 있다.

이러한 다국적기업에 의한 해외직접투자는 생산체제를 국제적으로 분업화시키는 역할을 수행하기도 한다. 즉, 선진국은 서비스업 및 기계, 첨단산업 등에 특화하고, 중진국은 중화학공업, 조선 등의 산업에 특화하며, 후진국은 신발, 섬유, 가전제품의 조립 등의 산업에 특화하는 생산체제로 이행함으로써 국제적인 분업체제를 구축하게 된다.

UNCTAD의 보고서에 의하면, 다국적기업들은 2008년 말 현재 82,000여개에 이르고 이들에 의한 국제 생산 활동은 세계 GDP대비 11%에 이르고 있다. 세계경제의 글로벌화를 주도하고 있는 다국적기업의 위상은 80년대 이후 급속히 강화되고 있다. 예를 들어, 다국적기업이 고용하고 있는 종업원의 수는 이제 8천만 명이 넘으며, 최근 미국 및 유럽발 금융위기에도 불구하고 2010년 말 현재 이들의 자회사가 보유하고 있는 자산규모는 57조 달러에 육박하고 있다. 해외직접투자(FDI)의 스톡은 세계적으로 2010년 19.1조 달러에 이르고 해외자회사의 매출은 약 33조 달러, 그리고 부가가치생산은 6.6조 달러를 상회하고 있다. 특히 다국적기업의 해외자회사가 시현한 수출액은 1990년 1.5조 달러에서 2010년 6.2조 달러로 증가하여 그 성장률이 전년대비 1990년 8.6%에서 2010년 18.6%로 급증하였다.

2) 세계후생증대와 기술혁신의 주도 및 기술이전의 전도자

다국적기업은 해외의 최적생산 거점에 자본을 이동시켜 생산 활동을 함으로써 세계적 차원에서 자원의 최적배분을 달성한다. 해외직접투자를 통해 자본의 한계생산력이 낮은 국가에서 높은 국가로 자본을 이동시켜 결과적으로 세계적인 자본생산성 및 세계후

표 12-1 ● 세계경제에서 차지하는 다국적기업의 위상 추이

	가치 (10억 달러)					성장률 (%)				
	1990	05~07 평균	2008	2009	2010	91~95	96~00	01~05	2009	2010
FDI 유입	207	1,472	1,744	1,185	1,244	22.5	40.1	5.3	-32.1	4.9
FDI 스톡	2,081	14,407	15,295	17,950	19,141	9.4	18.8	13.4	17.4	6.6
다국적기업 해외자회사 매출	5,105	21,293	33,300	30,213	32,960	8.2	7.1	14.9	-9.3	9.1
다국적기업 해외자회사 부가가치	1,019	3,570	6,216	6,129	6,636	3.6	7.9	10.9	-1.4	8.3
다국적기업 해외자회사 수출	1,498	5,003	6,599	5,262	6,239	8.6	3.6	14.7	-20.3	18.6
세계 GDP	22,206	50,338	61,147	57,920	62,909	6.0	1.4	9.9	-5.3	8.6

자료: UNCTAD (2011), 「World Investment Report」, Geneva: United Nations.

생의 증대를 가져온다. 그리고 해외직접투자를 행하는 다국적기업은 최적생산거점에 자원을 집중 배치하여 세계적 규모에서 대량생산체제를 구축함으로써 규모의 경제를 실현할 수 있다. 따라서 소비자는 보다 양질의 상품을 싼 값에 구입할 수 있으므로 많은 소비자잉여의 증대를 가져온다.

또한 다국적기업은 세계기술의 혁신을 주도하고 있고, 해외직접투자를 통해 해외시장에 진입함으로써 혁신된 기술을 현지국에 전파하는 기술이전의 전도자 역할을 하고 있다. 특히 다국적기업들은 대규모 투자가 필요하고 투자 리스크가 높은 의약 및 첨단 산업분야에서 기술혁신을 주도하고 있다.

3) 국제협력에 공헌

다국적기업이 해외시장에 진출하여 현지국 정부와 동반자적 관계를 형성할 경우 현지국 정부와 본국정부 간 관계개선도 도모할 수 있으며, 국민적 차원에서도 인적교류의 확대를 통하여 상호간의 문화적 이해와 국가에 대한 인식을 달리할 수 있다.

2. 다국적기업의 행동에 관한 국제적 규제

다국적기업의 행동에 관한 국제적 규제에는 국제상업회의소(ICC)의 「국제투자에 관한 지침」, 경제개발협력기구(OECD)의 지침, 유엔(UN)에서의 규제, 세계은행(World Bank)의 가이드라인, 국제투자보증기구(MIGA)의 지침, ILO의 3자선언, WTO의 무역관련투자협정(TRIMs) 및 서비스 일반협정(GATs) 등이 있는데, 이 중에서 중요한 몇

가지만 살펴보기로 한다. 마지막으로, 이러한 국제적 규제에 대한 종합적 평가를 내리도록 한다.

1) 국제상업회의소(ICC)의 「국제투자에 관한 지침」

국제상업회의소는 다국적기업의 해외직접투자에 대한 폐해를 줄이기 위해 1968년에 행동지침을 작성하기 위한 작업에 착수하여 1972년 「국제투자에 관한 지침(Guidelines for International Investment)」을 발표하였다.

ICC의 동 지침은 다국적기업이 보다 안정된 투자환경 하에서 활동할 수 있도록 투자정책, 소유, 경영, 재정, 금융정책, 노동정책 등의 제 분야에서 투자가, 투자국 및 현지국 정부에 관한 권고를 담고 있다. 동 지침은 특히 국제법 원칙을 준수할 것을 강조하고 있으며 다국적기업에 대해서는 현지국의 경제 · 사회적 목표를 존중할 것을 요청하고 있다.

2) 경제개발협력기구(OECD)의 지침

경제개발협력기구는 다국적기업에 대한 지침에서 다국적기업에 대한 평가, 행동지침 설정의 목적, 다국적기업에 관한 국제협력, 행동지침의 법적 성격 및 적용대상 등을 규정하고 있다. 본문에서는 일반적 지침에 이어 정보공시, 경쟁, 재무, 과세, 공용과 산업관계, 과학 및 기술 등의 개별지침을 포괄적으로 규정하고 있다.

OECD의 지침은 다른 회원국 기업을 자국기업과 동등하게 대우하는 한편 그들과 체결한 모든 계약을 준수할 것을 규정하고 동시에 국제법에 따른 대우도 보장하고 있으며, 이외에도 OECD 회원국 정부의 방침과 목표에 대한 고려, 경제 · 사회적으로 피투자국에 대한 우선권 고려, 뇌물제공 및 정치적 기부나 간섭금지의 내용을 담고 있다.

3) 유엔(UN)에서의 규제

1970년 10월 제25차 UN총회에서 제2차 UN개발의 10년을 위한 국제개발전략(UNDD II)을 선언하여 천연자원에 대한 항구주권, 기술이전, 제한된 상관행에 관한 결의가 있었다. 1974년 UN에서 채택된 '신국제질서 수립선언 및 행동계획'은 무역 및 국제 통화문제, 공업화와 기술이전, 천연자원의 항구주권, 그리고 다국적기업과 개도국간의 협력 등을 담고 있다. UN은 이어서 '제 국가의 경제권리 의무헌장'을 채택하고, 이 헌장의 제2장에서 항구주권, 민간투자, 다국적기업의 활동규제 사항 등을 규정하고 있다.

그리고 1988년 UN의 다국적기업센터는 '다국적기업의 국제적 행동기준' 초안을 작성하였다. 초안의 구성은 서문, 다국적기업의 활동, 다국적기업의 대우, 정부 간 협력, 행동규약의 이행 등 총73개 조항으로 이루어져 있고, 다국적기업의 국가주권 및 내국법 존중, 부패관행의 근절을 요구하고 있다. 그리고 현지국의 국유화는 적법한 절차에 의해 이루어질 것을 요구하고 있다.

4) 다국적기업에 대한 국제적 규제의 평가

UN을 포함한 많은 국제기구에서 제시된 다국적기업에 대한 국제적 규제는 하나의 선언적 규범으로서 의의가 있으나, 근본적으로 한계를 지니고 있다. 국제기구에 의해 제시된 행동규범들은 일반적으로 혹은 특정이슈에 대해 다국적기업이 따라야할 최소한의 행동지침을 제시함으로써 다국적기업에 대한 각국의 독자적 규제를 어느 정도 통일화시키자는 목적을 갖고 있으나, 그 실행에는 현실적으로 많은 제약을 받고 있다. 무엇보다도 이러한 행동규범들은 그 성격상 다국적기업이나 현지국 정부 양자에게 구속력을 갖지 못하는 자발적 지침에 불과하다는 점에서 그 실효성이 의문시되고 있다. 또한 이러한 규범들은 모든 이해 당사자들의 욕구를 동시에 충족시켜야 하기 때문에 대부분의 경우 그 규정이 일반적이고 애매하기 쉽다. 따라서 앞으로 이러한 문제점을 해결하여 보다 실질적인 구속력이 있는 국제적 규범의 확립이 필요하다.

토의자료 12-1

"급속한 해외생산 확대, 한국경제 잠재력 잠식"

국내기업의 해외현지생산이 빠르게 확대되면서 향후 국내경제에 악영향을 줄 수 있다는 분석이 나왔다.

19일 한국은행 산업분석팀 이은석 과장 등이 발표한 보고서에 따르면, 2006년 이후 국내 제조업의 해외직접투자가 크게 늘고 해외현지생산의 비중이 상승하면서 이 같은 추세를 보이고 있다고 밝혔다.

실제로 우리나라 제조업체의 해외 현지생산 비중을 살펴보면, 2005년 6.7%에서 2010년 중에는 16.7%로 2배 이상 높아진 것으로 추정된다. 일본의 경우, 해외 현지생산 비중이 10%포인트 정도 높아지는데 약 10년 이상 소요된 것에 반해, 우리나라는 그 절반인 5년 정도가 소요돼 그 속도가 훨씬 빠르다는 분석이다.

때문에 이 같은 생산비중의 확대는 필연적으로 생산자재와 인력의 현지화를 불러와 특히 수출과 고용에서 국내 유발효과를 잠식한다는 지적이다.

이와 관련 이은석 과장은 기업의 해외현지법인이 빠르게 적응하면서 생산에 필요한 원부자재의 국내조달 비중보다 현지조달 비중이 높아질 것으로 전망하고 있다.

현재까지는 해외현지법인이 국내기업과의 수직적 교역을 통해 해외현지생산에 의한 수출 유발액이 수입 유발액을 상회하지만 갈수록 국내기업에 대한 의존도가 줄어들고 있어 해외현지생산 확대에 따른 수출증대 효과가 약화될 것이라는 주장이다.

국내투자와 고용과 관련해서도 대기업의 경우 해외현지생산 확대가 국내투자 및 고용을 줄이는 방향으로 작용하지 않았으나, 중소기업의 국내투자 및 고용에는 부정적 영향을 준 것으로 판단됐다.

실제로 DID(Difference-in-Differences)모형을 추정, 국내기업과 해외현지생산 기업을 비교한 결과, 해외현지생산 중소기업의 유형 자산 및 종사자수 수준이 국내 중소기업에 비해 각각 18.7% 및 9.3% 낮은 것으로 분석됐다.

패널분석모형을 이용한 투자 및 고용 행태식의 추정에서도 해외현지생산 중소기업의 유형 자산 및 종사자수 증가율이 각각 2.4%포인트 및 1.6%포인트 낮은 것으로 나타났다.

때문에 이은석 과장은 제조업체의 해외현지생산 확대가 중소기업의 국내투자 및 고용에 부정적 영향 등이 나타나고 있다는 점을 주목해 향후 해외현지생산 확대가 국내 제조업 기반 및 성장 잠재력 약화로 이어지지 않도록 정책적 대응이 필요하다고 조언했다.

자료: 이투데이, 2012. 7. 19

제2절 외국인직접투자에 대한 다양한 시각

외국인직접투자에 대한 시각은 FDI에 대해 적대적인 '비우호적 사회주의 시각'과 철저히 자유주의적 경제원칙에 충실하고자 하는 '자유 시장 경제적 시각', 그리고 그 사이의 절충적 시각을 갖고 있는 세 가지 관점으로 정리된다. 따라서 '비우호적 사회주의 시각'은 해외에서 유입되는 외국인직접투자를 반대하고 거부하며, 이와 달리 '자유 시장 경제적 시각'은 직접투자가 경제성장으로 가는 지름길로 판단하여 절대적인 지지를 보내는 반면, 두 시각의 절충적 견해를 갖고 있는 실용적 국가주의는 외국인직접투자가 장점뿐만 아니라 단점도 있음을 인정함으로써 보다 바람직한 방향으로의 공헌을 모색한다.

1. 비우호적 사회주의 시각

외국인직접투자에 대한 '비우호적 사회주의 시각'은 마르크스(K. Marx)의 정치경제 이론에 그 뿌리를 두고 있다. 이 시각은 다국적기업을 제국주의 관점에서 바라봄으로써 외국인직접투자가 이루어 졌을 때 다국적기업은 투자를 받아들인 국가의 이익을 철저히 배제하고 착취하는 집단으로서 이해한다. 즉, 다국적기업이 영업활동을 영위하는 과정에서 발생한 이익을 투자를 유치한 국가에 재투자 하지 않고 본국으로 가져감은 물론, 주요 기술은 이전하지 않고, 중요한 직책에는 현지인보다는 외국인을 고용함으로써 결국 외국인직접투자가 활성화 될수록 다국적기업이 속한 선진국 경제에 필연적으로 예속될 수밖에 없다는 논리를 편다. 따라서 이 견해에 의하면, 그 어떤 국가도 외국인직접투자를 허용하지 말아야 하며, 이미 존재하는 외국인투자기업은 즉시 국유화 할 것을 주장한다.

사실 이러한 사회주의적 시각은 1989년과 1991년 사이 공산주의가 붕괴되기 전까지 1945년부터 1980년까지 세계경제의 흐름을 주도하였다. 당시 많은 동유럽 국가들은 외국인직접투자에 대해 비우호적이었으며, 캄보디아나 쿠바와 같은 다른 공산주의 국가들도 외국인직접투자를 적대시 하였다(비록 중국은 1970년대부터 조금씩 문호를 개방하기 시작했지만). 더욱이 제2차 세계대전 이후 독립을 쟁취한 많은 아프리카 국가들 또한 사회주의적 정부견해를 표방하였으며, 이들 국가들 보다 더욱 급진적 입장을 취했던 이란, 인도와 같은 국가들은 외국인직접투자의 유입을 철저히 제한하는 정책을 채택하였고 다수의 외국기업을 국영기업화 하였다. 특히 이란의 이슬람 정부는 다국적기업에 의한 직접투자를 제국주의의 도구로 간주하였다.

그러나 1980년대 말경까지 사회주의적 입장은 세계의 거의 대부분 국가에서 자취를 감추었다. 이러한 견지의 급격한 퇴보는 아마도 세 가지 이유에 의해 비롯된 듯하다. 그 첫 번째 이유는 동유럽 지역에서의 공산주의의 몰락이며, 두 번째 이유는 사회주의적 입장을 취했던 대부분 국가들의 경제성장률은 형편없었던 반면, 자본주의를 채택했던 국가들, 예를 들어 싱가포르, 홍콩 그리고 타이완 등의 경제는 높은 성장을 시현함으로써 이들 국가들의 서로 다른 모습이 확연히 대비되었고, 세 번째는 이로 인해 외국인직접투자가 기술발전, 고용 그리고 경제성장의 주요 근원이 될 수 있다는 인식의 전환에서 찾아볼 수 있을 것이다.

하지만 여전히 외국인직접투자에 대해 비우호적인 의견을 갖고 있는 국가들이 상당수 존재하고 있다는 점에 주목할 필요가 있으며, 이들의 부정적 태도를 경감시키기 위해서는 다국적기업들이 보다 더 적극적으로 현지국 경제에 기여할 수 있는 방안을 모색하고 기업의 사회적 책임활동에 충실히 노력할 필요가 요구된다.

2. 자유 시장 경제적 시각

자유 시장 경제적 시각은 아담 스미스(A. Smith)와 데이비드 리카르도(D. Ricardo)의 고전경제학 및 국제무역이론에서 그 뿌리를 찾을 수 있다. 모든 국가는 그들이 가장 효율적으로 생산할 수 있는 재화와 서비스의 생산에 특화해야 한다는 비교우위이론에 따라 국제생산이 국가 간 분배 되어져야 한다고 주장하는 자유 시장 경제적 시각은, 따라서 다국적기업이야말로 재화와 서비스의 생산을 세계에서 가장 효율적인 지역에서 행해지도록 촉진하며, 그로 인해 세계경제의 효율성을 증가시키는 집단으로 이해한다.

1980년대 중반 퍼스널 컴퓨터의 조립부품 시설을 미국으로부터 멕시코로 이전하였던 IBM의 경우를 생각해보자. 당시 IBM은 총 9억 달러를 투입하여 매년 10만대의 PC를 생산할 수 있는 조립부품 시설을 멕시코로 이전하였으며, 최종 완제품의 75%를 미국으로 역수출하였다. 자유 시장 경제적 시각에 의하면, 이러한 직접투자는 '멕시코가 상대적 비교우위를 가지고 있는 노동력 부문과 미국이 가지고 있는 비교우위, 즉 컴퓨터 소프트웨어 디자인, 고부가가치 부품의 제조, R&D 등을 서로 조합함으로써 세계경제의 자원 활용에 대한 효율성을 제고시켰다'라고 이해한다. 또한 이러한 직접투자로 인해 미국 내에서 컴퓨터가 생산 되어졌을 때보다 가격이 하락함으로써 소비자들이 누릴 수 있는 경제적 이익도 증가하였으며, 멕시코 또한 IBM이 이전하는 기술과 자본을 획득할 수 있는 계기가 마련되었다. 이와 같이, 사회주의적 견해와는 달리 자유 시장 경제적 시각은 외국인직접투자로 인해 이전되는 자원으로 인해 직접투자를 수혜 받는 국가의 경제가 견인 되어질 수 있다고 주장한다.

이러한 이유들로 인해, 최근 자유 시장 경제적 시각은 주류의 위치를 차지하고 있으며, 자국으로의 직접투자 및 국외로 향하는 직접투자를 제한하였던 장애물들이 모두 제거되고 있는 것이 작금의 세계적인 추세이다. 그 대표적인 예로, 흔히 한국이 언급된다. 한국은 과거 외국인직접투자에 대해 비우호적이었던 국가들 중 하나로 일반적으로 알려져 있었으나, 1990년대 중반부터 자국으로 유입되는 직접투자를 제한하였던 규제들을 획기적으로 폐지한 바 있다.

최근 국제기구에서 편찬한 자료들에 의하면, 외국인직접투자에 호의적인 환경을 조성키 위하여 각국에선 자국의 규제를 완화하거나 관련 법규를 폭넓게 수정하고 있으나, 실제 세계 어느 국가도 완전한 자유 시장 경제적 조치를 취하고 있진 않다. 외국인직접투자에 대해 가장 넓게 문호를 개방하고 있는 국가들 중 하나로 여겨지고 있는 미국과 영국에서 조차도 정치적인 이유로 인하여 특정국가(예를 들어, 쿠바나 이란)에 대한 자국기업의 투자를 제한 한다거나, 항공이나 방송 산업과 관련된 기업에 대한 외국인 인수에 대해서는 일정 부분 정부가 개입하는 경향을 보인다.

3. 실용적 국가주의 시각

현실 속에선 많은 국가들이 외국인직접투자에 대해 일방적으로 사회주의적 정책이나 순수 자유 시장 경제적 정책을 채택하고 있진 않으며, 아마도 실용적 국가주의라는 단어로 가장 잘 표현될 수 있는 대안을 채택하고 집행한다. 이 실용적 국가주의 관점은 외국기업에 의해 자국에 직접투자가 행해지는 경우, 얻을 수 있는 이익과 더불어 비용 또한 존재한다는 사실을 인정한다는 점에서 사회주의적 견해나 자유 시장 경제적 시각과는 근본적으로 차이가 있다. 즉, 외국인직접투자가 이루어질 경우, 투자주체인 다국적기업들은 현지국 내에서 영업활동을 영위하기 위하여 그들의 자본, 지식, 기술 등을 본국으로부터 가지고 오고 따라서 고용의 기회를 창출하는 반면, 이러한 이익들은 종종 비용 또한 수반하고 있다. 이미 앞에서 살펴본 바와 같이, 현지국 내 영업을 기반으로 창출된 다국적기업의 수익은 다시 현지국 내에 재분배되어지지 않고, 그들 기업의 본국으로 송금되어짐으로써 자본을 증발시키며, 외국인에 의해 소유된 제조공장에선 중요 부품을 그들 본국으로부터 수입함으로써 무역수지를 악화시키는 효과를 가져온다.

이를 인식함으로써 실용적 국가주의를 견지하고 있는 나라들은 국가적 비용은 최소화하는 한편 이익은 극대화 시킬 수 있는 정책을 채택하고 모색한다. 이 견해에 의하면, 외국인직접투자는 그 투자로 인해 수반되는 이익이 비용을 상회할 때만 허가되어져야 한다고 주장한다. 실례로 일본의 경우를 살펴보자. 일본은 1980년대 까지만 해도 외국인직접투자, 특히 외국인에 의해 경영권이 행사되어지는 기업이 일본시장에 진입하는 경우 자국의 산업과 국가경제 발전을 저해할 수 있다는 견해를 가짐으로써 실용적 국가주의를 채택하고 있는 국가들 중에서도 직접투자에 대해 가장 비우호적인 국가군에 속해 있었다. 이러한 믿음으로 인하여 일본 정부는 외국기업의 완전자회사 설립이나 외국인에 의한 경영권 취득을 제한하여 왔지만, 그럼에도 불구하고 늘 예외는 존재하였다. 그 예외란 바로 세계시장을 지배하고 있는 중요한 기술을 보유하고 있는 기업들의 직접투자인데, 이러한 고급기술을 소유하고 있는 다국적기업들에 대해서는 자유로이 자국내에 직접투자 할 수 있도록 허용함으로써, 당시 IBM 및 몇몇 기업들은 완전자회사의 형태로 일본시장 진출에 성공하였다. 이러한 일본 정부의 정책결정 배경에는, 이들 다국적기업들이 들여오는 기술로 인하여 예상되는 이익이 비용을 초과함으로써 궁극적으로 일본경제에 도움이 될 수 있다는 생각이 바탕에 있었다.

실용적 국가주의의 또 다른 특징은 국가적 이익에 조금이라도 도움이 된다고 판단되어질 경우, 다국적기업들에게 세금감면 혜택을 보장하거나 보조금을 지불하면서까지 공격적으로 직접투자를 유치한다는데 있다. 많은 유럽 국가들은 경쟁적으로 미국이나 일본의 직접투자를 유치하기 위해 노력하고 있는데, 그들 유럽국가들 중에서도 영국은 일본의 직접투자 유인에 성공한 대표적 국가로 인정된다. 즉, Nissan, Toyota 그리

표 12-2 ● 외국인직접투자에 대한 다양한 시각

이데올로기	특징	정책제안
비우호적 사회주의	• 막시즘(Marxism)에 기반 • 다국적기업을 제국주의의 연장선상에서 이해	• 외국인직접투자 금지 • 외국인 소유기업의 국유화
자유 시장 경제적 시각	• 고전 경제학에 기반 • 생산자원을 가장 효율적으로 분배하는 집단으로 다국적기업을 이해	• 외국인직접투자에 대한 문호개방
실용적 국가주의	• 외국인직접투자가 이익과 동시에 비용을 수반한다고 이해	• 외국인직접투자의 비용이 이익을 초과할 경우 제한 • 외국인직접투자가 국가경제에 기여할 수 있다고 여겨지는 경우, 공격적으로 유치

고 Honda로부터 자국으로 유치한 주요 자동차 조립공장들이 기타 유럽 국가들에 대한 영업활동의 전진기지 역할을 함으로써 고용창출 효과와 더불어 국제수지 개선효과에도 기여하고 있다.

제3절 외국인직접투자와 현지국 경제

본 절에서는 외국인직접투자로 인해 투자를 유치한 국가에 발생될 수 있는 네 가지 주요 이익(자원이전 효과, 고용창출 효과, 수지개선 효과, 그리고 경제성장 효과)에 대해 살펴보고자 한다. 이익에 대해 살펴본 이후 그 반대 효과, 즉 직접투자로 인해 발생될 수 있는 비용에 대해서도 살펴볼 것이다.

1. 외국인직접투자로 인한 이익

1) 자원이전 효과

1 자본

외국인직접투자를 유치함으로써 최초 실행단계에서 다국적기업의 자본이 유입된다. 특히 많은 다국적기업들은 그들의 기업규모와 재정능력으로 인하여 흔히 현지국의 기업들이 조달하기 어려운 자본을 쉽게 확보하는 경향이 있다. 이러한 다국적기업의 자금조달 능력은 그들의 기업내부 자원에서 오는 경우도 있으며, 혹은 단순히 그들의 명성에서 오는 경우도 있고, 또 다른 이유에 기인하는 경우도 있다. 어떤 경우가 되었든 산업개발을 위하여 요구되는 자본을 다국적기업들이 쉽게 조달할 수 있다는 믿음은 현지국 정부가 외국인직접투자를 활성화하는 정책을 펴게끔 하는 직접적인 동인이 된다.

토의자료 12-2

외자도입방법으로서의 차관과 외국인직접투자의 비교

외자도입방법에는 크게 차후에 원금과 이자를 상환해야 하는 차관형태와 경영권을 넘겨주고 이윤을 송금해 주어야 하는 외국인직접투자방식이 있다. 그동안 우리나라는 외자도입의 방법으로 차관에 많이 의존해 왔지만, 1997년 말 발생했던 외환위기 이후 외국인직접투자방식의 중요성이 강조되고 있다. 외자도입방법으로서 차관과 외국인직접투자를 비교하여 보면 다음의 <표>와 같다.

외자도입방법으로서의 차관과 외국인직접투자의 비교

구분	차관	외국인직접투자
소유 및 지배	수반하지 않음	수반함
존속기간	정기적(시한부 부채) 상환기간이 존재	부정기적 부채(영구 부채) 철수하지 않는 한 존속
이익형태	금리(확정부 부채) 정해진 이율에 의거(고정적)	이윤(불확정부 부채) 영업이익에 의거(신축적)
상환부담	원리금 상환부담	단기적: 원리금 상환부담 없음 장기적: 투자이익의 본국송금, 잉여이익 유출
경제적 영향	국내산업 지배를 수반하지 않음	외국자본의 국내산업 지배 가능성
기술이전	없음	기대
이동형태	자본만 이전	자본 · 노동 · 기술 · 경영기법 등의 팩키지 이동
이동방향	자본수출국 ⇨ 자본부족국으로 일방적 흐름	상호투자도 가능

2 기술

일반적으로 기술발전이 한 국가의 경제성장과 산업화에 많은 영향을 미치는 주요한 요인이라는 견해에는 이견이 없어 보인다. 그러나 상대적으로 경제성장이 다른 국가보다 뒤져 있다는 의미는 보다 더 나은 제품을 생산하고 가공하는 공정에 필요한 제품의 연구개발 능력에 있어 다른 국가들 보다 낙후되어 있다는 것을 의미하기도 한다. 이러한 부족한 능력의 개선과 개발을 위하여 고려할 수 있는 최선의 수단 중 하나는 선진국의 기술을 효율적으로 습득하는 것이며, 이를 가능케 하는 방법 중 하나가 바로 외국인직접투자의 유치이다. 예를 들어, 특정 국가가 자국 석유산업의 경쟁력을 향상시키고자 하나 유전개발, 추출, 정제에 필요한 기술이 부족할 경우, 어떤 방법이든 필연적으로 부족한 기술을 외부, 즉 해외에 의존할 수밖에 없을 것이며, 이 때 석유산업의 발달된 기술을 보유한 다국적기업의 직접투자 유치는 부족한 관련 기술을 학습할 수 있는 주요한 원천이 된다.

하지만 국제경영과 관련하여 직접투자 유치만이 선진기술을 획득할 수 있는 유일한 방법은 아니다. 주요기술을 배울 수 있는 기회라는 측면에 있어, 국제경영의 범위 내에서 고려할 수 있는 또 다른 옵션은 해외 다국적기업으로부터 필요한 기술을 라이선스 하는 방법이 있다. 자국의 기술개발을 위하여 이 전략을 가장 효과적으로 사용한 국가의 예로는 일본을 대표적으로 꼽을 수 있을 것이다. 외국인직접투자의 경우, 일본 정부는 주요기술이 해외 다국적기업에 의해 통제된다고 보았으며, 이는 일본 내 기업들이 보다 더 핵심기술에 접근하는 것을 근본적으로 제한함으로써 FDI라는 수단을 통해서는 선진기술을 배워 더 나은 기술을 개발하는데 어려움이 있다고 판단하였다. 이러한 견해

표 12-3 ● 라이선싱과 외국인직접투자의 비교

라이선싱	외국인직접투자
• 다국적기업은 로열티를 대가로 기술공여 • 다국적기업의 기술통제가 불가능하기에 미래의 경쟁기업을 양산시킬 가능성을 내포 • 현지국 기업이 복잡한 선진기술을 습득하는 데는 부적합	• 다국적기업은 해외 영업활동을 통한 직접적인 수익창출을 목적으로 기술이전 • 다국적기업의 기술통제가 가능하기에 선별적 기술이전이 가능 • 현지국 입장에서 복잡한 기술을 이전받기 위해 적합한 옵션

로 인하여, 일본 정부는 로열티를 대가로 기술을 습득할 수 있는 라이선싱 전략을 보다 더 적극적으로 활용하였으며, 일본 정부가 채택한 이 전략을 바탕으로 기업들은 필요한 기술에 직접적으로 접근할 수 있는 기회를 제공받았다.

그러나 비록 라이선싱이 기술을 제공하고 로열티를 지급받는다고는 하지만, 다국적기업들에게는 기술공여가 미래의 경쟁기업들을 양산할 수 있다는 잠재적인 가능성을 내포하고 있다는 점에서 일반적으로 직접투자보다는 덜 매력적인 옵션으로 여겨진다. 이러한 관점에서, 기술을 이전하되 그 방법이 라이선싱이 될 것이냐 직접투자가 될 것이냐는 다국적기업과 현지국 정부 간 교섭의 주요한 논점이 될 수 있다. 그럼 기술의 난이도에 따라서는 어느 전략이 더 적합하다고 말할 수 있을까? 전략적으로 라이선싱을 사용할 것이냐 직접투자를 사용할 것이냐를 결정하는데 더불어 한 가지 더 고려해야만 하는 사안은 기술이 복잡한 경우나 경험이 선행 되어야만 하는 경우, 라이선싱 보다는 직접투자가 보통 보다 더 바람직한 방안이라고 말할 수 있다.

3 경영지식

외국인직접투자의 유치를 통해서 습득된 선진 경영지식 또한 현지국의 입장에선 중요한 수혜라고 말할 수 있다. 특히 외국인직접투자로 인한 경영지식 습득이 동종 산업의 여타기업으로 확대되는 경우 이는 현지국의 경제 효율성 제고를 확산시킬 수 있다. 예를 들어, 다국적기업의 자회사에서 국내 근로자가 업무수행을 위해 경영기법, 금융지식, 혹은 노하우를 교육 받았다고 가정해 보자. 이 근로자는 일정기간 근무 후 다국적기업에서 배운 지식을 가지고 국내 다른 기업으로 이직을 하거나 혹은 기업을 설립함으로써 습득한 지식들이 동종 산업의 다른 기업으로 확대될 수 있다. 뿐만 아니라, 다국적기업이 보유한 세련된 경영지식이 시장에서의 경쟁을 통해 살아남고자 하는 국내 경쟁기업을 자극하는 경우 자체적으로 경영기법을 향상시키려는 국내기업의 노력으로 이어지고, 이는 기업의 효율성 제고로 나타난다.

다만, 다국적기업 자회사의 경영과 관련된 직위나 고도로 숙련된 직원이 요구되는 직책에 국내 근로자를 채용하여 교육시키는 대신 현지 외국 근로자를 파견하는 경우,

직접투자 유치로 인한 경영지식 확대라는 측면에서의 이익은 현저히 감소될 수 있다. 따라서 현지국 정부는 다국적기업과의 협의를 통하여 일정 부분은 국내 근로자의 채용을 권장하는 것이 바람직하다.

2) 고용창출 효과

외국인직접투자로 인하여 발생되는 긍정적 요인으로 언급할 수 있는 또 다른 효과는 직접투자가 아니고서는 창출될 수 없는 고용효과를 들 수 있다. 고용과 관련한 외국인직접투자의 효과는 직간접적으로 나타난다. 물론, 고용과 관련한 직접투자의 직접적인 고용창출 효과는 다국적기업 자회사의 국내 근로자 채용으로 인하여 발생한다. 반면, 직접투자의 결과로써 국내 관련기업의 고용기회가 확대된다거나, 자회사 근로자의 소비로 인하여 국내기업에서 증가된 고용기회는 모두 FDI로 인한 간접적인 고용창출 효과라고 말할 수 있다. 외국인직접투자로 인해 창출되는 간접적인 고용효과는 시각적으로 확연히 드러나지 않기에 보통 간과 되어지는 경향이 없지 않으나, 그 규모 면에서 직접적인 고용효과 보다 작지 않아 보인다. 예를 들어, 일본의 Toyota가 한국에 공장을 설립하는 경우 대략 2,000명가량의 직접적인 고용창출 효과가 발생한다고 가정할 때, 부품을 제공하는 협력업체 등 관련기업에도 족히 그와 동일한 2,000명가량의 간접적인 고용창출 효과를 기대해 볼 수 있다.

한편, FDI로 인해 창출된 새로운 고용창출 효과가 예상했던 것처럼 크지 않다는 소수견해를 주장하는 학자들도 있다. 그들의 논쟁에 의하면, 일본 자동차 산업의 미국 내 직접투자의 경우, 일본기업이 미국의 자동차관련 기업들의 시장점유율을 잠식함으로써 미국기업에 의한 채용기회가 상실되고, 이러한 채용규모 축소는 FDI로 인해 창출되는 고용효과를 상쇄해버린다고 주장한다. 만일 그러한 대체효과로 인해 최초 다국적기업에 의해 제기된 수준의 고용효과를 기대할 수 없다면 고용과 관련한 이러한 예상은 직접투자를 계획하고 있는 다국적기업과 유치국 정부 간의 주요 협상쟁점이 될 수 있을 것이며, 두 주체 간 협의를 통해 해결점을 마련할 수 있을 것이다.

새로운 기업의 설립에 의한 직접투자가 아닌 기존기업에 대한 인수합병의 경우, 투자기업은 인수기업의 효율성 제고를 위해 일반적으로 구조조정을 단행하며, 이러한 구조조정으로 인해 단기적으로는 고용의 기회를 상실하나, 기업효율성이 본궤도에 오른 이후에는 국내 경쟁기업보다 빠른 속도로 고용기반을 확대하는 경향을 보인다. OECD와 같은 국제기구의 연구에 의하면, 보편적으로 다국적기업에서의 고용증가율이 국내기업 보다 빠른 것으로 밝혀지고 있다. 실제 이와 같은 예로, 최근 미국의 다국적기업 고용증가율은 매년 1.4%를 기록하고 있는데 반해, 국내기업은 0.8% 증가율을 보이고 있으며, 유럽의 영국과 프랑스의 다국적기업에선 매년 종업원 수가 1.7% 증가되고 있는 반면, 국내기업에선 2.7%씩 감소되고 있는 것으로 나타나고 있다. 뿐만 아니라, 일반적으로 다국적기업이 종업원들에게 더 많은 급여를 지급한다는 것은 주지의 사실이며, 이는 다국적기업이 종업원들에게 더 나은 삶의 질을 제공한다는 것을 암시한다.

이번에는 사회주의 국가에서 자본주의 국가로 전환하는 동유럽의 예에서 외국인직접투자로 인한 고용효과를 살펴보기로 하자. 동유럽 국가들의 시장경제 체제로의 전환은 많은 외국인직접투자를 흡인하는 직접적인 동기가 되어왔으며, 다국적기업의 직접투자, 특히 인수합병형태의 직접투자는 자칫 도산으로 사라질 수 있는 기업을 회생시킴으로써 초기에는 고용기회가 감소될지라도 장기적으로 보다 더 안정된 고용효과 내지는 고용증대를 기대해 볼 수 있다.

3) 수지개선 효과

한 국가의 국제수지에 관한 외국인직접투자의 효과는 대부분 모든 현지국 정부에게 있어 중요한 정책적 이슈이다. 이 문제를 이해하기 위해서 먼저 국제수지와 관련된 사항들을 살펴본 후 외국인직접투자와 국제수지를 관련 지어 설명해 보기로 하겠다.

한 국가의 국제수지는 다른 국가와의 교류과정에서 발생한 지출과 소득에 의해 결정된다. 또한 국제수지는 크게 경상수지와 자본수지로 나눠지며, 경상수지는 다시 상품교역, 서비스교역 그리고 투자수익으로 구분된다. 상품교역이란 재화의 수출입을 의미하며, 서비스교역은 서비스의 수출입을 의미하고, 투자수익은 해외투자에 기인한 소득을 뜻한다. 예를 들어, 한국 국민이 미국기업의 주식을 소유하고 있고 그 해 5 달러의 배당을 받았다고 가정해 보자. 이 때 5 달러는 투자수익의 수입금이며 경상수지로 나타난다.

경상수지 적자는 한 국가가 재화나 서비스의 수출보다 수입을 많이 함으로써 지출이 클 때 발생하며 반면, 경상수지 흑자는 재화나 서비스의 수입보다 수출이 많음으로써 그 국가의 소득이 더 클 때 발생한다.

한편, 자본수지는 자산의 구입과 매각을 포함하는 거래를 일컫는다. 예를 들어, 한국기업이 미국 증시에서 미국기업의 주식을 구입하는 경우, 미국의 자본수지는 증가하는데 이는 간단히 주식대금에 해당하는 자본이 미국으로 흘러 들어가기 때문이며, 반대로 자본이 미국으로부터 빠져 나오는 경우 미국의 자본수지는 감소한다.

한국 국민이 일본에서 생산된 Toyota 자동차를 2만 달러에 구입한다고 상상해보자. 이때 한국 국민의 자동차 구입은 일본 재화의 구입을 의미하므로 한국의 경상수지는 마이너스(−)가 된다. 이제 Toyota는 자동차 매각대금 2만 달러를 가지고 있으며, 이를 가지고 무언가를 해야 할 것이다. Toyota가 한국의 시중은행에 이 2만 달러를 예치하는 경우, 한국의 경상수지에서 차감되었던 2만 달러는 다시 자본수지 증가로 나타난다. 혹은 Toyota가 일본의 시중은행에 2만 달러를 예치할 수도 있다. 이 일본은행이 삼성의 컴퓨터를 수입하려는 일본기업에게 2만 달러를 대출하는 경우 다시 한국의 경상수지 증가로 나타나 최종 국제간의 수지는 제로(0)가 되며, 한국 정부에서 발행한 채권을 구입하는 경우에는 한국의 자본수지가 증가한다(즉, 경상수지 2만 달러 마이너스, 자본수지 2만 달러 플러스).

보통 각국 정부의 고민은 경상계정의 국제수지가 적자일 때 발생한다. 경상수지 적자를 확대시켰던 수입대금은 수출을 했던 다른 국가에 유입되고, 다시 이 자금은 경상수지 적자국가의 자산구입에 사용된다. 따라서 한국의 일본에 대한 무역역조 현상이 심화될 경우, 일본은 수출초과로 인해 발생한 잉여자금을 주식, 채권과 같은 한국 내 자산구입에 사용한다. 이를 다른 각도에서 설명하면, 경상수지 적자를 메우는 자금은 다른 국가로의 자산의 매각(즉, 자본계정의 증가)을 통해 조달되며, 따라서 시간이 경과함에 따라 경상수지 적자국은 순채무국으로 전락하게 된다.

예를 들어, 자산의 매각을 통해 경상수지 적자를 상쇄할 자금을 모집함으로써 채권을 보유하고 있는 외국인에게는 이자를, 부동산을 소유하고 있는 외국인에게는 지대를, 주식을 보유하고 있는 외국인에게는 배당금을 지급해야 하고, 그러한 대금지급은 더욱더 자본증발을 확대시킴은 물론, 자국 내 투자여력을 감소시킨다. 뿐만 아니라, 경상수지 적자는 한 국가의 미래 경제성장을 옥죄는 주요한 걸림돌이 된다.

경상수지 적자와 관련된 여러 가지 부작용으로 인하여, 외국인직접투자의 수지개선 효과는 현지국의 입장에선 중요한 고려사항이 된다. 이에 관한 잠재적 수지개선 효과는 직접투자의 세 가지 결과에 기인한다. 우선 첫 번째로, 다국적기업이 자회사를 설립할 때 현지국의 자본계정으로 초기자금이 유입된다(즉, 투자국의 자본계정 마이너스, 현지국의 자본계정 플러스). 그러나 이러한 효과는 최초 일회성으로 한정되며, 외국인 모기업의 영업활동으로 발생한 수익이 지속적으로 국외로 유출됨으로써 현지국의 자본수지는 감소된다.

둘째, 외국인직접투자가 재화나 서비스의 수입대체효과를 유발하는 경우, 현지국의 경상수지를 개선할 수 있다. 예를 들어, 일본 자동차산업의 미국과 영국 내 직접투자는 투자이전 미국과 영국 두 국가에서 수입하였던 자동차 관련 상품을 상당부분 대체함으로써 수입 감소효과를 거둔 것으로 보여진다. 즉, 과거 일본으로부터 수입되었던 제품 대신 미국이나 영국 내 생산설비로 제작된 제품이 시장으로 공급됨으로써 이들 두 국가의 경상수지는 일정부분 개선되었다. 이에 따라, 경상수지 적자를 메우기 위해 자산을 매각하여 자금을 조달할 필요성이 감소됨으로써 외국인직접투자는 확연히 수지개선 효과를 가져온다고 말할 수 있다.

셋째, 현지국의 국제수지를 개선시키는 또 하나의 잠재적인 수혜는 다국적기업의 자회사가 재화나 서비스를 다른 국가에 수출할 때 발생한다. 이에 대한 예는 아주 흔하게 주변에서 발견된다. 체코의 자동차 제조업체인 Skoda는 Volkswagen에 1992년 매각된 이후, 전과 달리 유럽 내 시장을 목표로 세일즈 활동을 주력함으로써 1995년 52%, 1999년 80%까지 수출이 증가하였고, 이는 체코의 국제수지 개선에 긍정적인 영향을 미쳤다. 뿐만 아니라, 직접투자 유치로 성공을 거둔 대표적 국가 중 하나로 일컬어지는 아일랜드의 경우, 다국적기업들이 아일랜드를 여타 유럽지역에 대한 수출기지로 사용함으로써 수출이 급격히 증가하는 효과를 경험하였다.

UN의 최근 자료에 의하면, 과거 10년간 다국적기업의 직접투자는 수많은 개발도상국의 수출주도형 경제성장의 주요 동인이 되었던 것으로 보고하고 있다. 그 대표적인 예로, 중국의 최근 급격한 수출신장은 개방경제정책 시행 이후 1990년대와 2000년대에 행해진 외국인 직접투자와 이들 다국적기업의 존재에 기인한 것으로 UN에선 보고 있다. 이에 대한 증거로 중국 핸드폰 수출의 95%는 노키아, 에릭슨, 삼성, 모토로라 등 다국적기업의 자회사에 의해 행해진 것이며, 또한 최근 중국 전체 수출의 약 과반수 이상은 외국인직접투자에 의한 것으로 보고되고 있다.

4) 경제성장 효과

경제이론들은 일반적으로 '생산자들 간에 적절한 수준의 경쟁이 이루어질 때 시장의 기능은 보다 더 효율적으로 작동한다'라고 설명한다. 외국인직접투자가 그린필드의 형태로 행해지는 경우 새로운 기업들이 시장에 진입함으로써 생산자들은 증가하고 그 증가하는 만큼 소비자들의 선택권은 넓어진다. 바꾸어 말하면, 시장에서의 생산자들 간 경쟁이 증가함으로써 가격은 낮아지고 소비자들의 경제후생은 증가한다. 뿐만 아니라, 경쟁의 증가는 다른 경쟁자들보다 시장우위를 점하기 위하여 기업으로 하여금 공장, 설비, R&D 등에 투자토록 촉진하며, 이로 인해 장기적으로 제품공정 혁신, 생산성 증가 및 경제성장으로 이어진다. 그러한 성장효과는 1997년 말 외환위기 이후 외국인직접투자에 대해 자유화 조치를 취함으로써 유사이래 그 어느 때 보다 많은 FDI의 유입을 경험했던 한국의 산업들에서 쉽게 찾아볼 수 있을 듯하다. 예를 들어, 슈퍼마켓 산업을 살펴보면, 한국에는 월마트, 코스트코, 까르푸, 그리고 테스코 등과 같은 다국적 대형 슈퍼마켓들이 속속 들어옴에 따라 이마트와 같은 순수 토종 할인점의 효율성 제고를 촉진하였으며, 이는 가격인하로 이어짐으로써 한국 소비자들의 후생이 크게 증가하였다.

특히 국내시장의 경쟁에 미치는 외국인직접투자의 영향은 제조업과 달리 수출이라는 옵션을 행사할 수 없는 통신, 유통, 금융과 같은 서비스 산업에서 두드러진 것으로 나타난다. 시장이 외국인투자에 대해 개방되어있지 않은 경우, 대부분의 이러한 서비스 산업은 국내의 몇몇 독점기업에 의해 시장이 지배 되어지는 경향이 있다. 이러한 상황에서 다국적기업에 의한 직접투자의 유입은 시장의 경쟁을 강화시키고 이로부터 세 가

표 12-4 ● 외국인직접투자로 발생하는 이익에 대한 요점정리

외국인직접투자의 이익	특징
자원이전 효과	• 다국적기업의 자본, 기술, 경영지식을 이전하는 효과발생
고용창출 효과	• 직접효과: 다국적기업 자회사의 국내 근로자 신규채용 • 간접효과: 다국적기업 자회사와 관련된 협력기업의 고용기회 확대 혹은 자회사에 고용된 근로자의 소비로 인한 기업의 고용확대
수지개선 효과	• 기존 수입의 대체와 수출 증대로 경상수지 개선
경제성장 효과	• 다국적기업의 시장진입에 따른 경쟁증가로 국내기업의 투자증진, 가격 하락, 소비자 후생 증가 • 현지국의 산업혁신을 유도함으로써 경제성장을 견인

지 이익이 발생한다. 이를 설명하기 위해 통신 산업을 예로 살펴보기로 하자. 첫째, 외국인투자의 유입으로 인해 증가된 시장경쟁은 통신망 현대화에 대한 투자를 촉진하여 소비자들에게 더 나은 서비스를 제공할 수 있는 환경을 조성한다. 둘째, 공급자들 간 경쟁의 심화는 자연스럽게 가격의 인하로 이어지며 이로 인해 소비자들의 이익은 증가한다. 셋째, 다른 재화와 서비스의 교역은 공급자와 소비자를 연결시킬 수 있는 정보의 흐름에 달려있다. 즉, 통신 서비스의 질은 향상되고 가격은 하락함으로써 정보의 원활한 흐름은 국제교역의 규모를 증가시키고, 이는 교역 당사자들 간의 비용을 감소시킨다. 따라서 외국인직접투자에 기인한 통신 분야의 개혁은 재화와 서비스의 국제교역을 증가시킨다.

2. 외국인직접투자로 인한 비용

현지국의 외국인직접투자 유입으로 인한 비용은 크게 세 가지가 있다. 그 세 가지 비용으로 시장경쟁에 대한 역효과, 국제수지의 역효과, 그리고 경제의 자율성 상실을 들 수 있다.

1) 경쟁의 역효과

비록 이전 절에서 외국인직접투자가 경쟁을 강화시킬 수 있다는 점을 강조하였지만, 현지국 정부는 종종 다국적기업이 국내기업보다 너무 많은 시장지배력을 갖는 것을 우려한다. 만약 투자를 실행한 기업이 세계적 규모의 조직인 경우 다국적기업은 쉽게 자금을 모집하여 발생한 비용을 지속적으로 보조함으로써 궁극적으로 토종기업을 시장에서 몰아낼 수 있으며 이는 국내시장의 외국기업에 의한 독점화로 이어질 수 있는 개연성을 내포한다(일단 시장의 독점화에 성공하고 나면 다국적기업은 경쟁시장의 적정가격보다 훨씬 비싼 수준으로 가격을 상향조정 할 수 있으며, 이는 현지국의 경제에 부정적인 영향으로 작용한다). 이러한 우려는 다국적기업을 상대로 경쟁할 수 있을 만한 기업을 보

유하고 있지 못한 저개발 국가에서 보다 더 심각한 반면, 산업화된 선진국에선 상대적으로 덜한 경향을 보인다.

일반적으로 그린필드 형태의 외국인직접투자는 시장의 경쟁을 증가시키나, 브라운필드형 투자는 시장 공급자 수의 순증가를 가져오지 않기에 경쟁효과에는 아무런 영향을 미치지 않는다. 한편, 외국인투자가가 두세 개의 국내기업을 인수하여 이들 기업들을 합병하는 경우에는 오히려 시장의 경쟁효과를 감소시킴은 물론, 시장의 독점적 위치를 확대하고, 소비자 선택권을 감소시키며, 가격을 인상시킬 우려가 있다. 예를 들어, 만일 삼성자동차를 인수한 르노가 GM대우 및 강력한 국내 자동차업계 라이벌인 현대자동차를 추가로 인수하는 경우, 르노삼성의 국내 시장점유율은 급격히 상승할 것이며, 시장에서 독점적 지위를 확보함으로써 소비자들은 선택의 여지없이 한 기업에서 생산한 자동차만을 구입해야 함은 물론, 르노삼성은 향후 시장의 독점적 지위를 이용하여 가격을 인상할 것이다. 이러한 일이 현실화된다면 상당히 우려할 만하겠으나, 한 기업을 인수한 다국적기업이 동종 산업 내 다른 기업들을 추가로 인수하여 시장 내 독점적 지위를 확보했다는 증거가 폭넓게 나타나진 않는 듯하고, 실제 많은 국가에선 경쟁에 이롭지 못한 영향을 미칠 개연성이 있는 다국적기업의 인수합병에 대해선 정부당국에서 검토하고 제한하는 권리를 행사하고 있다. 물론, 현지국 정부는 이러한 개입을 통해 다국적기업이 국내에서 독점적 지위를 확보하지 못하도록 효율적으로 감독하여야 할 것이다.

2) 수지개선의 역효과

현지국의 수지개선에 미칠 수 있는 외국인직접투자의 역효과는 앞에서 이미 잠시 다룬 바 있다. 국제수지와 관련한 역효과에 대한 우려는 두 가지 주요 분야에서 나타난다. 첫째, 외국인직접투자는 최초 실행단계에서는 다국적기업의 자본이 국내로 유입되어 자본수지의 증가를 가져오나, 추후 영업활동을 통해 발생되는 수익은 모기업이 있는 해외로 유출됨으로써 궁극적으로는 자본수지의 감소를 가져온다. 몇몇 정부는 다국적기업의 자회사에 의해 실현된 수익의 본국 송금을 한정적으로 허용함으로써 이러한 자본유출을 제한하기도 한다.

두 번째 상황은 다국적기업 자회사가 영업에 필요한 부품을 해외에서 수입하는 경우 발생되며, 이는 경상수지의 악화로 귀결된다. 일본의 Toyota 혹은 Honda와 같은 자동차 회사가 한국에 직접투자를 시행했다고 가정해 보자. 이들 일본기업들이 한국 내 자동차 생산을 위해 필요한 주요 부품들을 일본에서 수입하는 경우, FDI 유치 당시 한국정부가 기대했던 경상수지 개선효과를 가져올 수 없을 것이다. 따라서 이런 상황이 발생하는 경우, 현지국 정부는 해당 다국적기업과의 협상을 통해 부품구입 선에 대한 국내전환을 약속 받을 필요가 있다.

표 12-5 ● 외국인직접투자의 역효과에 대한 요점정리

외국인직접투자의 역효과	특징
시장경쟁의 역효과	• 경쟁에서 낙오된 국내기업의 시장퇴출과 이로 인한 다국적기업의 시장 독점화 • 다국적기업에 의한 동일산업 내 경쟁기업들의 추가 인수와 이들 기업 간 합병으로 인해 발생하는 시장의 경쟁효과 감소
국제수지의 역효과	• 다국적기업에 의해 실현된 수익의 본국 송금으로 인한 자본수지 악화 • 다국적기업이 필요부품을 본국으로부터 수입하는 경우 경상수지 악화
경제의 자율성 상실	• 과도한 외국인직접투자가 행해지는 경우 경제주권 훼손에 대한 가능성 존재

3) 경제의 자율성 상실

외국인직접투자의 역효과로 우려되는 또 다른 상황 중 하나는 이로 인해 경제의 독립성이 상실되는 경우이다. 즉, 현지국과는 직접적인 관련이 없는 다국적기업 모기업의 결정이 유치국가의 경제에 지대한 영향을 미침에도 해당 정부에서 외국인투자기업의 의사결정에 전혀 개입할 수 없을 때 경제의 자율성이 상실된다고 본다. 1980~1990년대만 해도 이러한 경제의 자율성 상실과 관련한 문제들이 곧 잘 이슈화 되었었다. 유럽 국가들은 미국기업의 직접투자로 인해 국가 경제주권이 위협받을 수도 있다고 우려하였으며, 미국은 미국대로 유럽기업과 일본기업의 직접투자로 인해 이들 기업들이 상당한 수준의 미국 내 자산을 보유하는 경우 향후 보유자산에 대한 경제적 보상을 요구할 수도 있다고 걱정하였다.

3. 현지국의 정책

1) 지원정책

개도국은 물론 선진국까지도 외국인투자에 의한 자국의 고용창출, 국제수지 개선, 기술이전, 경영자원 확보 등을 통하여 경제성장을 달성하기 위해 외국인투자에 많은 인센티브를 제공하고 있다.

1 조세상의 인센티브

가장 일반적인 외국인투자에 대한 유인책이 바로 세제상의 유인책이다. 구체적으로 조세감면 등 세율상의 특혜뿐만 아니라 조세이연(tax deferrals)과 특별감가상각의 인정 등 조세와 관련된 회계처리상의 특혜 등이 대표적 예이다.

2 보조금제도

보조금의 지급방식은 공장부지, 도로 등 외국인투자에 필요한 공공서비스 및 생산요소를 무료 또는 시장가격 이하로 공급하는 방법, 생산 활동에 소요되는 원료나 부품의 수입에 대해 관세를 감면하여 주는 방법, 시장금리보다 낮은 이자율로 장단기 자금을 지원하는 방법 등 다양한 형태가 있다.

3 투자환경의 개선

이 정책은 현지국 내 투자환경의 불확실성을 감소시킴으로써 외국인투자를 유인하는 방법이다. 구체적으로 외국인투자기업이 생산한 제품의 일부 또는 전체를 일정가격 이상으로 구입한다는 보장, 경쟁제품에 대한 수입제한 내지 고관세 부과, 투자 분쟁 시 국제법에 따른 독립적 기관에 의한 중재보장, 투자보장협정의 체결, 지적소유권 관련 국제협약에의 참가 등이 있다.

2) 제한정책

오늘날 대부분의 국가에서는 외국인투자를 유치하기 위해서 힘쓰는 한편 외국인투자기업의 진입 및 경영활동과 관련하여 각종 규제 및 제한조치를 실시하기도 한다.

표 12-6 ● 현지국의 외국인투자에 대한 유인 및 규제

통제유형	예 시
A. 투자유인	
1. 세제상의 지원	• 조세감면 • 조세이연(tax deferral) • 특별감가상각제도
2. 보조금제도	• 공장부지, 도로 및 공공시설의 무상제공 • 원료 및 부품수입에 대한 관세의 감면 • 저리의 장단기 금융제공 • R&D 및 수출활동 등에 대한 특별보조금 지급
3. 투자환경의 개선	• 생산제품의 판로보장 • 경쟁제품의 수입제한 • 국제분쟁해결 절차의 명시 • 투자안전보장협정의 체결
B. 투자규제	
1. 사전적 투자심사제도	• 외국인투자에 대한 사전심사제도 운용 • 외국인투자 금지업종 • 외국인투자에 관한 소유권 제한
2. 외국인투자기업의 자율적 의사결정에 대한 규제	• R&D 및 기술이전의무 • 부품국산화의무 • 내국인고용의무 • 국내금융의 제한 • 이자 및 배당소득의 송금제한 • 이전가격의 통제
3. 기타	• 국유화, 수용화, 몰수화

자료: 국제경영연구회 (1998), 「국제경영」, 문영사, p.80의 표를 수정 · 보완

1 사전적 투자심사제도

미국 등 극소수의 국가를 제외하고 대부분의 개도국과 일부 선진국들은 자국 내로의 외국인투자에 대해서 그 적부를 정식으로 심사하여 허가여부를 결정하는 행정상의 절차를 마련하고 있다.

예컨대, 업종별로 방위산업과 같은 특정분야나 방송, 신문 등 사회 · 문화에 영향력을 크게 미치는 분야나 수송, 전력, 은행과 같은 기간산업 및 전략산업에 대해서는 외국인투자를 강력히 규제하고 있다. 또한 현지국은 자국에 대한 외국인투자기업의 영향력을 줄이고 국내기업의 성장을 촉진하기 위해 외국인투자기업의 소유권을 제한하는 정책을 채택하는 경우도 있다. 즉, 단독투자는 원칙적으로 금지하고 합작투자에 한해서만 허가하는 경우가 있다.

2 외국인투자기업의 자율적 의사결정에 대한 규제

외국인투자기업의 실제영업활동 내지 경영상의 의사결정에 관한 현지국 정부의 규제형태도 ① 부품국산화의무, 수출의무, 내국인고용의무 등과 같이 기업의 생산 및 판매활동에서의 기업의 자율적 의사결정에 관한 규제형태와 ② 국내금융의 제한, 이자 및 배당이익의 송금제한 등 외국인기업의 자율적 재무활동에 대한 규제 등 크게 두 가지 유형으로 분류해 볼 수가 있다. 특히 최근 많은 현지국들은 다국적기업의 모기업과 자회사 간의 제품 및 용역거래에 대한 이전가격 결정을 엄격히 규제하는 경향을 보이고 있다.

3 기타

외국인직접투자를 규제하는 가장 강력한 수단은 국유화(nationalization), 수용화(expropriation), 몰수화(confiscation) 조치이다. 국유화는 개인의 재산 또는 소유권을 국가의 공공목적에 따른 입법에 의하여 국가에 이관시키는 것이며, 수용화란 재산의 소유권을 공공의 목적을 위하여 신속, 공정, 그리고 효과적인 보상에 따라 국가 또는 하부기관에 이관하는 것을 의미한다. 몰수화는 보상을 지급하지 않고 사유재산을 압수하는 정부의 행위이다.

사례 12-2

정부규제로 깨진 차이나드림: SK 아이캉 병원

우리나라 의료산업은 뛰어난 기술을 바탕으로 한 선진 의료서비스를 갖춤으로써 국내를 넘어 해외에서도 큰 호평을 받고 있다. 뇌졸중 진료는 OECD 회원국 중 1위를, 간이식 성공률도 96%로 높은 수치를 기록하는 등 뛰어난 성과를 내고 있고, 의료 서비스의 질 역시 높은 수준을 보여주고 있다. 예를 들어, 인공관절 수술을 받기 전 최종 CT촬영을 하기까지 다른 국가는 일반적으로 수개월이 걸리는 반면, 우리나라는 2, 3일의 시간 내로 끝나는 등 대체적으로 평균 진료 대기시간이 크게 짧고 가격이 저렴하다. 이는 기존의 우리나라의 강점이던 자동차나 반도체, 조선 등의 사업에 견줄만하게 의료 산업 역시 해외시장에서 크게 성장할 수 있다는 걸 입증한다.

이를 파악하고 수많은 기업들이 의료 산업의 해외진출을 노리다가 2004년에 이르러 SK가 최초로 해외, 특히 중국으로의 진출을 선언한다. 2004년 진출 당시 SK는 한국의 의료시장이 이미 성숙기를 넘어서고 있고, 국내의 과도한 서비스 경쟁과 가격 경쟁으로 인해서 높은 초과 수익을 시현하기 어렵다고 생각했다. 따라서 뛰어난 의료기술을 바탕으로 해외시장 개척에 눈을 돌려 중국에 합작기업 형태로 1호 병원인 “SK 아이캉(愛康) 병원”을 설립했다.

수많은 국가 중에서도 중국을 선택한 이유는 첫째, 중국은 지리적으로 한국에 근접하고, 세계 최대의 의료 시장이었다. 둘째, 의료 수준이 한국에 크게 못 미치는데다가 의료공급이 수요를 따라가지 못하는 현실로 인해 의사 수와 병원에 의한 의료서비스 규모가 절대적으로 부족했다. 마지막으로 소득 수준의 큰 증가로 양질의 의료에 대한 욕구가 높다는 점이 한국의 의사들 및 병원에게 매력적으로 비춰지고 있었다.

중국에 진출한 SK 아이캉병원은 병원진료와 경영에 대한 전반을 한국이 맡았고, 이를 위해 예치과, 새빛안과, 초이스피부과, 탑성형외과, 유니언이비인후과 등 5개 클리닉이 이에 참여했다. 누구나 성공할 것이라 예상했던 아이캉 병원이었지만 그 결과는 2009년을 전후해 모든 시설을 전격 철수함으로써 초라한 실패로 종결되었다. 병원이 실패할 수밖에 없었던 이유에는 여러 가지가 있을 수 있겠지만, 다음과 같은 사유들이 중요하게 영향을 미쳤을 것으로 판단된다.

우선 중국 정부가 한국의 의사면허를 허용하지 않음으로써 오직 중국 의사면허를 가진 사람만이 병원을 차릴 수 있게끔 제한하였다. 이는 한국의 의사들이 영업활동을 수행하기 위해서는 중국의 면허를 별도로 취득하게 함으로써 한국인 의사들에게 많은 시간과 비용을 추가적으로 부과하였다. 주지하는 바와 같이, 한국에서 의사가 되기 위해서는 예과를 2년간 다니고 본과를 4년간 공부해야 한다. 그 후 의사면허 시험을 합격 한 후, 자신이 원하는 전공에 지원하여 수련의 과정을 4년 정도 이수해야 했기에 전문의가 되기 위해 소요되는 시간이 대략 어림잡아도 11~12년에 이른다. 이렇듯 오랜 시간과 노력을 투자하여 전문의가 됨에 따라, 중국에서 요구하는 의사 면허를 추가로 취득하기 위해 다시금 공부하며 도전하고자 하는 의사는 매우 적었다. 따라서 현지 중국인 의사에게 한국의 의료 기술을 전수하기 위한 교육을 시행해야 했기에 진출 이전 예상치 못한 시간과 비용이 추가로 소요되면서 사업은 어긋나기 시작했다.

또한 의료기관 해외진출 과정에서의 까다로운 현지 정부의 인허가 이슈도 문제였다. 대표적으로 산부인과를 예로 들어보자. 산부인과의 경우, 아이를 낳는 분만을 통해 적절한 수익을 얻을 수 있으나, 중국 정부는 외국인 투자비율이 상대적으로 높은 병원에서는 분만을 매우 제한적으로 허용해서 병원의 수익창출을 가로막았다.

더불어 초기 사업 확장에 실패했던 것도 중국 내 영업실패를 야기한 주요한 사항 중 하나였다. SK 아이캉 병원의 중국 내 낮은 인지도를 끌어올리기 위해서는 중국 전역으로 병원을 확대해 네트워크를 구축하는 것이 중요하였으나, 신속한 의사결정을 촉진할 수 있는 완전자회사 설립은 중국 정부에 의해 지양되었고, 그나마 합작기업의 합작기간도 20년으로 제한되었다. 이러한 일련의 사업 환경은 기업의 확장 가능성을 제약했음은 물론, 설상가상으로 중국 정부는 중국의 경제특구인 광둥 성의 선전, 주하이, 산터우와 샤먼으로의 병원설립을 제한하기도 했다.

마지막으로, 당시 중국 법은 외국계 자본이 참여하는 의료합작벤처에 대해 중국 투자자가 최소 30% 이상의 지분을 소유하고, 외국자본은 최소 2천만 위안을 투자해야 한다는 등의 규제를 두고 있었다. 더욱이 외국계 병원에게는 영업세 5%와 법인세 33%를 부과하는 등 초기 투자 기업이 감당하기 힘든 높은 세금의 납부를 강요하였다.

질문:

1. 일련의 사례를 살펴보았을 때, SK아이캉병원이 중국으로의 시장진입을 결정했던 것은 옳은 결정이었다고 생각하는가?
2. 1번 질문에 대해 만일 그렇다고 생각한다면 그 이유를 설명하고, 그렇지 않다고 생각한다면 시장진입의 다른 대안과 그 당위성을 제시해 보라.
3. 중국 정부가 의료 산업으로의 외국자본 진출을 제약했던 이유는 무엇이라고 판단하는가?
4. SK아이캉병원이 철수 전 시도해볼 수 있는 전략으로는 무엇이 있었겠는가?

제4절 해외직접투자와 투자국 경제

해외직접투자는 투자국에 대해서도 이익과 비용을 수반한다. 최근 수많은 한국기업들이 중국에 직접투자 형태로 진출하고 있는데, 이러한 직접투자로 한국경제는 얼마나 많은 이익을 얻을 수 있을까? 반대로, 한국의 대우자동차에 투자한 미국경제는 이 직접투자로 인해 얼마나 많은 이익을 얻을 수 있을까? 투자국에 대해서도, 몇몇 학자들은 해외투자가 늘 투자국의 이익을 도모하는 것은 아니기에, 해외투자는 당연히 제한되어야만 한다고 주장한다. 이와는 달리, 다른 학자들은 해외투자로 인한 이익이 그 비용보다 크기 때문에 해외로의 직접투자를 활성화 시켜야 한다고 주장한다. 다음에서는 해외직접투자로 인한 투자국의 이익과 비용을 살펴봄으로써 왜 이러한 서로 다른 주장이 제기되고 있으며, 과연 어떤 주장이 보다 더 설득력이 있는지 살펴보고자 한다.

1. 해외직접투자로 인한 이익

해외직접투자로 인한 투자국의 이익은 크게 세 가지로 나눠 생각해 볼 수 있다. 첫째, 아마도 가장 중요한 투자국의 이익은 해외시장에서 실현한 수익의 국내 유입으로 인한 자본수지의 개선을 들 수 있을 것이다. 예를 들어, 대우자동차를 인수한 GM의 국내영업을 통해 이익이 발생하였을 경우, 투자기업 GM은 당연히 주식소유 비율에 따라 발생한 이익을 본국으로 송금할 것이다. 즉, 금년도 영업을 통해 1억 원의 이익이 발생하였고, GM이 대우자동차의 주식을 70% 소유한 경우, GM은 7천만 원을 본국으로 보냄으로써 미국의 자본수지는 송금된 금액만큼 플러스 효과가 발생한다. 또한 해외직접투자가 자본설비, 중간재 혹은 보완재에 대한 수요를 창출하는 경우에는, 경상수지에도 확대요인이 발생한다.

둘째, 조금 전 언급한 바와 같이, 해외직접투자로 인해서 투자국에서 생산하는 자본설비, 중간재 혹은 보완재에 대한 수요가 발생하는 경우, 수출이 확대될 것이며, 이에 따라 투자국의 고용효과가 증대된다. 예를 들어, 삼성이 중국에 가전제품 공장을 투자하고 주요 부품을 한국에서 중국으로 수출하는 경우, 한국 내 삼성 부품공장의 고용은 증가된다는 것을 쉽게 예상해 볼 수 있다.

셋째, 현지국뿐만 아니라, 투자국도 해외투자를 통해 지식습득이 일어난다는 것이 일반적인 견해이다. 즉, 해외투자가 아니고서는 획득할 수 없었던 현지시장에 대한 정보를 얻을 수 있음은 물론, 현지국이 보유하고 있는 경영 노하우와 생산기술을 습득하고 이를 본국으로 이전함으로써 투자국의 경제성장에 궁극적으로 기여할 수 있다. 예를 들어, 미국의 실리콘밸리에 한국기업이 투자하는 경우를 가정해 보자. 한국기업은 해외투자를 통하여 미국시장에 대한 귀중한 정보를 얻을 수 있고, 현지에서 보다 더 발달된 기술을 배움으로써 한국 내 동종 산업의 기술수준 향상과 이로 인한 경제성장을 기대할 수 있다.

2. 해외직접투자로 인한 비용

투자국의 이익과 더불어 비용에 대해서도 이해할 필요가 있다. 투자국의 비용과 관련하여 가장 우려를 자아내는 부분은 경상수지와 고용에 미치는 악영향과 관련이 있으며, 다음과 같이 네 가지 부분으로 나눠 생각해 볼 수 있다. 첫째, 해외투자가 행해지는 경우, 최초 투자국의 자본이 유치국으로 이동함에 따라 투자국의 자본수지에 마이너스 요인을 가져온다. 그러나 최초 투자 시 발생한 자본수지의 악화는 현지 영업을 통해 발생한 수익을 송금 받음으로써 상쇄되는 것이 일반적이다.

둘째, 해외직접투자가 기존 본국에서의 수출을 대신하기 위해 이루어졌다면, 투자국의 경상수지에 악영향을 가져올 수 있다. 예를 들어, 미국시장에 자동차를 보다 더 용이하게 판매하기 위해 현대자동차가 수출에 대한 관세를 회피할 수 있는 멕시코에 현지공장을 건설했다고 가정해보자. 이때 현대의 멕시코 공장에서 생산한 자동차의 미국수출은 한국이 아닌 멕시코의 수출이므로 한국의 경상수지는 간접적으로 마이너스 요인을 가져온다. 그러나 이 또한 멕시코 공장운영으로 발생한 이익을 한국으로 최종 가져옴으로써 발생한 경상수지 적자는 자본수지 흑자로 상쇄할 수 있다. 하지만 이와 달리, 노동임금이 보다 더 저렴한 국가에서 제품을 생산하여 본국으로 수입하기 위해 해외투자가 이루어 졌다면, 해외투자국은 경상수지 악화를 피할 수 없다. 예를 들어, 한국의 일회용 라이터를 생산하는 기업이 저임금 국가를 찾아 베트남에 공장을 설립하고 제품을 생산한다고 가정해보자. 이 때 베트남에서 생산된 제품이 해외시장으로 수출되지 않고, 모두 한국으로 수입되는 경우, 투자국은 수입되는 규모만큼 경상수지의 적자를 경험하게 된다.

셋째, 이와 같이, 해외직접투자가 국내생산을 대신하는 경우, 투자국의 고용효과에 심각한 저해요인을 발생시킨다. 다시 말하면, 일회용 라이터를 생산하는 기업이 국내공장을 폐쇄하고 생산설비를 베트남으로 모두 이전하였을 때, 국내 생산 공장에 근무하던 종업원들이 직장을 잃음으로써 한국의 고용상황은 악화된다. 특히 실업률이 안정된 경우라면 상관없겠으나, 투자국의 실업률이 높은 상황에서 이와 같은 해외투자가 빈번히 발생할 경우 실업률 상승으로 인해 심각한 경제 및 사회문제가 발생할 수 있다.

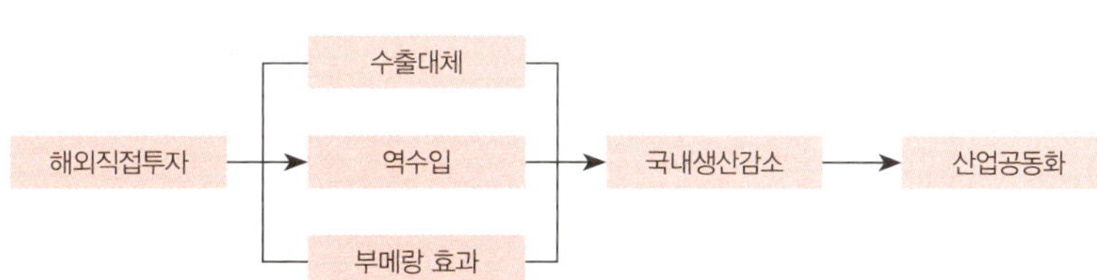

그림 12-1 ● 해외직접투자에 의한 산업공동화 과정

자료: 최백렬 (2002), 「해외투자론」, 대경, p.129.

표 12-7 ● 투자국의 이익과 비용

투자국의 이익	투자국의 비용
• 현지국에서 발생한 이익의 본국 송금으로 인한 자본수지의 확대 • 자본설비, 중간재, 보완재를 현지 자회사에 수출하는 경우 경상수지 확대와 이로 인한 고용증대 • 현지 시장정보, 경영 노하우, 선진기술의 습득	• 투자국 경상수지의 악화 • 생산설비 이전으로 인한 고용악화와 산업공동화

넷째, 같은 관점에서, 해외직접투자는 국내 생산기반의 위축으로 인한 산업공동화를 초래하게 될 가능성이 있다. 여기에서 산업공동화란 해외직접투자에 따른 생산라인의 해외이전과 국내투자환경의 악화에 따른 국내 제조업투자의 부진으로 인해서, 국내 생산능력이 저하됨은 물론, 앞서 언급했듯 무역수지가 악화되고 실업이 증대되는 등 국내 경제성장이 전반적으로 약화되는 현상을 말한다. 즉, 산업공동화는 국내수출의 대체, 역수입 및 국내기술의 해외이전으로 인한 부메랑 효과 등의 세 가지 경로를 통하여 국내 생산을 위축시키게 된다.

토의자료 12-3

日 '공장 해외이전 도미노'로 산업공동화 가속 우려

 # 사례 1. 미국 애플사는 25일 아이패드2를 글로벌 시장에 출시한다. 그러나 일본발 부품 공급 차질로 제때 제품을 공급할 수 있을지 불투명하다. 아이패드2에는 전자나침반(AKM반도체), 터치스크린(아사히글라스), 시스템배터리(애플재팬) 등 일본산 핵심부품이 사용된다. 동일본 대지진으로 일본 부품 수출은 앞으로 몇 달 동안 최대 20%가량 줄어들 것으로 전망되고 있다.

 # 사례 2. 일본 고베시 나카타초 공업지대. 관서지역 최대 규모 경공업 단지였던 이곳은 점점 유령도시로 바뀌어가고 있다. 1995년 고베를 강타했던 한신대지진 이후 주요 기업들이 중국과 동남아시아로 생산거점을 속속 이전했기 때문이다. 고베항 수출입 물동량이 부산항과 상하이항에 잇따라 추월당한 것도 나카타초 공업지대에 산업공동화가 진행되고 있기 때문이라는 분석이 나온다.

동일본 대지진으로 부품·소재산업이 큰 타격을 받은 가운데 일본 제조업은 전력대란에 따른 생산 차질, 산업공동화로 인한 위축 등 갖가지 난제에 직면해 있다.

지진으로 직접적 타격을 받은 동북부 지역은 산업현장을 복구하는 데 최소 6개월 이상 걸릴 것으로 예상되고 있다. 또 당초 1~2개월 정도로 점쳐졌던 전력·가솔린 대란은 올해 말까지 지속될 것으로 전망돼 산업현장에 큰 타격을 줄 것으로 보인다.

후카오 교지 히토쓰바시대 교수는 “시시각각 변하는 글로벌 수급 환경을 감안하면 6개월 이상 생산 공백은 일본 제조업에 매우 심각한 타격이 될 수 있다”며 “엔화 강세로 인해 외국으로 생산거점을 이전하는 기업이 대거 늘어날 것”이라고 예상했다.

시즈오카 등 일본 내 5개 공장 가동을 중단한 전자회사 소니는 국외 공장에서 일본 내 공장 생산량을 일시 충당하도록 생산량을 늘리는 조업전환(시프트)을 검토 중이다. 부품 공급 차질로 후쿠시마현 이와키공장 가동을 중단한 닛산자동차 카를로스 곤 회장도 “엔화 강세를 활용해 주요 생산거점을 일본 국내에서 국외로 이전하는 방안을 검토하고 있다”고 최근 밝혔다.

당초 7~10일 정도 생산 차질을 예상했던 제조회사들 중 상당수가 부품 공급 대란 속에 이달 말까지 조업 재개를 속속 미루고 있다.

도요타자동차는 26일까지 일본 내 조업중단을 연장했고 4월 말로 예정했던 프리우스 미니밴 출시도 무기한 연기했다. 당초 23일 조업을 재개할 예정이었던 혼다자동차도 공장 재가동 시기를 28일로 미뤘다.

니혼게이자이신문은 “자동차 빅3가 강진 여파로 약 20만대에 달하는 생산 차질을 빚었다”며 “이는 연간 생산량 중 3~4%에 달하는 규모”라고 23일 보도했다. 실제로 동북부 지방에서는 덴소와 아이신 등 자동차 부품업체가 가동을 전면 중단한 상황이며 TDK와 알프스전기, 무라타제작소 등 전자부품업체들도 기계 고장과 전력, 가스 등 여건 악화로 조업 정상화에 난항을 겪고 있다.

전력 복구가 8일 만에 완료됐던 한신대지진 때와 달리 전력대란이 장기화할 것으로 예상되는 점도 제조업 부활을 가로막는 요소다. 국제신용평가회사인 무디스는 22일(현지시간) “전력 공급 차질로 성장률 하락이 불가피하다”며 올해 일본 경제성장률 전망치를 1.4%에서 1.0%로 하향 조정했다. 골드만삭스도 전력 공급 차질로 인한 경제적 손실이 연간 일본 GDP 대비 약 0.5%를 차지할 것이라고 추정했다.

일본 경제를 부활시킬 열쇠를 쥐고 있는 제조업 국제 경쟁력을 강화하기 위해서는 단순한 피해 복구가 아니라 이번 기회에 산업 체질을 질적인 측면에서 전면 개조해야 한다는 지적도 잇따르고 있다.

이지평 LG경제연구원 선임연구위원은 “1인당 국민소득 3만 5,000달러인 선진국가가 언제까지나 금속을 제련하고 타이어를 조립하는 저부가가치 부품·소재 산업에 매달릴 수는 없다”며 “환경, 의료, 인프라스트럭처 수출 등 고부가가치 산업 위주로 산업 기반을 재편해야 한다”고 말했다.

일본 기업들은 반도체와 LCD, 휴대폰과 TV 등 주력 분야에서는 글로벌 주도권을 상실했지만 태양전지와 2차전지, 반도체웨이퍼와 하이브리드차 등 첨단 분야에서는 여전히 높은 점유율과 경쟁력을 유지하고 있다.

구본관 삼성경제연구소 연구위원은 “노동집약적 조립산업을 국외 거점으로 이전하고 첨단산업 위주로 생산 네트워크를 재조정하면 일본 제조업 경쟁력이 오히려 개선되는 계기가 될 수도 있다"고 말했다.

자료: 매일경제신문, 2011. 4. 26

3. 투자국의 정책

1) 지원정책

1 정보 및 기술지원

투자국 정부의 해외투자 진출에 대한 장려책은 국가마다 다르지만 이들의 기본적 동기는 국가경쟁력 향상과 현지국 경제개발 지원이라고 할 수 있다. 이를 위해 투자국 정부는 정부기관 또는 정부투자은행을 통해 현지국 투자환경에 대한 정보, 파트너 선정, 사절단 파견, 투자가능성조사, 프로젝트 개발 및 초기지원 등 정보 및 기술지원을 해주고 있다.

2 금융 및 세제지원

금융 및 세제 등의 인센티브 제공을 통해 해외투자를 지원하고 있다. 대부분의 개도국들은 금융기관을 통해 해외투자기업에게 직접적인 대출이나 현지자회사 지분취득에 따른 유리한 금융지원 혜택 등을 제공하고 있다. 우리나라의 경우도 한국수출입은행의 해외직접투자 자금, 외국환은행의 외화대출, 대외협력기금의 해외직접투자 융자기금 및 중소기업진흥공단의 유휴설비 해외이전자금 등을 통해 금융지원을 하고 있다.

세제지원책으로는 투자기업의 조세부담을 경감시켜주기 위한 국가 간 이중과세방지협정의 체결, 해외직접투자 손실준비금, 해외자원개발 사업에 대한 배당소득 면제 등이 있다.

3 해외투자보험 제도

해외투자보험 제도를 통해 정치적 위험을 담보해주고 있다. 미국의 해외민간투자회사(Overseas Private Investment Corporation)나 우리나라의 한국수출보험공사 등에서 해외투자보험 제도를 시행하고 있다.

2) 규제정책

일부 국가에서는 자국기업의 해외진출에 대해서 상당한 규제를 가하고 있다. 이들 국가에서는 국제수지상의 적자, 국내실업의 증가, 산업공동화 현상 등 경제적 동기뿐만 아니라 정치적 이유에서 특정국에 대한 투자를 금지시키고 자국기업의 해외진출을 규제하고 있다. 예컨대, 미국의 경우 AFL과 CIO 등 강력한 노조의 로비활동으로 1972년도에 미국기업의 해외투자를 제한하는 소위 Burke-Hartke법안이 상정되기도 했다. 이 법안에서는 기업의 해외영업 수익에 대한 조세기능을 강화하고 역외생산을 통한 수입의 억제, 자본유출 및 기술유출에 대한 엄격한 통제를 통하여 해외투자유출을 제한하려는 시도가 담겨져 있었다. 한편, 영국의 경우에도 해외투자유출에 따른 자국의 국제수지악화를 방지하기 위하여 중앙은행의 해외투자에 관한 통제기능을 강화하고 해외투자를 통한 내국자본의 사용을 엄격히 제한하며 또한 투자수익의 본국송금을 의무화하는 등 해외투자 유출에 대한 비교적 강한 규제정책을 실시하고 있다.

최근 우리나라의 경우도 해외투자가 급증하고 그 규모가 커짐에 따라 국내산업의 공동화 또는 고용과 투자의 수출이라는 관점에서 해외직접투자에 대한 우려의 목소리도 있어서, 해외투자유출에 대한 제한의 필요성이 제기되기도 했다.

주요용어

국제상업회의소(ICC)의 「국제투자에 관한 지침」, 경제개발협력기구(OECD)의 지침, 유엔(UN)에서의 규제, 비우호적 사회주의 시각, 자유 시장 경제적 시각, 실용적 국가주의, 자원이전 효과, 고용창출 효과, 수지개선 효과, 경제성장 효과, 경쟁의 역효과, 수지개선의 역효과, 경제의 자율성 상실, 조세감면, 조세이연(tax deferral), 몰수, 국유화, 수용, 산업공동화

연습문제

1. 다국적기업의 세계경제에 미치는 효과를 부정적 영향과 긍정적 영향으로 나누어 설명하시오.
2. 다국적기업에 대한 대표적 국제적 규제들을 설명한 후, 이를 종합적으로 평가하시오.
3. 다국적기업이 행하는 외국인직접투자가 현지국 경제에 미치는 긍정적 및 부정적 영향을 나열하고 이를 분석하시오.
4. 외국인직접투자와 관련하여 현지국 정부의 투자유인책과 규제책을 설명하시오.
5. 해외직접투자가 본국경제에 미치는 영향과 본국 정부의 투자유인책과 규제책을 설명하시오.
6. 최근 급증하고 있는 국내기업의 제조업 해외투자가 우리나라 국민경제상 어떠한 역할을 수행하고 있는지 논평하시오.

참고문헌

Hill, C. W. L. (2011), *International Business: Competing in the global marketplace*, McGraw-Hill Irwin.

ICC (1972), *Guidelines for International Investment*, Paris.

UNCTAD (2011), 「World Investment Report」, Geneva: United Nations.

김승진 (1998), 「해외직접투자의 요인 및 효과분석」, 한국개발연구원.

강한균, 서민교 (2001), 「다국적기업경영론」, 두남.

국제경영연구회 (2002), 「국제경영」, 문영사.

매일경제신문, 日 '공장 해외이전 도미노'로 산업공동화 가속 우려, 2011년 4월 26일자.

매일경제신문, 작년 한국 찾은 '의료 관광객' 21만 명 진료수입만 4천억 원, 2014년 5월 26일자.

서민교, 박병일 (2015), 「글로벌경영」, 서울경제경영출판사.

안세영 (1997), 「다국적기업 경제학」, 경문사.

이투데이, '급속한 해외생산 확대, 한국경제 잠재력 잠식,' 2012년 7월 19일자.

조선일보, "땅도 세금도 공짜" 파격 인센티브, 2002년 5월 7일자.

조선일보, [포커스] 공장들 해외이전 '제조업 공동화' 걱정인데, 2005년 5월 21일자.

최백렬 (2002), 「해외투자론」, 대경.

PART 4

국제경영관리

Chapter 13 국제마케팅관리

Chapter 14 국제재무관리

Chapter 15 국제인적자원관리

Chapter 16 국제기업의 조직 및 통제

국제경영관리의 각 부분을 체계적으로 이해하기 위해 국제마케팅관리, 국제재무관리, 국제인적자원관리, 국제기업의 조직 및 통제전략 등을 살펴본다.

Global Management

CHAPTER 13

국제마케팅관리

학습목차

제1절 국제마케팅의 개념 및 특성
제2절 국제시장 세분화와 포지셔닝
제3절 국제마케팅의 표준화와 현지적응화
제4절 국제제품전략
제5절 국제가격전략
제6절 국제유통전략
제7절 국제촉진전략

학습목표

본 장에서는 우선 국제마케팅의 핵심전략과정인 국제시장의 세분화와 포지셔닝을 알아본다. 또한 국제마케팅에 있어서 가장 근본적인 의사결정요소인 마케팅프로그램의 표준화와 현지적응화에 대해 공부한 후, 국제마케팅 믹스전략에 대하여 체계적으로 살펴본다.

도입사례 13-1

월마트의 한국 진출

월마트는 샘 월튼이 1962년 미국의 아칸소 주에서 영업을 시작하여 불과 20년 만에 미국의 최대 유통업체로 성장한 대표적인 유통기업이다. 이후 월마트는 아시아와 유럽 그리고 아프리카 등 전 세계로 시장을 확장하여 오늘날과 같은 세계 제1위 유통업체가 되었으며, 현재 월마트의 직원은 총 210만여 명에 달하고, 2013년 회계연도 기준으로 매출액이 약 4,700억 달러를 시현하였다. 월마트의 매출액은 업계 2위인 코스트코의 매출액 1,051억 달러와 비교하면 약 4.5배에 해당한다. 이처럼 월마트는 전 세계적으로 가장 성공한 유통업체지만, 과거 한국시장에 진출하여 별 다른 소득을 얻지 못하고 8년 만에 한국을 떠난 바 있다. 그렇다면, 월마트의 한국 진출에 대해서 자세하게 살펴보자.

1998년 7월 10일 월마트의 봅 마틴 사장은 기자회견을 가졌다. 기자회견에서 봅 마틴 사장은 월마트가 네덜란드 계 회사인 한국마크로를 인수했으며 이를 기반으로 한국시장에 진출한다고 했다. 당시 한국마크로는 인천, 용인, 일산, 대전에서 각각 1개 씩, 총 4개 점포를 운영하고 있었으며, 1997년 매출액이 2,240억 원, 총 직원 수가 850명이었다. 인수하자마자 월마트는 빠르게 한국마크로를 개혁했다. 먼저, 기존 한국마크로는 회원제로 운영되고 있었으나 월마트는 이를 폐지했다. 월마트는 "Every Day Low Price"라는 원칙 하에서 운영되는데, 이러한 원칙 속에서 수익을 창출하기 위해서는 박리다매 전략을 취해야 했다. 하지만 회원제로 운영될 경우 소비자층이 한정되어 언급한 박리다매 전략을 취할 수 없었고, 이에 월마트는 회원제를 철폐하여 많은 소비자를 확보하고자 했다. 이어서 월마트는 한국 내 매장 4곳을 모두 슈퍼센터로 개조했다. 슈퍼센터란 월마트의 매장 형태 중 하나로 당시 월마트는 매장을 디스카운트 스토어, 슈퍼센터, 네이버후드 마켓, 샘스 클럽으로 나누었다. 월마트는 일반적으로 디스카운트 스토어 형태로 운영이 되었던 바, 이 디스카운트 스토어와 슈퍼센터의 차이점은 야채나 생선과 같은 신선식품을 판매하는지의 여부로 구분하였다. 한국 내 월마트는 모두 슈퍼센터로 운영되어 신선식품을 취급했다.

새롭게 단장한 월마트는 적극적으로 한국시장을 공략했다. 월마트는 1998년 7월 한국에 진출하여 8월부터 대대적으로 세일을 실시했는데 전자레인지, 유선전화기, 화장지 등 기존의 한국마크로가 보유하고 있던 제품을 미끼상품으로 내세워 소비자를 유인했다. 그리고 월마트는 하루평균판매량(DMS)이라는 자체기준을 활용하여 기준 미달의 납품업체에게는 매장 내 철수를 요구했다. 당시 이 기준을 활용할 경우, 기존 납품업체의 48% 가량이 철수해야 된다고 알려졌으며, 이와 더불어 월마트는 판매량이 많은 회사의 경우 그 회사의 제품을 주력 상품으로 키워준다는 조건을 걸고 가격인하를 강하게 요구했다. 월마트는 매장 내 철수 카드와 가격 인하 압박을 동시에 행사하여 전체적인 가격인하를 유도하고 경쟁력을 확보하려 했다. 이렇듯 월마트는 적극적으로 한국시장을 공략했으나, 반면 점포 확장에는 소극적이었다. 1998년 한국에 진출하고 2년 동안 월마트는 불과 2곳의 점포만을 늘렸고, 이후 진출 5년 차까지 3곳의 점포만을 추가적으로 확장했다. 월마트가 한국에서 철수했던 2006년에는 16개의 점포를 운영했는데, 이는 당시 이마트의 매장 수가 79개, 롯데마트가 43개, 홈플러스가 41개 그리고 까르푸가 31개라는 사실과 비교하면 적은 수였다. 다른 할인매장이 일 년에 몇 개 씩 점포를 확장하였던데 반해, 월마트가 점포 확장에 신중했던 이유는 점포 확장보다는 물류 시스템 구축에 초점을 맞췄기 때문이었다. 한국 진출 이후 월마트는 완벽한 물류 시스템 구축에 노력을 기울였다. 예를 들어, 다른 할인매장들에 표준 바코드 시스템이 도입되지 않았을 때 월마트는 이미 표준 바코드 시스템을 도입하고 있었다. 표준 바코드 시스템이 도입되면서 다른 매장과 다르게 월마트는 일일이 제품에 바코드를 부착할 필요가 없었다. 그리고 경기도 여주에 5만 7,000평에 달하는 부지를 매입하여 대규모 물류센터 건립을 추진했다. 월마트는 먼저 물류 시스템을 구축해놓고 다른 유통업체를 인수하여 빠르게 점포를 확장한다는 전략을 가지고 있었다. 실제로 당시에 월마트의 한 관계자는 인터뷰에서 "매력적인 기업이나 점포가 매물로 나올 경우 이를 인수하는 방안도 배제하지 않고 있다"라고 밝혔고, 과거 영국에서도 현지 유통업체 ASDA를 인수하여 단숨에 영국 내 3위 유통업체로 성장한 바 있었다.

월마트가 적극적으로 한국시장을 공략했음에도 월마트의 한국 정착은 잘 이루어지지 않았다. 월마트는 한국 진출 이후 3년 연속 영업실적에서 적자를 시현하였는데, 이를 두고 미국의 경제잡지 비즈니스위크는 '뒤처진 월마트'(Holding off the Wall-Marts of the world)라는 제목의 기사를 내고 "월마트가 1998년 한국에 첫발을 내디딘 이래 3년이 지나도록 이익을 내지 못하고 있는 반면, 신세계 이마트 등 토종 할인점들은 4년 동안 2,000% 가까운 순익 상승을 기록했다"라고 전했다. 그러나 이후에도 영업실적은 개선되지 않았고, 이러한 상황을 타개하고자 월마트는 여러 가지 시도를 했다. 그 첫 번째 조치로서, 월마트는 2004년 24시간 영업을 발표했다. 당시 월마트의 매장은 총 15개였는데 이 중에서 10곳(서울 강남점, 평촌점, 인천 계양점, 대전점, 대구 시지점, 용인 구성점, 중동점, 화정점, 인천점, 일산점)에서 24시간 영업을 실시했다. 그리고 2005년에는 월마트코리아의 사장을 재무전문가였던 레니 망 사장에서 구매전문가인 산티아고 로세스 아르헨티나 총 구매담당임원으로 교체하고 영업활동의 강화를 시도했다. 산티아고 로세스 사장 취임 이후 월마트는 한국 소비자를 사로잡기 위해 500억원을 투자하여 용인 구성점을 포함, 총 5곳의 점포를 리모델링한다고 밝혔다. 리모델링을 통해서 기존에 취약했던 신선식품 부분을 강화하고 패밀리레스토랑, 병원, 가족 화장실 등 각종 편의시설을 갖추어 깔끔하고 쾌적한 '한국형 할인점'으로 거듭난다는 전략을 세웠다. 동시에 월마트는 PB(자사상표) 상품을 저렴한 가격에 공급한다는 전략도 추진했다. 당시 월마트 코리아의 박찬희 홍보담당 상무는 "월마트의 글로벌 소싱 능력을 활용해 10%인 PB상품 매출 비중을 올해 20%로 끌어올릴 계획"이라고 밝혔다.

월마트가 이렇듯 다양한 새로운 전략을 시도했음에도 실적개선은 좀체 잘 이루어지지 않았다. 2003년에 7,951억 원이었던 매출이 2004년에는 7,760억 원으로 약 2.4% 하락했으며, 2005년에는 매출액이 7,287억 원을 기록하며 전년대비 약 6.1% 하락했다. 영업이익에서도 적자가 나서 2004년에는 영업이익이 35억 9,776만 원의 적자를 시현했고, 2005년에는 손실 폭이 더 증가하여 영업이익이 98억 9,793만 원의 적자를 기록했다. 월마트가 이렇게 저조한 실적을 기록하는 동안 다른 할인매장들은 좋은 실적을 내고 있었다. 2005년의 통계자료를 살펴보면 2005년 월마트의 매출이 7,287억 원, 영업이익이 −98억 원인데 비하여 당시 업계 1위였던 이마트는 매출액이 6조 6,000억 원, 영업이익이 5,308억 원으로, 매출이 약 9배에 달했고 영업이익이 약 5,400억 원 가량 많았다. 이어서 홈플러스는 매출 3조 6,000억 원, 영업이익 1,124억 원이었으며, 롯데마트와 까르푸 역시 월마트보다 더 많은 매출액과 영업이익을 기록했다. 비단 매출액이나 영업이익 뿐만 아니라 다른 지표에서도 월마트의 부진이 두드러졌다.

이렇게 경영실적이 계속해서 악화되자 월마트가 한국에서 철수한다는 이야기가 널리 퍼졌다. 얼마 후 2006년 5월에 총자산 8,740억 원, 총 직원 수 3,356명에 이르던 월마트코리아는 자사의 지분 100%와 16개의 매장을 신세계 이마트 측에 8,250억 원에 매각하고 한국을 떠났다.

국내 주요 할인점 현황비교

(단위: 억 원)

매출, 영업이익, 점포당매출은 2005년 실적 기준, 매장 수는 올 5월 현재, 이마트 괄호 안 매장수는 중국 점포 7개를 합친 것.

자료: 각 업체

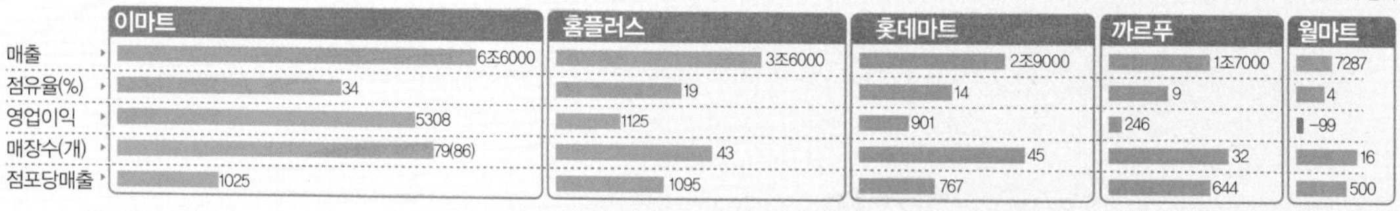

자료: 동아일보, '이마트, 할인점시장 완전 평정…신세계 '월마트코리아' 인수', 2006년 5월 23일자

그럼 이러한 결과를 내게 된 월마트의 근본적 문제는 어디에서 찾을 수 있을까? 바로 적절한 국제마케팅 전략의 부재에서 찾을 수 있을 듯하다. 국제마케팅에서 중요한 키워드는 표준화와 현지화다. 표준화란 전 세계 시장에서 표준화된 전략이나 제품을 추구하여 경쟁력을 획득하는 것을 일컫는다. 이에 비해서 현지화란 개별 시장마다 다른 전략과 제품을 추구하여 경쟁력을 획득하는 것을 의미한다. 국제마케팅에서는 이 두 가지 전략 모두가 중요하다. 즉, 국제마케팅의 핵심은 전 세계를 대상으로 하는 표준화와 개별시장을 대상으로 하는 현지화 사이에서 균형을 찾는 일이다. 하지만 월마트의 경우 전 세계적으로 표준화 하는 데에는 성공했지만, 한국시장에 맞게 현지화 하는 데에는 실패했다. 그 구체적인 오류를 살펴보자.

월마트는 제품을 저렴하게 제공하기 위하여 늘 모든 부분에서 비용을 절감하려 한다. 매장의 입지에서도 마찬가지다. 미국 내 월마트는 대개 도시 외곽에 위치하고 있다. 그래야 매장설립 비용이나 유지비용을 줄일 수 있기 때문이다. 월마트는 이러한 전략을 한국에도 적용했다. 1998년에 월마트는 한국마크로의 지분을 100% 인수한 뒤 기존 한국마크로 매장 4곳에서 영업을 시작했는데, 그 중 하나가 인천 송림동 매장이었다. 인천이라는 도시는 큰 도시이지만, 인천 내 송림동의 경우는 얘기가 다르다. 송림동은 다소 낙후된 지역으로 주변에는 오래된 주택가 혹은 공장이 들어서 있었고 상주인구 및 유동인구가 그리 많지 않았다. 또한 다른 매장은 고양시 덕이동에 있었는데, 당시 그 주변이 신도시로 개발은 되었으나 이곳 역시 유동인구가 많지는 않았다. 그리고 현재는 덕이동 이마트(구 월마트)의 옆에 탄현역이 위치하고 있으나 과거에는 도보로 30분 거리에 대화역만 자리하고 있었다. 기존에 한국마크로 매장으로 사용되던 곳 외에 월마트가 직접 설립한 매장들도 입지가 좋지 않기는 마찬가지였다. 그 예로, 대구 비산점을 들 수 있다. 2001년 대구 서구 비산동에 설립한 매장은 그 위치가 대구 염색공단의 중심에 있었다. 공단 한 가운데 있다 보니 유동인구도 많지 않았고, 매장 앞 도로가 일방통행이어서 교통여건도 열악했다. 실제로 이마트 관계자에 따르면, 비산점이 이마트로 전환된 후에도 전국 이마트 중에서 매출이 최하위였다고 한다. 그 관계자는 "대구염색산업단지가 이전하게 되면 이곳에 대규모 아파트 단지가 들어선다는 소문에 점포를 열었다는 이야기가 있었다"라고 덧붙였다. 월마트는 최초에 도시 외곽에 매장을 설립했다가 아파트 단지가 들어서면 거기서 이익을 창출하겠다고 계획했으나 이는 이루어지지 않았다.

이처럼 월마트는 강남점을 제외하고는 주로 도시 외곽에 위치했다. 월마트는 미국에서 사용하던 입지 전략을 한국에서도 그대로 사용하였으나, 이 전략이 한국에서는 잘 통하지 않았다. 미국의 소비자들은 1주에서 2주에 한 번 차를 운전하고 가서 대량으로 물건을 구입하기 때문에 매장이 도심에 입지할 필요가 없다. 하지만 한국의 소비자는 주로 여성이고, 이들은 물건을 조금씩 자주 구입하는 경향이 있다. 그렇기에 매장은 집에서 가까워야 하고 교통편이 편리해야 한다. 이마트를 비롯하여 다른 한국의 할인매장들은 이러한 한국 소비자의 특성에 맞춰 인구가 많거나 교통이 편리한 곳에서 매장을 운영했다. 월마트는 매장의 입지를 결정할 때 현지화 전략을 고려하지 않았고, 이것이 월마트가 한국 시장에서 실패하는데 하나의 주요한 원인이 되었다.

월마트는 한국 내 주요 관리자로 외국인을 임명했다. 월마트가 한국에 진출한 1998년부터 철수한 2006년까지 월마트코리아의 사장은 홍콩 출신의 레니 망 사장과 아르헨티나 출신의 산티아고 로세스 사장이었다. 이 두 사장 모두 한국에 대해서는 문외한이었다. 이렇게 사장이 외국인이고 한국의 사정을 모른다면 그 밑에 다른 관리자들이라도 한국에 대해서 잘 알아야 했다. 하지만 상품기획, 구매, 매장관리 등 핵심 영역을 맡은 관리자들도 역시 외국인이었다. 사장부터 시작해서 핵심관리자들이 한국에 대해서 잘 모르다 보니 한국 소비자들이 원하는 것이 무엇인지 잘 파악할 수 없었다. 실제로 어떤 한국 직원이 매장 내 신선식품의 비중을 높여야 한다고 건의했지만 이는 받아들여지지 않았고, 이에 신선식품을 원한 한국 소비자들은 월마트 대신 다른 할인매장으로 갔다고 한다. 그리고 2004년에 산티아고 로세스 사장이 취임하기 전까지는 내부문서를 영어와 한국어를 병행하여 작성했으며, 심지어 새로운 사장의 취임이후에도 업무를 수행함에 있어 항상 통역이 필요했다고 한다. 종합해보면, 관리자들의 현지화 수준이 낮아서 한국 소비자가 원하는 것을 반영하지 못했고, 동시에 의사소통 비용이 증가하고 이로 인해 비효율이 양산되었다.

국제제품전략에 있어서도 문제가 있었다. 국제제품전략은 적정한 현지시장에 적정한 상품을 적정한 시기에 적정한 가격으로 판매할 수 있도록 정책을 기획하고 실천하는 것을 말한다. 그러나 월마트는 현지 한국시장에 맞는 적합한 상품을 선정하는데 어려움을 겪었다. 위에서도 살펴봤듯이, 당시 월마트는 매장을 디스카운트 스토어, 슈퍼센터, 네이버후드 마켓, 샘스 클럽으로 나누었다. 이 중에서 미국 내 가장 일반적인 매장 형태는 디스카운트 스토어였다. 디스카운트 스토어에서는 의류, 생필품 등 공산품을 위주로 판매하는 대신, 신선식품 종류는 팔지 않았다. 하지만 한국의 소비자들은 할인매장을 가서 공산품뿐만 아니라 야채나 생선과 같은 신선식품까지 구매하고자 했으며, 전체 수요 중에서 신선식품이 차지하는 비중이 높았다. 월마트는 이러한 한국 소비자의 특성을 반영하여 한국 내 매장을 디스카운트 스토어가 아니라 신선식품도 같이 판매하는 슈퍼센터로 운영했다. 그러나 월마트가 비록 한국에서 신선식품을 취급하기는 했지만 그 비중이 한국 소비자가 원하는 수준에는 미치지 못했다. 실제로 월마트 부산점을 이용하던 한 주부는 인터뷰에서 "근처 외국인들만 가끔 올 뿐 손님이 없어 한산한 게 좋아 오히려 자주 갔다. 그런데 인지도가 낮은 외국상품만 잔뜩 있고, 정작 사고 싶은 신선식품은 거의 없어 원스톱 쇼핑이 안 돼 불편할 때가 많았다"고 지적하기도 했다. 또한 한국의 소비자들은 할인매장에서 공산품을 구매하고 거기서 끝나지 않는다. 할인매장 안에서 한국 소비자들은 가족과 함께 푸드 코트에 가서 식사도 하고, 애완동물이 아프면 동물병원에도 데리고 가고, 안경이 필요하면 안경점에 들르는 등 다양한 서비스를 한 곳에서 구매하고자 한다. 하지만 월마트는 공산품 판매에 초점을 맞추다보니 소비자의 다양한 니즈를 충족시키지 못했다. 이러한 문제점을 깨닫고 월마트는 2004년부터 2005년까지 수백 억 원을 들여 리모델링을 실시했으나 이미 한국 소비자들의 마음은 월마트를 떠난 뒤였다.

월마트는 전 세계 시장에 진출해 있었기 때문에 각각의 제품을 가장 저렴한 시장에서 들여올 수 있었다. 이러한 글로벌 소싱 능력은 월마트의 큰 강점이었다. 하지만 월마트는 한국에 진출한 뒤 이러한 글로벌 소싱 능력을 제대로 발휘하지 못했다. 그 이유는 당시 한국의 상황과 밀접한 관련이 있다. 월마트가 진출한 1998년에 한국은 외환위기를 겪어 국제통화기금(IMF)으로부터 구제금융을 받았다. 한국 국민들은 IMF 관리체제에서 벗어나기 위해 국산품을 애용하여 나라경제를 일으켜야 한다고 생각했다. 때문에 당시 사람들은 월마트가 글로벌 소싱 능력을 앞세워 한국 유통시장을 장악하는 것을 경계했다. 이러한 상황에서 월마트는 한국 소비자의 우려를 잠재우기 위해서 한국 내 조달비중을 높이려 했다. 월마트는 한국 내에서 소싱을 하는 동시에 소비자에게 제품을 저렴하게 공급하고자 한국의 납품업체를 압박했다. 위에서 살펴 본대로 월마트는 어떤 상품의 판매량이 자체 기준에 미치지 못하면 해당 업체를 매장 내에서 철수하도록 했고, 동시에 어떤 상품이 잘 팔린다면 주력 상품으로 키워준다는 조건으로 가격인하를 유도했다. 진출 초기부터 이 두 가지 카드를 사용하여 납품업체를 압박했던 바, 이것이 국내 제조업체의 반발을 불러왔다. 만약에 월마트가 한국의 유통시장을 장악했다면 이러한 반발을 잠재울 수 있었겠지만 유통업계에서 시장점유율이 가장 작았던 월마트는 이러한 반발을 잠재울 수 없었다. 실례로, 한국진출 초기에 월마트는 삼성의 전자레인지와 LG의 VTR에 대해서 동의 없이 대폭 세일하여 판매했었던 일이 있는데, 삼성전자와 LG전자는 이를 빌미로 월마트에 제품

공급을 중단하기도 했다. 그리고 월마트는 직매입한 상품에 대해서 부당하게 반품하거나 납품대금을 일방적으로 감액했다가 공정거래위원회에 적발되어 경고조치를 받기도 했다. 이러한 일련의 실패한 정책으로 인해 월마트는 한국 납품업체로부터 신뢰를 잃어갔고, 이것은 월마트가 한국시장에서 실패한 원인 중 하나가 되었다.

질문:

1. 해외시장 진출에 있어서 국제마케팅전략의 중요성을 설명하시오.
2. 한국시장 내에서 범했던 월마트의 오류를 나열하고, 바람직한 처방책을 제시하시오.
3. 업계 후발주자인 코스트코는 한국시장에 안착하여 성공적인 영업활동을 영위하고 있는 바, 월마트의 철수는 바람직한 의사결정이었는지 논하시오.
4. 또한 코스트코가 월마트와 달리 한국시장에서 성공할 수 있었던 이유는 무엇이었는지 지적하고 이를 근간으로 월마트에게 시사점을 제시하시오.

제1절 국제마케팅의 개념 및 특성

1. 국제마케팅의 개념

국제마케팅의 개념을 이해하기 위해서는 마케팅, 즉 국내마케팅의 개념에 대한 이해가 필요하다. 국제마케팅의 체계와 내용의 기본원리는 마케팅에서 비롯되기 때문이다. 마케팅의 정의는 학자에 따라 다양하게 이루어져 있지만 미국 마케팅협회(AMA)의 정의(1985)에 의하면, "마케팅이란 개인 및 조직의 목표를 충족시키는 교환을 창출하기 위해 아이디어, 재화, 용역의 개념화, 가격, 촉진 및 유통을 계획하고 수행하는 과정(Marketing is the process of planning and executing the conception, pricing, and distribution of ideas, exchange that satisfy individual and or goods and services to create organizational objectives)"이다.

이러한 정의에 기초하여 국제마케팅을 정의하여 보면 국제마케팅이란, "개인 및 조직의 목표를 충족시키는 교환을 위해 해외시장에 개입하고 아이디어, 재화, 용역의 개념화, 가격, 촉진 및 유통을 국제적으로 계획하고 수행하는 과정"으로 정의할 수 있다. 즉, 마케팅의 정의에 국제적이란 말이 첨가되었다.

이는 마케팅활동이 여러 국가에서 이루어질 수 있고, 그러므로 그런 활동은 국가에 따라 다소 조정이 필요함을 뜻하고 있다. 또한 교환이 국경을 넘어서 발생한다는 사실인데, 이것이 국내마케팅과 국제마케팅의 차이를 구분 짓게 하는 기초를 제공한다. 즉, 국내마케팅은 국내시장에서 파생되는 통제 불능변수, 예컨대 정치적 · 경제적 · 사회적 · 문화적 환경에 직면하여 수행되는 것이다.

한편, 국제마케팅은 기업이 해외시장에 개입하는 정도인 국제화수준과 강조하고 있는 마케팅활동에 따라 여러 명칭으로 분류된다. 먼저 수출마케팅은 재화 · 용역의 국가 간의 이동에 초점을 두는 것으로 본국에서 해외로 설비이전이 이루어지기 전까지의 활동을 대상으로 한다. 해외마케팅은 현지국 중심의 마케팅활동에 초점을 둔 경우를 말하며, 다국적 마케팅은 복수의 해외시장을 대상으로 이루어지는 마케팅활동을 강조하는 것이다. 따라서 개별 해외시장에서 보다 더 통합과 조정의 과정이 필요하게 된다. 마지막으로, 범세계적 마케팅은 본국과 외국을 구분하지 않고 전 세계를 하나의 시장으로 간주하여 수행하는 마케팅활동에 초점을 두는 것이다.

2. 국제마케팅의 특성

국제마케팅은 국내마케팅과 근원적으로 무엇이 다른가?

첫째, 국제마케팅은 국경을 넘는 마케팅활동이다. 따라서 재화, 용역, 자본, 인력, 기술 등을 어떻게 효율적으로 이동시키느냐 하는 문제가 따른다.

둘째, 외국에서의 마케팅활동이다. 그러므로 시장과 환경의 상이성이 존재하고 외국 소비자에 대한 연구가 필요하게 된다.

셋째, 동질적이라기보다 비교적 이질적인 2개 이상의 시장에서의 마케팅활동이다. 그러므로 시장 간의 상호작용이 있게 되며 마케팅전략의 국제간 조정 · 통제가 따르게 된다.

결국, 국제마케팅은 한 나라에서 마케팅활동을 수행하는 국내마케팅보다 더 많은 복잡성, 다양성, 어려움, 위험성이 존재하는 특성이 있다.

제2절 국제시장 세분화와 포지셔닝

1. 국제시장 세분화

시장세분화는 고객의 욕구가 다양하여 개인마다 다르다는 것과 이러한 다양성에도 불구하고 어떤 유사성을 기준으로 하여 집단화가 가능하다는 것을 전제로 한다. 서로 다른 환경을 가진 복수 국가 시장을 대상으로 하는 국제마케팅의 경우 가장 자연스러운 형태의 시장세분화는 국가마다 갖고 있는 고유의 독특성과 환경적 차이를 전제로 하는 국가별 시장세분화(country-by-country segmentation)라 할 수 있다.

이러한 국가별 시장세분화는 개별 국가단위의 시장조사를 필요로 하며, 이를 토대로 수립되고 집행되는 국제마케팅전략은 현지적응화나 현지중심주의(polycentrism)의 국별 반응전략의 모습으로 나타나게 된다. 국가를 분석단위로 하되 개별국가를 독립된 세분시장으로 보지 않고 소득수준, 지리적 환경, 문화적 배경, 인구 등의 측면에서 유사한 국가들로 분류하여 해외시장을 세분화하는 방법도 중요하게 고려할 수 있다. 지리적 근접성을 주된 변수로 해외시장을 세분화한다면 지역중심주의(regiocentrism)적인 국제마케팅 전략의 가능성이 높아진다.

한편, 근대들어 관심의 대상이 되고 있는 국제시장 세분화 방법으로 초국적 시장세분화(cross-border segmentation)라는 것이 있는데, 이는 국가시장을 분석단위로 하는 것이 아니라 여러 국가시장에 걸쳐 공통적으로 존재하는 유사한 세분시장을 하나의 범세계적 세분시장(global segment)으로 파악하려는 것이다. 이러한 유형의 시장세분화는 표준화된 범세계적 마케팅을 가능하게 해주는 근거가 된다.

2. 제품 포지셔닝

제품 포지셔닝(positioning)이란, 제품을 구매자 마음속의 확고한 위치에 심어주려는 마케팅관리자의 목표를 의미한다. 이것은 경쟁사의 제품과 차별화된 포지셔닝을 하기 위해서 제품의 특성, 예를 들어 디자인, 상표, 포장, 가격, 유통 또는 광고 등을 변화시키는 것을 의미한다. 제품의 외형과 기능은 변하지 않더라도 환경이 서로 다른 해외시장에서 성공하기 위해서는 새로운 포지셔닝 전략을 개발해야 한다.

문화권에 따라 동일한 제품도 사용법이 달라진다. 우리나라를 비롯한 극동아시아에서는 쌀이 주식이며 다른 음식이 약간 덧붙여지지만, 서구에서는 쌀은 육류음식을 보완하기 위한 보조음식으로 사용된다. 가죽 또는 고무로 된 샌들은 많은 개도국에서는 정규 신발로 사용되지만 선진국에서는 레저용으로 이용된다. 따라서 해외시장에서 성공적으로 제품을 판매하기 위해서는 제품의 포지셔닝을 정하는데 주의를 기울여야한다. 일본의 전통적인 샌들인 조리를 미국에 처음 수출했을 때 일본 수출업자들은 일본에서와는 달리 해변에서 신는 레저용 신발로 포지셔닝하였다. 미국 소비자들은 조리를 바닷가에서 뿐만 아니라 비공식적인 모임에서도 신을 수 있는 값싸고도 실용적인 신발로 받아들여 그 제품은 커다란 성공을 거두었다. 따라서 국제마케팅 관리자들은 다른 문화권의 소비자들에게 제품을 매력적으로 만드는 혁신적인 제품용도를 찾도록 노력해야 한다.

사례 13-2

크라이슬러의 국제마케팅전략

크라이슬러는 최초 유나이티드 스테이츠 모터 컴퍼니(United States Motor Company)라는 이름의 자동차 부품회사로 1909년에 출발하여 미국의 3대 자동차 제조사 중 하나로 성장하였다. 설립자는 조나단 맥스웰과 벤자민 브리스코였으며, 이후 제너럴 모터스 부사장이던 월터 크라이슬러가 참여하여 회사 이름을 지금의 크라이슬러로 변경했다. 이후 닷지 브라더스와 프랑스의 심카, 영국의 루터스 모터스 등을 차례로 인수하며 그 규모를 늘려나가다가 해외전략의 실패로 프랑스 푸조에 매각되었다. 이후 경영안정을 되찾는가 싶더니 1998년에 독일의 다임러벤츠와 합병을 하고, 그 뒤에도 극심한 경영부진이 이어지다가 결국 미국계 사모펀드에 매각된 바 있다. 최종적으로는 2011년 피아트계열로 편입되었다. 크라이슬러의 역사는 굴곡이 많다. 이는 크라이슬러가 한국에 진출해서도 계속되고 있다.

크라이슬러는 1996년에 우성유통과 합작하여 한국에 진출했다. 진출 이후 크라이슬러는 ㈜신원 JMC와 ㈜혜인을 딜러로 선임하여 판매를 시작했는데 소비자들의 반응이 꽤 좋았다. 진출 첫 해인 1996년에 크라이슬러의 Stratus LX가 594대 팔리며 그 해의 수입차 판매순위에서 1위를 했으며, Vision, New Yorker, Caravan 3.3L 모델도 각각 284대, 270대, 241대가 팔리며 8위부터 10위까지 차지했다. 그러나 1990년대 말 국내에 IMF 사태가 벌어지고 상황은 한순간 뒤바뀌었다. 환율이 크게 오르면서 덩달아 수입차 가격도 크게 상승한 바, 이 때문에 크라이슬러는 인기 모델이던 Stratus의 판매를 중단해야 했다. 점차 매출은 줄어만 갔고, 우성유통의 모기업인 우성그룹이 부도가 나면서 우성유통은 크라이슬러를 떠나는 사태가 발생했으며, ㈜혜인마저 딜러권을 포기했다. 이로 인해 크라이슬러는 직접 영업 활동에 나서게 되었으나 실적은 좀처럼 회복되지 않았다. 1996년과 1997년의 판매량은 각각 2,139대, 1,659대로 1,500대를 넘기긴 했으나, 1998년부터 2001년까지는 각각 619대, 510대, 704대, 896대로 판매규모가 채 1,000대에도 미치지 못했다. 그리고 수입차 판매순위에서도 계속 밀려 2001년부터는 아예 10위 안에 이름조차 올리지 못했다. 2001년 8월에 IMF관리 체제가 종료되면서 크라이슬러의 실적이 다소 나아졌으나, 그마저도 미국발 금융위기 이후 다시 악화되었고, 최근에 들어서야 다소 안정을 찾아가고 있다. 하지만 한 번 놓친 시장점유율은 쉽게 회복되지 않았다. 1997년과 1998년에 국내 수입차 시장에서 크라이슬러의 시장점유율은 각각 20%, 29%였으나, 그 이후로 지속적으로 하락하여 2007년에는 7.3%로 떨어졌다가 2013년에는 2.6%로 폭락하여 국내 수입차 업계에서 10위를 기록했다. 그리고 영업이익의 경우에도 미국발 금융위기가 발생한 2007년 이후부터 2013년까지 7년 동안 2010년과 2012년을 제외하고 모두 영업손실을 시현했으며, 2013년 한 해의 영업손실만 해도 그 규모가 57억 원에 이르렀다. 크라이슬러는 현재에도 한국시장에서 어려움을 겪고 있으며 이러한 상황을 타개하지 못하면 한국시장을 떠나야 할 수도 있다. 그렇다면, 어디서부터 잘못된 것일까?

앞서 도입사례에서도 언급했듯이, 해외에서 제품을 판매하기 위해서는 국제제품전략에 따라서 적정한 현지시장에 적정한 상품을 적정한 시기에 적정한 가격으로 판매할 수 있도록 정책을 기획하고 실천해야 한다. 하지만 크라이슬러는 한국에 맞는 적정한 상품을 적정한 시기에 적정한 가격으로 판매하는 데 어려움을 겪었다. 즉, 전반적으로 국제제품전략이 부재했다. 한국 진출 초기에 크라이슬러의 주력모델은 Stratus LX 였다. Stratus LX는 2500cc 승용차로 170마력에 가격은 2,400만 원 전후였다. 당시 국산 자동차 중에서 경쟁모델은 현대자동차의 마르샤 2.5였는데, 이는 소타나와 그랜저 중간 크기로 2500cc에 173마력이었다. 당시 마르샤 2.5를 풀옵션으로 구매할 경우 Stratus LX와 거의 가격차이가 없거나 오히려 더 비쌌다. 이와 더불어 당시 국내 수입차 시장에서 2000cc에서 3000cc 사이의 모델들이 약 50%를 점유했는데 이러한 상황과 맞물려 이 모델은 단숨에 1997년 수입차 판매량에서 1위를 차지했다. 하지만 한국이 IMF관리체제에 돌입하면서 상황은 크게 달라졌다. 달러의 가격이 큰 폭으로 상승하면서 Stratus LX 모델 역시 가격이 상승하여 판매가 중단되었다. 이후 크라이슬러가 한국시장에서 돌파구를 찾지 못하는 동안 한국 수입자동차 시장은 변모해갔다. 21세기에 들어서면서 한국의 수입차 소비자는 대형세단이나 RV(Recreational Vehicle)처럼 고급 수입차를 구매하는 소비자와 기름 값 인상에 대비하여 연비가 좋고 효율적인 수입차를 구매하는 소비자로 확연하게 나누어졌다. 대형세단이나 RV 시장은 BMW, 벤츠, 아우디, 렉서스가 장악했고, 그 외에 폭스바겐이나 혼다는 연비와 효율을 중시하는 소비자를 유인했다. 이러한 상황에서 크라이슬러는 자사의 주력모델로 300C, 그랜드 체로키, 그랜드 보이저 등 모두 대형차를 선정했다. 이 모델들은 연비가 썩 좋지 않아서 효율을 중시하는 소비자보다는 대형세단이나 RV를 선호하는 고객에게 적합했다. 하지만 이 고객층이 보기에도 크라이슬러의 주력모델들은 가격이 최소 5,000만 원 이상인데 비하여 투박하고 고급스럽지 않았다. 고객들은 300C를 살 바에는 돈을 조금 더 내더라도 벤츠 e클래스나 BMW 5시리즈를 구입하려 했다. 실제로 2013년의 통계자료를 살펴보면, 국내 수입차 판매 순위 1위, 3위, 4위가 각각 BMW 520d와 벤츠 E300, 벤츠 E220 CDI다. 2013년 전체 수입차 판매량이 약 15만 대인데 이 세 모델이 각각 8,346대, 4,926대, 4,450대가 팔려, 전체 수입차 판매량의 약 10%를 차지했다. 크라이슬러 측은 이러한 상황에서 벤츠, BMW와 경쟁을 피해 연비가 좋고 효율적인 모델을 주력으로 내세우거나 기존 주력 모델을 계속 내세울 경우 가격을 인하하여 고객의 접근성을 높여야 했다. 하지만 크라이슬러 측은 별다른 국제제품전략을 내세우지 않았다. 그 이유는 크라이슬러는 한국의 수입차 시장이 성장할 것이라고 예상하지 않았으며, 미국 내 안정적인 수요에 안주했기 때문이다. 하지만 2003년에 총 19,481대였던 한국 내 수입차 판매량이 10년 만에 156,497대로 8배가량 증가했다. 그리고 전문가들은 앞으로도 한국의 수입차 시장이 더 성장하여 현재 14% 수준인 수입차 점유율이 향후 27%까지 상승할 것으로 내다보고 있다. 전 세계적으로 자동차 업계의 경쟁이 심화되는 이 때 크라이슬러는 미국 내 수요에 안주하지 말고 새로운 국제제품전략을 마련하여 한국시장을 공략해야 했다.

유통 및 촉진전략과 관련하여, 크라이슬러는 현재 한국 내 21곳의 매장을 운영하고 있다. 크라이슬러가 경쟁상대로 상정하고 있는 벤츠, BMW의 경우 각각 29개, 35개의 매장을 운영하고 있으며, 최근 점유율을 높이고 있는 폭스바겐과 아우디의 경우 26개, 33개의 매장을 운영하고 있다. 즉, 크라이슬러는 다른 브랜드에 비해서 매장의 수도 적고, 그 외 본사 정책에 따라 물량배정에 있어서 한국은 다른 나라대비 우선순위가 떨어진다. 이로 인해 한국의 소비자들이 불편함을 겪고 있다. 또한 2013년 한국소비자보호원의 조사에 따르면, 크라이슬러의 서비스센터 수는 전체 20개로 48개인 BMW코리아와 37개인 토요타코리아 등 여러 수입차 업체에 이어 일곱 번째에 그치고 있다. 그리고 다른 경쟁 브랜드의 경우 수도권에 더 많은 서비스센터를 두고 있는데 반해, 크라이슬러의 경우 수도권에 8개, 지방에 12개 서비스센터를 운영하여, 지방에 더 큰 비중을 두고 있다. 수도권 소비자들이 차량 정비를 받기 위해서는 서비스센터에 들어갔다가 이후 출고될 때까지 더 많은 시간을 기다려야 했다. 현재 크라이슬러는 이러한 문제를 해결하고자 2014년 8월부터 '익스프레스-레인 정비 서비스'를 시작하여 서비스센터의 수용능력을 향상시키고 입고부터 출고까지의 시간을 단축하려 한다. 하지만 이에 대한 결과물이나 소비자들의 만족도는 아직 알 수 없다.

해외시장에서 성공하기 위해서 기업은 좋은 광고를 개발하고, 효과적인 판매촉진 프로그램을 수립하며, 기업의 이미지를 제고할 수 있도록 PR전략도 수립하고, 판매사원들을 잘 교육하여 친절한 고객서비스를 제공해야 한다. 아무리 제품, 가격, 유통전략이 좋다고 해도 최종소비자를 상대로 촉진활동이 제대로 이루어지지 않으면 그 제품 및 서비스는 시장에서 성공할 수 없다. 해외시장으로 처음 진출할 때는 현지 소비자에게 새로운 제품과 서비스를 제공하는 것이기 때문에 촉진전략의 중요성이 더더욱 크다. 그럼에도 불구하고, 크라이슬러는 한국시장에서 국제촉진전략을 성공적으로 실행하지 못했다. 그 이유는 먼저, 한국 소비자가 크라이슬러라는 회사 혹은 크라이슬러의 제품에 대해서 가지는 이미지가 긍정적이지 않았다. 대부분 한국의 소비자는 크라이슬러의 자동차에 대해 "덩치만 크고 기름만 많이 먹는다"라는 인식을 가지고 있다. 하지만 최근 출시되는 300C를 보면 이는 사실이 아니다. 최근 출시된 300C 디젤의 경우 복합연비가 13.8km/ℓ이고 도심연비는 11.5km/ℓ, 고속도로연비는 18.6km/ℓ까지 나온다. 이는 최근에 시판된 벤츠 e클래스나 BMW 5시리즈에 비해서 좋은 편에 속한다. 하지만 한국 소비자들의 인식 속에서 크라이슬러는 여전히 크고 기름을 많이 먹는 차로 남아있다. 크라이슬러는 소비자들에게 각인된 자사 제품의 이미지를 새롭게 포지셔닝할 방안을 찾아야 한다. 크라이슬러는 제품에 대한 인식을 바꾸는 것과 동시에 회사 브랜드에 대한 이미지도 개선해야 한다. 2013년 한국소비자보호원의 통계에 따르면, 수입차 브랜드 중에서 크라이슬러코리아의 판매량 대비 피해구제 접수 건이 가장 많은 것으로 드러났다. 크라이슬러코리아의 피해접수 구제율은 14.7%로 경쟁사인 BMW와 벤츠의 7.9%, 7.1%보다 약 두 배 가량 높았다. 그 외에도 크라이슬러의 모델 중 하나인 그랜드 체로키에서 브레이크 결함이 발견되어 미국에서 2014년 4월에 87만 대를 리콜한 바 있고,

이와 유사한 결함이 한국에서도 발견되어 소비자들이 불만을 표하고 있다. 이런 문제가 발생하면 회사의 브랜드 이미지는 떨어질 수밖에 없다. 최근에는 여타 결함이 발견되는 등 악재가 이어져서 크라이슬러에 부정적인 기사가 속출, 올 한 해에만 이와 같은 보도가 50여 건이 나왔다.

질문:

1. 크라이슬러가 한국시장에서 고전하고 있는 이유를 설명하시오.
2. 크라이슬러가 한국시장에서 성공하기 위해 가장 시급히 해결해야 할 과제는 무엇이라고 보는가?
3. 크라이슬러를 위해 바람직한 국제마케팅전략을 제시해보시오.

제3절 국제마케팅의 표준화와 현지적응화

전 세계적으로 표준화된 마케팅프로그램을 수행할 것인가 아니면 각 국가별로 현지시장 상황에 부합되도록 적절히 변형된 마케팅활동을 펴나갈 것인가 하는 문제는 학계와 실무영역 모두에서 오랫동안 논의되고 고민의 대상이 되어 온 중요한 전략적 이슈다. 현지의 독특한 환경에 적합하도록 마케팅활동을 현지 적응해야 한다는 것이 전통적인 사고방식이고, 마케팅 컨셉트(marketing concept)에도 부합되는 것으로 볼 수 있지만, 국가 구분 없이 통일적인 마케팅프로그램을 전개하는 표준화(standardization)전략도 나름대로의 논거와 설득력을 지닌 것도 사실이다.

표준화전략의 가장 큰 장점이자 근거가 되는 것은 규모의 경제(economies of scale) 효과에 의한 원가절감이다. 국가별 반응전략을 택할 때 매출액의 증가 가능성은 더 높아지겠지만 R&D, 생산, 마케팅측면에서의 비용이 많이 발생할 것은 당연한 일이다. 대(對)고객관계의 일관성을 유지시켜 준다는 점도 범세계적 접근법(global approach)에 의한 표준화전략의 장점이다. 여행과 출장 등으로 소비자들의 국가 간 이동이 빈번한 요즈음 표준화된 제품이나 광고정책 등은 통일적인 기업이미지형성에 도움이 된다. 표준화전략은 기업의 전체 국제마케팅활동을 조정하고 통제하는 기능도 향상시킬 수 있다. 한편 이러한 표준화전략을 수행하는 것이 바람직하고 필요성이 높아지는 근거로 전 세계소비자 욕구의 보편적 균질화 경향을 들기도 한다.

그러나 위에 설명한 표준화전략의 장점과 논리적 근거에도 불구하고 이를 실행하는 데는 많은 제약과 한계가 따르는 것도 사실이다. 물리적, 법적, 정치적 환경의 차이는 물론 여러 측면의 시장특성에 있어서도 국가 간 차이가 크기 때문이다. 제품수명주기(product life cycle)로 나타낼 수 있는 시장의 발달단계나 구매력의 차이, 구매동기나 구매의사결정 과정의 차이, 특정제품에 대한 소비자 인식의 차이, 경쟁구조의 차이 등으로 인해 자칫 광고 전략의 효과를 감소시킬 수 있다. 또한 커뮤니케이션 매체, 유통구조 등의 마케팅 하부구조(infrastructure)의 차이는 표준화전략의 효과문제 이전에 집행가능성 자체를 제한하는 요소가 된다.

결국 국제마케팅담당자는 전 세계적으로 동일한 마케팅프로그램을 전개하는 표준화전략의 장점들을 염두에 두되, 이러한 전략의 집행자체를 불가능하게 하거나 부정적 효과를 가져올 수 있는 요인들을 분석한 후 최종 의사결정을 내려야 한다.

토의자료 13-1

까다로운 한국시장, 해외기업 '테스트마켓'

까다로운 한국 소비자를 세계가 주목하고 있다. 해외 명품브랜드들은 신제품 컬렉션을 선보일 테스트마켓을 홍콩과 일본에서 한국으로 변경한지 이미 오래다. 그 이유는 한국 소비자들의 취향이 까다롭고 자신의 제품 체험후기 등을 적극적으로 온라인과 소셜네트워크서비스를 통해 알리기 때문이다.

21일 유통업계에 따르면 글로벌 소비재 기업들이 한국시장에서 검증받은 제품을 세계에 선보이는 사례가 늘고 있다. 유모차 브랜드 맥클라렌은 국내에 론칭한지 10년이 지난 지금도 한국을 각별한 시장으로 보고 있다. 맥클라렌은 올해 전 세계 최초로 유모차 시트에 '나노텍스 패브릭(Nano-Tex Fabric)'을 접목, 한국시장에 가장 먼저 선보였다. 나노텍스 패브릭은 방수, 오염방지 효과가 뛰어나고, 땀이나 습기를 빨리 배출하는 기능이 있어서 리바이스, 나이키, 갭 등 글로벌 패션브랜드들이 최상위 라인업에 앞 다투어 적용하고 있는 기능성 소재다.

동서식품은 스타벅스 커피 컴퍼니와 함께 프리미엄 캔커피 '스타벅스 더블샷 에스프레소 마키아또'를 한국시장에 가장 먼저 선보였다. 한국은 커피소비량이 매우 높고 소비자들이 유행 변화에 민감하다는데 착안해 신제품을 가장 먼저 선보인 것이다. 스타벅스는 2008년 6월에도 '더블샷 아메리카노'를 한국에 가장 먼저 출시한 바 있다.

주류업체도 한국 소비자 기호에 맞춘 제품을 지속적으로 출시하고 있다. 일반적인 위스키 용량이 한국인 음주문화에 맞지 않다는 피드백을 받아들여 싱글몰트 위스키 맥캘란은 용량을 줄인 제품을 한국에 가장 먼저 소개했다. 하이네켄도 리미티드 에디션 제품인 '더 하이네켄 2012 리미티드 에디션'을 전 세계 최초로 한국에서 출시했다.

스킨케어 브랜드 SK-II는 남성용 라인인 'SK-II MEN 페이셜 트리트먼트 에센스'를 우리나라에 가장 먼저 선보이면서 유지태를 모델로 내세워 백화점 화장품 매출 1위 신화를 썼다.

이 밖에도 콘택트렌즈 전문기업 바슈롬은 1회용 미용렌즈 '데일리 서클렌즈 내추렐'을 한국에 처음 선보이기도 했다. 한국의 콘택트렌즈 착용인구는 전체 인구의 1%에 불과하지만 선택기준이 까다로운 것으로 유명하다.

자료: 파이낸셜뉴스, 2012. 2. 21.

제4절 국제제품전략

1. 제품의 의의와 제품시장의 정의

국제제품전략을 수립하기 위한 선결조건은 제품의 개념에 대한 올바른 이해와 자사제품이 활동하게 될 제품시장의 영역을 정의하는 것이다. 우선 제품개념은 일반적으로 세 차원에서 이루어진다.

첫째, 핵심제품(core product) 개념으로서 이는 소비자욕구를 충족시켜주는 용도나 편익 측면만을 고려한다. 제품 자체를 구매하는 것이 아니라 그 제품을 통해 편익을 구매하고자 한다. 예를 들면, '소파를 구매하는 것이 아니라 안락함을 구매' 하는 것이다.

둘째, 유형제품(tangible product) 개념으로서 이는 핵심제품에 품질, 스타일, 상표명, 포장 등의 요인이 부가된 개념이다.

셋째, 포괄제품(augmented product)으로서 유형제품 개념에 추가적 서비스 및 혜택, 즉 품질보증, 배달, 설치, A/S 등의 서비스와 혜택이 부가된 가장 포괄적인 차원의 제품을 의미한다.

따라서 제품은 핵심제품, 유형제품 및 포괄제품의 개념 모두를 포함하는 총체적 차원에서 제품정책을 수립해야한다.

또한 국제마케팅관리자는 제품수준에 있어서의 마케팅계획 수립과정에서 제품시장에 대한 정의를 해야 하는데, 제품시장에 대한 정의는 어떤 브랜드 제품들이 동일한 시장에서 경쟁하는지를 결정하는 것이다. 국제마케팅관리자는 다음과 같은 경쟁수준 가운데 하나를 제품시장의 범위로 선택할 수 있다.

첫째, 제품형태(product form)에 의한 경쟁이다. 이는 동일한 제품형태를 가진 브랜드제품들을 경쟁상대로 보는 것으로 가장 좁은 의미의 경쟁이다. 제품형태에 근거하여 제품시장 범위를 결정하는 것은 제품 범주 내에서 동일한 세분시장을 표적으로 하는 브랜드들을 경쟁자로 간주한다. 예를 들어, 코카콜라 라이트와 펩시 라이트는 콜라시장의 경쟁자이다.

둘째, 제품범주(product category)에 의한 경쟁이다. 제품범주에 의한 경쟁은 유사한 속성을 가진 제품이나 서비스를 경쟁자로 간주하는 것으로, 가장 일반적으로 받아들여지는 경쟁범위이다. 예를 들어, 코카콜라 라이트가 경쟁자를 펩시 라이트 뿐 아니라 사이다와 이온음료를 포함한다면 이는 청량음료시장이라는 제품범주 수준에서 경쟁범위를 정한 것이다.

셋째, 본원적 편익(generic benefit)에 의한 경쟁이다. 이는 소비자의 특정욕구를 충족시켜주는 모든 제품이나 서비스를 경쟁관계에 있는 것으로 본다. 따라서 코카콜라 라이트의 경우 갈증해소라는 소비자욕구를 충족시켜주는 모든 음료제품, 즉 생수, 이온음료, 맥주, 과즙음료, 우유 등이 경쟁자 범위에 포함된다. 본원적 편익에 의해 경쟁범위를 정하는 것은 경쟁자의 수가 너무 많아 적절한 경쟁적 마케팅전략을 수립하는데 어려움이 있지만 장기적인 관점에서 시장기회를 포착하고 시장위협을 회피하는데 유용한 접근방법이다.

넷째, 예산(budget)경쟁이다. 예산경쟁은 소비자의 한정된 예산을 획득하기 위해 경쟁하는 모든 제품과 서비스를 경쟁자에 포함시키는 것이다. 예를 들어, 어떤 소비자가 즐거움이라는 욕구를 충족시키기 위해 여행, 비디오, TV, 오디오제품 가운데 특정대안에 10만원의 여유자금을 지출하려한다면, 이들은 서로 경쟁관계에 있는 것이다. 소비자 예산의 관점에서 경쟁범위를 정하는 것은 너무 많은 수의 경쟁자를 포함하게 되므로 마케팅전략을 수립, 실행하는데 어려움이 따른다.

국제제품전략은 적정한 상품을 적정한 현지시장에 대하여 적정한 시기에, 적정한 가격으로 진출시키기 위한 정책 · 기획 및 실천을 말한다.

국제제품전략은 "만든 것을 수출한다"고 하는 프로덕트 아웃(product out)이란 소극적인 개념에서 탈피하여 "국제시장에 진출시킬 수 있는 상품을 만든다"고 하는 마켓 인(market in)의 적극적 이념에 투철해야 하며, 국제마케팅의 중추를 이루고 있는 제품정책은 국제마케팅조사를 기반으로 하여,

(1) 새로운 제품의 기획 · 제작
(2) 기존 제품의 개량 · 개혁
(3) 기존 제품의 새로운 용도와 새로운 판로의 개척
(4) 제조원가의 절감 등을 도모하고 국제시장을 대상으로 ① 품종 ② 품질 ③ 규격 ④ 디자인 ⑤ 상표 ⑥ 포장 ⑦ 특허 등을 기획 · 결정하는 것이다. 이하에서는 이와 같은 제품의 다양한 속성을 이해하고 이와 관련된 국제마케팅과제를 살펴본다.

2. 국제품종정책

품종정책이란 국제시장에 진출시키기 위해 새로운 제품품종을 기획 · 결정하는 일이다. 품종정책 방법에는 다음과 같은 것이 있다.

1) 제품차별화정책

제품차별화정책은 제품의 품종에 특이성을 지니게 하고 그 특이성을 강조하는 제품계획이다. 동일한 소비재라도 각 품종을 다양하게하고 현지시장에서 수요자의 취미, 기호 등의 변화에 적응하여 시장을 확대시킬 수가 있다. 또 동일한 생산재라도 그 재질 · 성능에 다양성을 지니게 하고 새로운 판로를 개척할 수가 있다.

2) 폐화정책

폐화정책이란 제품의 낡은 모델을 생산라인에서 제거하고 그 대신 새로운 모델의 제품을 계획하는 것이며 주로 내구소비재 등의 판매증진을 위해 행해진다. 폐화정책에는 기능적 폐화, 스타일폐화, 품질폐화 등이 있다. 새로운 기능, 새로운 스타일, 새로운 품질을 지니는 개량품을 진출시킴으로써 국제 판로를 증강할 수 있다.

3. 품질정책

품질결함은 기업 및 제품 이미지에 치명적인 손상을 입히고, 또 이를 회복하는데 상당한 노력과 시간을 요한다. 따라서 국제기업은 엄격한 품질관리를 통해 불량품 생산을 방지하는데 정책적 과제가 있다. 품질관리정책의 핵심 사안은 제품의 내구성, 효율성, 정교성, 원재료, 성분, 제조기술, 설계, 품질의 일관성, 소재의 내연성 등으로 구성된다.

국제마케팅에서 품질의 중요성은 품질의 장기적인 효과를 분석하면 곧 이해될 수 있다. 품질이 높은 기업은 높은 시장점유율 확보가 용이하다. 또한 높은 시장점유율은 궁극적으로 규모의 경제를 달성하게 하고 이는 다시 단위원가의 하락을 가져와 국제경쟁력을 향상시킨다. 현지 소비자입장에서는 고품질, 저가격의 제품을 획득하므로 고객의 가치를 창조할 수 있게 된다. 이러한 의미에서 국제제품의 글로벌 품질정책이 수립될 수 있다. 만일 여러 나라에서 각각의 품질과 가격이 다르다면 이는 단위원가의 상승을 필연적으로 초래하고 또한 경쟁적 우위를 저해하는 요인으로 작용한다. 반면 세계적으로 적용될 수 있는 세계적 품질과 가격은 규모의 경제를 이루게 하여 가격경쟁력을 가지게 된다.

우리나라 일부 기업들은 바이어와의 상담 시에 제시한 견본품과 다른 제품을 인도함으로써 바이어의 불평을 사는 경우가 있는데, 이는 주로 색상, 디자인, 중량 차이 등 품질신뢰성에 부정적 영향을 미친다.

4. 제품디자인 정책

국제제품의 디자인을 기획하고 결정하는데 최대의 요체는 현지시장에서의 소비자 또는 사용자의 욕구를 충분히 파악하고 그것에 가장 적합한 디자인을 만드는 것이다. “good design sells” (좋은 디자인의 상품은 잘 팔린다)라는 미국격언은 세계의 다른 어떠한 시장에서도 적용되는 명언이라 할 것이다.

디자인의 개념에는 두 가지 의미가 있다. 첫째, 이는 상품 및 포장의 외관과 관련이 있다. 즉, 형상(shape), 크기(size), 색채(color), 모양(pattern), 무늬의 적정성, 유용성, 매력성, 우수성 등을 뜻한다.

둘째, 광의의 디자인개념은 품질 · 재료 · 용도의 적합성, 견고성, 내구성, 효율성 등을 포함한다. 예컨대, 자동차의 디자인이라고 할 때에는 외관이 뛰어날 뿐만 아니라 좌석에 앉은 기분이나 입구의 폭 · 높이 · 승강의 편리, 스타일, 안전장치의 정비, 견고성, 내구성 등이 포함된다.

국제제품전략에 있어서 디자인은 각국 소비자들의 반응이 가장 다르게 나타날 수 있는 제품속성일 것이다. 더구나 디자인의 상징적 의미가 국가마다 달라서 이에 대해 국제마케팅관리자는 각별한 관심을 가져야한다. 특히 대개 선진국과 같이 문화가 발달한 나라에서는 차분한 중간색을 즐겨하고 열대의 개발도상국에서는 칙칙한 원색 또는 그에 가까운 색을 좋아한다. 유럽에서는 약간 가라앉은 수수하고 점잖은 색을 좋아하며, 같은 미국에서도 동부에서는 수수한 것을 찾지만 서부에서는 화려한 색을 좋아한다. 동남아시아의 불교국가에서는 황동색을 좋아하지만 흑색은 불길한 색으로 생각하여 싫어하곤 한다.

5. 상표정책

1) 상표의 의의

상표(brand)란 특정한 생산자, 판매자 또는 그 단체가 자기의 상품이라는 것을 표시하고 경쟁기업과 구별하기 위하여 사용하는 문자 · 도형 · 기호 또는 이들의 결합, 혹은 이것과 색채와의 결합이다. 원래 "brand"의 어원은 소인을 뜻하는 것으로 상품 또는 용기상에 소인으로 날인한 상업적 표식을 뜻한다. 브랜드명은 브랜드 가운데서 발음할 수 있는 부분을 뜻하며, 디즈니랜드, 힐튼, 구찌 등이 그 예이다. 브랜드 마크(brand mark)는 심벌과 디자인, 또는 특유의 채색과 문구와 같이 인식할 수는 있으나, 언어로서는 표현할 수 없는 브랜드 부분이다. 예를 들면, 맥도널드의 골덴 아치와 힐튼의 'H' 상표는 법률상의 보호를 받고 있는 브랜드이다.

그러나 기업이 관리해야 하는 브랜드란 단순히 상표명을 일컫는 것은 아니다. 브랜드는 제품과 연관된 개념(concept), 즉 브랜드 콘셉트는 브랜드와 관련된 소비자의 지각 또는 브랜드와 연관되는 이미지를 일컫는다. 따라서 브랜드를 관리한다는 것은 브랜드와 관련된 소비자의 지각을 관리한다는 말이다.

최근 마케팅에서 상표의 자산가치가 인식되면서 브랜드는 관심의 초점이 모아지고 있다. 다음 <표 13-1>에서는 세계적으로 유명한 상표의 자산 가치를 나타내고 있다.

국제마케팅에서 선진국시장이거나 개발도상국 시장이든 간에 상표가 수행하고 있는 역할과 기능은 매우 크다. 좋은 상표명은 제품을 경쟁으로부터 자유롭게 할 수 있고, 상품의 품질, 성능뿐만 아니라 품격과 신뢰성에 대한 무언의 보증을 하고 있으므로 소비자의 구매동기를 촉구하여 판매증진에 기여한다.

표 13-1 ● 세계 10대 유명브랜드의 자산 가치(단위: 10억 달러)

순위	브랜드	브랜드가치	순위	브랜드	브랜드가치
1	코카콜라	68.7	6	맥도널드	32.3
2	IBM	60.2	7	구글	32.0
3	마이크로소프트	56.6	8	Toyota	31.3
4	GE	47.8	9	인텔	30.6
5	노키아	34.9	10	디즈니	28.4

자료: 2010년 인터브랜드사 평가

2) 국제상표전략

국제마케팅관리자는 상표전략으로서 다음 문제에 대한 의사결정을 내려야한다.

1 유상표와 무상표

먼저 국제마케팅관리자는 현지국 시장에서 상표결정을 할 때 상표를 다느냐 아니면 달지 않느냐하는 것 등 두 가지 대안 중에서 어느 하나를 선택한다. 무상표를 결정하는 이유는 우선 제품에 상표명을 다는 경우, 기업은 일관성 있게 높은 품질의 제품이나 사회에서 허용할 수 있는 수준의 제품을 생산해서 판매해야 할 의무를 진다. 이러한 의무를 질 능력이 부족한 기업들에게는 무상표의 제품을 판매하는 것도 일종의 상표전략이다. 또한 원자재, 부품, 반제품 등의 형태로 판매할 경우 무상표가 가능하다. 특히 일차상품의 경우 벌크(bulk)로 판매되는 경우가 많기 때문에 상표 자체가 중요시되지 않는다. 뿐만 아니라 특정 세분시장의 욕구를 충족시키기 위한 마케팅전략의 일환으로서 유상표와 병행하여 무상표를 사용하는 경우도 있다.

2 고유브랜드 vs. OEM

국제마케팅 능력이 부족한 중소기업에게 있어서 주문자상표, 즉 OEM(original equipment manufacturer's) 방식은 수출이나 대량생산이 가능할 수 있다는 측면에서는 장점을 갖는다. 특히 시장개척 초기에는 시장접근이 쉽지 않기 때문에 OEM 방식은 적절한 시장진출 수단이 된다. 그러나 기업은 현지국의 최종소비자에 대한 시장통제력을 가질 수 없기 때문에 바람직한 상표전략이라 할 수 없다. 90년대 말 한국무역협회의 1,000개 수출기업을 대상으로 한 조사에 따르면, 공동상표를 포함한 자기상표로 수출하고 있는 기업이 34.2%에 불과해 우리나라 기업의 고유브랜드개발이 부진하다고 할 수 있다. 따라서 우리나라 기업들이 해결해야할 시급한 국제마케팅과제 중의 하나가 OEM 상표로부터 벗어나 하루빨리 고유브랜드로 전환하는 것이다. 그러나 고유상표전략은 기업으로 하여금 자주적으로 국제마케팅 프로그램을 계획하고 수행해야하므로 막대한 마케팅비용과 마케팅 노하우를 필요로 하게 된다.

3 개별상표 vs. 공동상표

상표전략을 세울 때 또 한 가지 선택해야할 문제는 공동상표를 붙이느냐 아니면 개별상표를 붙이느냐하는 것이다.

개별상표(individual brand)란 품목별로 독자적인 상표를 사용하는 전략이다. 따라서 어느 특정제품의 실패가 그 외의 제품으로 파급되지 않아 위험의 분산이 가능하다. 그러나 각각의 상표에 대해 촉진전략을 수행해야하기 때문에 많은 비용을 수반하게 된다.

이와 달리 공동상표(family brand: blanket brand)는 자사의 전 제품에 동일한 상표를 붙이는 전략이다. 따라서 상표효과가 전 제품에 미칠 수 있어서 후광효과(halo effect)를 기대할 수 있다. 동일한 상표명을 사용하기 때문에 최소의 광고비용으로 글로벌 이미지를 소비자에게 심어줄 수 있다는 이점이 있다. 그러나 하나의 제품실패에 의해 모든 제품에 위험이 확산되는 단점도 있다.

사례 13-3

도요타의 그린마케팅 성공사례

1. 기업소개

도요타는 1937년에 도요타 키이치로가 설립한 일본 최대의 자동차기업 중 하나이다. 1937년 8월에 도요타자동차공업주식회사로 공식 출범하였으며, 2차 세계대전 이후 불황을 맞았지만 한국전쟁이 발발하면서 다시 성장하기 시작했다. 1955년에 출시된 크라운(Crown)이 1957년 미국으로 수출되면서 최초로 해외시장에 진출하였고, 1972년에는 국내시장에도 천만대 이상을 판매했으며, 1979년에는 천만 대 이상의 해외수출을 달성했다. 2000년에 한국도요타자동차가 설립되면서 한국으로도 본격적으로 진출했다. 2010년 현재 미국에서 11년째 가장 많이 팔린 자동차브랜드로 기록되었으며, 대표적인 제품으로는 렉서스, 크라운, 코로나 등이 있다.

2. 도요타의 그린마케팅

1990년대에 지구온난화가 가속화되고 기온이 급격하게 높아짐에 따라 1997년 전 세계 38개국 국가들은 교토의정서를 체결하여 지구온난화를 발생시키는 온실가스들에 대해 배출량을 규제하기로 합의했다. 교토의정서가 체결되면서 배출되는 가스의 양에 대한 규제가 강화되어 자동차 관련 기업들은 배출되는 가스량을 감축하는 것에 신경을 쓰지 않을 수 없게 되었다. 도요타는 환경규제의 강화에 대응하기 위해 환경오염물질 배출을 줄이는 기술개발에 착수하였다. 이를 통해 친환경적 제품을 생산하여 환경보호를 위해 노력하는 기업이미지를 생성하고자 했다. 도요타는 기존의 가솔린 엔진에 배터리와 전기모터가 첨가된 하이브리드 자동차의 개발에 몰두하여 2003년 신형 프리우스를 출시하였다. 기존 제품은 연비효율을 최우선으로 높이는데 주안점을 두었지만, 가솔린 엔진에 비해 성능 면에서는 크게 떨어졌다. 신형 프리우스는 이러한 단점을 보완하여 기존 연비를 1리터당 25 km에서 35.5 km까지 개선하였다. 도요타는 성능향상을 통해 친환경 자동차 업체의 이미지를 생성하는 데 성공하였으며 여타 다른 자동차 업체와의 경쟁에서 앞서나가고 있는 추세이다.

3. 성공원인 분석

도요타의 그린마케팅전략이 성공을 거둔 중요한 이유는 전 세계적으로 불고 있는 환경오염에 대한 대처문제와 경제활동과의 연관성을 타 경쟁사들보다 가장 먼저 빠르게 파악하고 대응했기 때문이다. 자유무역이 활발해지고 세계화가 가속화되면서 각 국가들은 눈부신 경제 성장을 이루었지만, 산업화의 과정에서 폐기물이 배출되고 환경이 심각히 훼손되기 시작했다. 제품을 만드는 데 필요한 부품 중 환경유해물질이 포함되어 있는 경우도 있었다. 이 때문에 소비자들이 해당 제품을 구매하지 않게 되어 결과적으로 환경오염이 기업의 경제활동에도 큰 피해를 입히게 되었다. 더불어 환경오염과 관련된 규제는 생산되는 제품의 비용을 증가시키고 이에 각국은 엄격한 기준으로 인해 무역거래에 제한이 발생하게 되었다. 하지만 환경을 고려하지 않은 경제발전은 결과적으로 영원히 지속될 수 없으며, 따라서 기업들은 새로운 기술들을 개발하고 적용하여 친환경적 상품을 생산하는데 성공하여 브랜드이미지에 이를 포함하고자 한다.

도요타는 21세기에 접어들면서 선제적으로 제품을 생산할 때 가장 중요하게 고려해야 될 요소로 '친환경'을 꼽았다. 기업들은 더 이상 환경문제를 외면할 수 없게 되었고, 도요타는 이러한 사실을 가장 먼저 인지했다. 다른 경쟁사들과 똑같이 가격과 성능만으로 경쟁하는 것은 한계가 있기 때문에 브랜드 이미지에 친환경적 요소를 입히기 시작했던 것이다. 타 경쟁사들이 제품의 가격과 성능에만 치중할 때 보다 다른 각도로 중요 요소에 대해 달리 집중한 것이었다. 물론 다른 기업들도 환경규제에 대응하기 위해 친환경제품의 생산에 몰두하는 노력이 없었던 것은 아니다. 하지만 도요타처럼 과감하게 환경규제에 대응하기 위해 행동한 기업들은 찾아보기 어렵다. 국제적으로 환경규제를 하는 것에 대해 새로운 대응이 필요한 것은 인식했지만, 이를 위한 기술개발에는 비용적인 문제가 따르기 때문에 선뜻 기술개발에 투자하지 못했다. 도요타는 경쟁기업들과 달리 환경오염물질 배출을 줄이고 비용을 절감하는 기술개발에 투자하는 것이 당장은 적자가 발생하더라도 장기적인 관점에서 봤을 때 기업의 경쟁력을 증가시키고 큰 이익을 가져다 줄 것으로 판단했다. 또한 단순히 친환경적인 자동차를 생산하는 것에만 집중하는 것이 아니라 동시에 성능을 향상시키기 위한 기술개발에도 투자를 게을리 하지 않음으로써 결국 성능이 뛰어난 제품과 환경오염 물질을 덜 배출하는 친환경적 제품생산이라는 두 가지 성과를 모두 시현하게 되었다.

질문:

1. 친환경경영이 마케팅차원에서 왜 중요성을 갖는지 설명하시오.
2. 우리나라 기업 중 친환경경영을 모토로 내세워 성공한 기업으로 유한킴벌리를 꼽을 수 있다. 이러한 기업의 사회적 책임활동이 기업 성과에는 과연 긍정적으로 작용할까? 답변에 대한 이유를 제시하시오.
3. 향후 도요타를 따라잡기 위해 여타 경쟁기업들은 어떠한 전략을 모색해야 할 것으로 여겨지는가?

3) 상표명의 선정

브랜드는 우선 말하고 식별하기 쉬워야 한다. 국제제품에 대해서는 각국의 언어, 문화, 풍습까지 고려해 브랜드명을 지어야한다. 좋은 상표명을 설정하기 위해서는 아래와 같은 조건이 필요하다.

① 단순 · 명백성: 단순 · 명백하여 기억하기 쉬운 것이라야 하며 짧고, 쓰기 쉽고, 읽기 쉬워야 한다. "Nikon", "Canon", "Sony" 등은 좋은 예이며, 우리나라에서도 "미원", "삼양", "해태", 은행이름으로서 "하나" 등도 좋은 예에 속한다.

② 제품이 제공하는 편익과 중요한 특징을 암시: 소비자들이 상표를 자연스럽게 떠올릴 수 있도록 제품의 편익과 특징을 잘 나타내어야 한다. 예를 들면, 남양 알로에, 피자헛, 버거킹 등이다.

③ 독자성: 타사 브랜드와 혼동하기 쉬운 것이어서는 안된다. 에이비스(Avis), 베니건즈(Bennigan's) 등이 그 예이다.

④ 명랑성과 건전성: 명랑 · 건전한 것이어야 하며 조금이라도 어두운 느낌을 주는 것, 불길한 것, 범죄, 금기 등을 연상시키지 말아야한다. 과거의 '한국화약'이 영문으로 'Korea Explosive'로 표기되어 오해가 많았던 것으로 전해진다.

그러나 아무리 우수한 상표일지라도 이를 널리 알리지 않으면 상표로서의 가치를 상실하고 만다. "KOMERON"은 유리섬유를 재료로 줄자를 개발하여 세계 80여개 국가에 수출, 세계 초일류 줄자 전문기업으로 도약한 중소기업이다. 코메론은 자기상표에 대한 이미지를 제고시키기 위해 해외진출 초기부터 미국 시카고 하드웨어쇼, 독일 쾰른 하드웨어쇼, 프랑스 하드웨어 박람회, 일본 DIY 박람회 등 중요한 전시회는 물론 줄자가 출품될 수 있는 전시회마다 모두 빠지지 않고 참가해서 이름을 알리고 있다.

4) 상표권 보호

좋은 상표로서 세계시장에서 경쟁적 강점을 확보하기 위해서는 상표권이 보호되어야 한다. 국제마케팅관리자는 자사의 상표를 다른 경쟁업체가 도용하는 것을 방지하기 위해서 관계기관에 상표등록을 반드시 해 두어야 한다. 그러나 등록상표를 취득했다 하더라도 기업이 여러 국가들에서 자신의 상표가 도용되는 것을 완전히 방지할 수는 없다. 그럼에도 현재 세계유명상표들이 일부 국가, 특히 개발도상국들에서 도용되어 모조품들이 성행하고 있기에 자사상표권에 대한 각별한 관리가 있어야 한다. 최근 월스트리트 저널 인터넷 판의 보도에 따르면, 중국 정부가 '나이키'나 '소니', 'IBM' 등 외국 상표를 유명상표로 인정하지 않는 정책 때문에 중국 내에 만연하고 있는 지적재산권 위반이 제대로 단속되지 않고 있다고 한다.

「랜햄조약」에서는 회원국들 간에 법규에 의해 보호될 수 있는 심벌과 이름 등 상표의 종류를 명시하고 있고, 「파리조약」의 회원국들 간에는 상호의 보호가 자동적으로 이루어지지만, 현지국의 정부관련 기관이나 법원의 상업등록소에 상호를 등록해 두는 것이 더 안전한 방법이다. 상표등록절차는 마드리드의정서에 의거한 절차에 따라 우리나라 특허청을 통해 국제심사국에 영어로 등록하게 되면 모든 가입국(현재 약 50여 개국)에 자동 등록되게 된다.

6. 포장정책

1) 포장정책의 의의

원래 포장이란 물적 유통과정에서 제품의 내용 및 외형을 보호하고 상품의 가치를 유지하기 위해 적절한 재료와 수단에 의해 제품을 싸거나 담는 작업이라고 말할 수 있다. 그러나 최근에는 이러한 기존의 포장기능에서 구매자의 구매의욕을 불러일으키기 위한 적극적인 촉진기능으로 바뀌어가고 있다.

특히 수출품은 최소한의 비용으로 최선 · 최적의, 그리고 수송에 견딜 수 있는 견고한 포장을 하여야 하며, 판매를 촉진시키기에 알맞은 시장성 있는 포장을 하여야 한다. 무역거래를 함에 있어서 불량포장이나 불완전포장으로 인해 무역클레임이 발생되는 경우가 가끔 있기에 포장관리에 각별히 유념하는 것이 중요하다. 수출포장의 3대 요소는 포장(package), 표찰(label), 하인(marks)을 들 수 있다. 또한 각국은 포장과 표찰에 관한 독자적인 규정을 두고 있는데, 포장은 때로는 비관세장벽의 역할을 하기도 한다. 주요 규정에는 표찰언어, 포장사이즈, 수치단위, 포장단위, 제품표시, 내용설명서, 표찰위치, 색상, 제조일 및 유효기간표시, 상표등록표시, 성분표시, GMO(유전자조작제품)표시 등이 포함된다.

2) 제품포장과 국제마케팅전략

1 포장의 가격성

포장의 가격성이란 제품의 포장비용을 최소로 하여 제조비용을 절감하도록 하고 나아가 제품의 가격경쟁력 증강에 기여하도록 하는 것을 말한다. 오늘날 포장비용이 제품비용에 커다란 영향을 미치게 됨으로써 제품의 가격경쟁력을 배양하기 위해서도 포장비는 극소화시켜야 한다. 따라서 포장공정의 표준화와 합리적인 포장기법이 개발되어야 한다.

2 포장의 견고성

포장의 견고성은 제품을 수송 중에 보존하고 보호하기 위한 불가결의 요건이다. 특히 수출품의 경우 국내 판매와 달라서 생산자로부터 소비자 · 사용자에 도달되기까지의 수송기간 · 수송거리가 굉장히 길고 수송 중에 입는 화물손상의 위험이 훨씬 크다. 그 때문에 국내 판매품에 비하여 특히 견고성이 중요한 요소가 된다.

3) 포장의 시장성

포장의 시장성은 판매촉진에 기여하는 기능을 의미한다. 소비자 내지 사용자에게 매력 있는 포장은 상품의 원래가치를 증가시키고 구매를 유인함으로써 현지국에서의 판매를 증진시킨다. 포장이 갖는 촉진기능을 위해서는 포장디자인, 즉 형상, 크기, 색채, 무늬를 현지 소비자의 기호에 부합되도록 해야 한다. 서양에서는 선정적인 포장이 경우에 따라서 사용되고 또 판매촉진에 기여할 수 있으나 이슬람권이나 동양권에서는 거부반응을 일으키게 된다. 이와 함께 표찰(label)의 고급화를 통해 촉진을 꾀하는 경우가 있다. 표찰에는 문자, 그림, 기호 등이 인쇄되고 상품의 재질, 성능, 효용, 내구성, 사용방법 등을 소비자가 정확하게 알 수 있도록, 또 그에 의해서 소비자의 구매의욕을 불러일으키게 할 수 있도록 연구하여 작성할 필요가 있다. 또 문자는 대중소비재의 경우에는 현지국의 국어 또는 국제어로 통용되고 있는 영어, 스페인어 등을 기입할 필요가 있다.

7. 원산지효과

자사제품이 본국 시장에서는 비교적 잘 알려져 있다 하더라도 이 제품을 해외시장으로 진출시키고자 할 경우 국제마케팅담당자는 자사제품에 대한 현지 소비자의 인지도를 분석할 필요가 있다. 대개 현지 소비자들은 이미 특정국가나 제품에 대해 고정관념이나 편견을 가지고 있어 원산지효과는 기업의 마케팅노력에 긍정적이거나 부정적인 요인으로 작용할 수 있다. 원산지효과는 소비자가 제품을 평가할 때, 그리고 정보나 능력이 부족할 때 소비자 결정에 영향을 미친다. 왜냐하면 제품에 대한 정보가 부족한 경우, 원산지는 제품에 대한 결정적인 정보로 사용되기 때문이다. 각국 제품에 대한 총체적 이미지를 보면, 대부분의 소비자들이 독일산에 대해서는 높은 품질과 안정성 그리고 고가품이란 이미지를, 일본산에 대해서는 첨단성, 저가격, 고품질의 이미지를, 프랑스 제품에 대해서는 디자인의 우수성을, 그리고 스페인 제품에 대해서는 저가의 저급품으로서의 이미지를 갖고 있다는 것이다.

국제시장, 예컨대 북미시장에서 '메이드 인 코리아'는 가격도 싸고 질도 낮은 제품으로 취급받아져 왔던 것이 사실이다. 서유럽시장의 경우도 북미시장에서와 마찬가지로 '메이드 인 코리아'가 긍정적인 이미지를 갖고 있다고 말하기는 어려울 듯하다. 특히 유럽인들은 일본제품을 제외하고는 동양에서 건너온 제품에 대해서는 그것이 한국에서 만들어졌든, 인도네시아, 태국 등지에서 만들어졌든 구분 없이 모두 동양의 제품이라고 인식하고 있다. 이렇듯 해외시장에서 자사 제품의 이미지가 좋지 못할 경우 국제마케팅관리자는 적극적인 통합 마케팅커뮤니케이션(IMC) 노력을 통해 매력적인 브랜드나 제품의 이미지 창출에 힘써야한다. 혹은 OEM 또는 합작사 상표를 부착하는 방법도 고려해 볼만하다.

중국시장에서는 1992년 이후 외국기업에 의해 생산된 다양한 고품질의 상품들이 백화점에 진열되기 시작하면서 중국 소비시장은 점차 브랜드 이미지가 중요한 시장으로 변모하였다. 따라서 중국시장을 단순히 한국의 재고품을 처리하는 시장으로 간주할 경우 중국 도시민으로부터 외면 받을 가능성이 높아졌으며, 향후 중국시장에 진출할 때에는 품질 좋은 고급제품이라는 이미지를 심어 놓는 것이 무엇보다 중요해졌다. 중국시장에서 한국 상품의 인지도는 국별 순위로 3위를 차지하고 있다. 1998년 3월 중국의 한 컨설팅회사에서 중국의 10대 도시 주민들을 대상으로 수입제품에 대해 조사한 결과를 보면, 일본제품이 54.8%로 1위, 미국제품은 25%로 2위, 한국제품은 6.9%로 3위를 차지하였으며, 독일제품이 4.6%, 프랑스 제품이 2.4%로 각각 4, 5위를 차지하는 등 한국제품에 대한 인지도는 상당히 높은 편이다.

그러나 원산지국 이미지는 시간이 경과함에 따라 변한다. 원산지국 이미지의 가장 두드러진 변화는 아마도 일본제품에서 찾아볼 수 있을 듯하다. 즉, 2차 대전 전까지만 하더라도 일본제품은 유럽의 소비자들에게 유럽제품을 겉만 그럴 듯하게 모방한 것으로 여겨지곤 했으나, 오늘날 일본제품은 세계 어디에서나 가장 선호되는 제품의 대명사로 인식되고 있다.

토의자료 13-2

'글로벌' 아모레퍼시픽, 세계 7대 화장품 도전한다!

국내 1위 화장품업체 아모레퍼시픽의 기업 소명은 '아시안 뷰티 크리에이터(Asian Beauty Creator)'다. 아시아의 미(美)를 세계에 전파하겠다는 뜻이다.

아모레퍼시픽은 1964년 국내산 화장품으로는 최초(당시 '오스카' 브랜드)로 해외수출을 달성한 후 '미'를 공용어로 전 세계 고객과 소통하기 위해 노력해 왔다. 이미 90년대 초반부터 글로벌브랜드 전략을 바탕으로 중국과 프랑스에 공장을 설립, 현지 생산기반을 마련했으며, 2000년대에 들어서는 본격적인 글로벌 중흥기를 맞이하고 있다.

아모레퍼시픽은 현재 북미, 서유럽, 동남아시아, 대중화권, 일본의 세계 5개 권역을 중심으로 글로벌사업을 펼치고 있다. 특히 중국, 미국, 프랑스를 3대 축으로 역량을 집중하고 있다.

우선 중국은 2002년 9월부터 '라네즈' 브랜드로 시장을 공략해 왔다. 상해의 1급 백화점인 '팍스', '태평양' 등은 물론 주요 80여 개 도시, 235여 개 백화점에서 라네즈 매장을 운영 중이다. 이와 더불어 '마몽드', '설화수', '이니스프리'도 중국에 진출해 현지 소비자들로부터 호평을 받고 있다.

미국은 아모레퍼시픽의 글로벌 대표브랜드 '아모레퍼시픽(AMOREPACIFIC)'이 중심이다. '아모레퍼시픽'은 2003년 9월 뉴욕 소호에 플래그십 스토어 형식으로 첫발을 내딛은 후 명품 브랜드로서의 입지를 굳히고 있다.

프랑스의 경우, 1997년 '롤리타 렘피카'를 선보였다. 롤리타 렘피카는 현재 전 세계 110개 국가에서 판매되는 성과를 달성했으며, 지난 2004년에는 샤르트르(Chartres) 약 3만평 대지 위에 초현대식 설비를 갖춘 공장을 준공하기도 했다.

아모레퍼시픽의 글로벌사업은 2011년 말(K-IFRS 기준) 3,272억 원(화장품 사업부문)으로 전년 동기 대비 23% 가량 증가했다. 특히 중국은 약 34% 성장하면서 해외실적을 견인했다.

아모레퍼시픽의 적극적인 글로벌경영을 통해 2020년까지 세계 7대 화장품 회사로 도약하겠다는 각오다. 이를 통해 2020년까지 해외매출 비중을 전체 매출의 약 45% 수준으로 끌어올리는 한편 매출 5,000억 원 이상의 글로벌 메가 브랜드 10개를 만들어 글로벌시장에서 5조원의 매출을 달성할 계획이다.

자료: 머니투데이, 2012. 8. 30

제5절 국제가격전략

1. 가격의 의의

기업은 그들이 생산한 제품이나 서비스를 제공하고 일정한 대가를 받는데, 그 대가가 바로 가격으로서, 제품의 화폐가치, 즉 화폐적으로 표현된 제품의 가치라고 할 수 있다. 다른 마케팅 믹스요소가 모두 비용을 발생시키는 요인들인데 반해, 가격은 유일하게 판매의 이익을 생기게 하는 요소이다. 가격요소는 다른 마케팅 믹스 수단들이 비효율적이라고 판단된 다음에도 전략적인 경쟁수단으로 활용될 수 있다는 점에서 다른 변수에 대하여 종속적인 성격을 가지고 있다고 할 수 있다.

2. 국제가격전략 수립의 목적

가격전략의 가장 주된 목적은 이윤극대화라고 할 수 있으나, 그 이외에 국제기업의 전략목표에 따라 다음과 같은 여러 가지 목적들이 있을 수 있다.

(1) 시장침투목적: 제품의 수요가 가격에 민감하거나, 규모의 경제가 실현되어 단위

당 생산비용을 충분히 절감할 수 있을 때, 그리고 실제 또는 잠재적 경쟁을 회피하고자 할 때에는 낮은 가격을 책정하여 그 목적을 달성할 수 있다.

(2) 시장대응목적: 제품의 개발 초기에 주로 사용하는 방법으로 초기에 높은 가격을 책정, 부유층을 상대로 초과이윤을 얻고 시간이 지남에 따라 점차 가격을 인하하여 가격탄력성이 높은 소비자를 흡수하는 방법이다. 즉, 시간의 흐름에 따른 차별가격전략 이라고 할 수 있다.

(3) 조기 현금회수목적: 투하한 자본을 빨리 회수하기 위해 의도적으로 낮은 가격을 책정하는 방법이다. 경우에 따라서는 높은 가격을 책정함으로써 목적한 바 자본을 조기회수할 수도 있다.

(4) 적정이익의 추구목적: 적절한 목표수익률을 보장해 주는 가격수준을 채택하는 것이다.

(5) 특별한 제품계열의 판매촉진목적: 인기가 있는 한 제품의 가격을 낮게 책정함으로써 많은 고객이 몰려와서 다른 품목을 함께 구입할 수 있도록 유도하는 가격 및 판매촉진전략이다. 비인기품목의 매출이 증대되기 때문에 기업전체의 수익이 증대될 수 있다.

3. 국제가격 결정방법

1) 원가중심의 국제가격 결정

이 방법은 원가에다 일정률의 마진을 가산하는 방법으로 비교적 가격책정이 손쉽다. 또 어떤 의미로 보면 생산자 · 판매업자 · 구매자들에게 사회적으로 가장 공정한 가격이 될 수 있기 때문에 아주 널리 이용되는 방법이다. 단점으로는 목표대상 시장에서의 수요와 경쟁여건을 무시하고 있다는 점, 왜곡된 비용의 측정이나 평가에 의존할 수 있다는 점, 그리고 시장수요의 변화, 경기변동, 제품수명주기의 변화에 따른 최적이윤폭(optimal mark-up)의 결정이 곤란하다는 점 등을 들 수 있다. 이 방법에는 비용가산가격산정법(cost plus pricing)과 이윤가산가격산정법(mark-up pricing)의 두 가지 방법이 있다.

2) 목표가격결정(target pricing)

이 방법에 따르면 국제기업은 대개 목표수익률을 미리 정하고, 그 목표를 실현할 수 있는 수준의 가격을 추후에 계산하는 방식으로 가격을 결정하게 된다. 따라서 기업의 목표달성이 용이하다는 장점을 갖는다. 그러나 단점으로는 가격결정과정에서 가격수준을 결정하기 위해 판매량을 미리 예측하고 이를 고정변수로 취급하고 있다는 것이다. 즉, 이 방법은 가격수준 여하에 따라 판매량이 크게 변동될 수도 있다는 사실을 간과하고 있는 것이다.

3) 수요중심 국제가격결정

이 방법은 현지국 시장에서의 수요의 강도 또는 탄력성에 따라 국제가격을 결정하는 방법으로 다음과 같은 유형들이 있다. 가장 대표적인 방법인 가격차별(price discrimination)은 동일한 제품의 가격을 시장에 따라 둘 혹은 그 이상의 가격으로 판매하는 방법이다. 가격차별의 기준으로는 소비자기준 · 제품기준 · 가격기준 · 장소기준 · 시간기준에 따른 가격차별 등 여러 가지가 있을 수 있다. 둘째로, 위신(威信) 가격책정(prestige pricing)이 있는데, 이는 보석, 모피, 고급화장품 등과 같이 가격이 하락하면 판매량이 오히려 감소하는 소위 위신제품에 대해 제품의 실제 가치와는 관계없이 가격을 높게 책정하는 방법이다. 또한 단수(端數)로 제품가격을 책정하여 마치 제품가격이 저가인 것처럼 착각을 일으키게 하는 단수가격책정방법(odd-even pricing)이 있다. 즉, 10,000원 대신 9,999원으로 책정하여, 단 1원의 차이로 인해 제품가격이 크게 싼 것처럼 느끼게 하는 방법이다.

4) 경쟁중심 국제가격결정

이 방법은 경쟁기업의 가격전략을 의식하고 경쟁기업의 제품가격을 중심으로 가격을 책정하는 방법으로 원가구조변동, 수요변화 등의 요인을 무시하고 경쟁기업의 가격을 최대의 기준으로 삼는다. 이 방법의 대표적인 예가 모방가격결정(imitative pricing 또는 going-rate pricing)이다. 이 방법은 식품 등과 같은 완전경쟁품목의 가격을 결정할 때 주로 사용하는 것으로 시장에서 이미 결정되어 있는 가격(given price)을 그대로 따르는 것이다. 또한 입찰가격산정법(competitive bidding pricing)이 있는데 , 이는 대규모 설비공사나 건설공사와 같이 입찰에 의해 낙찰을 받기 위하여 경쟁하는 기업들이 사용하는 가격전략이다.

제6절 국제유통전략

제조업자가 자사의 제품을 해외시장에 유통시키는데 있어 국내시장에 있어서보다 더 많은 유통단계를 거치게 되는 것이 보통이다. 특히 각국은 본국과는 상이한 유통구조를 가지고 있으므로 외국기업이 현지의 유통망을 통제하기란 더욱 어렵다. 본 절에서는 국제유통정책과 관련하여 현지시장의 유통경로 그리고 유통망 통제 등에 대해 살펴보기로 한다.

1. 유통경로의 형태

<그림 13-1>은 국제유통경로를 묘사한 것인데, 크게 (1) 간접판매경로(indirect selling channel)와 (2) 직접판매경로(direct selling channel)로 대별된다.

첫째, 간접판매경로란 제조업자가 자신의 제품을 해외시장에 진출시킬 때 국내에 소재하는 중간상을 통하는 것으로 주로 ① 국내수출대리점(domestic export agent)과 ② 국내수출상(domestic export merchant)에 의존한다.

둘째, 직접판매경로란 국내중간업자를 거치지 않고 제조업자 자신이 직접 외국대리점 및 유통업자(foreign agent/distributor)와 판매계약을 체결하거나 현지에 자사의 판매지사나 법인(foreign branch/subsidiary)의 설립을 통하여 물품을 유통시키는 경로유형을 일컫는다. 또한 현지시장에서 직접 생산하여 제품을 유통시킬 수도 있다.

외국기업이 현지시장에서 장기적이고 지속적인 시장구축을 위해서는 간접경로에 의존하기보다는 직접경로의 개발에 노력을 기울여야 한다. 예를 들어, 미국의 IBM사는 세계 각처의 어느 곳에서나 중간 유통업자를 거치지 않고 직영대리점을 통한 직접 판매전략의 고수를 전통으로 삼고 있다. 또한 일본의 소니사도 처음으로 라디오를 미국시장에 진출시킬 당시, 미국시장에 이미 거대한 유통망을 구축하고 있던 블로바(Bluova)사로부터 블로바 상표를 붙여 미국시장에 쉽게 진출할 것을 권유받았다. 그러나 당시 소니사 사장이었던 아키오 모리타씨는 그 제안을 거절하고 미국시장에 자사의 판매망을 구축, 시장을 직접 통제하여 성공을 거두었다.

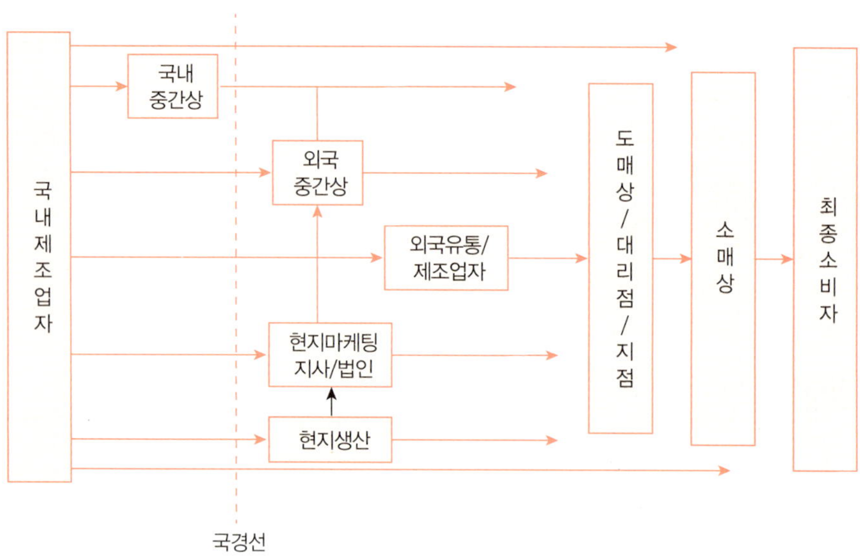

그림 13-1 ● 국제유통경로

2. 경로결정

설정경로(channel decision)에 있어서는 경로의 ① 길이(length), ② 폭(width), ③ 수(number)의 세 가지 사안이 중요하게 고려되어져야 한다.

첫째, 경로의 길이란 제품이 최종소비자에게 이르는 과정에 있어 몇 번의 유통단계를 거쳐야만 되는가를 나타낸다. 제조업자가 직접 최종소비자에게 판매할 경우, 경로의 길이는 최단이 된다.

둘째, 경로의 폭은 특정 유통단계에 있어서 관련 중간상(도매상이나 소매상)의 수를 나타낸다. 따라서 특정 유통단계에 있어서 필요한 중간상의 수와 형태가 다양할수록 그 경로의 폭은 넓다고 할 수 있으며, 만일 제조업자가 특정독점판매권을 부여했다면 일정 지역에 대한 자사제품의 경로 폭은 매우 제한적이 된다.

셋째, 경로의 수란 사용되어지는 경로유형의 다양성을 나타낸다. 만일 제조 브랜드로 다양한 소비자계층에 파고들려고 하거나 또는 광범위한 지역을 커버하려고 할 경우 복수의 유통경로를 택하여야 한다. 이를테면, 특정지역에 대해서는 특약점을 그리고 또 다른 지역에 대해서는 자사판매원이나 직영대리점을 활용하는 것이다.

현지시장에 있어서 가장 효과적인 유통경로를 결정하기 위해서는 다음과 같은 네 가지 요인, 즉 ① 제품의 특성, ② 소비자의 특성, ③ 중간상인의 특성, ④ 현지국의 법적 규제를 고려해야 한다. 한 연구에 따르면, 해외시장에서의 유통경로 선정은 50%는 제품 자체의 특성에 의해, 25%는 현지시장의 특성과 기업의 목표마진폭에 의해, 그리고 나머지 25%는 경영자의 경험에 의해 결정되어지는 것으로 나타났다.

1) 제품특성

제품의 특성(가격, 품질, 구매빈도, 이미지, 부패가능성, 서비스 필요성 등)은 경로결정에 중요한 영향을 미친다. 이를테면, 저가품으로 높은 구매빈도를 보이는 필수품 등에 대해서는 집중적이고 포괄적인 유통망 구축이 유리하다. 전통적으로 이러한 제품들은 도매상과 소매상을 거쳐 유통된다.

반면, 고가품으로 낮은 구매빈도를 보이는 특수품, 전문품 등에 대해서는 제조업자들은 선별적이고 단축적인 유통경로를 선호한다. 일반적으로 소비재는 자본재나 산업재보다 더 많은 유통단계를 거친다.

2) 소비자특성

소비자의 수, 지역적 분포, 소득 및 구매행위는 각국마다 상이하므로 해당지역의 소비자 특성에 맞는 유통경로를 결정해야 한다. 일반적으로 소비자의 수가 많을수록 각국의 시장발전단계와는 상관없이 더 높은 수준의 경로의 길이, 폭 및 수가 요구된다.

3) 중간상의 특성

경로유형의 선택에 있어 각국에 현존하는 중간상의 특성(자질, 경험, 협력 가능성, 요구 마진율 등) 또한 중요하게 고려되어져야 한다. 효과적인 유통경로의 구축을 위해서는 경로구성원들(channel members)의 협조가 필수적인데, 일반적으로 경로구성원들은 제조업자의 이익을 대변하기보다는 자신의 이익에 더 많은 관심을 기울인다. 한편 제조업자의 포괄적 경로정책은 경로구성원들의 협조의지와 충성심을 저하시키며 또한 경로구성원들 간의 갈등을 야기시키기 쉽다.

4) 법적규제

각국은 특정 경로나 중간상의 사용에 대해 상이한 법적규제를 적용한다. 예를 들어, 프랑스에서는 직접방문판매가 금지되고 있으며, 바레인에서는 외국인의 무역대리점 소유가 금지되고 있고, 인도네시아에서는 오직 내국인만이 수출라이선스를 획득할 수 있게끔 되어있다. 사실 유통경로에 대한 이러한 법적규제는 무역장벽의 성격을 띤다. 아마 일본의 경우가 대표적인 예일 것이다.

3. 경로구성원 선정

경로구성원들은 대체적으로 다음과 같은 기능을 수행한다.

① 조사(research): 계획과 원활한 거래를 위하여 필요시 되는 정보의 수집
② 촉진(promotion): 거래를 성사시키기 위한 의사소통
③ 접촉(contact): 유망한 고객의 발굴
④ 매칭(matching): 고객의 욕구에 부합되는 재화와 서비스의 공급
⑤ 협상(negotiation): 효과적인 거래 성사를 위하여 가격 및 기타 거래조건에 대한 최종적인 합의 도출
⑥ 물류(physical distribution): 제품과 서비스의 운송과 저장
⑦ 금융(financing): 유통비용 부담을 위한 자금조달
⑧ 위험부담(risk taking): 유통활동의 이행과 관련된 위험부담의 감수

해외시장에서 제품판매의 성공여부는 얼마나 유능한 유통업자를 선정하느냐에 달려있다 해도 과언이 아니듯이 유통업자의 역할은 매우 중요하다. 유능한 유통업자의 선정에 대해서는 일반적으로 다음과 같은 자격요건을 검토할 필요가 있다.

① 유통업자의 재정적 상태
② 현지소비자의 유통업자에 대한 평판
③ 유통업자의 기존사업의 성격
④ 유통업자의 판매망 구축 상태
⑤ 유통업자의 사업계획
⑥ 자사상품에 대한 유통업자의 관심과 예상 취급량

특히 국제마케팅에 있어서는 제조업자와 유통업자간의 장기적 유대관계 구축이 중

요한데, 이를 위해서는 상호간의 요구사항, 즉 판매지역범위, 최소판매량, 자사제품을 위한 판매원수, 재고수준, 마진율, 고객서비스, 광고, 계약기간 등에 걸쳐 충분한 협의를 통한 구체적인 합의가 이루어져야 한다. 중간유통업자들은 한 제조업자의 제품만을 취급하는 것이 아니라 여러 경쟁업체의 제품들을 동시에 취급하는 것이 보통이므로, 제조업자는 중간유통업자가 자사의 제품에 더 많은 시간과 노력을 기울일 수 있도록 유인책을 제공해 주어야만 한다. 유통업자의 마진을 높여 주거나, 또는 기준판매량을 초과하였을 경우 보상금을 주는 것도 한 방안이다.

현지시장에서 아무리 유능한 유통업자를 선정하였더라도 자사제품의 지명도가 경쟁사에 뒤질 경우 유통업자는 자사제품보다 경쟁사의 제품판매에 더 많은 노력을 기울일 것이다. 따라서 기업은 다양한 정보망을 통하여 자사의 제품수준에 맞는 중간 유통업자를 발굴하는 것이 중요한데, 동일 산업군내에 있는 경쟁자들로부터 유용한 정보를 얻을 수 있다.

제7절 국제촉진전략

1. 통합적 마케팅커뮤니케이션 전략의 의의

1) 국제촉진의 개념과 중요성

국제촉진(international promotion)은 국제소비자에게 설득력 있는 의사전달을 통해서 기업의 목표를 달성하고자 하는 기업의 활동이다. 기업은 현지소비자와의 커뮤니케이션에 충실해야하며 이러한 커뮤니케이션은 우연하거나 일회적이어서는 안 된다. 좋은 광고를 개발하고, 판매를 자극할 수 있는 효과적인 판매촉진 프로그램을 수립해야하며, 기업의 이미지제고를 가능하게 하는 PR전략을 기획함은 물론, 폭넓은 상품지식을 겸비하고 친절한 고객서비스를 행할 수 있도록 유능한 판매사원을 교육함으로써 성공적인 대고객 커뮤니케이션은 이루어진다.

개별 기업이 현지시장을 목표로 제품, 가격, 유통전략이 적절하게 운용된다 하더라도 현지의 최종소비자를 상대로 하는 촉진활동이 제대로 이루어지지 않으면 궁극적인 제품 및 서비스의 판매는 성공할 수 없다. 특히 현지국 시장은 세계 각국의 선진기업들의 제품과 서비스가 각축전을 벌이는 전쟁터를 방불케 하고 있고, 제품차별화에 의한 소비자행동의 비합리적인 측면이 증가하고 있으며, 시장정보의 불완전성과 불투명성이 존재하는 관계로 현지시장은 불완전경쟁시장이다. 따라서 기업은 현지국 시장에서의 매출액을 확대하기 위해서 현지소비자를 적극적으로 자극하여 유효수요를 높이는 활동이 전개되어야 하는데 이러한 활동을 촉진이 담당하는 근본적인 역할이라 할 수 있다.

주요 국제촉진 수단들은 광고, 판매촉진, 인적판매, PR 등이 있으며, 이들은 기업의 커뮤니케이션 목표달성을 위해 서로 조화되어야한다.

2) 통합적 마케팅커뮤니케이션 (integrated marketing communication: IMC)

최근 마케팅의 최대 관심사는 통합적 마케팅커뮤니케이션이라 해도 과언은 아니다. 전통적인 마케팅커뮤니케이션이 수요자극을 위해 메시지를 계획적이고 효과적으로 전달하는 과업과 역할이 중시된 반면, IMC의 콘셉트는 지속적이고 강력한 브랜드이미지 구축을 통해 브랜드 가치를 최대화하는데 궁극적인 목적을 둔다. 또한 최대의 커뮤니케이션 효과를 창출하고 커뮤니케이션의 명확성, 일관성 등을 확보하기위해 일반적 광고, 판매촉진, PR, 인적 판매 등 다양한 커뮤니케이션 도구들을 통합하는 것을 의미한다.

IMC가 등장한 배경은 다음과 같다. 전통적으로 가장 강력한 마케팅커뮤니케이션 수단인 광고는 그 성격상 일방적인 커뮤니케이션 수단이기 때문에 더욱 개성화된 소비자, 멀티미디어시대, 그리고 더욱 다양하게 세분화된 시장 등 소비자를 둘러싼 환경의 변화에 직면하여 소비자접근이 점점 더 비효과적으로 되어가고 있고, 한편 전통적인 커뮤니케이션 방법의 이러한 비효과성에 반해 기업의 커뮤니케이션비용은 오히려 급증하고 있기 때문이다.

마케팅커뮤니케이션의 여러 요소들이 개별적, 독립적으로 기획되고 수행될 때는 역할의 중복과 이에 따른 예산낭비로 인해 효과를 기대할 수 없다. 각각의 커뮤니케이션 요소가 통합 조정되면 그 브랜드나 기업의 메시지는 월등한 효과를 볼 수 있을 뿐만 아니라 운영상의 효율성제고와 비용절감이라는 혜택을 가져다 줄 수 있다.

2. 국제광고관리

1) 국제광고의 의의

광고(Advertisement: Advertising)에는 광의와 협의의 두 가지 의의가 있으며 광의의 광고에는 '퍼블리시티' 및 '대중관계(Public Relation : PR)'를 포함하는 것이라고 해석된다. 반면, 협의의「광고」에 대해서 미국마케팅학회(AMA)는 아래와 같이 정의하고 있다.

"광고란 이름을 명시한 스폰서에 의한 모든 유료형태의 아이디어, 상품 혹은 서비스의 비면접적인 제시 및 선전을 말한다."

즉, 협의의 광고는 정보, 메시지를 전달하는 형식이며, 언어, 회화, 도식, 도서, 음향, 음악, 색채, 형상, 기호 등의 수단으로 기업, 상품, 기술 서비스 등을 고객 또는 일반대중, 혹은 딜러에게 주지시키는 것을 말한다. 광고는 특정한 광고매체(신문, 잡지, 라디오, TV 등)를 통해 광고주가 일정한 광고요금을 지불함으로써 실시되는 것이다.

국제광고가 국내광고와 다른 중요한 특색은 국제시장은 언어 · 풍습 · 관습 · 사상 ·

기호 등이 상이하여 광고의 표준화/현지화정책을 고려해야한다는 점이다. 따라서 광고의 언어, 회화, 도식, 도표, 음향, 색채 등의 선택 결정에 있어 현지시장의 환경을 충분히 고려하여 광고를 기획하고 집행해야 된다. 또한 현지국 국민의 심성(mentality), 정서(emotion), 생활환경, 금기사항(taboo) 등은 국제광고의 문언(wording), 문안(layout), 캐치프레이즈, 디자인, 표현의 선택 · 결정에 충분히 반영되지 않으면 안 된다. 또한 광고는 그 집행에 있어서 각국의 법적규제를 받는다. 외국모델. 기용가능성, 광고의 게재제한, 비교광고, 선정광고, 허위 및 과장광고, 유아 및 아동대상광고 등에 대한 제한을 받게 된다. 따라서 국제광고를 유효 · 적절하게 수립하기 위해서는 이들 사정에 밝은 국내 또는 해외의 전문 광고대행사의 의견을 듣거나 혹은 그 협력을 얻어 실시하는 것이 바람직하다.

사례 13-4

락앤락(LOCK&LOCK)의 국제마케팅 성공 사례

1. 중국의 밀폐용기 시장과 락앤락(LOCK & LOCK)

중국의 가정용 플라스틱 제품 생산업체는 대부분 중소기업 및 개인 자영업자이다. 대형업체의 경우 생산과정에서 외국설비를 사용하고 있는 반면에, 중소기업의 경우 중국에서 생산되는 현지 생산설비를 이용하기에 대형업체의 제품과 비교해 기술력이나 품질이 크게 떨어진다. 중소기업들은 주로 가격 경쟁력을 내세워 영업활동을 영위하나, 최근 중국 가정에서는 건강에 대한 인식이 높아지면서 그 어느 때보다 일상용품에 관한 관심이 점차 증대되고 있다. 더욱이 음식을 보관하는데 밀폐용기를 주로 사용하다보니 어느 정도 가격이 있더라도 내구성이나 품질이 좋은 업체의 제품을 선호하는 추세에 있다.

본래 중국은 지역별 음식의 특성이 뚜렷해 외식문화가 많이 발달되었다. 따라서 중국인들은 도시락보다는 일반적으로 외식을 빈번하게 즐기는 편이다. 그러나 상기에 설명한 수요발생 요인 외에도, 최근 불경기로 지갑이 얇아진 중국 화이트칼라들이 도시락을 애용하기 시작하면서 도시락용 밀폐용기에 대한 관심도가 높아졌다. 중국의 일간지 중궈칭니엔바오 사회조사센터가 2011년 민이중궈망과 신랑망을 통해 조사한 자료에 따르면, 조사대상 2,284명 중 약 74%가 주위에 도시락을 가지고 다니는 사람이 있다고 답변하였다. 또한 설문 응답자의 약 47%가 자신도 도시락을 싸서 다니고 싶다고 이야기하였다.

표 13-2 ● 중국의 주요 밀폐용기 브랜드

브랜드	원산국
락앤락	한국
타파웨어	미국
써모스	독일
메이러후이	중국(홍콩)
타이거	일본
러이뚜어(樂億多)	중국(홍콩)
룽스다	중국
전싱	중국
샹인(象印)	일본

게다가 중국에서 저질 식용유 문제가 대두되면서 중소규모의 음식점에서의 외식을 기피하게 됨에 따라 밀폐용기의 확산에 긍정적인 영향을 끼치게 되었다. 대개 중국인들은 전날 저녁 밀폐용기에 음식을 담아서 다음날 회사에 가져간다. 이 때문에 보관이 편리할 뿐만 아니라 내용물의 신선도가 오랫동안 지속되는 도시락 용기가 요구되며, 중국에는 현재 이에 부합하는 9가지 밀폐용기 브랜드가 존재한다.

이렇듯 다양한 옵션들이 있음에도, 중국 소비자들에게 가장 각광받는 밀폐용기 브랜드는 락앤락(LOCK&LOCK)이다. 락앤락은 2004년 상하이에 영업법인을 설립하여 중국시장에 진출하였고, 진출한지 2년 만에 중국 소비자 만족도 1위 브랜드로 선정이 되었다. 또한 현재 중국 시장점유율 1위를 시현하고 있다. 특히 2010년 락앤락의 중국시장 매출이 락앤락 전체 수출매출의 약 30%를 차지할 정도로 높은 인기를 끌고 있다. 그러면 락앤락이 어떻게 중국에서 밀폐용기 시장점유율 1위가 될 수 있었는지 마케팅측면에서 살펴보도록 하겠다.

2. 락앤락의 STP전략

락앤락은 우선 중국의 거대한 시장을 세분화하여 각 세분시장별 소비자 특성을 파악하고, 이들 중 락앤락 제품의 특성과 가장 적합한 고객층을 선정, 30~40대 여성들 중에서도 실용성을 선호하고 위생을 강조하는 이들을 주 타깃으로 삼았다. 국물 음식이 많은 우리나라에서는 밀폐용기의 밀폐력을 가장 중요하게 여겼는데, 주지하는 바와 같이 이를 해결하기 위해 락앤락은 2중 중공형 실리콘을 사용하고 뚜껑에 날개를 만들어 본체에 밀착되도록 하였다. 이러한 4면 결착 방식을 통해 실용성과 기능성 모두를 소비자에게 충족시킬 수 있을 것이라고 판단하였다. 또한 위생부문에 있어서 락앤락은 녹색소비자연대전국협의회와 식품위생법 등 관련 법령을 함께 감시하는 단체와 제휴 협약을 맺어 중국 소비자들이 보다 안전성을 느낄 수 있도록 하는 포지셔닝 전략을 취함으로써 실용성과 안전성을 바탕으로 중국의 소비자들에게 매력적으로 다가갔다.

3. 락앤락의 4P

우선 제품전략 측면에서 락앤락은 러커우러커우(樂扣樂扣)라는 이름으로 현지적응화 전략을 추구하였다. 차를 마시는 문화가 발달되어있는 중국에서는 개인 물병을 들고 다니며 겨울에는 보온병, 여름에는 물통으로 끊임없이 차를 마신다. 따라서 락앤락은 이와 같은 중국의 생활모습을 반영한 '차통'을 만들었으며, 이 '차통'은 일반적인 락앤락 제품과 달리 차 거름망을 추가한 이중구조를 띄게끔 제조되었다. 더불어 중국인들이 좋아하는 빨간색과 중국의 전통문양을 사용하여 중국인들의 입맛에 맞게 제품 패키징을 함으로써 차통은 2011년 상반기 상하이에서만 350만 개가 판매되는 기염을 토해냈다.

둘째, 가격측면을 알아보면, 초기 한국에서 생산된 제품을 직접 수입해 판매했을 때 락앤락은 한국 내에서 시판되는 가격의 1.5배를 부과함으로써 중국 소비자들에게 수입제품이라는 고급 브랜드 이미지를 심는데 성공하였다. 현재도 역시 한국에서의 가격보다 30%이상 높게 책정하여 여전히 프리미엄 가격전략을 취하고 있다.

셋째, 유통전략 측면에서 락앤락은 중국 진출 후 4년간 한국에서 생산된 제품을 직접 수입해 판매했었다. 그 후 중국에서의 현지 생산을 위해 2007년 쑤저우 싱가포르 공업단지 내에 공장을 건설하여 유통을 추진하고, 인터넷판매와 직영점, 가맹점도 이용하였다. 중국 최대 온라인 쇼핑몰인 아마존차이나에 몰인몰(Mall In Mall) 형식으로 운영되는 한국 생활용품 전문관을 개설하고, 중국 최대의 B2C 온라인 쇼핑몰 '토우보'와도 합작관계를 맺어 유통망을 확충하였다. 2011년에는 지린성에 락앤락 가맹점을 설립하였고, 현재는 베이징 9개, 상하이 28개, 선전 4개의 직영점을 통한 유통경로를 확보하였다.

마지막으로, 락앤락은 다양한 촉진전략을 사용하고 있다. 우선 CJ · GS 홈쇼핑과의 제휴를 통해 홈쇼핑에서 브랜드를 알리기 시작하였다. 이는 용기에 대한 직접 설명이 가능하고 구체적인 사용법을 인지시키기에 최적이라는 판단이 주효하게 작용했기 때문이었다. 홈쇼핑을 통하여 브랜드 인지도를 쌓아감과 병행하여 플래그십스토어를 상하이의 고급 번화가에 세워 홍보를 시작하였다. 한류 열풍으로 드라마 '대장금'이 인기를 끌면서 한국의 주방 용기에 대한 관심이 높아졌을 때에는 드라마에 출연했던 탤런트 양미경을 광고모델로 기용한 한류마케팅 전략을 사용하기도 하였다.

2) 국제광고의 기능

국제광고의 요체는 읽기 쉽고 기억하기 쉬우며 인상에 남고 더구나 정확하여 소비자 내지 일반대중에게 매력적이어야 한다. 국제광고의 본질적 기능은 다음과 같다.

1 고지기능(informing function)

해외의 소비자(사용자) 내지 일반대중에 대하여 기업, 상품, 서비스, 기술 등을 고지(information) 하는 기능이며, 이와 같이 고지기능을 지니는 광고를 고지광고(information Ad.)라고 한다.

2 설득기능(persuading function)

해외의 소비자(사용자) 내지 일반대중에 대하여 자사의 제품구매를 유도하기 위해 설득하는 커뮤니케이션 기능을 지니는 광고를 설득광고(persuasion Ad.)라고 한다.

3 반복기능(repeating function)

소비자(사용자) 내지 일반대중에게 강한 인상을 줌으로써 반복소비와 반복사용을 촉진하는 기능이며, 이것을 또한 인상광고(impression Ad.)라고 한다.

4 창조기능(creating function)

소비자(사용자) 내지 일반대중에게 기업, 상품, 서비스, 기술 등에 관한 확대된 이미지를 심어놓고 새로운 수요를 환기하여 소비(사용)를 창조하는 기능이며, 이 기능을 지니는 광고를 창조광고(creation Ad.)라고 한다.

또한 광고의 목적에 의한 기능에는 다음과 같은 것이 있다.

1 파이오니어 기능(pioneering function)

신 시장에 대하여 또는 신제품에 대하여 시장개척을 위한 기능을 수행하는 것을 말하며 이 기능을 발휘하는 광고를 파이오니어 광고(pioneer Ad.)라고 한다.

2 경쟁기능(competitive function)

이미 개척한 해외시장에서 자사의 경쟁력을 강화하기 위한 광고로서 경쟁광고(competitive Ad.)라고 한다.

3 유지기능(maintaining function)

자사 상표의 경쟁력을 안정적으로 유지하고 지키는 기능이다. 이것을 상기기능(reminding function) 또는 보존기능(retentive function)이라고도 한다. 이 기능을 발휘하는 광고를 유지광고(maintainance Ad.), 상기광고(reminding Ad.), 보존광고(retentive Ad.)라고도 한다.

3) 국제광고의 방법

국제광고의 방법을 살펴보면 다음과 같다.

1 단독광고와 공동광고

단독광고란 각 개별기업의 이름으로 단독으로 행하는 광고이며 가장 일반적인 광고방법이다. 이에 반하여 공동광고란 공동조합의 이름으로 또는 두 개 이상 기업의 이름으로 공동으로 하는 광고이다. 자본이 부족한 중소기업은 초기수출단계에 공동광고를 실시함으로써 큰 성과를 올릴 수 있다. 그리고 각종 공업협회, 각 산업부문별 생산자단체, 각종 수출조합 등이 공동으로 외국에 대한 정보제공과 수요의 환기를 시도하곤 한다. 공동광고는 단독광고와 달라서 광고가 지니는 중요한 기능의 하나인 배타성 · 선택성을 충족시키는 것은 아니나, 그 대신 업계의 일치된 결속 또는 두 개 이상 기업의 결속에 의한 종합력을 발휘할 수 있다. 중소기업이 신제품을 시장개척하기 위해 통일브랜드를 설정하고 이 통일브랜드에 대하여 공동광고를 하는 일도 있다.

2 대중광고와 업계광고

대중광고(Public Ad.)란 해외시장의 소비자 · 사용자 등의 일반대중을 대상으로 하는 광고이다. 이에 반하여 업계광고(Field Ad.)란, 수입국의 수입상 · 판매점 등의 딜러를 대상으로 하여 행해지는 광고이다. 즉, 신 시장개척 또는 판로확대에 있어서 우선 수입국의 딜러에게 고지 및 설득할 목적으로 실시하는 광고이다. 흔히 대중광고와 업계광고는 광고매체를 달리한다. 전자는 넓은 '매스미디어'를 매체로 하며, 후자는 일반적으로 업계신문 · 전문잡지 등의 좁고 깊은 '미디어'를 이용한다. 그러나 넓은 '매스미디어'를 이용하는 대중광고를 통해서도 업계광고의 목적을 겸할 수 있다.

3 광고의 지역적 · 시간적 조건

국제광고의 광고지역 및 광고시기, 광고계절 등의 선택은 매우 중요하다. 광고지역은 상품이 소비재일 경우, 수요층분포 · 지역적 소득층분포를 고려하고 생산재일 경우에는 제품을 사용하는 생산 공장의 배치 · 분포 등을 고려하여 결정한다. 또 광고시기는 상대국의 경기상황, 수급상황, 경쟁자의 동정 등을 감안하여 결정한다. 상품에 따라서는 계절적 수요(seasonal demand)에 따라서 광고계절을 선택해야 한다. 예컨대, 하절기에 쓰이는 냉장고나 에어컨 혹은 크리스마스 등 종교적 명절 때 쓰이는 선물용품 · 장식용품 등은 광고계절을 고려할 필요가 있다.

4 해외광고대행사

오늘날 기업의 국제화진전에 따라 종합적인 해외광고 활동의 필요성을 인식하게 되었고, 또한 국제적 수출경쟁 격화로 말미암아 기업이 해외광고대행사의 힘을 빌려 광고하는 일이 많아졌다.

기업이 활용할 수 있는 해외광고대행사는 본국에 본사를 두고 해외에 지점 · 주재소를 갖는 광고대행사, 국내 소재 외국광고대행사의 지점, 그리고 해외에 있는 외국광고대행사를 들 수 있다. 이들 중 많은 광고대행사들이 업무상 제휴관계를 맺고 있어 현지국 광고활동에 상호협력하고 있다.

광고대행사는 기업 또는 업계단체의 위탁을 받아서 해외광고의 입안 · 계획, 예산의 견적, 광고원고의 작성, 광고기술의 측정, 광고효과의 측정 등 전반적인 광고 서비스를 실시하고 위탁자로부터 일정한 수수료를 수수한다. 광고대행사는 또한 마케팅 데이터의 자동조사와 해석, 광고매체에 대한 정보조사 등을 통해 적정한 매체 믹스를 실시하고 있다. 광고대행사간에도 경쟁이 격심하여 기획 · 제작 · 조사를 삼대주축으로 하여 광고주에의 서비스 개선에 노력하고 있다.

4) 국제광고의 매체

맥러한(M. Mcluhan)교수는 매체를 '뜨거운 매체(hot media)'와 '차가운 매체(cool media)' 2종으로 구분하여 일종의 감각론을 제창하였다. 전자는 많은 정보가 잔뜩 들어가 있어서 정보수신자들로 하여금 이해를 돕기 위한 보충자료가 필요 없는 매체, 즉 신문, 잡지, 라디오, 영화 등을 지칭한다. 이에 비하여 후자는 정보가 엉성하여 수신자가 정보를 이해하기 위해 스스로 개입하거나, 또는 정보이해를 위해 보충이 필요한 매체, 즉 TV, 전화, 만화 등을 지칭하고 있다.

국제광고의 매체(media)에는 여러 종류가 있으나 대별하면 시각광고(visual ad.), 청각광고(auditory ad.), 시청각광고(visual and auditory ad.)로 나눌 수 있다. 시각광고의 매체로는 신문, 잡지, 전단, 옥외광고 등이 있다. 청각광고로는 라디오, 녹음기 등을 꼽을 수 있으며, 시청각광고는 TV, 영화 등을 예로 들 수 있다. 이들 중 특히 신문, 잡지, 라디오, TV 등은 광범위한 대상에 광고메시지를 전달시킬 수 있어서 광고의 4대 매체라고 한다. 이외에도 광고의 매체를 대상별로 분류해보면, 신문 및 잡지광고, 전파광고, 그리고 기타 광고(전단, 영화광고, 옥외광고, 다이렉트 메일 등)로 나눌 수 있다.

이상의 각종 매체에는 각각의 특색과 효과가 있다. 그러므로 어느 매체를 사용하여 광고를 할 것인가의 매체선택의 문제가 대두된다. 매체선택의 일반적 기준으로서는 해외시장의 특성, 기업 또는 상품의 특성, 메시지에 대한 매체의 적합성, 광고효과, 매체의 특성, 광고비용 등이 있으며 각종 매체를 종합하여 활용할 필요가 있다.

1 인쇄광고(신문 및 잡지광고)

신문 및 잡지광고는 국제광고매체 가운데서 가장 많이 이용되고 보급된 광고매체라고 말할 수 있다. 신문과 잡지광고의 특징을 설명해 보면 다음과 같다. 먼저 신문광고는 독자층이 넓고, 배포지역이 가장 광범위하며, 광고료가 저렴하다. 무엇보다 신문광고는 방송매체와 달리 수용자가 적극적으로 정보를 처리하는 관여도가 높은 매체에 속한다. 따라서 4대 광고매체 가운데서도 가장 많이 이용되고 있다.

그러나 현지국에서 신문광고를 할 경우 발행부수, 광고요금 등 요인을 고려해야한다. 또한 각 나라마다 매체에 대한 성격이 다소 차이가 있기 때문에 국제신문광고의 경우 도달범위에 대한 조정이 필요하다. 예를 들면, 우리나라를 비롯한 많은 나라에서는 신문이 전국적 매체의 성격을 가지고 있으나 북미에서는 뉴욕타임즈와 월스트리트저널과 같은 몇 개의 신문을 제외하고는 지역적 특성을 지니고 있다. 따라서 신문은 전국 캠페인을 위한 매체수단으로서는 일반적으로 적합하지 않다.

반면 잡지광고는 독자의 성격에 따라 크게 소비자 대상 잡지와 업계잡지로 나뉜다. 미국에서는 이외에도 농업계를 대상으로 한 잡지의 중요성 때문에 별도로 농업잡지를 구별하기도 한다. 잡지광고의 특징은 독자층을 자유롭게 선택할 수 있고, 매체로서의 생명이 길며 신문과 마찬가지로 회람되는 비율도 높아 2차 독자수가 많다. 또한 컬러인쇄를 통해 광고의 효과를 증가시킬 수도 있다. 특히 잡지광고는 신문보다 광범위한 독자층을 가질 수는 없어도 특화된 주제로 소수의 최종 소비자나 사용자에게 깊이 소구할 수 있는 힘을 가질 수 있다는 특징을 갖는다. 따라서 기업은 상대적으로 적은 예산으로 현지국의 세분화된 시장에 도달할 수 있는 기회를 얻을 수 있다.

2 방송광고

방송광고는 라디오와 TV로 대별할 수 있는데, 오늘날 방송광고는 신문 및 잡지광고 이상으로 급속하게 소비자에게 어필되고 있다.

TV광고는 시각에 호소하므로 깊은 인상을 줄 수 있고, 광고제품의 실품을 투사하여 보여줄 수 있으므로 정밀기기의 경우 구조와 형상을 정확하게 보여줄 수 있다. 또한 음향이나 색감을 통하여 무드광고의 효과를 나타낼 수 있으며, 애니메이션에 의한 오락적 요소를 가미할 수 있다.

미국 및 유럽국가에서는 중간광고를 허용하고 있다. 중간광고란 프로그램이 방영되는 중간에 등장하는 광고로 미국에서는 15분 만에 한 번씩 광고하는 시간을 갖는다. 다음은 미국 TV광고의 유형을 설명한 것이다.

- 스폰서십 광고: 프로그램을 제작하는데 재정적 책임을 지며, 프로그램의 광고시간을 독점할 수 있다. 우리나라의 경우 과거 선경 (현, SK)에서 <장학퀴즈>의 제작비를 부담하면서 혼자 광고했던 사례가 있다.
- 참여광고: 한 프로그램의 광고 시간에 여러 기업(광고주)이 함께 광고하는 것을 말한다. 적은 예산으로 프로그램에 참여할 수 있다.
- 스폿광고: 프로그램과 프로그램 사이의 방송이 쉬는 시간에 방송하는 광고이다. 보통 미국에서는 네트워크사에 가맹된 해당 지역의 방송사가 이 시간에 지역광고를 유치한다.

한편 라디오광고는 구술광고이기 때문에 수용자에게 친근미가 있다. 선정된 프로에서 시간과 내용에 따라 특수한 구매층을 창조할 수 있으며, 라디오 청취자라는 특수층의 구매자를 창출할 수 있고, 광고비가 TV보다 저렴하다는 장점도 있다.

이상과 같이 라디오나 TV등의 방송광고는 많은 특색과 장점을 가지고 있지만, 시간의 제한성, 광고생명의 단명, 비용과다 등의 단점이 있다. 특히 TV방송은 유선방송의 등장과 확산으로 시청자가 감소되는 추세이나 그래도 시청자의 절대다수를 점하고 있기 때문에 기업에게는 여전히 매력적인 광고매체라 할 수 있다.

방송광고를 성공적으로 기획 및 집행하기 위해서 고려해야할 요인을 살펴보면, 라디오 및 TV광고는 먼저 어떤 프로를 선택할 것인가를 잘 고려해야 하고, 다음에는 광고의 시간과 광고 스폿 초를 잘 고려해서 비용의 극소화와 효과의 극대화를 동시에 도모해야 한다. 따라서 광고 내용도 정확하고 간결하게 그리고 평이하게 작성해야 하며, 특히 TV의 경우에는 인상적이고 드라마틱하게 제작함으로써 순간적인 영감성에 유의하도록 해야 할 것이다.

3 기타 광고

기타 광고의 매체로서는 옥외광고, 극장광고, 직접우편(direct mail: DM)광고, 교통광고 등을 들 수 있다.

첫째, 옥외광고는 광고탑, 네온사인, 네온탑, 빌보드, 포스터 등이 있다. 이 같은 옥외광고는 시간적인 제약 없이 자유롭게 조형할 수 있으며, 장기적으로 사용할 수 있고 친근감을 주는 등 장점 때문에 입지만 잘 선정되면 국제광고의 매체로서 좋은 효과를 얻을 수 있을 것이다. 그러나 옥외광고는 공개적인 외부에 설치되므로 경관을 해치거나 현지국의 미풍양속을 해치지 말아야한다. 또한 각국마다 공중의 안전을 보장하기 위해 옥외광고를 규제하는 법이 있다.

둘째, 극장광고도 유용한 매체수단이 될 수 있다. 영화를 보러 온 사람이면 영화가 시작하기 전 상영되는 광고를 피할 수 없게 된다. 그러나 관람객(소비층)이 제한되어 있기 때문에 국제광고에는 거의 이용되지 않고 있다. 그러나 현지국의 지역적인 제품광고에 효과적으로 이용할 수 있다.

셋째, 직접우편(DM)광고는 기업체가 당해 제품의 판매를 증가시킬 목적으로 현지의 예상수요자들에 대하여 직접우송방식에 의하여 광고하는 것을 말한다. 이 같은 매체이용은 대규모 기업체에서는 많이 이용하는 방법이며, 특히 생산재(설비기계 · 대형컴퓨터) 같은 사용자가 한정된 제품의 광고에는 책자를 이용해서 시도해 볼 만한 가치가 있다. DM광고는 소비자나 사용자에게 직접 전달되고 광고의 내용이 상세하게 설명되며, 설문지 등의 방법으로 시장조사 및 구매동기조사를 함께 할 수 있고, 그리고 소비자나 사용자에게 친밀감을 주어 주의를 강하게 환기시킬 수 있다는 등의 장점이 있다. 오늘날 소비자정보를 분석하여 저장한 자료를 이용하는 데이터베이스 마케팅으로 인해 직접우편광고는 더욱 효율적으로 실시될 수 있다. 반면에 직접우편광고는 소비자에게 도달하는 비용이 신문이나 잡지보다 훨씬 많이 들고, 직접우편에 대한 소비자의 거부감 때문에 광고메시지가 소비자에게 노출되지도 못하고 폐기되는 단점도 있다.

넷째, 교통수단을 이용하는 교통광고이다. 교통광고는 광고물이 거리에 있기 때문에 광고되는 상품의 품질이 열악하다고 인식될 수 있는 단점이 있다. 더욱이 광고물이 훼손되면 브랜드나 기업이미지에 부정적인 영향을 미칠 수 있으므로 광고물 관리도 중요한 과제이다. 그러나 광고비가 저렴하고 교통수단이 이동하는 곳이면 어디에서도 현지 소비자에게 노출될 수 있으며 지역적으로 선별하여 도달할 수 있다는 장점도 있다. 우리나라 기업들이 동남아 등지에서 많이 활용하고 있는 매체이다.

다섯째, 뉴 미디어 광고이다. 최근 매체의 발달로 뉴 미디어 광고의 형태는 케이블 TV, CD-Rom, PC통신과 전자우편, 인터넷, 위성방송 등 매우 다양하다. 이들 매체 중에서 케이블 TV는 공중파방송에 비해 가입자 수가 적어서 시청자도달이 상대적으로 적다는 단점이 있으나, 케이블 TV는 세분화된 시청자라는 특성으로 인해 기업이 제공하는 제품의 속성에 따라 적합한 미디어 믹스를 수립할 수 있다. 예를 들면, 미국의 ESPN은 18~49세의 남성을 표적시장으로 하여 스포츠를 전문적으로 중계하는 채널이다.

따라서 이 채널은 맥주회사 등에게 선호된다. 아울러 케이블 TV는 일상광고보다 상당히 긴 시간의 광고를 할 수 있다. 즉, 10분, 20분, 심지어 60분에 걸쳐 상품의 정보를 상세히 제공하는 정보 광고를 할 수 있다는 것이다. 따라서 정확한 제품정보가 구매결정의 요인으로 작용하는 정밀기기, 고가의 전자제품 등의 광고에 유용한 매체수단이 될 수 있다. CD-Rom 또한 광고의 중요 매체수단이 될 수 있다. CD에 교재 50만 쪽에 해당하는 정보를 저장할 수 있으며, 자료의 형태도 음향, 애니메이션, 정지된 것 그리고 동영상도 수록할 수 있다. 디스크에 상품정보를 담아서 현지 유통상들에게 배포할 수도 있다.

4 인터넷광고

- 웹사이트 홍보: 기업의 명함과 같은 웹사이트는 아무리 좋은 사이트라도 사람들이 알지 못하면 소용없다. 도메인 네임은 기업의 로고가 있는 곳이라면 어디나 있어야한다. 모든 검색 엔진과 온라인 디렉토리에 도메인 네임을 올려 놓아야한다. 그리고 웹 페이지, 전자메일 및 뉴스그룹 게시물에 이미지를 일관되게 유지하는 것은 아주 중요하기 때문에 TV, 라디오, 잡지, 신문 및 다이렉트 메일 등의 기존 커뮤니케이션 매체와 일관되게 기업의 이미지를 유지해야한다.
- 배너광고(banner ads.): 이것은 타사의 인터넷 사이트에 광고비를 지불하고 싣는 띠 모양의 광고이다. 배너광고는 인터넷에서 가장 손쉬운 광고방법이다. 그러나

이용자들은 배너광고를 기다려야 되는 경우에 매우 짜증을 내기 때문에 몇 가지 원칙들을 지키면 배너광고를 아주 효율적으로 활용할 수 있다.

표 13-3 ● 배너광고의 원칙

- 적은 용량: 배너광고의 메시지는 접속속도가 느린 경우에도 몇 초 만에 볼 수 있도록 해야 한다.
- 좋은 디자인: 메시지를 잘 나타내는 간결한 디자인을 사용한다.
- 복잡한 애니메이션 사용 자제: 애니메이션은 보기에는 좋지만 다운로드하는데 시간이 많이 걸린다.
- 읽기 용이하게: 이상한 글자체를 사용하지 않도록 한다. 모든 사람이 읽을 수 있도록 메시지를 전달해야 한다.
- 링크연결 확인: 링크가 연결되지 않는다면 아무리 좋은 배너광고라도 소용이 없다.
- 설득력 있는 메시지: 상품이나 서비스에 대해 간단하고 설득력 있는 메시지를 만든다.

자료: Daniel Amor (송영일 역) (2000), e-비즈니스 혁명, 정보문화사, p. 243

5) 국제광고의 비용

국제광고정책의 중요한 부분의 하나는 광고비용 예산의 결정이다. 광고비용을 결정하기 위해서는 다음과 같은 제 요인을 그 결정기준으로 한다.

첫째, 광고의 종류, 방법, 매체의 선택

둘째, 광고지역의 선택

셋째, 매체별 광고비용의 배분

넷째, 광고효과 (광고에 의하여 현지판매증진 또는 수출증진에 기여하는 효과) 고려

다섯째, 기존 수출품의 시장 확대를 위한 경쟁광고 또는 시장유지를 위한 유지광고일 경우, 수출품의 기존 수출금액 · 수량 등을 고려

광고예산의 결정에도 해외대리점이 협력하는 경우 광고비용은 메이커가 전액 부담할 경우와 수출상사가 전액 부담할 경우도 있으나, 외국에 "Distributor"를 설치할 경우에는 예를 들어, 반액을 메이커 내지 상사가 부담하고 반액은 "Distributor"가 부담하는 일이 있다. 또는 외국의 "Importer", 기타의 "Dealer"가 광고업무 일체를 맡아 하고 그 광고비용을 전액 부담하는 경우도 있다.

토의자료 13-3

기아자동차, 호주오픈 연계 국제마케팅 전개

호주오픈 공식 스폰서인 기아자동차가 대회 공식차량 전달식을 시작으로 '2018 호주오픈 테니스 대회'의 본격적인 마케팅에 나선다.

기아자동차(주)는 10일(수) 호주 빅토리아주(州)에 위치한 멜버른 파크에서 기아자동차 및 호주오픈 관계자, 기아자동차 글로벌 홍보대사 라파엘 나달(Rafael Nadal) 선수와 호주의 레전드 테니스 선수인 레이튼 휴이트(Lleyton Hewitt)가 참석한 가운데 '2018 호주오픈 대회 공식차량 전달식'을 가졌다.

이날 전달된 차량은 카니발 60대, 쏘렌토 60대 등, 총 120대로, 대회 기간 동안 참가 선수, VIP, 대회 관계자 등의 의전과 원활한 행사 운영을 위해 쓰일 예정이다.

지난 2002년부터 17년 연속 호주오픈을 공식 후원하고 있는 기아자동차는 올해에도 대회 개막에 맞춰 다양하고 특색 있는 마케팅 활동을 펼칠 예정으로, 지난해 호주오픈을 통해서는 약 5억1천만 달러 상당의 홍보 효과를 거둔 것으로 나타났다.

기아자동차는 ▲대회 기간 동안 일어나는 흥미로운 순간을 포착해 SNS에 공유하는 '호주오픈 모멘트(AO Moment)' ▲세계 각국에서 선발된 74명의 고객들에게 경기 관람과 멜버른 현지 문화체험 기회를 제공하는 '기아 럭키 드라이브 투 오스트레일리아(Kia Lucky Drive to Australia)' 등 다양한 고객 체험 행사도 마련했다.

또한 원활한 경기 운영을 도울 볼키즈 한국대표 20명을 선발해 지난 4일(목) 호주로 파견했으며, 이들은 2018 호주오픈 경기 참여 및 멜버른, 시드니 현지체험 기회를 가질 예정이다.

이 밖에도 ▲라파엘 나달 등 호주오픈에 참가한 유명 선수들이 스팅어를 타고 등장하는 온라인 영상 콘텐츠 오픈 드라이브(Open Drive)를 비롯해 ▲경기장 A보드 및 디지털 사이니지를 통해 기아자동차 브랜드 알리기에 주력할 계획이다.

기아자동차 관계자는 “호주오픈은 기아자동차 브랜드의 성장에 기여해 온 기아자동차 글로벌 마케팅의 핵심”이라면서, “전세계 테니스인의 대축제인 이번 호주오픈을 통해 ‘젊고 역동적인’ 기아자동차 브랜드의 이미지를 널리 알리겠다”고 말했다.

한편, 1905년 창설돼 매년 1월 개막하는 호주오픈은 윔블던, 프랑스오픈, US오픈과 함께 테니스 4대 메이저대회 중 하나로 높은 권위를 자랑한다.

특히 기존 아날로그 광고판을 대체한 디지털 사이니지 도입, 개폐식 지붕구조를 갖춘 최신식 경기장 활용 등으로 메이저대회 중에서도 상대적으로 ‘젊고 혁신적’이라는 평가를 받고 있다.

기아자동차(주)는 10일(수) 호주 빅토리아주에 위치한 멜버른 파크에서 기아자동차 및 호주오픈 관계자, 기아자동차 글로벌 홍보대사 라파엘 나달(Rafael Nadal) 선수와 호주의 레전드 테니스 선수인 레이튼 휴이트(Lleyton Hewitt)가 참석한 가운데 ‘2018 호주오픈 대회 공식차량 전달식’을 가졌다

지난 2002년부터 17년 연속 호주오픈을 공식 후원하고 있는 기아자동차는 올해에도 대회 개막에 맞춰 다양하고 특색 있는 마케팅 활동을 펼친다.

자료: 기아자동차 홈페이지

3. 국제판매촉진관리

1) 국제판매촉진의 의의 및 개념

판매촉진(sales promotion)이란 단기간에 소비자의 구매를 즉각적으로 유도하기 위해 현지국에서의 판매점, 특약점 및 소비자, 사용자에 대하여 카탈로그, 견본, 쿠폰, 안내서 등을 제공하는 것과 판매점에 대하여 판매점 원조를 하는 등으로 제품의 판매촉진을 기획 · 실행하는 것을 말한다. 최근 판매촉진은 기업의 전체 마케팅비용에서 차지하는 비중이 광고보다 높아지고 있어 마케팅 커뮤니케이션도구로서 대단히 중요한 역할을 담당하고 있다. 광고가 기업 및 제품인지도와 호의적인 태도를 만들어내지만 행동을 자극하지 못하는데 반해, 판매촉진은 소비자로 하여금 시용이나 재구매를 유도하는데, 중간상에게는 자사상표를 취급하고 적극적인 판매활동을 하도록 유인하는데 사용된다.

판매촉진은 그림에서 보는 바와 같이 소비자측면에서 판매촉진 하는 것과 중간상을 대상으로 하는 판매촉진 등 두 가지 유형이 있다.

국제마케팅관리자는 광고와 판매촉진이 소비자에게 미치는 영향에 있어서 함께 작용한다는 사실을 고려하여 광고와 판매촉진을 서로 조화롭게 활용할 수 있어야한다. 이 두 가지 커뮤니케이션 수단이 상호조화를 이룰 때 강력한 시너지가 발생할 수 있기 때문이다. 아울러 국가마다 판매촉진에 대한 규제(판매촉진의 유형과 금액 등)가 상이하다는 것을 인식하고 판매촉진을 실행할 때는 현지국의 공정거래에 위반되지 않도록 유의해야한다. 미국의 경우 다른 국가와 달리 상대적으로 판매촉진에 대한 제한이 적은 편이어서 판매촉진의 활용범위가 광범위하다.

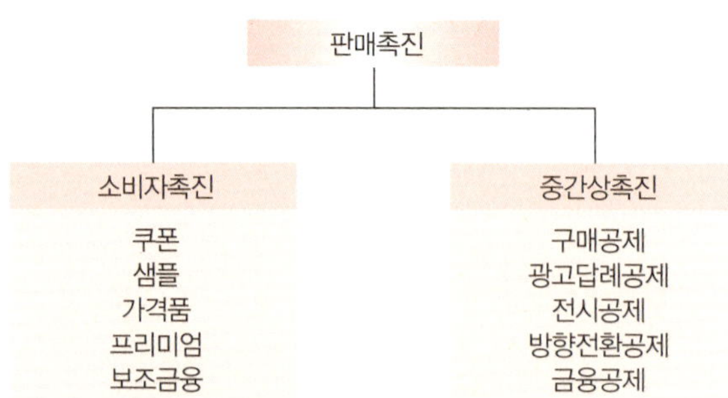

그림 13-2 ● 판매촉진의 두 가지 유형

2) 소비자대상 판매촉진

1 쿠폰

쿠폰은 가장 자주 사용되는 소비자 판매촉진 수단일 것이다. 쿠폰발행의 목적은 현재 사용자에게는 반복구매와 상표충성도를 구축하기 위한 것이지만 새로운 사용자를 확보하기 위해서도 사용된다. 비사용자 또는 경쟁자 제품을 사용하는 소비자들에게 다이렉트 메일을 통해 쿠폰을 우송하는 방법이 있다. 그러나 미국에서 가장 효과적이고 많이 사용되는 쿠폰이 어떤 나라에서는, 특히 체면의식이 강한 동양에서는 효과가 없을 수 있다.

2 샘플

소비자들에게 무료 견본품을 나눠주는 것으로서 소비자로 하여금 시용을 유도하는데 좋은 방법이다. 제품인지도와 호의적인 태도를 구축하기 위해 도입광고를 한 후 샘플을 제공하는 것이 효과적이다.

3 가격품

제품을 평소보다 낮은 가격 또는 더 많은 용량을 제공하는 것으로 상표전환과 충성도를 강화할 수 있는 방법이다.

4 소비자교육

소비자교육이란 생산자가 현지국에서 소비자에 대하여 기술상의 지도, 제품 사용상의 지도를 하는 것을 말한다. 한국 수출품 중 예컨대, 중기계, 플랜트, 정밀공작기계 등은 소비자 교육 실시가 판매 후 서비스일 뿐만 아니라 수출판매증진을 위해서도 효과적인 수단이기 때문에 지속적인 실시가 필요하다.

3) 중간상대상 판매촉진

1 카탈로그의 제공

카탈로그는 잠재고객들에게 제품을 소개하는 중요한 수단으로서 제품의 품질, 성능, 규격, 효용, 사용법, 내구성, 경제성 등과 더불어 때때로 수출가격, 상품의 사진 등도 게재된다. 따라서 카탈로그는 현지어로 작성되어야 하므로 현지의 에이전트나 도매유통업자의 도움을 받아 한 치의 오류가 없도록 정확하게 작성되어야 한다. 뿐만 아니라 구매욕구를 불러일으킬 수 있도록 매력적으로 작성되어야 하며, 해외시장의 현지사정, 현지감각 등에 알맞게 적응되도록 작성할 필요가 있다. 아울러 카탈로그에는 단순히 상품의 소개, 선전, 정보를 기재하는데 그치지 않고 기업 및 기업이 보유한 기술 등을 홍보하는 것도 바람직하다.

2 수출견품제공

수출의 경우, 수출카탈로그나 수출광고로써 상품의 내용을 알리는 것보다는 수출견품을 제공한 것이 훨씬 효과적이다.

3 구매공제

구매공제는 가장 단순한 형태의 중간상 판매촉진수단으로서 구매량당 일정액의 금액을 할인해 주는 제도이다. 이를 통해 기업은 중간상으로 하여금 대량구매를 유도하거나 평소에 잘 구매하지 않았던 제품을 구매하도록 하기 위해 활용된다.

4 광고공제

제조업자가 자사제품의 광고에 기여한 중간상에게 제공하는 보상을 말한다.

5 전시공제

전시공제는 특별코너나 진열대 등에 자사제품을 두드러지게 진열하는 중간상에게 지불하는 보상이다.

6 금융제공

제조업자가 저리의 금융편의를 제공하거나 청구서 발송을 연기함으로써 중간상이 부담하는 비용을 덜어주는 것을 말한다.

7 판매콘테스트, 전시회, 「쇼룸」등에의 지원

판매점 특히 독점특약점이 실시하는 판매콘테스트(sales contest), 수출품의 전시회, 상설전시장(show room)의 개최비용 · 유지비 등의 일부 또는 전부를 생산자가 부담하는 것이다.

4) 수출상품전시정책

수출상품전시정책이란 수출품의 전시에 관한 정책을 설정, 실시하는 것을 말하며 수출판매촉진전략 중에 중요한 정책의 하나이다. 수출품의 전시방법에는 견품시(見品市) 참가 · 출품, 전시회 출품, 국제박람회 참가, 순항(巡航) 견품시 참가 등이 있다.

1 견품시에의 참가

견품시(trade fair)란 해외에서 개최되는 대규모 혹은 중규모 상품전시회를 일컫는다. 원거리에 있는 수요자의 눈앞에서 수출국의 산업제품을 전시함으로써 잠재적 바이어 내지 딜러를 발견할 수 있다는 점에서 해외시장의 개척 · 확대를 위해 각종 견품시에 출품하는 것은 매우 효과적이다. 또한 실연 · 가동을 통해 성능 · 품질의 탁월성을 이해시킬 수 있는 장점도 있다.

2 전시회 출품

전시회란 해외에서 특정상품을 “show room”등에 전시하는 것을 말한다. 전시회의 회장으로는 KOTRA의 해외사무소에 부속된 “show room”, 유통상 및 기타의 딜러가 보유하고 있는 “show room”, 해외백화점의 “show room” 등이 있다. 이중 KOTRA의 해외사무소는 세계각지의 번화가에 있으며, 소규모적인 전문견품시(특별전시회)를 수시로 개최하거나 상설전시회를 마련하여 출품희망자에게 특정요금으로 전시실을 대여하기도 한다.

3 세계박람회 참가

세계박람회는 견품시나 전시회와 달라서 상품의 출품 · 전시를 목적으로 하는 것이 아니라 일정한「테마」를 내어걸고 세계의 문명과 문화를 융합하는 것을 목적으로 한다. 따라서 박람회는 견품시나 전시회와 같은 상거래장소로서의 중요성은 띠지 않으나 규모가 광대하고 관람객도 많다. 또 개최기간도 장기로 열리고 있어 박람회는 수출국의 PR, 기업의 PR에 크게 도움이 된다.

4 순항견품시 참가

순항견품시(floating fair)란 해외제국의 주요 항을 순항하는 선박에 상품을 전시하는 것을 말한다. 그 순항하는 선박을 순항견품선(floating fair vessel)이라고 한다.

4. 국제판매사원관리

1) 국제인적판매의 의의 및 개념

인적판매(personal selling)란, 기업이 제품 또는 서비스를 마케팅할 때 활용하는 대인 커뮤니케이션도구를 말한다. 즉, 인적판매는 판매원이 판매를 목적으로 1인 또는 그 이상의 예상구매자들과 대화를 통하여 판매하고자하는 제품 또는 서비스를 구두로 제시하여 그들의 니즈, 욕구, 선호를 환기시키고, 구매저항을 줄이거나 없애고, 구매행동을 유발시키는 설득적 커뮤니케이션과정이다.

인적판매는 기업이 제품 또는 서비스를 직접 산업소비자, 정부 및 지방자치단체 등의 실수요자에게 판매할 경우 가장 중요한 촉진도구이다. 또한 현지국 유통상을 고객으로 하여 판매할 경우, 국제 판매요원들은 다양한 판매관련 활동을 수행함으로써 중요한 역할과 기능을 담당한다.

인적판매는 일방적인 커뮤니케이션도구인 광고나 홍보와는 달리 고객을 대면하여 행하는 상호교환적인 커뮤니케이션이기 때문에 최종구매결정까지 직접 자극하는 장점이 있다. 또 다른 장점으로는 고객의 특정한 구매저항을 줄이거나 없앨 수 있을 뿐만 아니라 고객의 구체적인 니즈를 찾아 이를 만족시켜줄 수 있다는 점이다. 특히 기업이 필요로 하는 소비자정보를 직접 고객으로부터 입수하여 활용할 수 있다. 반면에 인적판매는 마케팅커뮤니케이션수단 중에서 가장 비용이 많이 드는 수단이고 판매요원들의 임금이 계속 상승하고 있어 비용을 가중시키는 단점이 있다. 인적판매의 또 다른 단점은 유능한 판매사원을 발견하는 것도 어렵고 이들을 효과적으로 훈련시키고 관리하는데 어려움이 따른다는 것이다.

2) 국제판매원관리

최종소비자를 대상으로 하는 판매원관리는 이들을 고용한 해외대리점 및 소매 유통상의 역할이지만 한국 본사 측에서는 판매원관리를 위한 본사방침의 책정, 메이커와 상품에 관한 정보제공, 교육도구와 판매도구의 개발 및 제공 등 지원을 아끼지 말아야한다. 현지에서 유통상을 고객으로 마케팅을 할 때 국제마케팅관리자는 인적판매를 효과적으로 수행해야한다. 유능한 영업사원은 무엇보다도 뛰어난 세일즈맨십을 갖추고 소비자와의 관계도 원활하게 이끌어갈 수 있어야 하며, 특히 고객들이 당면한 구매상황에 맞추어 그들의 구매문제를 해결해줄 수 있는 능력을 발휘해야한다. 따라서 국제마케팅관리자는 이들의 영업실적에 영향을 미치는 다양한 요인들을 깊이 인식하고 이들을 효과적으로 관리해야한다.

즉, 국제마케팅관리자는 개인적(성취욕구, 가치관 등) 및 기업내적(기업문화, 직무체계, 승진제도 등) 환경변수의 작용 → 영업사원의 동기, 태도, 역할지각 → 영업실적 → 영업사원이 받는 보상의 종류와 크기 → 영업사원의 만족 → 영업사원의 동기 및 영업실적에 영향을 미치는 연쇄작용을 일으키게 된다는 점을 각별히 인식해야한다.

5. 국제 PR 및 홍보전략

1) 국제 공중관계와 홍보의 의의와 개념

공중관계(public relations: PR)는 고객뿐 아니라 기업과 직 · 간접적으로 관계를 맺고 있는 다양한 공중과의 건전한 관계를 구축하고 유지하여 기업의 이미지를 높이고 궁극적으로 구매증대를 가져오기 위한 활동이라 할 수 있다. 과거에는 PR대신에 홍보(publicity)라 불리었으나 홍보는 보다 포괄적인 개념인 PR의 일부분으로서 PR의 대표적 형태이다. 오늘날 소비자들은 많은 광고에 노출되기 때문에 광고를 회피하려는 경향이 강하고 광고에 노출된 경우라도 광고에 대해 매우 회의적이다. 이러한 소비자들에게 광고를 노출시키고 신뢰할 수 있는 방식으로 메시지를 전달하기 위해서 기업들은 PR을 통한 커뮤니케이션의 역할과 중요성을 인식하고 있다.

공중관계는 또한 기업에 대한 현지 혹은 국제적인 비난, 비우호적인 소문 및 사건 등에 대처하거나 이를 방지하는 활동도 포함하고 있다. 현지국에서의 외국기업의 탈세나 비리에 연루되어 초래되는 비판, 외국기업에 대한 반감과 이로 인한 외국제품의 불매운동은 기업이미지의 실추와 더불어 마케팅성과에 큰 영향을 미치게 된다. 따라서 기업은 비난의 원인을 미리 예방하는 것이 최선책이지만 이러한 비난이 확산되지 않도록 현지국 및 국제시장에서 적절한 공중관계를 형성해야 한다.

2) 국제PR의 방법

PR의 가장 중요한 수단은 기업의 제품 혹은 기업구성원들에 대해 우호적인 뉴스를 발견하거나 창조하는 것이다. PR은 광고와 비교하여 극히 낮은 비용으로 기업의 인식도를 높일 수 있는 방법으로 매체의 사용공간이나 시간에 대한 비용을 지불하지 않고 단지 뉴스거리를 개발하고 배포하는 비용만으로도 수행될 수 있다. 뿐만 아니라 소비자들은 광고보다 신문이나 방송뉴스의 내용을 더 신뢰하는 경향이 있어서 메시지 전달효과가 좋다.

한국기업이 현지국에서 사회적 책임을 다하는 기업으로서 인식받기를 원한다면 높은 비용을 들이는 광고보다 현지국의 후생시설 마련, 불우이웃돕기, 무료의료사업, 문화행사 등의 후원자 역할을 함으로써 소기의 목적을 달성할 수 있다.

예를 들면, 미원(현, 대상)은 인도네시아 조미료시장에서 30%이상의 시장점유율을 차지하고 있다. 미원은 기업이익을 현지사회에 환원하는 활동을 펴 인도네시아에 중·고등학교와 이슬람사원을 지어 기증하였고, 공장 인근지역의 상수도시설, 도로포장사업, 불우이웃돕기 등의 사업을 펼쳐 현지인들에게 좋은 이미지를 심어주었다. 이러한 PR활동은 현지에서 좋은 기업이미지를 심는 PR의 목적을 달성할 수 있을 뿐 아니라 정치적 위험을 낮출 수 있는 방안이기도 하다.

사례 13-5

북경현대자동차 '쏘나타'의 국제마케팅전략

현대자동차는 2002년 베이징 자동차와 합작하여 중국 자동차시장에 후발주자로 진출하였다. 당시 이미 레드오션이라고 인식되었던 중국시장에 진출해 낮은 브랜드 인지도와 기존 경쟁 차종들의 시장선점으로 어려움을 겪었다. 그러나 자동차 기술이 발전하지 않아 외제차 의존도가 높았던 중국시장에서 현대자동차는 2005년 판매량 기준 4위로 우뚝 설 수 있었는데, 이에 진출과 동시에 높은 판매수익을 시현한 북경현대자동차의 첫 모델인 쏘나타의 국제마케팅 성공요인에 대해 살펴보고자 한다.

1. 쏘나타의 시장 세분화와 포지셔닝 전략

1) 쏘나타의 중국시장 세분화(Segmentation)

앞서 지적했듯이, 시장 세분화는 지역, 소득수준, 문화적 배경 등에 의해 시행할 수 있는 바, 북경현대자동차는 크게 자동차 이용과 관련된 소비자들의 라이프스타일을 기준으로 시장을 세분화하였다. 북경현대자동차는 차량과 관련된 라이프스타일에 대한 분석으로 안전성, 성능, 스타일, 브랜드, 가격이라는 주요 요인들을 추출하고, 그 요소들에 따라 어떠한 구매 경향을 보이는지를 분석하여 소비자를 크게 세 개의 세분시장으로 나눴다. 그러나 그렇다고 성별, 연령, 소득수준 등과 같은 기본적인 평가요소들을 배제한 것은 아니었다. 북경현대자동차는 1차원적 요소들을 조사하여 Life-stage 변수를 만들고, 여기에 차량 구매력지수를 산출한 뒤 이 둘을 결합, New-life-stage변수를 생성하였으며, 이 변수를 통해 6개의 세분시장으로 분류하였다. 궁극적으로는 이 세분화 결과를 앞서 설정한 자동차 관련 라이프스타일에 따른 세분시장과 결합시켜 총 18개의 구체적 세분시장으로 분류하였다. 이러한 시장세분화 과정에서 볼 수 있듯이, 북경현대자동차는 '라이프스타일'이라는 큰 기준을 설정하고, 1차원적 변수들을 동원하되 각 변수들에 따라 라이프스타일이 어떻게 나타나는지에 초점을 맞추었다. 이를 통해 같은 연령과 소득수준에서도 서로 다른 라이프스타일을 보이는 소비자들을 서로 다른 시장으로 분류하는 등 철저히 자동차와 관련된 라이프스타일에 입각한 세분시장들을 파악할 수 있었고, 이는 쏘나타의 표적시장이 보다 세밀하고 집중적으로 선정될 수 있도록 도왔다고 볼 수 있다.

2) 쏘나타의 표적시장 선정(Targeting)과 포지셔닝(Positioning) 전략

앞서 언급한 18개의 세분시장 중 가장 비중이 큰 시장은 구매력이 높은 미혼 또는 40대 이하 기혼 남성이었다. 그러나 중국시장에서 북경현대자동차는 아직 인지도가 매우 낮았고, 생소한 브랜드라는 점을 고려해야 했다. 따라서 시장세분화 결과에 따라 가장 비중이 높은 시장만을 표적시장으로 선정하기 보다는, 단기적 수익을 가져다줄 수 있는 시장과 장기적으로 수익을 창출할 가능성이 있는 시장으로 표적시장을 구분하여 단계적으로 마케팅전략을 펼쳤다. 첫 번째 표적시장은 40대 이하 기혼남성으로, 이들은 제품에 대한 정보를 많이 갖고 있으며, 안락감, 운전 시의 편안함, 외관스타일, 가격 등을 중시하는 시장이었다. 이들은 쏘나타에 대해 충분한 정보를 갖추고 있고, 호감 역시 갖고 있었으며, 구매할 의사도 있는 시장이었기에 북경현대자동차의 첫 모델인 쏘나타가 단기적으로 판매수익을 향상시킬 수 있는 시장이었다고 볼 수 있다. 반면 두 번째 표적시장은, 가장 큰 시장점유율을 가지고 있으나 선발 주자인 혼다의 어코드(Accord)나 폭스바겐의 파사트(Passat)가 이미 상당 부분 점유하고 있는 시장이었다. 따라서 아직 브랜드 인지도가 낮은 북경현대의 경우 이들을 바로 고객으로 확보할 수는 없었지만, 가장 큰 시장점유율을 가졌다는 점에서 장기적 측면에서 반드시 확보해야 할 시장이었다. 이에 따라 북경현대는 쏘나타의 첫 번째 표적 시장에는 안락감을 중시한다는 점을 고려해 'Life-friendly' 라는 메시지를 강조하였고, 두 번째 표적 시장에는 합리적 가격에 좋은 품질의 제품을 판매한다는 메시지를 강조하였다.

2. 쏘나타의 제품전략

1) 품질정책과 디자인정책

중국 소비자들의 쏘나타 외관에 대한 평가는 매우 긍정적이었다. 그러나 동시에 쏘나타의 표적시장으로 선정된 소비자층은 북경현대가 내세운 고급화된 이미지에 대한 기대감과 더불어, 자동차 내부의 인테리어나 재질이 고급스럽지 못하고 사양이 부족하다는 지적을 하기도 했다. 북경현대자동차는 이러한 소비자의 의견을 모두 수렴하여 내관을 개선하여 경쟁 차종에 비해 높은 사양을 갖추었다는 평가를 이끌어냈다. 또한 앞서 언급했듯이, 중국 자동차시장은 외제차 의존도가 매우 높았으나, 그에 반해 A/S가 원활하게 이루어지지 않아 소비자들은 이에 대한 불만이 많았다. 따라서 북경현대자동차는 시장진출과 동시에 대규모 A/S공장 설립을 통해 중국인들의 A/S에 대한 불신감을 없애고자 노력하였다. 북경현대자동차는 고급화 전략이라는 확고한 이미지를 구축하기 위해 제품을 그대로 출시하기 보다 설계 및 디자인 개선에 힘쓰고, 현지 시장의 불만 요소인 품질관리에 대한 보장까지 약속함으로써 현지소비자에게 신뢰감과 매력을 동시에 끌어낼 수 있었다고 볼 수 있겠다.

2) 북경현대자동차의 상표(brand)정책

상표는 그것이 가진 브랜드네임 자체뿐만 아니라 소비자가 해당 제품이나 기업에 대해 갖는 이미지를 만들어내는 것이기 때문에 매우 중요하다. 외제차에 대한 의존도가 높은 중국시장이지만 북경은 매우 보수적인 도시로, 새로운 해외기업의 진출에 대한 경계심이 있는 편이었다. 이에 따라 한국기업인 현대자동차는 자사의 상표를 아예 버리지는 않되, '북경현대차'라는 이름으로 바꾸어 중국의 북경과 친숙하다는 느낌과 함께 중국기업과도 같은 친근한 이미지를 만들어냈다 (물론 북경현대차라는 사명을 갖게 된 계기는 합작기업이라는 특성에서도 찾을 수 있다). 또한 이러한 상표명은 북경이라는 대도시의 속성을 북경현대차가 부여받는 효과가 있어, 젊고 도시적이고 세련된 이미지를 줄 수 있었고, 중국인들이 기억하기도 쉬운 이름이었다. 이처럼 브랜드 인지도가 낮은 북경현대자동차는 소비자에게 보다 친근하면서도 고급화 전략에 무리가 없는 현대적, 도시적인 상표명을 선정하는 것에 성공했다고 볼 수 있다.

3) 국제가격전략

가격 결정에 있어서 북경현대자동차는 경쟁중심 국제가격결정 전략을 사용했다고 볼 수 있다. 이는 경쟁기업의 제품가격을 중심으로 가격을 책정하는 방법인데, 여타의 요인들을 뒤로하고 경쟁기업의 가격을 가장 중시하는 방식이다. 북경현대자동차는 자사제품에 대해 경쟁기업인 혼다의 어코드나 폭스바겐의 파사트보다는 상대적으로 낮은 가격을 책정하였다. 그러나 동방지자, 중화 등과 같은 중국 로컬기업보다는 높은 가격을 유지하여 고급 외제차로서의 브랜드 포지션을 유지하는 부분도 놓치지 않았다. 이를 통해 경쟁이 극심한 중국 자동차 시장에서 브랜드 이미지를 견인하면서, 외제차로서는 상대적으로 저렴한 가격이라는 인식을 심어주어 가격인하 압박을 최소화시키는 방향으로 가격전략이 매우 신중하고, 효과적으로 이루어졌음을 알 수 있다.

4) 국제유통전략

북경현대자동차가 제품 및 가격에 대한 전략을 수립한 후 직면한 과제는 어떠한 유통채널 방식을 선택할 것인지와 어떤 지역에 유통채널을 확장할 것인가에 관한 것이었다. 우선, 조사 결과 90% 이상의 중국 소비자들이 전문 4S shop에서 자동차를 구매한다는 것이 밝혀져, 북경현대자동차도 기본적으로는 4S shop을 중심으로 판매하기로 하였다. 지역의 경우에는 전 도시 확산군에 해당하는 중심지뿐만 아니라, 그 이외의 소득수준이 낮은 도시 내 고소득 밀집지역에 우선 진출한 뒤에, 주변부의 소득수준 상승을 기다려 실제 소득이 상승한 곳으로 확장하는 정책을 수립하였다. 딜러 선정에 있어서는 자금력이 부족하더라도 열정과 의지가 있으면 선발하는 한국식 기준을 적용하였다. 그 결과, 딜러들의 반응이 매우 좋았으며, 딜러 교육 또한 외주업체에 위탁해 지속적으로 실시하였다.

5) 국제촉진전략

촉진(promotion)은 소비자에게 제품과 관련된 모든 형태의 의사전달을 통해 구매를 유도하는 활동이다. 특히 국제촉진의 경우, 현지소비자와의 커뮤니케이션이 이루어져야 하므로 현지소비자에 대한 이해가 선결되어야 하며, 현지 환경과 성향에 적합한 촉진방식을 채택해야 한다. 또한 기업은 통합적 마케팅커뮤니케이션(IMC)에 발맞추어 광고, 판매촉진, PR, 인적판매 등 다양한 촉진 도구를 사용하여 브랜드 가치를 높이는 데 힘써야 한다. 북경현대자동차의 촉진전략은 쏘나타가 중국시장에 런칭한 첫 모델이었기 때문에 브랜드 가치를 높이기 이전에 브랜드를 소비자의 의식 속에 구축하는 프로모션이 중심이 되었다.

국제광고관리와 관련하여, 중국인들, 특히 북경현대자동차가 표적시장으로 선정한 중산층 40대 이하 남성들의 경우, 언론매체를 통해 주로 정보를 얻으며, 그 정보를 신뢰하는 경향이 매우 크다. 이러한 조사 결과를 기반으로 '자동차족', '차왕', '명차지'와 같은 자동차 전문잡지와 신문 등과 같은 언론을 통해 신뢰를 확보하고자 하였다. 또한 일부 전문잡지 구독자들에게 시승 및 제품평가의 기회를 제공하여 이들이 차후 구전효과를 가져올 수 있게 하였다. 소비자들은 언론과 더불어 다른 소비자들의 평가와 의견이 객관적이라고 판단하는 경향이 있기 때문에 이러한 구전은 소비자들의 쏘나타에 대한 선호를 증대시킬 수 있는 계기가 되었다. 또한 정보가 많이 부족한 최초 자동차 구매자들에게 좋은 브랜드 이미지를 심어주고자 신문에 이미지 광고를 하기도 하였다. 중국인들은 신문에 실린 내용들이 권위와 신뢰를 갖는다고 생각하기 때문에 이미지 광고는 TV광고보다 신문광고를 활용하는 것이 탁월한 선택이었다고 볼 수 있다.

방송광고는 최초 자동차 구매자들에게 브랜드 인지도를 확보하기 위한 전략으로 사용되었는바, 북경현대자동차는 역동적인 파도에 맞서 달리는 박진감 넘치는 쏘나타의 모습과 함께 중국신동력(中國新動力)이라는 브랜드 슬로건을 보여주어, 쏘나타의 타깃이 바로 이 시대 중국의 새로운 동력인 고소득 젊은 계층임을 드러냈다고 볼 수 있다. 예산부족으로 전 지역을 대상으로 광고를 방영하지는 못했지만, 주말 저녁 가장 시청률이 높은 드라마와 뉴스 사이를 중점적으로 해서 스폿광고를 실시하였다. 이를 통해 가족들이 여유롭게 함께 TV를 시청하는 시간대에 쏘나타 광고를 접할 수 있도록 하여 소비자의 매장방문을 유인하였다. 또한 중국에는 자동차를 직접 시승해보고 시청자에게 느낌과 세부 정보들을 자세히 전달하는 전문 TV프로그램이 있다는 점을 활용하기도 했다. 점차 증가하는 한류에 대한 관심을 고려하여 PPL을 통해 북경현대자동차의 이미지를 제고하기도 하였다. 이 방식은 더욱이 중국의 젊은 소비자들에게 한류와 북경현대자동차의 이미지를 상호 연관시킬 수 있도록 기여하였고, 긍정적 브랜드 이미지를 갖는데 영향을 주었다.

한편, 북경현대자동차는 상대적으로 낮은 브랜드 인지도를 개선하고자 소비자와 직접 접촉하려는 노력도 게을리 하지 않았다. 시승회를 정기적으로 개최하고, 행사 시 한국 특산물을 상품으로 주는 등 한국기업이라는 점을 배제하지 않으면서도 중국 소비자들에게 어필할 수 있도록 힘썼다. 당시 중국은 축구에 대한 관심이 높아지고 있어, 북경현대자동차는 아시안컵 스폰서에 참여하기도 하였다. 또한 오페라 아이다를 후원하기도 했는데, 수준 높은 문화와 북경현대차를 연관시켜 고급화 이미지를 소비자에게 심어줄 수 있었다.

주요용어

국제시장 세분화, 제품 포지셔닝, 국제제품전략, 국제가격전략, 국제유통전략, 국제촉진전략

연습문제

1. 국제시장 세분화와 포지셔닝에 대하여 설명하시오
2. 국제마케팅 표준화와 현지적응화에 대하여 설명하시오.
3. 국제제품전략에 대하여 설명하시오.
4. 국제가격전략에 대하여 설명하시오.
5. 국제유통전략에 대하여 설명하시오.
6. 국제촉진전략에 대하여 설명하시오.

참고문헌

강태구 (2002), 「국제경영」, 박영사.

국제경영연구회 역 (1995), 「세계경영전략」, 김영사.

국제경영연구회 (2002), 「국제경영」, 문영사.

권영철 (2017), 「글로벌 경영전략」, 법문사.

기아자동차 (2018), 기아자동차, 호주오픈 연계 글로벌 마케팅 전개, [online] Available http://pr.kia.com/ko/company/news/news/2018-0110-01.do [접속일: 2018년 8월 7일].

김규창, 서준석, 홍성헌 (2003), 「국제마케팅」, 노벨미디어.

김신 (2012), 「국제경영학」, 박영사.

김윤희 (2008), 중국인도 궁금해 하는 '락앤락' 성공 비결, KOTRA 상하이무역관.

김현호 (2008), 기업의 친환경경영을 위한 전략적 접근에 관한 연구 : 도요타와 유한킴벌리 사례를 중심으로, 조선대학교 경영대학원 석사학위 청구논문.

동아일보, '이마트, 할인점시장 완전 평정…신세계 '월마트코리아' 인수', 2006년 5월 23일자.

매일경제신문, '중소기업의 중국시장으로의 고유브랜드 수출,' 2002년 8월 21일자.

머니투데이, ''글로벌' 아모레퍼시픽, 세계7대 화장품 도전한다,' 2012년 8월 30일자.

박주홍 (2018), 「글로벌경영」, 유원북스.

반병길 (2007), 「국제경영」, 박영사.

설영기 (2001), 「다국적기업과 글로벌전략」, 두남.

이장로 (2011), 「국제경영」, 무역경영사.

이장로, 이재혁, 이춘수, 김미옥 (2007), 북경현대차(BHMC)의 중국시장 마케팅 전략: 쏘나타 브랜드를 사례중심으로, 국제지역학회 춘계학술대회 발표논문집.

장세진 (2006), 「글로벌경영」, 박영사.

전용욱 (2004), 「국제경영」 문영사.

파이낸셜뉴스, 까다로운 한국 시장, 해외기업 '테스트 마켓', 2012년 2월 21일

CHAPTER 14

국제재무관리

학습목차

제1절 국제기업의 재무관리
제2절 환위험관리
제3절 국제자금조달
제4절 국제 분산투자
제5절 글로벌자본예산 결정과 투자과정
제6절 이전가격
제7절 국제적 이중과세

학습목표

본 장에서는 첫째, 국제재무관리가 재무관리와 다른 점을 살펴본다. 둘째, 환율예측이론, 환위험 종류, 환위험관리방법에 대해서 구체적으로 알아본다. 셋째, 국제자금조달방법과 국제기업의 분산투자방법에 대해 이해하고자 한다. 넷째, 글로벌자본예산 결정과 투자과정에 대해 알아본다. 다섯째, 이전가격조작 방법, 유형 및 국제적 이중과세 문제에 대하여 구체적으로 살펴본다.

도입사례 14-1

한국물 인기에 해외채권 발행 봇물

한국물 인기에 쏟아지는 해외채권 발행

기업	시기	발행액
KDB산업은행	9월 초순	30억~35억달러
NH농협은행	9월 초순	5억 달러
석유공사	10월께	5억~10억달러
KEB하나은행	10월 중순	조율 중
KB국민은행	11월께	5억달러(미정)

글로벌 채권시장에서 한국물 인기가 뜨거워지자 국내 기업들이 외화채권 발행을 서두르고 있다. 최근 국가신용등급 상향 효과에 힘입어 국내 기업들이 내놓는 글로벌 본드에 투자하려는 외국계 기관투자가가 많아지면서다. 특히 연이어 진행된 수요예측에서 수조 원에 달하는 매수 주문이 몰리자 기업들은 비교적 저렴한 금리로 자금을 조달하는데 성공하고 있고, 이 같은 분위기를 타고 추가 발행을 검토하거나 신규 발행에 나서는 기업도 늘고 있다.

24일 관련 업계에 따르면, KDB산업은행을 시작으로 NH농협은행, 한국석유공사, KEB하나은행, KB국민은행 등이 미국 달러화 표시 외화채권 발행을 준비 중이다.

업계 한 관계자는 "작년보다 발행액이 적어도 20% 이상 늘어날 것 같다"고 시장 분위기를 전했다.

이에 따라 우선 산업은행이 다음 달 초 30억~35억 달러 규모 글로벌 본드를 발행하고자 주간사 선정 작업을 진행하고 있다. 이미 주요 외국계 증권사를 대상으로 입찰제안요청서(RFP)를 송부한 상태다. 앞서 산업은행은 올해 초 15억 달러 규모의 글로벌 본드를 발행하는데 성공했다.

투자은행(IB)업계 관계자는 "산업은행이 해외시장에서 한국물이 인기를 얻자 상반기보다 배 이상 규모로 글로벌 본드 발행을 준비 중"이라며 "최근 중소기업진흥공단이 세운 한국물 사상 최저 금리 기록(10년 만기채 연 2.236%)을 깨는 것도 시간문제일 것"이라고 말했다. 실제 지난 23일 중소기업진흥공단 외화채권 수요예측에는 5억 달러 모집에 33억 달러가 모이며, 한국가스공사가 세운 직전 역대 최저금리(연 2.325%) 기록을 갈아치웠다. 24일 현대캐피탈의 4억 달러 발행에도 24억 달러 투자 수요가 몰려 최근 인기를 실감케 했다.

이어 농협은행은 9월 초순께 5억 달러 규모 글로벌 본드 발행에 나선다. 농협은행은 UBS, JP모건, HSBC, 노무라금융투자, 크레디아그리콜(CA) 등 6곳을 주간사로 선정했고, 다음 주에 국외 주요국 대상 로드쇼를 진행할 예정이다.

올해 만기가 도래하는 외화채권 차환용이다. 앞서 농협은행은 올 1월과 6월에 각각 5억 달러와 4억 달러 규모의 외화채권 만기를 맞았다. 당시 농협은행은 현금으로 상환했는데, 이번에는 금리조건 등이 좋아 글로벌 본드 발행으로 보충하겠다는 복안이다.

석유공사도 국외 투자자들을 겨냥해 글로벌 본드 발행에 나설 예정이다. 발행 시기는 10월, 발행액은 5억~10억 달러선이 될 것으로 알려졌다 .

하나은행도 10월 중순 목표로 글로벌 본드 발행을 추진 중이다.

최근 하나은행은 UBS, JP모건, 스탠다드차타드(SC), 크레디아그리콜(CA) 등 5곳을 채권 발행 주간사로 선정했다. 조달금액은 5억~8억 달러선이 될 것으로 알려졌다. 하나은행은 다음 달 말께 해외 로드쇼를 진행할 예정이다.

업계 관계자는 "하나은행의 경우 올해 초 시장 여건상 큰 규모 외화조달은 하지 않았지만, 이번엔 한국물 크레디트(신용도)도 개선되고 있고 투자 수요도 많아 흥행할 수 있을 것으로 기대된다"고 전했다. 지난 1월 하나은행은 5억 달러 규모의 유로본드를 발행할 계획이었으나, 최종 수요가 7억 달러에 그치면서 발행 규모를 3억 달러로 줄인 바 있다.

이밖에도 국민은행, 신한은행, 기업은행 등이 글로벌 본드 발행을 검토 중인 것으로 알려졌다.

업계 관계자는 "전 세계적으로 저금리 기조로 마땅히 투자할 곳이 없는 상황에서 한국 기업에 대한 글로벌 기관투자가들의 관심은 높은 편"이라며 "이처럼 우호적인 환경에 발맞춰 일반 국내 민간 기업들의 글로벌 본드 발행도 점차 확대될 것으로 기대된다"고 말했다.

자료: 매일경제신문, 2016. 8. 24

질문:

1. 채권은 기업들이 사업에 필요한 자금을 마련하기 위해 발행하는 일종의 차용증서를 일컫는다. 한편, 채권은 어디서 발행하는지, 또 어떤 통화로 발행하는지에 따라서 여러 가지 종류로 나뉘는데, 예를 들어, 국내 기업들이 사례와 같이 해외에서 외화를 조달하기 위해 발행하는 채권은 통화에 따라서 '양키본드'(달러화), '사무라이본드'(엔화), '판다본드'(위안화) 등으로 불린다. 하지만 기업들이 해외로 나가지 않고 국내에서 채권을 발행해 외화를 조달할 수도 있는 바, 이처럼 국내에서 외화를 조달하기 위한 국내 발행 외화 채권을 통틀어서 '김치본드'라고 부른다. 그렇다면, 김치본드와 외화표시 해외채권의 각각의 장점은 무엇인가?
2. 일반적으로 미국의 기준금리가 상당히 낮음에 따라 달러화로 발행하는 김치본드 금리와 원화로 발행하는 회사채 금리 간 괴리가 발생(대개 후자가 1~2% 높다)한다. 결국 국내 기업 입장에서는 김치본드를 발행해 낮은 금리로 외화를 조달한 다음, 이를 원화로 바꾸면, 환전 수수료를 지불하더라도 국내에서 원화 채권을 발행할 때보다 비용을 절감할 수 있다. 이로 인해 이런 금리 이득을 보기 위해 편법으로 김치본드를 발행하는 기업들이 늘어나고 있다는 것이 정부의 지적이다. 그렇다면, 이와 달리 외화표시 해외채권이 대규모로 발행됐을 때의 주요한 단점은 무엇인가?

제1절 국제기업의 재무관리

재무관리란 금융시장을 배경으로 기업 내의 자금흐름 및 이와 관련된 의사결정을 보다 효율적으로 유도하고 관리하는 활동이다. 즉, 기업이 금융시장에서 필요한 자금을 조달하여 이를 기업 내부에 시기적절하게 분배 · 공급함으로써 기업 활동의 계속성을 유지하고, 발생한 이익을 주주들에게 적절히 배분하거나 사내유보 시키는 등의 모든 재무활동이 재무관리에 속한다.

국제재무관리(international financial management)란, 이러한 재무관리가 국경을 초월하여 이루어지는 것을 말한다. 국제재무관리는 국제기업 활동을 전개하기 위한 자금의 국제적 조달, 자금의 국제적 운용 및 이익의 국제적 관리를 위한 활동이다. 따라서 모기업의 재무관리는 물론 해외자회사의 재무관리가 모두 포함되는 개념이다.

국제재무관리가 일반적인 국내재무관리와 다른 점은 바로 재무관리가 전개되는 금융환경이 상이하다는 것이다. 국내재무관리는 기업 활동이 영위되고 있는 환경과 동일한 금융환경 하에서 자국통화를 매개로 전개된다. 그러나 국제재무관리는 국제금융시장에서 국제통화로 이루어진다. 따라서 국내재무관리에서는 별로 영향을 미치지 않았던 환율, 환위험, 정치적 위험, 국제금리, 국제금융시장의 금융거래관행 등이 매우 중요한 변수가 된다.

국제재무관리의 목표는 환율과 금리의 불확실성, 외환 및 금융제도상의 제약, 기업신용도 및 시장 접근성 등의 금융 및 비금융 환경의 제약조건 하에서 기대수익률과 위험을 적절히 조합하여 기업 가치를 극대화하는데 있다.

이를 위하여 국제재무관리자는 기업이 필요로 하는 자금을 어떤 형태로, 어느 지역의 금융시장에서 어떤 통화로, 어느 시기에 조달하여야 자본비용을 극소화시킬 수 있는지 결정하여야 한다. 또한 일정한 위험 수준 내에서 투자수익을 극대화시키기 위해서는 기업이 보유하고 있는 외화자산을 어떠한 형태로 운용할 것인가도 결정하여야 한다. 이와 같은 국제재무관리의 제약조건 및 목표와 기능을 그림으로 나타내면 <그림 14-1>과 같다.

국제재무관리는 기업의 국제화단계에 따라 관리영역이 복잡해지고 다양해진다. 국내기업의 단계에서는 국제재무관리의 필요성이 거의 존재하지 않는다. 그러나 수출기업의 단계에 이르게 되면 수출입거래에 따른 외환거래를 수행해야한다.

따라서 외환거래에 수반된 위험을 회피하기 위하여 각종 기법을 활용하게 된다. 대개 이러한 업무는 일반적인 재무관리부서의 국제재무관리자가 담당하게 된다. 다국적기업의 단계에 이르면 보다 폭넓은 국제재무관리가 요구된다. 국내은행이나 외국계은행으로부터 기업 활동에 소요되는 외화를 차입해야 하며, 경우에 따라서는 해외의 자본시장으로부터 자금을 조달하여야 한다. 또한 기업의 여유자금을 해외에 예치하거나 수익증권

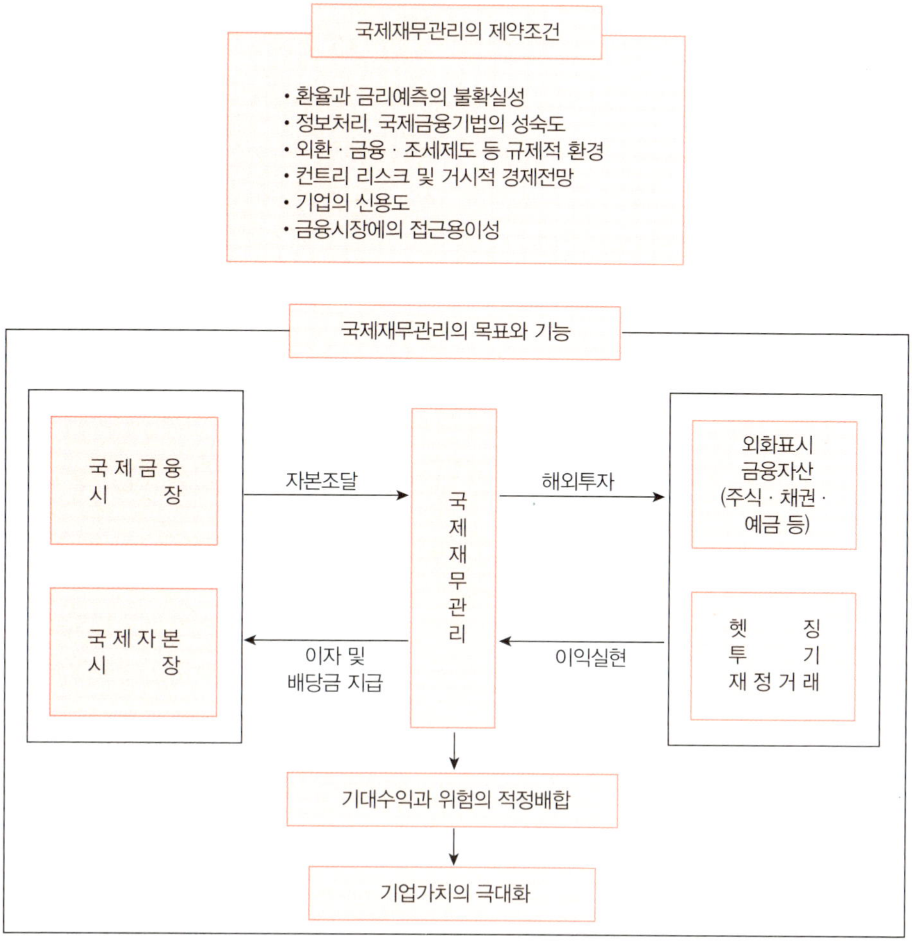

그림 14-1 ● 국제재무관리의 제약조건 및 목표와 기능

에 투자하기도 한다. 따라서 이 단계에서는 장기적인 관점에서 해외자금을 운용 · 투자하기 위한 전략의 수립이 필요하며 국제재무관리자는 일반적으로 다국적기업의 전반적인 재무관리를 담당하고 있는 부서에 소속되어 본사의 재무전략에 따른 해외자회사의 재무관리전략 조정, 국제금융시장에 대한 정보의 수집과 분석, 환위험관리, 해외로부터의 자금조달 및 운용, 해외의 금융기관이나 투자가들에 대한 자사의 홍보 등을 담당한다.

세계기업의 단계에서는 범세계적인 관점에서 해외자회사를 관리하기 위한 금융시스템 및 재무관리조직이 별도로 개발되어 운영된다. 즉, 해외자회사의 활동에 필요한 자금의 조달 및 관리를 위한 해외금융자회사가 설립되고 전 세계적으로 최적화된 재무관리 시스템이 조직 · 운영된다.

한편, 국제기업이 해외자회사의 재무관리를 통제하기 위해서는 국제적인 보고시스템을 구축하여야 한다. 이를 위해서는 보고대상자 · 보고형식 · 보고시기 등을 결정하여야 한다. 해외자회사가 보고하는 기초적인 보고서는 영업보고서 · 손익계산서 · 대차대조표 · 자금운영표 · 재무보고서 등이 있는데, 성격에 따라 월별 · 분기별 혹은 반기별로 보고하게 된다. 이러한 기초적인 보고서 이외에도 제품별 업적표, 대고객 여신상황, 대은행 거래상황, 현지금융사정, 각 기간별 사업계획서 등이 중요한 보고 자료가 된다. 또한 해외사업의 규모가 커지게 되면 기업 내부 간에 교류하는 정보의 양이 방대해지기 때문에 대단위 경영정보시스템을 갖추고 이를 적극 활용하기도 한다.

제2절 환위험관리

1. 환율결정이론

1) 구매력평가설

1 일물일가의 법칙

일물일가의 법칙(law of one price)은 동일한 상품은 어떤 시장에서든지 그 가격이 같아야 한다는 주장이다. 따라서 일물일가의 법칙은 다음과 같이 표현된다.

$$P = S \cdot P^*$$

S: 현재 환율(자국통화표시, 즉 외국통화 1단위를 얻기 위하여 지급해야 하는 자국통화의 단위수로 표시)

P: 특정상품의 국내가격

P^*: 그 특정상품의 외국에서의 외국통화 표시가격

일물일가의 법칙은 자유롭고 완전한 국제적 상품재정거래를 통하여 이루어진다. 국제적 상품재정거래란 두 나라 간에 있어서의 특정상품의 가격차이가 운송비 및 기타 거래비용의 합계보다 더 클 때 가격이 낮은 나라에서 그 특정상품을 매입하고 가격이 높은 나라에서 매각하여 이익을 취하는 것을 말한다. 만약, 운송비 및 기타 거래비용이 무시할 수 있을 정도로 적다면 국제적 상품재정거래는 일물일가의 법칙이 성립할 때까지 계속될 것이다. 예를 들면, 운송비 및 기타 거래비용이 무시할 수 있을 정도로 적은 경우에 서울에서의 사과 1개의 값이 동경에서의 사과 1개의 값과 크게 차이가 나지 않게 된다는 것이다.

실제 환율이 일물일가의 법칙으로부터 괴리되는 현상은 다음과 같은 경우에 주로 발생한다. 첫째, 운송비를 포함한 거래비용이 높은 경우, 둘째, 관세 등의 무역장벽이 높은 경우, 셋째, 제품차별화의 정도가 높은 경우 그리고 상품이 비교역재인 경우 등을 들 수 있다.

2 절대적 구매력평가설

절대적 구매력평가설(purchasing power parity theory-absolute version)은 일물일가의 법칙을 하나의 상품가격 뿐만 아니라, 전체적인 물가수준에 적용시킨 것이다.

$$P = S \cdot P^{*}$$

S: 현재 환율(자국통화표시)

P: 국내물가수준

P^{*}: 해외물가수준

물가지수를 특정경제의 대표적 재화들 가격의 가중평균으로 산출한다면, 절대적 구매력평가설이 뜻하는 바는 국내의 대표재화 바스켓(representative basket of domestic commodities)의 가격이 해외의 대표재화 바스켓가격과 크게 차이가 나지 않는다는 것이다. 실제 환율이 절대적 구매평가수준으로부터 괴리되는 현상은 다음과 같은 경우에 주로 발생한다. 첫째, 거래비용이 높은 경우, 둘째, 무역장벽이 높은 경우, 셋째, 제품차별화의 정도가 높은 경우, 넷째, 대표재화 바스켓을 구성하고 있는 재화 중에 비교역재가 많이 있는 경우, 그리고 국내와 해외의 대표재화 바스켓의 구성재화가 서로 다르거나 각 구성재화의 가중치가 서로 다른 경우 등을 들 수 있다.

3 상대적 구매력평가설

상대적 구매력평가설(purchasing power parity theory-relative version)은 환율의 상대적 변화율은 국내와 해외의 물가상승률의 차와 같게 된다는 주장이다.

$$\frac{\dot{S}}{S} = \frac{\dot{P}}{P} - \frac{\dot{P}^{*}}{P^{*}}$$

S: 현재 환율(자국통화표시)

P: 국내물가지수

P^{*}: 해외물가수준

$(\dot{\ })$: 기준시점과 비교시점간의 변화율을 나타낸다. 즉,

$$\dot{P}_t = \frac{d}{dt}(P_t) \approx \frac{\Delta P_t}{\Delta t} = \frac{P_{t+1} - P_t}{\Delta t}$$

위의 상대적 구매력평가설 표현의 양변에 100을 곱해주면 다음을 얻는다.

$$\frac{\dot{S}}{S} \times 100 = \frac{\dot{P}}{P} \times 100 - \frac{\dot{P}^{*}}{P^{*}} \times 100$$

$\hat{S}$: $\pi - \pi^{*}$

$\hat{S}$: 환율의 상대적 변화율(%로 표시)

π: 국내물가상승률(%로 표시)

π^{*}: 해외물가상승률(%로 표시)

위의 표현을 환율의 상대적 변화율에 대한 예상과 국내 및 해외의 물가상승률에 대한 예상과의 관계로 나타내면 다음과 같이 된다.

$$\frac{E(S_{t+n}) - S_t}{S_t} \times \frac{12}{n} \times 100 = \pi - \pi^*$$

S_t: t시점에서의 현물환율(자국통화표시)

$E(S_{t+n})$: t시점에서 예상하는 $(t + n)$시점에서의 환율에 대한 기대치

π: 국내예상물가상승률(%로 표시)

π^*: 해외예상물가상승률(%로 표시)

n: 해당기간의 개월 수

상대적 구매력평가가 성립하지 않게 되는 이유로는 경제의 구조적요인을 들 수 있다. 예를 들어, 수입품에 대한 수요의 변화, 외국자본의 국내투자율의 변화 그리고 갑작스러운 석유의 발견 등이 그것이다. 이러한 경우에 있어서 국내와 해외의 물가수준의 관계에 아무런 변동이 없다고 할지라도 구조적요인에 의해 국내거주자의 외국통화에 대한 수요 또는 외국거주자의 자국통화에 대한 수요가 변할 수 있으므로 상대적 구매력평가로부터의 괴리가 발생할 수 있다.

토의자료 14-1

빅맥 가격 한국 3,700원, 미국 4.07달러 – 빅맥지수로 읽는 한국경제

빅맥이란 무엇이며, 이를 근거로 한국경제를 어떻게 읽을 수 있을까?

빅맥지수(Big Mac Index)

영국 경제전문지 이코노미스트가 매 분기마다 발표하는 지수로서 올해 25주년을 맞고 있다. 맥도널드 햄버거인 '빅맥(Big Mac)' 가격에 기초해 전 세계 120여 개국의 물가수준과 통화가치를 비교하는 주요 지수이다. 빅맥 가격을 달러로 환산해 각 국 물가수준과 통화가치를 비교해 환율의 적정 가치를 측정하는 지수이다.

예를 들어, 미국의 빅맥 가격이 4달러이고, 우리나라에서 3.5달러(3,850원)인데 원 · 달러 환율이 1,100원이라면 적정 환율은 962.5원(3,850/4=962.5)이 된다. 이 경우 현재 통용되는 시장 환율보다 적정 환율이 작으므로 원화가 저평가 되었다고 볼 수 있다.

그러나 저개발국이나 개발도상국의 경우 선진국보다 빅맥의 가격이 더 저렴할 수 있다. 통화의 적정 가치를 평가하기 위해서 이코노미스트에서는 빅맥 가격에 해당 국가의 GDP를 가미한 '빅맥 보정지수'도 함께 발표한다. 이를 비교해야 '빅맥 원지수'에 대해 저평가 혹은 과대평가된 부분을 추려낼 수 있기 때문이다.

영국 시사 경제주간지 이코노미스트 최근호(7월 30일)는 올해 2분기 빅맥지수를 발표했다. 맥도날드 햄버거의 가격은 미국에서 4.07달러인데 한국에서는 3.50달러(약 3,700원)이고, 가장 비싼 나라는 노르웨이로 무려 8.31달러이다. 이에 반해서, 중국에서는 2.27달러에 불과하다. 즉, 중국에서의 빅맥 가격이 미국보다 44% 싸다는 것을 뜻한다. 이를 바꾸어 말하자면, 위안화가 달러에 비해 44% 평가 절하되어 있음을 의미한다. 그러나 중국의 빅맥 가격이 낮다고 해서 중국의 위안화가 너무 심하게 평가절하 되었음을 증명하는 것은 아니다. 중국의 임금 수준은 미국의 10분의 1에 불과하기 때문이다.

저개발 국가나 개발도상국에서는 같은 상품을 선진국보다 싸게 팔 수 있다. 소득수준이 낮고 제품의 원가 또한 저렴하기 때문이다. 따라서 한 상품을 직접 비교하여 지수를 삼는 경우 오류가 생길 수 있다. 이런 이유로 이코노미스트에서는 1인당 국내총생산(GDP) 수준을 감안하여 '빅맥지수'의 보정판을 따로 만든다.

놀라운 사실은 44%나 저평가된 중국 위안화의 보정지수는 오히려 3% 고평가된 것으로 나타났다는 점이다. 이는 곧 위안화가 달러의 가치에 근접해 적정 가치에 도달했음을 나타낸다. 앞서 보았듯, 한국의 경우 빅맥지수 원지수는 3.50으로 원화가 미국 달러화에 비해 14% 저평가된 것으로 나타났으나, 중국의 예에서 살펴봤던 것과 마찬가지로 보정지수로 보면 21% 고평가된 것으로 드러났다.

빅맥지수가 가장 높은 나라는 브라질이다. 브라질의 빅맥지수는 6.16인데 원지수는 52% 고평가되었고, 보정지수로 보면 무려 149% 과대평가된 것으로 드러났다. 콜럼비아(원지수 17%, 보정지수 108%), 칠레(원지수 −2%, 보정지수 52%), 페루(원지수 −10%, 보정지수 63%) 등 중남미 국가들은 대체로 과대평가된 것으로 나타났다. 노르웨이(원지수 104%, 보정지수 46%), 스웨덴(원지수 88%, 보정지수 85%) 등의 유럽국가도 높은 수치를 나타낸다.

물론 일각에서는 빅맥지수의 실효성에 의문을 제기하기도 한다. 쇠고기 등에 대한 무역장벽과 소비세율 등이 각 나라마다 천차만별이어서 최종가격을 객관적으로 비교하기는 곤란하다는 지적이다.

그러나 미국 조지타운대학 로버트 컴비교수의 연구에 따르면 빅맥환율은 실제 시장 환율이 움직이는 방향을 상당히 정확하게 예측하고 있는 것으로 조사됐다. 최근 몇 년간 12개 주요통화에 대한 움직임을 분석한 결과 10%이상 움직인 7개 통화중 6개의 방향을 정확히 맞췄을 정도다.

빅맥지수는 개구리가 뛰는 방향처럼 예측하기 힘든 환율의 움직임을 맞추는데 아직은 가장 유용한 수단 중 하나임이 입증된 셈이다.

자료: 금융/경제 인사이드, 2011. 9. 27

2) 국제피셔효과

국제피셔효과(international Fisher effect)는 환율변화에 대한 예상은 서로 다른 통화간에 존재하는 이자율의 차와 밀접한 관계가 있다는 주장이다.

다시 말하면, 서로 다른 통화로 표시된 동일한 종류의 증권에 투자하는 경우, 투자자들이 가치하락이 예상되는 통화로 표시된 증권에 투자하기 위해서는 그 통화가치 하락에 따른 손실을 상쇄시킬 수 있을 만큼 명목이자율이 충분히 높아야 한다는 것이다. 예를 들어, 투자자들이 자국통화의 가치가 연간 5% 하락할 것이라고 예상하는 경우에 국내명목이자율은 해외명목이자율보다 연간 5%가 더 높아야 한다는 것이다.

$$\frac{E(S_{t+n}) - S_t}{S_t} \times \frac{12}{n} \times 100 = i - i^*$$

S_t: t시점에서의 현물환율(자국통화표시)

$E(S_{t+n})$: t시점에서 예상하는 $(t+n)$시점에서의 환율에 대한 기대치

i: 국내명목이자율(%로 표시)

i^*: 해외명목이자율(%로 표시)

n: 해당기간의 개월 수

그러므로 국제피셔효과는 환율의 상대적 변화율에 대한 예상은 국내와 해외의 명목이자율의 차와 같다는 것을 말해주고 있다.

우리는 앞에서 상대적 구매력평가설에 관하여 살펴볼 때 환율의 상대적 변화율 $\hat{S}$로 나타내었다. 즉,

$$\hat{S} = \frac{\dot{S}}{S} \times 100 = \frac{\Delta S / \Delta t}{S} \times 100$$

여기서 ΔS가 t시점의 환율과 그로부터 n개월 후의 환율과의 차를 나타낸다면, 즉 $\Delta S = S_{t+n} - S_t$이라면 $\Delta t = (t + n) - t = n$ 또는 $(n/12)$년이 되므로 위의 표현은 다음과 같이 나타낼 수 있다.

$$\hat{S} = \frac{(S_{t+n}) - S_t}{S_t} \times \frac{12}{n} \times 100$$

따라서 환율의 상대적 변화율은 국내와 해외의 물가상승률의 차와 같다고 주장하는 상대적 구매력평가설은 다음과 같이 표현할 수도 있다.

$$\frac{(S_{t+n}) - S_t}{S_t} \times \frac{12}{n} \times 100 = \pi - \pi^*$$

한편 이 상대적 구매력평가설에 대한 표현을 $(t + n)$시점에서의 환율에 대한 기대치 및 t시점부터 $(t + n)$시점까지의 기간 동안에 대한 국내와 해외의 예상물가상승률을 사용하여 기대치를 이용한 표현으로 바꾸면 다음을 얻는다.

$$\frac{E(S_{t+n}) - S_t}{S_t} \times \frac{12}{n} \times 100 = \pi - \pi^*$$

$E(S_{t+n})$: t시점에서 예상하는 $(t + n)$시점에서의 환율에 대한 기대치

π: 국내예상물가상승률(%로 표시)

π^*: 해외예상물가상승률(%로 표시)

그런데 피셔효과에 의하면 장기에 있어서는 $i - i^* = \pi - \pi^*$가 성립한다고 하였으므로 환율의 상대적 변화율에 대한 예상이 장기에 있어서는 국내와 해외의 명목이자율의 차와 같이 된다고 할 수 있다. 즉,

$$\frac{E(S_{t+n}) - S_t}{S_t} \times \frac{12}{n} \times 100 = i - i^*$$

그러므로 우리는 상대적 구매력평가설에 관한 표현을 장기에 있어서의 기대치로 바꾸어 표현하면 국제피셔효과와 동일한 표현이 됨을 알 수 있다.

그러나 단기에 있어서는 $i - i^* = \pi - \pi^*$의 관계가 성립하지 않으므로 국제피셔효과와 상대적 구매력평가설은 그 주장하는 내용이 서로 다르다고 할 수 있다.

3) 이자율평가설

예를 들어, 1달러의 자금을 보유하고 있는 미국의 투자자가 미국 내에서 투자를 할 경우 미국금융시장에서의 이자율이 i라고 할 때 1년 후에 받는 원리금의 합계는 $\$(1 + i)$가 될 것이다. 한편 이 자금($1)을 미국 내에 투자하지 않고 현물환시장에서 현물환율 S($/£)로 영국 파운드화(£)로 바꾸면 1/S이 될 것이고, 이것을 영국의 금융시장에서 투자하면 영국금융시장에서의 이자율을 i^*라고 할 때 1년 후에 받는 원리금의 합계는 $(£1/S)(1 + i^*)$가 된다. 이제 남은 일은 투자만기일에 파운드화를 달러화로 바꾸는 것이다.

그러나 1년 후 투자만기일의 현물환율이 최초 시점에서의 현물환율과 동일하게 되리라는 보장은 없다. 이러한 국제투자에 따르는 위험을 회피하기 위하여 최초의 시점에서 투자만기일에 파운드화를 달러화로 교환하는 선물환계약을 체결해두면 된다. 그러면 투자만기일의 실제 환율이 어떤 값이 되든지 간에 계약된 선물환율로 파운드화를 달러화로 교환할 수 있게 된다. 따라서 영국의 금융시장을 이용하는 경우의 원리금의 합계는 최초의 시점에서 계약할 수 있는 선물환계약에 적용되는 선물환율 F($/£)라고 할 때 다음과 같이 나타내어 질 수 있다.

$$\$\frac{1}{S}(1+i^{*})\cdot F \text{ 또는 } \$\frac{F}{S}(1+i^{*})$$

그러므로 $1를 가지고 있는 미국의 투자자가 미국 내 투자를 하는 경우에는 1년 후 만기일의 원리금 합계가 $\$(1+i)$가 될 것이고, 영국의 금융시장을 이용하는 경우에는 만기일의 원리금 합계는 $\$\frac{FF}{SS}(1+i^{*})$가 될 것이다. 즉,

미국 내 투자	국제투자
$\$(1+i)$	$\$\frac{F}{S}(1+i^{*})$

이제 우리는 잠시 국제투자의 경우 원리금 합계가 미국 내 투자의 경우의 원리금 합계보다 더 크다고 가정하자. 이러한 경우 비단 위에서 말한 한 사람의 미국 투자자뿐만 아니라 많은 수의 투자자들이 국제투자 쪽을 택하게 될 것이다. 따라서 자금은 미국에서 영국으로 이동하게 될 것이며, 그 결과 현물환시장에서 파운드에 대한 수요가 증가하게 되어 파운드화는 그 가치가 상승하게 되고($S\uparrow$), 선물환시장에서 파운드화의 공급이 증가하게 되어 파운드화는 그 가치가 하락하게 된다($F\downarrow$). 또한 영국의 금융시장에서는 자금이 풍부해져서 이자율이 하락하고($i^{*}\downarrow$), 미국의 금융시장에서는 자금이 부족해져서 이자율이 상승하게 된다($i\uparrow$).

미국 내 투자	(가정)	국제투자
$\$(1+i\uparrow)$	$<$	$\$\frac{F\downarrow}{S\uparrow}(1+i^{*}\downarrow)$

그러므로 시간이 경과함에 따라 미국 내 투자와 국제투자는 그 만기일의 원리금 합계가 서로 같게 된다.

$$\$(1+i)=\$\frac{F}{S}(1+i^{*})$$

위 식의 양변을 $(1+i^{*})$로 나누면,

$$\frac{(1+i)}{(1+i^{*})}=\frac{F}{S}$$

위의 식을 양변에서 1을 빼면

$$\frac{(1+i)}{(1+i^*)} - 1 = \frac{F}{S} - 1$$

$$\frac{(1+i)-(1+i^*)}{(1+i)} = \frac{F-S}{S}$$

$$\frac{(1+i^*)}{(1+i)} \approx i - i^* = \frac{F-S}{S}$$

$$\text{즉, } \frac{F-S}{S} = i - i^*$$

위에서 우리는 투자의 만기가 1년이라고 가정하였으나, 보다 일반적인 경우를 생각하여 투자의 만기가 n개월이라고 한다면 위의 표현은 다음과 같이 바뀌어져야 한다.

$$\frac{F_{t+n} - S_t}{S_t} \times \frac{12}{n} \times 100 = i - i^*$$

F_{t+n}: t시점(현재)에서 계약할 수 있는 n개월 선물환계약에 적용되는 선물환율(자국통화표시)

S_t: t시점에서의 현물환율(자국통화표시)

i: 국내명목이자율(%로 표시)

i^*: 해외명목이자율(%로 표시)

n: 선물환계약기간의 개월 수

한편 이자율평가설과 위에서 본 국제피셔효과의 차이점은 이자율평가설에서는 선물환율(F_{t+n})을 사용하고 국제피셔효과에서는 미래 환율에 대한 기대치 $E(S_{t+n})$를 사용한다는 점이다. 그러므로 국제피셔효과는 커버되지 않은 이자율평가조건(uncovered interest rate parity condition)이라고도 불린다.

우리는 이자율, 환율 및 물가상승률의 상호관계에 대해서 구매력평가설, 피셔효과, 국제피셔효과 및 이자율평가설 등이 주장하는 바를 살펴보았다. 그러나 이러한 이론들이 주장하는 바가 실제로 외환 및 국제금융시장에서 성립하는가 하는 것은 별개의 문제이며 시장에서의 실제 성립여부는 실증적 연구를 통하여 규명하여야 할 문제라고 할 수 있다.

2. 환위험의 분석

1) 환위험의 유형

환위험이란 다국적기업이 환율변동에 따라 기대하지 않은 불확실성에 직면하는 위험을 의미한다. 환위험은 다국적기업이 환율위험에 노출(foreign exchange exposure)되는 유형에 따라 거래적 환노출(transaction exposure), 회계적 환노출(translation exposure), 그리고 경제적 환노출(economic exposure)의 세 가지 유형으로 나타난다.

1 거래적 환노출

거래적 환노출(transaction exposure)은 미리 결정된 가격으로 재화나 서비스를 해외에서 구매하는 계약을 체결하거나, 또는 외국환으로 자금을 빌려주거나 빌리는 계약을 할 때 발생한다. 즉, 현재시점에서 서로 다른 통화사용국간에 실물거래는 발생하였으나 거래대금은 아직 지불되지 않은 상태에 있을 때, 그 기업은 환율변동에 따라 수익이 달라질 수 있다. 예를 들어, 한국의 컴퓨터회사가 미국으로 수출할 때 수출대금을 미국 달러화로 받기로 계약을 체결했다고 하자. 30일 후에 대금을 받기로 하였을 때 원화가 평가절상 된다면 30일 이후에 받을 수 있는 원화로 표시된 판매대금은 원화의 평가절상으로 인해 줄어들게 된다. 이에 반해 원화가 평가절하 될 경우 원화로 표시된 판매대금은 반대로 늘어나게 된다. 이와 같이 거래적 환노출이란 다국적기업 간에 일어나는 여러 가지 국제거래내용이 환위험에 노출됨으로써 수익 또는 지출의 규모가 변화할 수 있다는 것을 의미한다.

2 회계적 환노출

회계적 환노출(translation exposure)이란, 개별거래상의 환위험과는 달리, 이미 발생한 다국적기업의 여러 자회사의 경영성과를 수합하여 연결재무제표를 작성할 때 환율의 변동으로 인해서 재무제표상의 경영성과가 달라지는 것을 의미한다. 이와 같은 회계적 환노출은 과거에 일어난 경영활동을 현재 시점에서 측정하기 때문에 발생한다. 이와 같이 회계 상으로 발생하는 환차손이나 환차익은 실질적인 이익 또는 손실이 아니라 장부상에서만 발생하는 이익과 손실이지만 다국적기업의 경영성과를 평가하는 데는 상당히 큰 영향을 미친다. 예를 들어, 한국의 어느 회사가 외화로 표시된 부채를 100만 달러만큼 가지고 있을 때, 이를 원화로 표시하여 장부에 기록할 경우, 급작스런 원화가치의 하락은 원화로 표시한 외화부채액을 크게 증가시킨다. 이와 같은 환율의 변동은 그 기업의 부채비중을 높이므로 그 기업이 은행으로부터 자금을 대출받는데 부정적인 영향을 미칠 수 있다.

3 경제적 환노출

경제적 환노출(economic exposure)이란, 다국적기업이 미래의 해외사업으로부터 얻을 수 있는 이익이 환율변동에 따라 달라지는 것을 의미한다. 이는 환율변동이 미래의 가격, 비용, 매출에 미치는 장기적인 효과를 의미한다. 이러한 경제적 환노출은 거래적 환노출과 다르다. 거래적 노출은 환율변동이 개별거래에 영향을 미치고 짧으면 몇 주 또는 몇 달 내에 해소될 수 있는 단기적인 효과인데 비하여, 경제적 환노출이란 장기적인 환율의 변동이 다국적기업의 실제적인 경영성과에 큰 영향을 미치는 것을 의미한다.

3. 환위험관리

1) 경제적 노출에 대한 관리

경제적 노출을 관리하는 목적은 예상치 못한 환율변동이 기업의 미래 현금흐름에 미치는 효과를 예측하여 이에 적절히 대응하는데 있다. 그러기 위하여 기업의 경영진은 시장에서 환율불균형 상태가 발생하는 경우 이것을 즉시 발견하여 적절한 대응을 할 수 있도록 준비를 갖추고 있어야 한다. 이러한 목적을 달성하기 위한 한 가지 효과적인 방법은 기업의 영업활동 및 자금조달원천을 국제적으로 다변화시켜 위험을 분산시키는 것이다. 영업활동의 국제적 다변화는 판매, 생산시설의 위치, 원료공급원 등을 국제적으로 분산시키는 것을 말하며, 자금조달원천의 국제적 다변화는 여러 국가의 자본시장에서 여러 가지 통화로 자금조달을 하는 것을 말한다.

기업의 영업활동이 국제적으로 다변화되어 있는 경우에는 기업에게 포트폴리오 효과를 준다. 즉, 생산, 원료 및 부품구입, 판매 등을 국제적으로 분산시키게 되면 환율변동으로 인한 기업의 현금흐름의 변동성 정도는 크게 줄어들게 된다. 왜냐하면 여러 지역에서의 환율변동은 여러 시장에서 발생하는 현금흐름들 간에 서로 상쇄효과가 나타날 수 있기 때문이다. 따라서 영업활동의 국제적 다각화를 통하여 기업은 경제적 노출을 상쇄시킬 수 있게 된다. 그러나 이러한 다각화전략은 국제재무관리 측면에서는 좋은 대안이 될 수 있으나, 국제생산관리 측면에서는 비효율적인 방법이 될 수 있다. 생산측면에서는 적절한 규모의 경제가 요구되는데 지나친 분산화정책은 오히려 생산경쟁력을 떨어뜨리는 역할을 할 수 있기 때문이다. 따라서 기업은 전체적인 관점에서 다각화전략의 득과 실을 신중히 비교하여야 한다.

한편 기업이 자금조달원을 국제적으로 다변화시킬 경우에는 국제피셔효과로부터 일시적인 괴리가 발생할 때 이를 효과적으로 이용할 수 있다. 즉, 두 나라 사이의 이자율 차이가 환율의 예상변화율과 일치하지 않을 때 기업은 자금조달비용을 감소시킬 수 있는 기회를 가지게 된다.

2) 거래노출의 관리

거래노출에 대한 관리방법은 크게 대내적 환노출 관리방법과 대외적 환노출 관리방법으로 나눌 수 있다. 대내적 환노출 관리방법이란, 환노출을 본원적으로 감소 및 제거시키기 위해 기업 내부적으로 사용하는 방법으로 네팅(netting), 매칭(matching), 리딩(leading)과 래깅(lagging) 등을 말한다. 네팅이란 다국적기업의 본사 및 현지 자회사들 간에 발생하는 채권과 채무의 차액만을 일정한 기간마다 결제하는 방법을 말하는 반면, 매칭은 다국적기업의 사내거래 뿐만 아니라 제3자와의 거래에도 이용할 수 있는 것으로서 통화별로 현금흐름의 수급금액 및 시기를 의도적으로 일치시키는 방법을 말한다.

그리고 리딩과 래깅이란 최종 대금 지급시기를 앞당기거나 지연시키는 것을 말한다. 예를 들어, 한국 본사와 미국 자회사간의 결제과정에서 원화가치하락이 예상되면 한국 본사에서 미국 자회사에게 대금지급을 앞당기고, 반면 원화가치상승이 예상되면 대금지급을 늦추는 전략이 요구된다.

대외적 환노출 관리방법이란, 외환시장 및 국제시장을 통한 거래를 행함으로써 환노출을 제거시키는 방법을 말하며, 그 대표적인 예로 선물환시장, 금융시장 또는 옵션시장을 통한 헷징방법 등이 있다. 먼저 선물환시장을 통한 헷징은 미리 정해진 환율로 한 통화를 다른 통화로 교환하기로 하는 선물환계약을 체결함으로써 환율변동으로 인한 위험을 제거하는 방법이다. 금융시장을 통한 헷징은 예컨대, 외국통화를 차입하여 자국통화로 바꾸어 자국의 금융자산에 투자를 함으로써 환율변동에 따르는 위험을 피하는 방법이다. 끝으로 옵션시장을 이용한 헷징은 미래 일정시점에서 일정환율로 외국통화를 사거나 팔 수 있는 옵션을 매입함으로써 환율변동에 따르는 위험을 제거하는 방법이다.

3) 환산노출의 관리

환산노출을 관리하는 기법에는 대차대조표 헷지와 전통적 관리기법이 있다. 먼저 대차대조표 헷지는 일종의 소극적 환위험 관리전략으로서 동일한 외화로 표시되어 있는 화폐성 자산과 화폐성 부채의 규모를 일치시키는 방법을 사용한다. 즉, 환율변동으로 인한 외화자산의 평가손실(이익)을 외화부채의 평가이익(손실)으로 상쇄시켜 환위험을 제거하는 방법이다. 그렇게 되면 순환산 노출액이 영이 되어 그 특정 외국통화의 가치가 변한다 할지라도 환손실이나 환이익이 발생하지 않게 된다. 대차대조표 헷지를 하게 되는 경우 대차대조표상의 항목들의 표시통화를 변경해야 하는데 사실상 이것은 그리 쉬운 일이 아니다. 대차대조표상의 항목들의 표시통화를 바꿈으로써 환산노출은 관리할 수 있게 되겠지만 때로는 자금차입비용 또는 영업활동의 효율성 측면에서 부담이 수반될 수 있다.

한편 전통적 관리기법은 향후 강세가 전망되는 통화에 대해서는 자산을 늘리고 부채를 줄이며, 이와 반대로 약세가 전망되는 통화에 대해서는 자산을 줄이고 부채를 늘리는 방법이다. 만약 환율이 예상대로 변동하면 이익을 얻을 수 있는 적극적 전략이다. 그러나 환율이 예상과 반대로 변동하면 손실을 입게 된다.

4) 기타 관리방법

그밖에 다국적기업이 본사와 자회사간 또는 자회사간의 거래에서 이전가격을 조절함으로써 마치 리드와 래그 전략을 사용하는 것과 같이 여러 국가에 위치한 자회사간의 거래에서 거래금액을 조절, 즉 이전가격을 조절함으로써 환위험을 감소할 수 있다. 또한 다국적기업은 환율이 평가절하 되리라고 예상되는 국가의 자회사로부터의 배당을 초기에 많이 책정하여 받음으로써 이러한 환위험에 부분적으로 대처할 수 있다. 또한 환위험에 대하여 보다 적극적으로 대응하기 위하여 현지에서의 차입금을 늘리는 방법도 좋은 방법이 될 수 있다.

제3절 국제자금조달

다국적기업은 국내외의 다양한 자금조달원을 활용하여 그 어떤 기업보다도 더 유리한 조건으로 필요한 자금을 원활하게 조달할 수 있는 능력을 가지고 있다. 여기에서 해외자회사가 이용할 수 있는 자금조달원을 살펴보면 <그림 14-2>에서 볼 수 있는 바와 같이 해외자회사의 내부금융 본사와 해외자회사간의 자금이동 그리고 외부금융 등이 있다. 이하에서는 이것을 내부금융을 통한 자금조달과 외부금융을 통한 자금조달로 구분하여 살펴보기로 한다.

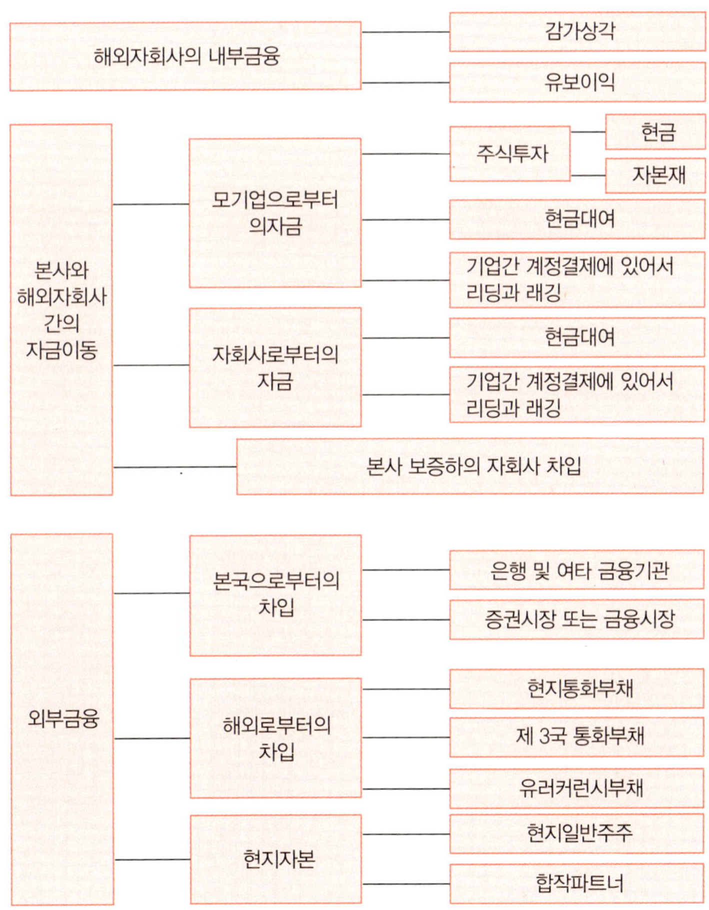

그림 14-2 ● 해외자회사의 자금조달원

1. 해외자회사의 내부금융을 통한 자금조달

다국적기업은 그 특성상 다양한 내부자금원을 활용하여 필요한 자금을 조달할 수 있는데, 다국적기업의 해외 자회사가 이용할 수 있는 내부자금 조달원을 보면 <그림 14-3>에서 볼 수 있는 바와 같이, 모기업 또는 다른 해외자회사로부터의 증자나 융자, 모기업 보증하의 현지 기채 또는 국제금융 시장에서의 기채, 그리고 모기업 또는 다른 해외자회사들 간의 실물거래에 따른 대금지불조절 등이 있다.

이하에서는 모기업과 해외자회사간의 실물거래를 통한 자금조달과 현지자회사의 금융기능을 이용한 자금조달의 예를 살펴보기로 한다.

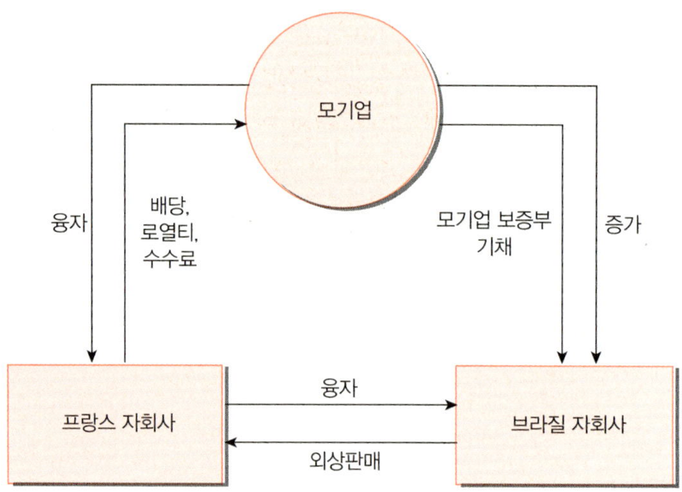

자료: J. D. Daniels and L. H. Radebaugh, *International Business: Environments and Operations*, 7th ed. (Reading, Mass.: Addison-Wesley Publishing Company, 1995), p. 725

그림 14-3 ● 다국적기업의 내부자금조달

1) 모기업과 해외자회사간의 실물거래를 통한 자금조달

다국적기업이 A국과 B국에 자회사를 가지고 있고, 이중 A국에 소재하고 있는 자회사가 자금을 필요로 한다고 가정하자. 그리고 이 때 A국의 이자율이 B국의 이자율보다 높고 A국에 소재하고 있는 자회사가 B국에 소재하고 있는 자회사에게 상품을 수출하고 있다고 가정하자.

이런 경우 A국에 소재하고 있는 자회사가 필요로 하는 자금을 조달해주기 위해서는 이자율이 낮은 B국에 위치하고 있는 자회사가 현지의 낮은 이자로 기채를 해서 이 자금을 이자율이 높은 A국에 소재하고 있는 자회사에 수출선수금으로 송금하고, A국의 자회사는 이 수출선수금을 이용하여 상품을 수출하고, 이 때 이용한 수출선수금은 수출을 통해 변제해 감으로써 자본조달비용을 줄일 수 있다. 물론 이러한 내부거래에 있어서도 환리스크를 고려해야 한다.

2) 현지자회사의 금융기능을 이용한 자금조달

미국에 자회사를 소유하고 있는 한국의 본사가 미국으로부터 특수철강을 수입하고자 하는 경우, 본사가 그것을 직접 수입하지 않고 자회사의 금융기능을 이용하여 수입하는 경우를 살펴보자.

한국에 소재하고 있는 본사가 자신이 직접 특수철강을 수입하지 않고 자회사의 수입금융을 이용하여 수입하는 이유는 본사가 그것을 직접 수입하는 경우 신용장(Letter of Credit: L/C)을 개설해야 하고, 신용장을 개설하기 위해서는 신용장개설 은행에 일정액의 수입담보금을 적립해야 하기 때문에 그만큼의 운전자본이 동결되므로 이것을 피하기 위한 것이다.

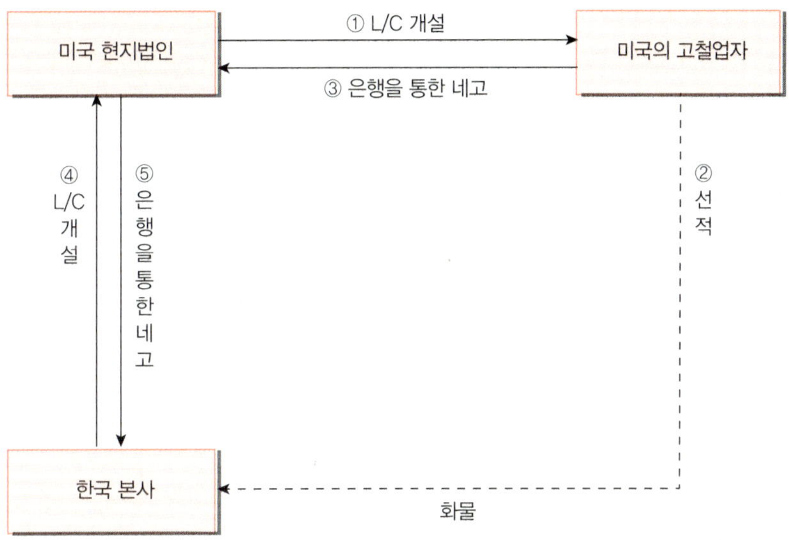

그림 14-4 ● 해외자회사를 통한 수입금융

해외자회사의 금융기능을 통한 수입은 <그림 14-4>에서 볼 수 있는 바와 같이 미국의 현지자회사가 미국의 철강업자에게 신용장을 개설해주면, 미국의 철강업자는 이 신용장을 이용하여 한국에 철강을 수출하고 곧바로 자기 거래은행에 신용장과 관련 선적서류를 제시하고 수출대금을 지급받는다. 이 때 미국의 현지자회사는 본사의 보증 하에 일정 수준의 대부한도(line of credit)를 가지고 있으므로 이것을 이용하여 수입대금을 결제한다.

한편, 한국의 본사는 수입화물이 한국에 도착할 즈음 미국 현지자회사를 수익자로 하여 신용장을 개설하고, 미리 송부 받은 선적서류를 세관에 제시하고 수입화물을 통관하여 인수한다. 이때 수입화물이 도착한 후 일정 기간 뒤에 수입대금을 결제해도 되는 유전스조건의 신용장(Usance Credit)을 개설하게 되면 본사는 그 기간만큼 더 추가적인 금융혜택을 받을 수 있다.

이때 이자는 현지자회사가 부담하게 되는데, 현지자회사의 금융기능을 이용한 자금조달은 한국의 이자율이 미국보다 높거나 또는 정부의 긴축정책의 추진으로 자금사정이 어려운 경우 등에 유용하게 활용될 수 있다. 그러나 이 경우 미 달러화 부채가 발생하게 되므로 본사는 달러에 대한 환리스크를 부담하게 된다. 따라서 수입금융방법을 이용하는 경우에는 환리스크도 고려해야 한다.

2. 외부금융을 통한 자금조달

해외자회사가 이용할 수 있는 외부자금원으로는 본국의 금융기관이나 국제금융기관, 현지금융기관, 본국 은행의 현지지점, 금융주식회사 등이 있다. 여기에서는 유러커런시 시장, 역외금융센터 등을 통한 자금조달에 대해서만 간단하게 살펴보기로 한다.

1) 유러커런시시장(Eurocurrency Market)을 통한 자금조달

유러커런시시장은 특정통화가 그 통화를 발행한 나라 이외의 장소에서 거래되어 예치 또는 대출되는 시장을 말한다. 유러커런시시장은 원래 유러달러시장에서 출발하였는데, 유러달러는 미국 이외의 나라에 예치되어 있는 미 달러화표시 예금을 총칭한 것이다. 최근에는 유러달러 외에도 유러스터링, 유러엔 등의 예금이 있으며, 이들을 총칭하여 유러커런시라고 하고 이러한 자금이 거래되는 시장을 유러커런시시장이라고 한다.

다국적기업은 필요한 자금을 유러커런시시장을 통해서도 조달할 수 있는데, 유러커런시시장의 자금공급자와 수요자는 기업, 각국의 중앙은행, 정부, 국제금융기관 그리고 상업은행 등이다. 유러커런시시장의 대출은 초단기대출, 일반대출, 중장기대출이 있으며 필요한 경우에는 은행이 공동으로 신디케이트(syndicate)를 구성하여 대출하기도 한다.

2) 역외금융센터(Offshore Financial Center)를 통한 자금조달

역외금융이란, 비거주자의 자금조달과 운용에 대해 일련의 금융서비스를 제공하는 것을 의미하는데, 역외금융은 일반적으로 금융 및 세제상의 제약이 거의 없기 때문에 국내금융보다 금리나 세제가 유리하고 거래가 자유롭다.

다음으로 역외금융센터란, 비거주자를 대상으로 한 역외금융이 이루어지는 시장을 말한다. 역외금융센터에서는 역외금융에 대해 금융규제, 조세, 외환제도 등의 면에서 각종 특혜를 제공하여 금융활동을 용이하게 할 수 있도록 지원하고 있다. 대표적인 역외금융센터로는 런던, 뉴욕, 동경, 바하마, 홍콩 등을 들 수 있다.

토의자료 14-2

"기업 자금조달 해외로 눈 돌려야... DR발행 필요"

최근 국내 증시 거래대금 감소 등으로 주식시장에서 기업들의 자금조달이 어려워지면서 해외 DR(주식예탁증서)발행을 통한 자본조달 필요성이 높아지고 있다. 30일 한국예탁결제원은 서울 웨스틴조선호텔에서 '해외직접금융 진출 활성화를 위한 DR 발행포럼'을 개최해 기업들의 DR발행 필요성을 각인시켰다.

김경동 예탁원 사장은 "한국은 다른 신흥시장에 비해 투자매력도가 높은 국가로 인식되고 있다"며 "기업들이 자금조달 범위를 해외로 확장해 DR 발행에 나설 필요가 있다"고 말했다.

DR은 해외투자자가 국내주식을 자국의 주식처럼 살 수 있게 해주는 상품을 말한다. 발행회사 측면으로는 유상증자 수단으로 이용이 가능하다. 자국의 주식시장에서 주식 공급이 포화되거나 주식시장 침체 등으로 적절한 가격에 유상증자가 어려우면 해외 주식시장에서 DR발행을 통해 자금을 모집할 수 있다.

발행회사 지명도와 이미지를 제고할 수 있는 것도 장점이다. 국제적으로 거래가 되면서 인지도가 높아지고 국내 주가 상승기회가 확대될 수 있기 때문이다. 투자자 측면에서는 배당금이 발생할 경우 환위험을 피할 수 있다. 원주에 투자를 하게 되면 원주를 발행한 국가의 통화로 배당금을 수령해 환위험이 발생할 수 있지만, DR에 투자한 경우는 자국통화로 수령이 가능하기 때문이다.

이러한 DR의 장점에도 불구하고 우리나라 기업의 DR발행은 미미한 상황이다. 그리고리 로스 뉴욕멜론은행 아시아태평양지역 DR 책임자는 "특히 한국은 다른 국가보다 DR발행량이 매우 적은편"이라며 "한국 100대 기업 중 DR 발행사는 26개사로, 나머지 74개 기업의 DR 발행이 된다면 미국 투자자들의 주목을 받을 것"이라고 말했다. 현재 국내 전체 기업 중에는 삼성전자[005930]와 LG전자[066570], LG디스플레이[034220], POSCO[005490], KT[030200] 등 38개사 45개 종목이 DR을 발행한 상태다.

2007년 이후 전 세계의 해외DR 거래량은 매년 약 12%의 성장률을 기록해 왔다. 작년의 경우 세계적으로 총 20개 기업이 해외DR 신규발행을 통한 기업공개(IPO)로 약 11조원의 자본조달에 성공해 전년대비 48%의 증가율을 기록했다. 그러나 해외 DR발행의 약 90%는 대만과 인도, 러시아, 멕시코기업이 차지하고 있는 상황이다.

크롬웰 코울슨 미국 벤처 · 신생기업 증권거래 전문 장외시장(OTC Markets) 대표는 "DR을 발행하게 되면 전 세계적으로 투자자와 금융정보포털, 미디어 등에 노출되므로 기업의 대외시장 홍보효과가 극대화 된다"며 "특히 미국주식예탁증서(ADR)는 기업의 미국소비자와 미국직원, 미국의 주식소유자들이 그 기업의 주인이 되고 지지자가 될 수 있는 기회를 제공한다"고 설명했다.

이날 행사는 국내 상장사와 증권사, 법무법인 등 총 102개사, 170여명의 참가자가 참석했다. 마이클 챈 홍콩거래소 상무와 로렌스 웡 싱가포르거래소 상무가 홍콩과 싱가폴 상장요건 등에 대해 설명하고, 참가기관들은 DR투자자시장 분석과 실제 DR발행사례분석 등의 정보를 제공받았다.

김 사장은 "국내기업이 해외에서 DR발행을 통한 자본조달을 추진한다면 유리한 조건에 자금을 유치할 수 있는 성공사례가 나올 것"이라고 예상했다.

자료: 연합인포맥스, 2013. 10. 30.

제4절 국제 분산투자

1980년대 이후 범세계적인 자본시장 개방화, 국제화, 자율화 추세에 따라 각국 자본시장간의 장벽이 서서히 허물어지고 있으며 국제간 자본거래가 급격히 증가하고 있다. 우리나라에서도 자본시장의 대외개방이 급속히 진전됨에 따라 외국인의 국내증권투자 및 내국인의 해외증권투자가 활발하게 이루어지고 있다. 이하에서는 국제 분산투자를 통한 투자자들의 위험감소 및 수익증대의 효과와 국제 분산투자 시에 고려하여야 될 위험 및 투자자들이 이용할 수 있는 국제 분산투자의 방법 등을 고찰하고자 한다.

1. 국제 분산투자의 효과

다국적기업의 해외증권에 대한 투자이론도 국내증권투자에 적용되는 투자이론과 유사하다. 즉, 투자자들은 하나의 증권에 투자하는 것보다 다수의 잘 분산된 포트폴리오에 투자함으로써 위험을 감소시킬 수 있다. 이 경우 분산투자에 의해 위험이 감소되는 정도는 포트폴리오에 포함된 증권들 간의 상관관계에 의해 결정된다. <표 14-1>은 주요 8개국의 1973년부터 1982년까지의 증권시장 수익률간의 평균적인 상관관계를 표시하고 있다.

<표 14-1>에서 대각선에 나타난 수치는 각 국가 내에서의 주식들 간 수익률의 상관계수 평균치를 나타내는 수치이고, 대각선 이외의 수치는 해당 국가들의 주식수익률의 상관계수 평균치를 나타내고 있다.

예를 들면, 미국 내의 증권시장 수익률의 평균상관계수는 43.9%로 나타나고 있으나, 미국과 독일의 주식수익률의 평균상관계수는 17%, 미국과 일본의 주식수익률의 평균상관계수는 13.7% 등으로 다른 국가의 주식을 포함하여 계산된 평균상관계수는 국내보다 작은 수치를 나타내고 있다. 일반적으로 증권수익률 간의 상관관계가 국내에서 보다 서로 다른 국가의 주식을 포함한 경우에 훨씬 낮기 때문에 국제 분산투자에 의한 위험감소 효과가 현저하게 나타난다.

포트폴리오이론에 의하면, 개별 증권의 위험은 분산투자로 제거가 가능한 비체계적 위험(unsystematic risk)과 분산투자로도 제거할 수 없는 체계적 위험(systematic risk)으로 구분되어진다. 비체계적 위험은 신제품개발, 광고활동, 경쟁회사와의 관계 등 특

표 14-1 ● 증권시장 수익률간의 평균적인 상관관계, 1973-1982

증권시장	AU	FR	GE	JP	NE	SW	UK	US
호주(AU)	0.586							
프랑스(FR)	0.286	0.576						
독일(GE)	0.183	0.312	0.653					
일본(JP)	0.152	0.238	0.300	0.416				
네덜란드(NE)	0.241	0.344	0.509	0.282	0.624			
스위스(SW)	0.358	0.368	0.475	0.281	0.517	0.664		
영국(UK)	0.315	0.378	0.299	0.209	0.393	0.431	0.698	
미국(US)	0.304	0.225	0.170	0.137	0.271	0.272	0.279	0.439

*모든 수익률은 미국 달러로 전환되어 계산된 수치임.

자료: D. K. Eiteman, S. I. Stonehill and M. H. Moffett, Multinational Business Finance, Addison-Wesley Publishing Company, 1992, p. 368

정기업이나 산업에 국한되는 요인에 의하여 발생하는 위험을 말하고, 체계적 위험은 전쟁, 내란, 정부의 금융 및 재정정책, 경기변동 등 한 국가의 경제 또는 시장전체에 영향을 미치는 요인에 의해 발생되는 위험을 말한다. 따라서 이러한 체계적 위험은 국내에서의 분산투자로서 제거할 수 없는 위험이 된다.

그러나 국제적으로 분산투자를 실시하면 각 국가 간의 상이한 정치 · 경제적인 요인으로 인하여 개별 국가특유의 요인이 서로 상쇄되어 개별국가의 체계적 위험도 상당 부분 제거시킬 수 있다. 특히 각 국가의 국내 증권시장에서의 특수성(증권투자에 투여되는 자금량, 정보공시의 차이 등)으로 인해 증권의 가치평가가 상이할 수 있어 개별국가의 체계적 위험의 감소를 통해 국제 포트폴리오 구성 시 상당히 유리해질 수 있다.

2. 국제 분산투자에 따른 위험

국제 분산투자는 상대적 가치가 변화할 수 있는 여러 가지 통화로 표시된 자산에 투자를 하는 것이기 때문에 항상 환율변동에 따른 가치변동의 위험이 존재하며, 또한 외국정부에 의한 투자된 주식의 몰수나 배당송금 제한 등의 위험이 따른다.

1) 환위험

외국증권에 대한 투자수익이 외국통화로 표시되기 때문에 환율변동에 따라 투자가치가 변화할 수 있다. 환율변동에 따른 투자위험을 예를 들어 설명해 보자. 우리나라의 기관투자가가 미국의 주식에 투자한 경우에 미국 달러로 표시된 투자수익률을 Rf, 원화로 표시된 투자수익률을 Rd, 우리나라와 미국 간의 환율변동률을 e라 표시하면 다음과 같은 관계가 성립한다.

$$(1 + Rd) = (1 + Rf)(1 + e) \longrightarrow Rd \fallingdotseq Rf + e$$

따라서 미국주식에 대한 원화로 표시된 수익률은 대략 미국달러로 표시한 수익률에다 환율의 변동률을 합한 것과 같아진다. 위의 식으로부터 미국주식투자에 대한 투자위험을 계산해 보면 다음과 같다.

$$Var(Rd) = Var(Rf) + Var(e) + 2Cov(Rf, e)$$

즉, 원화로 표시된 투자수익률의 분산은 미국달러로 표시되는 투자수익률의 분산과 환율변동률의 분산, 미국달러표시 투자수익률과 환율변동률간의 공분산의 합으로 주어진다. 따라서 환율의 변동성에 따라 국제 분산투자의 위험이 큰 영향을 받게 된다.

2) 외국인투자에 대한 제한 및 통제

어떤 국가는 외국인 투자자금이 유입되면 규모가 작은 국내시장의 주가를 왜곡시키거나 인플레이션을 유발할 수 있다는 것을 우려하여 외국인의 국내주식 취득을 제한할 수 있고, 또한 민족주의가 심한 국가에서는 외국인의 국내회사에 대한 투자비율을 제한할 수 있다.

3) 세금부과의 문제

외국인에게 지급되는 배당이나 이자에 대하여 특별한 세금을 부과할 수 있다. 특히 이중과세방지협정이 체결되지 않은 국가에 대한 투자의 경우에는 분산투자효과를 상쇄하고도 남는 손실을 입을 가능성도 있다.

4) 정보획득의 어려움

회계기준과 처리방법의 차이, 회사에 대한 정보획득비용이 과대하여 잘못 투자할 수 있는 위험이 있다.

3. 국제 분산투자의 방법

일반투자자나 기관투자가들이 사용하는 국제 분산투자의 방법은 크게 해외주식에 대한 직접투자, 국내 증권시장에 상장된 외국주식에 대한 투자, 펀드를 통한 간접투자, 국제채권에 대한 투자, 국제적 기업의 국내주식에 대한 투자 등이 있다.

1) 해외주식에 대한 직접투자

국내 투자자들이 이용할 수 있는 국제 분산투자의 첫 번째 방법은 해외주식에 대한 직접투자이다. 미국, 영국, 일본 등의 금융선진국에서는 내국인에 의한 해외투자가 자유로

우나 대부분의 개발도상국에서는 법적 · 제도적으로 많은 규제를 하고 있으며, 또한 실물주식의 인수도에 따른 불편함과 국제간 주식매매자금의 결제 시에 절차상 복잡성 등의 문제점이 존재한다. 그러나 이와 같은 문제점은 세계 각국의 주식시장이 하나의 시장으로 통합되어 가는 추세여서 해외주식에 대한 투자는 점차 증가되어질 것이다.

2) 국내 증권시장에 상장된 해외주식에 대한 투자

국제 분산투자의 두 번째 방법은 국내 증권시장에 상장된 외국기업의 보통주 또는 주식예탁증서에 투자하는 것이다. 주식예탁증서는 다국적기업이 해외의 증권거래소에 주식을 상장하는 경우 발행주식은 본국에 있는 금융기관에 보관시키고 해외의 투자자에게는 원주에 대한 소유권을 인정하는 표시로서 발행해 주는 증서를 말한다. 주식예탁증서는 예탁증서의 발행지에 따라 명칭을 달리하고 있다.

우리나라의 경우에는 삼성물산, 현대자동차, 기아자동차, 삼성전자, 포항제철, 한국전력 등 해외에서 인지도가 높은 대기업들이 주식예탁증서를 해외 증권거래소에 상장하고 있다.

3) 펀드를 통한 투자

국제 분산투자의 세 번째 방법은 일반투자자를 대신하여 유가증권 투자를 전문으로 하는 투자신탁회사와 같은 기금회사가 판매하는 투자 상품인 펀드를 이용하는 것이다. 전문적인 투자기술을 가지고 해외주식에 투자하는 펀드는 투자자들이 이용하기에 편리한 국제 분산투자의 수단이 된다.

표 14-2 ● 발행지역에 따른 주식예탁증서의 명칭

명칭	발행지	형식
ADR (American Depositary Receipt)	뉴욕	기명식
EDR (European Depositary Receipt)	런던, 룩셈부르크	무기명식
IDR (International Depositary Receipt)	암스테르담	무기명식
CDR (Curacao Depositary Receipt)	큐라소(네덜란드령)	무기명식
HKDR (Hong Kong Depositary Receipt)	홍콩	기명식

펀드는 투자의 요구에 따라 언제든지 주식을 발행 또는 환매할 수 있는 개방형 펀드(open-end funds)와 투자자의 환매에 응하지 않는 폐쇄형 펀드(closed-end funds)로 구분 할 수 있다. 또한 해외주식에 대한 투자비율에 따라 국가펀드, 글로벌펀드 및 국제펀드로 구분된다. 국가펀드(Country Funds)는 특정국가의 증권에만 배타적으로 투자하는 기금으로 Korea Fund, Japan Fund, Mexico Fund, Canada Fund 등이 있고, 글로

벌펀드는 기금의 25% 이상을 해외주식에 투자하는 기금으로 Templeton World, New Perspective, Putnam International 등이 있다. 국제펀드(International Funds)는 기금의 50% 이상을 해외주식에 투자하는 기금으로 Fide1ity Overseas, Merril Lynch Pacific, Kemper International 등이 있다.

우리나라에서는 외국인들의 간접투자를 위해 외국인전용 수익증권 등을 설정하고 있으며, 내국인의 해외증권에 대한 간접투자를 위해서는 투자신탁회사들이 해외투자펀드를 설정하고 있다. 해외투자펀드는 해외 증권시장에 대한 정보수집 및 직접투자가 어려운 일반 투자자들을 대신해 투자신탁회사가 운용하는 간접투자 상품이다.

4) 국제채권에 대한 투자

국제 분산투자의 네 번째 방법으로는 외국기업이 발행한 채권에 직접 투자하거나 국내 증권거래소에 상장된 외국기업의 채권인 외국채(foreign bond)나 유로채(Euro bond)에 투자할 수 있다. 대표적인 외국채로는 미국시장에서 비거주자가 발행하여 유통되는 달러표시 채권인 양키본드(Yankee Bond)와 비거주자가 일본에서 발행하는 엔화표시 채권인 사무라이본드(Samurai Bond)와 우리나라에서 발행된 원화표시 채권인 아리랑본드(Arirang Bond) 등이 있다.

유로채는 발행되는 채권의 표시통화국 이외의 지역에서 발행되는 채권을 말한다. 유로채는 대부분이 신주인수권부사채(bond with warrants)와 전환사채(convertible bond) 등의 주식연계형 채권으로 발행되고 있다. 신주인수권부유로채는 투자자에게 채권매입과 함께 발행회사의 주식을 매입할 수 있는 분리 가능한 옵션을 부여한 채권을 말하고, 유로전환사채는 투자자에게 주식으로 전환할 수 있는 옵션을 부여한 채권이다. 이와 같은 주식연계형 유로채는 채권의 가치가 이자율의 변동보다는 주식가치의 변동에 의해 훨씬 더 큰 영향을 받는 특징이 있다. 이런 채권의 옵션이 행사되는 경우 궁극적으로는 외국투자자들이 해당기업의 주식을 보유하게 되는 것이다.

5) 국제적 기업의 주식에 대한 투자

국제적인 자본이동을 제약하는 각종 투자 장벽이 존재하는 경우 이용할 수 있는 국제 분산투자의 방법은 국제적으로 사업을 영위하는 다국적기업의 주식을 매입하는 방법이다. 미국의 IBM, Coca-Cola, Procter&Gamble과 같은 기업들은 수익의 상당부분이 본국 이외의 사업 활동에서 발생하기 때문에 이들 기업의 주식을 매입하는 것이 국제 분산투자를 대신하는 간접적인 방법이 된다. 우리나라도 최근 유수 기업들의 다국적화가 급속히 진전되고 있어 이러한 간접투자방법이 가능해지고 있다.

토의자료 14-3

中 기업 해외채권 발행 통한 'G3' 통화 빚 급증

중국기업들이 높은 투자 수요와 낮은 비용 등을 이유로 해외 채권시장에서 달러, 유로, 엔 등 G3(주요 3개국) 통화로 자금조달에 나서는 사례가 급증하고 있다고 파이낸셜타임스(FT)가 25일(현지시간) 보도했다.

중국 자우퉁(交通)은행은 이날 중국 은행업계 최초로 상하이 본사가 직접 나서 달러화 채권을 발행했다. 12억 달러어치 10년 만기 채권을 금리 4.628%에 발행했다. 지금까지 중국은행들은 해외에 있는 자회사나 지점을 통해 해외채권을 발행했었다.

항저우 소재 지리(吉利)자동차도 5년 만기 달러화 채권을 5.25% 금리에 발행해 3억 달러를 조달했다. 이주 초에는 중국은행(BOC)과 농업은행이 해외에서 우선주 발행을 위한 정부의 최종 승인을 받아내는데 성공해 조만간 발행에 나설 예정이다.

금융정보 제공기관 딜로직에 따르면 중국기업들은 올해 현재까지 국제 채권시장에서 G3 통화로 665억 달러 규모의 자금을 조달했다. 지난해 전체 조달액 590억 달러를 초과했다. 2009년만 해도 이 규모는 24억 달러에 불과했었다.

중국기업들이 해외채권 발행에 활발히 나서는 데에는 중국 정부가 기업들의 해외채권 발행 규제를 완화하고 해외에서 조달한 자금으로 중국 내 투자를 허용한 영향이 크다.

중국 안에서 채권을 발행할 때 보다 밖에서 발행하는 게 더 비용이 저렴한 점도 중국기업들의 해외채권 발행을 부추기고 있다. 서방국들이 현재 최저 기준금리를 채택하고 있는 탓에 중국기업에 대한 서방국 투자자 수요가 많다.

자료: 아시아경제, 2014. 9. 26

제5절 글로벌자본예산 결정과 투자과정

1. 글로벌자본예산의 성격

기업들이 국경을 초월하여 비즈니스 활동을 하는데 있어서 해외직접투자는 가장 핵심적인 그리고 동시에 막대한 자금조달과 투자까지 개입되는 전략수단이다. 그러므로 해외직접투자에 대한 의사결정은 반드시 글로벌자본예산의 테두리 속에서 실시해야 한다.

자본예산이란, 활용 가능한 기업자원(특히 재무자원)의 제약 속에서, 특정기업이 그 가치를 최대화하는데 목적을 두고 여러 대안의 장기투자 안들을 평가하고 최선의 투자 안을 선택하는 과정을 말한다. 따라서 자본예산의 목적은, 투자 안별로 편익 · 비용 · 리스크를 계량화함으로써, 최고경영자들이 객관성을 띠고 여러 투자 대안들 중에서 최선의 투자 안을 선택할 수 있도록 돕는데 있다고 말할 수 있다.

2. 글로벌자본예산의 수립과정

해외투자 안들에 대한 투자수익률분석을 통해 글로벌자본예산을 수립할 때, 아래 과정을 밟아야 한다.

1) 해외자회사 현금흐름의 추정

해당기업이 특정 투자사업안을 실천에 옮겼을 때 발생할 것으로 예상되는 해당 해외 현지자회사의 현금흐름을 추정할 때는, 다음과 같은 국제적 요소를 중요시하고 고려에 넣어야한다.

① 거래형태에 따라 적용하는 환율이나 관세가 달라질 수 있다는 사실을 고려해야 한다. 예컨대, 원자재를 수입할 때에는 환율특혜나 관세면제를 받을 수 있으나, 완제품을 수입할 때는 그러한 특혜를 받기 어렵다. 그러므로 국제재무관리자는 거래형태별로 적용되는 환율과 관세 등을 예측해야 하며, 이들이 특정 투자사업안의 현금흐름에 미치는 영향도 평가해야한다.

② 특정 투자 사업안을 실천에 옮길 때에 어떠한 대안의 금융소스(financial sources)들을 활용할 수 있는가도 고려해야 한다. 예컨대, 해당기업의 특정 해외자회사가 현지국이 아닌 외국에서 조달한 자본으로 시설 장비를 수입하면, 특별장려금을 제공하는 현지국들도 있기 때문이다. 이와 같은 요소는 특정 투자사업안의 현금흐름에 영향을 미치게 되므로, 금융원천을 고려해야 할 필요가 있는 것이다.

③ 정치환경 변화에서 비롯되는 정치적 리스크도 고려해야 한다. 예컨대, 투자대상국에서 외국인 자산에 대한 국유화나 강제수용의 가능성이 높다면, 그것은 특정 투자사업안의 현금흐름을 나쁘게 바꿀 수도 있기 때문이다.

2) 본사 현금흐름의 추정

국제자본예산의 두 번째 단계에서는 해외자회사들의 현금흐름을 본사로 이동했을 때의 본사 현금흐름을 추정해야 한다. 이 과정에서도 송금의 시기, 환율의 변동, 국제조세, 부수적 소득 등을 고려해야 한다.

① 송금의 시기를 고려해야 하는 이유는, 많은 현지국들이 외국인투자에서 비롯되는 이익의 일정 비율을 초과하는 금액을 해외 송금하는 것을, 투자 후 일정 기간 내에는 허용하지 않을 수도 있기 때문이다.

실제로 현지국이 송금규제를 할 경우에, 해외자회사에서 시작되는 현금흐름과 본사에 도달하는 현금흐름 사이에는 시간적 차이가 생기기 때문이다.

② 이익을 본사로 이전시킬 때에 지불해야 하는 원천과세 등 세금도 고려해야 한다. 세금 때문에, 해외자회사에서 시작되는 현금흐름과 본사로 도달하는 현금흐름은 금액 면에서 차이가 있을 것이기 때문이다.

③ 환율의 변동 역시 고려해야 한다. 해외자회사로부터 본사로 유입된 현금흐름은 본사국의 통화로 환산하여 평가해야 하기 때문이다.

④ 제시된 투자사업안을 실천에 옮겼을 때에, 본사의 수출증가 · 라이선싱 로열티의 증가 · 기술제공 수수료(fee) 수입의 증가 · 경영관리 서비스 수수료 수입의 증가 · 새로이 축적된 기술 및 마케팅 노하우 등 해당기업 전체시스템의 다른 부문에서 발생할 것으로 기대되는 부수적 소득 형태의 추가이익도 고려해야 한다.

3) 최선의 대안적 투자안 선정

해외직접투자결정을 하는 마지막 단계에서는 기대투자수익률을 결정기준으로 삼고서, 대안적 투자사업안에 대한 우선순위를 정하고, 최종적으로 하나 또는 그 이상을 최선의 대안적 투자사업안으로 선정해야 한다.

정해진 우선순위에 따라 대안적 투자사업안들 중에서 실제로 몇 개의 최선의 투자사업안을 선정하여 시행할 것인가는, 해당기업이 자본예산기간 동안에 활용가능한 자본의 한도를 고려하여 결정해야 한다.

제6절 이전가격

1. 이전가격조작의 의의

기업부문 간의 내부적 거래에 적용되는 가격을 이전가격 혹은 내부이전가격이라고 한다. 내부이전가격을 변화시키면 기업 각 부문 간에 이익이 재배분 되게 된다. 국내적으로 내부이전가격을 임의로 조절하여 기업 내 각 부문 간의 이익을 재배분하는 것은 기업 내 각 부문 간 성과평가와 유인의 제공, 조직 내의 최적한 자원배분 등 경영관리의 효율성에 영향을 미치게 되나 조세의 측면에서는 중요한 의미를 갖는다고 보기는 어렵다.

국내적으로는 각 부문의 성과를 공정하게 평가하도록 함으로써 조직 내 각 부문에 최적한 자원배분이 이루어지고 각 부문의 경영자에게 노력의 유인을 제공되도록 하여 경영을 효율화할 수 있도록 이전가격이 결정되어야 할 것이다. 내부이전가격은 기업들이 경영효율 제고를 위하여 조직을 이익중심점으로 분권화하면서 이들 이익중심점의 이익을 어떻게 평가할 것인가 하는 문제와 관련하여 관심이 높아지게 되었다.

다국적기업의 자회사간 내부거래는 그 자체가 국제무역에 해당되므로 이전가격의 조작은 단순히 기업내부 부문 간의 이익재배분일 뿐만 아니라 국가 간의 이익재배분을 가져오게 되고 나아가 실질적인 국제자금 이동을 초래하게 되므로 국내적 이전가격문제와 비교할 수 없는 다양하고 중요한 의미를 가진다. 다국적기업은 국가 간의 조세제도 차이, 규제의 차이 등을 이용하여 서로 다른 나라에 입지한 자회사간 거래에서 이전가격을 최적하게 결정함으로써 납세부담의 최소화, 위험의 최적화, 이익증가 등의 기회를 갖게 된다.

물론 이전가격의 조작을 통한 자회사간 이익재배분의 의미는 거기서 그치지 않고 국가 간 부가가치의 재배분, 국가 간 자금이동 등의 의미를 가지는 것이기 때문에 이전가격의 조작에 의해 불리한 입장에 서게 되는 자회사나 합작투자의 파트너, 관련된 국가의 정부당국 등으로부터 내부적 · 외부적 저항을 불러일으키게 된다. 다국적기업에 있어서는 이러한 조직 내 · 외의 저항요인과 규제를 피할 수 있는 데까지 이전가격 결정을 통하여 조세부담의 경감과 이익극대화, 위험의 축소, 조직 내부 자원배분의 최적화 등을 꾀하게 된다.

시장가격 혹은 제3자 거래에 적용되는 가격과는 다른 수준에서 이전가격을 결정하는데 이는 무엇보다도 기업 전체적인 관점에서 조세부담 최소화의 동기가 강하게 작용한다. 이는 이전가격 조작이 조직 내 이익재배분 효과를 가져오는데 따른 것이다. 이전가격의 조작은 이외에도 자회사간 거래에 있어 관세부담에 영향을 가져올 뿐만 아니라 실질적 국제자금이동 효과를 가지고 있는 만큼 환율변동, 송금에 대한 규제, 인플레이션 기대 등을 고려하여 드러나지 않으면서도 다국적기업 내 자금이동을 위한 중요한 수단으로 이용될 수 있다.

나아가 장기적 관점에서 글로벌전략을 수립하는데 있어서도 내부거래에서의 이전가격정책이 고려되어야 할 것이다. 또한 장기적 관점에서 국가별 경쟁전략을 세우거나 해외투자 안을 평가하는데 있어서도 이전가격의 조작은 중요한 변수로 고려되어야 한다. 그러나 이전가격의 조작은 관련국가의 이해에 직접적인 영향을 미치게 되므로 현지국에서의 정치적 위험 노출을 크게 증가시키는 결과를 가져올 수도 있다.

2. 이전가격결정에 고려해야 할 요인들

1) 조세

소득세요인은 다국적기업의 이전가격결정에 가장 중요한 변수가 된다. 즉, 이전가격의 조작을 통하여 (법인)소득세율이 높은 나라로부터 낮은 나라로 이익을 이전할 수 있으며 다국적기업 전체의 세금부담을 줄일 수 있는 효과를 기할 수 있다. 예컨대, 한국기업 AAA사의 한국 본사에서 TV를 제조하여 미국의 판매자회사를 통하여 미국시장에 판매한다고 하자. 만약 한국의 소득세율이 40%, 미국의 소득세율이 30%라고 가정하면, 이 기업은 조세요인을 고려하지 않았을 때보다 본사에서 미국의 판매 법인에 판매하는 가격을 낮춤으로써 한국 본사의 이익을 줄이고 미국법인의 이익을 증가시키면서 전체적으로 과세부담을 낮출 수 있게 된다.

2) 관세

다국적기업의 내부거래에서 이전가격조작은 그 자체가 국제무역에서 교역조건의 변화에 해당한다. 이 거래에 관세가 적용되는 경우에는 이전가격 조작은 바로 관세부담에 영향을 미치게 된다. 수입국(미국)의 소득세율이 수출국(한국)의 소득세율보다 더 낮은 경우에는 이전가격을 낮추는 것은 조세부담을 줄임과 동시에 관세부담을 경감시키는 결과를 가져온다.

그러나 수입국의 소득세율이 더 높은 경우에는 이전가격을 높이는 것이 조세부담을 경감시키지만 이는 바로 관세부담의 증가로 연결된다. 따라서 이전가격조작을 통한 조세부담 경감효과가 상쇄된다. 그러나 일반적으로 조세부담 경감효과가 크기 때문에 이전가격의 조작에 있어서는 소득세 경감의 효과가 보다 중요한 요인으로 고려된다. 또한 WTO체제하에서 상품거래에 대한 관세장벽이 낮아지고 있으므로 이전가격의 결정에 관세요인의 중요성은 낮아지고 있다.

3) 자금이동효과

이전가격의 조작은 직접적으로 다국적기업 자회사간의 자금이동효과를 가져온다. 이전가격조작의 자금이동효과는 다국적기업에서 보이지 않는 내부적 자금이동의 통로로 활용될 수 있다는 것을 의미한다. 특히 장기적인 국제수지 적자나 외환부족으로 외환통제를 실시하고 있는 국가의 자회사로부터 자금을 이전하는 통로가 될 수 있다. 외환통제를 하는 나라는 대체로 통화가치가 과대평가 되고 있는 경우가 많기 때문에 큰 폭으로 통화가치가 하락할 가능성이 상존하고 있다고 할 수 있다.

따라서 이전가격조작을 통해 자금을 그 나라로부터 이전시키는 것은 송금효과 뿐만 아니라 그 나라에서 얻은 자금을 미리 강세통화로 전환시켜두는 효과를 가짐으로써 환위험 관리수단으로서의 역할도 하게 된다. 그러나 다국적기업의 이러한 행동은 당해국의 외환위기를 더욱 심각하게 하는 요인으로 작용하게 된다.

4) 내부적 저항요인

이전가격조작을 통한 다국적기업 내 부문 간의 이익재배분은 부문이익이 각 부문 성과평가의 척도로 이용되는 한 부문 경영자의 성과평가에도 영향을 미치게 된다. 따라서 이전가격의 조작에 의해서 불리한 영향을 받게 되는 부문의 책임자는 이러한 영향이 자신의 평가에서 충분히 감안되지 않는다고 생각하면 이전가격의 결정에 대해 저항하게 된다.

기업 전체의 목적이 각 부문에 명확하게 주지되고 이전가격조작에 의한 부문이익의 감소가 성과평가에서 공정하게 감안되는 것이 충분히 인식되었을 때만 부문 경영자는 자기 부문의 이익을 줄이는 이전가격결정에 동의할 것이다. 이전가격을 적극적으로 조작하는 경우에는 실제거래를 기록하는 장부와는 별도로 경영목적의 장부를 갖는 방법도 있을 수 있겠지만, 이중장부를 갖는 것 자체가 불법이기 때문에 이전가격을 조작했다는 결정적 증거가 될 수 있는 위험을 가지고 있다.

한편, 자회사가 합작기업이라면 이전가격의 조작은 더욱 큰 저항요소를 갖게 된다. 합작기업의 파트너는 자회사의 이익에 의해서만 자신의 소득이 결정되기 때문에 글로벌 관점에서의 이전가격 조작에 저항하게 될 것이다. 따라서 합작기업인 경우에는 합작 파트너로부터 비밀을 유지할 수 있을 때 이전가격의 조작이 가능할 것이다.

제7절 국제적 이중과세

1. 국제적 이중과세와 발생원인

1) 국제적 이중과세의 의의

국제적 이중과세(International double taxation)란, 동일한 과세물건에 대해 동종 조세의 과세권이 2국에 의해 동시에 주장되어, 과세권의 중복 또는 경합이 생긴 상태를 말한다.

각국의 조세제도는 그 나라에 있어서 정치적 · 사회적 · 경제적 제 조건을 배경으로 해서 각각 독자적으로 발달해왔고, 각국은 그 독자적으로 발달해 온 조세제도 하에서 각각 고유의 과세권을 배타적으로 또 보편적으로 행사하고 있으나, 그 과세권이 행사되는 범위가 항상 타국이 과세권을 행사하는 범위와 경합한다거나, 중복되지 않는다고 하는 보장은 없다. 그리고 2국간에 있어서 각각의 과세권이 행사되는 범위가 중복된다거나 경합한 경우에 그 범위에서 국제적인 이중과세라고 하는 문제가 발생하게 된다.

2) 국제적 이중과세의 발생원인

이중과세를 발생시키는 2국간의 과세권의 중복이나 경합 원인에는 여러 가지가 있다고 생각되어지나, 일반적으로 물건의 소재지를 기준으로 하여 과세되는 물세보다도, 사람의 주거소를 기준으로 하여 상대적인 담세력을 참작하여 과세되는 인세, 특허소득을 과세표준으로 하는 소득세나 법인세 등에 대해서 보다 많은 국제적인 이중과세의 문제가 발생한다.

그 발생하는 상태는 (1) 거주지국과세와 원천지국과세의 경합, (2) 거주지국과세의 경합, (3) 원천지국과세의 경합 등 크게 세 가지로 대별할 수 있다.

1 거주지국과세와 원천지국과세의 경합

납세의무가 납세자의 주소나 거소, 시민권이라는 인적 지위를 기준으로 하여 결정될 때, 이를 거주지국과세라 한다.

거주지국과세는 인적 납세의무라고도 하나, 일반적으로 무제한 납세의무를 부담하는 것을 통례로 한다. 거주지국과세에 있어서, 자국 내의 거주자(resident)에 대해서는, 자국 내에서 발생한 소득뿐만 아니라, 자국 외에서 생긴 소득도 포함하여 그의 모든 소득에 과세하게 된다(이른바 전 세계소득 과세를 말함).

반면에 납세의무가 납세자의 인적 지위에 관계없이 소득이 가득되는 장소를 기준으로 해서 결정될 때 이를 원천지국과세라고 한다. 원천지국과세는 물적 납세의무라고도 하나, 일반적으로 제한납세의무를 부담함에 그치고, 자국 내에서 생긴 소득에 대해서만 과세하는 것을 통례로 한다.

일반적으로 선진국 사이에서는, 자국의 거주자에 대해서는 거주지국과세를 하는 한편, 타국의 거주자, 즉 비거주자에 대해서는, 자국 내에서 사업을 영위하고 또는 자국 내에 투자를 함으로써 소득을 가득한 경우에, 그 자국 내에서 발생한 소득에 대해서 원천지국과세를 하도록 하고 있는 예가 많다. 이 때문에 A국의 거주자가 B국 내에서도 소득을 가득하고 있는 경우에는 B국에서 생긴 소득에 대해서 가끔 A국의 거주지국과세와 B의 원천지국의 과세가 경합하여 중복하게 된다. 예를 들면, 우리나라에 본점이 있는 법인이 미국 내에서 사업을 영위하고, 또는 미국 내에 투자를 하고 있는 경우에, 그 미국에서 발생한 사업소득 또는 투자소득에 대해서는, 당연히 미국에서 법인세 또는 소득세의 과세를 받게 되는 것이나(원천지국과세), 이들의 소득은 본점소재지국이 있는 우리나라에서도 다시 법인세의 과세대상이 되는 것이다(거주지국과세).

2 거주지국과세의 경합

거주지국과세는 납세자의 인적 지위를 기준으로 하는 것이나, 2국간에 있어서 그 기준을 채택하는 방법이 다를 경우에 충돌하는 일이 있다. 즉, A국에서 거주자로 된 자가 B국에서도 거주자로 취급될 경우에 이중과세가 발생한다. 이는 거주지국과세의 기준이 되는 인적 지위를 판단하는 방법이 국가에 따라서 일관성이 없는 경우에 생기는 문제이다. 예를 들면, 우리나라는 우리나라 내에 등기상의 본점이 있는 것으로서 거주지국 과세를 주장함에 반해, 영국은 등기상의 본점소재지가 어디에 있는가에 관계없이, 런던에 관리지배지를 가지는 것을 이유로 거주지국과세를 주장한다. 이와 같은 경우에 거주지국과세의 경합 · 중복을 초래하게 되는 것이다.

3 원천지국과세의 경합

예를 들면, 어떤 소득에 대해서, A국이 자국에 원천이 있다고 하여 과세권을 주장하고, 동시에 B국도 자국에 원천이 있다고 하여 과세권을 주장할 경우에, 원천지국과세의 경합 · 중복에 의한 이중과세가 발생하게 되는 것이다.

2. 국제적 이중과세의 배제방법

국제적인 이중과세가 자주 발생할 경우, 이른바「조세장벽(tax barrier)」이 생기게 되어 각국 간의 경제교류에 중대한 지장을 초래하게 된다. 이러한 장벽을 제거하여 경제교류의 원활화를 기하기 위해서, 선진국 간에서는 관련된 국제적인 이중과세를 가능한 한 회피하려고 하는 방법을 모색해 오고 있는 것이다. 그 대표적인 방법으로서는 ① 외국소득면제방법과 ② 외국세액공제방법의 두 가지가 있다.

외국소득면제방법과 외국세액공제방법의 어느 쪽이 이중과세배제의 방법으로서 보다 훌륭한가는 논의되어 있지 않으며, 그 어느 쪽을 채택하는가는 각국의 조세정책의 문제이다. 단, 양자의 기본적인 차이는 외국소득면제방법이「소득 그 자체」에 착안하여 외국소득에 있어서 과세권을 포기하는 것인 반면에, 외국세액공제방법은「소득에 과세된 조세」에 착안하여 과세권을 유보하면서 실제적인 세부담 면에서 조정하려고 하는 것에 있는 것이다.

3. 각국의 이중과세배제제도

국제적인 이중과세 배제는 조세조약(tax convention)의 규정을 가지고 처음부터 적용하고 있는 국가도 적지 않으나, 우리나라나 일본에서와 같이 우선 국내법에서 이것을 정하고, 조세조약의 유무에 관계없이 일방적으로 이중과세의 구조를 도모하고 있는 선진국도 많다. 이 경우와 같이 국내법에서 이중과세 배제규정을 가지고 조세조약에 있어서 이중과세배제의 방법을 정하는 경우에는 이른바 확인적으로 상대국에 대해서 약속을 하는 것으로 볼 수 있다.

국내법에서 외국소득면제방법에 의한 이중과세 배제규정을 두고 있는 국가로서는 스위스, 프랑스, 이탈리아, 벨기에, 네덜란드 등의 서구제국과 홍콩 등이 있다. 이에 반해서 외국세액공제방법에 의한 이중과세 배제규정을 두고 있는 국가로서는 우리나라, 일본, 미국, 영국, 독일 등이다(단, 독일은 조세조약에서는 외국소득면제 방법을 도입하고 있는 경우가 많다).

우리나라가 외국세액공제방법을 채용하고 있는 이유는, 국내투자와 국외투자를 세제면에서 차별하지 않고, 중립적인 과세취급을 하고, 쌍방에 대해서 동일한 조세부담을 구한다고 하는 공명한 요청을 실현하고자 하는 것이라고 설명되고 있다.

토의자료 14-4

조세피난처 몰리는 대기업... 법인 167개로 늘어

지난 1년간 국내 대기업이 만든 해외법인 5개 중 1개는 케이맨군도, 버진아일랜드, 홍콩 등 조세피난 지역에 설립된 것으로 나타났다.

22일 금융감독원에 따르면 총수가 있는 30대 그룹(공기업 제외)의 해외법인 중 조세조약 미체결국에 있는 해외법인은 5월 말 현재 167개로 1년 사이 26개가 증가했다. 같은 기간 30대 그룹이 세운 전체 해외법인 수는 1,942개로 130개가 늘었다. 신생 해외법인 20%가 조세피난 지역에 세워진 것이다.

전문가들은 조세피난 지역에 진출한 30대 그룹의 '숨은 계열사'가 있을 수 있기 때문에 해외법인 수가 더 많을 가능성도 제기한다.

조세조약은 이중과세를 피하고 탈세방지를 위해 국가 간에 체결하는 것으로 6월 현재 우리나라는 미국과 중국 · 일본 · 영국 등 77개국과 조세조약을 체결했다. 미체결국가로는 경제협력개발기구(OECD)가 대표적인 조세피난처로 지목한 버진아일랜드 · 모리셔스 · 파나마 · 케이맨군도 · 버뮤다 · 마셜군도 등이 포함돼 있다. 또 홍콩 · 대만 · 페루 · 괌 · 아르헨티나 · 나이지리아 · 콩고 같은 신흥경제 국가들도 조세피난처로 활용된다. 조세피난처의 경우 기업 소득에 세금을 거의 매기지 않고 회사 설립이나 외국환 업무를 규제하지 않아 다국적기업들의 돈세탁 또는 비자금 은신처로 자주 이용된다.

30대 그룹 신설 해외법인 20%가 조세피난처에 집중

조세피난처 몰리는 대기업… 법인 167개로 늘어

롯데 33개, 삼성 30개…

조세피난처로 순유출 금액

작년 95조원으로 급증

국세청 "역외 탈세와 전쟁"

◆롯데가 가장 공격적으로 이용

◆재산 빼돌리기 우려도 제기

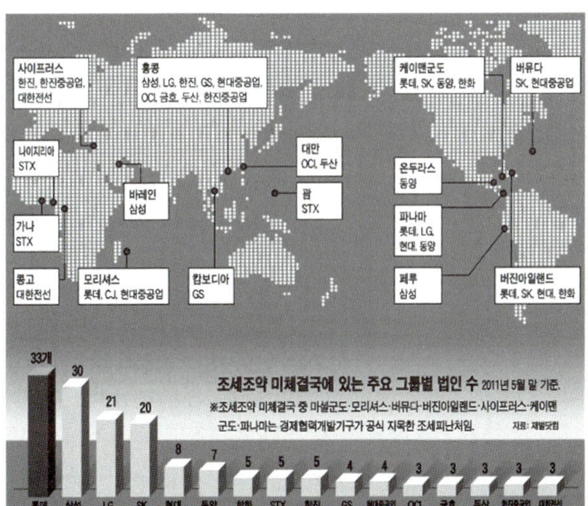

조세피난처로 왜 가나

10년 전엔 탈세 주목적… 지금은 해외투자와 규제 피하려

롯데가 가장 공격적으로 이용

30대 그룹 중 조세피난처에 가장 많은 해외계열사를 둔 그룹은 롯데로, 지난 1년간 4개가 늘어난 33개를 기록했다. 롯데그룹은 이에 대해 "탈세 의도가 전혀 없는 정상적인 영업활동"이라고 설명했다. 예를 들어, 롯데그룹은 작년 7월 조세회피지역인 케이맨군도에 본사를 둔 중국 홈쇼핑업체 럭키파이를 인수하기 위해 케이맨군도에 SPC(특수목적회사)를 설립했다는 것이다. 계열사인 호남석유화학도 말레이시아 화학업체 타이탄을 인수했는데, 이 회사의 본사는 버진아일랜드에 있었다고 설명했다.

롯데 다음으로 삼성(30개), LG(21개), SK(20개), 현대그룹(8개), 동양(7개), 한화 · STX · 한진(각각 5개) 등의 순서로 조세피난처에 해외법인이 있었다. 삼성은 작년 홍콩에만 4개 법인을 추가로 세웠다. 삼성그룹 관계자는 "대중국 교역 등 글로벌기업 활동을 하려고 홍콩 등지에 국외 법인을 뒀다"고 밝혔다. LG그룹은 "파나마에서 가전을 팔고, 마셜군도에서 자원개발을 하기 위해 법인을 각각 설립했다"고 말했다.

재산 빼돌리기 우려도 제기

세무 당국에서는 공개적으로 설립된 회사보다는 몰래 숨겨둔 페이퍼 기업들 중에서 비자금 창구 역할을 하는 회사들이 있을 것으로 추정하고 있다. 관세청에 따르면, 우리나라에서 조세피난처 62개국으로 순유출된 금액이 2006년 554억 달러에서 2010년 889억 달러(약 95조원)로 급증세를 보이고 있다.

재계에서는 조세피난처에 법인을 설립했다고 무조건 탈세를 위한 것이라고 보는 것은 너무 일방적인 해석이라고 반박하고 있다. 전국경제인연합회 조동욱 연구원은 "글로벌기업이나 금융사들이 절세의 수단으로 활용하는 조세피난처를 우리 기업만 못하게 하는 것은 어처구니없는 일"이라며 "탈세 목적인지를 파악하기 위해서는 관련 기업과의 거래관계, 자금흐름, 채권 · 채무관계 등을 종합적으로 분석해야 한다"고 말했다.

자료: 조선일보, 2011. 6. 23

주요 용어

구매력평가설, 국제피셔효과, 이자율평가설, 거래적 환노출, 회계적 환노출, 경제적 환노출, 글로벌자본예산, 국제자금조달, 국제 분산투자, 이전가격, 국제이중과세

연습문제

1. 국제재무관리의 제약조건에 대하여 설명하시오.
2. 환율결정이론에 대해 설명하시오.
3. 환위험의 유형과 관리에 대하여 설명하시오.
4. 글로벌자본예산 결정과 투자결정에 대하여 설명하시오.
5. 다국적기업의 국제 분산 투자방법에 대하여 설명하시오.
6. 국제적 이중과세의 발생 원인에 대해 설명하시오
7. 이전가격결정시 고려해야 할 요인들에 대하여 설명하시오.

참고문헌

강태구 (2002),「국제경영」, 박영사.
국제경영연구회 역 (1995),「세계경영전략」, 김영사.
국제경영연구회 (2002),「국제경영」, 문영사.
권영철 (2017),「글로벌 경영전략」, 법문사.
금융/경제 인사이드, 빅맥 가격 한국 3,700원, 미국 4.07달러 – 빅맥지수로 읽는 한국경제, 2011년 9월 27일자.
김신 (2012),「국제경영학」, 박영사.
매일경제신문, 한국물 인기에 해외채권 발행 봇물, 2016년 8월 24일자.
민상기, 정창영 (2012),「글로벌재무전략」, 명경사.
박영규 (2003),「국제재무관리」, 삼영사.
박주홍 (2018),「글로벌경영」, 유원북스.
반병길 (2007),「국제경영」, 박영사.
설영기 (2001),「다국적기업과 글로벌전략」, 두남.
아시아경제, 中 기업 해외 채권 발행 통한 'G3' 통화 빚 급증, 2014년 9월 26일자.
연합인포맥스, 기업 자금조달 해외로 눈 돌려야…DR발행 필요, 2013년 10월 30일자.
이장로 (2011),「국제경영」, 무역경영사.
장세진 (2006),「글로벌경영」, 박영사.
전용욱 (2004),「국제경영」, 문영사.
조선일보, '조세 피난처 몰리는 대기업 ... 법인 167개로 늘어,' 2011년 6월 23일자.
이필상, 허미정, 조한용 (2012),「국제재무관리」, 박영사.
최생림 (2004),「국제재무관리론」, 법문사.
한국경제신문, '차입 대신 내부서 자금조달 ... 돈 안되는 투자 거의 안한다,' 2001년 5월 4일자.

Global Management

CHAPTER 15

국제인적자원관리

학습목차

제1절 국제기업의 인적자원관리
제2절 현지인력 관리전략 사례
제3절 해외주재원 선정 및 교육
제4절 해외주재원 경력관리 및 보수정책
제5절 해외주재원의 귀국관리
제6절 국제경영자의 보상관리
제7절 국제노사관계

학습목표

본 장은 국제인적자원관리 및 전략을 사례 중심으로 살펴보고 아울러 해외주재원 관리 및 국제노사관계 등에 대해 체계적으로 이해하여 국제인적자원관리가 국제경영활동 성공여부에 얼마나 중요한 변수인가를 파악하는데 있다.

도입사례 15-1

상하이차의 실패한 전략과 쌍용차의 운명

중국의 3대 자동차 회사 중 하나인 상하이자동차 그룹은 1950년대에 그룹이 시작될 때부터 중국 정부의 주도 아래 여러 기업을 인수 · 합병하며 성장해 온 기업이다. 이러한 인수 · 합병 사업의 일환으로 상하이자동차는 2001년부터 2003년 간 당기순이익을 시현한 쌍용자동차를 M&A하게 되는데, 이는 쌍용자동차 입장에서도 내수시장의 의존도를 낮추고 새로운 투자자와 새로운 시장을 모색할 호기회로 여겨졌다. 당시 시장 상황은 국내외 자동차 시장이 치열해 짐에 따라, 기아, 대우, 삼성자동차 등의 한국 자동차기업들이 국내외 기업들에 의해 인수 합병되는 추세였으며, 상하이자동차 그룹이 중국 정부의 지원을 받아 쌍용자동차를 인수함에 따라 쌍용자동차 역시 발전의 기회를 맞게 될 것이라 기대되었다.

상하이자동차는 쌍용자동차의 주주권을 대량 인수함으로써 경영권을 획득하였고, 자동차 기술과 부족한 중요부품을 확보하였다. 2005년 쌍용자동차의 대주주가 된 상하이자동차는 25억 달러를 5년 이내에 신제품과 신기술 개발 및 생산력 증대에 투자하는 등의 중장기적 전략계획을 발표하였다.

상하이자동차는 쌍용자동차의 한국 내 판매량 증대, 시설개선, 그리고 중국시장 진출을 돕고, 기존 쌍용자동차의 관리자들과 노조원들을 잔류시키기로 합의하였으나, 합병 이후 4년 간 쌍용자동차 노조는 두 기업 간 기술합작을 방해하였다. 따라서 평택 공장에서 중국시장으로 쌍용자동차의 기술을 이전하는 직원을 구금하는 등의 행위로 인하여 두 기업 사이의 기술합작은 성공적으로 행해지지 못했으며, 중국에서의 쌍용자동차 생산 역시 무산되었다.

합병 직후 쌍용자동차의 수익률은 잠시 일시적으로 증가하는 듯 보였으나, 쌍용자동차의 중국시장 내 고급 승용차로서의 이미지 구축 실패와 2008년 미국發 금융위기로 인하여 쌍용자동차는 구조조정이 필요한 지경에 이르렀다. 이러한 상황에서 상하이자동차와 쌍용자동차의 경영진들은 쌍용차 9개 부서를 4개 부서로 감축하고, 한국 내 10개 판매영업부를 5개로 줄이며, 본래 예정되어 있던 한국 내 신차출시 계획을 취소하는 개혁안을 제안했다. 그러나 쌍용자동차 노조는 개혁안에 따르면 종업원의 대량해고가 불가피하며, 신차 출시가 취소될 경우 심지어 직원들의 월급지급에도 타격이 발생할 수 있다는 이유로 개혁 내용에 대해 격렬히 반발하였다.

따라서 쌍용자동차는 개혁 내용을 집행할 수 없었고, 이에 따라 자금상황은 악화되었다.

자동차 판매량 역시 크게 감소함에 따라 쌍용자동차의 경영상황은 더욱 어려워졌으며, 급기야 월급마저 제 날짜에 지급할 수 없게 되자 복지 및 급여집행을 순전히 상하이자동차의 자금조달에 의지해야 하는 상황에 이르게 되었다. 이에 상하이자동차는 자금조달의 조건으로 2,000명 감원을 제시하였다. 금융위기에 직면한 쌍용자동차는 상하이자동차의 자금조달이 간절하였으나, 노조의 강력한 반대로 인하여 직원감축이 불가해짐에 따라 결국 상하이자동차와의 2억 달러 규모의 자금지원 협상은 결렬되었다. 결국 쌍용자동차는 2009년 2월 6일 기업회생절차를 밟게 되었고, 상하이자동차는 쌍용자동차에 대한 최대주주의 권리를 행할 수 없게 되면서 쌍용자동차에서 철수하게 되었다.

상기 사례를 언뜻 보면, 마치 모든 잘못이 노조에 의해 기인된 것으로 보일 수 있으나, 그 이면에는 아래와 같은 국제인적자원관리에 있어서의 심각한 문제들이 기저에 숨어있었다. 쌍용자동차 직원들로 하여금 상하이자동차에 대한 불신을 쌓게 한 원인들은 다음과 같다.

첫째, 인수 계약 당시 약속한 투자를 이행하지 않았다. 상하이자동차는 쌍용자동차 인수를 위한 계약을 체결하면서 5년 내 많은 금액을 신규 투자하며, 매년 새로운 프로젝트 추진과 기술개발 등 브랜드 향상을 위해 일정액을 투입하기로 약속했다. 그러나 쌍용자동차와 공동 개발한 기술에 대한 대가로 600억 원을 지급한 것 이외에 투자를 이행하지 않아 한국 경영진을 포함한 노조 조합원들에게 신뢰를 잃었다.

둘째, 인수 계약 당시 협의한 특별단체협약을 이행하지 않았다. 상하이자동차와 쌍용자동차가 인수 · 합병 계약 당시 안정적이며 평화로운 경영환경을 조성하기 위해 쌍용자동차의 성장과 발전에 기여한 직원들과 맺은 특별협약에 따르면, 회사는 현재 근무하는 모든 직원들의 고용을 보장하고, 기존의 노동조건을 저하시키지 않으며, 고용안정을 유지하기로 약속했다. 그런데 2005년 당시 임기가 남아있던 쌍용자동차 사장을 '실적이 저조하다'는 이유를 들어 교체하려고 한 점은 특별협약의 내용에 반하는 모습이었다. 또한 이후 상하이자동차 쪽 사람을 사장으로 임명하려고 하자, 이는 곧 자신들에게 유리한 방향으로 기업운영을 관철시키려는 의도가 숨겨진 행위라고 여기는 직원들이 많았다.

대표자 교체뿐만 아니라 일반 직원들과 관련해서도 상하이자동차는 특별협약의 고용안정 약속을 지키지 않았는데, 2006년 7월 10일 경영의 어려움을 이유로 986명에 대한 인원 감축을 시도하기에 이르렀다. 이와 같이 계약 당시의 약속을 이행하지 않는 모습은 근로자들로 하여금 상하이자동차에 대한 불신이 쌓이게 하였고, 고용 불안감이 증가해 인수기업에 대한 반감이 증폭되었을 것으로 예상된다. 이처럼 상하이자동차가 지속적으로 인수 · 합병 당시의 약속을 이행하지 않았기 때문에 쌍용자동차 종업원들은 상하이자동차를 신뢰하지 못했고, 직원들 사이에는 상하이자동차가 쌍용자동차의 핵심 기술만 빼내가고 결국 쌍용자동차를 재매각 할 것이라는 생각이 팽배하게 되었다. 즉, 축적된 불신으로 말미암아 인수기업을 협력 동반자가 아닌 잠재적 경쟁자로 여기게 만들었기에 쌍용자동차 노조는 국내 기술이 중국으로 유출되는 것을 두려워하고 저지하려고 하였으며, 중국 내 대규모 공장신설이 국내 공장의 인원 감축 및 생산성 감소를 야기할 것이라 예상하여 중국 내 공장 건립에도 반대하였던 것이다.

셋째, 쌍용자동차 측 경영진과 경영상의 합의를 이끌어 내지 못했다. 인수 · 합병 당시 쌍용자동차의 수출은 유럽에 치중해 있어 중국시장에 진출하는 것이 중요했다. 그러나 상하이자동차는 쌍용자동차의 중국 진출을 꺼려서 쌍용자동차 브랜드의 현지 중국시장 진출을 막았는데, 이는 중국에 쌍용자동차가 판매되면 상하이자동차의 제품 판매에 안 좋은 영향을 줄 것을 우려했기 때문이었다. 이런 점은 경영진 간의 마찰을 야기했으며, 상하이자동차의 이익을 더 중시하는 행동으로써 직원들에게 인수기업의 이기적인 행태에 대한 부정적인 감정을 증폭시켰다.

자료: 곽상신, 박명준 (2013), 쌍용자동차 사태: 원인 진단과 대안 모색. 월간 노동리뷰 97: 20~33.

질문:

1. 해외시장 진출에 있어서 국제인적자원관리의 중요성을 설명하시오.
2. 쌍용자동차 내 노조와의 바람직한 관계정립의 실패가 상하이자동차의 근본적인 인적자원관리 실패의 도화선이 되었다고 여겨진다. 그렇다면, 경영악화 상황 속에서 경쟁력 제고를 위하여 상하이자동차는 어떤 노력을 했어야 할 것으로 판단되는가?
3. 쌍용자동차는 추후 인도의 마힌드라에 재인수되었는데, 상하이자동차의 전철을 되밟지 않기 위해 마힌드라는 어떠한 전략을 사용해야 되리라 여겨지는가?

제1절 국제기업의 인적자원관리

인적자원관리란 인적자원을 대상으로 한 경영관리활동을 말한다. 기업의 목적달성을 위하여 기업 내 인적 구성원 상호간의 이해관계를 조정하고, 이들에게 동기를 부여하며, 직무에 대한 만족도를 제고시키기 위한 제반 경영활동 등이 인적자원관리에 포함된다. 즉, 인적자원관리는 기업이 필요로 하는 사람을 선발 · 채용 · 교육하고, 이들에게 정당한 보수와 승진의 기회를 제공하는 일련의 활동이다.

국제기업의 경우에 있어서도 인적자원의 효율적 관리는 매우 중요하다. 기업의 경영활동이 국제적으로 확대됨에 따라 기업이 보유하고 있는 자원 · 기술 · 경영능력들이 해외로 이전되고, 사업 활동도 본국과 다른 이질적인 환경 하에서 수행된다. 그런데 특정국의 사회 · 경제 · 문화적 환경 하에서 성장하고 생활해 온 사람이 자국 이외의 국가 또는 수개 국에 걸친 상이한 환경에서 경영활동을 전개하거나, 노무환경이 이질적인 기업에 고용되어 근무하기란 쉬운 일이 아니다. 따라서 범세계적 관점에서 적재적소에 적임자를 배치하는 국제인적자원관리의 문제는 국제기업이 해결해야할 국제경영관리의 선결과제라 할 수 있다.

1. 국제기업의 인적자원관리 범위

국제경영인을 양성하기 위한 국제화 교육의 기본방향으로 전 사원을 국제화 특성별로 3원화하여 국내근무 국제 업무를 담당하는 국제인력의 정예화, 국내근무 비국제 업무를 담당하는 저변인력의 국제화, 현지채용 인력의 전력화 등 계층별로 차별화된 양성방안이 필요하다.

첫째, 우선 조직전체의 국제화 실행력을 제고시키고 국제화를 선두에서 이끌고 나갈 국제인력의 정예화이다. 이를 위해서는 국제화추진에 따라 수요가 급증하고 있는 현지법인의 장, 현지생산요원, 마케팅 인력 등 시급한 국제인력을 조기 양성해야 한다. 이와 동시에 신국제인으로서 갖추어야 할 능력 및 자질을 사원에서 임원까지 승진과정에서 각 계층별로 적합한 교육을 지속적이고 일관성 있게 실시할 수 있는 국제인력 평생교육체계를 구축해야 한다. 그리고 글로벌 요원제도의 도입을 통하여 국제화능력과 본인의 희망에 의거하여 요원을 선발하고 집중교육을 실시함으로써 국제전문인력을 양성할 필요가 있다. 또한 후발 개도국의 경제발전과 정부정책 수립 등에 적극 참여할 수 있는 해외지원단 요원의 확보를 통하여 기업이미지 제고는 물론 현지국의 발전과 더불어 기업의 발전을 도모할 수 있어야 할 것이다.

둘째, 국내에서의 국제화를 이끌어 나갈 저변인력의 국제화이다. 이를 위해서 기존 교육과정에 국제화 의식 및 소양교육을 강화하여 국제 환경변화가 어떠한 위험과 기회를 가져다주는지 인지함은 물론, 세계 속의 나를 인식케 하고, 또한 벤치마킹교육을 통하여 세계 일류수준을 파악케 하여 각 개인의 직능 경쟁력을 강화시킴으로써 각 직종별 업무의 선진화를 추구하며, 비디오, 도서관, CCTV, 인터넷 등과 같은 첨단매체를 적극 활용하여 교육효과의 제고에 노력해야 한다. 아울러 집합교육보다는 전 사원들로 하여금 자기개발의 필요성을 인식토록 하여 자율교육을 강화하고 적극적인 지원을 해야 한다.

셋째, 현지채용 인력의 전력화이다. 이를 위해 우선 현지채용인들의 소속감 부재에서 오는 소외감을 방지하고 전사적 시너지를 창출하기 위해 본사와 공동의 가치관 및 경영이념을 공유할 수 있는 한가족화 교육을 강화해야 한다. 그리고 현지경영에 있어 우수한 간부의 자질이 현지채용 인력전반의 자질에 커다란 영향을 미치므로 현지채용간부교육에 중점을 두어야 하며, 현지교육의 한계를 극복하기 위하여 현지사정에 보다 익숙한 현지 교육기관을 활용하고, 특히 현지기업 등에 있는 전문가들을 중심으로 현지조언그룹을 적극 활용해야 할 것이다.

사례 15-2

까르푸 결국 철수... 세계 1등 업체 왜 한국에선 힘을 못 썼을까?

까르푸(Carrefour)는 1963년 설립된 프랑스의 유통회사로, 주요 사업은 식품, 잡화, 소비재 판매, 대형마켓 운영, 슈퍼마켓 운영, 전문 냉동식품 매장 운영 등이 있다. 프랑스 파리에 본사가 있고 30여개 국가에 9,200여개의 매장과 383,000명의 직원을 보유한 다국적기업이다. 1963년 까르푸 설립당시 매장이 우연히 파리외곽의 다섯 개 도로가 교차하는 지점에 위치하여 교차로(까르푸)라는 의미를 가진 사명(社命)을 지었다.

1. 까르푸의 한국진출

까르푸는 1995년 중국 베이징에 첫 매장을 낸 이듬해인 1996년 한국에도 첫 번째 매장을 개점하였다. 하지만 공식적인 까르푸의 한국진출은 1993년으로 거슬러 올라간다. 까르푸는 국내에 현지법인을 설립하고 한국 정부로부터 6,000만 달러의 투자인가를 받았다. 그리고 1996년 7월 경기도 부천시 중동에 첫 매장을 개점하게 된 것이다. 그리고는 같은 해 2개의 매장을 추가로 개점하였으며, 이후 1998년에는 3개의 매장을 더 오픈했다. 그리고 1999년 서울에 첫 매장을 연 뒤, 이듬해 부산에도 매장오픈을 시작하였다. 이렇듯 진출 이후 한국의 시장 잠재력을 높이 평가한 까르푸 본사는 공격적인 투자를 감행하였고, 한국 정부로부터 최고 외국인 투자 유공자 '국무총리 상'을 수상하기도 하였다. 까르푸는 진출 초기 4년간 이마트에 이어 국내 2위의 점유율을 기록하였으며, 전국에 32개 매장을 운영하였고, 종업원의 수가 7,000여 명에 이를 정도였다.

2. 까르푸의 한국시장 실패 및 철수

한국시장에 성공적으로 연착륙한 듯 보였던 까르푸는 국내에서 더 큰 성공을 시현할 수 있을 것이라고 생각했으나, 2002년부터 추락의 길을 걷기 시작하였다. 2005년 기준, 아래 표를 보면, 매출액이 약 1.7조원, 국내 시장점유율은 9%로 업계 4위로 떨어졌음을 알 수 있다.

까르푸는 초기 4년간의 성공적 운영에도 불구하고 후발 주자였던 홈플러스와 롯데마트의 추격으로 인해 결국 많은 시장점유율을 빼앗겼다. 2004년 말 매출 증가율은 3%에 그쳤고, 수익은 15%나 하락했다. 그 사이, 회사는 경영악화로 본사의 최고경영자도 바뀜에 따라 13년 동안 경영을 책임졌던 다니엘 베르나르(Daniel Bernard)가 퇴임하는 변화가 있었다. 그의 뒤를 이은 조제 뤼이 뒤랑(Jose Luıs Duran)은 경영을 맡은 후 다양한 정책을 통해 시장 점유율을 끌어올리려는 노력과 함께 다른 나라에 진출한 매장이 상위 2위 안에 들

2005년 말 국내 대형 마트 현황

	까르푸	이마트	홈플러스	롯데마트	월마트
매출(억 원)	16,679	66,127	35,684	29,030	7,287
점유율(%)	9	34	19	14	4
영업이익(억 원)	246	5,308	1,125	901	-104
매장수(개)	32	86	43	45	16
점포당 매출(억 원)	644	1,025	1,095	767	500

지 못하면 철수한다는 원칙을 세웠다. 한국 까르푸는 2005년까지도 계속해서 투자를 멈추지 않고 새로운 매장도 개점하는 등의 노력을 펼쳤지만 이러한 노력에도 불구하고 국내 대형마트 시장에서 4위의 점유율을 벗어나지 못했다. 그 결과, 2006년 4월 이랜드에게 모든 지분을 매각하고 한국에서 철수하였다.

까르푸 연도별 매출액, 영업이익, 순이익

연도	매출(억 원)	영업이익(억 원)	순익(억 원)	점포수(개)
2006년	4월 이랜드에 매각			
2005년	16,679	246	69	31
2004년	16,043	253	160	27
2003년	14,603	394	42	27
2002년	13,746	554	69	24
2001년	11,490	194	255	21

3. 까르푸의 실패 요인

세계적인 유통업체 까르푸가 한국에서 실패한 가장 큰 원인은 흔히 한국 문화에 대한 이해가 부족했고 본국의 방식을 그대로 고수한 현지화 전략의 미흡으로 알려져 있다. 물론 이는 맞는 말이다. 까르푸와 비슷한 시기에 한국에 진출해 역시 비슷한 시기에 시장에서 실패를 거두고 철수를 하게 된 미국의 초대형 유통업체 월마트의 사례와 마찬가지로, 까르푸의 실패에는 한국 소비자에 대한 이해부족과 지역 특성을 고려하지 못한 본사의 전략이 있었다. 그러나 이는 단순히 국가 간 문화적 차이를 경시한 경영 활동의 결과물로 보기엔 더욱 복잡한 속사정이 있다.

까르푸의 현지화 전략 실패의 가장 큰 요인은 한국 내 인적자원을 제대로 관리하지 못한 탓에서 시작한다. 까르푸는 한국 진출 초기 프랑스 현지인들을 파견하여 한국 까르푸의 요직을 모두 맡게 했다. 임원들은 물론이고 새로 지은 매장의 점장을 모두 프랑스 인으로 임명했다. 물론 당시 한국의 대형마트 시장이 크지 않은 상황이었고, 따라서 이러한 판매 방식에 밝은 한국인이 그리 많지 않았기에 까르푸 본사의 선택을 이해할 수 없는 것은 아니었다. 하지만 프랑스 경영진이 한국 사정에 밝지 않은 것 또한 부인할 수 없는 사실이었다. 그렇기 때문에 이들이 펼치는 경영전략이 한국 소비자들에게 통하지 않을 수밖에 없었다. 예를 들어, 판매하는 상품의 배치를 서구인들의 방식인 2m가 넘는 높이로 쌓아올리는 서구형 배치방식을 도입하였는데, 이는 1.4~1.8m 정도의 눈높이 배치를 선호하는 한국인들의 방식과는 맞지 않았고, 이 오류는 월마트 역시 마찬가지였다.

> "까르푸는 유럽식 기준을 그대로 적용해 '할인점은 농산물보다 값싼 공산품이 더 중요하다'고 생각했다. 또 한국 소비자들이 할인점에 가더라도 백화점 수준의 서비스를 기대하는데, 까르푸는 '소비자들이 할인점에 와서 값싸게 사면 됐지 왜 백화점 서비스를 원하는지 이해할 수 없다'는 태도를 보였다."(이마트 관계자의 인터뷰, 한겨레 2006년 4월 12일자)

이러한 동종업계 관계자의 인터뷰는 까르푸가 한국인의 소비성향에 대한 파악을 원활하게 하지 못했다는 것을 여실히 보여준다. 까르푸는 이외에도 신용카드 결제시스템을 미루다가 소비자의 비난을 듣기도 했으며, 협력업체와의 관계에 있어서도 프랑스의 방식을 고수하며 광고비용을 협력업체에게 떠넘기기도 했다. 기업이 확고한 경영철학을 가지고 있는 것은 물론 좋은 모습이고 이를 통해 다른 국가에서 성공을 거두었다면 까르푸 입장에서 한국에서도 동일한 전략을 펼치는 것이 잘못된 것은 아니었다. 하지만 돌아오는 반응이 좋지 못했다면 이를 곧바로 수정하는 모습이 필요했다고 본다. 현지에 파견된 인력의 목소리를 듣거나 혹은 이들을 교육시키는, 즉 국제인적자원관리의 중요성을 인식하고 한국 정서에 맞는 새로운 전략을 펼쳤다면 까르푸가 시장에서 실패했을 가능성은 상대적으로 줄었을 것이다. 하지만 까르푸는 한국의 관행을 본인들의 기준으로 판단하여 결코 이해하려는 노력을 하지 않았다고 추측할 수 있으며, 이런 계기로 국내에서의 기업 이미지가 악화되었던 것이다. 문제가 생각보다 커지자 까르푸 본사에서는 결국 뒤늦게 경영진을 한국인 위주로 교체 임명하고 수습하려 노력했지만 이미 물은 엎질러진 이후였으며, 이후에도 본사의 경영방식을 고수하여 실패를 답습하는 것은 마찬가지였다. 한편, 까르푸 인적자원관리의 또 다른 큰 실수는 노 · 사 문제를 등한시 한 것이었다.

> "수백가지에 달하는 식품 종류, 학술용어 등등을 달달 외워야 했습니다. 회의도 영어로 하는데, 프랑스식 영어발음을 알아듣기도 힘들고... 한국직원 대부분은 그저 '예스', '예스'만 반복하고 앉아 있었죠." (한국 까르푸 노조 김경욱 위원장, 매일노동뉴스 2006년 6월 12일자)

위의 인터뷰에서 볼 수 있듯이, 프랑스에서 온 관리자들은 한국 종업원들을 이해하려는 노력을 전혀 하지 않았다. 이는 한국 소비자의 취향을 이해하는 부분과는 또 다른 측면으로, 기업에서 일하는 현지인들을 잘 관리하여 그들의 일할 동기를 적절히 부여해 주는 것이 해외진출 기업의 인사관리에 있어 중요한 부분을 차지한다는 사실을 망각하고 있었다. 이로 인해 현장에서는 사소한 갈등이 계속 해서 쌓였으며, 동시에 낮은 임금수준, 노조에 대한 경영진의 부정적인 인식은 노 · 사 분규를 낳았다. 까르푸는 한국진출 초기 안정된 이윤을 시현하면서도 정규직을 줄이고 비정규직을 대폭 늘렸고, 부당해고와 노조탄압, 관리직은 종업원에 대한 폭언을 일삼았다. 따라서 공정거래법, 노동법 위반 등으로 고발을 당하기도 했으며 노 · 사 관계는 최악을 향해 치달았다. 여기에 납품업체와의 갈등이 심해지고 심지어 여성 종업원에 대한 성희롱 문제까지 불거지면서 까르푸 내부의 인사관리 문제는 바람 잘 날이 없을 정도였다. 안에서 새는 바가지가 밖에서 샌다는 말처럼 노 · 사 관계의 악화는 기업 이미지에도 악영향을 미쳤을 뿐만 아니라 해외기업이 한국인을 함부로 대하는 모습이 언론에 비쳐지면서 까르푸는 결국 국내 시장에서 성장할 수 있는 기회를 잃고 철수하게 되었던 것이다.

이처럼 세계적인 유통업체 까르푸의 한국시장에서의 실패는 기업경영에 있어서 인적자원을 관리하는 것이 얼마나 중요한지 말해주는 단적인 사례라고 볼 수 있다. 변화를 두려워하지 않는 경영진의 태도와 진출국의 인적자원에 대한 적절한 보상, 관리는 해외진출에 있어서 성공의 필수적인 요소라고 할 수 있다.

질문:

1. 국제인적자원관리의 측면에서 까르푸의 한국시장에서의 실패원인을 분석하시오.
2. 그렇다면 상기에 제시한 요인들이 까르푸의 실패에 어떻게 기여했다고 생각하는가?

2. 일본기업의 국제인적자원관리

우리나라 기업들도 현지인에 의한 현지화에 박차를 가하고 있다. 삼성그룹이 앞으로 해외 현지기업을 현지인 중심으로 운영하겠다고 발표하면서 외국인 고용에 관한 관심도 높아졌다. 해외진출 기업의 현지인 고용은 새로운 이야기가 아니다. 삼성그룹의 발표는 사장을 비롯한 해외법인의 중역을 현지인으로 하겠다는 내용이었고, 우리기업의 세계화를 완성하고, 또 그에 따른 경쟁력 제고를 위해서는 현지인에 의한 현지기업의 운영이란 반드시 이루어야 할 명제로 인식되고 있는 듯하다. 그러나 이러한 국제인사제도를 구체적으로 어떻게 입안하고 집행할 것인가는 결코 쉬운 일이 아니다. 현지인에게 현지법인을 책임 맡겼다고 해서 곧바로 세계화가 이루어지는 것이 아니기 때문이다.

미국에 진출한 일본기업을 살펴보면 타산지석이 될 수 있을 것 같다. 80년대 중반부터 미국시장에 본격 진출한 일본기업은 이미 89년에 50여 만 명의 미국인을 고용하고 있었다. 고용창출이라는 입장에서 볼 때 일본기업은 미국에서 외국기업으로서는 가장 많은 고용기회를 미국인들에게 제공하고 있는 것이다.

지난 10여 년간 이미 이와 같은 대규모 고용경험을 가진 일본기업의 국제인사제도에 관해 수많은 사람들이 연구 분석하고 그 결과를 발표하였다. 그 가운데서 특히 다음과 같은 내용은 우리기업에도 흥미 있을 것으로 보인다.

우선 최고 경영자의 경영스타일이 일본인의 경우 대부분이 전제군주식이고 미국인의 경우는 전문인 스타일이라는 것이다. 아이로니컬한 것은 전제적인 일본인 사장이 오히려 만인의 동의를 얻어 업무를 집행하려 하기 때문에 의사결정에 시간이 걸리고 형식적인 동의를 위해 수많은 사람들이 품의서에 도장을 찍어야 한다는 것이다.

미국 현지법인이 당면하는 가장 심각한 문제가 바로 이러한 일본식 최고경영자라는 것이다. 미국인을 최고경영자로 고용하는 경우도 있으나 일본기업의 75%는 본사의 일본인을 현지사장으로 내보내고 있는 것으로 나타났다. 이는 48%의 유럽계 회사와 31%의 미국계 회사가 해외 현지사장을 본사에서 파견하는 것에 비해 크게 대조적이다. 특히 중간 경영층의 경우, 유럽계 회사는 82%, 미국계 다국적기업은 88%를 현지인을 고용하는데 반해, 일본계 기업은 48%만을 현지고용하고 나머지는 본사에서 파견한다.

유럽과 미국의 다국적기업에 비해 일본기업이 훨씬 자국인 중심적이라는 이야기이다. 미국인이 최고책임을 맡거나 중간책임을 맡고 있는 경우에는 일본인 과 · 부장들이 본사와 늘 비공식적인 의사소통을 가짐으로써 현지인을 소외시키는 경우가 허다한 것으로 나타났다. 이를 「새도 매니저(shadow manager)」라고 표현하는데, 정작 내각이 아닌 실력자들이 구성한 「새도 캐비닛」이 내각보다 더 많은 실권을 행사하는 상황과 비슷하다고 해서 나온 표현이다. 이 경우 현지법인의 모든 실제적 의사결정은 새도 매니저들이 본사와 협의를 거쳐 결정짓게 되는 것이다. 마쓰시타전기가 MCA영화사를 인수하여 현지인에게 경영을 맡겼으나 사사건건 본사에서 관여함으로써 의사결정이 불가능했고, 결국은 회사의 운영이 심하게 어려워져 마쓰시타는 영화사를 포기하고 말았다.

반대로 칼럼비아 영화사를 인수한 소니는 현지인에게 완전히 자유방임 식으로 맡겨놓아 미국 경영인들이 인건비와 제작비 등 각종 경비를 지나치게 방만하게 집행해 회사의 경영이 몹시 어려워졌고, 결국 소니도 이 영화사를 포기하게 됐다. 일본식 평생직장 개념이 미국에서도 크게 화제가 됐었는데, 제조업체에서는 이러한 일본식 제도가 곧바로 수용되고 경쟁력 제고에도 크게 도움이 되는 것으로 나타났다. 그 한 예로, 미국에서 일본식 제도를 활용하는 일본기업은 자기 나라식의 인사제도를 그대로 도입해 장기적인 안목으로 OJT(on-the-job training)를 시킴으로써 종업원들에게 회사에 대한 충성심을 불어넣을 수 있었다. 반대로 서비스업체의 일본계회사는 일본식 인사제도로 큰 낭패를 보았다.

은행이나 증권사, 무역상사 등 서비스업체는 우선 미국 현지 서비스업계에 대한 전문적인 지식이 없으므로 현지인에게 크게 의존할 수밖에 없는데, 이들 현지인이 생산직 근로자와는 달리 대부분 전문인들이거나 전문지식을 갖춘 근로자들이어서 일본회사에 대한 충성심이 좀처럼 길러지지 않고, 또 쉽게 직장을 옮기는 경향이 있기 때문에 일본기업은 크게 어려움을 겪었다. 특히 이러한 전문인을 상대로 일본식 인사제도를 사용할 수 없어 이들을 어떻게 다루어야 할 줄을 모르기 때문에 본사는 현지인사에 무관심 할 수밖에 없었고, 따라서 인사관리의 어려움은 더욱 가중되었다.

국제인사제도와 관련해 일본계 기업과 미국계 기업의 또 다른 특징은 문제분야가 서로 다르다는 것이다. 해외근무와 관련해 가장 어려운 문제로 미국기업은 해외근무 후 본사복귀가 어렵다는 점을 지적했는데, 그에 반해 일본기업은 해외근무자질이 있는 본사직원이 부족함을 가장 큰 어려움으로 보고 있었으며, 본사복귀는 전혀 어려운 문제가 아닌 것으로 보고되었다.

즉, 현지인을 대폭 기용하는 미국기업에게 있어서 자질 있는 본사직원의 부족은 큰 문제가 아니며, 반면 그와 달리 매사를 본국중심으로 풀어나가는 일본기업에게 있어서 해외근무 후 본사복귀는 별 문제가 아닌 것이다. 현지인 채용과 관련해서 미국기업은 능력 있는 현지인을 채용하기 어렵다는 것과 본사직원과 현지직원간의 마찰을 어려움으로 지적했는데, 일본기업은 능력 있는 현지인을 채용하기 어렵고, 채용해도 대부분 오래지 않아 회사를 떠나버리는 것이 가장 어려운 문제라고 말하고 있다. 일본기업이 미국에서 경험한 것은 우리나라 기업들도 고스란히 경험하게 될 것으로 보인다. 기업의 현지화는 현지인의 고용으로부터 시작된다고 말할 수 있겠는데, 현지인 고용을 둘러싼 국제인사제도에 관해서 일본기업의 경험을 타산지석으로 삼아야 할 것이다. 본 · 지사를 막론하고 세계화에 걸맞은 인사제도를 갖추어야만 세계적인 경쟁력을 갖게 될 것이다.

토의자료 15-1

글로벌인재 양성과 채용을 통한 삼성전자와 LG전자의 국제인적자원관리

1. 삼성전자의 인재양성

1969년에 설립된 삼성전자는 국내 넘버원 기업을 넘어 세계적인 기업으로 성장하고 있다. 이러한 발전에는 삼성전자가 추구한 글로벌화 전략의 성공요인들이 주요한 역할을 했다고 판단된다. 초창기에는 국내에서 생산된 제품을 수출하기 위해 해외 현지판매법인을 설립하는데 중점을 두었었고, 신경영을 시작한 후부터는 해외직접투자의 증가와 해외 생산법인의 확장을 도모하여 외형을 확장시켰다. 그 후, 해외사업의 구조조정과 내실화를 추구하면서 현재까지 적극적인 해외시장 다변화와 글로벌 사업 다각화를 통해 삼성은 국제적인 경영성과를 이룩하고 있다. 이러한 글로벌화를 통해 삼성전자는 싸구려 물건을 만드는 카피캣 기업이라는 이미지를 벗어던지고 현재는 다른 기업들을 이끄는 이노베이터 기업으로 인식되고 있다. 정리하자면, 삼성전자가 세계최고의 혁신기업으로 인정받고 탁월한 경영성과를 가능하게 한 가장 중요한 요인 중의 하나가 바로 성공적인 글로벌화이고, 그 글로벌화 중에서도 국제인적자원의 관리에 대한 아낌없는 투자가 빛을 발하며 큰 성과를 이룰 수 있었다고 여겨진다.

삼성전자의 글로벌 조직과 인력운영은 본국지향형이라고 볼 수 있다. 본국지향 접근법은 글로벌 조직운영에 있어서 핵심기능과 권한을 본사에 집중시키고 본사의 전략을 해외 현지에 신속하게 지시하고 실행하는 전략을 말한다. 삼성전자는 이러한 글로벌 조직운영을 가능하게 하기 위하여 글로벌 인적자원의 운영에 있어서도 본국지향형의 접근법을 지향하고 있다. 즉, 본사에서 파견된 한국인 주재원들이 중심이 되어 본사의 전략과 지시를 해외 현지관리자들에게 이해시키고, 그들이 직접 현지인들을 지휘, 통솔함으로써 글로벌경영을 주도하고 있다. 하지만 이러한 본국지향적 인력관리를 가능하게 할 수 있었던 것은 그동안 본국 인력에 대한 삼성의 투자가 없었다면 불가능 하였을 것이다. 다시 말해서, 이렇듯 본사에서 파견된 주재원들을 중심으로 인력운영을 할 수 있었던 배경은 국내 인력들에 대한 인재교육 · 훈련 등의 사전적 투자가 없었다면 어려웠을 것이다.

삼성전자는 세계가 하나 되고 있는 무한 경쟁시대에서 살아남아 글로벌 경영성과를 이룩하기 위해서는 국제인력의 확보와 양성이 필수적이라는 것을 인식하고 있었다. 그래서 삼성전자는 남들보다 한발 앞서서 글로벌 인재의 양성에 많은 투자를 해왔었다. 앞에서도 언급하였듯이 삼성전자는 국내 인력들에 대한 인재교육 · 훈련에 많은 투자를 하였고 지금도 집중적으로 이를 실시하고 있다.

1) 본사인력의 글로벌화(지역전문가제도)

그 예로, 삼성전자가 1990년에 시작한 지역전문가제도를 들 수 있다. 지역전문가제도는 삼성의 글로벌화를 위한 국제인적관리를 위한 발판으로 삼은 전략이다. 3년차 이상의 사원 및 대리급 인력을 1년간 해외로 보내 언어와 문화를 배우게 하는 프로그램으로 현재까지 이 제도를 거쳐 양성된 지역전문가들이 해외주재원으로서의 역할을 수행하고 있다. 이렇게 파견된 주재원들은 현지시장을 개척하고 해외법인의 설립과 안정화에 큰 역할을 하였고, 현지의 인맥 구축등 철저한 현지화 노력에 밑바탕이 되었다. 1990년도에 시작한 이 제도는 삼성이 국제화와 현지 인력의 효과적 관리에 대한 중요성을 미리 인식한 선견지명의 결과이며, 이를 통해 배출된 인력들이 나아가 국제인력의 확보와 관리에서 중요한 역할을 하여 총 매출의 80% 이상을 해외에서 시현하는 성과를 이룩하였다.

2) 코스모폴리탄제도

앞에서 언급한 지역전문가 제도의 단점들을 보완하여 실행된 코스모폴리탄 제도는 준비된 주재원을 만들기 위한 목적으로 대리에서 과장 초반의 직원들을 대상으로 실시되는 인력관리 프로그램이다. 4개월간 국제경제연구소에서 교육을 받으며 다음 2개월간은 현지에서, 또 다음 6개월은 지역전문가 과정을 밟는 과정이다. 본사의 직원들을 글로벌화 하기 위한 목적으로 시행된 코스모폴리탄 제도와 지역전문가제도는 글로벌 경영성과를 이룩하는데 초석이 되었지만 그 한계점 역시 드러내었다. 그리하여 삼성은 다음에 소개할 현지인력 양성프로그램을 실시 운영하면서 인사관리의 역량을 높였다.

3) 현지인력 양성 프로그램

위에서 설명한 본사인력의 국제적 경영능력 향상을 위한 프로그램과 더불어 삼성전자에서는 현지법인의 우수한 현지 관리자들에 대한 양성 프로그램을 실시하였다. 현지인 우수인력을 한국에 파견하여 한국어와 한국문화를 배우는 역 지역전문가제도를 운영하였다. 또한 한국인 주재원들이 수행하고 있는 현지법인장을 대체할 수 있는 현지 전문 인력을 경영리더로 키우기 위한 글로벌 리더십 프로그램을 시행하였다. 예를 들어, 세계 각국의 우수한 MBA 출신 외국인들을 미래의 국제인력으로 인식하여 그들을 뽑아 수년간 한국에 근무시키면서 글로벌화에 대한 업무와 컨설팅 등을 수행하게 함으로써 미래 글로벌경영에 필요한 인재로 양성하였다.

4) 법인장과 중간관리자급의 현지화

삼성전자의 글로벌경영은 1993년 신경영 선언 이전까지는 본사 인력의 해외출장과 주재원을 중심으로 이루어졌다. 하지만 신경영 이후에는 삼성의 해외인력 운영관리에는 본국지향 접근방식의 주재원 중심에서 벗어나고자 하였다. 그래서 해외법인장들을 현지인으로 임명하는 등 현지화 전략을 추구하였지만, 본사의 글로벌 경영관리 능력이 충분히 배양되지 않은 상태에서 시행함으로써 본사와 현지법인 간 갈등이 발생하고 경영성과가 하락하는 부작용도 발생하였다. 그리하여 여전히 현지법인의 장과 중간관리자급은 주재원의 비율이 높지만 삼성은 계속해서 현지인들을 현지법인의 장과 중간관리자로 대체하려는 노력을 진행하고 있다. 한국 주재원 중심의 해외법인

운영은 본사의 사업전략을 신속하게 시행할 수 있고, 본사 중심의 경영통제가 원활하다는 장점이 있지만, 우수한 현지 인력들이 삼성에서의 성장 한계를 느껴 이직률이 높아지고, 이에 따라 해외 현지법인이 속한 국가의 문화 및 사회적 특성에 부합하는 경영을 어렵게 할 수 있다. 그리고 현지 시장과 소비자에 대한 대응력이 떨어지며, 한국에서 교육하는 주재원들의 교육비나 파견비 등 주재비용의 부담이 늘어나기 때문에 삼성은 점차 현지 인력화에 박차를 가하고 있다.

2. LG전자의 인재양성

삼성과 더불어 LG전자 역시 한국을 넘어 세계 일류 기업들과 어깨를 나란히 하는 글로벌기업으로 성장했다. 국가 간 진입장벽의 완화, 시장개방 가속화 등으로 해외진출에 대한 매력도가 증가했고, 더불어 내수시장이 포화상태에 이르자 두 기업들은 글로벌시장 공략의 필요성을 절감하게 된다. 하지만 국제인적자원관리에 있어서 LG전자는 삼성전자와는 사뭇 다른 어프로치(approach)를 사용하였다. 우선 LG전자는 한국 국적의 임직원이 전체 86,697명의 42%인 36,378명밖에 지나지 않는다. 절반을 넘는 58%의 임직원 중 대부분이 현지에서 채용한 인력들이라고 할 수 있다. 따라서 LG전자는 현지 채용인력들을 관리할 프로그램을 찾기 위해 노력했는데, 그 과정에서 다국적기업으로서 비교적 후발주자에 속하는 자사의 위치에서 그 해답을 찾았다. LG전자보다 앞서 글로벌화의 필요성을 느끼고 해외진출을 시도해 성공한 기업들의 노하우를 벤치마킹하기로 한 것이었다.

1) 멘토링 제도의 사용

LG전자가 현지 채용인 관리의 롤 모델로 삼은 기업은 인텔(Intel)과 맥도널드(McDonald)였다. 많은 자원을 투자하여 채용한 해외 우수 인재들이 자국의 문화와는 이질적인 기업 문화에 적응하지 못하고 이직을 결심해버린다면 이는 심각한 자원낭비가 될 것이며, 따라서 이들의 적응을 돕고자 기업차원의 관리가 필요함을 깨닫고 상기 기업들에서 시행했던 멘토링 제도에 주목하였다.

인텔은 자사에 입사한 후 적응에 어려움을 겪는 해외 현지인들을 위해서 'Multi-cultural Integration'이라는 프로그램을 운영하고 있다. 우리말로 표현하면 '다문화의 통합'이라고 해석할 있는 이 제도는, 해외 현지인들을 대상으로 커뮤니케이션 훈련과 경력개발을 중점적으로 지도하며, 특히 그들의 선배 격으로 볼 수 있는 기존 해외채용 임직원들 중 적응에 성공하고 관리자의 위치까지 올라간 전임자들로부터 경험과 지식을 전수받을 수 있도록 하였다.

맥도날드는 인텔과 유사하지만 다른 방식, 즉 'International Personnel Director'라는 내부 컨설턴트를 두어 해외 현지인들에게 멘토 역할을 부여하는 멘토링 제도를 운영하고 있다. 이 내부 컨설턴트들은 12년에서 최대 23년까지 해외근무 경험을 했던 인재들로 장기간 축적된 그들의 경험을 토대로 적응에 힘들어하는 현지 인력들에게 유용한 조언을 해주고 있다.

LG전자는 이들 두 기업의 멘토링 제도가 효과적이었음을 확인하고 이를 자사 제도에 접목하였다. 우선 LG전자는 멘토링 제도가 단순한 멘토-멘티 관계를 지정하는 데서 그칠 것을 우려해 해외 인재들 중 자사가 꼽은 60명의 핵심인재를 한국에서 순환 근무할 수 있도록 초청하여 3개월에서 1년 간 본사의 관련 부서에 배치하였다. 이들에게 본사의 핵심인재들을 멘토로 지정하여 인텔과 맥도날드보다 오히려 더 가깝고 긴밀한 네트워크 관계가 형성될 수 있도록 관리하였다. 물론 한국으로 초청받지 못한 인재들에게도 멘토는 지정되었으며, 초청받은 인재들에게는 멘토링 이외에도 회사 및 한국의 이해, 공장 방문, 난타 공연 관람 등 애사심을 증진시킬 수 있는 다양한 활동들이 제공되었다.

자료: 삼성경제연구소 및 LG주간경제 2004. 7. 28일자.

제2절 현지인력 관리전략 사례

1. 영국

영국은 조직과 시스템이 일하는 사회다. 따라서 조직을 담당하는 고위간부를 제외하고는 한 개인이 회사를 떠난다고 해서 업무가 마비되는 일은 일어나지 않는다. 새로운 인력으로 대체하면 기회손실이 거의 없이 업무가 연결되는 체제다. 영국 회사조직의 특성을 알아보면 조직 내 정보공유가 제대로 되지 않는 경우가 많고, 조직 내 섹셔넬리즘이 강하며, 수직형 지휘명령권이 존중된다는 점을 꼽을 수 있다. 따라서 효과적인 조직운영을 위해선 부문책임자에게 광범위한 권한을 위임하는 유럽형 방식을 취하는 것이 효과적이다. 유럽은 계약사회의 문화권이다. 계약규정에 따라 일이 진행되며 이를 위반하는 경우에는 경고나 징벌이 부과된다. 일을 부탁할 때는 상대가 그 일에 얼마나 정통한지를 잘 생각한 뒤 필요에 따라 배경을 설명하고 언제까지 완성해야 하는가를 구체적으로 지시할 필요가 있다.

영국은 직무범위가 명확하게 구분돼 있어 직위별로 입수 가능한 정보가 구별돼 있다. 따라서 한국처럼 광범위한 정보공유가 이루어지지 않기에 일방적인 지시는 금물이다. 현지인들은 억지로 한다는 의식을 가지면 일의 의욕을 상실해 업무효율이 급속도로 떨어진다. 안건의 내용을 구체적으로 협의하고 중요한 포인트는 분명하게 지시한다. 영국인들은 아무 말 없으면 인정하는 것이라고 생각하는 경향이 짙다. 업무상 문제가 있으면 귀찮다고 생각지 말고 그때그때 주의를 주는 것을 잊어서는 안 된다. 단, 자존심을 건드리는 발언이나 질책을 위한 질책은 좋지 않다. 영국에서는 특히 회사차가 널리 보급돼 있다. 일반적으로 매니저급이상에게 제공되며 기업은 이에 수반되는 보험, 기름값, 관리유지비도 부담한다. 따라서 회사차의 교환 시기, 직위와 차종관계, 보험금 등 차량운용 방법을 미리 명문화하는 것이 좋다.

결론적으로 본사의 일하는 방식이 이 나라에서도 통할 것이라는 생각은 하지 않는 것이 바람직하다. 특히 역사가 오래된 기업일수록 현지인만으로 일을 진행시킨다는 의식이 강하다. 성급하게 한국적 방식을 강요하는 것은 트러블의 원인이 된다. 현지인의 신뢰를 얻은 다음 직장과 조직의 개혁을 모색하는 것이 현명한 방법이다.

2. 멕시코

멕시코인들은 업무처리를 할 경우 철저히 상의하달방식을 따른다. 때문에 권한과 정보는 상사에게 집중돼 있다. 부하직원들은 이를 윗사람들의 고유영역이라고 생각한다. 따라서 결재자가 출장을 가거나 자리를 비울 경우 작은 일이라도 결재를 미루는 것이 멕시코 인들의 습성이다.

또 이들은 자신에게 피해가 될지 모르는 판단을 내리지 않는다. 자신이 책임져야할 문제에 대해선 적극적이지만 그렇지 않은 경우에는 솔직하게 의논하지 않는다. 멕시코인들과 회의를 할 때는 이런 점을 고려해 의견을 도출해내려는 노력이 필요하다. 업무지시는 명확하게 해야 한다. 한국처럼 '한번 해봐' 식은 곤란하다. 무엇을 위한 것이며 어떤 단계를 거쳐야하는지 상세히 알려줘야 한다. 금전적인 문제는 관련 부서끼리 크로스 체크하는 시스템을 만드는 것이 필요하다. 또한 주재원과 현지인 사원과의 개인적 금전관계는 가급적 삼가야 한다. 멕시코인들은 전문가로 대우받는 것을 선호한다. 업무를 전환배치 할 경우 부정적 반응을 보이기 십상이다. 이때는 급여나 지위를 올려주거나 전환배치가 자신에게 불이익이 되지 않는다는 점을 주지시켜야 한다. 현지인과의 융화방식은 문화적 차이를 이해하고 그들의 전통과 생활습관을 존중하는 데서 시작된다. 큰소리로 이야기하는 것은 금물이다. 화가 나있는 것으로 오해하기 때문이다.

현지 바이어나 부하직원과 함께 식사를 하러 갈 때는 3시간 정도 이야기할 수 있는 화젯거리를 준비해야 한다. 대화의 주제는 정치, 경제, 사회 등에 대한 것을 피하는 것이 좋다. 대신 문화예술에 대한 이야기를 하는 것이 그들의 흥미를 끌 수 있다. 혹시 식당에서 식사가 늦게 나오더라도 독촉해서는 안 된다. 멕시코 사회는 아미고(Amigo · 친구) 사회다. 따라서 인맥은 종종 매우 유용한 비즈니스 수단이 된다. 가급적 많은 멕시코인 친구를 사귀고 인맥을 관리해야 한다. 식사나 술 모임에서는 모임을 제안하는 사람이 모든 비용을 부담하는 것이 관례다. 초대를 받아 갈 경우에는 약속시간보다 30분 내지 1시간 늦게 가야 한다. 정해진 시간보다 일찍 가는 것은 오히려 실례다.

3. 베트남

베트남의 근로자들은 외국기업에 대해 과도한 요구사항을 주장하는 경우가 많다. 따라서 직무명세서를 자세히 작성, 명세서에 따라 작업을 실시해야 한다. 또한 노동조합 설립이 의무화돼 있기 때문에 노사문제에 특히 주의해야 한다. 베트남에 진출한 기업은 현지 근로자를 고용할 때 통상 노동부에서 발행한 표준양식에 따라 현지근로자와 서면으로 근로계약을 체결한다. 계약서에는 업무 · 근로 · 휴식시간, 근무지, 급여 및 임금, 계약기간, 보험 등의 내용이 포함된다. 또 작업장에서의 규정과 유의사항 · 금지사항 등도 반드시 기재해야 한다. 그리고 이런 내용이 작업장에 공시될 수 있도록 해야 한다. 이들은 근로계약에 따라 작성된 근무명세서에 포함되지 않은 작업은 절대 하지 않는다. 지시 불이행 등 근로계약 위반사항이 발생하면 반드시 문서로 남기고 본인의 서명을 받도록 한다. 작업을 지시할 때는 격려를 위해 등을 두드리는 행위는 삼가도록 한다. 구타로 오인할 수 있기 때문이다. 더불어 불필요한 과잉친절은 베풀지 말고 위험하거나 노동 강도가 큰 작업에 대해서는 반드시 수당을 지급해야 한다.

베트남 진출 기업은 사업개시 후 6개월 이내에 단위노조를 설립해야 한다고 노동법에 명시돼 있다. 의사소통이 제대로 안되거나 상호이해가 부족하면 곧바로 노사문제로 이어진다. 때문에 평소에 현장관리와 의사소통 활성화에 노력해야 한다. 낮은 임금, 현지의 문화 · 관습 · 정서 등의 이해부족에서 나오는 사소한 문제도 분쟁과 파업을 불러올 수 있다. 베트남인들은 체면을 매우 중시한다. 낮은 직급의 사람과는 상담을 등한시하는 경향이 있으므로 선물을 준비하는 것이 좋다. 선물은 비싸지 않은 것으로 인삼제품이나 전자시계 등이 무난하다. 또 이들은 시장경제체제에 대한 인식이 낮아 인맥이 중요한 역할을 한다. 베트남인에게 쉽게 접근하기 위해서는 축구를 통한 접근방법이 매우 효과적이다. 베트남인들은 대부분 열광적인 축구팬이기 때문이다. 베트남의 관공서는 보통 오전 8시 반에 시작해 오후 4시 반에 끝난다. 고위공무원은 비교적 청렴하나 하급직원으로 내려갈수록 부패가 심하고 뒷돈거래가 많은 것으로 알려져 있다.

4. 중국

중국은 당이 지배하는 사회다. 따라서 기업의 활동도 기본적으로 당의 영향력에서 벗어날 수 없다. 기업 내에서 당의 활동범위는 미리 회사 측과 확실히 결정해 두고 중요한 업무를 진행할 때는 반드시 관련 부서의 서명을 받아 두는 것을 잊지 말아야 한다. 권한의 소재가 중앙정부에 있는지 지방정부에 있는지도 확실히 파악해야 한다. 대개 금융이나 재정부문은 중앙정부의 권한이 강하나 다른 부문은 지방정부의 입김이 여전하다. 중국은 공식적인 것보다 비공식적인 것이 통용되는 사회이므로 인맥에 의해 문제를 해결하는 편이 손쉽다. 이와 함께 인치와 법치 두 측면을 동시에 접근할 수 있는 변호사를 확보해 두는 것도 한 지혜이다.

중국은 광대한 국토에 다양한 민족들로 구성된 나라인 만큼 출신지에 대한 배려가 필요하다. 사원 기숙사의 방 배정에는 되도록 고향이 같은 사람들을 배정하고 다른 고향의 사람들끼리 싸우는 경우 주재원은 공정하게 중립을 지켜야 한다. 부하사원들을 관리할 때는 공정성과 형평성을 유지하는 것이 중요하다. 규율의 적용 시 현지인과 주재원간, 사무직과 현장근로자간에 조금의 차별도 없어야 하며, 규정위반자를 제재할 때도 위반의 객관적 증거를 반드시 구비해 둬야한다.

중국인은 상대방에 대해 신뢰감을 느낀 이후에야 속마음을 털어놓는 경향이 짙다. 중국인이 중대한 결정을 내리는 것은 세 번 이상의 만남이 이루어진 후에야 가능하다는 것을 명심해야 한다. 또한 중국인들과의 협상에서 흔히 들을 수 있는 '좋습니다', '한번 생각해 보기로 합시다', '나중에 다시 얘기합시다' 등을 곧이곧대로 받아들여서는 곤란하다. 중국인들은 시선을 피하는 사람은 자신을 속이고 있거나 자신감이 없는 사람으로 간주한다. 또 억지웃음을 짓는 것도 자신을 대화의 상대로 여기지 않는다고 느끼므로 주의해야 한다. 중국 사람과 식사를 함께 할 수 있게 되었음은 교제가 순조롭게 진행되고 있는 것으로 봐도 괜찮다. 식사 시엔 주빈이 주인의 왼쪽좌석에 앉는 것이 상례이다. 식사대접은 식사로 갚는 것이 보통이며, 중대한 결정을 할 때에는 저녁식사보다 점심식사를 선호한다는 것도 기억해둘 일이다. 담배는 대화의 매개물로 여겨지며 담배를 돌려 피움으로써 공유감과 소속감을 느끼려 하는 경향이 강하다.

5. 인도

인도는 노동자원이 풍부하고 영어가 통용돼 외국기업에게는 좋은 투자지역이다. 과거에는 사회주의를 표방해 근로자보호에 치중하기도 했으나, 지난 80년부터 정부정책이 바뀌었다. 정부는 노동쟁의를 억제하고 분배보다는 소득고용의 창출에 중점을 두고 있으며 외국투자를 적극 유치하고 있다. 인도에는 카스트제도가 존속되고 있어 계급과 종교에 따라 현지인에 대한 차별이 존재한다. 그러나 외국기업의 입장에선 이를 무시하고 공평하게 대우해도 된다. 인도인을 채용할 때는 어느 정도 권한을 부여할 것인가와 어떤 직무를 담당케 할 것인가를 명확히 알려줘야 한다. 인도인들은 업무에 충실하고 자신의 전문성에 긍지를 갖고 있다. 때문에 한 사람에게 여러 가지 일을 시켜서는 안 된다.

신문이나 TV에 구인광고를 내면 사람이 몰려 선별작업이 어렵기 때문에 전문 채용회사에 소요인력의 3~4배 인원을 뽑아주도록 의뢰하는 것이 효과적이다. 14세 미만의 취업은 법으로 금지된다. 여성근로자의 야간 근무도 금지된다. 임시직은 최장 60일까지 고용할 수 있으며 임금은 일당으로 지불해야 한다. 60일 이상 고용하려면 정식직원으로 채용해야 한다. 채용과정에서는 급여와 직무뿐만 아니라 복지와 해고 등 모든 분야에 대해서 서류로 근거를 남겨야 한다. 인도에는 수많은 종교휴일과 반휴일이 있다. 통상 연초에 휴일수를 알려줘야 한다. 급여를 올려주는 대신 휴일을 줄이려고 하면 대개 거부반응을 보인다.

인도 근로자들은 개인주의적이며 자신의 노하우를 잘 알려주려고 하지 않는다. 계획성이 결여돼있고 이직률도 높다. 자기잘못을 시인하지 않으려는 속성이 있으나, 일단 자기책임 하에 있는 일은 완벽하게 처리하려 한다. 인도인과는 필요한 경우나 업무 외에도 자주 접촉할 기회를 만들어 개인적 친분을 두텁게 하는 것이 좋다. 인도인은 가족의 유대를 중시하므로 가족끼리 어울리는 것도 좋은 방법이다. 결혼식 등 가족행사에 초청을 받으면 가급적 참석토록 하고 장례식에는 반드시 가는 것이 예의다. 인도인들은 영화감상을 좋아한다. 또 스포츠, 특히 크리켓을 즐기므로 같이 참여하는 것이 현지인과 친해지는 좋은 방법이다. 영국문화의 영향으로 회원제로 운영되는 사교클럽이 많기 때문에 이를 적극 활용하면 효과적이다.

토의자료 15-2

[인적자원(HR)] 이제는 글로벌 인적자원관리 시대

1) 해외진출 기업, 유연한 '현지화 전략' 필요…스타급 현지인 간부 육성 '대세'

한미 FTA(자유무역협정) 타결을 비롯한 개방화 확대에 따라 국내기업의 글로벌 무한경쟁은 더욱 심화될 것으로 점쳐지고 있다. 해외 투자진출 기업은 물론 국내 소재 기업들도 외국인 근로자의 유입 확대와 외국 전문 인력의 필요성 증대 등에 따라 글로벌 인적자원관리(HRM)는 선택이 아닌 필수적 과제가 아닐 수 없다.

우리나라 기업을 둘러싼 글로벌 환경변화는 무엇이며, 국내기업의 글로벌화 수준은 어느 정도인지, 글로벌 HRM 성공비법은 무엇인지를 살펴본다.

2) 글로벌 HRM은 필수

지식 · 정보화와 글로벌 경쟁심화로 인재와 역량의 중요성이 강조되면서 외국인 인재와 근로자에 대한 중요성이 그 만큼 커지고 있다. 해외 현지나 국내에서 우수한 외국 인력을 효율적으로 채용 · 관리하는 것은 기업의 사활과 직결되는 중요한 경영과제인 것이다. 시장개방의 확대와 국가간 진입장벽 완화, 소비자 수요의 다양화 등 환경변화는 글로벌 HRM을 더욱 촉진시킬 수밖에 없다는 전망이다. 특히 국내기업들은 내수시장의 한계를 이겨내기 위해 해외시장 진출을 확대할 것이기 때문에 해외에서 우수 인재를 확보하고 유지하는 것은 중요한 경영 현안이라고 할 수 있다.

한국무역협회를 비롯한 경제단체와 연구기관들은 "삼성전자 등 주요 기업의 글로벌경영은 해외생산 확대 차원을 넘어 인사, 재무 등 모든 경영부문의 글로벌화를 목표로 변신하고 있다"고 평가한다. 그러나 주요 대기업을 제외한 대부분 기업의 글로벌경영은 아직 미진한 것으로 지적되고 있다.

3) 갈길 먼 글로벌 HRM

실제로 글로벌경영을 위해 삼성전자, LG전자 등 국내를 대표하는 기업들은 본사와 각 사업부문에 해외법인 사업 등을 종합적으로 관리하는 관제탑 격인 '글로벌 오퍼레이션&커맨드센터

(GOC)를 설치, 운영하고 있다.

LG전자의 경우, 지난해 전사 차원에서 각 사업본부 산하에 'GOC'와 '공급망관리(SCM)팀'을 신설해 82개 해외 생산 · 판매법인의 체계적 관리시스템을 구축한데 이어, 올해에는 1천여 개 1차 부품 협력사들을 효율적으로 관리하는 방안을 추진 중이다.

이같이 대기업들은 전 세계에 걸쳐 생산 및 판매체제를 구축하면서 글로벌 HRM을 적극 수행하고 있는데, 이런 추세는 앞으로 더욱 확대될 것으로 보인다.

하지만 전반적으로 볼 때 국내기업의 글로벌경영은 아직 부진한 수준인 것으로 평가되고 있다.

무역협회 관계자는 "제조업 분야의 대부분 해외투자는 중국을 비롯한 아시아 지역에 편중돼 있어 이들 국가의 정책변화에 크게 좌우되는 구조적인 취약성을 안고 있다"고 지적했다. 특히 글로벌 HRM은 미국 등 선진국의 거대 다국적기업에 비해 그 수준이 떨어지는 것으로 지적되고 있다.

4) 전략적 HRM 추구 필요

전문가들은 "국내기업의 글로벌 HRM이 성공하기 위해서는 무엇보다 해외 현지사정에 적합하고 유연한 '전략적 HRM'을 추진해야 한다"고 말한다.

포스코경영연구소는 국내기업이 집중적으로 진출해 있는 중국에서 글로벌 HRM을 성공시키기 위해서는 무엇보다 스타급 현지간부를 육성해야 한다고 지적했다. 이 연구소는 '중국-실무에서 터득한 인사관리 성공 포인트' 자료를 통해 "중국은 종업원 이직률이 연간 20~30%에 달하는 등 우리나라와 노동시장 여건이 다르다"며 "중국에서 한국식 호봉제나 승진 시스템을 적용할 경우에는 우수한 핵심 인력은 떠나고 현장 기능 인력은 오히려 재충원되지 않는 현상이 발생할 수 있다"고 경고했다.

포스코연구소는 이어 "중국 현지법인 인사관리의 본질적인 문제점은 중국 직원은 그대로 있는데 최고경영자(CEO)와 한국에서 직접 파견된 부서장은 4~5년 주기로 바뀌는 데 있다"며 "기업은 신입사원들이 입사하여 목표로 삼을 만한 스타급 중국인 간부를 육성해야 할 것"이라고 권고했다.

또 해당 직원에게 파격적인 보상을 하고 본사 파견 직원의 후임으로 대체하는 등 회사의 현지화 의지와 목표를 강력히 보여주어야 한다고 지적했다.

연구소는 또 "중국 현지법인의 HRM은 중국 여건을 충분히 검토한 후 마련해야 하며, 만약 현재 운영하는 제도에 문제가 있다면 땜질식 처방보다는 고통이 수반되더라도 근본 원인부터 찾아 해결하는 노력이 필요하다"고 조언했다.

LG경제연구원 관계자는 "글로벌인재 확보와 관련해 해외에 흩어져 있는 우수한 인재를 채용하는 것은 시간적, 공간적 제약으로 인해 그리 쉬운 일이 아니다"며 "또 일단 채용했더라도 이들을 조직에 계속 유지시키는 것도 쉽지 않다"고 말했다. 이 연구원은 이런 관점에서 외국 인력의 성공적인 확보 및 유지를 위해서는 해외진출 기업의 경우 그 현지에서 좋은 기업 이미지를 심을 필요가 있다고 강조했다.

해외의 우수 인재를 채용하기 위해서는 무엇보다 기업이 적극적으로 현지 인재를 찾아 나서는 것이 중요하며, 적극적인 홍보 활동을 통해 좋은 기업이란 이미지를 심어 주는 것이 해외의 우수 인재를 확보할 수 있는 첫걸음이라는 것이다.

5) 이미지 제고로 우수 인재 확보를

기업 이미지 제고 방안으로는 해외 현지에서의 각종 산학협력 프로젝트, 연수 및 취업 프로그램, 기부활동 등을 들 수 있다.

LG경제연구원은 이와 함께 우수 인재를 확보하기 위해서는 담당 업무별로 자격요건을 명확히 제시할 필요가 있다고 지적했다. 업무에 따라 적합한 자격요건을 사전에 명확히 제시해야 우수 인재가 모여 든다는 것이다. 또 본사에서 글로벌업무를 담당하는 인재에게는 업무에 대한 기술보다는 이질 문화를 잘 이해할 수 있는 유연성, 인내심, 불확실성에의 대응 능력이 더 많이 요구된다고 이 연구소는 밝혔다.

반면, 해외 현지에서 업무를 담당할 인력들은 글로벌 감각이나 의사소통 능력보다는 직무수행 역량을 무엇보다 중요한 자격조건으로 해야 한다고 이 연구원은 권고했다.

외국 인재에게 내국인과 차별 없는 성장비전을 제시하는 것도 글로벌 HRM의 중요한 과제인 것으로 지적되고 있다.

LG경제연구원은 "국적을 불문하고 채용 문호를 개방하여 우수한 해외 인재를 많이 유치해야 글로벌 무한경쟁에서 지속 성장이 가능하다"고 밝혔다.

6) 외국인에 성장 비전 제시해

겉으로는 글로벌기업을 표방하면서 실제로는 조직 내부에 외국인 임원이 없거나 외국인으로서 기업 내에서 성장할 수 있는 가능성이 제한된다면, 장기적 관점에서 해외 우수 인재들을 계속 확보하거나 유지하기 어려운 게 현실이다. 따라서 해외의 인재들로 하여금 국적에 무관하게 성과와 능력에 따라 동등한 대우를 받을 수 있다는 확신을 갖게 하는 조직문화를 창조해야 한다는 것이다. 기업 실정에 맞는 적합한 인재를 찾고, 그가 갖고 있는 능력을 제대로 발휘하도록 전폭적으로 지원해 주는 것은 해외 인재를 이용해 기업을 성장 · 발전시키는 전제조건이라고 할 만하다.

한편, 해외 인재들은 조직에 대한 정보 부족, 문화적 배경의 차이 등으로 본사의 핵심 가치에 대한 이해가 부족한 경우가 많은 점을 유념해야 한다고 LG경제연구원은 지적했다.

이에 따라 국별로 서로 다른 문화적 배경을 존중하면서 기업이 지향하는 핵심 가치를 공유하도록 노력하는 것은 해외 인력들 스스로 자신을 자연스럽게 조직의 일부로 받아들이게 만드는 방법이라고 이 연구원은 밝혔다.

HR 전문가들은 "기업들은 고령화 시대에 대비하기 위해서도 해외 우수 인재를 적극적으로 확보해야 한다"며 "글로벌 HRM의 성공을 위해서는 무엇보다 해외진출 기업의 현지상황에 적합하고 유연한 '현지화 전략'이 필요하다"고 강조했다.

자료: 이코노미 21, 2007. 5. 28.

제3절 해외주재원 선정 및 교육

1. 해외주재원 선발 절차

해외주재원 선발에 대한 과정을 개략적으로 살펴보면 <그림 15-1>과 같다.

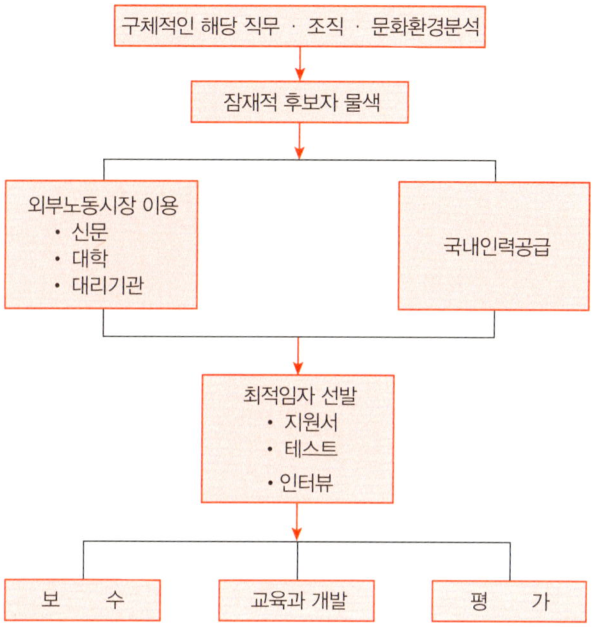

자료: Simcha Ronen, Comparative *and Multinational Management*, John Wiley & Sons., Inc. 1986, p.524.

그림 15-1 ● 해외주재원 선발 과정

국제인력관리과정은 기초분석단계, 후보선정단계 및 인력관리단계로 구분할 수 있다. 국제기업의 인사관리 시 먼저 해야 할 일은 특정 대상 직무에 대한 분석과 조직분석, 문화적 환경 분석이라 할 수 있다. 이와 같은 분석결과를 토대로 잠재적인 국제경영자의 개발, 모집, 선정, 교육의 자료로 이용한다.

다음 순서는 내 · 외부의 이용 가능한 인력자원의 원천을 파악하는 단계이다. 기업내부의 사람들 가운데서 특정후보를 선정하거나, 기업외부의 인원을 후보로서 선정하게 된다. 마지막으로, 인력관리단계에서는 선정된 후보자들을 대상으로 최적임자를 선택하는 일, 교육과 개발을 통한 업무수행 능력배양, 국제인력에 대한 보상과 평가 등을 수행한다.

해외근무자에 대한 구체적인 필요가 존재할 때 본사인력과 현지인력 중 적정인물을 일정한 자격요건을 심사하여 배치하게 된다. 이 같은 선발절차를 좀 더 구체적으로 의사결정과정을 중심으로 나타낸 것이 <그림 15-2>이다.

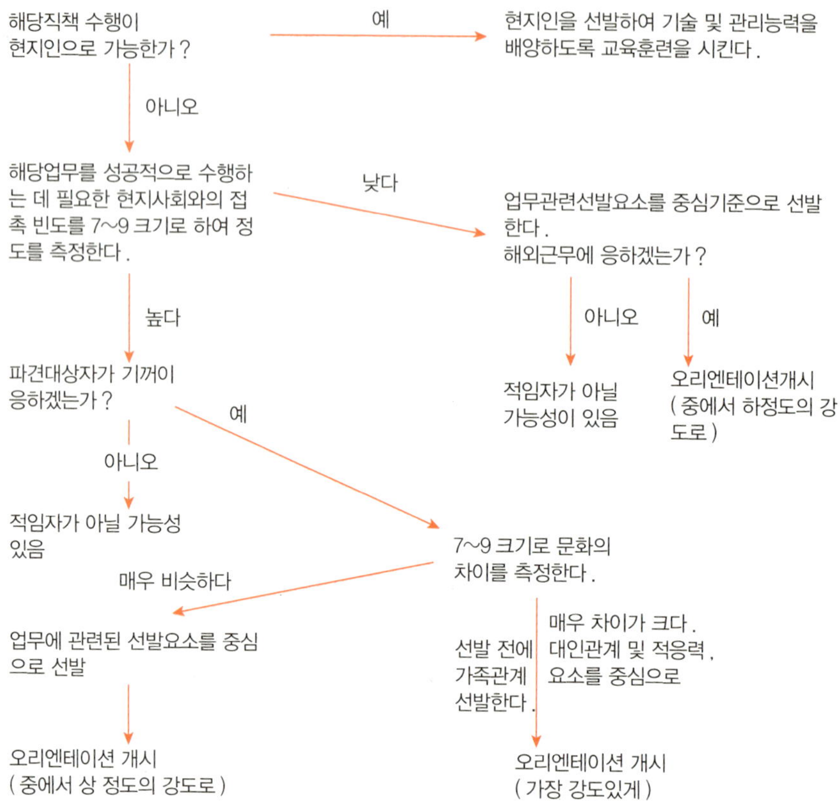

자료: Rosalie Tung, "Selection and Training of Personnel for Overseas Assignments," *Columbia Journal of World Business*, Spring 1981, p. 79.

그림 15-2 ● 선발절차

<그림 15-2>에서 볼 수 있듯이 국내에서 적당한 인물을 물색하기 전에 해당직무를 수행할 현지고용의 가능성을 우선 점검한다. 대답이 긍정적이면 현지인을 고용하고 불가능할 때의 첫 단계는 해당 직무수행에 필요한 현지사회와의 접촉강도를 조사한다. 현지사회와의 접촉빈도가 높거나 문화적 차이가 클 때는 환경적응능력, 대외관계요인을 중요한 선발기준으로 채택하여 적용하고 접촉빈도가 낮거나 문화적 차이가 작을 때는 업무능력중심으로 선발한다.

2. 해외주재원 충원정책

해외주재원을 어떻게 충원할 것인가의 문제는 특정 기업의 특수한 경영환경의 필요와 요구에 따라 달라진다. 그 이론적 접근방법은 본국중심주의, 현지국중심주의, 지역중심주의, 지구중심주의의 네 가지로 구분한다. 본국중심주의는 자회사의 주요지위를 본국

주재원으로 채우는 것이고, 현지국중심주의는 자회사의 주요지위를 각 지역의 현지인으로 충당하는 것이다. 지역중심주의는 관리자에 대한 선발, 교육훈련, 임명 등을 지역에 일임하여 지역중심적 체제로 인력관리를 운영하는 것이고, 지구중심주의는 국적에 구애받지 않고 본사와 자회사를 세계적 조직의 일부로 간주하여 모든 직위에 능력 위주로 인원을 선발, 배치하는 것이다.

본국중심주의는 자회사의 주요직위에 기업의 정책, 절차, 인력자원 등에 관하여 자세한 지식이 있는 인물을 선택한다는 점에서 바람직하며 투자 초기단계와 후기단계의 지도부에는 해외주재원을 이용하는 경향이 있다. 또한 중간경영층에 현지인의 능력, 경험, 자질 등이 부족할 때 이 정책을 채택하며 본사직원은 본사와의 업무연락, 통제, 정책을 자회사가 따르기 쉽게 하고 현지인을 훈련, 교육시키는데 필요하다.

특히 마찰이 발생했을 때 현지인은 본사의 정책보다는 현지의 편에 서기 때문이다. 현지인 고용의 장점은 언어, 문화, 관습에 익숙하여 언어 훈련이나 문화이식이 필요치 않고, 환경적응 시간도 불필요하며, 현지의 경영상황에 익숙하여 고객, 정부관계자, 고용인, 일반인과의 관계설정에도 도움이 된다. 높은 직위의 지나친 본국주재원의 이용은 그 기업의 외국기업으로서의 이미지를 강화시키는 단점이 있으며, 현지고용인은 비용면에서도 유리하다.

기업의 국제화단계와 국적별 충원비율 간에는 사이클이 존재하는데, 즉 기초생산이 시작되면서 본국에서 파견되는 관리자의 비율이 급상승했다가 해외성장 시기에는 현지인 관리자의 고용이 늘어나고, 기업이 다국적화 되면서 다시 본국인 관리자가 증가한다. 실제적으로 다국적기업의 인적구성은 본국인, 현지인, 제3국인의 혼합형이 많으며 이것은 지구중심주의에 가깝다.

3. 해외주재원의 교육

국제기업의 성패를 좌우하는 경영자의 자질은 교육, 훈련을 통하여 향상될 수 있다. 본사 파견 직원에 대해서는 이질 문화 속에서 현지인과 융화할 수 있고, 현지인의 지도자로서 사업성공에 필요한 전문직을 수행할 수 있도록 국제적 감각을 갖춘 자로 훈련시켜야 한다.

교육 및 훈련의 내용은 기업에 따라, 파견국가에 따라 약간씩 다를 수 있지만, 일반적으로는 지역연구프로그램, 문화적 동화훈련, 현지 언어 훈련, 감수성 훈련, 현장실습 등의 다섯 가지 범주로 구성된다. 이상의 프로그램은 결코 상호배타적으로 이용되어서는 안 되며, 상호 보완적인 방향으로 실시되어야 한다. 또한 필요에 따라서는 내용이 추가될 수도 있다. 해외주재 경영관리자의 현지 주재기간이 짧고 현지문화에 대한 접촉의 정도가 낮을수록 단지 정보제공을 목적으로 하는 단기적 훈련 프로그램이 적합한 반면에, 주재기간이 길고 문화접촉의 정도가 높을수록 현지실정과 문화에 몰입할 수 있는 장기적인 집중교육 과정이 필요하다.

해외주재 직원에 대한 교육훈련 프로그램의 효율성을 제고하기 위해서는 최고경영층의 제도적 · 전략적인 지원, 선발과 훈련과정에 여유 있는 시간의 제공, 선발과 교육과정에 배우자 및 가족의 포함, 그리고 해외파견의 조기선발과 준비 등이 함께 이루어져야 할 것이다.

4. 현지채용인의 교육

국제기업에게 있어 경영자에 대한 교육은 중요한 의미를 갖는다. 관리 및 기술적 능력을 갖추고 있는 경영자가 부족한 현지국에서는 더욱 중요하다. 그러한 능력을 구비하고 있는 경영자를 확보하는데 결정적인 역할을 교육이 수행하기 때문이다.

현지에서 채용된 경영자에게 본사의 제품과 정책 및 업무수행절차 등을 교육함으로써 국제경영 활동에 수반되는 문화적 충격을 극복할 수 있는 경영자를 양성할 수도 있기 때문이다.

지사의 경영자들이 본사의 제품, 정책, 업무수행방법 등을 보다 깊이 이해할 수 있도록 교육 프로그램을 작성할 필요가 있다. 이러한 교육프로그램은 본사에 대한 이해를 증진시키고, 본사와의 의사소통을 원활하게 하며, 본사의 업무분담을 가능하게 한다. 교육은 본사와 지사의 경영자들이 개인적 친분을 가질 수 있도록 의도적으로 마련되어지기도 한다.

교육훈련은 본사나 특정지역에 교육훈련시설을 만들어 그곳에서 집중적으로 훈련을 시키거나 외부기관에 위탁교육을 시키는 방법, 본사와의 직무배치전환 등을 통한 방법이 있다. 대개의 경우 외부에서의 연수기회는 제약되어 있으므로 본사에서 이를 집중관리 하는 것이 바람직하다. 이러한 방법은 본사와의 유대관계를 긴밀히 하고 일체감을 높이는 데도 공헌할 수 있을 것이다. 그러나 훈련형태, 방식 등은 현지국의 특성에 따라 탄력적으로 시행되어야 할 것이다.

제4절 해외주재원의 경력관리 및 보수정책

1. 경력관리

해외에 파견되는 관리자는 대부분의 경우 파견 전이나 해외근무 도중 해외파견이 자기의 경력에 도움이 되는 것인가, 귀국 후 본사에서 어떤 직무를 담당할 것인가, 해외에서 근무하는 동안 본사에서 자기를 잊어버리는 것이 아닐까하는 의구심을 갖게 된다. 이렇듯 해외주재원이 귀국 후의 직책과 승진문제 등에 골몰하고 의구심을 갖게 되면 해외파견을 기피하거나 파견되는 경우라 할지라도 많은 비용을 지출하여 교육시킨 고급인력이 제 기능을 발휘하지 못하게 된다. 따라서 국제기업에 있어서 해외주재원을 효율적으로 관리하는 것은 무엇보다도 중요한 문제이다.

해외주재원에 대해서는 본사에서의 근무와 해외에서의 근무를 계획적으로 실시하고 주재원에 대해서는 향후의 진로를 명확히 해줌으로써 근무의욕을 고취시킬 수 있다. 이를 위해서는 국제기업으로서의 인사방침이 확고히 수립되어야 하고 현지에 대해서는 인사권을 분권화하여 권한을 위임하는 것이 필요하다. 또 해외주재원에 대해서는 경력을 효율적으로 관리함으로써 귀국 후의 재배치에도 큰 도움이 될 수 있다.

경력관리는 또한 본사에서 파견된 직원에게만 해당되는 것이 아니고 현지인의 경우에도 그들의 승진 및 활동기회를 확대해 주기 위해 필요하다. 오늘날 국제기업은 현지정부의 압력에 의해 모든 분야에서 현지인 고용비용이 높아져 가고 있는 것이 사실인바, 현지인에 대한 효율적 경력관리는 최근 개발도상국에서 일고 있는 현지인화의 요청에 부응하는 한 방법이기도 하다.

2. 보수정책

해외주재원의 보수프로그램은 현재에도 국제기업별로 다르며, 앞으로도 도저히 같을 수가 없고 같아져서도 안 되는데, 그 이유는 국제기업들은 제각기 나름대로의 구체적인 필요성, 처해 있는 상황 및 전략적 장기계획 등을 고려하여 고유한 보수프로그램을 고안하여 실시하는 것이 바람직하기 때문이다.

그렇더라도 국제기업들은 다음과 같은 공통적 내용을 담은 보수정책을 활용하고 있다. 첫째, 보수프로그램은 유능한 국제경영자를 유치하고 유지하는 기능을 발휘할 수 있어야 한다. 둘째, 보수프로그램은 해외임무를 맡는 경영자가 해외임무에 수평적으로 이동되는 것으로 인해 금전상 또는 기타 재산상의 이득을 보게 해서도 안 되고 손실을 보게 해서도 안 된다. 셋째, 보수프로그램은 기업체 내에서 이루어지는 경영자의 수평적 이동, 즉 제3국 · 본사국 경영자가 본사로 이동하는 것을 저해해서는 아니 된다. 넷째, 본사경영자와 해외자회사경영자의 보수 간에는 모두가 납득할 수 있는 일관성 있고 논리적인 관계가 있어야 한다. 다섯째, 모든 주요 경쟁업체들과 비교해서 보수프로그램에 무리가 없어야 한다. 마지막으로 해외자회사경영자에 대한 보수프로그램은 동기부여의 요소가 있어야 하고 현지국의 세율 · 생활비 등의 변동을 즉시 반영할 수 있어야 한다.

토의자료 15-3

국제인적자원관리에도 혁신이 시작되고 있다

지난 해 8월 GE는 기존의 연간 성과 평가 시스템(Annual performance review system)을 더 이상 운영하지 않겠다고 발표했다. 기술과 사업, 시장이 하루가 다르게 급변하는 세상에서 1년 단위 평가 시스템은 더 이상 유효하지 않다는 것이 첫째 이유였고, 사람들의 지적 창의성이 기업 경쟁력의 핵심 요소로 자리매김하고 있는 상황에서 순위(Ranking)를 통해 상호 경쟁을 부추기는 것도 적절치 않다는 인식 때문이었다. 19세기 말 설립된 이후 20세기 산업 시대를 대표하는 기업 중 하나인 GE가 오랜 세월 유지해 온 성과 관리 시스템을 전면적으로 개편한다는 발표에 적지 않은 사람들이 충격을 받았다. GE의 발표 직후 미국의 유명 HR 협회인 SHRM은 "연간 성과 평가 시스템의 시대는 이제 끝난 것인가?(Is the annual performance review dead?)"라는 제목의 글을 내기도 했다.

HR 분야의 변화가 심상치 않다. GE 외에도 많은 기업들이 새로운 성과 평가 시스템 도입을 검토하고 있을 뿐 아니라, 온라인 탤런트 플랫폼(Online talent platform), 린 스타트업 프랙티스(Lean startup practices), 애널리틱스(HR Analytics) 등 다양한 인력/조직운영 시스템들을 실험해 보고 있다. 아마존, 구글, 3M, 시스코, 마이크로소프트, 뱅크 오브 아메리카, 웰즈 파고 등 이름만 들어도 알 수 있는 많은 기업들의 크고 작은 새로운 파일럿 테스트에 대한 기사들이 신문에 넘쳐난다. 미국 와튼 스쿨의 피터 카펠리 교수는 "과거 굴뚝 산업 시대의 패러다임에서 머물고 있는 HR 담당자들이 적지 않지만, 이제는 HR의 전면적인 변화가 필요한 시점"이라고 말한다. 그는 "새로운 사고를 하는 사람들과 ICT 등의 신기술로 채워지는 조직 변화의 흐름에 동참하지 않으면 HR 부서의 필요성에 대한 의문까지도 제기될 것"이라고 지적한다.

변화의 움직임들은 앞으로도 더욱 확산될 것으로 보인다. 컨퍼런스 보드가 글로벌 CEO 약 1,000명을 대상으로 실시한 조사에 따르면, 작년에 이어 올해도 CEO들이 가장 주목하는 이슈는 인적자원(Human capital)인 것으로 나타났다. 2012년까지는 혁신(Innovation), 생산성 제고(Operational excellence), 사업 성장(Business growth) 등이 가장 주목 받았지만, 2013년 이후로는 인적자원에 대한 관심이 1위 자리를 고수하고 있다. CEO들의 이러한 인식들이 강화/지속됨에 따라 향후 HR 영역에서의 변화는 더욱 활발해질 것으로 전망된다. 최근의 주요한 변화 흐름들을 살펴보자.

1. 사업 니즈에 따른 Workforce Planning

올해 초 세계 경제 포럼(World Economic Forum)은 100개의 글로벌 대기업 고위 임원들을 대상으로 2020년까지 HR이 당면할 주요 과제가 무엇인지 질문을 던졌다. 답변을 요약하자면 "사업 구조 변화가 일상이 된 오늘날, HR의 가장 핵심적인 과제 중 하나는 Talent Gap을 적시에 메우는 것"이었다. 즉, HR은 새로운 사업 추진에 필요한 스킬셋(Skill-set)을 갖춘 인재를 재빨리 조달할 수 있어야 한다.

이는 쉬운 일이 아니다. 세계적인 대기업들의 임원들도 53% 정도만이 "우리는 미래 사업 구조 변화에 따라 인력 구조를 적절히 조정할 수 있는 역량을 갖추고 있다"라고 답했다. 효과적인 Workforce Planning을 위한 포인트를 몇 가지 짚어 보자.

1) 사업/조직/기능별 Talent Map 마련

우선 사업/조직/기능별로 어떤 종류의 스킬셋이 필요한지 Talent Map을 그려 나가는 것이 필요하다. 사업 규모에 따라 다르겠지만, 이 작업에는 적지 않은 시간이 걸릴 수도 있다. 중요한 영역부터 차근차근 채워 나가는 노력이 필요하다. 무선통신 장비 업계 세계 시장점유율 1위인 에릭슨의 인사담당 임원인 비나 차라시아는 올해 초 맥킨지와의 인터뷰에서 "2010년 핸드폰 제조업에서 무선통신 장비업으로 사업 영역을 변경할 때, HR의 가장 중요한 일은 Workforce Planning이었다. 무선통신 장비업에 필요한 스킬셋이 무엇인지 조직별/기능별로 세부적인 Talent Map을 그려 나가면서 인력 수급을 시작했다. 이 작업에만 2년이 넘는 시간이 걸렸다. 당시 많은 사람들이 '그런 작업은 불가능하다'라고 했다"라며 강한 의지와 인내심이 필요한 작업이라고 이야기 한다.

이 작업이 성공하려면 HR과 CEO, 사업 리더들 간의 강력한 협업이 필수적이다. Workforce Planning의 출발점은 회사의 사업/전략이다. 그렇기에 HR은 CEO, CFO 등과 함께 사업/전략과 사람에 대해 긴밀히 논의할 수 있어야 한다. 경영 컨설턴트인 램 차란은 최소한 주 1회는 만나는 것이 바람직하다고 이야기 한다. 사업/전략과 사람은 사실상 분리해서 생각할 수 없는 부분이기 때문에 한 몸처럼 언제든 이야기를 나눌 수 있는 환경이 필요하다.

2) 글로벌 차원의 유연한 인력 조달

글로벌화가 일상이 되면서 인력 수급도 글로벌 차원에서 이루어지는 사례들 역시 일상이 되어 가고 있다. 효과적인 Workforce Planning을 위해선 글로벌 관점에서 우리가 필요로 하는 인재들이 어디에 있는지 고려해 볼 필요가 있다. 마이크로소프트가 인도의 개발자들을 대대적으로 뽑기 전에 빌 게이츠는 인도에 직접 방문을 했었다. 사실 그 무렵 빌 게이츠는 인도에 큰 관심이 없었는데 주변의 권유에 못 이겨 가보았다. 방문 이후 게이츠는 "인도에 이렇게 훌륭한 인재들이 많은 줄 몰랐다"라며 놀랐다고 한다. 이후 인도는 소프트웨어 개발 업계의 주요한 인력 공급처가 되었다. 글로벌 기업들이 실리콘밸리에 R&D 센터를 만드는 것도 우수한 기술 인력, 사업 전문가들을 확보하기 위해 지역을 고려하기 때문이다.

지역별로 차별화된 확보 전략도 필요하다. 예컨대 미국에서는 온라인 탤런트 플랫폼(Online talent platform)을 통한 채용이 확대되고 있다. 이제 미국에서는 인재 확보 과정에서 온라인 탤런트 플랫폼을 거치지 않으면 곤란할 정도다. 최근 맥킨지의 조사에 따르면 미국 노동 인구의 50% 이상이 링크드인, 커리어빌더, 몬스터닷컴 등 온라인 탤런트 플랫폼에 등록했으며, 링크드인은 1억 2천명 이상의 회원을 보유하고 있다. 또한 주요 업종별 대표 기업을 대상으로 한 사례 분석 조사에 따르면 온라인 탤런트 플랫폼을 잘 활용하는 기업은 생산성을 최고 9%까지 높일 수 있고, 인건비 관련 각종 비용을 7%까지 절감할 수 있다.

고용 형태에 대한 고려도 필요하다. 풀타임, 파트타임 정규 계약, 유연 근무(Flexible working), 프로젝트 베이스의 계약 등 다양한 형태의 고용 방식에 대해서도 생각할 필요가 있다. 2014년 CIPD(Chartered Institute of Personnel and Development)가 633명의 HR 전문가들을 대상으로 실행한 서베이에서, 이들은 "앞으로 고용 형태가 다변화될 것이고, 회사의 사업 상황에 잘 맞는 고용 형태 전략에 대한 고민도 중요해 질 것"이라는 의견을 냈다.

M&A도 회사가 필요로 하는 탤런트를 확보하는 핵심적인 통로 중의 하나가 되었다. 과거에는 M&A가 자산이나 특허권, 영업권 등의 확보를 위한 경우가 많았지만, 지금은 기술 전문 인력 확보를 위한 사례들도 많다. 구글, IBM, 인텔, 지멘스 등 주요 대기업들은 CVC(Corporate Venture Capital)를 만들어 유망한 스타트업들을 물색하고 확보하는 데 많은 노력을 기울이고 있다. 기술 벤처에 속한 전문가들, 즉 인재를 확보하기 위해서다. 구글은 인공지능 사업을 강화하기 위해 머신 러닝 전문가들로 구성된 스타트업인 딥마인드에 투자했다. 딥마인드는 20여명 남짓의 작은 회사였지만 5억 달러가 넘는 돈을 투자했을 뿐 아니라 인재의 이탈을 방지하기 위해 리더십이나 회사 운영 체계는 건드리지 않았다. M&A는 전통적으로 전략이나 재무 부서에서 검토해 왔다. 하지만 이제 HR에서도 M&A에 관심을 가지고 회사가 필요로 하는 스킬셋을 갖춘 소규모 기업들에 대한 데이터 베이스를 갖출 필요가 있다.

3) 내부 인재 활용을 위한 육성 플랫폼 구축

인력 계획을 할 때 내부 인재들에 대한 고려를 빼놓을 수 없다. 사업/조직/기능별 인력 수급을 고민할 때 내부 인재 활용 가능성을 우선적으로 타진할 필요가 있다. 이러한 활동이 보다 원활하게 수행되려면, 내부 직무 로테이션 프로세스와 재교육이 중요하다. 예컨대 3M의 경우 구성원들의 부문 간 이동 활성화를 위해 잡 포스팅(Job posting) 등 내부 인력 운영 플랫폼을 운영하고 있는데 이를 통해 생산성을 4% 높일 수 있었다고 한다.

구성원 재교육 플랫폼 구축에도 기업들의 관심이 높다. 교육 플랫폼의 효과를 높이기 위해 기업들은 우선 구성원들의 마인드 변화부터 유도한다. 즉, 자기 주도 커리어 개발을 강조한다. 빠르게 변화하는 세상에서 회사에서 시키는 일에 의존하기보다 스스로 커리어에 대한 책임감을 가지고 학습해야 한다고 강조한다.

구성원들의 참여와 흥미를 유발하기 위해 소셜 미디어 방식의 체험적인 교육 컨텐츠 개발에도 공을 들인다. 온라인 게임 형태로 교육 과정을 개발하거나, 구성원들이 다 함께 참여하는 Q&A 코너를 통해 직접 교육 동영상을 제작하여 올릴 수 있게끔 한다. 구성원들은 소셜 미디어를 활용하는 것처럼 이런 장을 통해 새로운 기기나 기술을 활용하는 팁, 최신 트렌드 정보 등을 서로 공유한다.

이 외에도 MOOCs(Massive Open Online Courses), 유명 인사들의 강의들을 교육과 연계시키는 활동도 활발하다. 구글에서는 레이디 가가를 초청하여 직원들의 관심을 끌기도 했다. 듀크, 유펜, 스탠포드 등 유명 대학들과 연결된 MOOCs는 다양한 무료, 유료 강의들을 제공하면서 기업들 사이에서 인기가 높다. 이들과의 연계를 통해 회사에 필요한 새로운 사업 영역에서 구성원들이 학위나 자격증을 취득하도록 지원하기도 한다.

2. 집단 창의를 위한 성과 평가 시스템

GE를 비롯하여 많은 기업들이 연간 성과 평가 시스템을 폐지하고 새로운 시스템을 도입하고 있다. 기존의 시스템은 19세기 후반 이후 굴뚝 산업 시대에 '소수의 똑똑한 리더와 시키는 대로 성실히 일하는 사람들'을 위한 시스템이었다. 이러한 시스템은 오늘날과 같이 개인의 지적 능력과 집합적 창의성이 중요한 시대에 구성원들의 잠재력을 극대화하는 데 큰 도움을 주지 못한다. 기업들이 성과 평가 시스템의 대대적인 변경을 서두르고 있는 이유다.

1) 순위 매기기(Forced ranking) 완화 혹은 폐지

순위 매기기의 대표 주자였던 GE가 하위 10% 강제 할당 방식을 버린 지는 오래다. 지난 10년간 GE는 랭킹 제도를 느슨하게 운영하고 있다가, 요즘에는 아예 이를 대체할 방안에 대해 진지하게 검토하고 있다. 얼마 전 시스코도 "기존의 순위 매기기 방식은 우리의 목표 달성에 더 이상 도움이 되지 않는다. 팀웍과 협력을 장려하는 새로운 성과 평가 시스템을 도입하겠다"고 발표했다. 마이크로소프트는 한발 더 나아가서 절대 평가 방식을 도입하기로 했다. 마이크로소프트의 발표에 적지 않은 사람들이 평가 관대화 현상이 나타나서 모든 사람들이 A를 받을 수도 있다며 우려했다. 이에 대해 마이크로소프트는 차라리 평가 관대화 현상을 감내하는 것이 강제 순위 매기기 방식에 따른 부작용 감내보다 낫다고 말했다. 심지어 "우리가 다른 경쟁자들보다 창의적이지 못하고 뒤떨어지게 된 주요 원인 중 하나가 순위 매기기 방식에 있다고 본다"라는 이야기까지 했다.

요즘 기업들이 순위 매기기에 대해 회의적인 시각을 갖는 이유는 크게 세 가지 정도다. 첫째, 순위 매기기는 구성원들 간의 불필요한 경쟁을 부추긴다. 서로의 아이디어를 공유하고 협업을 해야 하는 상황에서 순위 매기기는 팀원들을 불편하게 만들 수 있다. 둘째, 창의성과 다양성을 장려하는데 도움이 되지 않는다. 순위 매기기란 일정한 기준에 따라 사람들을 줄을 세우는 것이다. 그 기준에 맞지 않으면 실패자가 되는 것인데 사람들의 다양한 지적 역량이 중요해 지는 요즘 시대에 적절치 않다. 사람들을 위축시켜서 자유로운 의견 개진을 방해할 수 있고, 평가자인 상사 눈치만 보게끔 만들 수 있다. 셋째, 핵심 인재 확보/유지에도 큰 도움이 되지 않는다. GE의 전임 CEO인 잭 웰치 등 순위 매기기를 지지하는 사람들은 흔히들 "핵심 인재 관리에 필수적이다"라고 이야기 하지만, 실제 최근 연구 결과들은 이를 지지하지 않는다. 맥킨지 등 조사 결과에 따르면 핵심 인재들은 순위 매기기에 따른 인정과 보상보다 같이 일하는 동료, 상사의 코칭 등 일하는 과정에서의 학습을 즐기는 경향이 있다.

3) 최종 성과 리뷰보다 업무 과정의 코칭 중시

기업들은 수시 토론 및 피드백 시스템을 도입하고 있다. 리더들이 1년에 한번 '지난 과거의 한 해'에 대해 평가하고 피드백하는 것이 아니라, 업무와 관련하여 수시로 체크하고 피드백할 수 있게끔 시스템화하고 있다. 딜로이트의 HR 전문 컨설턴트인 조쉬 버신은 '2016년 HR 예측(Prediction for 2016: A bold new world of talent, learning, leadership, and HR technology ahead)'이라는 보고서에서 "기업에서 성과 관리란 '최종 완료된 일을 체크하는 것'이 아니라, '업무 과정 중 수시로 대화하며 더 나은 대안을 만드는 활동'으로 변화되고 있다"라고 말한다.

GE의 경우는 이러한 수시 피드백을 보다 활성화시키기 위해 PD@GE (Performance Development at GE)라는 앱을 도입하고 있다. 처음에는 HR 부서에서 도입하여 가능성을 실험했고, 조직 전체로 확산시키는 과정 중에 있다. 앱에는 구성원들 각자의 해야 할 일들이 올라오고, 리더들은 이에 대해 수시로 코멘트하고 논의하는 역할을 해야 한다. 노트, 사진 첨부, 음성 녹음 등의 업무에 필요한 기능들이 부가된다. GE의 HR은 "리더들은 구성원들의 점수를 매기고 평가하는 것이 아니라 '더 잘할 수 있도록 도와주는 일(Constant improvement)'을 해야 한다"고 강조한다. 구성원들은 '통찰력(insights)'이라는 탭을 통해 직속 상사는 물론 다른 동료, 혹은 다른 부서의 사람들에게까지 의견을 요청할 수 있다. 사람들은 앱을 통해 "계속하세요(To continue doing something)" 또는 "조금 바꾸어 보는 것도 괜찮을 것 같아요(To consider changing something)"라는 두 가지 형태로 의견을 줄 수 있다. 대화와 코칭의 과정에서 부정적인 뉘앙스를 가급적 주지 않기 위해 탭의 언어를 선정하는 데도 적지 않은 신경을 썼다. GE의 HR 책임자인 수잔 피터스는 "언어 선택은 매우 중요하다. 사람들은 누구나 부정적인 피드백을 좋아하지 않기 때문에, 이러한 앱을 통해 서로 적극적으로 대화하고 돕게 만들려면 보다 긍정적인 방식으로 피드백할 수 있는 시스템 설계가 필요하다"라고 말한다.

4) 리더의 코칭 커뮤니케이션 역량 강화

새로운 성과 관리 시스템이 성공하려면, 리더의 커뮤니케이션 역량이 강화될 필요가 있다. 과거에는 1년에 한번 평가 결과에 대해 통보하는 방식으로 성과 관리가 이루어 졌다면, 이제는 리더들이 구성원들과 수시로 업무에 대해 함께 이야기 하고 개선 포인트를 논의해야 한다. 이를 위해 리더들에게 필요한 두 가지 사항이 있다. 첫째, 인내심을 가지고 마음 관리를 할 수 있어야 한다. 리더들은 자신의 성공 경험이 있기 때문에 "내 경험상 이렇게 하면 훨씬 잘할 수 있어"라며 자신의 방식을 가르쳐 주고 싶어 한다. 하지만 변화되는 성과 관리 시스템에서 리더들은 구성원들에게 자신의 방식을 따르도록 요구하기보다, 상대의 관점에서 이야기를 들어본 후 구성원이 스스로의 방식으로 일을 풀어나가도록 도와줘야 한다. 둘째, 부정적인 내용의 피드백을 하더라도 상대방을 기분 나쁘지 않게 하면서 이야기 하는 방법을 배워야 한다. 똑 같은 말이라도 어떤 상황에서 어떤 말투로 어떤 표정으로 이야기 하느냐에 따라서 상대에게 전달되는 느낌은 많이 다를 수 있다. GE의 크로톤빌은 리더십 교육의 산실로 세계적으로 유명하다. 과거 식스 시그마, 혁신, 경쟁의 가치를 가르치던 크로톤빌은 보다 우호적이고 개방적인 분위기로 바뀌었다. 크로톤빌 캠퍼스에는 새로운 빌딩들이 들어서고 있는데, 물 위에 그림을 그리는 기법인 일본 미술 스미나가시(Suminagashi)를 배우는 스튜디오도 있다. 크로톤빌에서는 리더십 교육의 중요 과정 중 하나로 마음을 다스리는 코스(Mindfulness)를 진행한다. 이를 통해 리더들은 조직 내 팀웍과 협력을 장려하는 분위기를 만들어 가는 것을 학습한다.

3. Agility를 높이기 위한 조직 운영 프랙티스

요즘처럼 급변하는 환경 속에서 과거처럼 박스와 실선, 점선들을 모아 놓은 조직도를 1년에 한번 그리는 것과 같은 방식으로 조직화 하는 것은 더 이상 유용하지 않다. 그렇다고 해서 수시로 전체적인 조직 구조의 큰 근간들을 흔드는 것도 바람직하지는 않다. 바뀐 조직에 적응하려고 노력하는 구성원들의 피로감만 높일 수 있다. 빠르게 변화하는 환경에 맞추어 적시에 효과적으로 인재들을 조직화 하려면 박스에서 벗어난 사고를 할 필요가 있다. 이러한 관점에서 요즘 기업들은 "대기업의 안정성과 스타트업의 기민성(Agility)을 어떻게 조화롭게 밸런싱하며 조직을 운영할 것인가"에 대해 저마다의 방식을 고민하며 실험하고 있다. 주요한 키워드 중 하나는 "조직간의 벽(Silo)을 넘는 전사 관점의 활발한 협업을 어떻게 이끌어 낼 것인가"이다. 몇 가지 예를 살펴보자.

1) 프로젝트 중심의 자원 배분 프로세스 운영

구글은 분기별로 모든 핵심 제품과 기술 영역에 대해 리뷰하는 프로세스를 가지고 있다. 지난 90일 동안 어떤 활동들과 성과가 있었는지, 향후 90일 동안 어떤 성과가 예상되는지 등에 대해 집중 리뷰한다. 이때 구글은 사업 단위별(Business unit)로 리뷰하지 않는다. 사업 단위별로 리뷰를 할 경우 각자의 정치적인 의도가 반영될 것을 우려하기 때문이다.

맥킨지 글로벌 인스티튜트가 1,600여개의 기업을 대상으로 1990년부터 2005년 사이의 실적을 분석한 결과에 따르면, 사업 단위보다 프로젝트별 전략적 중요성에 무게 중심을 확실하게 실어서 자원 배분과 조직화를 시도한 기업들의 성과가 그렇지 못한 기업보다 우수한 것으로 나타났다. 이는 다양한 사업의 입장을 고려하면서 관행적으로 '작년과 똑같이 투자'하기보다 향후 유망할 것으로 전망되는 기술과 사업 영역에 우선 투자함으로써 외부 환경에 보다 유연하고 기민하게 대응할 수 있었기 때문이다.

2) 신제품/서비스 개발, 린 스타트업 프랙티스 활용

GE, 퀄컴, 인튜이트 등 일부 기업들은 '린 스타트업 프랙티스(Lean startup practices)' 방식을 적극 실험하고 있다. 제품/서비스를 본격적으로 생산하기 이전에 소규모로 만들어서 소비자들에게 어필할 것인지를 실험해 보는 것이다. 실리콘밸리 기업들의 조직 운영 방식을 대기업에 접목한 것이다. GE는 몇 년 전부터 '식스 시그마'의 후속 프로그램으로 '패스트워크(FastWorks)'라는 이름의 린 스타트업 프랙티스를 운영하고 있다. GE 가전사업부의 경우 퍼스트빌드(Firstbuild)라는 마이크로팩토리를 운영하고 있다. 가전사업부 구성원들이 제시한 아이디어들 중 실험 가치가 있다고 판단된 아이디어들에 대해서는 조금 더 구체적으로 기획한 후 마이크로팩토리에서 소규모 생산을 한다. 이를 통해 시장에서 성공할 수 있을지 미리 타진해 본다. 성공 가능성이 낮으면 빨리 폐기하고 다른 아이디어를 실험해 본다. 이러한 과정을 크라우드 소싱과 연계하기도 한다. 즉, 소비자들의 아이디어를 받아 제작하기도 하고, 소비자들에게 미리 제품 사양을 공개하여 사전 주문을 받아 소량 제작하기도 한다. 구성원들은 이런 과정을 통해 유망한 프로젝트를 중심으로 모였다 흩어졌다 유연하게 일한다.

3) ICT 기술 기반의 협업 활성화

구성원들의 일하는 방식과 관련된 프랙티스들을 검토하는 경우도 많아지고 있다. 재택근무, 가상환경 협업, 컨퍼런스 미팅 등 ICT 기술과 결합하여 유연하게 일하는 방식들에 대한 기업들의 관심이 점점 높아지고 있다. 시간과 장소에 크게 구애 받지 않고 일을 할 수 있는 환경을 만들어 조직의 유연성을 강화하겠다는 취지다. 특히 글로벌화에 따라 세계 각지의 구성원들이 보다 효과적으로 협업할 수 있는 플랫폼을 적극 활용하려는 의지를 보이고 있다.

4) 자동화/디지털화에 따른 조직 Agility 제고

아론 스멧은 "미래의 조직 운영(Organizing for the future)"이라는 글에서 생산 공장뿐만 아니라 사무직의 사무실 등 어디에서나 자동화/디지털화는 끊임없이 일어날 것이라 전망한다. 이러한 자동화/디지털화에 필연적으로 따라오게 될 조직 업무 재설계(Work redesign)는 기업들에게 조직 agility를 높일 기회를 열어 준다. 아마존이 키바를 인수하여 물류 창고에 로봇들이 일하도록 만든 것, 드론을 통해 단거리 배송을 시도하는 것과 같은 일들은 시작에 불과하다. 마이클 취는 '업무 자동화의 4가지 요건'에서 미국의 800개 직업을 2,000개의 세부 동작으로 세부 분류하여, 이 중 자동화가 가능한 동작과 그렇지 못한 동작으로 나누었다. 마이클 취에 따르면 2,000개의 동작 중 현재의 기술로 자동화가 가능한 부분은 45%에 이른다. 1개의 직업이 완전히 자동화될 수 있는 사례는 거의 없지만, 대다수 직업의 세부 동작은 부분적으로 자동화가 가능하다. 예컨대, CEO와 같은 고도의 전문성이 필요한 직무도 20% 정도는 자동화될 수 있다고 한다. CEO가 받은 이메일을 인공지능이 요약해 주고, 이에 대한 답변까지 작성해 줄 수도 있다. 사무실에서의 자동화/디지털화는 아직 느리게 진전되고 있지만, 전문가들은 이를 적절히 활용함으로써 조직 운영의 유연성을 더욱 제고할 수 있으리라 기대하고 있다.

4. HR Analytics의 확산

HR 분야에도 Analytics를 도입하려는 시도가 활발히 이루어지고 있다. 구글, 마이크로소프트는 HR Analytics를 선도적으로 도입하여 활용하고 있다. 구글은 "사람과 관련한 모든 의사결정은 데이터와 분석에 기반하여 이루어진다"라고 말한다. 구글은 HR이라는 표현을 사용하기보다 People Operations라는 이름의 부서에서 인적자원 관련 업무를 수행한다. 해당 부서 하부 조직인 People Analytics에서 각종 빅데이터 분석이 이루어진다. 구글의 People Analytics에서는 채용, 유지, 인력수요 예측 등과 관련된 각종 알고리즘을 개발하고, 사업 니즈에 따라서 다양한 분석 기법들을 만들어 낸다. 예를 들면, 구글에서는 천재적인 개발자들의 가치를 숫자로 계산해 내기도 했는데, 이들은 보통의 평범한 개발자들에 비해 300배 정도 중요한 성과를 창출해 낸다는 결론이 나왔다. 파이랩(PiLab)이라는 응용 연구를 하는 팀도 있다. 이들은 주로 구성원 만족도를 높이기 위한 업무 환경에 대해 실험한다. 사원 레스토랑에서 접시의 크기를 조금 작게 만들어서 구성원들의 칼로리 섭취를 줄여 건강을 개선하는 일을 하기도 한다.

1) HR 정보 종합화 및 정보 루트 다양화

기업들은 구성원들의 빅데이터를 분석하기 위해 HR 관련 정보들을 종합적으로 데이터베이스화하는 작업들을 하고 있다. 모바일을 통해 구성원들에게 관련 정보나 HR 서비스를 제공하기도 하고, 구성원 의견들도 수렴하며 데이터를 지속 업데이트 한다. 또한 직무 로테이션, 교육, 성과 평가, 커리어 개발 시스템 등 구성원들이 연결된 조직 내 다양한 플랫폼과 연계/통합하기 위한 작업들도 진행한다. 하지만 이러한 기존 정보만으로는 충분하지 않다는 인식도 적지 않다.

최근 MIT 미디어랩에서 만들어진 휴머니즈(Humanyze)라는 회사는 구성원들의 움직임, 언행, 다른 사람들과의 교류 등을 기록하는 소시오메트릭 배지(Sociometric badges)를 개발했다. 휴머니즈는 이 배지가 기존의 사원 카드를 대체할 수 있을 것이라고 생각한다. 배지에는 음성을 인식할 수 있는 마이크로 폰, 다른 사람들과의 대면 접촉 여부 등을 감별할 수 있는 적외선 카메라, 동작/움직임 정도를 감지하는 가속도계, 다른 기기들과의 거리를 식별할 수 있는 블루투스 등 4개의 센서가 달려 있다. 이에 대해 개인 정보 노출이라는 윤리적 문제가 제기되고 있지만, 휴머니즈는 이러한 정보들에 대해 개인의 신분 노출 없이 팀 단위나 조직 전체 단위의 분석에 쓰이도록 데이터 수집 시스템을 설계할 계획이라고 한다. 이 정보들은 팀 단위에서는 그룹 내 구성원들 간의 교류 패턴 분석, 조직 전체 차원에서는 그룹 간 행동 패턴 차이 분석 등에 사용될 수 있다.

2) HR Analytics 전문 업체 활용도 활발

HR Analytics 솔루션을 제공해 주는 IT 전문 기업들도 많이 생기고 있다. HR Analytics에 대한 관심들이 높아지자 기존의 ERP 영역 강자인 SAS, 오라클 같은 기업들도 HR Analytics 전문 기업들을 사들이는 등 적극적으로 사업을 추진하고 있다. 이에 따라 직접 분석 툴을 개발하기보다 전문 업체들을 활용하는 경우도 많다. 예컨대 HireIQ와 같은 기업은 인터뷰 솔루션과 지원자의 잠재력을 평가하는 솔루션을 제공한다. 고(高)성과자의 프로파일과 지원자의 프로파일을 비교하여 지원자가 입사 후 회사에 잘 적응할지, 성과를 낼 수 있을지 등을 판단해 준다. 웰즈 파고 은행은 Kiran Analytics에 의뢰하여 콜센터 직원들의 프로파일을 분석하여 적절한 인력을 채용하는 작업을 하기도 했다. 이러한 IT 솔루션에 대한 기업들의 신뢰가 아직까지 높은 편은 아니지만, 많은 기업들은 일부 사업 영역에 파일럿 테스트를 하면서 가능성을 지속적으로 타진해 보고 있다.

외부 전문 업체와의 협업을 위해선 Analytics에 대한 지식이 필요하다. Analytics라고 하면 부담감부터 가지는 HR 담당자들도 적지 않다. 통계, 수학, 소프트웨어 등의 영역은 전통적으로 HR과 큰 관련이 없던 분야이다. HR Analytics는 HR 전문가, 데이터 과학자, 소프트웨어 개발자 등 세 분야의 전문가들이 함께 모여 협업을 해야 한다. 예컨대, 데이터 과학자는 다양한 데이터로부터 유의미한 패턴들을 찾아내는 작업을 해야 하고, HR 전문가는 HR 관점에서 데이터들을 해석할 수 있어야 한다. HR 담당자가 Analytics를 모두 알 필요는 없지만, 다른 전문가들과의 협업에 필요한 수준의 관련 지식은 익혀둘 필요가 있다.

자료: 황인경 (2016), LG경제연구원.

제5절 해외주재원의 귀국관리

해외 주재근무 후 귀국은 개인적으로나 조직적으로 적응과정을 거치게 한다. 즉, 해외주재원에게 귀국은 비록 자국문화로의 복귀를 의미하지만, 다른 문화권의 이국생활에 적응된 후, 다시 재적응과정에 놓인다는 점에서 문화적 재진입으로 볼 수 있다. 주재근무 후 귀국에 관한 관심은 해외 주재근무에 관한 관심에 비해서는 항상 뒷전이었다. 초창기 연구에서는 명목 및 실질임금의 감소, 직급부여의 어려움, 특정 직무의 소멸, 배치부서의 부적합, 국내여건의 이질감, 동료로부터의 소외 등을 귀국 후의 어려움이라고 열거했다. 즉, 조직, 경력상 문제, 재정적 압박, 가족문제 및 심리적 스트레스가 본사 귀환과 관련한 주요 문제들로 등장한다는 점이다.

1. 주재근무 후 귀국적응

심리적 측면에서 본 본사귀환은 실제귀국보다 수개월 전부터 진행된다. 실제 귀국시점의 전후 1년 정도를 심리적 귀국상태로 보고 있는데, 결국 귀국 후 6개월은 신체적 · 심리적 적응과정이 병행하는 셈이다. 이 기간 동안에는 높은 이직률이 특징적이며, 직무성과도 시간이 흐르면서 서서히 높아진다.

여기서 조기귀국, 즉 해외 주재근무의 실패율과 귀국 후 이직률 역시 높다는 점에 주목할 필요가 있다. 해외 주재근무실패의 공통요인은 바로 문화적 적응의 실패에서 비롯된다. 한편 성공, 실패를 떠나 해외주재원들은 심각한 문화적 충격에 시달린다. 이러한 문화적 이질감에서 비롯되는 문제들은 적절한 훈련을 통해 미리 예방하거나 줄일 수 있다는 주장이 지배적이다.

해외근무를 마친 주재원의 귀국 후 이직률이 매우 높다는 보고는 모든 국제기업들에게 산경험을 제공해 준다. 이직률은 귀국 후 1년 또는 몇 년 후까지 연장하면 더 높아진다는 점에서 문제는 더욱 심각하다. 실제 해외주재원에 대한 보상이 국내근무에 비해

2~3배 지출되는 점을 감안할 때 기업의 직접비용은 엄청나다. 특히 귀국 후의 조직 내 또는 조직 외 상황변화에 적응을 못하거나 불만스러운 경우로 인한 이직률의 상승으로 간접비용도 막대하다.

2. 귀국적응과정

귀국적응과정은 귀국 전과 귀국 후로 나누어 볼 수 있다. 귀국 전의 철저한 귀국준비는 귀국 후의 적응뿐만 아니라 조직에 기여할 수 있는 해외경험을 제대로 인식하는데 도움이 될 것이다. 이는 귀국 후 변화되어 있을 여건 등에 관한 정보를 미리 얻으려는 노력을 말하며, 기대 또는 예상을 가능하게 해준다. 이러한 예상은 직무, 대인관계, 환경에 대해 각각 다르게 나타날 수 있다. 물론 이러한 예상과 현실이 불일치하더라도 귀국준비는 변화에 대한 인식을 갖게 하는데 도움이 될 것이다. 그리고 귀국을 앞두고 직무상 또는 사적으로 본사와 관계를 갖는 경우, 귀국 후 본사로부터 주재근무 경험 및 경력을 인정받는데 도움이 되어 궁극적으로 주재경험을 조직에 기여하는 데에도 도움이 될 것이다.

한편, 해외주재 근무부서가 주재원의 귀국 후 적응 및 해외경험의 조직기여에 영향을 미친다. 먼저 주재원이 근무한 해외자회사의 위상을 들 수 있는데, 이를 테면 조직구조상 다른 자회사에 비해 상대적 중요성을 의미한다.

또한 해외근무에 대한 본사로부터의 실적 또는 성과평가를 들 수 있다. 이러한 것은 주재원이 귀국 후 본사 또는 근무부서의 상사나 동료로부터의 주재경험 및 해외경력을 인정받는데 영향을 줄뿐만 아니라, 조직에 기여할 수 있는 주재경험을 제대로 인식하여 활용하는 데에 영향을 미치게 된다. 또한 귀국 후 주재근무 기간 동안 변화한 주변상황에 대한 인식, 주택해결과 자녀취학 등과 같은 정착과정은 주재경험을 제대로 인식하여 조직에 기여하는데 영향을 미칠 것이다. 주재원들이 귀국 후 받는 스트레스는 엄청나게 바뀐 주변상황을 빨리 인식하지 못하는 데서 비롯된다. 이를테면 과거 동료가 상사가 되었다거나, 조직부서의 변동과 같은 조직적 변화뿐만 아니라 인플레이션과 같은 재정적 부담도 크게 느낀다. 또한 귀국 후 사회적 신분의 격하, 주택문제, 가족적응 문제 등이 주된 어려움이다.

3. 해외주재경험

해외주재경험은 크게 개인적 경험, 직무관련 경험, 문화적 경험으로 나누어 볼 수 있다. 여기서 개인적 경험은 해외 주재근무의 경험 여부, 주재근무 기간, 가족동반 여부 등이 포함된다. 즉, 다양하고 풍부한 주재경험은 유경험자일수록, 경험이 많을수록, 예외적 경험을 가질수록 커진다. 취학아동을 동반한 경우 해외경험은 오히려 다양하고 풍부해질 수 있다. 또한 가족의 해외생활의 만족은 오히려 직무만족을 향상시킬 뿐만 아니라 보다 성공적인 주재근무를 보장해 준다는 주장도 있다. 물론 가족의 현지적응이 어려워 조기 귀국하는 경우도 있긴 하다.

한편 직무관련경험은 전문성 및 응용성 차원에서 설명될 수 있다. 해외 주재근무의 직무와 귀국 후 직무의 유사성, 직무 중 국제경영 업무의 비중 등이 기준이 될 것이다. 직무 유사성은 우선 귀국적응을 쉽게 해주거나 심지어 직무몰두, 조직몰입에도 긍정적인 영향을 미친다. 즉, 직무의 유사성 정도가 높을수록, 국제 업무의 비중이 클수록, 해외 주재경험의 조직기여도는 높을 것이라는 예상이다.

문화적 경험이란 범위가 넓으며, 개인적, 직무관련 경험과 중복되는 경우도 많을 것이다. 따라서 문화적 경험은 다양성, 풍요성, 전문성, 응용성이 모두 고려될 필요가 있다. 이를테면 여러 국가의 주재경험을 가질수록 문화적 경험은 다양하고 풍부해진다. 또한 현지 채용인들과 공동 의사결정에 참여하는 일, 현지국의 관련업계와의 교류가 많은 업무에 참여하는 일 따위도 기준이 될 것이며, 현지인 채용비율도 좋은 문화적 경험의 척도가 될 수 있다는 점이다.

4. 해외주재원의 귀국 후 관리

국제기업은 통상 해외주재원의 육성과 교육에는 많은 관심을 보이고 있으나, 해외주재원의 귀국한 후 인사관리문제에 대해서는 크게 관심을 쏟지 않는 경향이 있다. 해외주재원은 국내본사와 해외자회사간의 커뮤니케이션 부족으로 개인적 · 직업적 고립을 느끼며, 심한 경우에는 국제기업의 전체적 정책마저 인식하지 못할 뿐 아니라, 본사의 경영이나 정책에 많은 변화가 있는 경우 재적응이 어렵다.

해외근무 후 귀국한 사원이 새로운 국내 보직에 만족하지 못할 경우, 사직을 하게 되면 당해 기업 자체는 유능한 직원을 잃을 뿐만 아니라 그와 더불어 그 직원에게 투자한 시간과 자본의 손실을 입게 되는 것이다.

이상과 같은 점에서 해외주재 직원에 대한 귀국 후 관리는 그 중요성을 가지며, 이를 해결할 수 있는 체계적 접근방법을 개발하는 것이 요구된다. 따라서 본사에 돌아온 관리자는 심층적인 조직적 재교육을 받아야 한다. 이 재교육에서는 정책 및 절차상의 변경, 회사전략의 변화, 새로운 직원 및 현직원의 임무, 귀국자의 새로운 직위에 대한 상세한 설명이 있어야 한다. 그리고 귀국자는 새로운 직위를 맡기 전에 한 달 정도 옵서버 자격으로 회합에 참여토록 한다. 국제기업은 가족 전체에게 소득감소와 생활습관 적용을 위한 자문을 해주고, 이와 함께 인플레이션 및 주택비용 상승을 고려하여 금융을 제공해 주어야 한다. 이러한 재정적 자문은 여러 가지 방법으로 실시할 수 있다. 귀국자에게는 약간의 시간적 여유를 주어야만 새로운 직위에 적응할 수 있다. 그리고 귀국 후

6개월 정도는 가족에 대한 배려가 필요하며, 국내 환경에 잘 적응할 수 있도록 도와주어야 한다. 또한 전문적인 카운슬링이 있어야 본국귀환을 무리 없이 받아들이게 된다.

제6절 국제경영자의 보상관리

일반적으로 국제기업의 보상에 있어서는 해외자회사에 근무하는 본국인 경영관리자를 어떻게 보상할 것인가, 제3국인을 어떻게 보상 할 것인가, 그리고 본사국인과 제3국인 경영관리자의 보수 간에는 어떠한 관계가 있어야 하는가 등의 문제들을 해결하여야 한다. 국제기업 내에서 보상정책이 잘못 수행될 경우, 이해관계자간에 심각한 갈등을 야기시킬 수 있으며, 조직 내의 승진 패턴을 변화시키기도 한다. 일반적으로 보상관리에는 보수관리 · 신분관리 · 직무관리가 포함되며, 보수관리는 임금관리 · 복지후생관리가, 신분관리에는 승진관리 · 교육훈련관리가 그 대상이 된다. 그리고 직무관리는 성취감 · 자아실현감 · 안정감 · 도전감 등이 그 대상이 된다.

해외 경영활동에 대해 상당한 보상이 주어질 경우 유능한 경영자들은 본사에서의 근무보다는 해외에서의 근무를 선호하게 될 것이다. 반대의 경우는 해외근무를 기피하게 되고, 그로 인해 해외파견경영자를 확보하는데 상당한 어려움을 겪게 될 것이다. 따라서 해외파견인에 대한 보상관리는 신중하게 이루어져야 할 것이다.

대부분의 기업에서는 해외근무에 대해서는 어느 정도의 유리한 조건으로 대우를 해주는 것이 일반적이다. 그러나 그 정도에 있어서 합당한 평가기준이 설정되어야 하는데 여기에 대한 객관적인 기준을 마련하기가 쉽지 않다.

보상관리 중 해외경영자의 임금정책에 있어서는 보통 다음과 같은 요소를 고려하여 기본급 · 수당 · 부가급 등을 결정하게 된다. ① 국제경영능력을 보유하고 있는 경영자를 확보하고 계속 유지하는 문제, ② 해외자회사와 본사 간 또는 해외자회사간의 상호교류가 원활히 이루어질 수 있도록 하는 문제, ③ 본사와 자회사간 또는 자회사간에 차별적이고 불평등한 임금정책을 배제하는 문제, ④ 해외 각 지역의 경쟁기업과 경쟁력을 유지할 수 있도록 조정하는 문제 등이다.

현지인에 대한 보상체제는 자질을 갖춘 인재를 확보 · 유지하는데 많은 영향을 미친다. 외국기업은 승진기회나 장기고용의 면에서 어느 정도 불리한 한계점을 가지고 있으므로 임금이 갖는 의미는 매우 크다고 하겠다. 따라서 외국기업은 보통 현지기업의 평균임금보다 다소 높은 임금을 책정하는 것이 보통이다. 그러나 이 과정에서도 현지국의 임금체계에 대한 충분한 분석이 이루어져야 할 것이다. 각 국의 임금수준이나 체계는 제각기 다르며, 임금의 지급방식도 상이할 수 있으며, 학력 · 성별 · 연령별로 임금격차가 크게 나타날 수도 있다. 또한 연공급보다는 직무급이나 능력급이 채택되는 나라도 있으며, 정기적인 급여 이외에는 보너스가 거의 없는 곳도 있다.

현지인의 관리상 편의를 도모하기 위해서는 본사의 임금체계를 그대로 적용하는 것이 바람직하기는 하나, 보다 중요한 것은 현지자회사의 복합적인 사정을 고려하여 현지인을 고용하고 그 고용인의 근무의욕을 고취시키는 방향으로 임금체계가 수립되어야 할 것이다.

제7절 국제노사관계

해외에 진출한 국내기업들은 인사노무관리의 현지화가 제대로 이뤄지지 않는데다 현지 근로자들의 높은 이직률 때문에 많은 어려움을 겪고 있는 것으로 나타났다.

한국경영자총협회는 그들이 발간한 「해외진출 한국기업의 인사노무관리 실태조사」에서 이같이 밝히고 현지국의 문화 · 관습 등에 적합한 관리방식 및 현지인과의 의사소통을 원활하게 할 수 있는 대책개발이 시급하다고 지적했다. 미국 · 영국 · 캐나다 · 인도네시아 · 태국 · 싱가포르 · 말레이시아 등 7개국에 진출한 1백 47개 기업을 대상으로 실시한 설문조사 결과를 분석한 이 자료에서 노무관리를 전담하는 조직이 있다고 응답한 회사는 16개로 전체의 10.9%에 불과했다.

노무관리 전담조직은 물론 담당자도 없다는 회사는 67개(45.6%), 전담조직은 없으나 담당자는 있다는 회사는 61개(41.5%)로 해외진출 기업들이 노사문제에 소극적으로 대처하고 있는 것으로 조사됐다. 노무관리도 현지인들이 담당하는 회사(35개, 23.8%)가 한국인이 담당하는 회사(61개, 41.5%)보다 훨씬 많으며, 최종결정권자인 사장도 출자비율에 관계없이 한국인이 맡고 있는 회사(1백27개, 86.4%)가 압도적으로 많았다.

반면 노동부 집계결과에 의하면, 국내에 진출한 외국회사 중 절반 정도는 한국인이 사장을 맡고 있으며 (48.6%), 인력관리와 중요 인사노무관리 정책결정권도 한국 측에 위임된 회사가 52.7%나 된다. 이는 국내와 외국기업간의 현지화 성향의 차이를 여실히 보여주는 것이다. 한편 해외진출 한국기업 중 노조가 설립된 회사는 6.1%에 불과한 반면, 국내진출 외국기업의 25.5%에 노조가 설립돼 해외진출 한국기업의 노사관계가 상대적으로 적대적인 것으로 나타났다.

앞의 조사결과와 같이 국제기업은 전 세계에서 기업 활동을 전개하므로 다양한 노사관계에 직면하게 된다. 이러한 노사관계의 관리를 위하여 대개 분권화 정책과 중앙집권화 정책을 쓰게 된다. 최근에는 어느 한가지만을 고집하지 않고 현지의 독립성을 유지하면서 기업 전체적 통합 및 조정이 이루어지고 있다. 오늘날 대부분의 선진산업사회에 있어서 노사관계는 계급투쟁과 헤게모니를 위한 투쟁이 아니라, 노사의 공존공영을 위한 경쟁력 강화와 산업평화 유지에 초점을 두고 있다.

상이한 사회적 가치, 노동자들의 정신적 욕구, 법제도 등을 통하여 노무관리에 영향을 미치는 현지국의 고유한 문화적·제도적·법률적 환경의 특성을 외국인이 제대로 이해하기를 기대하는 것은 무리이며, 따라서 대부분의 다국적기업에서는 일반적으로 노무관리의 문제를 현지의 경영자에게 일임하고 있다.

단체교섭의 과정에 있어 현지국 사정에 보다 정통한 현지의 경영자는 결정된 협약에 의하여 발생하는 모든 결과에 대해 책임을 져야 하지만, 이러한 교섭에서의 최종결정권을 본사에서 갖고 있는 한 현지경영의 지위와 권위, 효율 등은 저하되게 마련이다. 물론 이러한 정책은 현지의 경영자가 노무관리에 대한 적당한 수준의 능력을 보유하고 있음을 전제로 하고 있다.

이에 반하여 노사관리에 관한 결정권을 본사에서 중앙집권적으로 통합적인 관점에서 행사하여야 함을 주장하는 논리도 있다. 신설된 지사가 일천한 관리경험으로 다국적기업이 기대하는 수준의 노사관리가 가능하겠는가 하는 의구심에서 비롯된 논리로, 한 국가에서의 협약이 여타 국가에서의 협약에 대한 선례가 될지도 모른다는 우려도 포함하고 있다

특히 최근에는 노동조합들이 국제적인 연계에 의하여 집합적 행동을 하게 됨에 따라 통일된 정책에 의한 중앙집권적 노사관리가 요구된다. 비록 이러한 원칙이 요구된다 할지라도 현지의 독립성을 유지시키기 위하여 최대한의 참여를 보장하여야 한다. 전체적 통합 및 조정이라는 것이 모든 국가에서 동일한 방법으로 노사관리가 전개되어야 한다는 것을 의미하지는 않으며, 현지국의 특성에 따라 조정이 이루어져야만 한다는 점이다.

주요용어

신국제인, 국제인사제도, 현지인력 관리전략, 해외주재원 선정 및 교육, 경력관리, 보수정책, 귀국관리, 보상관리, 국제노사관계

연습문제

1. 국제기업의 인적자원관리 범위에 대해 설명하시오.
2. 해외주재원 선정 및 교육에 대해 설명하시오.
3. 해외주재원의 경력관리 및 보수정책에 대해 설명하시오.
4. 해외주재원의 귀국관리에 대해 설명하시오.
5. 국제경영자의 보상관리에 대해 설명하시오.

참고문헌

Adler, N. J. (1994), Expecting International Successes: Female Managers Overseas, *The International Executive* 27(2), 13∼14.

Blake, D. H. (1981), How to Get Operating Managers to Manage Public Affairs in Foreign Subsidiaries, *Columbia Journal of World Business* 16(1), 61~67.

Edstrom, A. & Lorange, P. (1984), Matching Strategy and Human Resource in MNCs, *Journal of International Business Studies* 15(2), 125~137.

Fayerweather, J. (1982), *International Business Strategy and Administration*, Ballinger Publishing Company.

Heller, J. (1980), Criteria for Selecting an International Manager, http://www.ukessays.com/essays/management/criteria-for-selecting-staff-for-international-assignments-management-essay.php (접속일: 2015년 1월 10일).

Robinson, R. (1978), *International Business Administration*, the Dryden Press.

Robock, S. H. & Simmonds, K. (1983), *International Business and Multinational Enterprises*, Richard D. Irwin, Inc.

Ronen, S. (1986), *Comparative and Multinational Management*, John Wiley & Sons.

Tung, R. L. (1981), Selection and Training of Personnel for Overseas Assignments, *Columbia Journal of World Business* 16, 68~78.

Tung, R. L. (1984), Human Resource Planning in Japanese Multinationals: A Model for U. S. Firms?, *Journal of International Business Studies* 15(2), 139~149.

매일노동뉴스, '[왜냐면] '한국 까르푸'의 횡포,' 2002년 6월 18일자

매일노동뉴스, '까르푸, 왜 한국 떠나나?,' 2006년 6월 12일자.

반병길 (2005), 「다국적기업 전략과 관리」, 박영사.

강태구 (2012), 「국제경영」, 박영사.

심원필 (1993), "해외주재경험이 귀국 후 조직에 미치는 영향: 개념적 틀," 대구경북경영학회 1993년 하계학술발표회, l993. 8. l8.

이코노미21, [인적자원 (HR)] 이제는 글로벌 인적자원관리 시대, 2007년 5월 28일자.

주간동아, '다수보다 억대연봉 한 명이 더 중요,' 제343호, 2002년 7월 18일자.

한겨레21, '까르푸의 대한민국 탈출 작전,' 2006년 4월 12일자.

황인경 (2016), 국제인적자원관리에도 혁신이 시작되고 있다, LG경제연구원.

CHAPTER 16

국제기업의 조직 및 통제

학습목차

제1절 국제기업의 조직

제2절 국제기업의 통제

제3절 내부성과평가

학습목표

본 장에서는 첫째, 국제기업의 조직형태, 조직구조의 결정요인, 기업국제화 과정과 경영조직 구조의 변화, 통합과 조정메커니즘에 대하여 구체적으로 살펴본다. 둘째, 국제기업의 통제의 개념, 통제의 영역, 경영통제전략의 결정요인, 통제관리시스템의 확립에 대하여 알아본다. 셋째, 내부성과평가방법을 재무적 평가와 비재무적 평가로 나누어 살펴본다.

도입사례 16-1

노키아 몰락의 교훈

핀란드에 기반을 두고 있는 다국적기업인 노키아는 1865년 종이를 만드는 제지회사로 그 역사를 시작했다. 제지회사로 시작했지만, 추후 케이블 관련 및 고무생산 기업에 대한 인수합병을 시작으로 전자산업에 중점을 둔 생산기업으로의 변신을 꾀한 결과, 최근까지 휴대전화기 제조 및 네트워크 시스템 개발을 포함한 판매, 무역, 스마트 폰 네트워크 공급 등의 사업을 영위하는 거대 글로벌기업으로 변모하였다. 노키아는 2007년까지만 해도 핀란드 경제성장의 약 25%에 달하는 기여를 했고, 핀란드 전체 수출 중 20%를 담당하였으며, 2010년 초까지 전 세계 휴대전화시장 점유율 1위를 지키고 있던 명실상부한 글로벌 휴대전화 제조부문의 마켓리더였다.

과거 대량생산 기술의 혁신이 전파되었을 당시 근대의 제조 기업들은 제품의 질을 개선하고 원가절감을 통해 이윤을 극대화 시키는 것이 근본적인 목표였을지도 모른다. 하지만 현대의 제조업에서는 단순한 품질개선과 원가절감이라는 1차원적인 전략이 아닌, 보다 장기적이고 고차원적인 경영전략들을 고수한다. 그 중 하나가 연구개발에 대한 투자라고 볼 수 있다. 노키아는 2007년 애플이 아이폰을 최초 공개하기 7년 전에 이미 스마트폰 개념의 최신 터치스크린 식 휴대전화기기를 개발해 두었을 정도로 "기술혁신"에 많은 투자를 시행했던 기업이다. 여느 휴대전화 제조 경쟁사보다 연구개발 부문에 막대한 자본과 시간을 투자했고, 이는 노키아로 하여금 1등 휴대전화 제조사로서의 입지를 약 14년 동안 유지시킬 수 있었던 근본적인 힘으로 작용하였다. 노키아의 연구개발에 대한 집중적인 투자의 위력은 최근 모토로라를 인수했던 구글이나 애플과의 R&D 투자규모를 2001년부터 2011년 까지 그래프로 비교해서 나타낸 아래 그림을 통해서도 쉽게 추측할 수 있겠다.

그림 16-1 ● 기업별 R&D 투자 비교 그래프
자료: 월스트리트저널

1. 스마트폰 시장에서의 실패

노키아의 승승장구는 계속될 것만 같았고, 2007년 애플의 아이폰 공식출시에도 불구하고, 노키아측은 아이폰이 휴대전화 시장에서의 성공 가능성이 미미할 것으로 예견했다. 대표적으로 노키아 엔지니어들은 당시 출시된 아이폰이 2g 네트워크 기반이라는 것과 생산원가가 지나치게 높다는 점 등을 그 이유로 꼽았다. 그러나 이 예상은 크게 빗나갔다.

어쩌면, 1996년에 이미 Nokia 9000 '커뮤니케이터'라는 이메일과 팩스, 웹서핑이 가능했던 당시로서는 혁신적이었던 스마트폰을 노키아가 휴대전화 시장에 내놓았음에도, 동 모델이 소비자들에게 거부당했던 경험이 아이폰에 대한 잘못된 분석을 하는데 다소 기여했을 것이라고 추측된다.

노키아 측의 예상과 다르게 아이폰 1세대 출시에 대한 소비자들의 폭발적인 반응과 수요가 발생하자, 뒤따라 노키아 역시 스마트폰 시장으로의 진입을 뒤늦게 재정비하게 된다. 사실상 노키아는 스마트폰이라든지 태블릿 PC 제품 자체에 대한 개발에는 크게 걱정을 하지 않았다. 하지만 아이폰이 IOS라는 독자적인 모바일 운영체제를 들고 나와 아이폰의 마니아층을 형성하는 것에 염려를 하기 시작했고, 노키아도 자체적인 모바일 운영체제를 구축하기 위해 영국의 모바일 OS 개발회사인 "심비안"을 2008년에 인수한다.

심비안을 인수한 뒤 2009년에 다른 휴대폰 제조회사들 또한 이 OS체제를 탑재할 수 있도록 오픈소스로 이를 개방하였고, 그러자 삼성이 2009년 2월 "옴니아 HD"에 심비안 OS를 융합하여 유럽과 미국시장에 휴대폰을 출시시키기도 했다. 그러나 결과적으로 이는 삼성의 스마트폰 역사 속에서 유일하게 심비안 운영체제를 탑재했던 최초이자 마지막 기기로 남게 되었다. 다른 휴대폰 제조회사들도 "심비안은 노키아의 OS"라는 인식이 강해서인지, 심비안 보다는 2008년 9월 구글이 소개한 "안드로이드" 모바일 운영체제에 보다 더 많은 관심을 보였음은 물론, 실제로 그들의 스마트폰에 "안드로이드"를 탑재시켰다. "심비안" OS의 경쟁력에 대한 확신이 떨어지기 시작하자, 2010년 노키아는 인텔과 함께 새로운 운영체제인 "미고" 개발에 착수한다. 하지만 이 운영체제를 탑재한 스마트폰 출시 기일은 계속해서 연기되었고, 결국 2011년 9월 "미고" OS를 탑재한 스마트폰 "노키아 N9"을 처음이자 마지막으로 출시한 뒤 "미고" OS를 포기하기에 이른다.

이러한 배경 하에 있었던, 2010년 3월 삼성의 "안드로이드" OS를 탑재한 스마트폰 "갤럭시S1" 출시, 6월 애플의 "아이폰4" 발표, 그리고 2011년 2월 삼성의 연이은 갤럭시 S시리즈의 두 번째 제품 출시 발표는 노키아의 휴대전화 시장의 점유율을 끌어내리는데 큰 역할을 하게 되었으며, 이로써 노키아는 본격적인 경영상의 위기를 맞게 된다. 2011년 후반기, 결국 노키아는 자체 OS 기반을 포기하고 MS사와 협력관계를 맺어 윈도우체제를 기반으로 한 스마트폰인 "루미아 시리즈"를 제작 및 출시한다. 그러나 이 또한 이미 노키아에게 등을 돌리기 시작한 소비자들의 흥미를 유발하는 데 실패하자 급기야 2013년에는 MS사에게 노키아의 모바일사업부가 75억 달러에 피인수된다.

2010년 초까지 전 세계 휴대전화기기 시장점유율 1위를 유지하던 기업이자 최초의 스마트폰 개념의 휴대전화기를 개발한 기업이었으며, 애플이 그렇듯 자체적인 모바일 운영체제를 갖춘 기업이었던 글로벌기업 노키아가 이렇게 허망하게 몰락하게 되기까지에는 7년이 채 걸리지 않았다.

2. 조직구조의 관점에서 분석한 실패 요인

앞서 언급했듯, 영원할 것 같았던 노키아의 혁신적인 위상은 대체 무엇 때문에 이토록 빠른 시간 내 비극적인 결과를 낳게 된 것일까? 스마트폰 시장에서 노키아가 실패로 귀결된 데에는 여러 가지 이유들이 복합적으로 작용했겠지만, 무엇보다 조직구조의 문제에서 그 원인중 하나를 찾을 수 있다.

노키아는 복잡해진 휴대폰시장 환경에 유동적으로 반응할 수 있고, 부서간의 장벽 없는 소통을 통해 최고의 팀워크를 이끌어 내어 혁신을 만들어 낼 수 있는 매트릭스 구조를 갖춘 글로벌기업이었다. 하지만, 노키아는 매트릭스 구조의 이러한 장점을 이용하여 스마트폰시장에서의 성공을 이끌어내는 데는 실패했다. 그 이유는, 매트릭스 구조가 가진 치명적인 위험요소가 노키아를 잠식했기 때문이라고 여겨진다. 즉, 매트릭스 구조가 성공적으로 제 기능을 발휘하기 위해서는 조직 내 부서 간 "상호 협력"을 가장 중요한 필요조건으로 지적할 수 있다. 노키아가 2008년 모바일 OS기업 심비안을 인수하고, 독자적인 스마트폰 OS 플랫폼을 구축하려고 시도했지만, 성과가 미비하자 곧 이어 새로운 운영체제인 "미고"를 인텔과 함께 개발하는데 투자한 바 있다. 그럼에도 그렇다고 기존의 플랫폼인 "심비안"을 포기한 것은 아니었다. 결국, "심비안" 개발팀과 "미고" 개발팀 이라는 두 개의 팀을 중심으로 여러 부서들이 두 가지 노선을 함께 고려하며, 둘 중 시장에서의 성공 가능성이 보다 큰 운영체제를 선택해야만 했다. 이 와중에 자연스럽게 두 팀을 중심으로 대립적인 사내 정치가 형성되었고, 협력과 소통은 고사하고 지나친 경쟁과 토론으로 이어져 경영전략의 노선을 결정하는데 지연을 야기했으며, 이는 또한 경쟁기업들의 모바일 운영체제인 안드로이드와 IOS가 휴대기기 시장에서의 점유율을 높이는데 결과적으로 시간적 여유를 제공해준 셈이 되었다.

충분한 기술력과 자본력 그리고 휴대전화 시장에서의 성공 노하우로 축적된 노키아는 새로운 시장의 패러다임인 스마트폰 시장에서 선두주자로 활약할 수 있었음에도 불구하고, 조직 내 의견불일치로 인한 불협화음, 그리고 그에 따른 의사결정 지연이 그러한 기회를 앗아갔다.

2007년 애플에 의한 "아이폰"의 대두와 함께 한시 바삐 스마트폰 시장에서의 점유율을 높이기 위해 촌각을 다투며 빠른 시간 내에 OS 기반을 구축하고 제품의 디자인과 다양한 어플리케이션 제공에 힘써온 삼성 갤럭시S와 탄탄한 자체 운영체제를 갖춘 애플의 아이폰이 결국 스마트폰 시장의 리더 자리를 빼앗아가는 것을 노키아는 가만히 지켜볼 수밖에 없었다.

질문:

1. 노키아의 실패 원인을 분석하시오.
2. 만약 당신이 노키아의 최고의사결정권자라면, 애플에 의해 아이폰이 출시되었을 당시, 어떤 전략을 구사했을 것으로 여겨지는가?
3. 향후 노키아가 부활하기 위해서는 어떤 전략을 계획하여 시장에 대응해야 할 것으로 판단하는가?

제1절 국제기업의 조직

기업을 하나의 건물에 비유할 때 조직이란, 그 건물의 내부에 들어가는 철근콘크리트와 같은 것이다. 철근콘크리트 없이는 고층빌딩을 지을 수 없듯이 조직이 없거나 약한 기업체는 그 성장에 한계가 생길 것이다. 이와 반대로 조직을 제대로 갖춘 기업에서는 그 조직이 허용하는 범위 내에서 성장을 추구할 수 있게 된다.

기업이 국제화 전략을 추구하는데 있어서도 그 성패 여부는 선택된 전략을 효과적으로 실시할 수 있는 합당한 조직이 뒷받침되고 있는가에 달려 있다고 하여도 과언이 아니다. 단, 여기서 뜻하는 합당한 조직이란, 선택된 전략을 수행하기에 부족한 조직이 아님은 물론이요, 그 전략보다 과다한 조직이어서도 안 된다. 즉, 조직은 선택된 전략의 성격에 따라 그 규모나 체계, 강도가 결정되어야 한다.

이와 같이 조직을 전략의 종속변수, 즉 전략의 성격에 따라 결정되는 변수라고 규정한다면, 기업이 국제화 전략을 수행하기 위해서 갖추어야할 조직도 국제화 전략의 각 단계에 따라 제각기 그 내용이 달라져야 할 것이다.

1. 국제기업의 조직형태

국제기업의 조직형태는 기능별 조직, 국제 사업부제 조직, 지역별 조직, 제품별 조직 및 매트릭스조직으로 구분할 수 있는데 이를 구체적으로 살펴보면 다음과 같다.

1) 기능별 조직

기능별 조직은 <그림 16-2>와 같이 최고 경영층 밑에 마케팅, 재무, 생산, 인사, 기획 등의 기능에 따라 부서가 나뉘어져 있는 형태이다. 기능별 조직은 기업의 취급품목이 다양하지 않고, 생산 또는 판매대상지역이 넓지 않을 때 흔히 채택된다.

이 조직구조는 마케팅이나 생산 등의 부문별 기능이 중시될 때 장점을 발휘할 수 있으나, 각 기능별 부서 간에 협조가 어렵기 때문에 실제로 국제기업들의 경영조직 구조로서는 별로 이용되지 않는다.

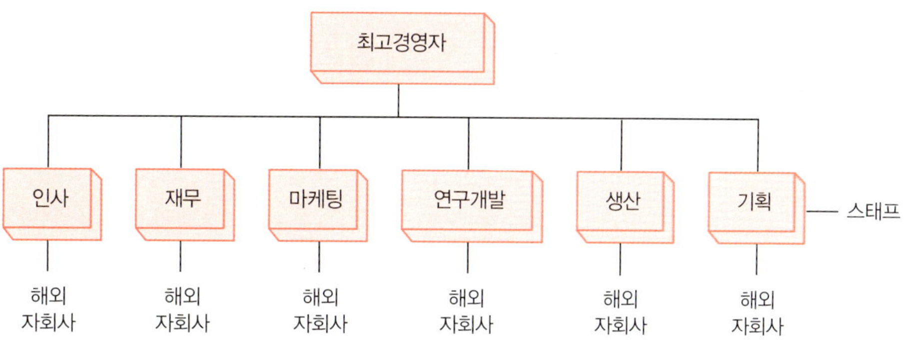

그림 16-2 ● 기능별 조직

2) 국제사업부제 조직

국제사업부제란, 기업의 국제경영 비중이 커지고 취급제품이 다양해지면서 등장한 조직형태로서, 국제사업부가 <그림 16-3>에서 볼 수 있듯이 다른 제품사업부와 같이 하나의 독립된 전략 사업단위로 운용되는 특징을 가진다.

국제사업부제 조직구조에서는 기업의 활동이 국내업무와 국제업무로 구성되는데, 국제사업부는 국내업무와는 별도로 주로 기업의 해외사업을 개발하는 기능을 수행한다. 국제사업부서를 지휘 감독하는 본사의 경영진은 집행 권한을 가지며, 국제사업부의 수익성에 직접적인 책임을 진다.

성장단계에 있는 기업들은 세계적인 조직을 효과적으로 운용할 수 있는 숙련된 경영관리인들이 부족하기 때문에 이 조직구조를 선호한다.

국제사업부제 조직의 장점은 해외사업에 필요한 지식과 경험이 축적된 국제사업부에서 해외경영활동을 주도함으로써, 최고경영진이 해외경영업무에서 벗어나 국내업무에 전념할 수 있다는 점이다. 또한 해외영업과 관련된 모든 중요한 정보를 조직 안으로 흡수함으로써 전체 조직차원의 영업 효율성을 높일 수 있는 장점이 있다.

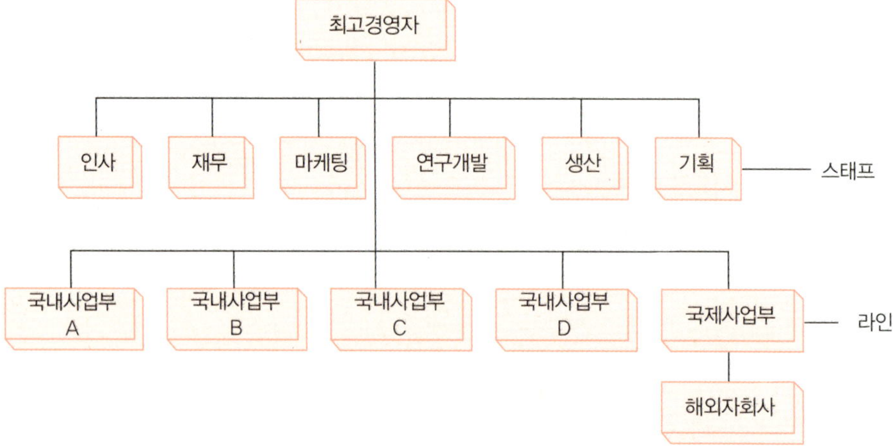

그림 16-3 ● 국제사업부 조직

반면 단점으로는 다음과 같은 내용을 들 수 있다.

첫째, 국내사업부서와 국제사업부서가 각각 독립성과 자치성을 지닌 조직단위이기 때문에 전사적인 계획의 일괄적인 적용에 어려움이 있을 수 있다.

둘째, 최고경영진의 관심이 주로 국내업무로 집중되기 때문에, 해외업무의 중요성에 대한 인식의 차이가 나타남으로써 기업 부서간의 갈등을 심화시킬 수 있다. 이러한 현상은 국제사업 활동의 비중이 높아질수록 더욱 뚜렷해진다.

셋째, 국제사업부제 하에서는 연구개발(R&D) 분야가 본사차원에서 통제되는 경향이 높아진다. 즉, 이러한 조직구조 아래에서는 기본적인 연구개발의 방향이 주로 국내시장을 초점으로 해서 이루어지며, 해외업무를 위한 연구개발은 단지 현지시장의 환경에 맞게 제품을 변경하는 정도에 머무르게 된다.

3) 제품별 조직

제품별 조직구조는 <그림 16-4>와 같이 최고경영진 밑에 각 제품 별로 하나의 독립된 부서를 구성하고, 그 제품별 부서 밑에 생산, 마케팅, 인사 등의 기능별로 하부 부서가 이루어진 형태로써, 제품별 부서의 책임자가 자기 부서의 수익을 책임지는 독립채산제 성격을 가진다.

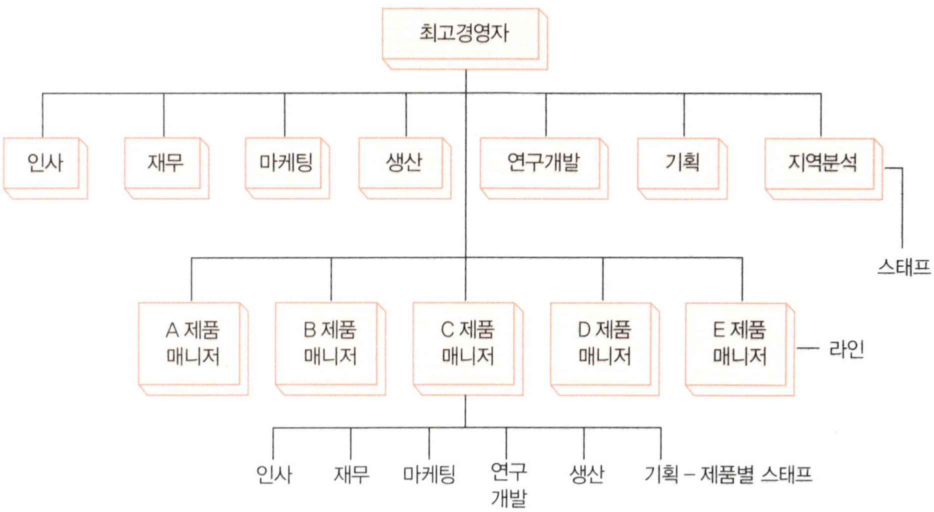

그림 16-4 ● 제품별 조직

이러한 조직구조를 택한 기업의 특징은 일반적으로 다양한 최종소비자(end-users) 층들을 대상으로 하거나, 다양한 품목 혹은 기술 집약적인 제품을 취급하며, 선적비, 관세 및 기타 특정비용이 현지생산에 많은 영향을 준다는 것이다.

각 제품군 사이에는 공통점들이 거의 없으므로 이들은 서로 독립적인 활동을 수행한다. 이로 인해 해외의 동일 국가 안에 위치한 서로 다른 자회사들은 본사에 서로 다른 집단의 자격으로 업무보고를 하게 된다.

한편 제품별 조직의 장 · 단점들은 다음과 같이 요약할 수 있다.

먼저 장점으로는 의사결정권한이 제품부서별로 분산됨으로써 각 부서의 책임자들이 의욕을 갖고 일을 추진해 나갈 수 있으며, 제품수명주기에 따라 제품생산의 통제를 효율적으로 할 수 있다. 그 반면에 단점으로는 각 제품부서가 자기 부서의 입장만을 내세우기 때문에 세계시장에서의 전사적인 조정이 어려우며, 제품부서의 책임자가 다른 부서로 배치될 경우 이전에 근무했던 제품부서에 대한 편애 내지 편견을 가질 수 있다. 또 제품책임자가 특정지역의 환경과 경영특성에 관한 경험과 지식이 부족할 때 해당지역 전문가들의 협조를 받기가 어렵다는 점을 들 수 있다.

4) 지역별 조직

지역별 조직구조는 <그림 16-5>에서와 같이 최고경영진 아래에 세계시장에서 세분화된 여러 지역이 하나의 부서를 이루고, 각 지역별 부서 밑에 여러 제품과 기능이 하부부서로 존재하는 형태이다.

이 조직 아래에서는 본사가 전 세계적인 계획 및 통제의 책임을 지지만 업무운영의 책임은 지역사업본부에 귀속된다. 지역별 조직구조는 대체로 기업이 진출하고자 하는 지역이 다수이고, 시장간 특성의 차이가 뚜렷하여 표준화된 관리체계가 이루어지기 힘들 때 채택된다. 한편 이 조직형태는 미국보다 유럽기업들에 의해 선호되는데, 이는 유럽기업들이 미국기업들보다 해외 지향적이기 때문이다.

지역별 조직은 집행권한과 책임의 소재가 명백하고, 각 지역의 특성에 맞춰 제품을 적응시킬 수 있으므로 생산과 마케팅 활동의 조화가 원활하게 이루어진다는 장점이 있다.

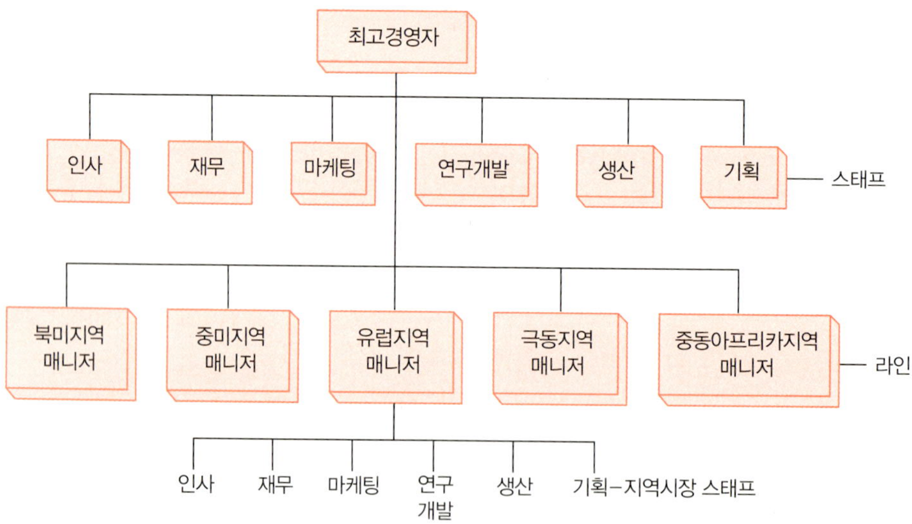

그림 16-5 ● 지역별 조직

그 반면, 특정제품의 관리를 책임질 경영자가 없기 때문에 개별적인 제품이나 기능, 혹은 기술에 대한 전문지식의 활용이 어렵고, 기업의 경영활동이 자칫하다가는 전사적 입장이 아닌 특정 지역적 입장에서 이루어질 수 있다. 또한 실적이 부진하거나 규모가 작은 지역사업본부의 발언권이 약화되어 본사의 지원이 불균형하게 이루어짐으로써 근무자의 의욕을 떨어뜨릴 수 있다.

5) 매트릭스 조직

매트릭스 조직이란, 앞에서 설명한 기능, 제품, 지역의 세 가지 조직이 상호 결합된 다차원적 구조로서, 일차원적 조직구조에 비해 신축성이 있고, 조정과 규모의 경제라는 장점을 지니고 있다. 특히 이러한 조직형태는 제품과 지역의 두 부문의 변화에 대해 민감하게 대처해야 하는 국제기업들이 많이 채택한다.

매트릭스 조직구조의 특징은 <그림 16-6>과 같이 업무보고체계가 전통적인 일원적 조직구조와는 달리 이원화 되어 있다는 점이다. 즉, 매트릭스 조직을 구성하는 적어도 두 차원의 기본단위에 동일한 권한과 책임을 부여함으로써, 해외자회사들은 자신들이 속해있는 기본 단위들에게 동시에 보고해야 한다.

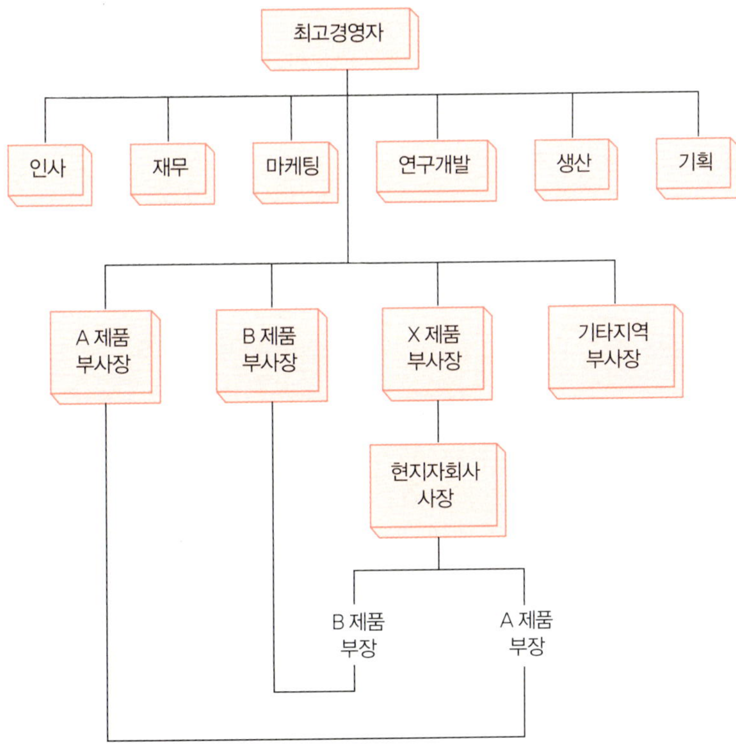

그림 16-6 ● 매트릭스 조직

따라서 이러한 매트릭스 조직의 특징이 곧 장점으로 작용할 수 있다. 즉, 어느 한 기본 단위에서 체크하지 못한 운용상의 문제점들을 다른 조직단위에서 지적해 냄으로써, 업무상의 과실을 줄일 수 있으며, 동시에 단위조직간 견제와 균형을 유지하여 기업의 효율적인 경영활동을 전개해 나갈 수 있다.

반면에, 매트릭스 조직형태는 그 자체가 복잡하고 기본조직 단위들 간의 갈등이 심화 될 수 있다. 즉, 기업의 경영에 있어서 다른 조직단위의 권한이 강화되는 것을 막거나, 업무에 대한 책임을 전가하기 위하여 다른 조직단위에서 올라온 보고에 대해 불필요한 제동을 걸어 조직간 충돌을 불러일으킴으로써 신속한 업무추진을 어렵게 만들 수 있다. 또 기본조직들 간의 권한이 균형 잡혀 있지 못하고 어느 기본조직 단위의 관리자가 막강한 권한을 행사하게 되면, 기업 전체로 볼 때 환경의 변화에 적합하지 못한 전략이 수행될 위험성이 있다. 따라서 매트릭스 조직구조 아래에서는 최고경영진이 기본조직 간의 갈등요인을 어떻게 조정 관리 할 수 있을 것인가가 중요한 과제가 된다.

토의자료 16-1

다시 생각해보는 매트릭스

1969년 아폴로 11호가 달 표면에 착륙했다가 무사히 지구로 귀환하는 인류 역사에 길이 남을 기념비적인 업적을 거두었다. 언론들은 그 성공요인 중 하나로 매트릭스 구조를 들었다. 제한된 시간과 자원을 최대한 효율적으로 활용하기 위한 프로젝트 매니저, 그리고, 첨단 기술을 다루는 전문가들이 모인 기능 조직이라는 두 개의 축이 공존하는 매트릭스 구조가 있었기에 소련보다 앞서서 성공할 수 있었다는 것이 당시 언론들의 분석이었다. 그 이후 매트릭스 구조는 수많은 기업들이 앞 다투어 도입하는 하나의 시대적 트렌드가 되었다. 1970년대 후반부터 80년대 초반까지는 가히 매트릭스의 전성시대라 할 만 했다.

그러나 안타깝게도 대부분의 기업들은 기대했던 효과를 얻지 못했다. 오히려 역할/책임의 모호성으로 인한 혼란, 빈번하게 발생하는 갈등해소 실패, 의사결정 속도의 저하 등의 부작용만 경험하게 된 것이다. 기업에서는 물론 경영학자들 사이에서도 매트릭스 구조는 이론적으로는 매우 훌륭하지만, 너무나 복잡하기 때문에 현실에서 이를 효과적으로 운영한다는 것은 사실상 불가능하다는 주장이 나타나기 시작했다.

여기에 마침표를 찍은 것이 1982년 출간된 톰 피터스(Tom Peters)와 로버트 워터만(Robert Waterman)의 '초우량 기업의 조건(In Search of Excellence)'이란 책이었다. "초우량 기업들은 모두 고객과 가까운 조직구조를 택하고 있었다. 그리고 초우량 기업 중에서 매트릭스 구조를 선택한 기업은 하나도 없었다"라는 문구가 일종의 사형 선고가 되어버렸다. 그 이후 매트릭스 구조를 운영하던 기업들도 사업부형 조직, 기능식 조직, 지역별 조직 등으로 다시 돌아갔다. 매트릭스 조직의 모범사례로 꼽히던 ABB마저 1998년 전통적인 글로벌 제품별 사업부제형 구조로 조직을 바꾸었다. '라인-스태프(Line-Staff) 조직'이나 R&D 부문의 프로젝트 매니저 제도 등 부분적으로 매트릭스 구조를 활용하는 기업들은 있지만, 매트릭스 구조를 조직의 기본 틀로 사용하는 것은 쉽지 않은 듯 보였다.

1. 매트릭스의 재조명

그런데 최근 IMD(International Institute for Management Development)의 갈브레이스(Jay R. Galbraith) 교수, 서던 캘리포니아(Southern California) 대학의 폴 아들러(Paul Adler) 교수 등 일부 경영학자들 사이에서 매트릭스 구조에 대한 재조명이 이루어지고 있다. 경영환경의 복잡성이 심화된 지금 시점이야말로 매트릭스 구조가 필요하다는 것이다. 실제 경영현장에서도 많지는 않지만 매트릭스 구조를 취하고 있는 기업들이 존재하고 있다. P&G, 시스코(Cisco), BMW, 언스트 앤 영(Ernst & Young) 등이 그 대표적인 기업들이다. 이 중 P&G의 전 CEO였던 라플리(A.G. Lafley)는 P&G의 성공요인을 설명해달라는 질문에 "첫째, 고마진 · 고성장 사업 분야 진출이라는 사업전략의 전환, 둘째, 외부의 아이디어를 받아들이는 오픈 이노베이션(Open Innovation) 시스템, 셋째, P&G만의 독특한 4차원 매트릭스 구조이다"라고 답하여 매트릭스 구조에 대한 기존의 통념에 충격을 주기도 했다. 이들 기업이 복잡하기 때문에 현실에 적용하기는 어렵다는 매트릭스 구조를 선택한 이유는 크게 3가지로 요약될 수 있다.

2. 경영환경의 복잡성 증가

피터 드러커(Peter Drucker)는 "조직구조는 기업을 둘러싸고 있는 경영환경이 요구하는 정도의 복잡성을 갖추어야 한다. 그보다 더 복잡하거나, 덜 복잡한 구조는 바람직하지 않다"라고 말한 바 있다. 소수의 제품으로 1~2개 시장에서만 사업을 하는데 조직구조가 복잡하면 불필요한 조정 비용 등 낭비가 발생한다. 따라서 사업이 단순하면 조직구조도 단순한 것이 바람직하다. 반대로 다양한 제품을 여러 시장에 파는 형태의 복잡한 사업을 하고 있는 기업에서는 단순한 조직구조로는 시장과 고객의 다양화로 인해 발생하는 복잡성을 충분히 해소하기 어렵다는 것이다. 매트릭스 구조를 선택한 대부분의 기업이 복수의 사업군/제품군을 갖추고 여러 국가에 걸쳐 퍼져 있는 복수의 지역 시장에서 사업을 영위하고 있는 기업들이란 것도 이런 맥락에서 이해할 수 있다.

3. 동시 달성이 어려워 보이는 목표를 추구하는 기업 전략

"조직구조는 전략을 따른다"는 하바드(Harvard) 대학 알프레드 챈들러(Alfred, D. Chandler) 교수의 말처럼 이들 기업이 추구하는 사업전략을 가장 충실하게 실행할 수 있는 조직구조 형태가 매트릭스이기 때문이다. 만약, '글로벌시장에서 1개의 제품으로만 사업을 한다'는 사업전략을 취한 기업이라면 제품중심 사업부 조직이나 기능식 조직이 더 효과적이다.

그러나 이와는 달리 동시에 달성하는 것이 어려워 보이는 두 개의 목적을 사업전략에서 추구한다면 매트릭스 구조가 그에 맞는 조직구조가 된다. 예를 들어, '규모의 경제를 누리기 위해 제품개발/생산 등은 글로벌 차원에서 통합 대응하고, 현지시장/고객에게 가깝게 다가가기 위해 마케팅/영업 등은 지역별로 밀착 대응한다'는 사업전략을 갖고 있다면, '제품 조직-지역 조직'의 2개 축을 갖는 매트릭스 조직이 적합한 형태라 할 수 있다. 이럴 경우, 제품 담당자는 제품의 입장에서, 지역 담당자는 지역의 입장에서 각자 가장 적합하다고 생각하는 방안을 가지고 만나서 서로 논의하는 과정에서 더 나은, 그렇기 때문에 양 축이 모두 성공할 수 있는 제3안을 찾을 수 있기 때문이다. 갈브레이스 교수는 "사업부 조직이나 지역별 조직이 두 가지 목적 중 하나만을 선택할 수밖에 없는 'OR형 조직'이라면 매트릭스 구조는 둘 모두를 추구할 수 있는 'AND형 조직'이다." 라고 말한다. 즉, 쉽지는 않지만 매트릭스 구조를 성공적으로 운영할 수만 있다면 사업부 조직이나 지역별 조직에 비해 더 큰 성과를 거둘 수 있다.

4. 시너지 창출과 효율적인 이노베이션

서던 캘리포니아(Southern California) 대학의 폴 아들러(Paul Adler) 교수는 "과거에는 대량 소비 경제에 맞는 생산 효율성을 갖춘 기업들이 경쟁우위를 가졌지만, 이제부터는 생산 효율성에 더하여 이노베이션도 효율적으로 할 수 있는 기업이 경쟁우위를 갖는 시대가 될 것이다. 이를 위해서는 '협력형 기업(Collaborative Enterprise)'으로의 변신이 필요하다"고 말했다. 아들러 교수가 말하는 협력형 기업은 조직 내부의 경계를 넘어 시너지를 창출할 수 있는 기업이다.

그런데 사업부 조직이나 기능식 조직은 '명확한 책임'이 더 중요한 조직구조이다. 흔히 '사일로(Silo) 조직'이라고 불리는 것만 보아도 조직간 경계를 넘는 협력과 시너지 창출이 용이하지 않음을 알 수 있다. 시너지 창출이란 면에서는 매트릭스 구조가 보다 유리하다. 최근 시스코(Cisco)의 존 챔버스(John Chambers) 회장도 "매트릭스 구조로 전환한 이후, 기존 조직 체계에서는 미처 보지 못하고 놓쳤거나, 비용이 많이 들어간다는 이유로 무시되었던 새로운 사업기회들에 보다 효과적으로 대응할 수 있게 되었다"고 말한 바 있다. 또한 챔버스 회장은 "지금의 경영환경에서 승리하기 위해서는 매트릭스 구조가 제대로 작동하도록 하는 방법을 배울 수밖에 없을 것이다"라고 말하면서 매트릭스 구조의 필요성을 강조하기도 했다.

5. 매트릭스 구조의 성공요인: 상호 협력

경영환경이 매트릭스 구조로 갈 수밖에 없는 방향으로 변화해가고, 매트릭스 구조를 통해 얻을 수 있는 장점이 아무리 크다 하더라도 제대로 작동하지 않는다면 무의미하다. 무수히 많은 기업들이 매트릭스 구조를 도입했지만 기대한 효과를 얻지 못하고 실패했다는 사실을 잊어서는 안 된다. 그러나 한편에서는 이 순간에도 매트릭스 구조를 성공적으로 운영하고 있는 기업들도 있다. 이들이 갖고 있는 비결은 무엇일까?

결론부터 간단히 말하자면, 매트릭스 구조가 성공적으로 운영될 수 있는 핵심원리는 바로 '상호 협력(Collaboration)'이다. 명확한 책임과 자기 완결성을 기본원리로 삼고 있는 사업부형 조직이나 기능식 조직과는 사뭇 다른 조직원리가 존재하는 것이다. 갈브레이스 교수는 매트릭스 구조를 선택했다가 실패한 기업들은 이를 간과했기 때문이라고 지적한다.

"단순히 사각형과 선을 그리면서 조직구조 그 자체에만 신경을 썼을 뿐, 매트릭스에 내재한 복잡성을 해결할 수 있는 '상호 협력'을 이끌어 낼 수 있는 리더십, 제도, 조직문화 등을 구축하는 데에는 별반 노력을 기울이지 않았다"는 것이 갈브레이스 교수의 주장이다. 조직의 외형은 매트릭스로 바뀌었지만, 그 속의 사람들과 제도는 여전히 사업부형 조직이나 기능식 조직구조에 머물러 있기 때문에 실패했다는 것이다. 그렇다면 매트릭스를 성공적으로 운영하고 있는 기업들은 어떻게 '상호 협력'을 이끌어 내고 있는지 살펴보도록 하자.

6. 협력가형 리더십

2009년 캘리포니아 매니지먼트 리뷰(California Management Review)에 실린 매트릭스 구조에서 일했던 경험이 있는 한 리더의 인터뷰를 보자. "글로벌기업이라면 제품이나 기능 등 한 가지 축으로만 조직을 구성한다는 것은 사실상 불가능하다는 것은 분명하다. 그러나 그보다 더 분명한 것은 내가 다시는 매트릭스 구조 속에서 일하고 싶지 않다는 점이다."

사업부형 조직 혹은 기능식 조직이 매트릭스 구조로 변화를 시도했을 때 이와 비슷한 반응을 보이는 리더들이 적지 않다. 갈브레이스 교수의 연구에 의하면, 시스코의 경우에는 경영진의 20%, P&G의 경우에는 경영진의 50%가 매트릭스 구조에 적응하지 못하고 회사를 떠났으며, 그 이후에 매트릭스가 더욱 효과적으로 작동하기 시작했다고 한다. 왜일까? 매트릭스 구조에서 요구하는 리더의 역할은 사업부형 조직이나 기능식 조직에서 요구하는 리더의 역할과 다르기 때문이다. 사업부형 조직이나 기능식 조직에서 일하는 리더들의 최우선 과제는 자신이 담당하고 있는 조직의 성과를 극대화하는 것이다. 이를 위해서 리더들은 부여된 권한을 활용하여 적절한 의사결정과 지시를 내림으로써 산하 조직을 잘 통제하고 관리하면 된다. 즉, '지시 통제형(Command and Controller)' 리더십이 필요한 것이다. 반면, 매트릭스 구조에서는 리더들에게 담당 부서 관점이 아니라 조직 전체 관점에서 성과를 극대화할 수 있는 방향으로 사고하고 행동하길 요구한다. 그렇기 때문에 리더의 역할, 책임, 권한이 정해져 있다 하더라도, 그 경계선이 다소 모호한 면이 존재할 수밖에 없다. 전체 조직의 성과를 위해 담당부서의 이익을 뒤로 미뤄야 하는 경우도 있고, 자신의 일이 아니면서도 나서서 해야 할 경우도 있다. 특히 매트릭스 구조라면 어쩔 수 없이 빈번하게 발생하게 되는 갈등에 대해서도 지시가 아닌 설득과 코칭을 통해 해결할 수 있어야 한다. 즉, 리더는 권한과 지시/통제 대신, 조직의 목표, 프로세스 등에 기반한 협상을 통해 영향력을 발휘하여 상호 협력을 이끌어 낼 수 있는 '협력가형(Collaborator)' 리더십을 발휘해야 한다.

7. 협력적 행동/사고를 중시하는 평가/보상

옥스퍼드(Oxford) 대학의 로이스톤 그린우드(Royston Greenwood) 교수는 "조직구조와 평가/보상 시스템이 서로 충돌하면 항상 후자가 이긴다. 따라서 매트릭스 구조가 제대로 돌아가게 하기 위해서는 평가/보상 시스템도 같이 바꾸어야 한다"고 말한다. 갈브레이스 교수도 "많은 기업들이 개인별 성과에 대해서만 평가를 하면서 '매트릭스는 제대로 작동할 수 없다'고 말한다"라고 지적한다. 앞서 말한 것처럼, 매트릭스를 제대로 돌아가게 만드는 것은 바로 상호 협력이다. 그런데 자신과 자기 부서의 이익만 주장하는 사람이 승진하거나 더 큰 보상을 받는다면 협력이 될 리가 없다.

그렇기 때문에 매트릭스 구조를 택하고 있는 기업들은 경영진을 비롯한 리더들이 '전체 조직의 성과 창출 관점에서 어떻게 행동했는지'를 평가하고, 그 결과에 따라서 보상하고 있다. 즉, '협력적 행동과 사고'를 재무적 성과 못지않게 중요한 항목으로 간주한다. 일례로, 경영 컨설팅 회사인 맥킨지(McKinsey)의 경우, 성과평가 항목 중에 'Partner-like Behavior'이란 것이 들어 있다. 그 세부항목은 첫째, 동료가 도움을 청했을 때 어떤 반응을 보였는지, 둘째, 다른 부서나 팀에 도움이 되기 위해 얼마나 적극적으로 노력하였는지, 셋째, 성과나 비용을 배분함에 있어 자기만의 이익을 챙기지는 않았는지 등 3개 행동으로 구성되어 있다.

매트릭스를 성공적으로 운영하고 있는 기업들은 대부분 이와 비슷한 기준으로 평가를 한다. 여기에 덧붙여 주목할 만한 점은 객관적인 수치로 측정할 수 없는 '협력적 행동과 사고'를 평가함에 있어 공정하고 깊이 있는 평가가 이루어지도록 하기 위해서 1명의 평가자의 주관에 맡기는 것이 아니라 평가위원회를 구성하여 4~5일 정도의 시간을 들여서 평가를 하거나, 상위 리더 2명이 상호 논의를 거쳐 합의를 통해 성과평가를 하도록 한다는 점이다.

8. 광범위한 개인 간 협력 네트워크 형성

매트릭스가 성공적으로 움직이도록 하기 위해서는 자발적인 상호 협력과 신뢰가 필수적이다. 그리고 이런 자발적인 협력은 개개인간의 친밀한 인간관계가 있을 때 더 잘 이루어진다. 그렇기 때문에 매트릭스 구조를 취하고 있는 기업들은 구성원 개개인간에 네트워크를 형성할 수 있는 기회를 마련해주기 위해 많은 노력을 기울인다. 전혀 일면식도 없던 사람들 간에 협력이 원활하게 이루어지는 것은 쉽지 않다는 것을 잘 알기 때문이다.

매트릭스 구조를 취하고 있는 BMW의 경우를 보자. 동사는 새로운 자동차를 개발하는 단계에서 모든 관련 기획팀이 한 공간에 모여서 업무를 수행하도록 하고 있다. 자동차 디자인 팀은 물론, 마케팅 기획팀, 영업 계획 기획팀 등까지도 한 공장에 모아서 같이 일을 하는 것이다. 새로운 자동차는 어떤 점에서 기존 제품과 다른지, 이를 어떻게 마케팅 해야 할지, 영업 측면에서는 어떤 판촉 활동을 벌여야 할지 등을 같이 고민하도록 하는 것이다. 이런 과정에서 구성원 간에는 자연스럽게 인간관계가 형성되는 것이다. 또한 인재육성에 있어서도 폭 넓은 인간관계를 쌓을 수 있도록 여러 직군을 옮겨 다니면서 성장하도록 하고 있다. 이런 기능 간 경계를 넘는 이동은 상위 경영진의 경우에도 마찬가지이다. CFO를 하던 사람이 글로벌 영업담당(Global Sales)으로 이동하기도 한다. 이런 기능 간 경계를 넘는 이동을 통해 구성원들은 광범위한 네트워크를 형성하게 되고, 이는 향후 상호 협력을 원활하게 만드는 토대가 된다. 또한 이런 제도들의 부수적인 효과로 구성원들은 타 직무나 직군에 대한 경험과 지식을 습득함으로써 매트릭스의 다른 축에 속해 있는 부서의 입장을 보다 잘 이해하게 되고, 상호간의 협력이 보다 원활하게 이루어질 수 있게 된다.

글로벌경영 컨설팅사인 언스트 앤 영(Ernst & Young)의 경우도 구성원 개개인간의 네트워크 형성을 토대로 매트릭스 구조를 운영하고 있다. 동사는 지역/전문 서비스/산업 분야의 3개의 축으로 조직이 구성되어 있다. 조직도만 본다면 3개 조직이 별도로 분리되어 있는 듯 보이지만, 실상은 이와 다르다. 대부분의 구성원들이 속해 있는 조직은 각 국가별 법인이다. 즉, 구성원들은 지역별 조직의 구성원인 동시에 서비스부문의 구성원이며, 산업부문의 구성원이기도 하다. 예를 들어, 회계 전문가이면서 한국이라는 지역에서 자동차 산업 분야의 기업들을 주로 고객으로 두고 일을 하는 식이다.

이렇게 한 사람이 조직을 구성하는 3개의 축에 동시에 걸쳐 있기 때문에 경계가 모호한 커뮤니티가 여러 개 생겨나게 된다. 이런 겹쳐있는 커뮤니티를 통해 구성원들은 방대한 규모의 네트워크를 형성할 수 있다. 여기에 본인의 직접 네트워크만이 아니라 간접 네트워크를 활용하게 되면 그 범위는 더욱 넓어진다. 예를 들어, 한국에서 일하는 회계 전문가가 고객인 한국의 자동차 회사로부터 미국지역의 IT 서비스에 대해 문의를 받았다면 본인의 회계 전문가 네트워크 속에서 알게 된 미국 회계 전문가를 통해 미국의 IT 서비스 전문가를 찾아 연결해줄 수도 있는 것이다.

9. 상호 호혜주의 문화

지금까지 살펴본 것처럼 매트릭스 구조를 효과적으로 운영하기 위해서는 어느 정도 공식적인 프로세스와 제도가 이를 뒷받침해야 한다. 그러나 이것만으로는 충분하지 않다. 오히려 프로세스나 제도 등과 같은 것에 집착한다면 매트릭스에 필수적인 '상호 협력'이 손상 받을 수도 있다.

한 글로벌 금융회사에 근무하는 파트너의 인터뷰 내용을 보자. "내가 지금 독일법인에서 일을 하고 있는데, 런던법인의 도움이 필요하다고 가정해보자. 한 가지 분명한 것은 공식적으로 런던법인 장에게 협력을 요청하는 것이 내가 가장 먼저 할 일은 아니라는 것이다. 우선 나는 런던법인에 있는 지인에게 전화를 하고 도움을 요청한다. 내가 런던법인에 아는 사람이 없다면 여기 독일법인 직원 중에서 런던법인에 지인이 있는 사람을 찾아서 도움을 요청하라고 부탁한다. 대개의 경우, 이런 방식을 통해 나는 원하는 도움을 얻을 수 있다. 왜냐하면 우리 모두 이렇게 하지 않으면 매트릭스 구조가 제대로 돌아가지 않을 것임을 알기 때문이다.

문제해결이 가능한 다른 어떤 방식이 있을까? 결국은 서로 도움을 주고받는 것이다. 물론 이렇게 해도 되지 않는다면 나는 어쩔 수 없이 런던법인 장에게 전화를 한다. 그러나 이때에도 나는 결코 런던법인 장에게 강요할 수 없다. 강요한다고 협력이 되는 것은 아니지 않은가?" 이처럼 매트릭스 구조에서는 공식적인 제도나 프로세스보다는 비공식적인 경로를 통해 협력이 이루어지는 경우가 더 많다. 그리고 이를 뒷받침하는 것은 서로 도움을 주고받는 '상호 호혜주의(Reciprocity) 문화'이다.

10. 매트릭스 구조로의 변화에는 오랜 준비가 필요

글로벌기업이라면 매트릭스 구조를 취할 때 얻을 수 있는 이점이 더 많아 보인다. 그리고 지금까지 이야기했던 것처럼 기존의 통념과는 달리 매트릭스 구조를 성공적으로 운영하고 있는 기업들도 적지 않다. 그러나 이에 혹하여 지금 당장 매트릭스 조직으로 바꾸려 하는 것은 그다지 바람직한 선택은 아니라고 여겨진다. 아무런 기반 준비가 되어 있지 않은 상태에서 매트릭스 조직으로 이행해봐야 실패할 확률이 높다. 하버드 대학의 크리스토퍼 바틀렛(Christopher A. Bartlett) 교수는 "매트릭스 구조로의 변화는 구조 자체가 바뀌는 것보다 사람들의 사고방식, 제도 등이 바뀌는 것이 더 중요하다"라고 말했다. 즉, 조직구조를 바꾼 이후에도 그에 맞추어 다른 제도들도 변화가 되어가야 하며, 사람들도 기존의 한 명의 상사를 모시고 일하던 때의 습관을 버리지 않으면 안 된다. 이는 단시간 안에 이루어질 수 있는 일이 아니다.

폴 아들러 교수도 "협력적인 기업으로의 변화는 오랜 시간이 걸리며, 이 과정에서는 단기적인 경쟁력 약화, 재무적 성과의 하락 등의 비용을 지불할 수밖에 없을 것이다"라고 말한다. 만약 매트릭스 구조로의 변화를 시도해보고자 한다면 이를 유념하고, 충분한 시간과 노력을 들여 장기적인 변화 계획을 수립한 후에 시작하는 것이 바람직할 것이다. 혹은 전사를 한 번에 매트릭스 구조로 변화시키기 보다는 부분적으로 도입한 후 확대하는 단계적 접근 방법도 고민해 볼 수 있을 것이다. 지금 당장 매트릭스 구조를 도입할 생각이 없더라도, 기업 경쟁력 제고 차원에서 매트릭스 구조의 상호 협력 문화를 접목할 여지가 없는지 한번 살펴보는 것도 나름 의미가 있을 것이다.

자료: LG경제연구원, 2012. 5

2. 조직구조의 결정요인

국제경영활동을 조정하면서 분권화된 운용을 극대화할 수 있는 조직구조를 선택해야한다. 그러나 국제기업이 어떤 조직형태를 구성하느냐 하는 것은 다음과 같은 환경요소에 의해 결정된다.

1) 경영진의 능력

기업의 국제경영활동에 있어서 중요한 문제 중의 하나는 국제사업부문에 적합한 경영관리자들을 얼마나 확보하고 있는가 하는 점이다. 이러한 숙련된 경영진의 확보에 따라 조직구조가 달라질 수 있다. 또 경영진의 능력과 자질은 국가마다 다르기 때문에 현지자회사로의 권한위임은 많은 문제를 야기할 수 있다. 따라서 본사 혹은 지역별 단위에서까지만 의사결정권한을 행사하게 하는 조직구조를 택하여 이러한 문제점을 극복할 수 있게 된다.

2) 제품계열의 다양성

기업이 취급하는 제품계열의 폭과 넓이에 따라 조직형태가 달라질 수 있다. 제품계열이 다양한 국제기업은 지역별보다는 제품 위주로 분권화하는 것이 바람직하다. 반면에 소수의 유사한 제품계열을 취급하는 국제기업은 제품계열사 간의 상호의존성이 비교적 높기 때문에 제품별로 분권화된 조직은 비효율적이다. 그러나 상이한 시장과 소비자 특성 때문에 완전 표준화된 경영전략은 바람직하지도 않을 뿐만 아니라, 실제로 이루어지기도 힘들다.

3) 국제경영활동의 규모

기업의 경영에 있어서 해외경영활동이 차지하는 비중에 따라 조직형태가 달라질 수 있다. 해외경영활동의 비중이 큰 기업은 국제사업부제 보다는 성장을 촉진시킬 수 있는 제품별 혹은 지역별 조직을 갖게 된다. 반면에 해외경영규모가 미미한 기업은 국제사업부제 조직으로도 효율적인 경영활동을 수행할 수 있다. 과거 한국의 대기업들의 예가 이에 해당한다고 볼 수 있다. 초기 단계에는 수출업무만을 담당하는 수출본부를 두었으나 기업의 경영규모가 확대되면서 지역별 본사나 제품별 본사를 갖추어 나가고 있다.

4) 현지자회사의 입지와 특성

기업이 진출하고자 하는 현지 혹은 지역의 환경에 따라 조직구조가 달라진다. 모국과 비슷한 환경을 가지고 있는 국가 혹은 지역권에 자회사를 두고 있는 국제기업은 표준화된 제품촉진이 가능하기 때문에 굳이 지역별 조직구조를 택하지 않는다. 반면에 진출국의 환경이 모국시장과 상이하고 현지 혹은 지역권의 환경변화를 중시하는 국제기업은 지역별 조직을 선호한다. 예를 들어서, LG전자와 같은 전자산업에 종사하는 업체들의 경우에는 제품이 지역별로 큰 차이가 없기 때문에 지역별 조직구조를 택하지 않은 반면에, 식품이나 생활용품을 생산하는 기업의 경우에는 지역별 조직구조를 택하여 현지에 대한 권한을 강화하고 있다.

5) 경제블럭

국제기업의 활동영역이 특정지역 경제블럭권이라면 기업들은 블록 내의 무역장벽을 피하기 위해서 특정지역별조직을 구성하여 권한을 위임하게 된다. 삼성전자가 1994년 지역별 본사제도와 복합 단지화를 추진한 배경에는 당시에 NAFTA, CONCAF, 유럽연합 등과 같은 지역별 경제블럭화 현상이 급속도로 확산되었던 것이 요인이라고 볼 수 있다.

이와 같은 요인들은 국제기업의 경영조직 형태를 결정하는데 개별적으로는 물론 복합적으로도 중요한 영향을 미친다.

3. 기업국제화 과정과 경영조직 구조의 변화

<그림 16-7>은 국제기업의 경영조직 형태가 기업의 해외시장 다변화 정도와 취급제품의 다양성정도에 따라 변화하는 과정을 보여주고 있다.

기업은 국제화 초기에 국제사업부제로 경영활동을 전개하다가 점차 취급제품이 다양해지면서 조직구조를 제품별 조직으로 바꾸고, 해외시장의 매출액 규모가 커지면 매

트릭스 조직을 택하게 된다. 또한 취급하는 제품계열이 다양하지 못한 기업은 지역별 조직을 채택하다가 새로운 제품 계열이 추가되면서 조직형태를 매트릭스 구조로 바꾸게 된다.

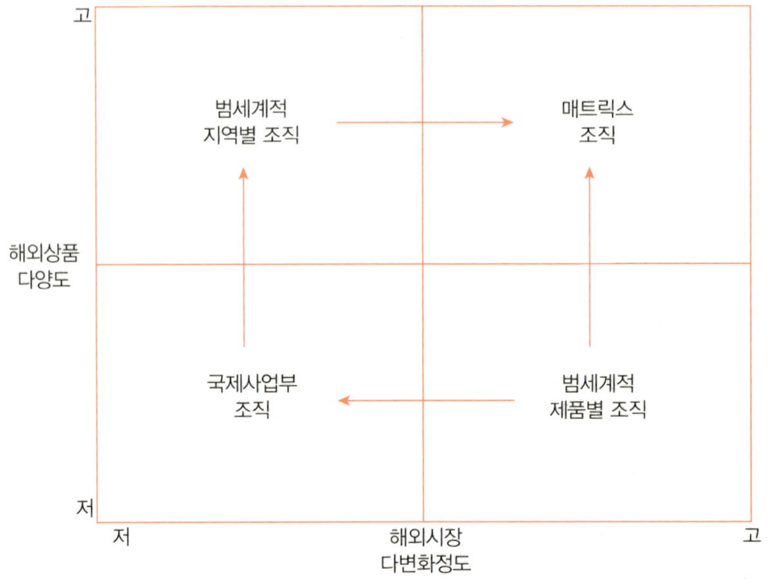

그림 16-7 ● **조직형태의 변화**

결국 기업은 국제화유형에 따라 경영조직도 기능별 조직 → 제품별 조직 → 지역별 조직 → 매트릭스 조직의 순으로 변화한다고 말할 수 있다. 그러나 이와 같은 조직변화는 모든 기업들에게 똑같이 적용되는 것이 아니라 기업이 속해 있는 산업의 종류와 성격, 기업의 특성 그리고 국제경영환경에 따라 변할 수 있다. 삼성전자와 같은 기업은 상황에 따라 지역별 조직, 제품별 조직, 지역과 제품이 융합된 조직구조 등의 형태로 조직구조를 변화시킨 것을 확인할 수 있다. 반면에 같은 전자업체인 LG전자의 경우를 보면 멀티미디어 사업본부, 디스플레이 사업본부, 홈어플라이언스 사업본부 등의 3개 제품별 사업본부가 중심이 되어 전 세계 34개국에 60개의 생산 및 판매 법인을 구축하여 독자적인 책임경영체제를 확보하여 글로벌 경쟁을 벌이는 제품별 조직구조를 채택하고 있다.

4. 통합과 조정메커니즘

글로벌기업은 여러 가지 다각화된 제품별 사업부를 갖고 있으며 또한 여러 나라에 흩어진 수많은 해외자회사를 갖고 있다. 이와 같이 여러 단위로 분화된 조직의 구성단위를 효과적으로 통합하고 조정해야 글로벌기업이 하나의 기업으로서 효과적인 기업 활동을 수행할 수 있다.

통합이란 주로 <그림 16-8>과 같이 본사와 자회사간의 효과적인 정보교환과 의사결정을 의미한다. 한편 조정이란 자회사간에 일치된 행동을 하도록 조정하는 것을 의미한다. 특히 글로벌화와 현지화를 동시에 추구해야 할 필요성이 있을 때에는 본사와 자회사간의 통합과 자회사들 간의 조정이 필수불가결한 요소가 된다.

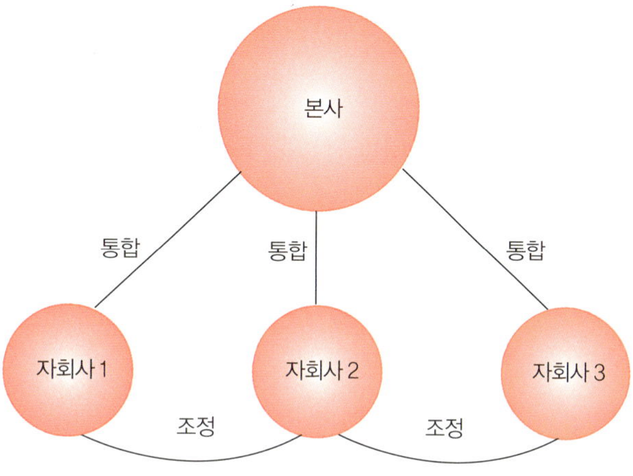

그림 16-8 ● 본사와 자회사간의 통합과 조정

통합과 조정메커니즘은 <그림 16-9>와 같이 직접적인 개인적 접촉에서부터 연락자, 팀, 매트릭스 조직에 이르기까지 다양하다. 각각의 사업단위의 관리자들끼리 직접 만나서 의사결정을 하는 것은 가장 단순한 형태의 통합과 조정메커니즘이다. 즉, 어떠한 공통의 문제점이 있을 때 관리자들은 서로 만나서 대화를 통해 문제를 해결할 수 있다.

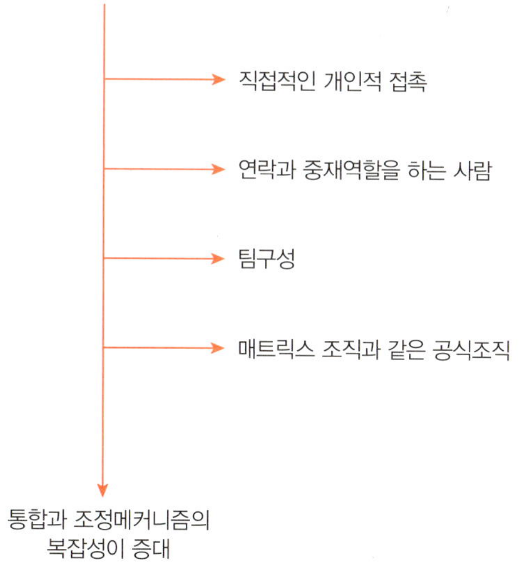

그림 16-9 ● 공식적인 통합과 조정메커니즘

그러나 관리자들이 서로 다른 문화적 환경과 상충된 목적을 갖고 있을 때 단순히 안면인식으로 문제를 해결하는 것은 많은 어려움이 따른다. 이에 비해 연락자(liasion)라는 것은 훨씬 더 복잡한 통합 · 조정메커니즘이다. 이는 어떤 한 사람을 다른 조직에 정규적으로 머물게 하여 그 사람으로 하여금 조직 내의 구성단위 간에 정보교환과 통합된 의사결정을 가능하도록 하는 것이다. 예를 들어, 한국본사에서 미국에 있는 현지법인에 한국인 직원을 파견하여 그로 하여금 본사와 자회사간에 효과적인 의사소통을 가능하게 하고 본사와 자회사간의 일치된 전략을 추구하도록 하는 것은 연락자를 통한 통합과정이다.

또한 통합과 조정은 서로 다른 조직의 일원으로 구성된 팀을 운영함으로써 더욱 크게 강화시킬 수 있다. 예를 들어, 개별사업부간의 협력을 통해 신제품을 개발하거나, 생산시설의 합리적인 활용을 위하여 여러 국가에 퍼져 있는 생산시설들을 통합적으로 관리 · 운영하는 팀을 조직하여 상시적으로 운영한다면 통합과 조정의 강도를 훨씬 더 높일 수 있다.

마지막으로, 통합과 조정의 필요성이 가장 높은 경우에는 매트릭스 조직과 같은 공식적인 조직구조를 사용할 수 있다. 공식적인 조직구조는 의사결정권을 명확히 규정하고 정보전달과 보고체계, 그리고 명령체계를 명확하게 규정함으로써 통합과 조정을 조직적으로 담당할 수 있게끔 도와준다. 매트릭스 조직은 제품별 조직과 지역별 조직 간에 강력한 통합과 조정이 필요할 경우 양대 조직축 간의 보고 및 의사결정관계를 공식화함으로써 훨씬 긴밀한 통합과 조정을 가능하게 한 것이다.

이상에서 살펴본 바와 같은 공식적인 통합 조정메커니즘 이외에도 글로벌 기업조직은 관리자간의 개인적인 네트워크를 통하거나 조직문화를 통해서 비공식적인 통합과 조정이 가능하다. 예를 들어, 한국에 있는 본사의 관리자와 미국에 있는 자회사에 파견되어 있는 관리자가 같은 동문이나 입사동기라면 이들의 개인적인 친분관계를 통해서 훨씬 손쉽게 통합과 조정이 이루어 질 수 있을 것이다.

또한 기업의 문화가 사업단위 간의 협력을 강조하는 분위기이며 상호 경쟁적이지 않을 때 통합과 조정이 훨씬 손쉽게 이루어지고 있다. 이를 위해서는 조직구성원들 간에 비공식적인 협조와 정보교환을 장려하는 기업문화가 정착되어야만 하며, 동시에 종업원들에게 그 기업이 갖고 있는 가치체계와 규범을 받아들이도록 교육시켜야 한다. 강력한 기업문화가 있는 기업들은 기업문화에 입각한 비공식적인 통제와 조정에 의존하고 다른 공식적인 통제와 조정은 상대적으로 불필요하게 된다. 예를 들어, McDonald는 상당히 강력한 조직문화를 갖고 있다. McDonald는 프랜차이즈 가맹점과 공급자를 파트너라고 부르며, 그들에게 자본과 경영 지도를 제공함으로써 가맹점들이 영업활동을 개선할 수 있게끔 도와준다. 그 결과, McDonald의 가맹점과 공급자들은 McDonald라는 기업의 기업문화에 통합되어 McDonald 전체의 성공에 크게 기여하고 있다.

그러나 기업문화에 입각한 비공식적인 통합과 조정메커니즘을 활용하는데 어려운 점은 이것을 의도적으로 창출하기가 상당히 어렵다는 것이다. 기업 전체를 총괄하는 기업문화와 가치체계를 새롭게 만들기 위해서 기업은 상당한 노력과 시간의 투입을 필요로 하게 된다. 이를 위해서는 기업은 회사의 목적이나 비전을 제시해주고 교육프로그램을 통해서 기업이 지향하는 가치체계를 조직전체에 전파해야 한다.

사례 16-2

'필립스' 버려 '필립스' 살렸다

필립스는 지역 시장에 대한 대응 능력과 통합적 글로벌 역량을 동시에 갖추기 위해 조직의 재구조화를 시도하여 성공을 거둔 기업이라고 할만하다. 운송수단과 정보통신의 발전으로 인해 가속화된 시장의 글로벌화에 따라 필립스는 기존의 조직구조를 재구조화할 필요성을 느끼게 되었고, 조직구조의 문제를 적절히 치유함에 따라 위기에서 벗어날 수 있었다. 이에 지금부터 네덜란드에 본사를 둔 대표적 전자제품 업체인 동사의 조직과, 과거 왜 이 조직이 어려움을 겪게 되었는지 그 과정을 함께 구체적으로 알아보기로 하자.

1891년 조명기기 제조업체로 네덜란드에 설립된 필립스는 엔지니어였던 제라드 필립스와 세일즈맨이었던 그의 동생 안톤 필립스의 운영을 통해 성장했다. 1930년대 필립스는 유럽지역에서 전쟁 가능성이 높아짐에 따라 미국과 영국으로 자산을 옮기고 주요 연구시설과 최고경영진을 해외로 이전하였다. 전쟁 이후에도, 필립스는 내수시장 규모의 한계를 느끼면서 세계 각지로 진출하였던 바, 해외 각 나라에 설립된 자회사들은 해당 지역의 특징과 독자적인 수요에 맞추어 제품을 개발하고 판매하였다. 즉, 네덜란드 아인트호벤에 위치한 14개 제품부서에서 공식적으로는 제품을 개발하고, 생산, 유통하는 역할을 맡았으나, 실질적으로는 20세기 초반부터 각 나라에 자리 잡은 자회사들이 독립적으로 사업을 영위하는 형태를 띠었다. 이후 무역장벽과 관세 문제로 각 지역에 생산설비를 확충하였고, 스테레오 TV, 컬러TV, 스마트카드 등을 개발, 막대한 수익을 거두면서 지역 조직들이 기술 및 제품 개발 역량을 확대하게 되었다. 이러한 역사적 배경으로 인해 필립스는 각 지역 조직의 자율성이 극대화된 다국적 조직으로 발전하게 되었으나, 반면 본사는 전사적인 전략이나 목표를 주도해나가기 어려워짐에 따라 주로 전반적인 법적, 행정적, 재무적 책임을 담당하는 형태로 기능과 역할이 축소되었다.

그러나 1960년대 점차 낮아지는 무역장벽으로 인해 국가별 생산 시스템의 비효율성이 나타나기 시작했으며, 특히 교통의 발달로 인해 국제무역에서의 운송비가 절감되고, 전후 정립되지 않았던 다양한 기술적 표준들이 정리되면서 이러한 현상을 더욱 가속화 시켰다. 위와 같은 환경변화는 차별화된 환경을 가진 각각의 지역과 국가에 특화되었던 필립스의 조직구조를 흔들기에 충분한 것이었다. 결국 필립스는 사업에서 크게 실패하며, 이는 부정적인 재무적 성과를 산출하기에 이른다. 특히 국제사업부제 조직의 형태를 갖춘 소니, 삼성전자, LG전자와 같은 일본과 한국 기업들이 본사의 강력한 지원과 신속한 의사결정을 바탕으로 점차 시장점유율을 키워나감에 따라 글로벌 생산역량을 가진 이들과의 경쟁으로 인해 문제는 더욱 심각해졌다.

질문:

1. 필립스는 과거 전형적인 지역별 조직의 모습을 띠고 있었던 바, 동 조직형태의 장단점을 논하시오.
2. 사례에서 기술한 위와 같은 어려운 위기상황을 극복하기 위해 필립스는 어떠한 전략으로 조직을 혁신했을 것으로 추측되는가?

제2절 국제기업의 통제

1. 통제의 개념

1) 통제의 의의

국제기업은 본국 모기업의 기업 시스템 하에서 해외자회사를 하위단위로 여러 국가에 형성하고 있다. 따라서 범세계적환경에 시스템 전체가 대처하는 단일조직이면서 한편으로는 지리적으로 떨어진 개별 국가 환경에서 운영되는 일련의 조직으로 구성되어 있다.

조직 자체가 갖고 있는 이러한 속성으로 인해 국제기업은 이중의 압력에 직면하고 있다. 현지의 제도적 환경에 동화되어야 할 뿐만 아니라 전체 조직 내의 일관성도 필수적이다. 그러므로 해외자회사를 본국 모회사의 하위조직으로 관리하기 위해서는 권한의 행사가 수행되는 일련의 통제과정이 있어야한다.

따라서 통제(control)란, 기업목표 혹은 기업목표를 위해 수립된 계획이 의도대로 수행될 수 있도록 성과를 평가하고 수정하는 기능이라고 할 수 있다.

통제는 경영계획 및 경영조직과 완전히 독립된 기능을 수행하는 것이 아니라 경영계획과 조직에 이어지는 유기적이면서도 연속적인 관리기능이라고 할 수 있다. 이러한 통제기능의 기본적인 원리는 국내경영과 국제경영에 있어서 거의 차이가 없으며, 단지 국제경영 통제는 국내환경과는 다른 국제환경 속에서 이루어지기 때문에 여러 가지 복잡한 문제에 직면하게 된다.

2) 통제의 특성

오늘날 국제기업들이 해외자회사를 통제하는데 있어서 사용하고 있는 통제시스템의 특징은 다음과 같다.

첫째, 국제기업들이 해외영업활동을 통제하기 위해 활용하는 통제의 기법은 국내영업활동을 통제하기 위해 활용하는 기법과 거의 비슷하다는 점이다. 예컨대, 국제기업들은 본사국의 국내운영에 활용하는 예산책정 및 재무기법을 해외운영에도 그대로 적용할 뿐만 아니라 원래 국내 운영을 평가하는데 목적을 두고 개발한 통계적 통제방법과 통계적 표준을 거의 그대로 해외자회사들에게 부과하고 있다는 점이다.

둘째, 국제기업들은 해외자회사들을 손익센터로 취급하는 경향이 있으며 해외자회사 실적에 대한 평가기준으로서 이익과 투자회수를 강조하는 경향이 높아지고 있다.

셋째, 국제기업들은 재무통제를 대단히 강조하고 있다. 국제기업들이 해외자회사들에 대하여 재무통제를 강조하는 이유 중의 하나는 대체적으로 모기업이 해외자회사들에게 기여하는 기업자원 중에서 가장 중요한 것이 자본이기 때문이다. 자연히 모기업은 해외자회사들에게 자본을 기여했으므로 그들이 자본을 어떻게 활용하고 있는가를 파악하려는 성향이 많다. 그러한 모기업의 성향은 해외자회사들이 재무성과에 중점을 두도록 만든다.

넷째, 국제기업의 모기업 최고경영층은 국내운영을 통제하는데 개입하는 것보다 해외운영을 통제하는데 훨씬 많이 개입하는 경향이 있다.

3) 통제의 요건

해외자회사들의 경영실적을 계속 모니터하고 평가하는데 목적을 두고 설계한 관리통제시스템이 효과적이기 위해서는 최소한의 필수요건을 갖추어야 하는데 이를 정리하면 다음과 같다.

첫째, 관리통제시스템의 일환으로서 활용하는 통제절차와 기법은 해외자회사 사장이 이해할 수 있고 수락할 수 있는 것이어야 한다. 그리고 통제기법은 자회사들의 내부 및 외부환경에 맞게 마련해야 한다.

둘째, 해외자회사 사장들은 통제절차와 기법을 공식적으로 책정하는데 능동적으로 참여해야 한다.

셋째, 각 해외자회사의 내부 및 외부환경을 고려하여 현실적인 목적을 부여해야 한다. 그리고 자회사들을 에워싸고 영향을 미치는 환경변수들이 변경되는 것에 맞추어 관리통제시스템 역시 변경하고 개선시켜야 한다.

넷째, 해외자회사들의 실적을 평가할 때는 이익 등 재무기준과 비재무기준을 함께 활용해야 한다. 그리고 자회사 사장을 평가할 때는 그가 통제권을 행사할 수 있는 분야의 실적만을 바탕으로 해서 평가해야 한다.

다섯째, 관리통제시스템은 자회사들의 계획에 편차가 생기는 즉시 또는 이전에 발견하고 보고해야 한다. 그리고 그러한 정보는 해당되는 모기업경영자들과 자회사사장들에게 즉시 전달되어야 한다. 아울러 본사 최고경영층은 자회사 사장들이 달성한 실제 실적과 그들에게 지급하는 보수를 직결시켜야 하며 뛰어난 실적에 대해서는 물질적으로 보상해주어야 한다.

2. 통제의 영역

1) 비용통제

국제마케팅비용은 특히 예산에서 벗어날 가능성이 많기 때문에 특별한 통제가 필요하다. 그 이유는 대부분의 해외시장은 국내시장보다 규모가 작은 경우가 많으면서도 침투하기 어렵고, 교통비 · 물적 유통비 · 커뮤니케이션비 등을 철저히 통제하지 않을 경우 예상치 못했던 비용이 증가할 수 있기 때문이다. 또한 해외지사나 자회사의 운영비도 마찬가지이며, 본사의 국제사업본부 운영비 역시 예산에 대한 권한과 책임을 명확히 하지 않으면 크게 증가할 수 있다.

2) 매상고통제

매상고의 측정은 가장 편리한 통제메커니즘의 하나이다. 총 매상고에 대한 수치는 다루기가 쉽고 예측과 비교를 하는 것이 간단하여 경영층이 직접 해외자회사, 지사의 발전과 제품계열별 매상고를 주기적으로 점검하면 통제가 가능하다. 마케팅기능별 통제책임자는 실제매상고와 잠재매상고를 비교 · 분석하여 경비에 비해 조력이 충분히 투입되었는가를 판단할 수 있다.

3) 가격통제

기업체가 다양한 기구를 통하여 수출 내지 국제마케팅을 할 때 가격통제에 특수한 어려움이 따른다. 우선 적정가격 또는 경쟁가격 이상으로 판매하지 않고 지나친 덤핑가격으로 판매하는 경우에는 이익계획에 차질이 오는 것을 막아야 한다. 해외자회사는 제출하는 판매보고서에 매상고와 총이익에 대한 자료는 보통 포함하나 실제 거래가격에 대해서는 언급이 없는 경우가 많다. 그렇기 때문에 본사는 주기적으로 가격에 대한 보고를 받아야 가격통제를 할 수가 있다. 또한 가격통제를 어렵게 만드는 이유의 하나는 관세이다. 국제경쟁에 융통성 있게 대처하도록 판매되는 제품별 가격범위를 미리 정해 주는 것도 하나의 좋은 통제방법이다.

4) 제품통제

마케팅관리자는 시장수요에 적합하고 고객에게 좋은 상태로 제품이 배달되는지에 대해 세심한 관심을 기울여야 한다. 왜냐하면, 국제마케팅을 할 때에 국가 또는 지역별 시장의 성격이 상당히 이질적이고 장거리수송을 필요로 하기 때문에 취급부주의로 도난 · 파손 · 변질될 가능성이 많고, 해외에서 현지생산을 할 경우에는 조잡한 제품이 나올 수 있는 등 많은 문제가 발생할 수 있기 때문이다.

5) 광고촉진통제

국제마케팅 프로모션활동은 근본적으로 광고와 인적 판매로 구성된다. 해외인력관리는 본사가 수행하는 것보다 자회사에서 담당하는 것이 바람직하다. 그렇지만 본사의 사전승인을 받고 사후보고가 이루어지도록 해야 한다.

광고기능은 본사가 전담할 수도 있고 자회사에 분산할 수도 있다. 광고기능을 분산시킬 경우 본사는 다만 비용과 효과에 대해서 관심을 두면 된다. 집중시킬 때는 본사가 광고활동을 효과적으로 통제할 수 있도록 주기적인 피드백이 있어야 한다.

6) 유통경로통제

기업체가 해외시장에서 유통경로를 선정하려할 때 의사결정의 범위가 극히 제한될 수 있다. 그것은 관리와 통제를 할 수 있는 기회가 적기 때문이다. 또한 시장국별로 유통구조가 이질적이고 발달의 정도가 다르기 때문에, 일원화된 관리와 통제를 하기는 불가능하다. 그러므로 유통경로와 유통업체에 대한 통제제도는 시장국별로 사정에 맞게 융통성 있게 마련하고 운영해야 한다.

3. 경영통제전략의 결정요인

해외자회사의 경영통제전략에 대한 모기업의 관점과 경영은 상당히 다양하나 일반적으로 기본내용에는 일반성이 함축되어 있다. 이는 모기업들이 특정한 의사결정의 기준에 의거하여 해외자회사의 경영통제전략을 결정하기 때문이다. 또한 해외자회사를 총괄하여 통제한다는 것은 대단히 어려운 일인데, 이는 모기업과 해외자회사 간에 전달되는 정보흐름에 지대한 영향을 미치고 있다. 따라서 모기업은 경영통제전략의 결정요인을 사전에 파악하여 전사적인 측면에서 경영전략을 수립하여야 하는데, 모 · 자회사간에 영향을 미치는 경영통제 요인으로는 다음과 같다.

1) 산업의 특질

모기업에 속해 있는 산업의 성격에 따라 집권적 통제를 지향하는 경우가 있는데, 대개 제조회사 제품의 균일성을 필요로 하기 때문에 모기업의 집권화정도가 높다.

2) 모기업의 경영전략

모기업의 경영전략 면에서 투기적인 측면이 강하면, 환경에 대해 적극적으로 대처하고, 신제품개발과 같은 능동적인 전략의 경우에는 엄격한 관리체계를 통한 경영의 효율성을 극대화함이 목적이므로 관리의 공식화정도가 높아 권한의 집권화 현상을 나타낸다.

3) 경영관리

재무활동은 집권적으로 통제되는 경향이 있으며, 회계절차, 판매관리, 관리자의 임명, 보수책정, 원재료의 조달, 품질관리 등도 대부분 집권화되고 있다.

4) 자회사제품과 판매시장의 범위

광범위한 제품계열과 시장을 가진 자회사는 이보다 좁은 범위의 제품 및 시장을 가진 자회사에 비해 자율성이 높은 경향이 있다.

5) 기업목표의 우선순위

관리의 극대화가 제1목표라면 극단적인 집단화가 적합할 것이고, 시장점유율을 최대화하는 것이 당면 과제라면 극단적인 분권화가 적합할 것이다. 또한 경영통제 요인이 일정하다면 기업목표의 우선순위에 따라 집권화의 정도가 결정된다.

6) 자회사취득의 년도

최근 취득한 자회사를 기존 경영층이 기존 제품개발을 인수한 채로 관리할 경우에는 자회사는 자율성의 정도가 다소 높아진다. 그러나 통제정도가 항상 일정하게 유지될 수는 없어서, 자회사의 발전 초기 단계에서는 경영통제가 완화되어 있더라도 해외사업이 성장함에 따라 일정수준까지는 경영통제가 강화되는 경향이 있다.

7) 해외시장의 상대적 중요성

모기업이 자회사의 경영진을 크게 신뢰하고 경영능력을 인정한다면 해외자회사의 자율성을 증대시키지만, 만일 반대일 경우에는 자율성을 감소시키게 된다.

4. 통제관리시스템의 확립

해외자회사의 경영통제란 정당한 권한을 가진 모기업이 기업목표에 따라서 결정한 경영통제전략과 이 전략에 적합한 결정에 따른 실제의 활동을 원활히 수행하기 위해 형성된 관계라고 할 수 있는데, 이 관계에서 가장 중요시되는 사항은 모기업의 해외자회사에 대한 관리시스템의 확립이라고 볼 수 있다.

이는 해외 기업 활동의 경영조직상 필요한 요건으로서 현지자회사의 경영이 공통의 목적과 경영방침, 모기업의 해외경영전략에 의거하여 이루어지기 때문이다. 즉, 현지자회사에 대한 경영의 자주성을 존중하고, 현지 경영책임자의 창의적인 능력을 발휘시켜 해외 사업 활동의 성과를 극대화함으로써, 해외 사업 활동에 대한 현지자회사의 참여도를 높일 수 있는데, 이를 위해서는 효율적인 해외자회사와 관리시스템의 확립이 요구된다고 볼 수 있다.

모기업의 현지자회사 관리시스템은 현지자회사의 경영책임자에게 위임된 책임권한에 따라서 설정된다. 또한 현지자회사의 경영책임자는 일상 업무의 수행에 필요한 권한이 포괄적으로 위임되어 있기 때문에, 현지자회사의 관리시스템은 보통 단기계획을 중심으로 계획관리체제에 의하여 운영된다.

1) 현지자회사에 필요한 자료공급

업무집행계획의 책정에 필요한 모기업의 경영방침과 해외경영전략을 현지의 자회사에 제시함과 아울러 업무 집행계획 시 필요한 작성요령을 제공한다.

2) 업무집행계획의 책정

모기업에서 제시된 방침에 따라 현지자회사는 해외경영과 관련된 업무집행계획을 책정하여 모기업에 제출한다.

3) 모기업의 승인

자회사의 업무집행계획은 모기업에서 심의한 다음 이를 승인해야 한다. 승인에 있어서는 현지자회사의 자주성을 반영하되, 모기업이 추구하는 경영전략과의 적합성 정도를 고려하여야 한다.

4) 보고제도

현지자회사의 경영상황을 모기업에 보고하는 것은 모기업에서 권한을 위임시킨 것에 대한 하나의 관리체제이다. 따라서 현지자회사는 정해진 기간별로 모기업에 정기보고서를 제출하되 당기의 경영개황, 영업실적상황을 고려하여 작성한다.

5) 자사통제

업무집행결과 설정된 목표수준에 크게 미달했을 때는 그 원인을 시정 조치함과 아울러 업무집행계획을 수정하여야 한다. 또한 수정내용을 모기업으로부터 빠른 기일 안에 승인을 얻어 경영관리상의 제반 문제점을 해결하는데 노력을 해야 한다.

6) 업적평가

현지자회사에 대한 경영성과를 모기업은 객관적이며 공명한 입장에서 평가하여야 한다. 즉, 해외자회사의 경우 본사인 모기업과는 다른 경영환경이고, 그 변화도 매우 심하기 때문에 많은 경우 경영성과가 낮다. 따라서 현지자회사에 대한 적정한 업적평가가 이루어져야 한다.

토의자료 16-2

석유公, 해외자회사 관리 '엉망'

석유공사가 해외자회사 관리 부실로 막대한 손실을 입은 것으로 드러났다.

12일 감사원은 석유공사 재무 악화의 주원인으로 해외자원개발을 지목, 구체적 문제사안과 대책 마련 및 시정을 요구했다. 감사원에 따르면, 석유공사는 2008년부터 2012년 6월까지 총 약 124억 달러를 투자, 6개 석유개발기업을 인수했고 8개 생산광구를 매입했다. 문제는 거액을 주고 인수한 해외자회사에 대한 관리감독이 부재했다는 것. 감사원의 조사결과, 석유공사는 자회사 인수 후 기술습득 노력을 기울이지 않은 데다 자회사의 무분별한 사업진행을 전혀 관리하지 못한 것으로 나타났다.

석유공사는 2010년 선진 기술력 및 기술인력 확보가 가능한 해외기업 인수를 통해 공사 기술 역량 강화를 도모한다는 목표를 설정했으나, 인수한 6개 자회사의 기술습득 및 역량 활용에 대한 어떤 방안도 수립하지 않았다. 또 자회사들에게 사실상 투자결정권을 내줘 거액의 손실을 입고도 탐사 실패원인을 파악치 못한 것으로 알려졌다. 감사원에 따르면, 석유공사는 6개 해외자회사가 2008~2012년 진행한 109개 탐사사업 과정에서 의사결정에 전혀 참여하지 않았다.

이는 외형적 성장에 집착한 결과라는 분석이다. 당장 성과를 낼 수 있는 생산광구 확보와 대형화 정책에 따라 내실을 쌓지 못했다는 진단이다. 실제 해외 자원개발 산업의 근간이라 할 수 있는 탐사부분의 경우, 2008~2011년간 투자 비중은 전체 47.6%에서 8.5%로 급감, 탐사성공률은 2007년까지 8%, 이후 3%로 하락했다.

감사원은 석유공사에 대해 장기적 관점에서 균형적인 석유개발 사업을 추진하고 해외자회사의 기술력을 활용해 탐사사업을 추진해 역량을 향상하는 한편, 이들의 투자의사결정에 검토와 통제를 강화하라고 요청했다.

자료: 에너지신문, 2013. 6. 13.

제3절 내부성과평가

국제경영통제의 주요 수단의 하나로서 각 해외사업단위에 대한 내부성과 평가를 가질 수 있다. 해외사업단위에 대한 내부평가 방법에는 크게 ① 재무적 평가(판매수익률, 투자수익률, 자산수익률, 이익률 등), ② 비재무적 평가(시장점유율, 품질관리, 인사관리, 현지정부와의 관계 등), ③ 예산통제방법 등이 있다.

1. 재무적 평가

1) 소득 및 이익 공헌

현지자회사의 순소득이나 이익 공헌을 사업성과의 지표로 활용할 수 있다. 그러나 소득이나 이익 공헌은 단기적으로 인위적인 조정에 의해 높아질 수도 있고 낮아질 수도 있으므로, 사업성과의 지표로 삼는 데에는 한계가 있다. 예를 들어, 연구개발 및 설비투자를 축소시킴으로써 얼마든지 당해 연도의 순소득과 이익 공헌을 높일 수 있는 것이다. 그러나 이러한 조치는 결국 장기적으로 기업의 이익에 반하는 것이 된다. 더욱이 순소득과 이익 공헌은 현지 경영자의 능력에도 달려 있지만, 본사의 지원과 자원할당정책에 의해 좌우되는 수가 높다. 그리고 순소득이나 이익 공헌에 의한 평가의 또 다른 단점은 본사에 대한 현지자회사의 공헌도(자금, 인적지원 등)가 반영되지 않는다는 점이다.

2) 투자수익률

사업성과의 심사에 있어서는 궁극적으로 투자에 대한 이익성이 주요 관심사이므로 투자수익률에 의한 평가가 많이 사용된다. 투자수익률은 순수익을 순자산으로 나눈 것이다. 그러나 투자수익률에 따른 평가에서는 이익분과 투자분의 산정에 있어 어떠한 항목을 사용할 것인가가 문제가 될 수 있다. 투자수익률의 종합적 체계는 <그림 16-10>과 같이 나타난다.

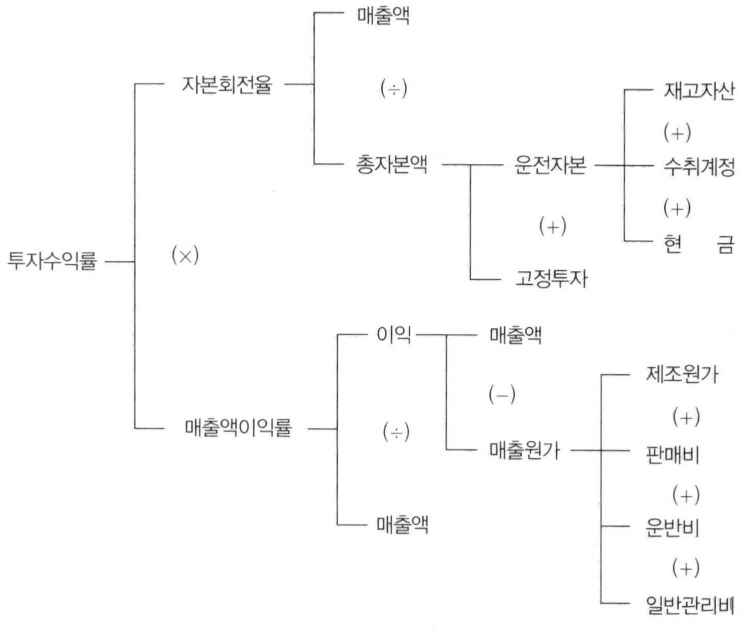

그림 16-10 ● 투자수익률의 종합적 체제

3) 현금흐름

현금흐름(cash flow)은 감가상각비에다 순소득(세금공제 후)을 가산한 것으로서, 각 현지자회사가 얼마나 높은 현금흐름을 달성하는가를 평가하는 것이다. 즉, 본사에 대한 현지자회사들의 현금공헌도를 내부성과 평가의 척도로 삼는 것이다.

4) 자산관리

각 현지자회사가 자산을 얼마나 효율적으로 관리하였느냐를 내부평가의 기준으로 삼을 수도 있다. 이럴 경우, 관리대상의 유용자산(utilized asset)으로는 외상매출 · 입대금, 재고자산, 고정자산 등을 들 수 있다.

일반적으로 재무평가방식은 높은 객관성을 유지할 수 있다는 장점이 있으나, 투자수익률 등의 재무평가기준은 얼마든지 인위적으로 조작 가능하기 때문에 채택시 주의를 요한다. 이를 테면, 투자를 의도적으로 지연시키거나 또는 줄임으로써 단기적으로 투자수익률을 높일 수가 있다. 이럴 경우 장기적으로는 해당사업의 경쟁력을 낮추는 결과를 가져온다. 따라서 재무기준을 가지고 평가할 경우에는 단기적인 수치보다는 장기적인 수치를 적용시키는 것이 바람직하다.

또한 본사와 현지자회사들 간에 생산과 판매에 있어 높은 상호 의존도를 보일 경우, 재무평가방식은 효율적이 못된다. 상호 의존성이 높다는 것은 어떠한 본사의 경영정책 방향(이전가격정책 등)이 한 자회사에게 유리하게 작용될 경우에는 다른 자회사에게는 불리하게 작용될 수도 있음을 의미한다. 만일 상호 의존성이 높은 현지자회사들에게 동일한 평가기준을 적용시킬 경우, 현지자회사의 경영자들은 본사의 정책이나 지침에 대해 비협조적인 태도를 보일 것이다.

2. 비재무적 평가

비재무적평가란, 재무적 성과 외의 요인을 가지고 현지자회사를 내부적으로 통제하는 것이다. 비재무적평가의 기준들로는 시장점유율, 생산성, 본사의 경영정책의 준수 및 이행, 본사에의 충실한 보고 등을 들 수 있다.

3. 예산통제

예산통제란, 사업계획의 수행에 필요한 예산을 편성 · 집행하게 한 후, 실제 결과와 상호 비교하여 그 차이를 분석함으로써 경영활동을 통제하는 방법이다. 즉, 예산통제의 궁극적 목적은 계획에 대한 수량적 표현인 예산에 따라 경영활동을 수행하도록 장려하는데 있다. 국제경영에 있어서도 해외사업계획에 따른 예산편성이 필요시 되는데, 국제기업시스템 하에서 본사와 현지자회사들 간의 합의 하에 이루어지게 되는 예산편성은 각 현지자회사에 대한 주요 통제수단이 된다.

주요용어

국제기업의 조직형태, 기능별 조직, 국제 사업부제 조직, 지역별 조직, 제품별 조직, 메트릭스조직, 국제기업의 통제, 통제의 영역, 내부성과 평가, 재무적 평가, 비재무적 평가

연습문제

1. 국제기업의 조직형태에 대하여 설명하시오.
2. 국제기업의 조직구조의 결정요인에 대하여 설명하시오.
3. 국제기업의 통제영역에 대하여 설명하시오.
4. 국제기업의 내부성과 평가를 재무적 평가와 비재무적 평가로 나누어 설명하시오.

참고문헌

Economy Insight, 최초 스마트폰 제조사 노키아의 비극, [43호] 2013년 11월 1일자.

Galbraith, J. R. (박기찬 역) (2002), 「글로벌기업 디자인」, 생각의 나무.

LG경제연구원 뉴스 룸, '다시 생각해보는 매트릭스,' 2012년 5월 20일.

Peters, T., Waterman, R. (이동현 역) (2005), 「초우량기업의 조건」, 더난출판사.

강태구 (2002), 국제경영, 박영사.

국제경영연구회 역 (1995), 「세계경영전략」, 김영사.

국제경영연구회 (2002), 「국제경영」, 문영사.

권영철 (2017), 「글로벌 경영전략」, 법문사.

김신 (2012), 「국제경영학」, 박영사.

박주홍 (2018), 「글로벌경영」, 유원북스.

반병길 (2007), 「국제경영」, 박영사.

설영기 (2001), 「다국적기업과 글로벌전략」, 두남.

성균관대학교 경영연구소 (2012) 「주요 기업의 위기극복 성공사례」, FKI미디어.

이병선 (1996), 한국기업의 해외사업 조직구조에 관한 연구 : 지역본사제도를 중심으로, 연세대학교 대학원 석사학위 청구논문.

이장로 (2011), 「국제경영」, 무역경영사.

장세진 (2006), 글로벌경영, 박영사.

전용욱 (2004), 「국제경영」 문영사.

정유진 (2012), 노키아는 왜 스마트폰 시장에 적응하지 못했나, KOTRA. [online]. Available http://www.globalwindow.org/gw/overmarket/GWOMAL020M.html?ARTICLE_ID=2153599&BBS_ID=10 [접속일: 2014년 7월 12일].

에너지신문, 석유公. 해외자회사 관리 '엉망', 2013년 6월 13일자.

허핑턴포스트코리아, 노키아 매각에 'MS 트로이목마' 있었다?, 2014년 4월 29일자.

Global Management

저자소개

■ 서민교

[저자약력]

영남대학교 무역학과 졸업
고려대학교 대학원 무역학과 경영학석사
고려대학교 대학원 무역학과 경영학박사
한국국제경영관리학회 회장 및 인터넷전자상거래학회 회장 역임
한국경영학회 및 한국국제경영학회 부회장 역임
한국경영학회 제1회 「우수경영학자상」 수상, 2015.
현, 대구대학교 무역학과 명예교수

[주요 논문]

- Market valuation of marketing alliances in East Asia: Korean evidence, *Journal of Business Research*, 66(12), 2013.
- 중국진출 한국기업의 사회적 책임(CSR)에 관한 사례연구, 「국제경영리뷰」 16(3), 2012.
- VECM을 이용한 한국 외국인직접투자와 인적자본의 경제성장 효과, 「통상정보연구」 14(1), 2012.
- 한국 국방비 지출이 성장과 수출에 미치는 효과, 「무역학회지」 37(3), 2012.
- 중국에서의 도요타와 현대자동차의 CSR전략에 관한 비교 사례분석, 「통상정보연구」 13(3), 2011.
- The Inpact of Religious Regulation on Foreign Direct Investment, 「무역학회지」 36(5), 2011. 11.
- 외국인투자와 기업의 가치: 비선형적 접근, 「국제경영리뷰」 15(3), 2011.
- 한국의 대 EU국가 해외직접투자 결정요인에 관한 연구, 「관세학회지」 12(2), 2011.
- 국제다각화전략에 기업의 조직특성이 미치는 영향에 관한 연구, 「대한경영학회지」 24(2), 2011.

■ 박병일

[저자약력]
한양대학교 영문과 졸업
영국 University of Leeds, MBA
영국 University of Bradford 대학원 국제경영학 박사

- 現 한국외국어대학교 경영대학 경영학부 교수
- 現 경제정의실천시민연합(경실련) 경제정의연구소 이사
- 現 국제학술지 International Business Review, Editorial Advisory Board Member
- 現 국제학술지 Entrepreneurial Business and Economics Review, Consulting Editor
- 前 한국외국어대학교 경영대학 부학장 겸 학부장
- 前 한국외국어대학교 경영대학원 부원장
- 前 한국국제경영관리학회 회장
- 前 경성대학교 상경대학 국제무역통상학과 교수
- 前 영국 University of Birmingham 방문교수
- 前 경제정의실천연합(경실련) 기업평가위원회 위원장
- 前 국제학술지 International Journal of Multinational Corporation Strategy, Editor-in-Chief (founding editor)
- 前 국제학술지 International Journal of Business and Emerging Markets, Regional Editor (Asia)
- 前 국제경영연구 편집위원장
- 前 프레시안 칼럼리스트

박병일 교수는 Journal of World Business, Journal of Business Research, International Marketing Review, European Journal of International Management, Thunderbird International Business Review, Management and Organization Review 등 다양한 해외저널의 특별호 Guest Editor를 맡아 학계에 봉사하였으며, 또한 Journal of World Business, International Business Review, Management International Review, Journal of International Management, International Marketing Review, Corporate Governance: an International Review, International Small Business Journal, Journal of Business Research, Asia Pacific Journal of Management 등 무수히 많은 저명저널에 학술논문을 게재한 바 있다. 2023년 12월 현재 구글 인용지수가 약 4,000회에 이르고, 국제 저명학술지인 International Business Review의 Editorial Advisory Board Member이며, 박병일 교수의 주요 논문은 아래와 같다.

[주요 논문]

- Reverse knowledge transfer from subsidiaries to headquarters: Chinese firms in Africa, accepted by *Journal of International Management*, forthcoming.
- MNEs' capabilities and their sustainable business in emerging markets: Evidence from MNE subsidiaries in China, accepted by *Journal of International Management*, forthcoming.
- Coping or threat? Unraveling the mechanisms enabling user acceptance of blockchain technologies, accepted by *Information Technology and Management*, forthcoming.
- Protectionism and its impact on MNC subsidiaries' performance, accepted by *Management International Review*, forthcoming.
- Returns to internationalization: Business group-affiliated firms vs standalone fimrs, *Management International Review*, 63, 2023.
- The impact of social media and digital platforms experience on SME international orientation: The moderating effects of Covid-19 pandemic, *Journal of International Management*, 28, 2022
- Multiple principal conflicts in international new ventures: The moderating role of founders' experiences, *Journal of Innovation and Knowledge*, 7, 2022.
- Doing good by combating bad in the digital world: Institutional pressures, anti-corruption practices, and competitive implications of MNE foreign subsidiaries, *Journal of Business Research*, 137, 2021.
- Knowledge centralization and international R&D team performance: Unpacking the moderating roles of team-specific characteristics, *Journal of Business Research*, 128, 2021.
- International new product development performance, entrepreneurial capability, and network in high-tech ventures, *Journal of Business Research*, 124, 2021.
- International network searching, learning, and explorative capability: Small and medium-sized enterprises from China, *Management International Review*, 60, 2020.
- Interplay between dual dimensions of ambidextrous knowledge sharing within globalized chaebols: Moderating effects of organizational and global environmental munificence, *International Business Review*, 29(6), 2020.
- Risk in international business and its mitigation, Journal of World Business 55, 2020.
- '2R-based view' on the internationalization of emerging economy service MNEs: Evidence from China, *Management International Review* 59, 2019.
- Post-entry performance of international new ventures: The mediating role of learning orientation, *International Small Business Journal* 36(7), 2018.

- Corporate social responsibility in international joint ventures, *International Business Review* 27(6), 2018.
- Bring institutions into FDI spillover research: Exploring the impact of ownership restructuring and institutional development in emerging economies, *International Business Review* 27(1), 2018.
- The impact of country-of-origin on context effects in choice, *International Marketing Review* 34(6), 2017.
- Institutional legitimacy and norms-based CSR marketing practices: Insights from MNCs operating in a developing economy, *International Marketing Review* 32(5), 2015.
- Culture clashes in cross-border mergers and acquisitions: A case study between Sweden's Volvo and South Korea's Samsung, *International Business Review* 24, 2015.
- Determinants influencing CSR practices in small and medium sized MNE subsidiaries: A stakeholder perspective, *Journal of World Business* 50, 2015.
- Corporate social responsibility: Stakeholders influence on MNEs' activities, *International Business Review* 23, 2014.
- Innovative knowledge transfer patterns of group-affiliated companies: The effects on foreign subsidiary performance, *Journal of International Management* 20(2), 2014.
- Control mechanisms of MNEs and absorption of foreign technology in cross-border acquisitions, *International Business Review* 23, 2014.
- The impacts of turbulent event on technology acquisition: Comparison of cross-border acquisitions formed before and after the crisis, *Management International Review* 52(2), 2012.
- What changes the rules of the game in wholly owned subsidiaries? Determinants of knowledge acquisition from parent firms, *International Business Review* 21, 2012.
- Does ownership structure matter for firm technological innovation performance? The case of Korean firms, *Corporate Governance: an International Review* 20(3), 2012.
- Key factors affecting acquisition of technological capabilities from foreign acquiring firms in small and medium sized local firms, *Journal of World Business* 46, 2011.
- Knowledge transfer capacity of multinational enterprises and technology acquisition in international joint ventures, *International Business Review* 20, 2011.
- What matters to managerial knowledge acquisition in international joint ventures? High versus low knowledge acquirers, *Asia Pacific Journal of Management* 27(1), 2010.

제4판 글로벌 경영

2013년 2월 28일 | 1판 1쇄 발행
2015년 7월 15일 | 2판 1쇄 발행
2019년 1월 30일 | 3판 1쇄 발행
2020년 8월 17일 | 4판 1쇄 발행
2024년 2월 19일 | 4판 2쇄 발행

지은이 | 서민교 · 박병일 공저
발행인 | 김은중
발행처 | 서울경제경영출판사
편집디자인 | (주)우일미디어디지텍

주소 | 03767 서울특별시 서대문구 신촌로 205, 506호
전화 | (02) 313-2682
팩스 | (02) 313-8860

등록 | 1998년 1월 22일 제5-63호

ISBN 979-11-6282-078-0 93320
정가 34,000원

※ 잘못된 책은 바꾸어 드립니다.